INSTITUTES
DE GAIUS

6ᵉ ÉDITION (1ʳᵉ FRANÇAISE)

D'APRÈS L'*APOGRAPHUM* DE STUDEMUND

CONTENANT

1º Au texte, la reproduction du manuscrit de Vérone
sans changement ni addition
2º Dans les notes, les restitutions et les corrections proposées
en Allemagne, en France et ailleurs

SUIVIE D'UNE

TABLE DES LEÇONS NOUVELLES

PAR

Ernest DUBOIS

PROFESSEUR A LA FACULTÉ DE DROIT DE NANCY

PARIS

A. MARESCQ AÎNÉ, ÉDITEUR

20, RUE SOUFFLOT, 20

1881

INSTITUTES

DE GAIUS

DU MÊME AUTEUR

Le Sénatus-consulte Velléien en droit romain et l'Incapacité de la femme mariée en droit français. Paris, 1860.

Leçon d'ouverture du cours de droit romain. Paris, 1866.

Réforme et liberté de l'enseignement supérieur en général et de l'enseignement du droit en particulier. Paris, 1871.

Programme du cours de droit romain. Paris, 1872 et 1877.

La Table de Gles, édit de Claude de l'an 46. Paris, 1872.

Guillaume Barclay, jurisconsulte écossais (1546-1608), avec documents inédits. Paris, 1872.

Le Contentieux administratif en Italie et la loi du 20 mars 1865. Paris, 1873.

La Faillite dans le droit international privé (de M. Gius. Carle, professeur à Turin), traduit et annoté, avec une analyse de la jurisprudence française. Paris, 1875.

Leçon d'ouverture du cours de droit civil approfondi dans ses rapports avec l'enregistrement, suivie d'une Bibliographie raisonnée. Paris, 1876.

La Déduction des dettes et des charges dans l'impôt sur les successions. Paris, 1878.

Questions d'ethnographie gauloise et de linguistique. Nancy, 1878.

Du Droit de transcription sur l'acceptation de remploi. Paris, 1880.

Le Remploi dans ses rapports avec la transcription et la purge et avec les droits d'enregistrement et de transcription. Paris, 1880.

La Statistique et le droit international. Paris, 1877; Bruxelles, 1879, et Nancy, 1880.

La Saisine héréditaire en droit romain. Paris, 1880.

Bulletins de la jurisprudence italienne et Revue de la jurisprudence italienne en matière de droit international. Paris, 1874-1880.

Bibliographie juridique italienne. Paris, 1869-1880.

INSTITUTES
DE GAIUS

6ᵉ ÉDITION (1ʳᵉ FRANÇAISE)

D'APRÈS L'*APOGRAPHUM* DE STUDEMUND

CONTENANT

1° Au texte, la reproduction du manuscrit de Vérone
sans changement ni addition
2° Dans les notes, les restitutions et les corrections proposées
en Allemagne, en France et ailleurs

SUIVIE D'UNE

TABLE DES LEÇONS NOUVELLES

PAR

Ernest DUBOIS

PROFESSEUR A LA FACULTÉ DE DROIT DE NANCY

PARIS

A. MARESCQ AÎNÉ, ÉDITEUR

20, RUE SOUFFLOT, 20

1881

PRÉFACE

I.

Depuis la découverte des Institutes de Gaius, que Niebuhr fit à Vérone en 1816, il en a été publié un grand nombre d'éditions, en Allemagne d'abord, puis en France et dans beaucoup d'autres pays. Elles peuvent toutes se ranger en trois classes, d'après les leçons qui leur ont servi de base : leçon de Gœschen, leçon de Bluhme, leçon de Studemund.

Chacune de ces trois leçons est le résultat de longs efforts et représente une laborieuse conquête dans la lecture du célèbre manuscrit. On sait qu'il présente des difficultés exceptionnelles, étant de ceux qu'on nomme *palimpsestes*, c'est-à-dire que le parchemin sur lequel on écrivit d'abord, au cinquième ou sixième siècle, les Institutes de Gaius, fut plus tard (au huitième siècle ?) recouvert d'un autre texte, celui des lettres de saint Jérôme. Il y a plus : un assez grand nombre de pages, environ le quart de tout le manuscrit, ont porté jusqu'à trois écritures différentes.

J'appelle, pour abréger, *leçon de Gœschen*, celle qui a été établie, en 1817, par Gœschen, Bekker et Bethmann-Hollweg. — Les éditions faites sur cette première leçon sont en très-petit nombre, à cause de l'intervalle de temps fort court qui la sépara de la leçon suivante ; la seule qu'il faille citer est l'édition *princeps*, publiée par Gœschen ; Berlin, 1820.

J'appelle *leçon de Bluhme*, celle qui fut établie par Gœschen encore, mais d'après la révision du manuscrit par Bluhme en 1821 et 1822. — Les éditions faites sur cette seconde leçon sont très-nombreuses ; je citerai seulement parmi elles, en Allemagne, la seconde édition de Gœschen (1824) et la troisième (publiée par Lachmann, 1842), celles de Heffter (1827, le livre IV seulement ; et 1830, les IV livres), de Klenze (1829), les cinq éditions de Bœcking (1837 à 1866), la première de Gneist (1858), les deux premières de Huschke (1861 et 1867) ; en France, celles de Blondeau (1839), Laboulaye (1839), Pellat (1844, 1854-1874), Giraud (1873)[1]. La leçon de Bluhme est plus complète que celle de Gœschen ; Bluhme, ayant employé des moyens chimiques plus énergiques, — qui souvent, d'ailleurs, endommagèrent gravement le manuscrit, — lut beaucoup de passages

---

1. Pour une indication plus complète des éditions de Gaius, voir ci-après les pages XXIX-XXXI.

que Gœschen n'avait pas pu lire, ou les lut autrement. Mais il existe une différence essentielle entre ce que chacun d'eux déclare avoir lu ; les leçons de Gœschen méritent, en effet, beaucoup plus de confiance que celles de Bluhme. C'est un point sur lequel j'aurai à revenir à plusieurs reprises dans mes notes sur le texte de Gaius, et tout à l'heure même dans cette préface (*Infra*, p. xxii).

La troisième leçon, due à une révision nouvelle que fit M. Studemund de 1866 à 1868, est, d'une part, plus complète encore que celle de Bluhme, et, d'autre part, elle semble digne de toute confiance. Elle était, on peut le dire, inespérée ; toutes les tentatives faites depuis 1824, pour ajouter quelque chose à la lecture du manuscrit, étaient demeurées infructueuses, et l'année même où M. Studemund commençait sa révision, Bethmann-Hollweg[1] déclarait qu'il n'y avait rien d'important à attendre d'un travail de ce genre. Cette fâcheuse prédiction a reçu un éclatant démenti, grâce à un concours de circonstances qu'il serait trop long d'énumérer en détail : elles mériteraient de faire l'objet d'un article spécial. M. Studemund a exprimé à ce sujet sa gratitude envers le comte Giuliari, préfet de la bibliothèque du Chapitre de Vérone, pour la libéralité avec laquelle il lui a permis d'employer les moyens nécessaires, et envers MM. Th. Mommsen et P. Krüger, pour l'aide et les conseils qu'ils lui ont donnés.

---

1. Dans la *Zeitschrift für Rechtsgeschichte*, t. v, p. 362.

L'assistance de jurisconsultes lui était sans doute indispensable, car il est plutôt philologue que jurisconsulte. Toutefois, il n'est pas douteux que la plus grande part du succès ne soit due à M. Studemund lui-même, au courage avec lequel il entreprit une œuvre qui semblait impossible, à son rare talent dans l'art de lire les palimpsestes, et, ce qui est plus rare peut-être, à la prudente réserve dont il s'est fait une loi et dont il semble ne s'être jamais départi.

Loin d'être nul ou insignifiant, comme on avait cru pouvoir l'affirmer d'avance, le résultat de la révision de M. Studemund a été, au contraire, des plus remarquables. Il a d'abord, au point de vue de la philologie, une importance que M. Studemund a lui-même présentée comme étant la principale [1]. Mais je n'ai à m'en occuper qu'au point de vue du droit : sous ce rapport, son importance est considérable. Ce n'est pas que M. Studemund soit parvenu à combler les *grandes lacunes* : car il n'a, en général, que peu amélioré la lecture de celles des pages qui sont illisibles en totalité ou en majeure partie [2]. Mais il a comblé un grand nombre de petites lacunes ; il a confirmé beaucoup de leçons douteuses ; il a rendu

---

1. « *Ea quae expiscatus sum iurisconsultis minoris quam philologis momenti esse uidebuntur* », dit-il à la page XVII du *Prooemium* de son *Apographum*.

2. Il y a environ 30 de ces pages, savoir : six au livre Ier, sept au livre II, quatre au livre III, et treize au livre IV ; en outre, il y a six pages perdues, deux pour chacun des trois derniers livres.

insoutenables des leçons et des restitutions précédemment admises ; enfin il a comblé en partie quelques-unes des grandes lacunes elles-mêmes. Grâce à lui, en un mot, nous connaissons les Institutes de Gaius beaucoup mieux qu'auparavant. Il suffit, pour s'en convaincre, de jeter les yeux sur la table qui termine ce volume ; on y verra, dans l'ordre même des paragraphes, l'énumération des principaux passages où M. Studemund a lu quelque chose de nouveau. — Enfin, ce n'est pas seulement l'œuvre de Gaius que M. Studemund nous fait mieux connaître : quelques-unes des leçons nouvelles jettent un jour inattendu sur des points obscurs de l'histoire du droit romain. Aussi peut-on affirmer, sans crainte d'être démenti, que les leçons antérieures, et par suite les éditions qui s'appuient sur elles, quel que puisse être d'ailleurs leur mérite, sont désormais insuffisantes, non-seulement pour des travaux approfondis, mais aussi pour la connaissance des principes élémentaires, et en particulier pour l'enseignement.

Dès 1869, M. Studemund avait fait, au Congrès des philologues allemands, tenu à Wurzbourg, des communications qui montraient déjà l'importance des leçons nouvelles. Mais ce fut seulement en 1874 qu'il donna le texte complet de Gaius[1], révisé et *transcrit* par lui, et qu'il publia, à Leipzig, son *Apo-*

---

1. Gaii Institvtionvm Commentarii qvatvor codicis veronensis denvo collati apographvm confecit et ivssv Academiae regiae scientiarum Berolinensis edidit Gvilelmvs Stvdemvnd ; Lipsiae, apvd Salomonem Hirzel, MDCCCLXXIV ; XXXII — 325 p. 4°.

graphum (c'est-à-dire *transcription* ou *copie*[1]). Cette magnifique publication est un chef-d'œuvre d'érudition, de patience et d'habileté. Son auteur a surtout voulu inspirer la confiance, comme le témoigne sa devise : *Adhuc curaui unum hoc quidem, ut mi esset fides.* Il y a réussi. Son texte, reçu partout avec reconnaissance, est déjà devenu la base de cinq éditions, publiées récemment en Allemagne et ailleurs ; savoir : 1° en 1876, à Leyde, par M. Polenaar ; 2° en 1877, à Berlin, par M. Studemund lui-même, de concert avec M. Krüger ; 3° en 1879, à Leipzig, par M. Huschke ; 4° cette année même, à Leipzig, par M. Gneist, et 5° à Edimbourg, par M. Muirhead.

Les cinq éditions que je viens de nommer sont toutes remarquables à des titres divers ; aussi, n'aurais-je pas songé à en publier une et me serais-je contenté, comme les années précédentes, de les recommander à mes élèves, si elles ne m'avaient paru avoir toutes un défaut qui se trouve également dans les éditions antérieures à 1874. Aucune, sans excepter celles mêmes dont les auteurs ont montré à cet égard la plus louable sévérité, telles que celles de MM. Krüger et Studemund et de M. Muirhead, aucune, dis-je, ne sépare assez nettement ce qui a été *lu*

---

[1]. L'Académie française avait admis dans les six premières éditions de son dictionnaire : *Apographe, copie d'un écrit;* opposé à *Autographe.* Elle l'a supprimé dans sa septième édition (1878),

au manuscrit, de ce qui est une *restitution*, ou une *correction*, c'est-à-dire une *conjecture*, par laquelle on essaie de combler les lacunes ou de corriger les fautes. — Sans doute, pour marquer ce qu'ils ajoutaient ou corrigeaient, les éditeurs ont, soit imprimé en caractères différents, par exemple, en italiques, soit employé quelque autre manière d'avertir le lecteur, telle que des parenthèses ou des crochets. Mais d'abord, c'est un soin qui n'a pas toujours été pris assez exactement; en outre, ce ne sont pas seulement des additions, ce sont encore des *suppressions*, que l'on a cru devoir faire, et souvent sans indiquer que l'on supprimait quelque chose. — Il y a plus; en supposant même que l'on mette la plus parfaite exactitude à renseigner le lecteur sur les changements que l'on fait au texte, le procédé lui-même n'est-il pas défectueux? Les inconvénients qu'il présente ne sont-ils pas sensibles surtout pour les étudiants? En dépit des lettres italiques, des parenthèses et des crochets, les étudiants, et sans doute beaucoup d'autres encore, ne seront-ils pas toujours portés à confondre ce qui émane de Gaius lui-même, avec ce qui n'est que la conjecture d'un moderne, ou tout au moins, à ne pas distinguer suffisamment ces deux choses qui sont si essentiellement différentes? Assurément, la conjecture peut être fondée sur les plus solides raisons; il se peut que le savant, allemand, français ou autre, qui a prêté au jurisconsulte romain le langage qu'il lui fait tenir, soit tombé juste. Mais il se peut aussi qu'il se soit trompé; et dans tous les cas, n'est-il pas nécessaire que la confusion ne puisse jamais s'établir entre ce qu'a dit Gaius et ce qu'on lui fait dire ?

Rendre toute confusion de ce genre *absolument* impossible pour tous, même et surtout pour ceux qui, étant les moins expérimentés ou les moins attentifs, sont les plus exposés à y tomber ; — publier un texte plus rigoureusement conforme au manuscrit que celui des éditions précédentes ; — présenter en même temps le tableau le plus complet des travaux critiques dont les Institutes de Gaius ont été l'objet depuis la découverte de Niebuhr ; — tel est le but que je me suis proposé.

Pour l'atteindre, je ne donne au texte que ce qui résulte de l'*Apographum* de M. Studemund, sans y rien ajouter ni corriger et sans en rien retrancher. Le manuscrit des Institutes de Gaius étant *unique*, ce mode de publication m'a semblé non-seulement possible, mais encore le plus correct. — Lorsque nous possédons d'un ouvrage ancien plusieurs manuscrits différents, rien de plus naturel, de plus légitime, de plus nécessaire même, que le *choix* entre les diverses leçons. Ce choix constitue un art délicat, qui a, comme tous les autres arts, ses principes et ses préceptes. Mais il ne saurait en être question quand on se trouve en présence d'*un seul manuscrit*. Si l'on ajoute alors quelque chose, ce n'est plus un choix que l'on fait, c'est, je le répète, une *conjecture*[1].

Toutefois, il importe de connaître les corrections et les restitutions qui ont été proposées pour les endroits douteux ou illisibles. Il est intéressant et ins-

---

1. Déjà, dans mon étude sur la *Saisine héréditaire en droit romain* (n° 34, note 95), j'ai eu l'occasion d'exprimer ces idées, et je me suis senti fortement encouragé par l'approbation qu'elles ont reçue de ceux de mes collègues à qui je les ai communiquées. — « Nous allons voir, disais-je à propos du § 58 du comm. II de Gaius, que, suivant l'usage des éditeurs, le texte a subi des changements ; les uns en suppriment quelque chose, tandis que d'autres y ajoutent. Oserai-je, à ce sujet, exprimer un regret et un vœu ? Le regret que les éditeurs fassent subir au texte un changement, quel qu'il soit ; le vœu qu'il soit fait une édition où le texte soit donné tel que le fournit l'*Apographum*, sans aucun mélange, addition ni retranchement. Est-ce impossible, surtout quand il s'agit d'un auteur dont il n'existe qu'un manuscrit unique, comme c'est le cas pour Gaius ? Je ne le crois pas. Assurément, il faudrait que le public n'en connût pas moins ce que pense l'éditeur sur les additions, suppressions, corrections quelconques, que le texte comporte. Il serait d'autant plus fâcheux que le public en fût privé, que les éditeurs sont souvent des hommes d'une science profonde et d'une rare sagacité. Mais il y aurait avantage à ce que l'on distinguât plus nettement ce qui vient de l'éditeur de ce qui vient du manuscrit. On se contente habituellement, soit d'employer des caractères d'impression différents, soit de mettre des crochets pour ce qui est l'œuvre de l'éditeur, et encore toutes les éditions ne prennent-elles pas ce soin avec une suffisante exactitude. C'est quelque chose, mais ce n'est pas assez ; il faut un signe plus frappant. Le meilleur serait selon moi de donner une place tout à fait différente à ce qui, en réalité, est profondément différent. » — C'est ce que j'ai essayé de faire dans la présente édition.

tructif de savoir les efforts qui ont été faits pour éclairer le texte ou pour le reconstituer. Souvent, d'ailleurs, les auteurs des conjectures émises sur les passages difficiles sont des hommes d'une sagacité rare et d'un savoir si éprouvé, que leurs erreurs mêmes, quand ils en commettent, sont profitables à la science.

Si donc je m'imposais la loi de ne mêler au texte aucune restitution, je devais cependant leur faire une place. Je la leur ai faite large, très-large même, et je puis le dire, plus grande qu'elle ne l'a encore été dans aucune édition de Gaius. Mais elles se trouvent *dans les notes*, de telle façon que, *par la disposition matérielle* elle-même de cette édition, on ne puisse jamais confondre ce qui a été lu au manuscrit avec ce que l'on peut supposer y avoir été écrit.

L'ordre qui m'a paru le plus logique pour dresser le tableau des diverses restitutions proposées, est celui même des temps où elles se sont produites. J'ai donc placé celles de Gœschen, Hollweg, Savigny, Bluhme, Heffter, Klenze, Lachmann, avant celles de MM. Mommsen, Krüger, Polenaar, Goudsmit, etc. — Lorsque le même auteur en a successivement proposé plusieurs (ce qui est arrivé souvent à Bœcking et à M. Huschke), je les ai toutes indiquées. — Je n'ai même pas cru devoir passer sous silence les restitutions que la révision de M. Studemund a rendues insoutenables ; et j'ai donné, parmi ces dernières, toutes celles dont la connaissance m'a paru offrir de l'utilité. — Enfin, je n'ai pas abdiqué le droit d'en proposer moi-même quelques-unes; mais je n'en ai usé qu'avec la plus grande réserve. — Ai-je besoin d'ajouter que j'ai vérifié toutes les citations avec le soin le plus scrupuleux?

De tous les pays où l'on s'est occupé de Gaius, l'Allemagne est celui qui a produit les travaux les plus nombreux et les plus approfondis. Elle devait donc tenir dans mes notes la plus grande place, que M. Huschke suffirait à occuper à lui seul. On sait que, depuis plus d'un demi-siècle, l'illustre professeur de Breslau ne cesse d'appliquer au texte de Gaius toutes les ressources de sa puissante et féconde intelligence. Si quelques-unes de ses conjectures ont semblé trop hardies, téméraires même, beaucoup d'autres ont obtenu et devaient obtenir l'assentiment général; plusieurs même ont été confirmées par la révision de M. Studemund; enfin il n'en est aucune dont l'étude ne renferme quelque utile enseignement.

J'ai constamment rapproché des leçons admises dans les meilleures éditions allemandes celles des principales éditions françaises, savoir celles de Blondeau et de M. Laboulaye, et celles de mes savants maîtres de la Faculté de Paris, MM. Pellat et Giraud.

Quant aux rares éditions qui ont paru en Italie,

comme elles sont dépourvues de valeur, je n'ai rien eu à leur emprunter. Assurément l'Italie a possédé, et elle possède en ce moment, soit dans ses Universités, soit en dehors, des savants distingués, qui eussent été fort capables de mener à bien des travaux de ce genre ; mais ils ont dirigé leurs recherches dans d'autres voies.

D'après les éditions anglaises récentes de M. Poste (1875) et de MM. Abdy et Walker (1876), j'ai indiqué les leçons reçues dans les Universités d'Oxford et de Cambridge : les éditeurs anglais ont en général suivi la première édition de M. Gneist.

La Hollande est, avec l'Allemagne, le pays où l'on a le plus promptement mis à profit la révision de Studemund. L'édition de M. Polenaar a même, pour les trois premiers livres, devancé d'environ une année celle de MM. Krüger et Studemund. Il a émis un grand nombre de vues ingénieuses et originales ; quelques-unes paraîtront, sans doute, trop hasardées, mais plusieurs semblent plausibles : toutes sont dignes d'attention. — Peu de temps après la publication de l'*Apographum* de Studemund, M. Goudsmit publiait, entre la leçon nouvelle et celle que l'on admettait auparavant, une intéressante *Comparaison*, qui fut immédiatement traduite en allemand. — Des travaux comme ceux de MM. Goudsmit et Polenaar attestent que le droit romain n'a pas cessé d'être l'objet d'une haute culture dans le pays des Vinnius, des Voet et autres *jurisconsulti elegantiores*.

Enfin, cette année même, il a paru à Édimbourg,

par les soins de M. Muirhead, une édition de Gaius qui fait également honneur à l'état actuel de l'enseignement du droit romain en Écosse. Elle montre qu'on s'y tient au courant des publications les plus récentes du continent; en outre, son auteur use avec sobriété, mais avec indépendance et plus d'une fois avec bonheur, du droit d'exprimer son sentiment personnel.

Indépendamment des restitutions proposées par ceux qui ont publié les Institutes de Gaius, il en a été proposé par d'autres : j'ai indiqué les principales, en particulier celles de Savigny, Hollweg, Pöschmann, Rudorff, Mommsen, Van der Hœven, Fitting.

J'ai pensé que le lecteur trouverait intérêt et profit à suivre, dans les diverses phases de leur développement, l'histoire et la critique du texte de Gaius; et à en comparer les résultats, d'après les travaux accomplis dans les pays où la culture du droit romain est le plus avancée. Ne peut-on pas dire que l'étude du droit romain est, par excellence, un terrain international? Le droit romain n'est-il pas, en effet, l'école supérieure du jurisconsulte de tous les temps et de tous les pays? Par l'ensemble de son développement et de ses destinées, uniques dans l'histoire de l'humanité, ne permet-il pas, mieux qu'aucun autre, de suivre les transformations successives des idées juridiques, depuis les âges les plus reculés jusqu'à nos jours, et ne forme-t-il pas, si l'on peut ainsi parler, comme la transition entre le droit préhistorique et le droit de tous les peuples modernes?

II.

Je viens d'exposer la pensée générale qui m'a inspiré dans cette édition. Je dois ajouter quelques détails, qui paraîtront sans doute bien minutieux, mais peut-être le lecteur m'en saura-t-il gré, car ils n'ont tous qu'un but: celui de le mettre en état de vérifier, par lui-même, en toute occasion, et aussi promptement que possible, la conformité du texte que je lui soumets avec celui du manuscrit, tel que le donne l'*Apographum*.

1° J'ai constamment indiqué les renvois aux pages et aux lignes de l'*Apographum*. Le passage d'une page à l'autre du manuscrit est marqué par deux traits verticaux (||); celui d'une ligne à l'autre, par un seul trait (|).

2° Les chiffres et lettres placés au milieu de la marge extérieure du texte renvoient aux pages du manuscrit et de l'*Apographum*; ainsi, tout au commencement, liv. Ier, § 1er, les indications en marge $\frac{1}{50\,r}$ signifient: *Page 1re de l'Apographum, correspondant au feuillet 50 recto du manuscrit.* — L'astérisque, sous 50 r (*), renvoie aux notes, où j'indique, d'après l'*Apographum*, l'état actuel des pages du manuscrit, au point de vue de la facilité ou de la difficulté de la lecture[1]. — Lorsque la page du manuscrit, au lieu d'avoir été écrite *deux fois*, ce qui est l'ordinaire, a été écrite *trois fois*, je l'indique en ajoutant *ter s.* (*ter scriptum*).

3° Les chiffres 5, 10, 15, 20, placés également dans la marge extérieure, mais plus près du texte, renvoient aux lignes de chacune des pages du manuscrit. Ainsi, au liv. Ier, § 1er, le chiffre 10, placé en marge de la 5e ligne de la seconde page de cette édition, signifie : *La 10e ligne de la page Ire de l'Apographum commence* à QUE du mot ITAQUE; ce dernier mot est, pour ce motif, coupé ainsi par le trait marquant le passage d'une ligne à l'autre (*ita|que*).

4° Lorsque le copiste a fait usage d'abréviations (*siglae* ou *notae*), ce qui est très-fréquent, je n'ai pas hésité à compléter le mot et à l'écrire en toutes lettres, car c'est là évidemment tout autre chose qu'une restitution proprement dite. — Toutefois, il m'a paru utile de distinguer ce qui est en toutes lettres au manuscrit, de ce qui ne s'y trouve qu'en abrégé. Pour faire cette distinction, j'ai employé au texte les caractères italiques : ils marquent ce que le copiste a écrit, non en toutes lettres, mais au moyen d'une

---

[1]. J'ai donné à chacune d'elles le nom d'*intérieure* ou d'*extérieure;* ce sont les termes employés par Bluhme et par M. Studemund pour distinguer les pages *plus dures* (intérieures), ou plus *molles* (extérieures). Ces dernières sont en général les plus difficiles à lire. V. Bluhme, *Zeits. f. Rechtsg.*, t. III (1864), p. 452, et le *Prooemium* de l'*Apographum* de Studemund, p. XIII.

abréviation, *sigla* ou *nota*[1]. Ainsi, au liv. Ier, § 1er, le manuscrit ayant à la ligne 5 : *evocatq* pour *est vocaturque*, je donne : est voca*turque*. — Autre exemple : liv. Ier, § 19, le manuscrit porte, à la ligne 10 de la page 4 : *Iustaatcmmsioniscuti* pour *Justa autem causa manumissionis est, veluti*, je donne : Justa *autem causa manumissionis est, vel*uti. — Si, comme il arrive quelquefois, l'abréviation dont s'est servi le copiste soulève un doute, j'en fais l'objet d'une note spéciale, après avoir inséré au texte celle des manières de compléter le mot qui me semble la plus plausible.

5° J'ai souligné par des points les mots ou les lettres que M. Studemund ne donne que comme incertains. (Pour ce motif, il les a représentés dans son *Apographum* par des lettres formées d'une suite de points). Ainsi, liv. Ier, § 1er, les mots *civitatis; quod vero naturalis* n'étant donnés par M. Studemund que comme incertains, je donne : civitatis; quod vero naturalis.

6° J'ai marqué par deux traits horizontaux (════) les blancs qui se trouvent au manuscrit. M. Studemund les a fidèlement reproduits dans son *Apographum* et j'ai cru devoir aussi les indiquer. Ils n'ont pas toujours de l'importance, mais ils en ont quelquefois. Dans les autres éditions, il n'en est ordinairement tenu aucun compte. (V. la note 7 du liv. Ier.)

---

[1]. Il existe plusieurs *tables* de ces abréviations, spécialement à la suite des éditions de Gœschen (*Index siglarum*), et de l'*Apographum* de Studemund (*Index notarum*).

7° Dans les passages dont la lecture offre le plus de difficulté, j'ai placé sur les lettres ordinaires, soit du texte, soit des notes, d'autres lettres plus petites, et quelquefois sur les secondes, des troisièmes, ou même des quatrièmes. En cela, je n'ai fait que reproduire l'*Apographum* purement et simplement. M. Studemund indique par là que, la lecture étant douteuse, on peut admettre les lettres supérieures, à la place de celles qui sont au-dessous. Ainsi, liv. Ier, § 74, les trois lettres correspondant aux dernières de la page 20 de l'*Apographum* sont les suivantes : $\overset{r}{\underset{..}{p}}\overset{c}{e}\overset{c\;g}{o}$; cela signifie : 1° qu'au lieu de *p*, on peut lire *r*; 2°, au lieu de *e*, *c*; 3°, au lieu de *o*, *c* encore, ou même *g*.

8° On verra également que, dans les passages difficiles à lire du manuscrit, j'ai placé des traits, soit entre parenthèses, soit entre crochets. Les premiers (———) désignent les *schedae* de Gœschen, les seconds [———], les *schedae* de Bluhme. Quelques explications sont ici nécessaires.

Sous le nom de *schedae*, Gœschen et Bluhme ont désigné les lettres transcrites par eux d'après le manuscrit.

Il est arrivé assez souvent que M. Studemund n'ait rien pu lire, dans des passages où Gœschen et Bluhme (soit l'un ou l'autre, soit l'un et l'autre) avaient lu ou cru voir quelque chose. En cas pareil, M. Studemund a inséré, dans le texte même de son *Apographum*, la leçon donnée par Gœschen ou par Bluhme, mais en mettant entre parenthèses les leçons de Gœschen et entre crochets celles de Bluhme.

J'ai beaucoup hésité sur le parti à prendre relativement à ces passages. Après divers essais, je me suis décidé à n'insérer au texte que ce que M. Studemund a lu lui-même, et à rejeter dans les notes tout ce qu'il ne donne que comme lu par Gœschen ou par Bluhme. Toutefois, pour marquer au texte même l'existence de ces leçons, ainsi que la différence entre elles, j'ai représenté les premières par des (——) et les secondes par des [————][1].

Un dernier mot sur ces leçons de Gœschen et de Bluhme. Il était indispensable de bien marquer la différence entre elles. Les premières, en effet, méritent confiance, et la révision de Studemund n'a pas affaibli, en général, leur autorité. Il en est tout autrement des secondes. La révision nouvelle a singulièrement ébranlé leur crédit. On ne peut plus douter aujourd'hui que Bluhme ne les ait plus d'une fois données à la légère, et qu'il n'ait égaré ceux qui les avaient prises pour base de leurs restitutions. A plusieurs reprises, M. Studemund a même pu affirmer que le manuscrit n'avait jamais *rien* con-

---

1. J'étais déjà assez avancé dans mon travail et même dans l'impression, lorsque je me suis arrêté à ce parti. Au lieu de changer le numérotage d'un grand nombre de notes, j'ai cru préférable d'intercaler, au milieu des notes anciennes, les notes nouvelles que rendait nécessaires le parti que je prenais définitivement; de là les notes *bis, ter, quater*, etc., que l'on verra dans quelques-uns des §§ des livres I et II.

tenu de ce que Bluhme prétendait y avoir lu. (V., entre autres, au livre Ier, la note 49, relative à la page 5 de l'*Apographum*, et au livre IV, la note 633, concernant la page 246.)

III.

La règle que je me suis imposée, de ne pas introduire au texte les restitutions, a été appliquée à toutes, même aux plus plausibles, aux plus incontestables. Il ne m'a pas paru possible d'établir une ligne de démarcation satisfaisante entre celles que j'aurais admises comme plus ou moins probables, et celles que j'aurais exclues comme plus ou moins défectueuses. En conséquence, j'ai banni du texte *toute restitution* émanant d'un *moderne*, si plausible qu'elle pût être. — Par exception toutefois, lorsqu'il ne s'agissait que de compléter une phrase d'ailleurs certaine, j'ai ajouté au texte un ou deux mots, à la condition qu'ils ne fissent aucun doute et qu'ils fussent sans importance doctrinale ; je ne me suis d'ailleurs permis ces additions que très-rarement et je les ai toujours indiquées par une note spéciale.

Outre ces restitutions *modernes*, il en est d'autres, que l'on peut appeler *anciennes*, et dont la nature est si différente que je ne devais pas hésiter à les admettre au texte. Telles sont :

1° Les restitutions fondées sur les fragments du Digeste empruntés aux Institutes mêmes de Gaius.

Je les ai mises entre **parenthèses simples**; de ce nombre est le commencement du § 1ᵉʳ du livre Iᵉʳ, restitué d'après la loi 9, au Digeste, *De Justitia et jure*; savoir: (*Omnes populi*, etc., jusqu'à *nam quod quis*).

2° Les restitutions fondées sur les passages des Institutes de Justinien, que l'on s'accorde à reconnaître comme empruntées à celles de Gaius. Je les ai mises entre **parenthèses doubles**; exemple: au livre Iᵉʳ, le § 36 et les trois premiers mots du § 37 ; savoir : ((*Non tamen*, etc., jusqu'à *nam is qui*)).

3° Les restitutions fondées sur l'*Epitome* de Gaïus, sur la *Collatio legum mosaïcarum et romanarum*, ou sur la *Paraphrase* de Théophile. Je les ai mises entre **parenthèses triples**. Exemple : au livre Iᵉʳ, § 11, (((*tria sunt genera ; nam aut cives Romani, aut Latini, aut dediticiorum*))), passage tiré de l'*Epitome*.

Enfin, je devais nécessairement introduire au texte un certain nombre d'additions ou même de changements commandés par l'usage, et sans lesquels une édition ne semblerait pas lisible. C'est ainsi que j'ai adopté la division en paragraphes et en alinéas, dont il n'y a pas de trace au manuscrit; que j'ai suivi l'orthographe usitée[1] et que j'ai cor-

---

1. J'écris au texte *apud, sed, at*, etc., bien que le copiste ait souvent écrit *aput, set, ad* ; j'ai distingué la lettre *j* de la lettre *i*, et j'ai mis les points d'usage sur l'une et sur l'autre; j'ai distingué également la lettre *v* de la lettre *u*, par exemple dans *avus, servus, solvendo, vel, vir, venire, vindicta*, etc., bien que le manuscrit ait toujours *auus, seruus, soluendo, uel,*

rigé au texte les fautes du copiste, quand elles sont seulement contre la langue et qu'elles ne changent pas le sens, comme l'emploi d'un accusatif pour un ablatif, ou d'un indicatif pour un subjonctif; toujours, d'ailleurs, en signalant par une note la correction ainsi opérée.

Un mot sur la ponctuation. — J'ai adopté la ponctuation moderne, bien que les manuscrits anciens n'en portent pas de trace, sauf à faire une note spéciale dans les cas où elle soulève quelque doute. — Mais si le manuscrit ne contient pas la ponctuation à laquelle nous sommes habitués, en revanche il en contient une autre. Il arrive très-souvent qu'une lettre est suivie d'un *point*: il n'y a guère de page qui n'en renferme un ou plusieurs exemples. Tantôt ce *point* est placé comme notre point ordinaire, tantôt il est placé comme le *point en haut* des Grecs, tantôt enfin il se trouve au milieu de la ligne. Ces points ont-ils une signification? On ne peut pas le

---

uir, uenire, uindicta. — Dans les notes, j'ai conservé la manière d'écrire de chacun des auteurs que je cite. Souvent le copiste a commis la faute d'écrire *b* pour *u* (comme *serbus* pour *seruus*, *bis* pour *uis*, *sibe* pour *siue*, etc.), ou, à l'inverse, *u* pour *b* (comme *puuerem* pour *puberem*, *nouis* pour *nobis*, *siui* pour *sibi*, *uona* pour *bona*, *puare* pour *probare*, etc.). J'ai corrigé au texte, mais j'ai toujours indiqué en note la faute commise. (V. les notes 27 et 40 du livre Ier, 2 et 186 du livre II, 29 et 72 du livre III, 38 et 51 du livre IV, avec les renvois.) — Cet emploi des lettres *b* et *u* l'une pour l'autre fournit quelquefois un argument dans la discussion des passages douteux.

dire d'une manière absolue. Leur emploi ne paraît avoir été soumis à aucune règle. Très-souvent, ils ont une signification : ils tiennent la place d'une lettre ou même de plusieurs ; par exemple, e., pr., pour *est, praetor*[1]. Mais très-souvent aussi ces points n'ont aucune valeur, car on les voit à des endroits où il est certain qu'il ne manque rien. Dans ce dernier cas, je n'en ai tenu aucun compte, et je n'ai pas même mentionné leur existence, tant le cas se présentait fréquemment : c'est la seule suppression de ce genre que je me sois permise.

Sous le rapport de l'exécution typographique[2], comme à tous autres égards, rien n'a été négligé pour rendre cette édition aussi satisfaisante que possible. Nul doute, cependant, qu'il ne s'y trouve encore des défauts et des imperfections de plusieurs sortes ; je prie le lecteur de les excuser et d'avoir quelque indulgence, en considération des difficultés particulières, inhérentes à un ouvrage de ce genre. J'ose espérer, toutefois, qu'elle pourra rendre quelques services : d'une part, à ceux qui, se livrant à des travaux approfondis, veulent serrer le texte de près et ont besoin de connaître les leçons diverses

---

1. Les lettres *e* ou *pr* sont, tantôt à la fois suivies d'un point et surmontées d'un trait. $\bar{e}$., $\bar{pr}$., tantôt simplement écrites *e.*, *pr.*, ou plus simplement encore *e, pr*, sans point ni trait.

2. Cette exécution présentait de grandes difficultés : elles n'ont pu être surmontées que grâce aux soins exceptionnels qu'a bien voulu lui consacrer la maison Berger-Levrault et Cie, à laquelle je dois payer ici un tribut d'éloges et de remerciements.

des passages douteux ; d'autre part, aux étudiants, que j'ai eu principalement en vue, et auxquels il est si nécessaire de présenter les textes avec leur véritable physionomie.

Nancy, octobre 1880.

TABLE
DES ABRÉVIATIONS ET DES SIGNES

A., ou A. S., ou Ap. St.	Apographum de Studemund (Leipzig, 1874).
A. B., ou Ap. Bö.	Apographum de Böcking (Leipzig, 1866).
A. et W., ou Abd. et Walk.	Abdy et Walker; édit. de G. avec traduction anglaise (Cambridge, 1876).
Ant.	Antérieures.
Blond.	Blondeau; édit. de G. dans le t. II de ses *Inst. de Justinien*, suivies d'un choix de textes juridiques (Paris, 1839).
Blu. ou Bluh.	Bluhme.
Bö. 1	1re édition de G. par Böcking (Bonn, 1837).
Bö. 2	2e — — (Bonn, 1841).
Bö. 3	3e — — (Bonn, 1850).
Bö. 4	4e — — (Leipzig, 1855).
Bö. 5	5e — — (Leipzig, 1866).
Coll. leg. mos.	Collatio legum mosaïcarum et romanarum.
Cpr.	Comparer.
Dom.	Domenget; édit. de G., avec traduction française et commentaire; 2e éd. (Paris, 1866).
Édit.	Éditions.
Epitomæ.	Abrégé des Institutes de Gaius; partie de la *Lex romana Visigothorum* ou *Breviarum Alaricianum*. (Les citations de l'*Epitome* sont faites d'après l'édition de Böcking, Bonn, 1831.)
G.	Gaius.
Gir.	Giraud; édit. de G. dans l'*Enchiridion juris romani* (Paris, 1873).
Gn. 1	1re édit. de G. par Gneist (Leipzig, 1858).
Gn. 2	2e — — (Leipzig, 1880).
Gö.	Göschen.

Gö. 1	1re édit. de G. par Göschen (Berlin, 1820).
Gö. 2	2e — — (Berlin, 1824).
Gö. 3	3e — par Göschen et Lachmann (Berlin, 1842).
Goud.	Goudsmit (traduction allemande par Sutro : *Studemund's Vergleichung der Veroneser Handschrift; Kritische Bemerkungen zu Gaius*. Utrecht, 1875-1876).
Hef.	Édit. de G. par Heffter, dans le *Corpus jur. civ. antejustinianei* (Bonn, 1830).
Hollw.	Bethmann-Hollweg.
Homoeotel.	Homoeoteleuton (ὁμοιοτέλευτον) ; désinence semblable, ou répétition des mêmes mots à la fin d'une ligne, d'une phrase, etc., par où l'on explique que le copiste ait omis quelque chose.
Hu.	Huschke.
Hu. 1	1re édit. de G. par Huschke, dans *Jurisprudentiae antejustinianae quae supersunt* (Leipzig, 1861).
Hu. 2	2e édit. de G. par Hu., dans *Jur. Ant.*, 2e éd. (Leipzig, 1867).
Hu. 3	3e édit. de G. par Hu., dans *Jur. Ant.*, 2e éd. (Leipzig, 1877).
Hu. 4	4e édit. de G. par Hu., dans *Jur. Ant.*, 2e éd. (Leipzig, 1879).
Hu. Beiträge	Huschke, *Gaius*; Beiträge zur Kritik und zum Verständniss seiner Institutionen; avec un appendice sur les formules d'action de la *lex Rubria* (Leipzig, 1855).
Hu. Studien	Zur Kritik und Interpretation von Gaius Institutionen, dans les *Studien des römischen Rechts*, t. 1er et unique (Breslau, 1830).
Hu. Zeits. XIII	Kritische Bemerkungen zum vierten Buch der Inst. des Gaius; tome XIII de la Zeitschrift für geschichtliche Rechtswissenschaft (Berlin, 1846).
J. A., 1, 2, 3, 4.	*Jurisprudentiae antejust.* de Huschke (v., ci-dessus, Hu. 1-4).
K. et S., ou Kr. et St.	Krüger et Studemund; édit. de G., avec une *Epistula critica* de Th. Mommsen (Berlin, 1876).
l.	ligne, ou loi.

Lab.	Laboulaye; édit. de G. dans les *Flores juris antejustinianei* (Paris, 1839).
Lach.	Lachmann.
Ms.	Manuscrit de Vérone.
Ms. 1	Première main du manuscrit de Vérone.
Ms. 2	Seconde main du manuscrit de Vérone.
Muir.	Édit. de G. par Muirhead (Édimbourg, 1880).
Pell. ma. 1.	1re édit. de G. dans le *Manuale juris synopticum* de Pellat (Paris, 1854).
Pell. ma. 3.	3e — — — (Paris, 1862).
Pell. ma. 6.	6e — — — (Paris, 1874).
Pell. tr.	Édit. de G. par Pellat, avec traduction française (Paris, 1844).
Pol.	Édit. de G. par Polenaar (Lugduni Batavorum, 1876).
Pos.	Poste; édit. de G., avec traduction anglaise et commentaire 2e édit. (Oxford, 1875).
Post.	Postérieures.
S., ou Stt.	Studemund.
Sch.	Schedae.
Ter s.	Ter scriptum (page trois fois écrite dans le manuscrit de Vérone).
Ulp.	Ulpien.
Unt.	Unterholzner, *Conjecturae de supplendis lacunis quae in Gaii Inst. com. quarto occurrunt* (Breslau, 1823).
Vat.	Fragmenta Vaticana.
Zeits. f. gesch. R. W.	Zeitschrift für geschichtliche Rechtswissenschaft, de Savigny, Eichhorn, etc.
Zeits. f. R. G.	Zeitschrift für die Rechtsgeschichte de Rudorff, Bruns, etc.
* en marge	Renvoie à l'indication, d'après l'*Apographum*, de l'état actuel des pages du manuscrit.
* ailleurs qu'en marge	Représente, comme à l'*Apographum*, les lettres du manuscrit demeurées illisibles.
|	Marque le passage d'une ligne à l'autre dans le manuscrit de Vérone.
||	Marque le passage d'une page à l'autre dans le manuscrit de Vérone.

‖‖‖‖.	Marque les trous (*foramina*) du manuscrit de Vérone.
══════	Marque les blancs qui se trouvent dans le manuscrit de Vérone.
(⸺).	Désigne les passages du texte où Studemund, n'ayant rien lu lui-même, reproduit les Schedae de Göschen.
[⸺].	Désigne les passages du texte où Studemund, n'ayant rien lu lui-même, reproduit les Schedae de Bluhme.
( ).	Désigne les restitutions empruntées au Digeste.
(( )).	Désigne les restitutions empruntées aux Institutes de Justinien.
((( ))).	Désigne les restitutions empruntées à d'autres sources, telles que l'*Epitome* de Gaius, et la *Collatio leg. mos.*
Les points placés sous une lettre	Désignent une lecture incertaine.
Les lettres plus petites placées sur d'autres $\binom{e}{a}$	Sont celles dont la lecture est également possible, mais douteuse.

Pour plus de détail sur ces derniers signes, voir les pages XVIII-XXIV de la Préface.

GAII INSTITUTIONUM
COMMENTARII QUATUOR

COMMENTARIUS PRIMUS

I. De jure civili et naturali[1]. 1. (Omnes populi qui legibus et moribus reguntur, partim suo proprio partim communi omnium hominum jure utuntur : nam quod quis[2])|que populus ipse sibi jus constituit, id ipsius[3] | proprium *est* voca*turque* jus civile, 5

1
50 r
*

---

* Page extérieure ; lettres pâles et cependant certaines pour la plupart.

1. La rubrique *De jure civili et nat.*, ainsi que les autres rubriques placées en tête des §§ 8, 9, 13, 14, 18, 20, 28 du comment. 1ᵉʳ, sont d'une autre main que le corps du ms. — Il n'est pas certain que *nat* ait été suivi d'autres lettres, telles que *urali*, A. note.

2. Le ms. n'a aucune trace de lettres dans les trois premières lignes ; elles sont restituées d'après le fragment des Institutes de Gaius inséré au Dig. 1. 9, *De justitia et jure*, 1, 1. — K. et S. remarquent que le passage restitué suffit à peine pour remplir les trois lignes du ms. — S. conjecture que ces trois lignes auraient été écrites avec du minium.

3. *Civitatis*, est ajouté au Dig. 1. 9 cit. et aux Inst. I, 2, 1.

quasi jus pro|prium⁴ civitatis; q*uod* v*er*o naturalis ratio *inter* omnes | homines constituit, id ap*ud* omnes populos per|aeque custoditur vocaturque jus gentium | quasi quo jure omnes gentes utun*tur*. Populus⁵ ita|que romanus partim suo proprio, partim com|muni omnium hominum jure uti*tur*. Quae sin|gula *qualia*⁶ sint, suis locis proponemus.======⁷

---

4. *Ipsius*, ajouté Dig. et Inst., et, par suite, restitué dans les éditions antérieures à 1874, a disparu des éditions postérieures.

5. Hu. 2 et 4, ajoute *et* devant *populus*, d'après Inst. I, 2, 1.

6. L'Ap. porte *qlia* en lettres figurées par des points ; ce genre de lettres, que M. Studemund déclare employer pour ce qui est trop incertain dans le ms. (p. xix-xx de sa préface), semble ici employé à tort, car il dit lui-même (note, p. 1 de l'Ap.) que non-seulement ces lettres (5ᵉ à 8ᵉ de la 12ᵉ ligne) sont incertaines, mais encore qu'il est constant que jamais il n'y a eu *qualia*. — Pol. préfère *quaenam* et renvoie pour le justifier aux passages de Gaius, I, 82, 80, 156, 189 ; II, 65, 69 et suiv.; III, 93, 132 et suiv., 154, 194. — Les autres édit. post., K. et S., Hu., Gn., Muir. ont *qualia*.

7. Je désigne par ces deux traits ====== les blancs qui se trouvent dans l'Ap. — Les éditeurs n'ont jusqu'à présent suivi à cet égard aucune règle. Tantôt, et c'est le plus souvent, ils ne marquent rien ; il en est ainsi, par exemple, des blancs qui se trouvent à la fin du § 1ᵉʳ, après *proponemus*, à la fin du § 2, après *prudentium*, et à la fin du § 4, après *quaesitum*. D'autres fois, quelques-uns les indiquent, sans les remplir ; ainsi, celui qui se trouve à la fin du § 5, après *accipiat*, est désigné par le signe suivant <———> dans K. et S., qui n'avaient pas signalé les trois autres. D'autres fois enfin, ils sont remplis par des restitutions ; ainsi celui dont il vient d'être parlé, après *accipiat* (fin du § 5), est dans quelques éditions (Hu., Gir.) rempli par la définition de l'édit.

2. Constant autem jura populi romani[8] ex legibus, plebiscitis, se|natusconsultis, constitutionibus prin-ci|pum, edictis eorum qui jus edicendi habent, res|-ponsis prudentium.

3. | Lex est quod populus jubet atque constituit : ple-bis|citum est quod plebs jubet atque constituit. Plebs autem| a populo eo distat, quod populi appellatione uni|versi cives significantur, connumeratis | etiam patriciis ; plebis autem appellatione sine patri|ciis ceteri cives significantur. Unde olim pa|tricii dice-bant plebiscitis se non teneri, quae[9] | sine auctori-

---

8. Pol., K. et S., Gn., Muir. — L'Ap. S. a nettement *Constantiurapr*. Gösch., Lach., et d'après eux presque tous les autres, avaient déjà *constant autem jura*. Bö., dans ses premières éditions, admettait aussi cette leçon, et dans son Ap. il donne Constantatiura ; mais, dans sa 5ᵉ édition, il tient le pluriel *jura* pour inadmissible, et, se fondant sur la prétendue insertion fautive de *n* dans d'autres passages du ms. (par exemple IV, 43, dumtaxant), il substitue le singulier et lit constant autem *jus romanum*; Gir. l'a suivi. — Hu. 1ʳᵉ édit. : constant autem jura (*propria*) ; 2ᵉ et 3ᵉ édit.: constat autem jus *civile populi romani*, leçon qu'il maintient dans sa 4ᵉ.

9. L'Ap. S. a seulement q'. On peut hésiter sur la manière de compléter cette abréviation. *Quia* est adopté par presque tous ; la plupart même le donnent comme non douteux : quia, et l'ap. B. le donnait ainsi, en toutes lettres. Plus exacts, Kr. et S. ont qu*ia*; Muir., *quia*. — Pol., rejetant *quia*, préfère *quae*; il fait remarquer qu'il ne paraît y avoir aucun autre exemple de q' pour *quia*, tandis qu'il y en a au moins un de q' pour *quae*. En effet, les tables d'abréviations (Indices siglarum ou notarum) jointes aux édit. de Gö. et à l'ap. S., n'indiquent pas d'autre exemple de q' pour *quia*, tandis que, d'après l'Index de M. St. lui-même, il y a un autre exemple de q' pour *quae* dans le ms. de Vérone *De jure fisci*, qui a été trouvé en 1816, en même

tate[10] eorum facta essent; sed postea|| lex Hortensia lata est, qua *cautum* est ut plebiscita univer|sum populum tenerent; itaque eo *modo* legibus exae|quata sunt. 4. Senatusconsul*tum* es*t* q*uo*d senatus jubet atque | con-
5 stituit; idque legis vicem optinet, quam|vis fuerit quaesitum.==== 5. *Co*nstitutio principis es*t* quod imperator decreto|, vel edicto, vel epistula constituit; nec un*quam* dubitatum | est q*ui*n id legis vicem opti-neat[11] cum ipse imp*erator* per legem[12] imperium
10 accipiat[13].==== 6. | Jus au*tem* edicendi habent magistratus p*opuli* R*omani*; sed am|plissimum jus est in

---

temps que Gaius. Pol. ajoute, en faveur du sens que donne le texte avec *quae*, Liv. IV, 49 ; VI, 42 ; VIII, 12. Pline, Hist. nat. 16, 10. Gell. N. A. 15, 27 et spécialement Liv. I, 17. — Il est incontestable que le sens avec *quae* est moins absolu qu'avec *quia* ; il se prête mieux à la distinction, que Gaius peut avoir eue en vue, entre les plébiscites qui auraient reçu l'*auctoritas* des *patricii* et ceux qui ne l'auraient pas reçue. Or il paraît constant que, dès avant la loi Hortensia, il y a eu quelques plébiscites qui, par exception, ont eu force de loi, grâce à une pareille *auctoritas* ; il est donc possible que Gaius y ait songé. Cela est même probable ; aussi ai-je préféré compléter le mot par *quae*, plutôt que par *quia*.

10. A. auctoritatem.
* Page intérieure facile à lire pour la plus grande partie.
11. A. optineatur.
12. Legem, ms¹ ; corrigé à tort leges, ms² ; A. S. p. 276.
13. Pour remplir le blanc, qui est au ms. après accipiat, plusieurs placent ici la définition de l'édit ; Hu. Gir. : *Edicta sunt praecepta eorum qui jus edicendi habent*. Gaius, dit-on, devait définir l'édit, puisqu'il définit toutes les autres sources de droit dont il traite §§ 3-7. — Bö. 5 objecte que le mot praecepta ne saurait convenir aux édits. — Pol., tout en pensant que Gaius n'a pas dû omettre la définition de l'édit, considère comme vaine toute conjecture dans le but de la restituer.

edictis duorum praetorum, ur|bani et peregrini, quorum in provinciis jurisdictionem | praesides earum habent : item in edictis[14] aedilium[15] | curulium, quorum jurisdictionem in provinciis populi Romani | 15 quaestores habent ; nam in provincias Caesaris omnino quaes|tores non mittuntur, et ob id hoc edictum in his pro|vinciis non proponitur.=====

7. Responsa prudentium sunt sententiae et opiniones eorum quibus permissum est jura condere; quorum omnium si.| in unum sententiae concurrant, id quod 20 ita sentiunt | legis vicem optinet[16] ; si vero dissentiunt, judi|ci licet quam velit[17] sententiam sequi[18] ; idque rescripto divi Ha|driani significa|tur[19].

II. DE JURIS DIVISIONE.===== 8. Omne autem jus quo utimur, vel ad personas pertinet, vel || ad res, vel ad actiones. Sed[20] prius videamus de personis|.

3
27 v
*

III. DE CONDICIONE HOMINUM. 9. Et quidem summa divisio de jure personarum haec | est, quod omnes homines aut liberi sunt, aut servi. 10. Rur|sus

---

14. A. aediclis.

15. Hu. 2-4, corrigeant : edictis — aedilium, lit : edicto; il pense que c'est par erreur que le copiste aura parlé au pluriel des édits des édiles, puisqu'il n'y en a qu'un, erreur provenant de ce qu'il avait, peu auparavant, parlé des édits des préteurs, qui sont en effet au nombre de deux, l'un urbain, l'autre pérégrin. — Gö. avait edicto dans sa première édition seulement.

16. A. optinetür. — 17. A. Velüt. — 18. A. Sedqui.

19. Significantur.

* Page intérieure très-facile à lire ; nombreuses corrections de seconde main.

20. A. : S'; que la plupart complètent : Sed; Kr. et S., Hu. 4, Gn., d'après conjecture de Mommsen, lisent Et.

5 liber*orum* hominum ali*i* ingenui s*unt*, ali*i* liber|tini. 11. Ingenui s*unt*, q*ui* liberi nati s*unt*; libertini, qui ex justa servitute m*anu*m*i*ssi s*unt*. 12. Rursus libertinorum (((*tria*[21] *sunt genera; nam aut cives Romani, aut Latini, aut dediticiorum*))) numero s*unt*; de q*ui*b*us* singulis dispiciamus, ac prius | dediticiis[22].

IV. DE DEDITICIIS[22bis] VEL LEGE AELIA SENTIA.

13. Lege itaque Aelia Sentia ca|vet*ur*, ut q*ui* servi a|
10 dominis poenae nomine vincti s*int*, | q*ui*b*us*ve stigmata inscripta s*int*, deve q*ui*b*us* ob noxam | q*u*aestio tormentis habita sit, et in ea noxa fuisse convic|ti[23] s|int[24], q*ui*q*ue*[25] aut[26] ferro a*ut* c*um* bestiis[27] depugna-

---

21. Restitution Gö. 1, et depuis, par tous, tirée de l'*Epitome* des Institutes de Gaius (*Ex lege romana Visigothorum*), I, 1, pr. — L'ap. S. ne porte ici aucune trace de lacune.

22. *De*, manquant au ms., est ajouté par tous.

22 bis. A. de deticiis.

23. Convictii ms¹ ; convicti ms². A. S. — 24. A. sunt.

25. A. q̄q̄. — 1) quique Gö. 2, Kl., Hef., Lachm., Pell., Bö. 3. — 2) qui*v*e Gö. 1, Kr. et S., Gn. — 3) quive, Hu., Bö. 5, Gir., Pol., Muir.

26. Ap. ā. — 1) (*ut*) aut, Gö. 1, Hu. 4, Pol. — 2) *ut*, Gö. 2, Bö. 3-5, Lachm., Pell. — 3) ut, Kl., Hef., Hu. 2, Gir., Muir. — 4) *ut*, Kr. et S., Gn.

27. A. üestiis; c'est-à-dire *uestiis* de première main, corrigé par la seconde main, A. S., note. — L'emploi de *u* pour *b* est très-fréquent au ms., et la plupart du temps il ne s'y trouve pas, comme ici, accompagné d'une correction. V. ci-après, I, notes 104, 113, 140, 154, 166, 168, 179, 191, 196, 199, 201, 207, 226, 289, 293, 362, 378, 411, 413, 416, 448, 455, 466, 490, 539, 564 ; et II, note 2 et les renvois. — Sur l'emploi inverse de *b* pour *v*, V. ci-après I, note 40, II, note 86 et les renvois.

rent tra|diti sint[28], inve lud*um* custodiamve conjecti[29] fuerin*t*, | et postea v*el* ab eod*em* domino[30] v*el* ab alio manu*m*issi, ejusd*em* | condicionis liberi fiant[31]; cujus 15 condicionis s*unt* | peregrini deditici*i*.

V. DE PEREGRINIS DEDITICIIS[31bis]. 14. Vocantur au*tem* peregrini deditici*i*[32] | hi, *qui* quondam adversus populum Rom*anum* armis su|sceptis pugnaver*unt*, et d*einde*, victi sunt, se[33] dediderunt. 15. Hujus | ergo turpitudinis servos *quocumque* modo et *cujuscumque* | aetatis manumissos, etsi pleno jure dominorum fu|e- 20 rint, nunqu*am* a*ut* cives Romanos aut Latinos fieri dicem*us*, *sed* omni|modo dediticiorum numero constitui intelle|gemus[34]. 16. Si v*ero* in nulla tali turpitudine sit servus, | manumissum modo civem Romanum,

---

28. A. sint, ms¹; sunt, ms². — 29. A. conlecti.
30. A. au͡ei͡ndomino. Tous ab eodem, diversement écrit : ab eodem, ab eodem, etc., sauf Pol. : ab eo.
31. A. fiunt. — 31 *bis*. perigrinis dedeticiis.
32. Ces deux mots, très-lisibles, mais de seconde main, débordent sur la marge de droite, A. S. ; non indiqués, A. B. — Gö. 1, *dediticii* vocantur autem ; Gö. 2, Kl., vocantur autem *sic*; Lachm. vocantur autem (*peregrini dediticii*), suivi Bö., Hu., Pell., Gir.
33. A. etvictisse. — 1) Gö. 1-2, Kl., Hef. Hu. 2-4, Gir. : et deinde victi se. — 2) Lach., Bö. 3, Pell. tr. : deinde, *ut* victi sunt, se. — 3) Bö. 5 : deinde *autem* victi se. — 4) Pol. : armis susceptis, victi se tradiderunt. — 5) Kr. et S., Gn., Muir.: deinde uicti se. — 6) Pell. ma. : et deinde, *ut* victi sunt, se.
34. A. intellegemus, ici et partout ailleurs. — Gö.: 1 intellegemus, croyant que le ms. avait à tort intelligemus, d'après les schedae. — Gö. 2 et presque tous, depuis, intellegemus ; Pell., ici et partout ailleurs, donne *intellegemus, intellegere*, etc.

modo Latinum fieri dice||mus. 17. Nam in cujus persona tria haec concurrunt³⁵, ut major sit annorum triginta, et ex jure Quiritium do|mini, et justa ac legitima manumissione liberatur, | id est vindicta aut censu aut testamento, is civis Romanus fit³⁶; sin | vero aliquid eorum deerit, Latinus erit.====

VII³⁷. DE MANUMISSIONE VEL CAUSAE PROBATIONE. 18. *Quod autem* de aetate servi requiritur, lege Aelia Sentia in|troductum est; *nam* ea lex minores XXX annorum³⁸ servos non | aliter voluit manumissos cives Romanos fieri, *quam* si vindic|ta, apud consilium justa *causa* manumissionis ad probata, libe|rati fuerint. 19. Justa autem causa manumissionis est, veluti si quis fi|lium filiamve, aut fratrem sororemve naturalem, | *aut* alumnum, aut paedagogum³⁹, aut ser-

---

* Page extérieure facile à lire; plusieurs corrections et les rubriques de seconde main.

35. A. czcurī; tous : concurrunt, sauf Pol. : concurrent.
36. A. et toutes les éditions : fit, excepté Pol. : fiet.
37. VII, très-net, A. S.; par erreur évidente, pour VI. La plupart corrigent. — Quelques-uns omettent toutes ces rubriques et leurs numéros, Pol., Muir. — Gn. donne les rubriques, mais il en supprime le numérotage. — 38. A. ann, complété d'abord *annis* Gö. 1, puis *annorum* Gö. 2 et tous les autres.
39. A. Pelagogum, corrigé par tous. — Le rapprochement de ce § 19 avec le § 39 *infra* a soulevé des difficultés. Quelques-uns ont pensé que les mots : *aut paedagogum* du § 19 devaient être supprimés; d'autres les y ont maintenus, mais en changeant, au § 39, *illae causae* en *aliae causae*, V. Bö. 5. — Hu. 2-4, sans rien changer au § 39, entend le *paedagogus* du § 19 « *liberorum manumissoris* » (L. 35 Dig. de fideic. lib. 40, 5), tandis que celui du § 39 est « is, qui ipsum manumissorem instituit ». (L. 13 D. de manum. vind. 40, 2.)

vum[40] *procuratoris* ha|bendi gratia, aut ancillam matrimonii causa, apud consilium[41] manumittat.=====

VII. DE CONSILIO ADHIBENDO[42]. **20.** Consilium *autem* adhibetur, in urbe Roma[43] | q*uidem*, q*uinque* senator*um* et q*uinque* equit*um*[44] Rom*anorum* pube|r*um* ; in provinciis *autem*, viginti recuperator*um* civi*um* Roman*orum*, idq*ue* fit ultimo die conventus : sed | Romae certis[45] diebus ap*ud* consilium m*anu*mittun|tur. Major*es* v*ero* triginta annor*um* servi semper m*anu*|mitti solent, adeo ut v*el* in transitu manumittantur,| v*el*uti c*um* praetor a*ut* pro consule[46] in balneum vel in t*h*eatr*um* | eat. **21.** Praeterea minor triginta

---

40. A. Serbum; le copiste, qui habituellement écrit *seruus*, a ici employé b pour u. (On sait que la prononciation *b*, pour *u* ou *v*, est encore fréquente aujourd'hui dans certains pays). Le ms. offre beaucoup d'autres exemples de *b* pour *u*. V. infra, I, notes 250, 271, 432, 500, 515, 535, II, note 186 et les renvois; toutefois ils sont un peu moins fréquents que ceux de *u* pour *b* (uestiis, hauemus, liueri). [v. note 27 *supra* et les renvois].

41. Pol. supprime apud consilium.

42. Cette rubrique est très-difficile à lire; toutefois *adibendo* est certain. Quant au chiffre il est douteux qu'il y ait IIII; il se pourrait qu'il y eût VIII ou UIII. A. S. note. — Gö. Lach., Bö. 3, Pell., Hu. 2, De recu*per*atori*b*us. — Bö. 5, Gir., De co*n*silio recu*per*atoru*m*.

43. Roma paraît ajouté de seconde main au bout de la ligne. A. S. note. — 44. A. Quinqueqtum.

45. Entre *Romae* et *certis,* Hu. 4 intercale (*servi*), qu'il pense avoir été omis à cause de la ressemblance du mot suivant certi-s.

46. Le ms. a *pconsule* très-net. — 1) Gö. 1-3, Kl., Hef., Pell. tr. Pos., Abd. et W. *Proconsule* ou *proconsule*. — 2) Blond, Lab., Pell. ma., Gir., Gn., Muir : *Proconsul* ou *proconsul*. — 3) Böc. 3-5, Pol., Kr. et S., Hu. 2-4 *pro consule*. — Au comm. IV, § 139, le ms. a *pconsul*.

annor*um* servus m*anumissione*[47] po|test civis Romanus fieri, si ab eo domino q*ui* solv*endo* | non erat, *testamento* eum liberum ei *heredem* relinctu (―――――) t[48]

---

47. A. m͞m; complété par manumissione, selon les uns, par manumissus, selon les autres. Kr. et S., donnent au texte manumissus entre [ ], et indiquent en note que ce mot pourrait être une glose.

48. A. S. : eih͞d.relinctu(siisi)t ; *siisi* non lu par St., mais schedae de Gö. — A. B. : eth͞drelinctususi. — Restitutions diverses. — Avant St. : — 1) Gö. 1-2 : liber et heres relictus sit, au texte; avec remarque que les termes dont se sert ici Gaius « servum liberum et heredem relinquere » sont plus exacts que ceux qu'il emploie ailleurs « servum liberum et heredem instituere », II, 154, 160, 276; suivi Kl. — 2) Hef., note, ajoute *si modo nemo alius ex eo testamento heres sit*, d'après Ulp. I, 14 ; reproduit Blond. — 3) Lachm., note, préfère, après *relictum : « scriptus heres alius non summoveat* ». — 4) Pell. tr. rejette la conjecture de Lachm., parce qu'il en résulte une phrase d'une construction trop bizarre ; il revient à la leçon de Gö., qu'il conserve au *Manuale*. — 5) Bö. 3-5, note, suit Lachm. — 6) Hu. 2, Gir. au texte : eum liberum et heredem relictum, servus si|militer *cum libertate heres scriptus testamento non praecedat, et nemo alius | ex eo testamento heres sit*. — Depuis St. : 1) St., en note, p. 4 de l'Ap., « dit que « liberum eih͞d » a pu être écrit pour « liberum et h͞d. » ; il indique qu'à la fin de la ligne il peut, au lieu de *siisi*, lu par Gö., y avoir eu *sisi*, ou *sim*, ou *msi*, ou quelque chose de semblable. — 2) Goudsmit : cum liber tum et heres relictus sit ; 3) Pol. : eum liberum ei heredem relictu (su͞si) t ; 4) Kr. et S., Hu. 4, Gn. 2, Muir. : eum liberum e*t* heredem relictu*m*, en laissant en blanc après *relictum* (V. la note 49 ci-après). — 5) Mommsem (en note K. et S.) propose après *relictum* : « alius heres nullus excludit, » ou, si l'on ose s'éloigner davantage du ms., « testamento cum libertate ei hereditas relicta *fue*rit | neque ullus allius ex eo testamento heres existat (ou autres choses semblables) ; idque eadem lege Aelia Sentia cautum est. »

|—————————————————————— Legi nequeunt : 24 versus ⁴⁹————.

* Page extérieure dans laquelle il ne reste presque plus aucune lettre.

49. Gö. n'avait rien pu lire de la p. 5, l'eau et les agents chimiques ayant effacé toute écriture; aussi, dans sa 1ʳᵉ éd., n'avait-il rien inséré au texte. Il avait seulement indiqué en note le sujet que devait traiter Gaius, d'après le passage correspondant de l'Epitome, I, 1, 2 : *Latini sunt, qui aut per epistolam, aut inter amicos, aut convivii adhibitione manumittuntur.* — Bluhme, bien qu'il n'eût pas employé de nouveaux réactifs, crut apercevoir quelques lettres ; d'où, à partir de sa 2ᵉ édit., Gö. inséra, au texte, une douzaine de mots, séparés par des * ou des —, et, dans les notes, les débris d'un peu davantage ; le tout ne présentait aucun sens et c'est à juste titre que St. (note de l'ap.) le qualifie de véritable *farrago*. Il fut reproduit tel quel dans presque toutes les éditions ——. M. Huschke (J. A. 1-2) entreprit de reconstituer la page 5 tout entière; il proposa une fin de § 21, puis des §§ 21ᵃ et 21ᵇ et un commencement de § 22; sa restitution a été suivie par M. Gir., sauf quelques changements de rédaction ¹.

Déjà fort incertaine avant St., cette restitution a perdu aujour-

---

1. Leur texte est le suivant : Fin du § 21, après les mots : *et nemo alius ex eo testamento heres sit*, par lesquels ils terminent la phrase : *liberum et heredem relictum*, (v. la note 48 ci-dessus) : *idque eadem lege Aelia Sentia cautum est. Idem favore libertatis de eo servo Proculus existimat, | qui sine libertate heres scriptus sit.* — § 21ᵃ *Cum vero lege Aelia Sentia* testamento | *primus scriptus solus civis romanus fiat, placuit, si quis forte | ex ancilla sua natos spurios liberos et heredes scripse|rit, omnes servos manere, quia quis primus sit, ex ea oratione non intellegitur, nec in fraudem creditorum plures ex | patrimonio debent decedere ; denique senatus consulto ad legem Furiam Can|iniam facto provisum est, ne in potestate debitoris esset, eius | legis auctoritatem per hanc artem evertere.* — § 21ᵇ *Ex iure quiritium | fit servus noster non per hoc solum, quod pecunia nostra conparatur, | sed ulterius requiritur iusta servi acquisitio pro|pterea quod quaedam etiam non iustae sunt acquisitiones ; nam | ea, quae traditione alienantur, quamuis res mancipi sint, nec vel | mancipatione vel in iure cessione vel usucapio|ne acquiruntur, tantum in bonis fiunt.* — § 22. *Latinus fit ex | lege Aelia Sentia seruus minor XXX annorum testamento libe-|ratus : quanquam Latinum ipsa lex Aelia Sentia nondum fecit : item qui ea aetate | maior a domino, cuius est in bonis, quamuis iusta manumissione | manumittur, vel qui inter amicos liberatur, si modo alia | causa libertatem non impediat. Hi omnes tamen olim qui|dem in forma libertatis seruabantur, cum praetor eos, licet | servi ex iure Quiritium essent, in libertate tueretur.* (Gir. ? après *tueretur*). *Nunc vero qui hoc | modo manumissi sunt,* etc.

GAIUS, I, 22-23.

6
75 v
ter s.

22. ...... || homines Latini Juniani appellantur: Latini ide*o* | *quia* adsimulati *sunt* Latinis coloniariis; Juniani ideo[50], | *quia* per legem Juniam liberta- tem accepe*runt*, *cum* olim ser|vi viderentur[51] *esse*. **23.** N*on*[52] *tamen* illis permittit[53] lex Junia

---

d'hui le peu de crédit qu'elle pouvait avoir. En effet, St. déclare qu'après un long travail il n'a pas reconnu *une seule* des lettres de Bluh.; bien plus, il affirme que dans plusieurs endroits *rien ne peut plus être distingué*, et que, dans d'autres, il est même certain que les lettres de Bluh. *n'ont jamais existé*; enfin, il indique comme les seules lettres qui soient à présent visibles :

1°) l. 3, au milieu, rom; 2°) l. 9, à la fin, sat * usicatqu ***, et spécialement pas une de celles que donne Bluh; 3°) l. 13, au milieu, serui; 4°) l. 14, 2ᵉ partie, quinboniscuin **eor*****.

Cet exemple montre avec quelle réserve on doit recourir aux schedae de Bluh. — Il paraît que, *depuis* 1874, M. Bluhme au- rait (dans une conversation avec M. Krüger) avoué que ses sche- dae sur la p. 5 avaient été faites à la légère, et il aurait ajouté qu'elles ne s'étaient glissées dans son envoi en Allemagne que par un hasard malheureux. (V. la préface de l'édit. K. et St., p. 5, note 1).

Après les déclarations de St., les édit. postérieures ne pouvaient plus rien reproduire des schedae de Bluh.; aussi M. Huschke dut-il abandonner les restitutions dont elles étaient le point de départ. — Pourquoi dès lors M. St. leur a-t-il donné place dans son ap.; et pourquoi ne les a-t-il pas au moins mises entre [], comme il fait partout ailleurs, quand, faute d'avoir pu lire lui- même, il donne seulement ce que Bluh. dit avoir lu?

* Page intérieure, non difficile à lire, quoique trois fois écrite.

50. Après ideo, rien n'a jamais été écrit, A. note.

51. A. uiderant'. — 52. A. n. — 53. A. promittit.

| vel[54] ipsis testamentum[55] facere, vel[54] ex testamento alieno capere, vel[54] tutores | testamento dari. ═══
24. Quod autem diximus[56], ex testamento eos capere non | posse, ita intellegemus[56] ne quid in? directo[57] hereditatis le|gatorumve nomine eos posse capere dicamus : a|lioquin per fideicommissum capere possunt.
25. Hi vero | qui dediticiorum numero sunt, nullo modo ex testamento capere | possunt, non magis quam quilibet peregrinus, quia[58] nec ipsi testamentum fa|cere

---

54. Les édit. ant. ont *nec.* — Dans l'A., la lettre *u* est trois fois répétée dans cette ligne, d'où les édit. post. *vel*.

55. St., ap. note, dit t̄t̄ (m), pour testamentum, plus probable que tt (a), testamenta.

56. Édit. ant. intellegendum *est*, ou intellege*ndum esse videtur.*

57. A. indirecto. — 1). D'après Goud., suivi Pol., Muir., Gaius n'a certainement pas écrit *ne quid indirecto*, ce qui ne serait pas latin, mais bien *ne quid inde directo* (inde, c'est-à-dire *ex testamento*), manière de s'exprimer que l'on trouve ailleurs, soit dans G. lui-même, IV, 28, « inde pecunia accepta », soit aux Inst., § 3, *Quod cum eo*, IV, 7. — 2) K. et S., d'après Mommsen, tiennent *indirecto* pour une glose fondée sur la fin du §; corrigeant, ils donnent *directo*; suivis G. 2. — 3) D'après Hu. 4, *ut* a été transposé et changé en *in*; il lit : *ut* ne quid directo. — La leçon Goud., Pol., Muir, nous semble préférable.

58. A. porte l'abréviation de *quia*, mais comme incertaine. — 1) Pol., Hu. 4., Muir., *quin*, proposé par Goud., d'après lequel la lettre *n*, qui est de trop à la l. suivante après *mg* (v. la note 59 ci-après) doit être reportée ici. — 2) K. et S., Gn. 2, supprimant *quia*, ont seulement *nec ipsi*.

possunt, secundum id *quod* mgn⁵⁹ placuit. | 26. Pessima
itaque libertas eorum est, qui dediticiorum nu|mero
sunt : nec ulla lege, *aut senatusconsulto*, aut constitu-
tione princi|pali aditus illis ad civitatem Romanam
datur. 27. Quin et in | urbe Roma vel intra centesimum
urbis Romae | miliarium morari | rea⁶⁰ prohibentur;
et, si fecerint, | ipsi bona*que* eorum publice venire
jubentur, ea con|dicione ut ne in urbe Roma vel intra
centesi|mum urbis Romae miliarium serviant, neve
un | q*uam manumittantur;* et, si m*anumissi* fuerint,
servi populi Ro|mani *esse* jubentur: et haec ita lege
Aelia Sentia | *comprehensa sunt*.══════

LATINI AD CIVITATEM ROMANAM PERVENIANT⁶¹.

|| 28. ══════════Latini multis modis ad civitatem
Romanam perve|niunt. 29. Statim *enim* ex lege Aelia
Sentia cautum *est* ut⁶² minores | triginta annor*um*

---

59. La troisième de ces lettres est supprimée dans toutes les
édit. post.; quelques-uns la reportent à la ligne précédente,
pour faire q*uin* (v. la note 58. — K. et S., au texte, n'en
tiennent pas compte; en note, ils disent possible : ma*gis
non* ou ma*gis nunc*, ou peut-être, mais plus difficilement, ma-
gistris nostris. — Goud. signale *magis placuit* comme fréquent
chez G. (III, 114, 145, 146). — Avant St., *quod plerisque*.

60. A. r̃ea, c.-à.-d. r douteux, ms¹, remplacé ms² par i͡7 abréviation de *con*. — Si contra ea, Goud. Pol.; — si contra, Kr.
et S., Gn., Muir.; si *qui* contra ea, Hu. 4.

61. Rubrique ms²; la plupart complétant QUIBUS MODI LATINI.

* Page intérieure, d'une lecture certaine, à peu d'exceptions
près.

62. *Cautum est ut* est supprimé comme glose par Pol., Kr.
et S., Hu. 4, Gn. 2.

manumissi et Latini facti, si uxores[63] | duxerint vel civem Romanam[64], vel Latinas[65] coloniarias | vel ejusdem condicionis cujus et ipsi essent, idque testa|ti fuerint adhibitis non minus quam septem testibus civi|bus Romanis puberibus, et filium procreaverint, cum[66] is[67] filius anniculus esse coeperit[68], datur eis po-testas[69] | per eam legem[70], adire praetorem, vel in pro-vinciis praesidem | provinciae, et adprobare se ex lege Aelia Sentia, |[71] uxorem duxisse, et ex[72] ea filium anniculum habe|re : et si is[73] apud quem causa probata est, id ita esse pronuntia|verit, tunc et ipse

---

63. A. uxor.

64. Civem romanam, ms¹ ; romanas, ms².

65. Latin, ms¹ ; latinas, ms².

66. Avant St. et, au lieu de cum.

67. A. his.

68. Édit. ant. fuerit. — D'après Goud., esse coeperit, plus précis, marque qu'il suffit que le jour anniversaire de la naissance soit commencé ; Gaius est ainsi d'accord avec Paul, l. 134. Dig. de verb. signific. 50, 16.

69. Avant St., la plupart : permittetur eis, si velint, d'après Gö. ; d'autres ; Hu. 2, Gir. : permittetur eis jussum ; Bö. 5 : per-mittetur eis Latinis.

70. Pol. supprime per eam legem.

71. Avant St., quelques-uns intercalaient liberorum causa entre Sentia et uxorem duxisse, Gö. 1-2, Pell. ma. ; mais ces mots avaient disparu de la plupart des édit., à partir de Gö. 3.

72. Ex. ajouté ms².

73. His, ms¹, corrigé ms².

Latinus[74] et uxor ejus, si et ipsa ejusd*em*[75] | condicionis sit, *cives* Romani esse jubentur. **30**. Ideo au
15 tem |(———) [76] [——————————] si et ipse ejusdem

---

74. Junianus, ms², dont les quatre dernières lettres seules sont certaines, et que Hu. 4 appelle *insipida glossa*.

75. Depuis St., comme auparavant, on s'accorde à reconnaître qu'il manque ici quelque chose. Restitutions diverses : 1) Gö. 1-2, d'après Savigny : et ipse latinus (*et filius*) et uxor ipsa ejusdem condicionis sit. — 2) Kl. : et ipse latinus et uxor ejus *et filius* si et ipse ejusdem condicionis sit. — 3) Hef., Blond., Lab. : et ipse Latinus et uxor ejus, si et ipsa ejusdem condicionis sit (*et filius eorum, si et ipse ejusdem condicionis sit*). — 4) Gö. 3. Lach., Bö. 3-5 ; Hu. 2-4, Pell., Gir., Gn. 1-2, Muir. : et ipse Latinus et uxor ejus, si et ipsa ejusdem (*condicionis sit, et ipsorum filius, si et ipse ejusdem*) condicionis sit. — 5) Goud. revient à la conjecture de Savigny. — 6) Kr. et S., d'après Mommsen : et ipse Latinus et uxor ejus, si et ipsa eiusdem condicionis sit (et filius, si et ipse eiusdem condicionis sit). — 6) Pol. n'insère au texte aucune restitution. — Le copiste aurait-il passé une ligne entière, et cette omission s'expliquerait-elle par la répétition des deux mots *ejusdem condicionis*, dont l'un finit la ligne 13 et l'autre commence la ligne 14 du ms ? On l'a supposé, d'après l'ensemble du texte, et en particulier d'après le § suivant ; mais nous allons voir que ce dernier est lui-même douteux.

76. A. (ini) [psofi| niiadiecim] sch. Gö et Blu. — St. n'a rien lu lui-même dans la première moitié de la l. 15. Dans son édition avec Kr., il admet : in *hujus persona* ; Pol., Gn. 2, Muir. : *in persona filii* ; Hu. 4 : in *ipsorum filio*, que tous admettaient avant St. — Il se peut que le ms. n'ait rien contenu de ce que Bluhme a cru y voir ; M. Stud. en avertit. Or, c'est uniquement d'après Blu. que l'on admet *pso* et tout ce qui suit jusques et y compris *adjecimus*. — Goud. propose : Ideo autem in uxore Latini adjecimus si et ipsa ; Gaius aurait ainsi parlé, non du fils, mais seulement de la mère, comme Ulpien, III, 3. Cette conjecture a contre elle l'ap., car dans la partie certaine du texte, on lit *ipes* et non *ipsa*.

condicionis | sit, quia[77] si uxor Latini civis R*omana est*, *qui* ex ea nascitur|, ex novo *senatusconsulto* q*uod auctore* divo Hadri*ano* fact*um* est, civ*is* R*omanus* nas-ci|tur. **31.** H*oc tamen* jus adipiscendae c*ivitatis* R*o-manae*, *etiamsi* so[l]i[78] minor*es* tri|ginta annorum man*umissi* et Latini facti ex lege A*elia Sentia* | ha-buerunt, *tamen* postea *senatusconsulto quod* Pegaso et Pusione. consuli|bus fact*um* est, *etiam*[79] majoribus triginta annorum manumis|sis[80], Latinis factis, concessum est. **32.** Ceter*um* et*iamsi* ante decesserit Latinus q*uam* anniculi | filii causam probaret, pot*est* mat*er* *ejus* causam probare, et sic et ipsa fiet || civis R*omana* et Latin. ——— | ([81]) pmis ——— | ar ([81 *bis*]) uiibir ——————————— | ipse filius

---

77. Les deux mots : sit quia n'ont pas été lus par Stud., qui les donne d'après les schedae de Göschen.

78. Socii ms¹, semble corrigé ms² par des points, mis au-dessus de chacune des lettres de *socii*, et dont les trois derniers seuls sont certains, A. S. note. — So*l*i, dans presque toutes les éditions. — Pol. *servi modo*.

79. Etiam, Pol., Kr. et S., Gn. — Et, Bö. 3, Hu. 2-4, Gir., Muir. — Et *iam*, Gö. 1-3, Bö. 5.

80. Pol. intercale *et*.

* Page extérieure très-difficile à lire ; St. donne les lettres qui lui ont paru probables.

81. A. (nu) sch., Gö. ; mais, d'après St., note A., ces deux lettres ne semblent pas avoir existé au ms.

81 *bis*. A. (i c *) sch. Gö.

GAIUS, I, 31-32.

```
                      t   c
5  civis____ire*****s**** |debet causam probare ut___ 82
   32 ª ⁸³____pra di|ximus de filio anniculo dicta intel-
```

---

82. Restitutions diverses proposées pour la fin du § 32 :

1) Hu. 1-2 (suiv. Gir.)... fiet | ciuis Roma*na, et filius, isque eo amplius perinde ac si iustis* | nuptiis *esset procreatus, quasi suus postumus heres patris bona* | apiscitur. *Si uero et pater et mater decesserint,* | ipse filius, *cujus interest* cum ciuitate Romana bona eorum *obtinere,* debet causam probare, ut *tamen, impuberis tutor causam agat.*

2) Krüger (« ad sensum magis quam ad ductus » Kr. et S., note ; (suivi Gn. 2) : CIUIS ROMANA ª, *si* LATINA sit, quod si mater causam probare nolue*rit,* PERMISSUM est tutoribus filii uel ipsi filio, poste|A*quam ad* PU*B*E*Rtatem* peruernit, causam probare, quo casu | IPSE FILIUS CIUIS Romanus fit. | Item utroque parente mortuo filius DEBET CAUSAM PROBARE, UT ipse civis Romanus fiat.

3) Mommsen, dans sa lettre à St., insérée dans l'édit. Kr. et S. (p. XVII-XVIII), juge la conjecture précédente *non satis caute scripta;* il propose.... fiet CIUIS ROMANA ET *filius,* scilicet si Latina sit. Si mater ante patrem decesserit uel post eum causa non probata et spatium supersit, rem peraget per tutores IPSE FILIUS CIUIsque Romanus fiet : scilicet ita DEBET CAUSAM PROBARE, UT supra expositum est.

4) Hu. 4,.... fiet | ciuis Romana, *si Latina est, et filius, isque tanquam iustis* nuptiis *procreatus, quasi suus postumus heres patris bona* apiscitur. *Si uero et pater et mater decesserint,* ipse filius, *cujus interest* cum ciuitate Romana *bona consequi, quae ab eis relicta sunt,* debet causam probare *ut tamen pupilli* tutor causam agat.

83. J'adopte, avec Kr. et S., Hu. 4, Muir., la subdivision du § 32 en 32 ª, 32 ᵇ, 32 ᶜ. — Pol., Gn. ne le subdivisent pas.

(a) D'après la préface de l'édit. Kr. et S (p. XI, note 1) ces lettres CRASSIORIBUS TYPIS sont celles qui, dans leurs restitutions, sont conformes au ms, et les lettres *inclinatis typis* sont celles où, dans leurs conjectures, ils s'écartent du ms. — Je reproduirai ces différences de caractères, lorsque cela me semblera nécessaire pour l'intelligence des leçons proposées en note par K. et S.

legemus [84] | | | legi nequeunt
v. 6 fine — s. | | . 32 b [85]

---

84. Restitutions diverses : 1) Hu. 2 ; *sed uidebimus* de filio anniculo *quae diximus,* ne eadem de | filia annicula dicenda sint. — Gir. le suit, sauf qu'il finit le § 32 avec cette phrase au lieu d'en faire un § 32 a. — 2) Kr. et S., Gn. 2, *quae supra diximus de filio anniculo, < eadem et de filia annicula > dicta intellegemus.* — 3). Hu. 4, *quae supra diximus de filio anniculo, dicta intellegemus et de filia annicula.* — Muir., comme Hu. 4, sauf *etiam* au lieu de *et.* — Le fond de ces restitutions est tiré de G. I, 72 ; quant aux termes, ceux de Hu. 4 et Muir. semblent les plus conformes à l'ap.

85. Les §§ 32 b, 32 c, 33 et 34 ont été entièrement renouvelés par M. St. — Dès 1868, [1] au congrès des philologues allemands tenu à Wurzbourg, il faisait connaître le nouveau texte de ces quatre §§, tels que les contient son édition de 1877, et il y ajoutait quelques explications ; v. Verhandlungen der 26sten Versammlung deutscher Philologen, Leipzig, 1879, p. 127-129. — Tous, depuis, admettent le texte de St. ; Hu. 4, fait seulement quelques additions et corrections, indiquées dans les notes ci-après.

---

(1) Restitutions antérieures à St. : 1) Gö., sur le § 33 avait proposé : *lege Iulia cautum est, ut Latinus si in perficiendo* aedificio *Romae non minus quam partem* s.... *patrimonii sui impenderit, ius Quiritium consequatur* ; Cramer avait conjecturé : *semissariam*, Andreae : *sextantariam.* _____2) Hu : § 32 b. _____ *si servus | alterius in bonis, alterius ex iure quiritium sit, unus ex | illis duobus dominis libertatem eius incoare, alter com|plere per iterationem potest.* 32 c. *Praeterea guius Latinus ius | Quiritium consequitur, si nauem decem milium modiorum fabricauerit uel etiam alias quaesierit et sex annis ea ipsa | uel, eâ perdita, alia, quam in eius locum comparauit, fru|mentum Romam portauerit. Quod ita edicto D. Claudii significatur.* 33. *Item Neronis Caesaris edicto cauetur, ut si Latinus in perficiendo | aedificio Romae non minus quam partes duas tertias | patrimonii sui impenderit, ius Quiritium consequ|atur....* 34 *:.... non minus quam singulos frumenti modios pinseret, ad ius Quiritium* _____. 3) M. Giraud, admettant les restitutions de Hu. 2, avait proposé en outre pour le § 34 ; *Qui autem Romae pistrinum institueret, quod diurnos non minus (?) quam singulos frumenti modios pinseret, ad jus Quiritium perueniret.*

_____[86] id est fiunt cives Romani, si Romae inter vigiles sex annis milita|verint. Postea dicitur factum esse senatusconsultum, quo data est | illis civitas Romana si triennium militiae ex |pleverint.===== 32 c Item edicto[87] Claudii Latini jus | Quiritium consecuntur si navem marinam edifi | caverint, quae non minus quam decem milia modiorum____[88]| ti capiat, [88bis] eaque navis vel quae in ejus locum substituta____[89] annis frumentum Romam portaverit.

33. Praeterea____ ne s_____[90] ut, si Latinus qui patrimoni ** |sestertium cc milium plurisve habebit, in urbe Roma dom ** | aedificaverit, in quo [91]

---

86. Hu. 4, restituant les deux lignes illisibles du ms. au commencement du § 32 a, donne : *Praeterea ex lege Visellia tam maiores quam minores XXX annorum manumissi et Latini facti ius Quiritium adipiscuntur.* Gn. 2 admet dans son texte cette restitution, d'après Ulp. III, 5.

87. Hu. 4 ajoute *diui*.

88. *Frumenti*, restitué, Pol., Kr. et S., Hu. 4, Gn., Muir., d'après Ulp. III, 6 et Scaevola, Dig. 50, 5, 3.

88 bis. A. capit.

89. *Sit, sex*, restitués comme *frumenti* (de la note précédente).

90. Hu. 4, maintient, d'après Tacite, Annal. 15, 43, sa conjecture relative à Néron, de préférence à celle de Göschen sur la loi Julia, inadmissible, selon lui, par le motif qu'il n'y avait pas encore de Latins Juniens du temps de la loi Julia ; il restitue : *a Nero|ne constitutum est edicto.* — Pol. : *Nerone auctore senatus permisit.* — Gn. 2 : *a Nerone constitutum est.* — Kr. et S., Muir. n'insèrent au texte aucune restitution.

91. A.: q; *qua*, St. (dans les Verhandlungen de Wurzbourg, p. 128), suivi Pol.; *quam*, Hu. 4, Kr. et S., Gn., Muir.

non minus quam partem dimidiam | patrimonii sui impenderit, jus Quiritium consequ|atur.

34. Denique[92] Trajanus constituit ut si*******[93] in | urbe tr***[94] nio pistrinum exercuerit ———[95] | dies singulos non minus quam centenos m———[96] | frumenti (———[97])nseret, ad jus Quiritium perveniret. ||———

Legi nequeunt v. 1-3 ———[98]——— 35. |———[99]Lati nor'

---

92. Hu. 4 ajoute *diuus*.
93. Tous *Latinus*.
94. Tous Tr*iennio*.
95. *In quo in*, Kr. et S., Pol., Gn., Muir. — *Quod in*, Hu. 4, d'après le rapprochement du § 233 Fr. Vat. (*ipsum pistrinum est centenarium*) et du § 32 c, supra de G. (*eaque navis... portaverat*.)
96. Modios, admis Pol., K. et S., Hu. 4, Gn., Muir., semble à peine suffisant pour remplir l'espace illisible qui suit m dans l'ap.
97. (Ppa), non lus par St., sont donnés dans son ap. d'après les schedae de Gö., mais avec la note que peut-être y avait-il *spi*. — Pinseret, Kr. et S., Gn.; *pinserit*, Pol.; *pinseret*, Muir.; pinseret, Hu. 4, qui se demande s'il n'y aurait pas eu par erreur avant *pinseret* la lettre p, qui, en omettant r, signifie *populi romani*, et qui aurait été ajoutée ici après *frumenti*, comme on le voit au § 236 Fr. Vat. après *annonam*.

* Page extérieure très-difficile à lire.

98. On pense que dans ces trois lignes, Gaius traitait des Latins qui acquièrent le droit de cité *beneficio principali* (Ulp. III, 2), et de la femme Latine *ter enixa* (Ulp. III, 1); mais l'espace semble à peine suffisant pour les deux matières.
99. Ce § correspond aux lignes 4-18 la p. 9, dont les deux dernières seules sont certaines; St. donne comme seulement probables les lettres des lignes 4-16 que nous reproduisons ci-

GAIUS, I, 35.

5 mmsisiia*** facit *** | —————————————— u m
consilium———————————————— | **** Latinorum

dessus. La plupart admettent que Gaius y traitait de l'*iteratio*,
soit d'après ce qu'on peut en lire, soit d'après le passage suivant de l'Epitome (I, 1, 4): Latini patronorum beneficio, id est
si iterum ab ipsis aut testamento, aut in ecclesia aut ante consulem manumittantur, civium Romanorum privilegium consequentur.

Restitutions antérieures à St. — 1) Gö, et après lui presque
tous : *Si quis alicujus et* in bonis et ex Quiritium sit, manumissus ab eodem scilicet et Latinus fieri p*otest et* jus Quiritium consequi. 2) Hu. 2 : *si uero Latinam | libertatem ab eo consecutus sit, cujus tantum | in bonis fuerat, consentiente eo petere debet, | cuius in eo* ius Quiritium fuerit. Cum *enim* ser*vus ejusdem domini et* in bonis et ex iure Quiritium sit, manumissus
ab eodem scilicet et Latinus fieri p*otest et* jus Quir. consequi.
3) Gir., comme Hu., sauf addition de *beneficium principale*
devant *petere debet*, et un ? après *cujus in eo*.

Restitutions postérieures à St. — 1) En 1870, Krüger (Kritische
Versuche, p. 116), puis avec quelques changements en 1877,
(note de son édit. avec St. p. 7) : minores xxx annorum manumissi si Latini facti sunt, quia | causa manumissionis apud consilium ad probata non fuerit; item ma|iores xxx annorum
qui uel inter amicos uel ab eo manumissi sunt, | cuius in bonis,
non ex ivre Quiritium fuerunt, fient cives Romani, | si is cuius
ex iure Quiritium sunt, iuste manumissionem iterauerit. ergo
si seruus *tu*is quidem in bonis, ex iure Quiritium a*u*tem meus
est, L*at*inus qu*idem* | a te solo fieri potest, nec *tamen* a me
iterum | manumissus ullo modo ciuis Romanus libertus fit;
sed si tu postea | ius quiritium consecutus manumissionem
iteraueris, ciuis Romanus fit. Patronatus sane ius tibi in eo
conser|uatur, quocumque modo ius Quiritium fuerit consecu |
tus. Cuius autem et in bonis et ex iure Quiritium sit manumis|sus, ab eodem scilicet et Latinus fieri potest et | ius
Quiritium consequi.

2) Stud. (en note édit. Kr. et S, p. 7) modifie de la manière
suivante la restitution de Kr. pour l'avant-dernière phrase, après
les mots *autem meus* est : « L*at*inus qu*idem* | a te solo fieri

| Legi neq. v. 7. | ——— aiusrom | mitauerit 100
s p c   c   o c
ergo siseruusi |——— iuemmeusc ——— aunusqa | ate 10
                              i
solo fieri potest✱✱ epar ✱✱✱✱m——— |✱✱✱e——llom———
slibertus fitsc—— | ius Quiritium consecutusm——— |
                          b i   o
✱atqn——— qu—— | daturqcquomius Quiritium fuerit 15

POTEST, nec *tamen nisi* etiam a me | manumissus ULLO MODO ciuis Romanus LIBERTUS FIT ; sed si tu postea | IUS QUIRITIUM CONSECUTUS manumissionem iteraueris, etiam a te solo civis Romanus fit. »

3) Hu. 4, expose en note les raisons de commencer le § 35 par « *Ab ipso patrono* », servant de transition entre le *beneficium ex scto* ou *principale*, et l'*iteratio* et il donne au texte la restitution suivante, qui diffère beaucoup de celles de Kr. et St.: *minores* XXX *annorum manumissi, si Latini facti sunt, quod inter amicos manumissis causa apud* consilium *probata est, postea uero maiores* XXX *annorum facti, item* | *maiores* XXX *annorum ideo Latini facti, quod uel inter amicos uel quocumque modo ab eo, cuius tantum in bonis erant, manumissi sunt, iteratione ius Quiritium consequi possunt, id est fiunt ciues* Romani |*, si is, cuius ex iure Quiritium sunt, iuste manumissionem iterauerit.* ergo si seruus *in bonis quidem tuis, ex iure Quiritium autem* meus *est, Latinus* quidem | a te solo fieri potest, *nec pariter tamen iterum a te uel* | *a me ullo modo manumissus ciuis Romanus* libertus fit. sed *si postea* | ius Quiritium consecutus *in manumisso fuerit is, a quo Latinus* factus est, *iterando eum ad ius* Quiritium *perducere potest, idque ius* ei | datur, quocumque modo ius Quiritium fuerit consec*utus*. *Cuius autem non modo* in bonis *set* et *ex iure* Quiritium *sit* manumissus, ab eodem scilicet et Latinus fieri potest et ius Quiritium consequi.

4) Gn. 2, n'admet que les deux dernières phrases de la restitution de Kr., à partir de *Patronatus sane*. — 5) Pol., Muir. n'admettent aucune restitution.

100. Ce mot *itauerit* pour *iteraverit* est l'un des principaux arguments pour restituer le § comme ayant pour objet l'*iteratio*.

consecu |―――― in[101] bonis et ex iure Quiritium sit manumis|sus ab eodem scilicet et Latinus fieri potest et | ius Quiritium consequi.════[102]|═══|═══

36. ((Non tamen cuicumque volenti manumittere licet. 37. Nam is qui)) |[102 bis] in fraudem creditorum vel in fraudem patroni | manumittit, nihil agit, quia lex Aelia Sentia inpedit libertatem. 38. Item eadem lege minori XX annorum domino non | aliter manumittere permitittur, quam si[103] vindicta apud con||silium justa causa manumissionis adprobata[104] fuerit[105].

---

101. St., note ap., fait ici remarquer qu'il n'est pas vraisemblable que les lettres *et* aient jamais été écrites avant *in bonis*. Les restitutions précitées les supposent au contraire ; pour éviter ce défaut, tout en conservant le même sens, Hu. 4 lit *non modo*, mais il ajoute *set* après *in bonis*. V. la note 99.

102. Plus de la moitié de la ligne 18, p. 9, ap., reste en blanc. Quant aux lignes 19 et 20, rien n'y a jamais été écrit, ap. s. note.

102 bis. Le § 36 et les trois premiers mots du § 37 sont restitués d'après Inst. I, 6, pr.

103. On a trouvé suspects la construction de la phrase et même l'emploi du mot *vindicta*; Gö., Niebuhr, Savigny, Dirksen, ont proposé soit la suppression de *vindicta*, soit diverses transpositions : non aliter vindicta manumittere permittitur, quam si...; ou : quam vindicta si apud.

✻ Page intérieure facile à lire.

104. Adpuata; pour adprobata. V. supra note 27.

105. Au lieu de fuerit Hu. 2-4, Gir.: *manumiserit*; Rudorff: *fecerit*; Lach.: *liberet*. — Mommsen, conservant la construction et le mot *vindicta*, supprime *si* et *fuerit*, qu'il tient pour des gloses, suivi K. et S., Gn. 2.

39. Justae | autem causae manumissionis sunt, veluti si quis patrem, | aut matrem, aut paedagogum, aut collactaneum | manumittat. Sed et illae causae quas superius[106] id est[107] in ser|vo minore XXX annorum exposuimus, ad hunc quoque | casum de quo loquimur[108] adferri possunt; | item ex diverso hae causae quas in minore XX | annorum domino rettulimus[109], porrigi possunt | et ad servum mino:em XXX annorum. **40.** Cum ergo cer|tus modus manumittendi minoribus XX[110] an|norum dominis per legem Aeliam Sentiam constitutus sit, | evenit ut qui XIV annos aetatis expleverit, licet | testamentum facere possit, et in eo heredem sibi in|stituere legataque relinquere possit, tamen, si ad|huc minor sit annorum XX, libertatem servo da|re non possit[111]. **41.** Et quamvis Latinum[112] facere vel|it minor XX annorum dominus, tamen nihilominus debet apud con|silium causam probare[113], et ita postea inter amicos manumittere.

———[114]

106. V. *supra* le § 19.

107. Id est, ms¹, semble corrigé ms²; tous les suppriment.

108. Pol. supprime de quo loquimur.

109. Pol. supprime quas.... rettulinus.

110. xxx par erreur ms¹.

111. A. potest, corrigé par presque tous. Les Inst. I, 6, 7, ont de même *poterat* pour *posset*.

112. A. uel, ms¹; corrigé ms² s.

113. A.: puare. (V. note 27, ci-dessus).

114. Ligne 19 en blanc, pour la rubrique, restituée par quelques-uns (Bö. 5) *De lege Furia caninia* (aujourd'hui *Fufia*, v. la note suivante).

42. | Praeterea lege Fufia[115] Caninia certus modus con|stitutus *est* in servis testamento manumitt*endis*. 43. N*am* ei q*ui* plur*es* q*uam* duos, neque plur*es* q*uam* decem ser|vos habebit, usq*ue* ad partem dimidiam ejus nu|meri m*anu*mittere p*er*mittit*ur*; ei[116] vero q*ui* plures || quam X, neq*ue* plures[117] q*uam* XXX servos habebit, usq*ue* ad tertiam partem | *ejus* numeri[118] m*anu*mittere p*er*mittitur; at ei[119] qui plur*es* | quam XXX, neq*ue* plures q*uam* centum habebit, usq*ue* ad

---

115. Le nom de la Loi est *Fufia Caninia*, et non *Furia*, ni *Fusia* généralement admis, pas plus que *Fuffia*, *Suffia* ou *Sustia*, que portent quelques ms. C'est un point que M. Studemund semble avoir mis hors de doute (Verhandlungen du congrès de Wurzbourg, p. 127). Le palimpseste de Vérone a toujours Fufia (infra I, 46. 139; II, 228, 239); une seule fois, au présent § 42, il a Fufidia, erreur de la première main, corrigée de seconde main (par un point sur d). *Fufia* résulte également de plusieurs autres manuscrits; d'Ulpien, I, 24, de Paul, IV, 4, des Inst. de Just. I, 7, des Pandéctes florentines (Inscription de la loi 37 *De condit*, 35, 1), et du Code, VII, 3. *Fufia* est le nom d'une gens plébéienne suffisamment connue. — Les édit. de Gaius postér. à St. ont toutes *Fufia*; même Hu. 4, qui avait d'abord résisté (dans son édit. des Inst. de J., Leipsig, 1868, p. 11, par ce motif: Fufii sub Augusto in honoribus non fuere) et qui attribuait la loi à Furius Camillus, consul en 761. — Déjà Krüger donne *Fufia,* dans son édit. des Inst. de J., Berlin, 1867.

116. A. si.

* Page intérieure tellement difficile à lire que St. déclare donner la plupart du temps ce qui a pu y avoir été écrit plutôt que ce qui l'a été réellement.

117. Quam X neque plures, omis ms¹; ajouté en marge ms².

118. A. nimeri. — 119. A. ad.

par|tem quartam potestas.[120] manumittendi[121] u datur; novis|sime ei qui plures quam C habebit, nec plures quam D[122], non plures ei manumitte|re permittitur quam ut quintam partem, neque plures|atur[123]; sed praescribit lex, ne cui plures manumittere liceat| quam C. c Quod[124] si quis unum servum omnino[125]

---

120. Avant St., corrections ou restitutions diverses; celle de Bö. 5 : « quartam directo iure liberare licentia datur, » fut combattue par Hu. 2, comme renfermant une erreur de droit évidente, aucune différence ne pouvant exister, sous le rapport du nombre, entre la liberté directe et la liberté fidéicommissaire.

121. Au lieu de u, Hu. 4, conjecture tt, c'est-à-dire testamento; St. note ap. déclare u si incertain qu'on peut mettre à la place tout ce qu'on voudra, pourvu que l'espace ne soit pas dépassé.

122. Nec plures quam D, omis ms¹; ajouté entre les lignes, ms².

123. Il manque ici quelque chose. 1) Les uns ajoutent simplement manumittat; au texte, Gö. 1, Bö. 5. — 2) D'autres laissent en blanc, Gö. 2, Bö. 3, Pell. — 3) Lach. transpose et restitue, en note : centum habebit, usque ad partem quartam manumittere permittitur : novissime ei qui plures quam c nec plures quam d habebit, non latior licentia datur quam ut quintam partem neque plures manumittat. — 4) Hu. 2 (au texte; suivi Gir.) : neque plures (quam D habentis ratio habetur, ui inde pars sum)atur, dans la pensée que le copiste aurait omis une ligne entière. — 5) Goud., plus simplement et d'après Ulp. I, 24 : neque plures numerantur; suivi Pol., Gn. 2, Muir. — 6) Kr. et S., au texte : neque plures <———> tur; en note : neque plures (quam D seruos habentis mentio in ea lege habe> tur, le ms ayant peut-être par erreur habe|atur pour habetur. — 7) Hu. 4, au texte : neque plures (quam D habentis ratio habetur, ut ex eo numero pars defini)atur.

124. Après quam C, le ms. porte cq si, c'est-à-dire les deux lettres cq incertaines. —Pol., Muir.: Contra si. —Kr. et S.; Hu. 4, Gn. : Quod si.

125. Il n'y a pas besoin de transposer comme l'indiquent en note Kr. et S.; omnino ayant souvent le sens de tantummodo, Hu. 4, note.

aut[126] duos | habet, ad hanc[127] legem non pertinet[128];
et ideo liberam | habet potestatem manumittendi.
44. Ac nec ad eos quidem | omnino haec lex pertinet,
qui sine testamento[129] | manumittunt: itaque licet iis
qui vindicta, aut cen|su, aut inter amicos manumittunt
[130], totam familiam suam[131] li|berare, scilicet si alia
causa non inpediat libertatem. 45. | Sed quod de numero
servorum testamento manumittendo|rum diximus, ita
intellegemus, ne umquam ex eo numero, | ex quo
dimidia[132] aut tertia, aut quarta, aut quin|ta[133] pars
liberari potest, (―――――[134]) liceat, | quam ex an-
tecedenti numero licuit, et hoc ipsa | ||||||[135] visum est.

---

126. A. haut. — 127. Pol.: ad hunc [haec] lex.

128. Edit. ant. laissaient en blanc ou restituaient *de eo hac lege nihil cautum est*, ou *nihil de eo cavetur*, avec ou sans *duntaxat* après *habet*. — Parmi les édit. post., Gn. seul : *de eo hac lege nihil cautum est*.

129. A. testam***. — 130. A. manumittuntur.

131. Suam ms², supprimé au texte comme *glossema*, Pol., Kr. et S., Gn., Muir. — 132. Dimidiam, ms¹; dimidia, ms².

133. Quintam, ms¹; quinta, ms².

134. St ici n'a rien lu ; mais d'après les Schedae de Gö., il donne (au cmpm). — Kr. et S., Hu. 4, Gn. : *pauciores manumittere*; Pol. : *pauciores manumitti*; Muir. — — — —. Avant St., Gö., 1 : *utique tot manumittere liceat, quot*, admis par tous.

135. Ici le ms est troué. 1) Presque tous restituent au texte *lege provisum est*, avant, comme depuis St., Gö., Bö., Hu., Pell., Gir., Kr. et S., Gn. — 2) Goud. tient *lege* pour impossible, par le motif que Gaius dit qu'une interprétation de la loi était nécessaire et que les termes du § suivant *erat absurdum* montrent qu'il y avait dans la loi une lacune, qui ne pouvait être comblée

Erat *enim* sane absurdum, ut X | servorum domino quin*que* liberare liceret, | *quia* us*que* ad dimidiam partem ej*us* numeri manumitte|re ei concedit*ur*,[136] XII servos habenti n*on* plu*res* lice|ret m*a*numittere qu(———[137]) qui plures quam X, ne*que* ||———

Legi nequeunt 24 versus[138]

12
80 v
ter ε.

*

que par une disposition législative postérieure. Il lit en conséquence *senatus consulto provisum est.* — 3) Pol., Muir. préfèrent *ipsa ratione provisum est.*

136. Entre *conceditur* et XII *servos* quelque chose a été omis au ms ; Les schedae de Bluhme donnent teriiiac comme écrit ms² au-dessus de *dil* XII. — Gö. 1 : *si* ; Lach. Hu 2-4, Gir : *ulterius autem* ; Bö. 3-4 : *Contra uero* ; Bö. 5, Kr. et S., Gn. 2 : *domino uero* ; Pell. man. : *domino autem*. Pol. : *at* ; Muir. : *alteri autem*.

137. St. n'a rien lu ; son ap. porte, d'après Gö., (ammateis), d'où la plupart : « quam IV, at eis » ; K. et S. : *item eis*.

* Page extérieure qu'il faut désespérer de lire.

138. St. déclare qu'il n'a pas voulu reproduire les traits trop incertains qui apparaissent çà et là dans la page 12 du ms. Toutefois il donne les suivants : 1) comme les ayant vus lui-même : ligne 3, quin — liferem ——— scon———; ligne 7 — s, —; ligne 8, ——— reposse$\overset{r}{c}$ioa———; ligne 15, rius———; ligne 22 ———, r ———; 2) d'après les schedae de Bluhme : ligne 12, ——— nene 7 |||| ata$\overset{p}{d}$inisietcat ; ligne 13——— nit-* atoatu$\overset{s}{f}$ —; ligne 18, liberariprancmoc ; ligne 19, con.cdat x$\overset{a}{\text{ii}}$.

La plupart des édit., ant. ou post., laissent en blanc toute la suite du texte, correspondant à la p. 12 ; toutefois Hu. 2-4 (suivi Gir.) complète ainsi la dernière phrase : *plures quam* XXX *habent, utique etiam quinque, quot* X *habenti licuit manumittere licet.* — Pour tout le reste, Hu. lui-même ne propose pas de restitution.

Pour suppléer, on peut comparer Gaius I, 139 ; II, 239 ; Ulp. I,

46. ‖ Nam et si *testamento* scriptis in orbem servis libertas data | sit, quia nullus ordo manumissionis invenitur, nulli | liberi erunt; quia lex Fufia Caninia, quae in fraudem ejus facta sint, rescindit. Sunt etiam specialia senatusconsulta, quibus rescis|sa sunt ea quae in fraudem ejus legis excogitata sunt.

47. In summa sciendum est lege Aelia Sentia cau-

24, 25; Paul, IV, 14, et spécialement l'Epitome, I, 2, §§ 2-4, ainsi conçus : § 2. Nam si aliquis *testamento* plures *manumittere* voluerit, quam quot continet numerus supra scriptus, ordo servandus est, ut illis tantum libertas valeat, qui prius manumissi sunt, usque ad illum numerum, quem explanatio continet superius comprehensa; qui vero postea supra constitutum numerum manumissi leguntur, in servitute eos certum est permanere. Quod si non nominatim servi vel ancillae in testamento manumittantur, sed confuse omnes servos vel ancillas is, qui testamentum facit, liberos facere voluerit, nulli penitus firma esse jubetur hoc ordine *data libertas*; sed omnes in servili condicione, qui hoc ordine manumissi sunt, permanebunt. *Nam et si* ita in *testamento servorum* manumissio adscripta fuerit, id est in circulo, ut qui prior, qui posterior nominatus sit, non possit agnosci, *nulli* ex his *liber*tatem valere manifestum est, si agnosci non potest qui prior, qui posterior fuerit manumissus. — § 3. Nam si aliquis in aegritudine constitutus *in fraudem hujus legis* facere noluerit testamentum, sed epistolis aut quibuscumque aliis rebus servis suis pluribus, quam per testamentum licet, conferre voluerit libertates et sub tempore mortis hoc fecerit, hi, qui prius manumissi fuerint, usque ad numerum superius constitutum liberi erunt, qui vero post statutum numerum manumissi fuerint, servi sine dubio permanebunt. — § 4. Nam si incolumis quoscumque diverso tempore manumisit, inter eos, qui per testamentum manumissi sunt, nullatenus computentur. — Hu. 4, remarque que, dans les §§ 3 et 4, l'abréviateur paraît avoir puisé à d'autres sources qu'aux Inst. de Gaius.

٭ Page extérieure facile à lire pour la plus grande partie.

tum sit aut cre|ditorum fraudandorum causa manumissi sint[139], liberi[140] non | fiant, etiam hoc ad peregrinos pertinere : senatus | ita censuit ex autoritate Hadriani; cetera vero jura ejus | legis ad peregrinos non perti- nere.===|=== [142]

48. Sequitur de jure personarum alia divisio : nam quaedam | personae sui juris sunt, quaedam alieno juri sunt subjectae. | 49. Sed rursus earum personarum, quae alieno juri subjectae | sunt, aliae in potestate, aliae in manu, aliae in mancipio sunt. 50. Videamus nunc de iis [143] quae alieno juri subjectae

---

139. *Sint* avant *liberi* est une correction, ms²; une autre, à la ligne précédente, entre *aut* et *creditorum* paraît ne pouvoir signifier autre chose que h, et non m; St. ap. note. — Il manque évidemment quelque chose. Gö. 1, 2 : lege A. S. (quod) cautum *est, ut qui....*; Hu. 2 : (quod) lege A. S. cautum est, ut creditorum, etc., puis il supprime *sint* et ajoute *quia* avant *senatus*. — Même suppression de *sint*, sans addition de *quia* dans Pol., Kr. et S., Gn., Muir. — Hu. 4 : (quod)... cautum *est, ut* (patroni) aut creditorum, etc., puis il supprime *sint*, mais n'ajoute plus *quia*.

140. Ap. : liueri (V. note 27 supra).

141. D'après Mommsen (Die Kaiserbezeichnung bei den römischen Juristen, Zeitschr. f. Rechtsgesch., IX, p. 98, 1870), les mots *senatus ita* jusqu'à *Hadriani* seraient une *glose*; leur place dans la phrase ne convenant pas au style habituel de Gaius; Mommsen ajoute que si le passage est bien de Gaius, ce serait le seul exemple de l'omission du mot *divus* par ce jurisconsulte. Mais nous en avons déjà vu deux autres exemples, I, 32 c, devant Claudii, I, 34, devant Trajanus, et plus bas nous en trouverons encore un autre, II, 57, devant le nom du même Hadrien. — Hu. 2-4, Gir. ajoutent ici *divus*, ainsi qu'aux autres passages.

142. En blanc la fin de la ligne 10 du ms, et la ligne 11 entière.

143. A. hūs; les uns *his*, les autres iis.

sint : (nam)[144] si cognoverimus quae (istae)[145] personae sint, simul itel|legemus quae sui juris sint. 51. Ac prius dispiciamus de iis qui in aliena potestate sunt.==

52. In potestate ita|que sunt servi dominorum; quae quidem potestas juris gentium est : nam aput omnes peraeque gentes animadverte|re[146] possumus, dominis in servos vitae necisque pote|statem esse, et quodcumque per servum adquiritur[147], id domi|no adquiritur[148]. 53. Sed hoc tempore neque civibus || Romanis, nec ullis aliis hominibus qui sub imperio populi Romani sunt, licet | supra modum et sine causa in servos suos se|vire : nam ex constitutione s[149] Impe-

---

144. Omis, ms. ; restitué d'après l. 1ère pr. Dig. de his qui sui vel.. I, 6, et Inst. I, 8, pr.

145. A. instae ; istae, Dig., Inst. — 146. A. animaadvertere.

147. Pol. : adquiratur.

148. Adquirit. La plupart des édit. *adquiritur*; quelques-uns, avec Haloander sur la loi 1, § 1 D. I, 6, *adquiri*, Hu. 2-4, Gir., Pol. — De la reproduction des mêmes fautes, fréquentes de la part du copiste de Gaius et de celle de Tribonien, Pol. conclut que tous deux se sont servis d'un ms. qui venait du même archétype.

∗ Page intérieure très-facile à lire.

149. Entre *constitutione* et *imperatoris* le ms a *s*, sans marque d'abréviation. St. (p. 300, ap.) pense qu'il y a eu pur *lapsus calami*, c'est-à-dire *constitutiones* pour *constitutione*; en conséquence, Kr. et S. donnent simplement *constitutione imperatoris*; suivi Gn., Muir. — Depuis Gö. 1, la plupart, et encore depuis St., Pol., Hu. 4, lisent *sacratissimi*. Il y a en ce sens argument de la loi 9 Dig. ad Sc. Tertullianum, 38, 17, dans laquelle le même Gaius, parlant du même empereur, dit *sacratissimi principis nostri*. Dernburg (Die Institutionen des Gajus ein Collegienheft,

ratoris Antonini|, qui sine causa servum suum occiderit, non minus te|neri jubetur quam qui alienum servum occiderit. Sed et major quoque asperitas dominorum per ejusdem | principis constitutionem coercetur : nam consul|tus a quibusdam praesidibus provinciarum de his | servis qui ad fana deorum[150] vel ad statuas principum | confugiunt, praecepit, ut, si intolerabilis videatur | dominorum saevitia, cogantur servos suos | vendere. Et utrumque recte fit ;

Halle, 1869, p. 68) n'en est pas moins de l'avis de St. ; il pense que si Gaius a pu s'approprier plus tard ce style de chancellerie (Curialstil), on ne doit pas l'introduire dans ses Institutes, dont le style est plus aisé. — Pol., tout en admettant au texte *sacratissimi,* incline en note à préférer *sanctissimi.* — Dans le passage correspondant de la l. 1, § 2 Dig. I, 6, les compilateurs du Dig. font dire à Gaius *divi Antonini;* Gaius n'a pu parler ainsi, car il paraît établi qu'il écrivait ce passage du vivant d'Antonin le Pieux (v. les §§ 74 et 102 du Com. I; 120, 126 et 151 du Com. II), tandis que ce prince n'existait plus lorsque Gaius a écrit le § 195 du Com. II, le premier passage de son ouvrage où il dise *divi Pii Antonini.* Dernburg, p. 73-74.

St. ap. p. 300 et Pol. relèvent un fait qui, s'il est dû au hasard, serait fort curieux (mais est-ce bien un hasard?). — Dans quatre autres passages de Gaius, il y a encore un *s* suspect, avant ou après le nom de l'empereur Hadrien, savoir : 1) p. 21, l. 1-2 *divo Hadriano|s fretum* (I, 77) ; 2) p. 125, l. 22-23 *oratio|one divi sunt* (qui viendrait de s̄) *Hadriani* (II, 285) ; 3) p. 22, l. 10, *divo Hadrianos auctor* (I, 81) ; 4) p. 25, l. 13, *divis Hadr.* (I, 93). De ces quatre passages, il y en a deux seulement (I, 77 et, II, 285) où *sacratissimus* est admis par Hu. 4. Dans trois, Pol. donne *sanctissimus* (I, 77 et 80, II, 585.) — *Adde* infra I, §§ 77, 80, 81 et notes 223, 231, 234.

150. Pöschmann, tenant *quoque* pour redondant, propose *quaeque*, mais à tort.

150 *bis.* Eorum, ms.[1] ; deorum, ms.[2]

regula[151] male enim | nostro jure uti *non* debemus: qua ratione et prodigis inter|dicitur[152] bonor*um* suor*um* administratio.====

54. | Ceter*um, cum* apud *cives* Roman*o*s duplex sit dominium, nam v*el* in | bonis, v*el* ex jure Q*u*iritium, v*el* ex utroq*ue* jure cujus|q*ue* servus *esse* intellegitur[153], ita demum servum in | pot*estate* domini esse dicem*us*, si in bonis ej*us* sit, etiamsi | simul ex j*ure* Q*uiritium* ejusdem *non* sit; *nam* qui nudum *jus* Q*u*iritium in servo ha|bet, is potestatem habere *non* intellegitur.

55. Item in potestate *nostra sunt* liberi nostri, quos justis | nuptiis procreavimus. Q*uod* jus proprium *civium* Romano*rum est;* fere | *enim* nulli alii *sunt* homines q*ui* talem in filios suos ha|bent potestatem, qualem nos habemus[154] : idque divi Ha||driani edicto, q*uod* proposuit de his qui sibi liberis|que suis ab eo civit*atem* Roman*am* petebant, signifi|catur[155]. N*ec* me praeterit a (?) Galat*arum* gentem credere | in

---

151. *Regula* est supprimé dans presque toutes les éditions ; c'était probablement une glose mise en marge, et le copiste l'aura par erreur insérée dans le texte, comme il a fait dans maint autre endroit. — Pol. supprime en outre recte.

152. Dicitur, ms.¹ ; interdicitur, ms.². — 153. A. intellegatur.

154. A. hauemus. Sur les autres exemples de u pour b, v. supra, note 27.

※ Page intérieure; plusieurs lettres pâles, mais certaines, sauf quelques exceptions.

155. Gaius n'ayant pas pu dire *divi Hadriani edicto — significavit*, Gö. 1 et après lui la plupart jusqu'à St., donnent *divus — significavit*. — Depuis St., la correction *divi... significatur* est préférée; Kr. et S., Pol., Gn. 2, Muir.; toutefois Hu. 4 donne encore *diuus... significauit*.

[156] potestate [157] parentum liberos esse.
————————[158]

156. Ce passage a fait difficulté. Il importe d'abord de constater ce que donne l'ap., savoir : 1° une lettre *c* sur le *t* de *significavit*, lettre que St. (note de l'ap.) dit avoir été placée par le correcteur ; 2° un *a* pointé entre *praeterit* et *Galatarum*. — 1) Gö., n'ayant rien pu lire, donnait dans sa 1re édit. huit * entre *praeterit* et *gentem*. — 2) Bluhme, ayant vu l'*a* pointé, ne décidait pas si cette lettre avait quelque valeur ou si elle était superflue. Ce dernier avis fut adopté par Gö., qui, à partir de sa 2e édit., donne *praeterit Galatarum*, en supprimant *a*, dans le texte ; mais, en note, il constate son existence. La leçon *praeterit Galatarum*, adoptée par tous avant St., l'est encore depuis, par K. et S., Gn. et Muir. ; la plupart ne signalent même pas en note l'existence de la lettre *a* supprimée. — 3) Pol. et Hu. 4 entendent le passage d'une tout autre manière ; d'après eux, ce n'est pas Gaius, mais bien Hadrien qui a dit *nec me praeterit — liberos esse*. Pol. corrige ainsi : *significatur sic :* « *nec me praeterit Galatarum*. Hu. : *significauit.* « *Nec me praeterit, ait, Galatarum ;* l'*a* du ms. devient *ait*. — 4) Cette interprétation est combattue par Muir ; il remarque, d'un côté, qu'il est difficile de supposer que l'empereur, en accordant une faveur, ait cherché à la déprécier, et d'un autre côté, que Gaius se servait volontiers de l'expression *nec me praeterit* ; v. I, 73 ; III, 76 ; IV, 24. — 5) Cette seconde objection a de la valeur ; quant à la première, on ne peut rien affirmer ; car il n'est pas certain que l'empereur ait accordé la qualité de citoyen qu'on lui demandait, ni, par suite, qu'il y ait joint la puissance paternelle, ni surtout qu'il aurait déprécié sa faveur s'il eût fait allusion à ce qui pouvait exister chez les Galates.

157. L'emploi fautif de l'accusatif au lieu de l'ablatif après la préposition *in* est fréquent, dans notre ms. de Gaius et ailleurs ; Bö. 5, Excursus I, p. 359-361, en cite 16 exemples tirés des Inst. de Gaius, et 85, tirés d'autres auteurs, jurisconsultes ou non et même d'inscriptions.

158. En blanc, la fin de la ligne 4 et les lignes 5 et 6 entières, où il paraît n'y avoir jamais eu rien d'écrit. L'une était probablement destinée à la rubrique *De nuptiis*.

56. |=====[159], si cives Romanas uxores duxerint, vel etiam La|tinas peregrinasve cum quibus conubium ha|beant; cum enim conubium id efficiat ut liberi patris conditionem sequantur, evenit ut non (modo[160]) cives Romani fiant, sed et in potestate patris sint.
57. Und c c¹[161] veteranis | quibusdam concedi solet principalibus constituti|onibus conubium cum his Latinis peregrinisve | quas primas post missionem

---

159. Restitutions diverses pour le commencement du § : 1) Gö. 1-3, texte suivi par la plupart : *Habent autem in potestate liberos ciues Romani.* 2) Hu. 2-4 : *Iustas autem nuptias contraxisse, liberosque iis procreatos in potestate habere ciues Romani ita intelleguntur.* 3) Bö. 5 (note, Gir., au texte) : *sunt autem in parentum suorum potestate liberi civium romanorum.* 4) Pol., note : *Iustas autem nuptias contrahunt cives Romani.* 5) Kr. et S., note : *Itaque liberos suos in potestate habent ciues Romani.* 6) Muir., texte : *Iustas autem nuptias ciues Romani contraxisse intelleguntur.*

160. A: ñ, complété *non*; ñ est, en effet, une abréviation très-usitée de *non*; mais alors il faut ajouter quelque chose entre *non* et *cives*; soit, avec Gö. et la plupart *solum*, soit avec d'autres (Pol., Kr. et S., Gn.) *modo*. — Buchholtz propose, sans rien ajouter, de lire *nati* (Bö. 5).

161. Presque tous : *unde et veteranis*, que la plupart donnent comme certains, c'est-à-dire en caractères romains ; quelques-uns seulement mettent en italiques *et* (Gn.), ou *unde et* (K. et S.). — Mais la leçon *unde et* n'est nullement certaine. 1) Goud. lit *unde cum*, par le motif que, s'il est vrai que le *connubium* entraîne la *patria potestas*, ce n'est pas une raison d'en *conclure* (*unde*) qu'il doive être accordé aux vétérans. — 2) Pol. tient compte du signe ¹, qui est au-dessus du second *c*; il l'entend dans le sens de *causa cognita*, que Gaius, ici comme plus bas, I, 93, aurait ajouté pour marquer que la concession suppose un examen des circonstances ; en conséquence, restituant au texte ces deux mots, il lit : *Unde causa cognita veteranis;* Muir. le suit. — Cette ingénieuse restitution est très-plausible.

uxores duxerint|; et qui ex eo matrimonio[162] nas-
cuntur, et cives Romani et in po|testate [[163]] parentum
fiunt.==== |======[164]

58.|======[165] nam a quarumdam nuptiis abstinere
debemus[166]. 59. | Inter eas enim personas quae paren-
tum liberorumve locum[167] | inter se optinent, nuptiae
contrahi non | possunt, nec inter eas conubium[168] est,
velut inter patrem | et filiam, vel matrem et filium,
vel avum et ne|ptem; et si tales personae inter se
coierint, nefarias || et incestas nuptias contraxisse
dicuntur. Et haec adeo ita sunt, ut, quamvis per adop-
tionem parentum libe|rorumve loco sibi esse coepe-
rint, non possint[169] inter se | matrimonio conjungi,
in tantum ut etiam dissoluta ado|ptione idem juris ma-

---

162. A. matrimanio.
163. A. potestatem; v. note 157, supra.
164. En blanc la fin de la l. 16, et les l. 17-18, où il semble que rien n'ait jamais été écrit.
165. Le commencement du § 58 est par presque tous restitué, d'après les Inst. (§ 1 De nuptiis, I, 10 : *non omnes nobis uxores ducere licet,* ou termes équivalents. — Hu. 2, pour remplir *tout* l'espace vacant (deux lignes), fait 2 §§; il restitue ainsi : § 58. *Cum seruilibus uero personis ne nuptiae quidem sunt* (devenu § 57ᵃ dans Hu. 4); § 58ᵃ (devenu 58, Hu. 4) : *Sed nec liberas omnes nobis uxores ducere licet.* — Bö. 5 critique cette mention du mariage des esclaves, qui a dû, selon lui, rester étrangère aux Com. de G.; il pense qu'il n'y a pas deux lignes vacantes à remplir, mais une seule, l'une d'elles ayant dû être destinée à la rubrique *De incestis nuptiis.*
166. A. : deuemus; v. note 27. — 167. A. lhoc.
168. A. conuuium; v. note 27.
* Page extérieure; beaucoup de lettres pâles et cependant non incertaines.
169. A. possunt.

neat; itaque eam quae mihi per adoptionem filiae s[170] neptis loco esse coeperit, non | potero eam uxorem ducere, quamvis eam emanci|paverim[171].====
60. Inter eas quoque personas quae ex transverso gradu cogna|tione junguntur, est, quaedam similis observatio, sed | non tanta. 61. Sane inter fratrem et sororem prohibi|tae sunt nuptiae, sive eodem patre eademque matre | nati fuerint, sive alterutro eorum. Sed si qua per | adoptionem soror mihi esse coeperit, quamdiu | quidem constat[172] adoptio, sane inter me et eam nuptiae non | possunt consistere: cum vero per emancipationem | adoptio dissoluta sit, potero eam uxorem | ducere; sed et si ego emancipatus fuero nihil inpe|dimento erit nuptiis. 62. Fratris filiam uxorem | ducere licet; idque primum in usum venit, cum | divus Claudius Agrippinam, fratris sui filiam, | uxorem duxisset; sororis vero filiam uxorem ducere non licet; et haec ita principalibus con|stitutionibus significantur.==== || Item amitam et materteram uxorem ducere | non licet. 63. Item eam quae mihi quondam socrus, | aut nurus, aut privigna, aut noverca fuit. Ideo autem | diximus quondam, quia si adhuc constant eae | nuptiae per quas talis adfinitas quaesita est, alia ra|tione mihi nupta esse non possunt, quia neque eadem duobus | nupta esse potest, neque idem duas uxores habere. 64. Er|go si quis nefarias

---

170. A. *s* qui semble effacé par un trait; ce pourrait être *seu* ou *sive*; tous *aut*.

171. A. emancipauerimus. 172. A. : constant.

* Page extérieure en grande partie difficile à lire.

atque incestas nuptias contraxe|rit, neque uxorem habere videtur neque liberos| : itaque hi qui ex eo coitu nascuntur, matrem quidem | habere videntur, patrem vero non utique, nec ob id in po|testate ejus, sed quales sunt hi[173] quos mater vulgo con|cepit; Nam et hi[174] patrem habere non intelleguntur; cum his etiam incertus sit. Unde solent spurii fi|lii appellari, vel a Graeca voce quasi sporade conce|pti, vel quasi sine patre filii.====[174bis]|____

65. ((Aliquando autem evenit ut liberi, qui, statim ut na))[175] ti sunt, parentum in potestate non fiant, ii postea tamen redi|gantur in potestatem. 66._____ ____nus[176] ex lege Aelia Sentia | uxore ducta, filium procreaverit, aut Latinum | ex Latina, a|ut civem Romanum ex cive Romana, non | habebit eum in po-

---

173. A. ejussqualesshii : 1) Gö. 1-2, ejus sunt, *sed quales sunt ii*, généralement adopté. — 2) Hu. 2-4; Gir. : *sed sunt quales ii*. — 3) Kr. et S., Gn. 2; Muir. : eius sunt, < *sed tales sunt* > quales sunt hi. — 4) Pol. pense que Gaius n'a pas écrit *patrem vero non utique,* ce qui ne serait pas latin, *utique* ayant le sens de *certe, omnino* ou *praesertim*; il transpose et lit : « non vero patrem, nec ob id in po|testate eius sunt; quales utique sunt hi. »

174. A. hii.

174 bis. En blanc, la fin de la l. 16 et les l. 17-18 entières, qui semblent n'avoir pas été écrites.

175. Restitué d'après le § 13 Inst. I, 10.

176. Espace illisible au commencement du §. 1) — Gö. 1. *Quod si enim Latinus;* — 2) Gö. 2, d'après Bluh., et depuis, la plupart, *Itaque si Latinus;* — 3) *Velut* ou *veluti si Latinus,* d'après la note de St., A., par Pol., Kr. et S., Hu. 4., Gn. 2; — 4) Muir. : *nam si Latinus*.

18
4 v
*

testate (_____) |(_____)[_____](_____)[177]||
sua habere incipit. **67.** Item si *civis* R*omanus* Latinam *aut* peregri|nam uxorem duxerit *per* ignorantiam[178], *cum* eam *civem* R*omanam* | esse crederet, et filium procreaverit, hic *non est* in | *potestate*; quia ne
5 *quidem* civis Romanus est, s*ed aut* Latinus, | *aut* peregrinus, id *est*, *ejus* condicionis cujus et mater | fuerit, *quia non* aliter quisqu*am* ad patris condi|cionem acce|dit, qu*am* si *inter* patrem et matrem *ejus* conubium sit. Sed ex s*enatusconsulto* | p*er*mittitur caus*am* erroris probare[179], et ita uxor quo*que* et fili|us

---

177. St. n'ayant rien pu lire, fin de l. 23 et l. 24, donne, d'après les schedae de Gö. et de Blu.: (_____a c *** oia ** ii) | (eon) [s en ** setiora *] (simul ergo eum in potestate). Il avertit que la lettre *n*, 6ᵉ de la l. 24, que lit Bl. avec un signe lui donnant la valeur de *nt*, n'a pas dû exister, car on ne la trouve ainsi que très-rarement au milieu des lignes. — On s'accorde à admettre, pour la fin de la l. 24, *simul ergo eum in potestate;* mais pour ce qui précède, les restitutions sont diverses : 1) Gö. 1 et 2, Kl. (note), ont rapporté ce passage au *filius anniculus*, ce que Gö. 3 a abandonné, pour admettre (note) : *sed causa postea probata civitatem romanam consequitur;* beaucoup l'ont suivi. — 2) Hef., d'après Holweg, et Blond. (note) : *donec causae probatione civitatem romanam consecutus fuerit.* — 3) Hu., *Beiträge,* Gn. 1, Gir., Pos., Ab. et W. (texte) : *at causa probata civitatem romanam consequitur cum filio.* — 4) Hu. 2 (texte) : *sed postea causa probata ciuitatem romanam consequitur* cum Latino filio. — 5) Bö. 5, (note) : *set si postea causa probata C. R. consecutus est pater*, suivi, au texte, par Kr. et S., Hu. 4, Gn. 2, avec légers changements et suppression de *ergo*.

* Page intérieure très-facile à lire.

178. A. ingnorantiam. — 179. A. puare; v. note 27.

ad¹⁸⁰ *civitatem* Romanam perveniunt, et ex eo tempore incipit filius | in potestate patris esse. Idem juris est, si eam per igno|rantiam uxorem duxerit, quae dediticiorum¹⁸¹ numero | est, nisi quod uxor non fit civis Romana.==== 68. Item si *civis* Romana | per errorem nupta sit peregrino, tamquam *civi* Romano, permit|titur ei *causam* erroris probare, et ita filius quoque et ma|ritus ad¹⁸² *civitatem* Romanam perveniunt, et aeque simul incipit fili|us in potestate patris esse. Idem juris *est*, si pere|grino, tamquam Latino, ex lege Aelia Sentia nupta sit: *nam* | et de hoc specialiter senatus*consulto* cavetur¹⁸³. Idem | juris *est* aliquatenus, si ei qui dediticiorum¹⁸⁴ numero | *est*, tam*quam* civi Romano *aut* Latino e¹⁸⁵ lege Aelia Sentia, nupta | sit: nisi *quod* scilicet *qui* dediticiorum numero *est*, in su|a conditione permanet, et ideo filius, qu*amvis* fiat *civis* Romanus, in potestatem patris n*on* redigi*tur*.==== 69. Item si Latina peregrino, cum eum Latinum *esse* cre||deret¹⁸⁶, nupserit, potest ex *senatusconsulto*, filio nato, *causam* errro|ris

---

180. Et, ms.¹ ; a, ms.².
181. A. dedicior. — 182. A. at.
183. A. cauetup̄r̄. — 184. A. : dedicior.
185. Le ms. porte : *latino a. se lege ā. s̄.* ; c'est-à-dire, peut-être *Aelia Sentia e lege Aelia Sentia*, K. et S., note. 1) Pol., *ut secundum legem Aeliam Sentiam*; 2) Kr. et S. au texte, Hu. 4 : *e lege*; 3) Gn. 2, Muir. : *ex lege.*

* Page intérieure en partie très-difficile à lire, à cause des moyens employés par Bluhme.

186. Entre *crederet* et *nupserit*, Hu. 2-4 ajoute : (*e lege*) *Aelia Sentia*; il maintient spécialement contre Bö. 5, cette addition, qui a été suivie au texte par Kr. et S., Gn. 2.

probare. ***[187] omnes fiunt *cives* Romani, et filius | in potestate patris esse incipit. **70.** Idem constitutum est, ut[188] | si Latinus per errorem peregrinam, quasi Latinam, | aut civem Romanam, e lege A*elia* S*entia* uxorem duxerit.======= **71.** Praeterea si *civis* Romanus qui se credidisset Latinum esse, et ob | id Latinam (189), *permittitur* ei[190], filio nato, erroris *causam* pro|bare[191], *tamquam*[192] e lege A*elia* S*entia* uxorem duxisset[193]. Item | his[194] qui cum *cives* Romani essent, peregrinos se esse credidissent[195] | et peregrinas uxores duxissent, *permittitur* ex | *senatusconsulto*, filio nato; *causam* erroris probare[196] : quo facto fiet | uxor *civis* Romana, et filius [_____][197] (_____) tem Ro-

---

187. Trois lettres seulement peuvent être dans l'espace illisible, *et pas davantage*, A. S. (note). — Gö. et presque tous, *ex quo*; Pol., *quo modo*.

188. Pol. : ut [ique]; Hu. 4 : *et*; Kr. et S., Gn., Muir. supprimant *ut* lisent : constitutum est, si, etc.

189. Tous ajoutent, avant ou après Latinam, *duxisset* ou *duxerit* ou *uxorem duxerit*, soit en maintenant *ob id*, K. et S., Hu. 4, Gn., Muir., soit en le supprimant, Pol. — Tous, en outre suppriment *et*, avant *ob id*. — Hu. 4, transposant, lit : ob id Latinam tamquam e lege Aelia Sentia uxorem dux*erit*, permittetur *ei* filio nato, etc.

190. A, eis. — 191. A. puare; v. note 27.

192. Presque tous intercalent *si*. — 193. A. duxissent.

194. A. hi. — 195. A. crededissent.

196. A. puare, v. note 27.

197. St. n'a rien pu lire dans la l. 12, à partir de *filius*; il donne d'après Blu. et Gö. : [qa..tia] (nonsolum ** o u ** iia ?). Tous admettent pour ces derniers mots : non solum ad civitatem ; mais le sens n'exigeant rien entre *filius* et *non solum*,

manam pervenit, sed etiam in potestatem [198] patris redigi|tur. 72. Quaecumque de filio esse diximus, eadem et de filia di|cta intellegemus. 73. Et quantum ad erroris causam | probandam [199] attinet, n*ihil inte-rest*, cujus aetatis filius sit [200]_____ |_____
ni si minor anniculo sit filius filiave, causa (___)[201]|
non potes*t :* nec me praeterit in aliqu*o* rescripto divi Hadria|ni ita esse *c*onstitutum, tamquam q*uod* ad erroris q*uoque* c |_____ |_____

---

on se demande ce qu'il peut y avoir eu : 1) Gö. 1, *que ex ea natus;* 2) Kl., *uero causa probata;* 3) Buchholtz, *quoque qui ita;* 4) Pöschmann : *quem est enixa, non solum ambo civitatem apiscuntur sed et filius in pot.;* 5) Lach. avec doute, *quoque ita* ou *quoque simul;* 6) Hu. 2 : *qui item est peregrinus;* 7) Bö. 1, *quoque causa probata,* puis Bö. 5 : *quoque ciuis Romanus, fit, et ;* suivi Gir.; 8) Goud., *qui ex ea natus est;* 9) Pol., *quoque statim;* 10) Hu. 4, Gn. 2 : *quoque ex ea.*

198. A. potestate. — 199. A. puandam ; v. note 27.

200. St., n'ayant rien lu aux l. 17 et 18, donne d'après Gö. et Blu. : (filias) [....len]___(|**sicl)___ | [latinus e]_____[q]_____ (c*n*c i). — Tous ajoutent *sive filia,* avant ou après *sit,* puis restituent de diverses manières. 1) Gö. (note) : « quamuis aliter obseruetur in Latino, qui ciuem Romanam uel Latinam ex lege Aelia Sentia uxorem duxerit; hujus enim Latini », si minor, etc. — 2) Gö. 2,3 (note) : « sententia haec est : in erroris causa probanda nihil interesse, cujus aetatis filius sit; ex lege Aelia Sentia autem causam probari non posse si minor anniculo sit filius. » — 3) Hu. 2, Gir. (texte) : *cum senatus consulto nihil de ea re caueatur : nisi forte* Latinus *uel* Latina *proponatur* (Gir. *proponantur*), qui *ex lege Aelia Sentia matrimonium contraxerint; nam tunc sa|ne si minor.* — 4) Hu. 4, de même, sauf après *proponatur :* quia *etiam ex ipsa lege Aelia Sentia Latini,* si minor etc.

201. Probari.; A. puari, d'après schedae de Gö. ; v. note 27.

GAIUS, I, 73-74.

| c [————————] suīimp [————————————]
²⁰² ||. 74. Si²⁰³ peregrinus *ciuem* R*omanam* uxorem
duxerit?²⁰⁴ an cns: c b peo |∗ ape———————— qu
———— | cup qui sipseoeder———— | hoc ei specialiter concessum est²⁰⁵. *Sed cum* peregrinus *civem Roma-*

---

202. St. n'a lu aux lignes 22, 23 et 24 que les sept lettres ci-dessus reproduites. Il donne, d'après les schedae de Gö et de Bluh. : | (∗ puandam ————) [gn.emt .. ara ... n .... ins..]| [————dir————ali. i. s.: d.] | c [ium] suīimp [erator erisnisicrtuendamdedit]. — 1) Gö., 1ʳᵉ édit., au texte : après *causam* probandam *attinet*, en note et comme douteux : « anniculum esse oporteat filium filiamue », ce qu'il n'a pas reproduit dans les édit. suiv. — 2) Hu. 2 (texte) : *causam* probandam *anniculum filium factum necesse sit ; sed non semper uideri debet generale ius inductum, cum* imperator epistulam *ad quemdam dedit*. — Bö. 5 dit de cette restitution « et rei et ductibus superstitibus parum conuenire »; Gir. l'a suivie, mais avec ? après *generale*; Hu. 4 l'a maintenue. 3) — Krüger (en note K. et S.) rappelle la conjecture de Gö. 1, puis, avec doute, il pense que G. aurait ajouté : « nihil ex hoc rescripto Hadriani contra ius supra expositum concludi posse, quia is, qui ut erroris causam probaret, preces imperatori obtulisset, filium anniculum se habere adseuerauerit et prosper hoc ipsum, non iuris nouandi gratia imperator in rescripto anniculi filii mentionem fecerit. »

∗ Page extérieure très-difficile à lire pour la plus grande partie.

203. Kr. et S., Gn. ajoutent (*sed*). — 204. A.: dixerit.
205. I. Avant St., on commençait généralement le § 74 par *item peregrino*, après quoi on reconnaissait une lacune de trois lignes, que l'on n'osait pas remplir, sauf Hu. 2, qui restituait ainsi : *At* peregrino *quoque nuptiis per errorem contractis*

nam | uxorem duxisset, et, filio nato, alias civitatem
Romanam consecu|tus esset, deinde cum quaereretur[206] an causam probare[207] posset, res|cripsit[208] imperator Antoninus, perinde posse eum causam pro|bare[207]
atque si peregrinus mansisset; ex quo colli|gimus,
etiam peregrinum causam probare[207] posse. 75.[209] Ex
iis| quae diximus apparet, sive civis romanus peregrinam sive pere|grinus civem romanam uxorem duxerit,

---

causam probare licere, rescripto significa|tur. Quippe quodam
casu acciderat, ut peregrinus ci|uem Romanam, quae eum
Latinum credebat, ex lege Aelia Sentia | uxorem duxisset, etc.
Gir. l'a suivi, sauf item? au commencement, au lieu de at, et
un ? après Sentia. ───── II. St., en lisant nettement vingt et
quelques lettres, a rendu impossible cette restitution. ── Hu. 4
l'a remplacée par la suivante : Si peregrinus ciuem Romanam
uxorem duxerit, an ex senatus consulto causam pro|bare possit,
quaeritur. Et si quidem solius senatus consulti uerba specien|tur, quin non posse uideri debeat, dubium non est, si non a
principe | hoc ei specialiter, etc. ── Kr. et S. (en note), après Si
peregrinus ─────an, désormais constants, proposent d'abord :
et is causam pro|bare possit, quaeritur ; puis avec plus de
doute : ......probare CAUSAM NON POTEST, QUAMUIS IPSE POSTEA
CIUITATE ROMANA ab imperatore donatus sit, nisi HOC EI SPECIA-
LITER, etc.

206. A. queureretur. ── 207. A. puare; v. note 27.

208. A. rescribsit.

209. Ce $ est l'un de ceux que l'ap. St. a reconstitués. Avant
St., c'est à peine si l'on pouvait lire une douzaine de mots des
l. 10-16. Le sens était si incertain que Bö. s'était décidé à
rejeter, dans sa 5ᵉ édit., ce qu'il avait cru pouvoir proposer
dans sa 4ᵉ. ── Plus hardi, Hu. 2 (suivi Gir.) avait inséré au texte
la restitution suivante : Ex iis, quae diximus, apparet, siue
errore, siue scientem peregrinus ciuem Romanam uxorem duxerit, eum, qui ex eo matrimonio | nascitur, peregrinum
nasci ; sed si quidem per errorem cum eo | matrimonium con-

eum qui nascitur pe|regrinum*****[210] si quidem per[211] errorem tale[212] | matrimonium con*tractum* fuerit, emendari vitium | ejus ex. cl.[213] ea quae[214] superius
15 diximus. Si vero nullus error | inter*venerit*, scientes[215] suam condicionem ita coierint |, nullo casu emendatur vitium ejus matrimonii.

76[216]. Loquimur autem de his scilicet (inter)[217] quos conubium non | sit ; nam alioquin si civis romanus peregrinam cum qua conubium est | uxorem duxerit, sicut
20 supra quoque diximus, justum | matrimonium contrahi[218]; et tunc ex iis qui nascitur, | civis Romanus est, et in potestate patris erit.

---

tractum fuerit, causam ex sc*t*o probari posse| secundum ea, quae superius diximus ; si uero nullus error | interuenerit, sciente ciue romana condicionem mariti sui, nullo casu mariti uel filii statum mutari. — L'ap. St. est venu confirmer, sinon les termes, du moins le sens.

210. Tous esse; sed.

211. A. pro.

212. A. talem.

213. K. et S., Gn. 2 : ex senatus consulto licet, < secundum > ea. — Hu. 4 : emendari (potest ejus) uitium eius [licet], secundum ea.

214. A. que.

215. Entre intervenerit et scientes, tous intercalent sed où set.

216. Les deux premières lignes du § 76 étaient illisibles avant St., mais la suite du § avait permis à Gö. d'en conjecturer le sens ; il donnait en note : Illud certe constat, inter ciuem romanum et peregrinam, siquidem eam, cum qua conubium habeat, restitution insérée au texte Hu. 2, Gir.

217. Le copiste a omis inter.

218. Pol., K. et S, Gn. 2, contrahitur ; Hu. 4, Muir., contrahit.

77 [219]. Itaque [220] si civis ro|mana peregrino cum quo [221] ei conubium est, nupserit | [erit, peregrinum sane procreat [222]] et is justus pa|tris filius est, tamquam si ex peregrina eum procreasset. || Hoc tamen tempore, e senatusconsulto quod auctore divo Hadriano | s [223] factum est, etiamsi non fuerit conubium inter civem Romanam | et peregrinum, qui nascitur justus

---

219. Avant St., la première phrase du § 77, presque entièrement illisible, avait été diversement restituée. 1) Gö., 1, 2, en note, d'après Holwegg : peregrino, *cui conubium sit concessum, nupserit, qui ex ea coniunctione nascitur, peregrinus et justus patris* filius est, etc. — 2) Plus tard, Gö., ayant changé d'avis, proposait : peregrino *nupserit, eum qui nascitur, etiam si conubium non sit, peregrinum si sit, insuper iustum patris* filium esse. — 3) Lach. appelle cette dernière restitution « satis horrida » et la remplace, en note, par : peregrino *nupserit, is qui nascitur, licet omni modo peregrinus sit, tamen interueniente conubio iustus patris* filius est, que Gn. inséra au texte. — 4) Hu. 2, Gir. au texte : peregrino *nupserit, conubio ex iure peregrin|i populi interueniente, qui ex his nascitur, peregrinus et iustus patris* filius est.

✳ Page extérieure très-difficile à lire.

220. K. et S., Gn. 2, Muir. : *item* ; Hu. 4 : *itemque*.

221. A. qua.

222. Tous, supprimant *erit*, lisent : peregrinus sane procreatur.

223. 1) K. et S., Gn. 2, Muir., ne tiennent pas compte de s. — 2) Pol. lit Had|riano | *sanctissimo*; il considère le fait que Gaius appelle Hadrien à la fois *divus* et *sanctissimus*, soit ici, soit encore I, 81, 94; II, 285, comme un indice que ces passages ont été écrits du vivant d'Antonin le Pieux. Il dit à ce sujet : « Quum enim Hadriani memoriam veneretur, Antoninum colit, qui Pii cognomen nactus est ob pietatem in patrem adoptivum professam. Hadrianus enim, eo auctore et adnitente demum *divus* a senatu declaratus est, cf. Jul. Capit. Ant. P. 2; Dion, LXX, 1. — 3) Hu. 4 admet au texte *sanctissimo Hadriano*.

patris filius est. | 78. Quod autem diximus, inter civem Romanam peregrinumque nccno____ | nascitur peregrinum esse____ | eutsiisqdem__ parentis condicions※※※※ | ead. leg²²⁴(____) si²²⁵

mais il déclare son doute entre ce mot et *sacratissimo*, qui, dans les inscriptions, précède habituellement le nom de l'empereur. M. Huschke émet en outre la conjecture, qui semble plausible, que Gaius tantôt n'ajoutait pas, tantôt ajoutait la qualification *sacratissimus*, selon qu'elle se trouvait ou non dans le texte même des divers sctes, car elle se rapporte uniquement aux actes d'Hadrien dans le sénat. — Cpr. supra § 53 et note 149; infra, notes 231, 234.

224. A. (c※※*iucrsucaiii) schedae de Gö.

225. Le § 78 est à la fois de ceux sur lesquels la révision de St. a jeté une lumière nouvelle, et de ceux où elle laisse subsister des doutes. M. St. est parvenu à déchiffrer environ le double de ce qu'on avait lu auparavant; mais plusieurs lignes demeurent encore en partie illisibles. — On peut considérer comme certain, bien que le palimpseste soit en cet endroit très-difficile à lire, le nouveau nom de la loi relative au mariage entre citoyens romains et pérégrins. On l'appelait communément *loi Mensia*, d'après Ulp., V, 8; mais il y avait sur ce nom bien des doutes, fondés notamment sur ce qu'il n'existe pas de gens Mensia connue. D'autres noms avaient été proposés: Puchta, reprenant, en la modifiant, une opinion de Bach, soutint (Cursus der Instit. § 217, note k) que *Mensia* était une corruption pour *Aelia Sentia*, opinion qui eut quelques partisans, mais un plus grand nombre de contradicteurs. Parmi ces derniers, M. Mor. Voigt (*Die Lex Maenia de dote vom Jahr DLXVIII der Stadt*, § 3, Weimar, 1866) essaya d'établir que le nom véritable de la loi n'était autre que *Maenia, Menia* ou encore *Mennia*. Selon lui, une loi Maenia, de l'an 568, aurait tout à la fois réglé le mariage des Romains avec les pérégrins et la matière de la dot, spécialement sa restitution après la dissolution du mariage. — Dès 1868, au congrès de Wurzbourg, M. St. établit le nom de *Minicia* (Verhandlungen, p. 126), que nul ne semble avoir contesté depuis, et qu'ont adopté toutes les édit. post.

peregrin✱ | quo ei conubium non sit, uxorem
peregri|nus ex eo coitu nascatur. Sed hoc maxime

Le sens du § 78 n'est pas douteux dans son ensemble : on reconnaît sans peine que Gaius y exposait la même règle qu'Ulpien, V, 8, savoir : « ex alterutro peregrino natum deterioris parentis conditionem sequi. » Mais il ajoutait sur cette règle, des explications dont il est difficile de reconstituer les termes. Voici les restitutions diverses, qui ont été proposées depuis St. ([1]) :

1) Krüger, en note K. et S. : QUOD AUTEM DIXIMUS (§ 75) INTER CIUEM ROMANAM PEREGRINUMque < uel inter ciuem Romanum peregrinamque > *contracto* matrimonio eum qui NASCITUR, PEREGRINUM ESSE, id lege Minicia cautum est, qua liberi iubentur deterioris PARENTIS CONDICIONEM sequi. EA enim (*in* C" *uidetur* eadem *fuisse*) LEGE cautum est, ut SI PEREGRINAM, cum < qua ei conubium non sit, ciuis Romanus, uel peregrinus ciuem Romanam, cum > QUA EI CONUBIUM NON SIT, UXOREM duxerit, PEREGRINUS EX EO COITU NASCATUR. — Après quoi, K. et S. continuent ainsi au texte : « sed hoc maxime casu necessaria lex Minicia : nam remota ea lege *matris* condicionem *sequeretur ; ex iis enim inter quos non* est conubium, qui nascitur, iure gentium matris condicioni accedit : qua parte autem, etc.

2) Mommsen (Epist. critica, p. XVIII-XIX, K. et S.), au lieu de croire que la loi Minicia avait un seul chef, pense qu'elle en avait deux ; ce qu'il fonde sur le passage du § où Gaius dit *qua parte autem... jubet lex*. Le premier chef aurait concerné le mariage entre un Romain et une pérégrine, et le second, celui d'une Romaine avec un pérégrin ; ou encore, le premier, le ma-

---

1. Restitutions antér. à St. : — 1) Gö. 3, note : quod autem diximus — eum qui nascitur peregrinum *nasci, etiam si conubium inter patrem et matrem non sit, id lege Mensia introductum est.* Eadem lege *illud quoque cauetur ut si peregrinam, cum qua ei conubium non sit, uxorem duxerit* ciuis romanus, peregrinus ex eo coitu nascatur. *Et in priore quidem specie necessaria* lex Mensia *fuit : nam alioquin conubio inter patrem et matrem non interueniente is, qui natus est, secundum iuris gentium regulam, matris, non patris condicioni* accedit. — Pour la fin du §, à partir de qua parte Gö. ne proposait pas de restitution. — 2) Hu. 2, au texte : Quod autem diximus — peregrinum *nasci, etiam conubio non interueniente | ualet, idque per legem Mensiam iam antea effectum est.* Eadem lege *illud quoque ─────── condicioni* accedit (comme Gö. 3) ; puis, pour la fin du § : quā parte *autem* iubet lex *e ciue romano et* pere|grina peregrinum *nasci, nihil noui introduxit,* nametiamsine *ea* lege *a regula iuris gentium idem futurum erat ;* suivi Gir.

10 casu neces|saria lex Minicia : nam remota ea lege
q———— | condicionem seq————| est conubium[226],
qui nascitur, jure gentium matris con|dicioni.[227] ac-
cedit. Qua parte autem jubet lex ex cive romano et
15 pe|regrina peregrinum nasci, supervacua videtur,|
nam et remota ea lege hoc utique jure gentium |
futurum erat.

---

riage *inégal* en général, et le second, celui d'un Romain et d'une pérégrine, en particulier. En conséquence, Momm. propose : Quod *autem diximus* (§ 75) INTER CIUEM ROMANAM PEREGRINUMQUE NISI CONUBIUM SIT, QUI NASCITUR PEREGRINUM ESSE, ex lege Minicia descendit. — SIQUIDEM ea jubet filium deterioris PARENTIS CONDICIONEM sequi. EADEM LEGE rursus alio loco cautum est, ut, SI PEREGRINUS ciuem Romanam, CUM QUA EI CONUBIUM NON SIT, UXOREM DUXERIT..., PEREGRINUS EO COITU NASCATUR: *et est* HOC MAXIME CASU NECESSARIA LEX MINICIA : NAM REMOTA EX LEGE matris CONDICIONEM SEQUERETUR. — Cette leçon s'écarte en deux points du ms. : 1° l. 7, après *si peregrin*, bien que le ms. ne paraisse laisser de place que pour une lettre à la fin de la ligne, elle en suppose trois, savoir c r c, en abréviation *civem romanam, cum*; 2° l. 9, au lieu de l'abréviation du ms. s' pour *sed*, elle suppose *et est*.

3) Hu. 4, au texte : Quod autem diximus, inter ciuem Romanam peregrinumque *si* conu*bium* non sit, qui | nascitur, peregrinum esse, e *lege Minicia uenit, qua cautum* | est, ut is quidem *deterioris* parentis condicionem *sequatur* |. eadem lege *ex diuerso cautum est, ut etiam* si peregrinam, *cum* | qua ei conubium non sit, uxorem duxerit ciuis Romanus, perigri|nus ex eo coitu nascatur. sed (*non*) hoc maxime casu neces|saria lex Minicia (*fuit*); nam remota ea lege qui *nascebatur* condicionem seque*batur matris ciuis Romanae, quia semper ex iis, inter quos non* | est conubium, qui nascitur, etc.

4) Gn. 2 insère au texte la restitution de Mommsen, en ajoutant seulement, après *descendit* : « *qua liberi iubentur deterioris parentis*, etc. »

226. A. conuuium; V. note 27. — 227. A. condicione.

GAIUS, I, 79.

79[228]. Adeo autem hoc ita est, ut⎯⎯⎯⎯⎯⎯⎯⎯⎯⎯⎯⎯⎯⎯⎯⎯⎯⎯|
⎯⎯⎯|
⎯⎯⎯|
solum exterae nationes et gentes, sed etiam qui

228. Le § 79 n'a gagné qu'une ligne (l. 19) à la révision de St.; les l. 16 fine, 17 et 18 entières, sont demeurées illisibles. Après le dernier mot lisible de la l. 16 : ut, St., note Ap., dit que peut-être y avait-il : sicī. ⎯⎯⎯ Restitutions diverses :
I. Avant St. : 1) Gö. 1-2, note: Gajus hoc loco illud, ut videtur, significat, legem Mensiam non tantum ad peregrinos pertinuisse, sed etiam ad Latinos, neque tamen ad eos, qui suo aevo soli eo nomine veniebant, coloniarios puta et Iunianos. — 2) Kl., note : adeo ita est ut *lex Mensia tam ad eos, peregrinos pertineat, qui subditi dicioni p. R., quam ad eos, qui socii sunt; ideoque haec lex non tantum eos comprehendit, qui vulgo peregrini,* sed etiam, etc. — 3) Hu. (Studien) :... ut *ex Latina et ciue romano qui nascitur, ex solo iure gentium matris condicioni accedat; quanquam lege Mensia non solum ceteri peregrini comprehendantur,* sed etiam. — 4) Gö. 3 : ut *non interueniente conubio matrem* is quoque sequatur, qui ex ciue romano et Latina coloniaria uel Iuniana nascitur, quanquam hoc casu *cessat lex Mensia; quae sane non eos tantum spectat, qui peregrini,* sed etiam; suivi par Lachm., qui change seulement à la dernière ligne, après *lex Mensia: nam ea lex* sane non *tantum de peregrinis loquitur.* — 5. Hu. 2 (suivi Gir. avec ?) ut *etiam* ex Latina et ciue romano qui nascitur, matris condicioni accedat; nam lex Mensia ad hunc casum non pertinet; quae quidem non peregrinos *tantum comprehendit,* sed etiam. — Laissent en blanc, Blond., Lab., Pell., Gn. 1, Dom., Pos., Ab. et W.
II. Depuis St. : 1) K. et S. (en note, d'après Mommsen; Gn. 2, au texte) : ..*ut* ex ciue Romano et Latina qui nascitur, Latinus nascatur, quamquam ad eos qui hodie Latini anpellantur, lex Minicia non pertinet; nam comprehenduntur quidem peregrinorum appellatione in ea lege non solum, etc. — 2) Hu. 4, texte : ...ut si ciui Romano Latina nupta sit, *qui nascitur, matris conditioni accedat; nam in lege Minicia quidem peregrinorum nomine comprehenduntur non solum,* etc. — 3) Muir., en note : ... ut *etiam ex ciue romano et Latina Iuniana qui nascitur,*

20 La|tini nominantur; sed ad alios Latinos pertinet, qui proprios populos propriasque civitates habebant|, et erant peregrinorum numero. 80. E*adem* ratione | ex contrario, ex Latino et *cive* Romana, sive ex lege Aelia Sentia, sive aliter | contractum fuerit *matri- monium*, civis Romanus nascitur. Fuerunt || *tamen* qui putaverunt, ex lege A*elia Sentia* contracto matri|- monio, Latinum nasci, quia videtur eo casu per | legem Aeliam Sentiam et Juniam conubium[229] *inter* eos | dari, et semper conubium efficit[229 bis] ut qui nas-
5 citur | patris condicioni accedat; aliter vero contracto matri|monio eum qui nascitur, jure gentium matris | condicionem sequi et ob id esse civem Romanum[230]. Sed hoc jure utimur ex *senatusconsulto*, quo, auctore divo Hadriano[231], significatur, ut | qm[232] ex Latino et *cive* Romana natus *civis* Romanus nascatur.
10 81. | His convenienter eti*am* illud[233] senatusconsulto,

---

ex sola iuris gentium regula matris condicioni accedat. Sane peregrinorum appellatione in lege Minicia comprendi intel- legebantur non solum, etc. — Pol. laisse en blanc.

* Page intérieure en partie difficile à lire.

229. A. Conubion. — 229 *bis*. A. effecit.

230. Ces six derniers mots résultent nettement de l'ap. S. — Gö. 1 et 2, Kl., Hef., avaient laissé en blanc; Hu. (*Studien*), Blond., lisaient : *hoc vero ridiculum est*; Lachm., Pell., Hu. 2 : at vero *hodie nihil* interest; Bö. 5, Gir. : at *vero hodie civis Ro- manus* est; *scilicet*.

231. Pol. ajoute : *sanctissimo factum est, quo.* V. les notes 149 et 223 ci-dessus et 234 ci-après.

232. La plupart : *omni modo*, et encore K. et S., Gn. 2 — Pol., Hu. 4, Muir., préfèrent : *quoquo modo*; (Hu. a admis tantôt *omni modo*, tantôt *quoquo modo*.

233. A. hisque niuntur et illud.

divo Hadrianos [234] au|ctore, significavit, ut [235] ex La-
tino et peregri|na [236], item contra [237] ex peregrino et
Latina [238] nascitur, is | matris condicionem sequatur.
82. Illud quoque his conse|quens est, quod ex ancilla
et libero jure gentium ser|vus nascitur, et contra ex
libera et servo liber nascitur. 83. | Animadvertere
tamen debemus, nec (?) [239] juris gentium | regulam vel
lex aliqua, vel quod legis [240] vicem opti|net, aliquo
casu commutaverit. 84. Ecce enim ex senatusconsulto |
Claudiano poterat civis Romana, quae alieno ser|vo
volente domino ejus coiit, ipsa ex pactione li|bera
permanere, sed servum procreare: nam quod inter
eam et | dominum istius servi convenerit, ex senatus-
consulto ratum | esse jubetur. Sed postea divus Ha-
drianus, iniquitate rei | et inelegantia juris motus,

---

234. L'Ap. a s certain. Les uns en font *sacratissimo*, Gö. 1-3,
Kl. Hef., Pell. tr. (au texte, mais en note Pell. juge l'épithète
suspecte), Gir. — Pell. man. a simplement : [s]. — Pol. lit :
sanctissimo. — Les autres suppriment : Hu. 2-4, Bö. 5, K. et
S., Gn., Muir. Cp. supra notes 149, 223, 231.

235. K. et S., Gn., intercalent *qui*.

236. A. etperetperegrina.

237. K. et S., Gn., intercalent *qui*.

238. *Qui* est ici intercalé dans les édit. ant. et encore depuis
St., par Pol., Hu. 4, Muir.

239. 1) Gö. 1 *non esse (obseruandam)... si* lex; 2) Gö. 2 *nec*,
avec *si eam* intercalé entre *regulam* et *vel lex*; 3) Kl. Hef.,
Blond., Lab., *num eam*; 4) Hu. (*Studien*), Lach., Pell., Bö. 5,
Hu. 2, Gir., K. et S., Hu. 4, Gn. 2, Muir. : *ne*; 5) Pol. : *necubi*,
dans le sens de *ne aliquo casu*; avec renvoi aux §§ 86 et 87. (Cp.
infra note 341.) — 6) La leçon *animadvertere ne*, que l'on a
rapprochée de *videamus ne*, semble la plus plausible.

240. A. lege.

restituit juris gen||tium regulam, ut, *cum* ipsa mulier libera permane|at, liberum pariat. 85. ══ ex.[241]

---

* Page intérieure très-facile à lire.

241. L'Ap. St. laisse subsister, avant les mots *ex ancilla*, un blanc qui convient à trois ou quatre lettres seulement et qui a donné lieu aux opinions les plus diverses. — 1) Gö. 1 et 2, Bö. 1 : Ex (diuerso ex ancilla). — 2) Gö. 3, Lach., Pell., Bö. 3 : Ex (*lege* — ex). — 3) Bö. 5 : *Etiam Lege Aelia Sentia* ex ancilla. — 4) Hu. 2-4, qui d'abord (*Studien*) avait aussi songé à la loi Aelia Sentia, a plus tard conjecturé que la loi dont il est parlé dans ce § (*ea lege*) et dont le nom échappe, n'a pas été une loi romaine ; il invoque à l'appui : 1° le § 86 infra ; 2° Tacite, Ann., VI, 5 ; Denis, VI, 1 ; enfin 3° le rapprochement du § 85 avec Tryphoninus (l. 12, § 9 Dig. De captivis, 49, 15 : *lege nostra*), et avec G. lui-même, I, 193 ; III, 96. En conséquence, Hu. croit que G. a voulu parler ici d'une loi latine et non d'une loi romaine, et il lit : *Item e lege Latina.* — 5) Gir. admet cette leçon, mais avec ? — 6) Pol. : *Ex contrario per legem* †. Il soutient que, si le nom de cette loi ne peut être deviné, elle est cependant une loi romaine, les termes du § 86, *itaque apud quos talis lex non est*, se rapportant au § 83 (où Pol. lit *necubi* ; V. supra la note 239) ; selon lui, il n'y a pas d'opposition entre cette loi et le scte Claudien, parce que la loi dont il s'agit punissait la femme qui s'unit à l'esclave d'autrui clandestinement, tandis que le scte concerne la femme libre, de condition obscure, qui s'unit à un esclave soit *volente domino*, soit *invito et denuntiante domino*, § 91. — 7) K. et S., au texte : < Item e lege _____ > ; en note, « de qua lege et num de lege Romana egerit Gaius (conf. § 86), non liquet. » — 8) Gn. 2 : Item — — — — 9) Muir, au texte simplement : [*Item*] ; en note, reprenant une opinion déjà émise par quelques-uns, entre autres, Gans, *Scholien zum G.*, p. 91, Zimmern, *Rechtsgeschichte*, §§ 22 et 138, combattue par Hu. (*Studien*) et généralement peu suivie, M. Muir. ne voit aucune bonne raison de penser que Gaius aurait, dans les §§ 85, 86, fait allusion à des dispositions législatives autres que celles du scte Claudien ; comme exemple d'un scte qualifié *lex*, il cite la loi Claudia sur la tutelle des femmes, laquelle n'était en fait qu'un scte, bien qu'on l'appelle toujours *lex* (V. sur ce

ancilla[242] et libero poterant liberi[243] nasci : nam ea lege cavetur ut si quis | cum aliena ancilla[244], quam credebat liberam esse, | coierit, siquidem masculi nascantur, liberi sint, si | vero feminae, ad eum pertineant[245] cujus[246] mater ancilla[247] | fuerit. Sed et in hac specie[248] divus Vespasianus, inele|gantia[249] juris motus, restituit juris gentium re|gulam, ut omni modo, etiamsi masculi nascantur, | servi sint ejus cujus et mater fuerit. **86.** Sed illa | pars ejusdem legis salva[250] est, ut ex libera et servo | alieno quem sciebat servum esse, servi nascan|tur. Itaque apud quos talis lex non est, qui nascitur[251] | jure gentium matris condicionem sequitur, et ob | id liber est.

87. Quibus autem casibus matris et non patris | condicionem sequitur qui nascitur, hisdem casi|bus, in potestate eum patris, etiamsi is civis Romanus sit, non esse, | plus quam manifestum est : et ideo superius rettuli|mus, quibusdam casibus per errorem non

---

point, infra, i, 157 et note 455). D'après lui, la disposition rapportée au § 85 peut très-bien avoir été l'une de celles du scte Claudien lui-même, bien qu'elle ne soit mentionnée nulle autre part ; et, quant à la règle que G. désigne au § 86 sous le nom de *pars ejusdem legis*, elle semble être celle même à laquelle Paul fait allusion, ii, 21, § 14, et qu'il attribue précisément au scte Claudien. Enfin, les termes *apud quos talis lex non est* du § 86 ne se réfèrent pas, selon Muir., à l'absence d'une loi locale ; ils signifient que la disposition particulière du scte, mentionnée dans le § 86, ne s'appliquait pas au cas où la mère libre *sciebat servum esse*. Cpr. § 89.

242. A. accilla — 243. — A. hibere. — 244. A. accilla.
245. A. pertineat. — 246. A. quius. — 247. A. acilla.
248. A. speciae. — 249. A. inlegantia.
250. A. salba (V. supra note 40). — 251. A. nascantur.

20 justo con|tracto matrimonio, senatum intervenire et
emendare|vitium matrimonii, eoque modo plerumque
effice|re ut in potestatem patris filius redigatur[252] |.
88. Sed si ancilla ex cive Romano conceperit[253],
deinde manumissa civis Romana | facta sit, et tunc
pariat, licet civis[254] Romanus sit qui nascitur, || sicut
pater ejus, non tamen in potestate[255] patris | est, quia
neque ex justo coitu conceptus est, neque ex | ullo
senatusconsulto talis coitus quasi justus constituitur.

89. Quod autem placuit, si ancilla ex cive Romano
5 conceperit, deinde | manumissa pepererit[256], qui nascitur liberum nasci|, naturali[257] ratione fit; nam hi
qui illegitime concipiuntur, | statum sumunt ex eo
tempore quo nascuntur| : itaque si ex libera nascuntur, liberi fiunt; nec inter|est ex quo mater eos con-
10 ceperit[258], cum ancilla fuerit. At hi | qui legitime
concipiuntur, ex conceptionis tempore| statum sumunt[259]. 90. Itaque si cui[260] mulieri civi Romanae
praegna|ti[261] aqua et igni interdictum fuerit, eoque
modo peregri|na ||||||||[262] tunc pariat, conplures distinguunt[263] et putant, siquidem ex justis nuptiis con-

---

252. A. redigantur. — 253. A. concepit. — 254. A. ciues.
* Page extérieure non facile à lire.
255. A. potestatem. — 256. A. peperit. — 257. — A. turali.
258. A. concepit. — 259. A. sumuntur. — 260. A. cua.
261. A., K. et S., Muir. : praegnati; presque tous, avant St. (sauf Gir. qui avait déjà praegnati), et depuis, Pol., Hu. 4, Gn. : praegnanti. — Cp. les §. 91, 94 ; Hu. 4 a praegnas au §. 91, praegnante et praegnantem, au §. 94.
262. Edit. ant. fiat et; édit. post. facta. — 263. A. distingunt.

ceperit[264] civem Romanum | ex ea nasci, si vero volgo[265] conceperit[264], peregrinum ex ea nasci[266].

91. Item si qua mulier civis Romana praegnas[267] ex senatusconsulto Claudiano | ancilla facta sit, ob id quod alieno servo invito et | denuntiante domino ejus conplur_____[268] | et existimant, siquidem ex justis nuptiis conceptus[269] | sit, civem Romanum ex ea nasci, si vero volgo conceptus sit, *****[270] nasci ejus cujus mater facta esset ancilla. 92. Pere|grina quoque si vulgo[271] conceperit[272], deinde civis Romana *** tunc pari|at[273], civem Romanum parit ; si vero ex peregrino[274] || secundum leges moresque peregrinorum

---

264. A. concepit.
265. A. Pol., Hu. 4, conservent volgo, certain au ms. — Tous les autres, corrigeant, ont vulgo.
266. A. nascit.
267. Gir., A. S., K. et S., Hu. 4 (à la différence de note 261 supra), Muir. : praegnas ; les autres : praegnans.
268. A. conplur_____ (unt). — Goud., Pol. : coiit, plures distinguunt. — Gir., K. S., Gn., Muir. : coierit, conplures distinguunt (en note K. et S. : fortasse « coierit, plerique dist.). — Hu. 4 (coiit), conplures distinguunt.
269. A. concepi **.
270. Tous servum.
271. A. bulgo. (V. supra note 40.) — Pol., Hu. 4 : volgo.
272. A. concepit.
273. Lach., K. et S : < fiat > et tunc. — Pol. (cum) civis Romana (sit) tunc. — Hu. 4, Gn., Muir. : facta tunc. — Gö. 1-2, Hu. 2, Bö. 5, Pell., Gir. : facta sit et pariat.
274. Après peregrino les édit. ant. intercalaient cui, et avaient ensuite conjuncta|est, avant videtur.

* Page extérieure en grande partie difficile à lire ; les dernières lignes très-difficiles.

conceperit, ita videtur, ex se*natus*consulto quod auctore divo Hadriano fa|ctum *est*, *civem* Romanum parere, si et patri ejus *civitas* Romana donetur[275].

93. Si peregrinus sibi liberis*que* suis *civitatem* Roma-
nam petierit, non | aliter filii[276] in potestate *ejus fient*,
*q*uam si *imperator* eos in po|*testatem* redegerit; *q*uod
ita demum is facit, si *causa* cognita aes|timaverit hoc
filiis expedire : diligentius *autem* exactius*que causam*
cognoscit de impuberibus[277] ab|sentibusque; et haec
ita edicto divi Hadriani signi|ficantur[278].

94. Item si quis cum uxore praegnante[279] *civitate* Romana donatus sit, *q*uam*vis* is qui nascitur, ut su|pra
diximus, civis[280] Romanus sit, tamen in potestate | patris non fit; idque subscriptione divi Hadri*ani* | significatur. Qua de causa, qui intellegit uxorem | suam
esse praegnatem[281], dum civitatem sibi et uxo|ri ab

---

275. La fin du § 92, à partir de *factum est,* telle qu'elle résulte de l'Ap. St., est différente dans les termes, quoique semblable dans le fond, à ce qu'on avait lu auparavant, savoir : peregrinus *nasci, n*isi patri ejus civitas romana q*uaesita* sit.

276. De même que la fin du § précédent, le commencement de celui-ci a été renouvelé par St., sinon quant au sens, du moins dans les termes. — Les l. 4-5 étant en partie illisibles, on avait admis : si peregrinus *cum liberis* (ou *filiis*; quelques uns, Kl., Hef., Blond., Lab., Gir., ajoutant *jam natis*) *civitate romana donatus sit* (ou*fuerit*), *non aliter liberi* (ou *filii*), etc.

277. K. et S., Muir. : inpuberibus.

278. A. significatur.

279. Gir., K. et S., Muir. : praegnate. (V. supra notes 261, 267.)

280. A. ciues.

281. Les uns : praegnatem, les autres : praegnantem. (V. supra notes 261, 267, 279.)

imperatore petit, simul ab eodem petere | debet, ut eum qui natus erit in potestate sua[282] ha|beat.

95 [283]. Alia causa est eorum qui Latii ju-

---

282. A. suam.

283. Le § 95 et surtout le § 96 sont de ceux que la révision de St. a le plus profondément transformés. — Les schedae de Gö. ne donnaient rien pour les quatre dernières lignes de la p. 25 ; à la 2ᵉ l. de la p. 26, elles avaient *minus la||um,* d'où Gö. avait fait *minus latum,* ce que beaucoup avaient adopté. — Bluh. donnait, pour la dernière l. de la p. 25 : « ————— q runt ********rataut ** eteat », puis, à la 2ᵉ l. de la p. 26, *minus lattum*.

La nouvelle leçon des §§ 95-96 peut être regardée comme un des résultats les plus importants de la révision de M. St., bien que plusieurs lettres ne soient données que comme douteuses et qu'une demi-ligne demeure encore illisible (p. 25, l. 22, entre *Caesare* et *aut majus est Latium*). Mais M. St. donne comme certains : d'abord, les mots *majus est Latium aut minus* (p. 25, l. 22-23); puis, *minus latium est* (p. 26, l. 2). — Par là, sont levés les doutes qui subsistaient encore avant 1868, sur l'existence du double droit latin. Soutenue déjà par Niebuhr (*Hist. romaine,* note 163), l'idée d'un double droit latin avait été contestée par plusieurs : Madvig, Vangerow, Puchta, Zumpt, Walter, spécialement par Huschke, *Beiträge*. p. 3-24. Toutefois, on s'accordait de plus en plus à l'admettre ; Mommsen (*Stadrechte Salpensa,* 1855) et Rudorff (*De majore ac minore Latio,* 1860) avaient exposé à ce sujet un système qui avait été généralement suivi; Hu. lui-même, J. A. 1 et 2, s'y était rallié.

Le système de Mommsen-Rudorff, fortement appuyé sur les textes, consistait à appeler 1º *majus Latium,* le droit d'arriver à la cité romaine *avec sa femme et ses enfants,* par l'exercice d'une magistrature et 2º *minus Latium,* celui d'y arriver *seul,* sans sa femme ni ses enfants. — En même temps que le nouveau texte confirme l'existence d'un double droit latin, il met ou tout au moins il paraît mettre à néant le système de Mommsen, non moins que tous les autres. En effet, la distinction de Gaius, d'après nos §§, est la suivante : 1º il y a *majus Latium,* lorsque la cité romaine est acquise *soit par le décurionat,* soit par l'exercice d'une magistrature ou d'un *honor aliquis*; 2° il y a *minus Latium*, lorsqu'elle est acquise seulement par l'exercice d'une magistrature ou par un *honor*, mais *non par le décurional*. Mais, quant à une acquisition qui tantôt serait limitée au Latin et tantôt s'étendrait à sa famille, Gaius n'y fait aucune allusion. Ce n'est qu'en ajoutant quelque chose à son texte que l'idée d'une pareille distinction peut être maintenue. On a proposé dans ce but des additions, dont nous dirons un mot ci-après, note 286.

Quoi qu'il en soit de ces additions, et malgré la difficulté de lecture du palimpseste à cet endroit, on peut tenir pour certaine la leçon donnée par M. St. Il la communiqua dès 1868, au congrès de Wurzbourg (*Verhandlungen*, p. 130-131). Toutefois, pendant plusieurs années, elle ne fut mise à profit, ni dans les édit. de Gaius, ni dans les ouvrages divers, publiés soit hors d'Allemagne, soit même en Allemagne. Elle a été donnée par Hu. dans sa 3ᵉ édit. de J. A., en 1873, et depuis, dans les cinq éditions faites sur l'Ap. de St.

Avant St., la plupart, Gö., Lach., Pell., Bö., Pos., Abd. et W., s'abstenaient de restituer les §§ 95-96. — D'autres en avaient proposé des restitutions très-différentes les unes des autres : 1) Niebuhr : *Majus Latium vocatur cum quicumque Romae munus faciunt, non hi tantum qui* magistratum gerunt, civitat. roman. consecuntur ; minus Latium est cum hi tantum qui vel magistratum vel honorem gerunt, ad civ. rom. perveniunt, etc. — 2) Klenze : [Quod qui in colonia Latina] magistratum _____ minus latum, etc. — 3) Huschke (*Beiträge*, p. 11) : quod jus quibusdam peregrinis *datum est, eoque pertinet, quod Latini eo, quod stirpe ex se domi relicta, cum uxore liberisque Romam migrant, et aliis quibusdam rebus et sibi et uxori liberisque suis civitatem Romanam quaerunt. Illud vero jus, per quod Latini etiam eo quod* magistratum ger. civ. rom. consec., minus latum est, cum hi tantum *ipsi* qui magistratum vel honorem gerunt, ad civitatem R. perveniant. — 4) Mommsen : quod jus quibusdam peregrinis *civitatibus concessum est, tributo jure majoris Latii. Eo enim differunt Latium majus et minus, quod majus Latium est cum non solum qui magistratum gerunt, sed conjuges et parentes et liberi* etiam eorum qui magistratum ger. civ. rom. consec.; minus Latium, etc. — 5) Rudorff : quod jus quibusdam peregrinis *concedit solet principalibus constitutionibus dato scilicet* re.[284] cum liberis su[j]is ad civitatem Romanam perveniunt ; nam horum in potestate fiunt liberi : 20

---

majore Latio. Nam aut majus est Latium aut minus. Majus Latium est cum non hi tantum qui vel magistratum vel honorem gerunt, sed liberi et parentes et uxores etiam *eorum qui magistratum ger. civ. rom. consecuntur. Minus Latium,* etc. —
6) Hu. 1-2 : *quod jus quibusdam peregrinis civitatibus competit si modo majus Latium habent. Nam aut maius Latium dicitur, aut minus. Maius Latium est cum magistratum vel honorem in civitate sua gerendo etiam parentes et liberi et uxor* cum his, qui magistratum ger., civ. rom. cons. Minus Latium, etc. —
7) M. Giraud inséra au texte la restitution précédente, mais avec ? après *gerendo* et après *Minus Latium,* et en note, cette observation : « permanet ratio quaedan dubitandi; codex enim habere videtur : *minus lattum,* pro *minus Latium,* et cetera conjecturalia sunt. »
La leçon nouvelle est loin d'aplanir toutes les difficultés. Il n'est pas aisé de dire ce que G. entend par *magistratus,* opposé à *honor,* et surtout comment il se fait que le décurionat soit présenté par G. comme une condition plus facile à remplir que l'exercice d'une magistrature, alors que nous savons, d'après la loi Julia municipalis, cap. v [Gir., *Enchiridion,* p. 621; Bruns, *Fontes juris rom. antiq.,* 4ᵉ édit. (1880), p. 99], que l'ordre des décurions se recrutait parmi les magistrats sortis de charge. — Ces difficultés et d'autres encore ont fait l'objet d'une intéressante étude de M. Edouard Beaudouin, *le Majus et le minus Latium* (Nouv. Revue historiq. de droit franç. et étranger, t. III, 1879, p. 1-30, 111-169). L'auteur, qui a éclairé le sujet par l'épigraphie, pense que le nouveau texte écarte toute idée d'une acquisition de cité romaine par *la famille* du Latin, c'est-à-dire ce qui, selon Mommsen, Rudorff et beaucoup d'autres, formait la différence essentielle entre le *majus* et le *minus Latium.* — Toutefois, cette idée a encore trouvé des défenseurs, même depuis St.; V. ci-après, note 286.

284. Avant St., presque tous, d'après Cramer et Brinckmann, avaient *qui Latini sunt,* au lieu de *qui Latii jure,* proposé cependant par Holw., et admis par quelques-uns, Hu. (Beiträge) et J. A. 1, 2.

20 | quod[285] jus quibusdam peregri|nis civitatibus datum est, vel a populo romano, vel a senatu, vel a Cae|sare.
96. _____[286] aut majus est Lati|um aut minus ; majus est Latium cum et hii qui decuri|ones leguntur, et ei qui honorem aliquem aut

285. Je continue le § 95 jusqu'au mot *Caesare*; c'est aussi ce que font K. et S., et Gn. 2. Mais la séparation entre ce § et le suivant, déjà douteuse avant St., l'est encore depuis. Quelques-uns, Hu. 1, 2, et Gir., ne font qu'un seul § des deux §§ 95 et 96, le n° 96 disparaissant. — D'autres, Pol., Hu. 4, Muir., font commencer le § 96 aux mots *quod jus quibusdam*. — La manière de diviser le texte, ainsi que celle de remplir la lacune qui subsiste dans la ligne 22, impliquent des manières différentes de comprendre le sujet. (V. la note suivante.)

286. La demi-ligne demeurée illisible après *Caesare* peut être remplie très-différemment, selon l'opinion que l'on adopte sur les rapports que peuvent avoir entre eux, d'une part, le sujet traité par G. au § 95, c'est-à-dire *l'acquisition par un Latin de la cité romaine et de la puissance paternelle*, et, d'autre part, celui qu'il traitait au § 96, savoir la *distinction du majus et du minus Latium*.

On peut considérer les deux sujets comme n'ayant entre eux que peu ou point de rapport. C'est à ce point de vue que se placent K. et S., en indiquant qu'il peut y avoir ici, dans le ms., d'abord un blanc, comme cela arrive souvent lorsque l'auteur aborde un sujet nouveau, puis, pour commencer le § 96, un mot court comme *ceterum* ou *sed*. Ils signalent aussi comme possible l'existence d'un membre de phrase, tel que : *Hujus autem juris duae species sunt ; nam ;* — ce que Gn. 2 insère dans son texte.

On peut admettre, au contraire, qu'il y avait une liaison intime entre les deux sujets. Tel est l'avis de Pol., Hu. 4 et Muir. ; ils maintiennent, avec la nouvelle leçon, le système Mommsen-Rudorff, et ils continuent à faire consister la différence des deux Latium, en ce que le *majus* emporte acquisition de la cité romaine pour la famille entière et, par suite, acquisition de la puissance paternelle, tandis que le *minus* fait acquérir la cité au Latin seul, mais non à sa famille. — Pour qu'il en soit ainsi, il faut ajouter quelque chose au texte. — 1) Pol.

|| magistratum gerunt, civitatem romanam con|secuntur ; minus Latium est cum hi tantum vel[287] qui |

fait ici application de sa conjecture (V. p. ix-x de sa préface et infra, note 320), savoir que le ms. de Vérone a été copié sur un autre plus ancien, lequel était écrit en deux colonnes et par conséquent en lignes très-courtes. Il pense que les cinq lignes actuelles du ms. correspondent à neuf lignes du ms. plus ancien ou archétype. Trois de ces lignes anciennes plus courtes nous manqueraient, la première venant après *Caesare*, la seconde entre *romanam* et *consecuntur*, la troisième entre *tantum* et *vel qui*. En conséquence, il restitue ainsi, après *Caesare* : [majusque Latium adpellatur ; nam] | aut majus est Latium aut minus : majus | est Latium, cum et hi qui decurio|nes leguntur et ei qui honorem | aliquem aut magistratum gerunt civitatem Romanam | [cum parentibus uxoribusque ac liberis] | consequuntur ; minus Latium est, cum hi tantum | [ipsi qui decuriones fiunt] | vel qui magistratum, etc. — 2) Hu. 4. (en note entre les mots *magistratum gerunt* et *civitatem rom. consec.*) croit vraisemblable que le copiste a ici omis une ligne entière, dont le sens serait : *nec ipsi solum sed etiam liberi et parentes.* — 3) Muir. remarque fort justement dans le même sens, que le sujet de tous les §§ qui précèdent et qui suivent est celui de l'acquisition de la puissance paternelle et nullement celui de l'acquisition du droit de cité. Cette observation, selon moi, est capitale. Quelle que soit l'opinion que l'on adopte sur les additions proposées au texte, il semble nécessaire qu'il y ait eu un lien quelconque, soit celui même indiqué par Mommsen, soit un autre, entre, d'une part, la distinction des deux droits latins et, d'autre part, l'acquisition de la puissance paternelle. S'il en était autrement, Gaius aurait commis une faute grave en parlant du double droit latin au milieu d'une matière avec laquelle il n'avait aucun rapport.

∗ Page intérieure se lisant pour la plus grande partie sans difficulté.

287. L'Ap. a le mot *vel*, non-seulement certain, mais même en toutes lettres, ce qui est notable; car il n'est le plus souvent qu'en abrégé : ū. — Toutefois, K. et S., Gn. 2, le suppriment. — Hu. 4 transpose ainsi : qui uel magistratum uel honorem. — Pol. et Muir. le conservent; pour la conjecture de Pol., le mot *vel* ainsi placé a une grande importance. (V. la note précédente.)

magistratum *vel* honorem gerunt, ad civitatem | Romanam *perveniunt*: idque *conpluribus* epistulis *prin-|cipum* significatur.

| | 97. ((*Non solum autem naturales liberi, secundum ea* quæ))[288] *diximus*, in *potestate* nostra *sunt*, *verum etiam* hi quos adopta|*mus*. 98. Adoptio *autem* duobus modis fit, aut populi aucto|ritate, aut inperio magistratus, *velut praetoris*. 99. Popu|li auctoritate *adoptamus* eos qui sui juris sunt : quae species adoptionis *dicitur* adrogatio, *quia* et is qui | adoptat, rogatur, id est, interrogatur an velit *eum* | quem adoptaturus sit justum sibi[289] filium *esse* ; e|t is qui adoptatur, rogatur an id fieri patiatur ; et | populus rogatur an id fieri jubeat. Imperio ma|gistratus adoptamus eos qui in potestate paren|tium sunt, sive primum gradum *liberorum* opti|neant, qualis est filius et filia, sive inferiorem, |qualis *est* nepos, neptis, pronepos, proneptis. 100. Et qui|dem illa adoptio, quae per populum fit, *nusquam* | nisi Romae fit ; at haec etiam in provinciis apud *praesides* earum fieri solet. 101. Item *per* populum fe|minae non[290] adoptantur ; *nam* id magis placuit. Apud || *praetorem* vero, vel in provin-

---

288. Restitué d'après Inst. I, 11, pr. — En blanc, la fin de la l. 5 et la l. 7 ; quant aux lettres de la 6ᵉ ligne indiquées par Bluh. : $\overline{ace}$ — $\overline{ex}$ — c, elles sont tout à fait douteuses. La l. 6. était sans doute destinée à la rubrique *De adoptione et adrogatione*, restituée par quelques-uns. — 289. A. siui. (V. note 27.)
290. Pol. veut qu'il manque ici une des lignes du ms. archétype et ajoute en note : *adoptabantur olim, sed per principem*.
* Page intérieure facile à lire.

ciis apud proconsulem[291] lega|tumve[292], etiam feminae solent adoptari. 102. Item im|puberem apud populum adoptari aliquando pro|hibitum est, aliquando permissum est : nunc ex e|pistula optimi imperatoris Antonini, quam scripsit pon|tificibus, si justa causa adoptionis esse videbitur[293], cum quibusdam condicionibus permissum est. Apud praetorem vero, et in provinciis apud proconsulem legatumve, cujuscumque[294] aetatis[295] adoptare possumus. 103. | Illud[296] vero utriusque adoptionis commune est, quia[297] et | hi qui generare non possunt, quales sunt spadones, ado|ptare possunt. 104. Feminae vero nullo modo adopta|re possunt, quia ne quidem naturales liberos in | potestate habent. ====== 105. Item si quis per populum, si|ve apud praetorem, vel apud praesidem provinciae adopta|verit, potest eundem alii in adoptionem da|re. 106. Sed illa quaestio[298] est, an minor natu majorem natu adoptare possit, utriusque adoptionis commune est. 107. Illud proprium est ejus adoptionis qu|ae per populum fit, quod is qui liberos in potesta|te habet, si se adrogandum dederit, non solum | ipse

---

291. A. consules.
292. A. legaturmue, ms.[1]; r corrigé ms.[2].
293. A. uideuitur. (V. note 27.) — 294. Hu. 4 intercale quemque.
295. K. et S., Gn., Muir., intercalent personas. — 296. A. illi.
297. Pol., K. et S., Hu. 4, Gn., Muir. : quod, d'après l. 2 § 1 Dig. I, 7.
298. La plupart et encore K. et S., Gn. 3, Muir. : sed et illa quaestio, avec suppression de est entre quaestio et an, puis communis à la fin pour commune. — Lach. : set illa quaestio est, an — possit ; (id quoque) utriusque adopt. commune. — Pol. ; illud de quo; Hu. 2, 4 : illud quod quaesitum est.

potestati adrogatoris subjicitur, sed etiam | liberi ejus in ejusdem fiunt potestate, tanqua*m*²⁹⁹ nepotes.====
108. ||———|————|³⁰⁰ et ipsum jus proprium civium Romanorum est. | 109. Sed in potestate quidem et masculi et feminae | *esse* solent, in manum autem feminae tantum con|veniunt. 110. Olim itaque tribus³⁰¹ modis in manum conveniebant : usu, farreo, coemptione. 111. Usu in | manum conveniebat qu*ae* anno continuo nupta | p*e*rseverabat³⁰² : nam v*elut* annua possessione usuca|piebatur, in familiam viri transibat³⁰³, filiaequ*e* lo|cum optinebat. Itaque lege duodecim³⁰⁴ tab*ularum* cautum *est*, ut si qua nollet eo modo in manum mariti conve|nire, ea qu*ot*annis trinoctio abesset, atque eo modo ⁽³⁰⁵⁾ cujusqu*e* anni interrumperet. Sed hoc totum | jus partim legibus sublatum est, partim ipsa desu|etudine oblitteratum est.==== 112. | Farreo in manum³⁰⁵ ᵇⁱˢ conveniunt

---

299. A. anqua—.

* Page extérieure non facile à lire.

300. Les deux premières l. de la p. 28 sont en blanc. La première contenait probablement une rubrique ; la seconde est restituée par presque tous, d'après Gö. : Nunc de iis personis videamus quae in manu nostra sunt : quod......

301. A. teribus.

302. A. Pseuerabantanūū. — Pol. : perseveranter (in domo mariti commorabatur) ; nam velut. — K. et S., Gn. perseverab*at* ; *quae enim* veluti. — Hu. 4 : quia enim uelut.

303. A. transiebat. — 304. A. duodecima.

305. Tous intercalent *usum* avant ou après *cujusque*.

305 *bis*. A. manus.

per quoddam genus | sacrificii quod Jovi Farreo[306] fit, in quo farreus pa|nis adhibetur : unde etiam confarreatio dicitur[307]. Con|plura praeterea hujus juris ordinandi gratia cum | certis et sollemnibus verbis, praesentibus decem | testibus, aguntur et fiunt. Quod[308] jus etiam nostris | temporibus in usu est : nam flamines[309] majores, | id est,[310] Diales, Martiales, Quirinales[311], item || reges sacrorum, nisi ex farreatis nati, non[312] le|guntur ; ac ne ipsi quidem sine comfarreatione | sacerdotium[313] habere possunt[314].

---

306. St. a renouvelé en deux endroits le § 112 ; au commencement, en lisant *Jovi farreo*, puis à la fin (v. ci-après la note 314). — Avant St., au lieu de *quod Jovi farreo*, leçons diverses : 1) Gö. 1 : in quo utuntur farreo, id est. 2) Gö. 2 et 3 : quod *adoreo farre* fit, id est. 3) Hu. 2, Gir. : quod *a nupta* farreo fit. 4) Bö. 5 quod *salso* farreo fit. — L'épithète de *Farreus*, donnée à Jupiter, inconnue jusqu'ici, qualifiée de surprenante (Pol., Goud.), a été rapprochée de quelques autres qualifications de Jupiter et de Junon : Jovem Dapalem, Junonem Februlem (Hu. 4), Jovem Pistorem, Frugiferum (Goud., Boot, Pol.).

307. A. dictur. — 308. A. quos. — 309. A. flaminesi.

310. Pol. supprime *id est Diales — Quirinales*, qu'il tient pour une glose ajoutée par un chrétien, les contemporains de Gaius sachant bien qui étaient *flamines majores*.

311. A. quirinales deux fois répété.

* Page extérieure très-difficile à lire au commencement, facile à la fin.

312. A. nation — 313. A. sacerdotum.

314. Avant St., la fin du § 112, à partir de *Quirinales* était laissée en blanc ou diversement donnée. La plupart : *sicut reges sacrorum, nisi qui* confarreatis nuptiis *nati, inaugurari non videmus.* — Hu. 2 : *item reges* sacrorum, nisi *qui* confarreatis nuptiis procreati sunt, *fieri* nequeunt. Confarreatio etiam necessaria est, cum Flamen nuptias contrahit.

113. Coemptione vero in manum conveniunt per mancipationem,(315) | per quandam imaginariam venditionem ; nam[316] adhi|bitis non minus[317] *quam* V testibus *civibus Romanis* puberib*us*, item | libripenda emit eum mulierem cujus in manum | convenit[318].

---

315. A. (eiii∗∗∗) Sch. Gö. ⸺ Gö. et la plupart *id est;* Hef. *quae fit;* Pol. *sive.*

316. Nam, omis par la plupart, mais cependant conservé par quelques-uns, avec Kl.

317. A. manus.

318. *Locus* déjà *vexatissimus* avant St., et qui demeure incertain. Le sens de ce que porte l'A. est difficile à apercevoir. — 1) Gö. 1, 2, Pell., au texte : libripende, praeter mulierem, eum*que* cujus. — 2) Kl., en note : libripende, *mancipatur* (vel *venum datur* mulier, ei, cujus. — 3) Hef., Blond., Lab., Dom, au texte : libripende, una cum muliere eoque, cujus. — 4) Gö. 3, en note : libripende, *nummo* (aumn) *emit* mulierem is cujus; au texte, seulement : libripende ∗∗∗∗∗∗∗ mulier ∗∗ 5) — Rossbach, *Römische Ehe*, p. 75 (1853) : *auctores* (pater et tutores) *vendunt mulierem.* — 6) Goud. : libripende, asse *emit eum* (pour *eam*) *mulierem* cujus, en sous-entendant *is*. — 7) Pol. au texte : asse emit eum mulier..... (*mulier*)em, cujus. — 8) K. et S., Gn. 2 : libripend*e*, emit *is* mulierem cuius. — Bö. et Hu. ont varié. — 9) Hu. proposa d'abord (Studien) : libripende, autoribus muliere, m[ulieris parente vel tutoribus eoque et parente eius], cujus, etc., restitution *audacior*, approuvée Bö. 1. — 10) Hu. (Beiträge) et J. A. 1 et 2 : asse emente mulierem eo; suivi Gir. — 11) (Hu. 4) : asse emit eum (*mulier et is*) mulierem. — 12) Bö. 4-5 : *asse is sibi emit* mulierem ; suivi. Gn. 1, Pos., Ab. et Walk., . — 13) Muir., au texte : libripende — — — — cujus ; en note, M. Muir. regarde comme également inacceptables toutes les leçons où l'on suppose que l'homme aurait joué seul le rôle d'acheteur dans la *coemptio*. Il croit que le rôle de la femme dans la *coemptio* était actif, tout autant que celui de l'homme ; G., I, §§ 114, 115, dit *quae facit coemptionem*; Servius, Boëce, Isidore,

114. Pote*st* autem coemptionem facere | mulier non solum cum marito suo, sed etiam | cum extraneo; scilic*et* aut m*a*tr*im*o*nii* c*ausa* facta coëmptio di|citur, aut fiduciae. Quae enim cum marito suo | facit coemptionem[319], apud eum filiae loco sit, dicit*ur* | m*a*tr*i*m*o*n*ii* c*ausa* fecisse coemptionem; quae vero alteri|us rei causa facit coemption*em*[320] | cum viro suo, aut cum extraneo, v*elut* tutelae | evitandae c*ausa*, dicitur fiduciae causa fecisse co|emptionem. **115.** Quod est tale: si qua velit quos habet | tutores reponere[321], et alium nancisci[322] illis *tu*tori|bus[323] coemptionem facit; deinde a coemptionato|re remancipata ei cui ipsa

---

signalent la *coemptio* comme un achat réciproque; Nonius Marcellus parle même uniquement de l'achat *par* la femme. M. Muir. incline à penser: 1° que le copiste a omis les mots qui décrivaient la transaction comme mutuelle, et 2° que le texte original peut avoir été: *asse emit uir mulierem quam in manum recipit* (G., II, 98) *et inuicem* emit eum mulier cuius; c'est le sens adopté par Hu. 4. — M. Muir. insiste enfin sur l'importance de la signification du mot *emere*; dans le latin primitif il signifiait, non pas *acheter pour un prix en argent*, mais simplement *prendre, recevoir, acquérir;* Festus, v° Redemptor, et Paul ex Festo, v*is* Abemito et Emere. (Bruns, Fontes, 4° édit. 1880, p. 262, 267, 286.)

319. On intercale *ut* avant *apud eum*.

320. Le copiste a répété deux fois *apud eum — fecisse coempt.*, et jusqu'à quatre fois *quae vero alterius rei — facit coempt.* — Pol. signale ces répétitions comme une preuve de son opinion relative à l'archétype. (V. supra note 286.)

321. Édit. ant.: *reponere*; édit. post.: *deponere*.

322. Pol. supprime *et alium nancisci*.

323. Édit. ant.: *eis auctoribus;* Pol., Hu. 4, Muir., ajoutent *auctoribus;* K. et S., Gn. 2, changent *tutoribus* en *auctoribus*.

velit, et ab eo vindicta || manumissa incipit eum habere (——) [——]³²⁴ : qui tutor fiduciarius dicitur, [——] (——) [——]³²⁵. 115ᵃ. Olim³²⁵ ᵇⁱˢ etia [——] | [——] (——) [——] (——) [——] | [——](——)ndi³²⁶ jus habebant, exceptis quibus|dam³²⁶ ᵇⁱˢ personis, quam si coemptionem fecissent reman|cipataeque et manumissae fuissent. Sed hanc necessitatem coemptionis faciendae ex auctoritate divi Ha|driani senatus rem[——]³²⁷ | femina [——]³²⁸ | [——]³²⁶ ᵇⁱˢ | ³²⁹ nihilominus filiae loco incipit esse ; nam si omni|no qualibet ex

---

* Page intérieure très-difficile à lire.

324. A. tu (oremqu) sch. Gö. ; [ommest] sch. Blu. ; d'où l'on a fait : tutorem a quo manumissa est.

325. A. [sicut] sch. Blu. ; (inferibusa) sch. Gö. ; [ppe] sch. Blu. ; d'où la plupart et encore K. et S., Gn. 2 : sicut inferius apparebit ; Pol. : in inferioribus ; Hu. 4, Muir. : (ex) inferioribus.

325 bis. Le copiste a répété deux fois olim.

326. A. [m testamenti faciendi grat] | [tia f] (iduciar*a fiebat coemptio) [tunc] (en} [imnialr] | [feminae test· i] (facie) sch. Blu. et Gö. — St. n'a rien pu lire lui-même dans ce passage ; on admet sans difficulté : etiam testamenti faciendi gra|tia fiduciaria fiebat coemptio : tunc enim non aliter feminae testamenti facie—ndi jus, etc.

326 bis. A. (qui *) sch. Gö.

327. A, [isitcensitar.eniimre] sch. Blu.

328. A. [eaccfanteis..... si i.....fi]. sch. Blu.

328 bis. A.[ducial causa eum et resii s e ce r tispempuen]. sch. Blu.

329. Dans les l. 9-11, à partir de senatus rem, le seul mot que St. ait lu lui-même est femina, au commencement de la l. 10. — 1) Gö. 1. s'arrêtait à coemptionis faciendae. Le surplus est dû à Bluh., ainsi que la formation d'un § 115 b. — 2) Gö. 2-3 ; au

causa uxor in manu viri sit, placu|it³²⁹ ᵇⁱˢ eam filiae jura³²⁹ ᵗᵉʳ nancisci.═══ ═══

116. Superest ut exponamus, quae personae in manci|pio sint. 117. Omnes igitur liberorum *personae*, sive masculi*ni*, sive femini*ni* sexus, quae in potes-ta|te parentis sunt, mancipari ab eodem hoc modo possunt, | quo etiam servi mancipari *possunt*.═══ 118. Idem juris est in earum *per*sonis quae in manu sunt | [────────────]³²⁹ ᵠᵘᵃᵗᵉʳ coemptionatoribus eodem modo pos·[────────────]³²⁹ ᵠᵘⁱⁿᵠᵘⁱᵉˢ

texte : senatus remisit. ************ | femina ************
*********************** *************************
115 b. Fiduciae causa cum *uiro suo fecerit coemptionem* | nihilominus etc. ; en note, pour ce qui suit *senatus remisit :* censuerunt enim patres | *feminas* ; puis, pour la fin de la l. 10 : *si qua tamen,* ou *licet autem mulier* fi |duciae causa, etc. —
3) Heff., au texte : remisit. Cens ********* feminae ac infante ** ─ ─ ─ *si qua tamen* fiduciae causa, etc.; en note : censebantur enim perinde feminae ac si infantes essent ?, désapprouvé Bö. 1. — 4) Hu. 2 : remisit ; cens*entur* enim *eo iure* | feminae, ac *si fecissent coemptionem.* 115 b. *Ceterum et si qua* fiduciae causa cum *uiro* ; suivi Gir., sauf *si qua tamen.* — 5. Hu. 4 : cens*entur* enim *ipso* iure feminae *capite deminutae.* 115 b. Si *tamen* mulier fiduciae, etc. — 6) K. et S. au texte : remisit. 115 b. ─── femina ─── fi | duciae causa cum *uiro suo fecerit* coem*ptionem* ; en note, après remisit : *eam feminam, quae fiduciae causa cum extraneo coemptionem fecerit, filiae loco apud eum non fieri, sed quae* fiduciae causa cum viro etc.
— 7) Gn. 2 : remisit. (115 b.) *Extraneo coemtionatori* femina *filiae* loco *non fit, sed quae* fiduciae causa cum *uiro,* etc.
— 8) Pol., Muir., s'abstiennent de toute restitution, entre *remisit* et *nihilominus.*

329 *bis.* A. placuti. — 329 *ter.* A. jurae ms.¹ ; corrigé ms.²
329 *quater.* A. [fmnaeᵃ] sch. Blu.
329 *quinquies.* A. [sunt] sch. Blu.

|-[——]³²⁹ *sexies* apud coemptionatorem fi | [——]³²⁹ *septies* loco sit.... [——]³²⁹ *octies*, nihilominus etiam³³⁰ || quae ei nupta non est, nec ob id filiae loco sit, ab eo man|cipari possit. 118ᵃ. Plerumque³³¹ solum et a parentibus | et a coemptionatoribus mancipantur, *cum* velint | parentes coemptionatoresque³³² suo jure eas perso|nas dimittere, sicut inferius evidentius appa|rebit³³³.

119⁵³⁴. Est *autem* mancipatio, ut supra *quoque* diximus, ima|ginaria³³⁵ quaedam venditio ; *quod* et ipsum jus proprium *civum Romanorum est*. Eaque res ita agitur : adhibitis non minus | quam³³⁶ quinque testib*us* civib*us* Roman*is* puberibus, et prae|terea alio

---

329 *sexies*. A. [quadem.. eucasia|a] sch. Blu.

329 *septies*. A. [liae] sch. Blu.

              n e

329 *octies*. A. [nato] nuptasitim̄] sch. Blu.

330. Dans les l. 22-24, St. n'a pu lire que peu de chose. La restitution suivante, généralement admise (Bö. 5, Pell., Gir. et autres), est indiquée comme possible, en note K. et S. : nam (ou quare) feminae a coemptionatoribus eodem modo possunt < mancipari, quo liberi a parente mancipantur; adeo > quidem, ut quamvis ea sola apud coemptionatorem filiae loco sit, quae ei nupta sit, tamen nihilominus, etc. — Gn. 2 l'insère au texte ; Hu. 2-4, également, sauf qu'il change *mancipantur; adeo* en *possunt, in tantum*.

* Page intérieure facile à lire.

331. Tous ajoutent, avant ou après *plerumque: sed* ou *autem*, ou *vero*, ou *vero tum*.

332. Tous intercalent *e* ou *ex*. — 333. A. *appearebit*.

334. Le § 119 se trouve dans Boëce, III, in Cic. Top., c. 5, § 28 (Orelli, p. 322).

335. A. *inmaginaria*.

336. A. *quod*, en toutes lettres; Boëce : *Quam*.

ejusdem condicionis, qui libram ae|neam teneat, qui appellatur libripens, is qui man|cipio accipit, rem[337] tenens ita dicit: HUNC EGO HOMI|NEM EX JURE[338] QUIRITIUM MEUM ESSE AIO, ISQUE[339] MIHI EMPTUS ESTO[340] |HOC AERE[341] AENEAQUE LIBRA ; deinde aere percutit libram, | idque aes dat ei a quo mancipio accipit, quasi pretii loco. 120. Eo modo et serviles et liberae personae mancipan|tur ;═════ animalia quoque quae mancipi sunt, quo in | numero habentur boves[342], equi, muli, asini; item | praedia tam urbana quam rustica, quae et ipsa mancipi | sunt, qualia sunt Italica, eodem modo solent man|cipari. 121. In eo solo praediorum[343] mancipatio a cete|rorum mancipatione differt, quod

---

337. 1) Avec la plupart, Gö., Pell., K. et S., Muir., je donne *rem tenens*, parce que c'est le mot de l'Ap. — 2) Plusieurs, d'après Boèce et Varron (De ling. lat., ix, 83), remplacent *rem* par *aes* : Bö. 5, Gn. 2, Hu. 2-4 ; M. Huschke abandonne ainsi, d'après les obs. de Bö., l'opinion qu'il avait soutenue (Beiträge, p. 25) et reproduite, J. A. 1, et qui consistait à admettre les deux à la fois : *accepit rem, aes tenens* ; Gn. 1 l'avait suivi. — 3) Quelques-uns, reprenant l'opinion abandonnée par Hu. et par Gn., ont à la fois *rem, aes* : Gir., Post., Abd. et Walk. — 4) Pol. n'admet ni *rem*, ni *aes*; il veut (*sti*)*pem*. — V. infra sur *rem tenens* dans l'*in jure cessio*, ii, note 55.

338. A. iust — 339. A. iis.

340. La formule de la mancipation doit désormais être rectifiée par l'emploi de l'impératif *esto*, au lieu de *est*, que tous admettaient. Toutefois, déjà Bö. 5 avait restitué *esto*, d'après G., ii, 104 ; mais il n'avait pas été suivi.

341. A. ere. — 342. A. uoves. (V. ci-dessus note 27.)

343. A. pditorum.

personae ser|viles et liberæ, item animalia quae mancipi sunt, ni|si in praesentia sint, mancipari non possunt, adeo quidem || ut eum[344] mancipio accipit[345] adprehendere id ipsum | quod ei in[346] mancipio datur[347] necesse sit; unde etiam man|cipatio dicitur[348], quia manu res capitur : praedia vero | absentia solent mancipari. 122. Ideo autem aes et libra ad|hibetur, quia olim aereis tantum[349] nummis utebantur[350], et erant asses, dipundi, [350 bis] semisses et quadran|tes,[350 ter] nec ullus aureus vel argenteus nummus in | usu erat, sicut ex lege XII tabularum intellegere possu|mus ; eorumque nummorum vis et potestas non | in numero erat, sed in pondere n[————]³⁵¹. | ses librales erant et dipondi [————]³⁵² | unde

---

* Page extérieure pour la plus grande partie très-difficile à lire.

344. Tous intercalent qui. — 345. A. accepit.

346. On s'accorde à supprimer in. — 347. A. dat.

348. A. dicit — 349. A. tantumtum. — 350. A. [ute] | bant.

350 bis. Au lieu de dipundi, tous dupondii ou dupundii.

350 ter. Pol. supprime tout le passage : erant — quadrantes, comme glossa.

351. A. [————ecutias] sch. Blu.

352. A. [fuerant ————] sch. Blu. — St. n'a rien pu lire à la fin des l. 10 et 11. — 1) Gö. 1, 2 : in pondere ****** ****** as|ses librales erant et dipondii *************. — 2) Hef., en note : consequenter avant asses. — 3) Gö. 3, au texte : in pondere nummorum, veluti as|ses librales erant et dipondii tum erant ******; à quoi Bö. 3-5 ajoute bilibres, d'après Holweg; suivi Pell., Gir., Gn. 1. — 4) Lac., en note, préfère duas libras pondo. — 5) Hu. d'abord (Studien; suivi Bö. 1) : in pondere ; nam ut ipsi singuli as|ses librales erant, et dipondii fuerunt bilibres. — 6) Plus tard, Hu. 2 : in pondere aliquo aeris;

etiam dupondius dictu [_____]³⁵³ si duo pon|do³⁵⁴ ; *quod nomen adhuc in usu retinetur*. Semis [_____]³⁵⁴ ᵇⁱˢ | *que et quadrantes pro rata scilicet portione ad pon|-dus examinati erant*.³⁵⁵ (_____)³⁵⁶ [_____]³⁵⁶ ᵇⁱˢ ui dab [_____]³⁵⁶ ᵗᵉʳ | pecuniam *non* numerabat eam sed appendebat |: unde servi quibus *permittitur* administratio pe|cuniae dispensatores appellati *sunt* et

---

ueluti asses librales erant, et dipondii p*ondo* duas erant libras; nam inde, etc. — 7) Enfin, Hu. 4 : in pondere ; n*amque ueluti* asses librales erant, *et dupondii duarum librarum*, unde etiam etc. — 8) Pol., ici et sur les autres points douteux de ce §, ne donne que les mots lus par St., sans addition dans le texte, ni en note. —9) K. et S., en note : in pondere posita ; nam et asses librales erant et dupundii bilibres, (*uel* similia).

353. A. [r......l] sch. Blu.

354. 1) Gö. 1 ne donnait aucune lettre. — 2) Gö. 2, d'après Blüh., Kl., Hef. : dipondius dicitur ******** ponderis nomen. — 3) Holweg : dipondius dictus *est quasi duo pondera* — 4) Lach. et après lui presque tous : dictus *est quasi duo pondo*.

354 *bis*. A. [cili]ᵘᵐ sch. Blu. — On s'accorde à admettre....... *retinetur. Semisses quoque* et quadrantes, etc.

355. Les termes *ad pondus examinati erant* sont une leçon nouvelle lue par St. Ce passage est le seul où G. l'emploie : Goud. en rapproche Cic., Tuscul., i, 19 ; De orat. 2, 38 ; Caesar, De bello gallico, v, 12. Avant St., on admettait généralement : *librae aeris habebant certum pondus*.

356. A. (* uiicii * i *) sch. Gö. — 356 *bis*. A. [ ) q] sch. Blu.

356 *ter*. A. [amoiu.] sch. Blu. — Restitutions diverses. — 1) Hu, Bö., Pell., Gir. : item qui daban*t* (ou daba*t*) olim pecuniam non numerabat eam. — 2) Gö. 3, Lach. : qui daba*t pecuniam praesentem, is tum non* numerabat. — 3) K. et S. en note, Gn. 2, au texte : *Quamobrem* qui daba*t* olim pecuniam, etc. — 4) Hu. 4 : *tunc igitur et* qui daba*t alicui* pecuniam.

20 adunc [_____]³⁵⁷. 123. | [_____]³⁵⁸ coemptio |
[_____]³⁵⁸ ᵇⁱˢ si ita quidem quae coem|ptionem
fac[_____]³⁵⁸ ᵗᵉʳ | onem a [____] (____)³⁵⁸ ᑫᵘᵃᵗᵉʳ |
∗ mancipa (____)³⁵⁸ ᑫᵘⁱⁿᑫᵘⁱᵉˢ mancipataeve³⁵⁹ servorum

                    ⁱ ᵃᵈ
    357. A. [rosa]. La plupart avant St. et depuis : et ad*huc* appellantur ou *vocantur*. — Hu. 4 : ad hunc diem dicuntur. — Bö. 5 : et ponderatores. — La plupart faisaient finir là le § 122. — K. et S. doutent du rapport des mots *et adhuc* avec ce qui précède.

             ᵗ   ᵘ   ᵘ
    358. A. [ituraItamquaeraIalic..... arecitra) sch. Blu.

    358 *bis*. A. _____ne? gatim..] sch. Blu.

    358 *ter* A. [eretde. _____ ...... seruilem condici] sch. Blu.

                                 ᶜ ˢ
    358 *quater*. A. [d] sch. Blu. ; (|1 ∗ ii ∗ csnonc ∗ m — — —
             ᵖ
— — — — cri) sch. Gö. — 358 *quinquies*. A. (ri) sch. Gö.

    359. Restitutions diverses des l. 19-24. 1) Hu. (Studien) : si tamen quaerat aliquis *quare feminarum* coemptio | *distet a mancipatione, femina* quidem quae coem|ptionem fecerit, non deducitur in servilem condici|onem; *a parentibus vero et a coemptionatoribus* mancipati, etc. — 2) Hu. (Beiträge): si tamen — — quare *viro* coemptio*ne emta* mancipatis *distet*, ea quidem etc. — 3) Lach., complété par Bö. 3-5 : quare citra coemptionem *feminae etiam mancipentur*, ea quidem, quae coemptionem facit, *capite deminuitur*, sed servilem condicionem *apud coemptionatorem non patitur; e diverso* mancipati. — 4) Pell., tr. man., suit la 1ʳᵉ restitution de Hu., sauf au commencement : ...aliquis quid inter coemptionem feminae et mancipationem intersit, ea quidem etc. — 5) Rossbach, *Römische Ehe*, Stuttgard, 1853 (p. 68) : At iam quaerat aliquis quare... a coemptio|ne [differat mancipatio]; nam ea quidem quae coemptionem facit, ne[quaquam in] seruilem condici|onem [redigitur, sed filiae loco esse incipit, contra] | mancipati mancipataeue servorum, etc.; restitution dont Bö. 5 dit *nihili hoc est*. — 6) Hu. 2 : ...quare *mulier*, quae coemptio*nem* fecit, a mancipatis distet, etc. (suivi Gir.). — 7) K. et S., en note : Eᴀ ǫᴜɪᴅᴇᴍ ǫᴜᴀᴇ ᴄᴏᴇᴍᴘᴛɪᴏɴᴇᴍ ꜰᴀᴄɪᴛ non deducitur in sᴇʀᴠɪʟᴇᴍ ᴄᴏɴᴅɪᴄɪᴏɴᴇᴍ; a parentibus autem uel

loco con|stituuntur : adeo quidem ut ab eo cujus in mancipio || sunt, neque hereditates neque legata aliter capere | possint, quam simul eodem testamento liberi esse jubeantur, sicuti juris est in persona servorum. Sed differentiae ratio manifesta est, cum a parentibus | et a coemptionatoribus iisdem verbis mancipi|o accipiuntur[360], quibus servi : quod non similiter *** [360 bis] in coemptione.====

124. Videamus nunc, quo modo ((hi))[361] qui alieno juri ((subj))ecti sunt, eo jure liberentur[362].

125. Ac prius de his dispici|amus, qui in potestate sunt.

126. Et quidem serv((i que)) madmodum potestate liberentur, ex | his intellege|re possumus, quae de servis manumittendis su|perius exposuimus. 127. Hi vero qui ((in potestate parentis sun|t, mortuo eo sui juris fiunt ; sed hoc dis))tinctionem recipit : nam ((mortuo patre, sane)) | omnimodo filii filiaeve sui juris efficiunt|ur ; mortuo vero avo ((non omnimodo nepotes neptesque sui juris fiunt, sed ita si post

---

a coemptionatoribus MANCIPATI. — 8) Hu. 4 ...quare si qua coemptio|nem fecit, differat a mancipatis, illa quidem, etc. (suivi Gn. 2). — 9) Selon Muir., aucune de ces restitutions ne peut être acceptée ; la seule chose évidente c'est que G. indiquait la différence entre les effets de la mancipation comprise dans la *coemptio* et ceux de la mancipation par un *parens* ou *coemptionator*, cette dernière seule réduisant à la condition *servilis*.

* Page extérieure très-difficile à lire.

360. A. accipiunt. — 360 *bis*. Tous *fit*.

361. Les restitutions aux §§ 126, 127 sont faites d'après Inst. I, 12, pr.

362. A. liuerentur (V. note 27).

mortem avi)) in patris sui potestatem recasuri non
20 ((sunt. Ita)) | que si ((moriente avo pater eorum et
vivat et in potestate)) patris ((sui)) fuerit, tunc
post ob ((itum avi non sui juris, sed in patris)) sui
potestate fiunt ; si vero is, quo tempore av((us)) | mo-
ritur, aut jam mor((tuus est, aut)) exiit de potestate
((patris, tunc ii, quia in potestatem)) ejus cadere non
possunt, sui juris fiunt. 128. Cum || autem is cui ob
aliquod maleficium ex lege Cornelia[363] aqua et igni
interdicitur, civitatem Romanam amittat, sequitur ut,
| qui[364] eo modo ex numero civium Romanorum tolli-
tur[365], proinde | ac mortuo eo desinant liberi in po-
5 testate ejus es|se : nec enim ratio patitur, ut peregrinae
condicionis homo[366] civem Romanum in potestate ha-

---

* Page intérieure facile à lire pour la plus grande partie.

363. Avant St., lege poenali, expression qui ne semble pas avoir attiré l'attention. — Goud. remarque qu'on ne la trouve ni chez Gaius ni chez aucun autre auteur de l'époque classique, ce qui tient vraisemblablement à ce qu'elle n'avait pas chez les anciens le sens déterminé qu'elle a reçu chez les modernes, les anciens distinguant les peines en publiques et privées. — Il y a plusieurs lois Corneliae ; en outre, la peine de l'interdiction du feu et de l'eau résultait d'autres lois encore. Par suite, Hu. 4, Muir., lisent : ex lege (*velut ex lege*) Cornelia. — Gn. 2 : maleficium *velut* ex lege Cornelia. — Comme exemples de cette peine, portée par une loi Cornelia, on peut citer l. 33 Dig. De lege Corn. de falsis, 48, 10, et la disposition d'une autre loi Cornelia contre les incendiaires, Collat. leg. mosaic., xii, 5, 1.

364. Pol. supprime : qui eo modo — tollitur.

365. Tollit.

366. A. pereg. S. homo condicionis. Tous lisent : peregrinae

beat. Pari ratione, et si ei qui | in potestate parentis sit, aqua et igni interdictum | fuerit, desinit in potestate parentis esse, quia ae|que ratio non patitur ut peregrinae condicionis | homo in potestate sit civis Romani parentis. 129. Quod si ab hosti|bus captus fuerit parens, quamvis servus[367] hosti|um fiat, tamen pendet jus liberorum propter | jus postliminii, quia[368] hi qui ab hostibus capti sunt, si | reversi fuerint, omn((ia)) pristina jura recipiunt. | Itaque reversus[369] habebit liberos in potestate. Si | vero illic mortuus[370] sit, erunt quidem liberi sui j|uris, sed utrum ex hoc tempore quo mortuus[370] est apud | hostes parens, an ex illo quod[371] ab hostibus captus | est, dubitari potest. = | Ipse quoque filius neposve si ab hostibus captus fu|erit, similiter dicimus, propter jus postliminii, po|testatem quoque parentis in suspenso esse. =

130. | Praeterea exeunt liberi virilis sexus de paren|tis potestate, si flamines Diales inaugurentur, et || feminini sexus, si virgines[372] Vestales capian-

---

condicionis homo, qui se retrouve plus bas à la fin du même §. — Pol. croit plus vraisemblable, eu égard à la place du signe de transposition ⌥, que G. a écrit: homo per. cond., et renvoie à Madvig, Gramm. lat. § 467 a.

367. A. servo.

368. A. a l'abréviation de quod, que tous corrigent par quia, d'après Inst., I, 12, 5, ou par quo.

369. A. reuersis. — 370. A. mortus. — 371. Tous quo.

* l'age intérieure en partie difficile à lire.

372. A. uirgine.

tur. | 131. Olim quoque, quo tempore populus Romanus in Latinas regiones[378] co|lonias deducebat, qui [373 bis] jussu[374] parentis in (_____)[374 bis] | (_____)[374 ter] | nam nomen dedissent_____ | rentis esse, quia efficerentur alterius civita|tis cives.[375]_____|_____
|____

132. Emancipatione[376] desinunt liberi in pote|state[377] parentium[377 bis] esse. Sed filius quidem tribus | mancipationibus, ceteri vero liberi[378], sive mascu|lini sexus, sive feminini, una mancipatione exe|unt de parentium potestate : lex enim XII tabularum tantum in persona filii de tribus | mancipationibus

---

373. Mommsen considère comme *glossema* les mots *in latinas regiones.*

373 *bis.* A qui. — 374. A. quiusu.

374 *bis.* A. (** c ***) sch. Gö. — 374 *ter.* A (i c) sch. Gö.

375. La révision de St., sans reconstituer en entier le § 131, a donné quelques mots ou fragments de mots, qui s'écartent des diverses restitutions proposées auparavant : 1) Gö. 3, Pell. : in Latinam coloniam transmigrabant, de potestate exibant ; desinebant enim cives romani esse, cum acciperentur, etc. — 2) Hu. 2 : profectus erat in Latinam coloniam, et ipse ex potestate exibat, cum qui ita ciuitate romana cesserant, acciperentur; suivi Bö. 5, Gir., avec légers changements. — Depuis St., tous : in *coloniam latinam* nomen dedissent; *desinebant in potestate pa*|rentis, etc. — Goud. expose les raisons qui s'élevaient déjà avant St. contre les restitutions que l'on avait proposées.

376. Les édit. ajoutent *praeterea* avant *emancipatione,* ou *quoque* après.

377. A. potestatem. — 377 *bis.* A. parentem.

378. A. liueri. (V. note 27.)

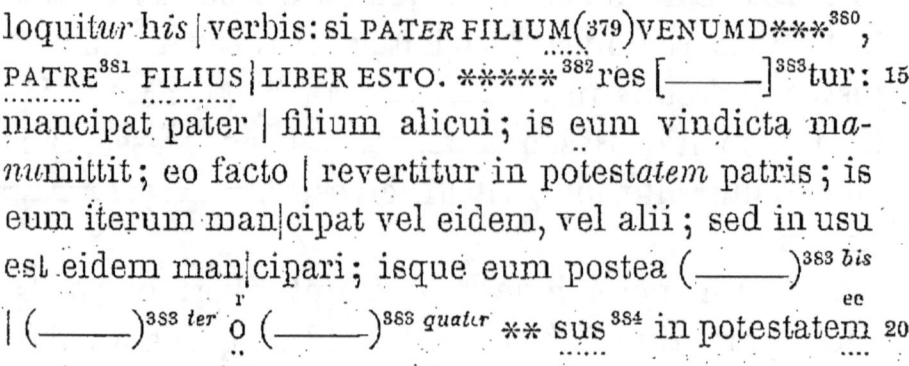

379. Ter, omis par le copiste, restitué par tous, d'après Ulp. 10, 1; — Hu. 4, au lieu de placer *ter* après filium, le place avant, l'omission du copiste étant plus vraisemblable avec la formule : si pater ter filium.

380. 1) La révision de St. laisse incertaine la fin du mot ; en note, il dit que *uit* peut avoir existé, d'où les édit. post. ont toutes *venumduit*, écrit de diverses manières : Pol. venumduit ; K. et S. VENVM DVIT ; Hu. 4. uenum duit ; Gn. 2. VENVMDVIT ; Muir. uenumduit. — C'est le mot que donnaient déjà avant St., Gö. 1-2, Hart., Kl., Hef., Bö. 1, Blond., Lab., Dom., Hu. 2, Gir., en l'écrivant de diverses façons. — 2) Lach., avec Turnèbe, d'après le ms. du Vat. des fragments d'Ulpien, 10, 1, qui porte *uenumdabit*, donna VENVM DABIT, qu'ont adopté Pell., Bö. 3-5, Pos., Abd. et W. — 3) Pol. croit que *davit* pour *duit* est une faute.

381. Tous, sauf Pol., ajoutant *a*, d'après Ulp. 10, 1, lisent *a patre* (la plupart n'indiquant pas même qu'ils l'ajoutent). — Pol. croit que, dans le latin de l'époque des 12 Tables, *liber* a dû être employé sans la préposition *a*.

382. Tous restituent *eaque*.

383. Tous, d'après les Schedae de Blu., *ita agitur*.

383 *bis*. A. (simi * i ** i i nci * i * ai **** i i i i) sch. Gö.

383 *ter*. A. (p * c *) sch. Gö. — 383 *quater*. A. (e) sch. Gö.

384. Presque tous, d'après les Schedae de Gö : « Similiter vindicta manumittit ; quo facto cum rursus », déjà dans les édit. ant., sauf *cum* ajouté dans les édit. post., à cause de *fuerit*, lu par St., dans la suite de la phrase. — Pol. rejette *quo facto* et lit *postea cum*.

(———)³⁸⁴ ᵇⁱˢ ᵖfueri [———]³⁸⁴ ᵗᵉʳ ver | [—] (———)³⁸⁴ ᑫᵘᵃᵗᵉʳ tertio³⁸⁵ pater eum mancipat vel eidem, vel | alii; sed hoc in usu est ut eidem mancip— [———]³⁸⁵ ᵇⁱˢ | cipat (————)³⁸⁵ ᵗᵉʳ si nondum manumissus³⁸⁶ sit adhuc in causa mancipii³⁸⁷ || — Legi neq. v. 1 — |——— missi ——— | ——— sno ——— | — Legi neq. v. 4-5 — rqtio in bonis li——— — Legi neq. v. 7-10 — | *****

384 *bis*. A. (patris) sch. Gö.

384 *ter*. A. [re] sch. Blu.

384 *quater*. A. [ti] (u ʳ) sch. Blu. et Gö.

385. Avant St. : *revertitur. Tunc* tertio; — depuis St. : *reversus*, tertio.

385 *bis*. A. [man] sch. Blu.

385 *ter*. A. (ici * o ** csinion * cic ** atera — liii * css * icciae) sch. Gö.

386. Presque tous, d'après les Schedae de Gö. et Blub. : mancipetur : *eaque mancipatione desinit in potestate patris esse, etiamsi nondum,* — restitution proposée par Holweg, suivi Bö. 5, Hu. 2-4, Pell., Gir., K. et S., Gn. — Mommsen (*Epist. crit.* p. xix, édit. K. et S.) préfère : *eaque* MANCIPATIO*ne facta lex eum non sinit in potestatem patris reverti, licet* NONDUM MANUMISSUS SIT, SED ADHUC IN CAUSA MANCIPII *duret.*

387. *Duret* est admis par presque tous, pour finir la phrase. — (Gir. préfère : adhuc *est* in causa mancipii). — Quelques-uns, Hu. 2., Gir. continuent : *apud eum, cui mancipatus est; a quo si rursus manumitattur sui juris fit.* — Depuis St., Hu. 4 s'arrête à *mancipii.*

* Page extérieure très-difficile à lire.

*** tio‾‾‾‾ecatris‾‾‾‾ | ‾‾‾‾ manumissae fuerint s‾‾‾‾ | — **Legi neq. v. 13-24** — ³⁸⁸.

133.³⁸⁹ (Liberum arbitrium est ei qui filium et ex eo nepotem in potestate habebit, filium quidem de potestate demittere, nepotem vero in potestate retinere; vel ex diverso filium quidem in potestate retinere, nepotem vero manumittere; vel omnes sui juris efficere. Eadem et de pronepote dicta esse intellegemus.)

388. Les sujets traités par G. dans la page 36, où St. n'a pu lire que les quelques lettres ci-dessus, étaient probablement : 1° la nécessité d'une remancipation pour que le père émancipateur ait droit à la succession de l'émancipé; 2° la faculté d'émanciper à son choix le fils ou le petit-fils. (V. sur ce dernier, dont on a fait le § 133, la note suivante.) Quant au premier, il est indiqué suffisamment, soit par les quelques lettres qu'a données St., soit surtout par le passage correspondant de l'Epitome, I, 6, 3, qui est ainsi conçu : « Tamen cum tertio mancipatus fuerit filius a patre naturali fiduciario patri, hoc agere debet naturalis pater, ut ei a fiduciario patre remancipetur et a naturali patre manumittatur, ut si filius ille mortuus fuerit, ei in hereditate naturalis pater, non fiduciarius, succedat. *Feminae* vel nepotes *masculi* ex filio *una emancipatione de patris* vel avi *exeunt potestate*, et sui juris efficiuntur. Et hi ipsi, quamlibet una mancipatione de patris vel avi potestate exeant, nisi a patre fiduciario remancipati fuerint, et a naturali patre manumissi, succedere eis naturalis pater non potest, nisi (Mommsen ajoute *ipse sit*) fiduciarius a quo manumissi sunt. Nam si remancipatum eum sibi naturalis pater vel avus manumiserit, ipse eis in hereditate succedit. »

389. Restitué d'après la l. 28 D., *De adoptionibus*, I, 7. Les uns le donnent d'après le Dig.; les autres en modifient ainsi le début, d'après les Inst., I, 11, 7 : admonendi autem sumus liberum arbitrium esse. — La fin du § 3 de l'Epitome, I, 6, *quod si habeat quis filium et ex eo nepotes*, permet de placer ici ce passage.

134. ———————————³⁹⁰ ‖ et duae intercedentes manumissiones proinde fiunt, ac fieri solent cum ita eum pater de pot*estate* dimit|tit ut⁸⁹¹ sui juris efficiatur³⁹². Deinde aut patri rem*an*|cipatur, et ab eo is qui adoptat, vindicat apud³⁹³ praetorem | filium suum esse, et, illo contra non vindicante³⁹⁴ praetore³⁹⁵ vin|dicanti filius addici*tur* ; aut non remancipat (———)³⁹⁵ ᵇⁱˢ a(———)³⁹⁵ ᵗᵉʳ | ab eo vindicat is qui adop-✶✶✶✶✶✶✶ que ✶✶✶✶✶ r ✶✶✶³⁹⁶ | mancipatione es*t :* sed

---

390. Gö et après lui la plupart restituent ainsi le commencement du §: *Praeterea parentes, liberis in adoptionem datis, in potestate eos habere desinunt; et in filio quidem; si in adoptionem datur, tres mancipationes*, etc.

✶ Page extérieure en partie non facile à lire.

391. A. ant. — 392. A. efficiant. — 393. A. aapud.

394. A. uincante.

395. Tous intercalent *a* devant praetore ; Hu. 2-4 croit que l'*a* qui manque à cette ligne est celui qui est de trop à la l. précédente (aapud).

395 *bis*. A. (p) sch. Gö. — 395 *ter*. A. (trïi✶) sch. Gö.

396. La révision de St. apporte ici une lumière qui, bien qu'elle ne soit pas complète, rectifie la leçon donnée par Gö., et généralement suivie : *aut jure mancipatur patri*. — On ne parvenait pas à déterminer ce qu'était la prétendue *jure mancipatio patri*, que G. aurait indiquée, à côté de la *remancipatio patri*, comme formant l'autre voie, qu'il eût été possible de prendre pour arriver à l'adoption, après les trois mancipations et les deux affranchissements. Quelques-uns, malgré l'apparence de certitude avec laquelle *jure mancipatur* était donné par Gö. (V. aussi l'ap. B.), avaient osé lire tout le contraire, savoir : *aut non remancipatur patri* [Rudorff, *Grundriss der Geschichte des röm. R.*, Leipzig, 1841, p. 96 (puis *Römische Rechtsgesch.*; Leipzig, 1859, t. II, § 39, note 3), et surtout Scheurl, *De modis liberos in*

sane commodius est (———)³⁹⁷ re|mancipari. In ceteris vero liberorum personis, seu | masculini, seu feminini sexus, una scilicet man|cipatio sufficit, et aut remancipatur³⁹⁸ parenti, aut|non remancipatur³⁹⁸. Eadem et in provinciis apud praesides| provinciarum solent fieri.══135. Qui ex filio semel iterumve man-

---

adopt. dandi, Erlangen, 1851]. C'était une conjecture hardie, mais fondée; elle est confirmée par St. — Toutefois St. ne donne pas n comme certain, et les termes de la restitution de Scheurl ne sont pas tous confirmés.

Restitutions diverses : I. Avant St. — 1° avec *jure :* 1) Bö., *De mancipii causis,* Berol. 1826 : mancipatur patri *adoptivo* vindicanti; *nam iure mancipatio fit, quotiens addicitur filius sine re*|mancipatione *ejus* (pro *est*). Mais, dans toutes ses éditions, il abandonna la seconde partie *nam jure;* dans la 5ᵉ édit., supprimant *adoptivo,* Bö. donne : aut iure mancipatur patri **|** ———vindicanti———. — 2) Hef. (note) approuve *adoptivo vindicanti* seulement. — 3) Hu. (Studien) : aut jure mancipatur patri *adoptivo vindicanti filium ab eo, apud quem is in tertia* mancipatione est; suivi Blond., Dom. — 4) Plusieurs, Gö. 1-3, Kl., Lab., Lach., Pell., simplement : aut jure mancipatur patri... .... mancipatione est. — 2° avec *non :* Scheurl : *non* remancipatur patri, sed|ab eo *uindicanti in iure ceditur, apud quem in tertia;* suivi Keller, *Röm. Civilproc.* (note 279, de la 1ʳᵉ édit., Berlin, 1852 ; note 294 des édit. 2 et 3), Hu. 2, Gir., Pos., A. et W.; sauf modifications suivantes : a) Gir. ajoute *adoptivo* après *remancipatur;* b) Pos. : *sed ei qui adoptat in iure ceditur ab eo apud quem* in tertia; c) A. et W., comme Pos., avec *vindicanti* intercalé entre *adoptat* et *in iure ceditur.*

II. Depuis St., tous : non remancipatur patri, sed ab eo vindicat is qui adop*tat* apud quem *in tertia;* Goud. préfère :.vindicatur is qui adoptatur.

397. Tous restituent *patri;* Scheurl explique ainsi : « scilicet ab eo, cui in adoptionem daturus est, ne aliam personam, cui mancipetur, adhibere necesse sit. »

398. Le ms. a deux fois remancipatur ; tous, corrigeant : remancipa*n*tur.

15 cipato[399] conceptus | est, licet post tertiam mancipationem patris sui | nascatur, tamen in avi potestate est, et ideo ab eo | et mancipari[400] et in adoptionem dari potest. At[401] is | qui ex eo filio conceptus est, qui in tertia mancipa|tione est, non nascitur in avi
20 potestate; sed eum Labe|o quidem existimat in[402] ejusdem mancipio esse cujus et pater sit: utimur autem hoc jure, ut, quamdiu pa|ter ejus in mancipio sit, pendeat jus ejus: et si quidem | pater ejus ex mancipatione manumissus erit, cadit[403] | in ejus potestatem; si vero is, dum in mancipio sit, de||cesserit, sui juris fiat. = 135ª. Eadem scilicet (⎯⎯)[403 bis] ⎯⎯inm* | (⎯⎯)[404] | ut supra diximus, quod in

---

399. Pol. croit qu'entre *mancipato* et *conceptus* il y avait dans l'archétype la ligne suivante, omise au ms.: contracto dumtaxat legitimo matrimonio.

400. Emancipari. — 401. A. ad. — 402. A. ion.

403. Bö. 5; Hu. 2-4, Gir., K. et S.: cadat. — 403 bis. A. (i *** c) sch. Gö.

* Page intérieure très-difficile à lire.

404. A. (* a i i i i p ⎯⎯ m * l ⎯⎯ i i c i * p i a i * n a i i — — — i i *) sch. Gö. — Restitutions diverses. Avant St., Hu. 2, Gir.: Et de *concepto ex nepote* licet *semel* mancipato idem| est, quod in filio, qui in tertia *mancipatione est*; nam. — Depuis St., 1) K. et S. (en note.), Gn. 2, au texte: Eadem scilicet *dicemus de eo qui ex nepote semel mancipato necdum* manumisso conceptus fuerit; nam. — 2) Hu. 4: Eadem scilicet *intellegemus in nepote, cum semel* is mancipatus *fuerit, ac in filio qui in tertia mancipatione est*; nam. — 3) Muir., en note: *intellegere debemus de pronepote ex nepote nato*, licet *nepos semel tantum mancipatus fuerit*; nam.

filio faciunt tres manci|pationes, hoc facit una man-
cipatio in nepote.

136. uu$\overset{q}{}$⁴⁰⁵ | (____)⁴⁰⁵ ᵇⁱˢ | ✱✱ f$\overset{d}{\text{c}}$____ $\overset{p\;c}{\text{ae}}$____ |
(____)⁴⁰⁵ᵗᵉʳ ___[____] (___)⁴⁰⁵ ᑫᵘᵃ'ᵉʳ | Tuberonis⁴⁰⁶ caut*um*

405. Tous négligent ces deux lettres, sauf Pol. qui en fait : velut.

405 *bis*. A. (____im ✱ ii ✱✱ ni____$\overset{x}{\text{c}}$ io) [pep] (cpci — iic fecer ✱ i____) sch. Gö., Blu. et Gö.

405 *ter*. A. ($\overset{\overset{r?}{p}}{\text{cc}}$aiii ✱✱ man$\overset{c\;a\;i\;i\;i}{\text{ec}}$ ✱✱ v ✱ i$\overset{i\;i\;o\;o\;i\;i}{\text{e}}$in p ✱ i ✱✱ c$\overset{d}{\text{c}}$) sch. Gö.

405 *quater*. A. [maximi] (et) sch. Blu. et Gö.

406. St. n'a pu lire que les quatre lettres ci-dessus dans les l. 6 à 8. — On s'accorde à penser que G. traitait d'abord de l'extinction de la puissance paternelle par la manus, puis, de la confarreatio et de la flaminica Dialis. Cpr. Tacite, Ann. IV, 16. — Restitutions diverses : — 1) Kl., en note : *Verum etiam desinit in potestate parentis esse, quae coemptionem fecerit, non autem quae farreo in manum convenerit, secundum legem latam ex auctoritate consulum* Maximi et Tuberonis. — 2) Lach., Gn. 1, Pos., Abd. et W : *Mulieres quamvis in uiri manu sint, nisi coemptionem fecerint, pote|state parentis non liberantur; hoc in flaminica Diali scto confirmatur, quo ex auctoritate consulum* Maximi. — 3) Pell. ma. : Mulier quae in manum convenit, nisi coemptionem.... fecerit, potestate par. non lib., velut flamin. Dialis; nam id scto confirmatur, quo ex auctoritate ..... Maximi. — 4) Hu. 2, Gir. : *Mulier, eo quod in manum convenit, nisi coemptionem* fecerit, *non|* utique *de patris potestate exit; nam de flaminica Diali* le|ge Asinia Antistia *ex auctoritate Cornelii* (Gir. *Consulum*) Maximi. — (Hu. 4, après *conuenit :* non semper, nisi coempt. fec., paren|tis potestate hodie liberatur...) — 5) K. et S., en note, Gn. 2, au texte : praeterea mulieres quae in manum conueniunt, in patris potestate esse desinunt ; sed in confarreatis nuptiis de flaminica Diali senatus consulto ex relatione Maximi, etc. — 6) Muir. critique Hu. 4 et préfère quelque chose comme : *nam scto de flaminica Diali facto, ex auctoritate* Maximi.

GAIUS, I, 136-137.

10 *est ut haec* q*uod* ad sacra tantum vi|deatur in manu
esse, q*uod* vero ad ceteras *causas* perinde | habeatur atque si in manum non convenisset. | — **Legi neq. v. 12** —⁴⁰⁷|
(_____)⁴⁰⁷ *bis* potestate parentis liberantur: nec in|ter-
15 est an in viri sui manu sint an extranei, qu*amvis* |
hae solae loco filiarum habeantur, quae in viri⁴⁰⁸
manu sunt⁴⁰⁸ *bis*. 137⁴⁰⁹ *on___|___ **Legi nequit v. 17.** ___

---

407. Restitutions diverses. — 1) Kl. :... *non convenerit, feminae per eam in manum conventionem quae farreo fit, non desinunt esse in potestate parentis; per coemptionem autem.* — 2) Lach., Gn. 1, Pell., Gir., Abd. et W. : *sed mulieres quae coemptionem fecerunt* per *mancipa*tionem. — 3) Hase, per *capitis deminutionem*. — 4) Hu. 2-4. Pos. : *eae vero mulieres, quae in manum connueniunt per coemptione*m. — 5) K. et S. en note, Gn. 2 au texte : coemptione autem facta mulieres omni modo potestate.

407 *bis*. A. (***** m̄) sch. Gö.

408. B. uiriri. — 408 *bis*. A. ** nt. Tous : sunt.

409. On s'accorde à penser que G. abordait ici un nouveau sujet, l'extinction de la manus; mais les termes du §, et sa composition même, ainsi que sa division en plusieurs §§, ont fait l'objet de doutes, dont la révision de St. laisse subsister la plus grande partie. Elle n'apporte que peu de chose : 1° l. 19-20, *si ex ea mancipatione*, ce qui semble contredire la conjecture de remancipation, proposée par Hu., admise par Lach., Bö., Gir., Pos., Abd. et W., et maintenue encore Hu. 4; 2° l. 22-23, *cogere coemptionatorem... et cui ipsa*.

Le commencement du §, placé d'abord à *filia patrem* (l. 1ʳᵉ de la p. 39) Gö. 1, — puis à *in manu esse* (l. 19 de la p. 38) Gö. 2, — est généralement, depuis Lach., reporté après les mots *in viri manu sunt* (l. 16), auxquels on finit le § précédent.

Restitutions diverses. — I. Avant St. : 1) Hu. (Studien)...*Eae quae in manu sunt remancipatione desinunt* in manu esse et vel [*cum*] *ex* | remancipatione *manumissae* fuerint, sui iuris *efficiuntur, vel cum patri suo, cuius de potestate in manum mariti conveniendo exierant, iure remancipatae fuerint, in*

|(————————————————)⁴⁰⁹ᵇⁱˢ | rit ————
nec desinunt in manu esse, et si ex| ea mancipatione 20
manumissae fuerint, sui jur*[————————]⁴⁰⁹ ᵗᵉʳ effici

patriam potestatem revertuntur. 2) Hu. (Beiträge) dit possible après *efficiuntur: vel a patre ex lege coemptionis mancipio receptae in mancipio retinentur.* — 3) Hu. J. A. 2 : § 137. *Eae quae in manu sunt, similiter eo iure liberantur atque filiae, quae in potestate sunt, uelut morte eius,* cuius in ma|nu sunt, siue ei aqua et igni interdictum sit. § 137 a. *Item remancipatione desinunt* in manu esse, etcum ex| *remancipatione manumissae fuerint, sui iuris ef|ficiuntur; et si quidem mulier fiduciae causa cum extraneo coemp|tionem fecerit, ipsa eum cogere potest, ut se remancipet; ea uero, quae cum uiro suo coemptionem fecit, si uel|lit ab eo remancipari, eum* nihilo magis, etc. — 4) Lach., Bö. 3-5, Gn. 1, Pos.,Abd. et W., admettant seulement de cette restitution : *remancipatione desinunt — efficiuntur,* laissent le reste en blanc.— 5) Gir. n'insère au texte la restitution de Hu. 2 qu'à partir de *Item remancipatione,* auxquels il commence le § 137.

II. Depuis St.: 1) Krüger (K. et S., note), Gn. 2 (texte): § 137, in manu autem esse mulieres desinunt isdem modis, quibus filiae familias potestate patris liberantur ; sicut igitur filiae familias una mancipatione ex potestate patris exeunt, ita eae quae in manu sunt, una mancipatione desinunt — efficiuntur. § 137ª. Inter eam uero QUAE cum uiro suo coemptionem fecerit, hoc interest, quod illa quidem COGERE COEMpliONATOREM potest, UT SE rEMANCIPET, CUI IPSA VELIT, haec autem uirum suum NIHILO MAGIS, etc. — 2) Hu. 4 maintient sa restitution de J. A. 2, et spécialement la *remancipatio*; il modifie seulement ainsi son § 137ª : *sed et remancipatione* desinunt in manu esse, et si ex ea mancipatione____efficiuntur ; et *ea quidem, quae fiduciae____fecerit, cogere coemptionatorem potest, ut se remancipet, cui ipsa uelit; at uirum, cuius in manu est, nihilo magis.* — 3) Muir. § 137. en blanc; [137ª] (*Sed et remancipatione*) desinunt — efficiuntur, et le reste en blanc jusqu'à nihilo magis.

409 *bis*. (** siioii ————ilac **** ii * ns * ii *) * c ** c
* iiii *) sch. Gö. — 409 *ter*. A. [s] sch. Blu.

_____ . 137ª. _ quae _____ |____ r * cogere
coem [_____]⁴⁰⁹ ⁹ᵘᵃᵗᵉʳ | onatorem (_____)⁴⁰⁹ ⁹ᵘⁱⁿ⁹ᵘⁱᵉˢ _____

et cui ipsa vel | [_____]⁴⁰⁹ ˢᵉˣⁱᵉˢ e nihilo magis potest cogere, || quam et filia patrem. Sed filia quidem nullo modo | patrem potest cogere, etiamsi adoptiva sit : haec | autem repudio misso (_____)⁴¹⁰ proinde compellere potest, | atque si ei numquam nupta fuisset.

5   138. | Hii qui in causa mancipii sunt, quia servorum loco | habentur⁴¹¹, vindicta, censu, testamento⁴¹² manumissi sui | juris fiunt. 139. Nec tamen in hoc casu lex Aelia Sentia locum | habet : itaque nihil requirimus, cujus aetatis | sit is qui manumittit et qui
10 manumittitur, ac ne illud | quidem an patronum creditoremve manumissor | habeat. Ac ne numerus quidem legis Fufiae Caniniae finitus in his personis locum habet. 140. Quin etiam, in|vito quoque eo cujus in mancipio sunt, censu liber|tatem consequi possunt,

---

409 *quater*. [ii] sch. Blu.
409 *quinquies*. A. (* c * i ** ui * c | cm) sch. Gö.
409 *sexies*. A. [ita ex_____] sch. Blu. — En note de l'Ap., St. indique sur la p. 38 quelques lettres lues autrement par Gö. ou Blu.
  * Page intérieure très-facile à lire ; l. 10-24 non palimpsestes.
410. Presque tous intercalent *virum*.
411. A. hauentur (V. note 27).
412. St. signale ici comme *valde memorabile* les traces, sous le texte de Gaius, de l'écriture d'une autre main contemporaine, qu'il croit avoir été celle même de celui qui fit écrire le ms. de G.

excepto eo quem pa|ter ea lege mancipio dedit, ut sibi remancipe|tur ; nam quodam modo tu*nc pater potestatem propri|am reservare sibi⁴¹³ videtur eo ipso quod⁴¹⁴ mancipio recipit. Ac ne is quidem dicitur, invito eo cu|jus in mancipio est, censu libertatem consequi, | quem pater ex noxali causa mancipio dedit⁴¹⁵, veluti | qui furti ejus nomine damnatus est, et eum⁴¹⁵ man|cipio actori dedit; nam hunc pro pecuni|a habet. 141. In summa admonendi sumus, adver|sus eos quos in mancipio habemus, nihil nobis || contumeliose facere licere ; alioquin injuria|rum actione tenebimur⁴¹⁶. Ac ne diu quidem in eo jure | detinentur homines, sed plerumque hoc fit di|cis gratia⁴¹⁷ uno momento, nisi scilicet ex no|xali causa manciparentur⁴¹⁸.

142. Transeamus nunc ad aliam divisionem : nam ex his personis quae neque in potestate, neque in manu, neque in mancipio sunt, quaedam vel in tutela | sunt, vel in curatione, quaedam neutro jure | tenentur. Videamus igitur, quae in tutela, quae | in⁴¹⁹

---

413. A. siui (V. note 27). — 414. A. quo.

415. Mommsen supprime les mots *mancipio dedit*, l. 20, *et cum*, l. 21.

* Page extérieure facile à lire, à peu d'exceptions près.

416. A. teneuimur (V. note 27). — 417. A. gratiamuncnomento.

418. Les uns, Lach., Pell., Hu. 2-4, Gir., Muir., conservent manciparentur ; d'autres, Gö. 1, 2, mancipentur ; ou (Bö. 5, K. et S., Gn.) mancipantur ; — Pol. : mancipa[ti sint a pa]rent[e] au texte, et en note, comme vraisemblable [ti sint a coemptionatore].

419. Edit. ant. *vel*.

curatione sint; ita enim intel*l*egemus[420] de ce|teris personis[421] quae neutro jure tenen*tur*.===

143. Ac prius dispiciamus de his quae in tutela sunt.

144. P*er*missum es*t* itaque parenti*bus*, liberis quos in po|testate sua habent, testamen*to* *tu*tores dare, mascu|lini quidem sexus inpuberib*us*que, c*um* nuptae sint[422]; | veteres enim voluerunt feminas, etiam si perfe|ctae aetatis sint, propter animi levitatem in tu|tela esse. 145. Itaque si quis filio filiaeque testamen|to tutorem dederit, et ambo ad pubertatem[423] p*er*ve|nerint, filius *quidem* desinit habere tutorem, fili|a vero nihilominus in tutela permanet: tantum | enim ex

---

420. A. intellegimus.

421. A. de ceteris personas; les uns: de ceteris personis, les autres: ceteras personas; Pol.: de[inde] ceteras personas.

422. A. inpuberib.que c'nubtae sint, leçon nouvelle. Le copiste a évidemment oublié quelque chose. — Restitutions diverses: 1) Gö. 1, 2: inpuberibus (*duntaxat;* feminini autem tam inpuberibus) quam *nubilibus,* suivie Kl., Hef., Pell., Gn.1, Gir., (ces deux derniers *puberibus* au lieu de, et Pell. supprimant *duntaxat*); rejetée Lach. — 2) Bö. 5: *feminini autem etiam puberibus.* — 3) Hu. 2: qui uo*cantur pupilli* (feminini uero sexus tam impuberibus quam puberibus). — 4) Hu. 4 (*feminini uero inpuberibus puberibus*) que, uel cum nuptae sunt. — 5) Goud. simplement: feminini quoque cum nuptae sunt. — 6) K. et S., Gn. 2 < *feminini autem sexus cuiuscumque aetatis sint, et tum quo*>que cum nuptae sint. — 7) Muir. [*feminini etiam puberibus, et tum quo*]que. — Il est vraisemblable qu'une ligne entière a été omise par le copiste, trompé par la ressemblance des mots *impuberibus* et *puberibus,* à la fin de deux lignes qui se suivaient (ὁμοιοτέλευτον).

423. A. pubertate.

lege Julia et Papia Poppaea[424] jure liberorum | tutela[425] liberantur feminae. Loquimur autem || exceptis virginibus Vestalibus, quas etiam ve|teres in honorem[426] sacerdotii liberas esse vo|luerunt : itaque etiam lege[427] XII tabularum cautum est. **146.** Nepotibus autem neptibusque ita demum possumus | testamento[428] tutores dare, si post mortem nostram in pa|tris sui potestatem jure recasuri non sint. Itaqu|e si filius meus mortis meae tempore in potesta|te mea sit, nepotes, quos ex eo[429], non poterunt[430] ex | testamento meo habere tutorem, quamvis in potestate mea | fuerint, scilicet quia mortuo me in patris sui | potestate futuri sunt[430 bis]. ——— **147.** Cum tamen in compluribus aliis causis postu|mi[431] pro jam natis habeantur, et in hac causa placuit, non minus postumis quam jam natis testamento tuto|res dari posse : si modo in ea causa sint, ut, si vivis[432] no|bis nascantur[433], in potestate nostra fiant. Hos etiam | heredes instituere possumus, cum extraneos pos|tumos

---

424. A. popeia ; tous : Poppaea ; sauf Pol. : Poppeia.

425. Plusieurs intercalent *a* devant tutela.

* Page extérieure facile à lire.

426. A. honores. — 427. A. legi. — 428. A. testes.

429. Les uns suppriment quos, les autres ajoutent habeo.

430. A. potesint ; Gö. 1-2, possunt ; La., Bö. 5, poterint ; la plupart, poterunt.

430 *bis.* A. sint.

431. Sur le sens, l'orthographe et l'étymologie de *postumus*, V. la note 377 du Comm. II.

432. A. biuis, pour vivis (V. note 40). — 433. A. nascuntur.

heredes instituere permissum non sit[434]. 148. Quae[435] | in manu est, proinde ac si filiae[436], item nurui quae | in filii[437] manu est, proinde ac nepti[438], tutor dari potest. 149. Rectissime autem tutor sic dari potest : LUCIUM TITIUM LI|BERIS MEIS TUTOREM DO lic. tut do[439] : sed et si ita scriptum | sit : LIBERIS MEIS[440], vel UXORI MEAE TITIUS TUTOR ES|TO, recte datus intellegitur. 150. In persona tamen || uxoris, quae in manu est, recepta est etiam tuto|ris optio, id est,

---

434. A. sint.

435. Tous, d'après Savigny, commencent le § par uxori.

436. Tous suppriment si. — 437. A. filia. — 438. A. neepti.

439. L'Ap. S. confirme l'existence de ces huit lettres lic. tut do, déjà connues, mais fort diversement interprétées. — 1) La plupart les suppriment purement et simplement, soit en constatant en note leur existence (que quelques-uns attribuent à une méprise du copiste), Gö. 1-3, Blond., Lach., Bö. 1, Gn. 1 et notamment K. et S., soit sans avertir qu'elles étaient au ms., Kl., Pell., Bö. 3, Pos., Abd. et W., Gn. 2. — 2) Hef., Lab. : [Licinium tutorem do]. — 3) Hu. (Beiträge et Hu. 2), suivi Bö. 5, Gir. : DO LEGO aut DO, d'après G. II, 193. — 4) Goud. objecte que legare ne peut se dire de la tutelle qua nihil ex hereditate erogatur, G. II, 232 ; il lit Luc. pour lic, soit : Lucium tutorem do, G. voulant dire que Lucius seul peut suffire, sans qu'il soit nécessaire d'ajouter Titius. G. dirait ainsi précisément la même chose qu'Ulp. l. 1 §§ 3 et 4 Dig., De her. inst., 28,5. — 5) Pol. au texte, Luc. tutorem do : en note, « peut-être le copiste aura-t-il omis une ligne de l'archétype : Titium Gaiae uxori meae, ou Seiae. » — 6) Hu. 4, conjecturant que le copiste a mal reproduit l'abréviation ancienne uc du mot uxor, lit : (uel) VXORI (MEAE) TVTOREM DO. — 7) Muir., texte : « LVCIVM (TITIVM VXORI MEAE) TVTOREM DO.

440. A. meois.

* Page intérieure facile à lire.

ut liceat ei permittere quem velit ip|sa[441] tut*orem* sibi optare, hoc modo: TITIAE[442] UXORI ME|AE TU-TOR*IS* OPTIONEM DO : quo casu licet uxori[443], vel in | omnes res, vel in unam forte aut duas. 151. Ceter*um* | aut plena optio datur, aut angusta. 152. Plena ita da|ri solet, ut proxime[444] supra diximus; angu|sta ita dari solet: TITIAE UXORI MEAE DUNTAXAT[445] TUTORIS | OPTIONEM SEMEL DO, aut DUNT*AXAT* BIS DO. 153. Quae optio|nes plurimum inter se differunt[446]; nam quae ple|nam optionem habet, potest semel et bis et | ter et saepius tutorem optare : quae vero an|gust*am* habet optionem, si d*untaxat* semel data est optio, am|plius quam semel optare non potest[447] : si tantum | bis, amplius quam bis[448] optandi facultatem non habet[449]. 154. Vocantur autem hi qui nominatim | testamento tutores dantur, dativi; qui ex opti|one sumuntur, optivi.

---

441. A. ipsea. — 412. Tutiae, ms.¹, corrigé ms.².

443. Le copiste a évidemment omis quelque chose. 1) La plupart ajoutent *tutorem optare*, ou seulement *optare*, intercalés soit après *uxori*, Lach., Hu. 2-4, Muir., soit à la fin de la phrase après *duas*, Gö., Gir.; — 2) Bö. 5, Pell., Gn. 2, *eligerem tutorem*; — 3) Pol. (note) croit qu'une ligne a été omise « *quoties velit tutorem optare* »; — 4) K. et S., d'après St. : licet < *ita testari, ut tutorem optare liceat* > uxori, combattu avec raison, ce semble, par Hu. 4.

444. A. proximumae.

445. Les uns, Hu. 2-4, Bö. 3, Pell., K. et S. Muir., *tutoris optionem duntaxat semel*; les autres, Gö. 1-2, Lach., Bö. 5, Gir., Pol., conservent *duntaxat tut. opt. semel* du ms.

446. A. differant. — 447. A. poten. — 448. A. uis (V. note 27).

449. A. habetis.

155. Quibus testamento quidem tutor datus non sit, iis ex | lege XII[450] agnati sunt tutores, qui vocantur le|gitimi. **156.** Sunt autem agnati per virilis sexus perso|nas cognatione juncti, quasi a patre cogna|ti, veluti frater eodem patre natus, fratris | filius neposve ex eo, item patruus[451], et patrui || filius et nepos ex eo. At hi qui per feminini sexus | personas cognatione conjunguntur, non sunt | agnati, sed alias[452] naturali jure cognati : itaque | inter avunculum et sororis filium non agna|tio est, sed cognatio ; item amitae, materterae fi|lius non est mihi agnatus, sed cognatus, et invicem | scilicet ego[453] illi eodem jure conjungor, quia | qui nascuntur, patris, non matris familiam secuntur. **157.** Sed olim quidem, quantum ad legem XII tabularum attinet, | etiam feminae agnatos habebant tutores ; sed postea lex Claudia lata est, quae, quod ad feminas atti|net, tutelas[454] sustulit. Itaque masculus quidem inpubes

---

450. Plusieurs ajoutent *tabularum*.
451. A. patrus.
* Page intérieure facile à lire pour la plus grande partie, bien que trois fois écrite.
452. La révision St. confirme la restitution déjà adoptée, d'après Inst., i, 15, 1, pour remplir l'espace demeuré illisible entre *feminini sexus et naturali jure* ; quelques-uns (Bö. 5) trouvaient ces mots à peine suffisants.
453. A. scilicetsiceo. — Presque tous : scilicet ego ; Pösch. : scilicet et si ego illi (agnatus sum, non tamen filio illius) eodem, d'après Théophile, I, 15, 1.
454. Les uns, Gö., Bö. 1, Pell., K. et S., Gn., Muir., ajoutent *agnatorum*, d'après le § 171 de G. I ; les autres, Bö. 3-5, Hu. 2-4, Gir., *illas*.

fratrem puberem[455], aut patruum[456] habet tutorem; femina vero talem habere tutorem non | pote*st*[457]. = 15
158. Sed agnationis quidem jus ca*pitis*[458] | diminutione[459] perimitur, cognationis vero jus eo *modo*[460] | non commutatur, quia civilis ratio[461] civilia | quidem[462] jura corrumpere potest, naturalia | vero non potest.

---

455. A. puuerem (V. note 27). — 456. A patrum.
457. Avant St., tout le commencement de la l. 15 était illisible. St. y a lu seulement les quatre lettres *pote*, après lesquelles se trouve un blanc qui peut convenir à cinq lettres environ. — Quelques-uns, Gö. 1-2, Pell., *possunt*; d'autres, Lach., Bö. 3-5, *intelleguntur*; Van Assen, *amplius possunt*; Hu. 2, Gir., *amplius coguntur*. — Depuis St., Pol. : pote*rit*; K. et S., Gn., Hu. 4 : potest; Goud., Muir. : potest *cogi*, ce qu'il paraît, en effet, nécessaire d'ajouter, soit pour remplir l'espace en blanc, soit surtout pour le sens; car, si la loi Claudia a supprimé la tutelle *légitime*, elle n'empêche pas que les agnats ne puissent avoir *en une autre qualité* la tutelle d'une femme. — 458. A. Kap.
459. Tantôt l'Ap S. a, comme ici, *diminutio*; tantôt il a *deminutio*. Les uns veulent toujours *diminutio* (Gö., Kl., Hef., Lab., Lac., Bö., Pell., Hu., Gir., Pos., Abd. et W., Goud., Gn.); les autres, toujours *deminutio* (Becker, Blond., Dom., Pol., K. et S., Muir). — La même diversité se trouvant dans plusieurs ms. d'auteurs jetés ou non (Ulp., Vat., Tite-Live, etc.), et la question, vivement débattue, ne me semblant encore résolue ni dans un sens ni dans l'autre, je donnerai tantôt *diminutio*, tantôt *deminutio*, selon ce que portera l'Ap. — Gaius lui-même aurait-il dit tantôt l'un, tantôt l'autre, et quelquefois *capitis minutio* ? Ce dernier mot se trouve dans la l. 1re Dig., IV, 5, tirée de G., libro IV *Ad ed. provinc.*
460. A. eo̊m; toutes les édit. post. *eo modo*. — Avant St., les schedae donnant *om (?), les uns (Gö. 1-2, Bö. 5) intercalaient *capitis diminutione*, les autres (Lac., Hu., Gir.), tenant *om pour une méprise du copiste, le supprimaient.
461. A. ratione; St. ne peut dire s'il y a *ratione* ou *ratione̊*.
462. A. quedam.

159. Est autem capitis[458] dim*inutio* prioris ca|pitis[463] p*er*mutatio, eaque tribus modis accidit ; nam aut maxima es*t* capitis[458] dim*inutio*[464], aut minor, quam qui|dam mediam vocant, aut minima. 160. Maxima es*t* capitis[458] dim*inutio*, cum aliquis simul et civitatem et li*bertatem* amit|tit ; quae accidit incensis[465]

---

463. Capitis, certain désormais ici, confirme la conjecture que Savigny avait tirée de la lettre p, seule visible avant S. Toutefois, les Inst. I, 16, pr., Boèce, ad Cic. Top. 4 § 18 (Orell. p. 302), et surtout la 1re Dig. *Cap. min.*, IV, 5, tirée de Gaius lui-même (libro IV *Ad ed. provinc.*), portant *status*, beaucoup corrigent ici *capitis* et le remplacent par *status* : 1) avant St., Bö. 3-5 ; Hu. 2, Gir., Pell. ma. 3-6. Les autres maintiennent *capitis* (et spéc. Pell. tr. et ma. 1). — 2) Après St., K. et S., Gn., Hu. 4. — 464. A. dimidia.

465. Nouveau texte dû à St., depuis *quae accidit incensis* jusqu'à *domicilium* ; mais il reste environ deux lignes illisibles. — 1) Goud. croit que G. rappelait ici la disposition de la loi Aelia Sentia, dont il avait parlé (1, 27), et qui défendait aux affranchis «dedititiorum numero, in urbe Roma morari». — 2) Pol. objecte d'abord qu'il s'agit ici de *domicilium* et non de *morari*, puis, que les pereg. dedit. n'ayant pas *civitatem*, ne peuvent la perdre ; « peut-être, dit-il, fuerunt ii, qui cives nota censoria in *Caeritum tabulas* relati essent, qui etiam, aerarii dicuntur (Gell. 4, 20 ; 16, 13. Strabo, 5, C. 220), ex capite *legis Iuniae vel Papiae*, de quibus legibus Cic. agit de Offic. 3, 47 ; pro Balbo, 23 ; pro Archia, 5. — 3) K. et S. : « post *jus* quid dictum fuerit nescimus ; non apte enim huc trahi sanctionem legis Aeliae Sentiae de iis (§ 27) apparet, cum hoc loco non de iis ... qui.. commorentur, sed.. qui domicilio ibi collocato legem niolauerint. — 4) Mommsen (*Epist. crit.*, p. XIX, édit. K. et S.) pense, au contraire, que « morandi vocabulum, ut degendi et consistendi, ad ipsum domicilium pertinet » : il invoque la l. 239 § 2 Dig. Verb. sign. 50, 16 (hi qui in oppido morantur incolae sunt) et la locution usitée *in libertate morari* ; il propose : QUOD IUS PROPRIE HODIE IN USU NON EST : SED libertatem

qui ex forma censua||li venire jubentur⁴⁶⁶, quod jus
pr———— | (————)⁴⁶⁷ ———— ex leg————.|———— ||||||||
qui contra eam legem in urbe Roma do|micilium
habuerint; item feminae quae ex senatusconsulto
| Claudiano ancillae fiunt eorum dominorum, qui|bus
invitis et denuntiantibus dominis⁴⁶⁸, cum ser|vis
eorum coierint.====

poenae causa hodie amittunt EX LEGE Aelia Sentia qui dediticiorum numero sunt, si QUI CONTRA EAM LEGEM IN U. R. DOMIC.
HAB. — 5) Hu. 4 admet, avec Goud. et Momms., qu'il s'agit de la
loi Aelia Sentia, mais il estime que ce dernier n'a été *in resar-
cienda oratione nec cautus nec felix*; d'après Hu., il ne peut
être ici question ni de la loi Junia ou Papia, ni des *aerarii* ou
des in *Caerilum tabulas relati*, mais G. y aurait donné trois
exemples, dont un seul du droit abrogé, le premier, et les deux
autres, du droit en vigueur, l'un *publici*, l'autre *privati com-
modi causa*. Il restitue au texte : quod jus pri*dem desuetudine
abolit|um est : eandem patiuntur dedilicii* ex *lege Aeli|a Sen-
tia*, qui contra eam ¹.

* Page extérieure en partie difficile à lire.
466. A. juuentur (V. note 27).
467. A. (lii) sch. Gö., d'où Hu. 4 : *abolitum*.
468. Pol., K, et S. suppriment *dominis*; la plupart le remplacent par *nihilominus*.

---

1. Restitutions du § 160 antérieures à St. — 1) Holweg pensait qu'il s'agissat de l'*incensus*, ce que confirme l'Ap. S.; d'où Lach. (note) : *quae accidit incensis, qui ex patria gentilitate in familia aliena*, scruituri veneunt ****.; Bö. 3, au texte, avait restitué : *quae accidit incensis*, ce qu'il a abandonné, Bö. 5. — 2) Gö. 2 et la plupart, au texte, seulement : *** qui ex patria ***|| ———— — — | *** *item feminae liberae ex scto*; plusieurs ajoutant : *consilium habuerint*, ou lisant *item mulieribus quae ex scto*. — 3) Kl., Hef, Blond., Lab., Dom., *qui ex patria aguntur*. — 4) Hu. (Beiträge) : *quae amittuntur velut ab iis qui ex patria iure gentium violato peregrinis populis per patrem patratum* (ou *fetiales*) *deduntur*. — 5) Hu. 2, suivi Gir.: *quod accidit velut in his, qui ex patria aut censum | non professi aut militiae munus frustrati peregre veneunt, item in his, qui in patria tanquam seruos se venumdari passi ex scto serui fiunt eorum, quorum fraudandorum | consilium habuerint, quaeue ingenuae ex scto Claudiano*; mais cette restitution dépassait de beaucoup l'espace illisible du ms.

161. Minor sive media cap*itis*[458] dimi*nutio*[464], cum civitas amittitur, libertas retinetur; quod accidit ei cui a|qua et igni in*ter*dictum fuerit[469].

162[470]. Minima est capitis | diminutio, cum et civitas et libertas retine|tur [471], sed status hominis conmutat*ur*; *quod accidit* | in his qui adoptantur, *item* in his quae coemptio*nem* | faciunt, et in his qui[472] mancipio dantur, quique | ex mancipatione manumittunt*ur*; adeo quidem ut, quotiens quisque mancipetur aut[473] manumitta|tur, totiens capite[474] diminuatur[475]. **163.** Nec solum | majoribus[475 *bis*] dimi-

---

469. L'A. S. confirme la restitution du § 161, admise d'après Inst. J, 16, 2, sauf quelques modifications qui ne changent pas le sens.

470. L'A. S. confirme également ce que l'on avait restitué dans le § 162, d'après Inst. I, 16, 3.

471. A. retineretur. — 472. A. qua.

473. Avant S., on avait lu seulement: mancipetur a‿‿‿‿| tur. La révision de S. confirme-t-elle la leçon: aut manumittatur, déjà proposée par Gö. 1-2, mais que l'on avait généralement rejetée? Oui, d'après K. et S. et Gn., qui la donnent même comme certaine. Non, d'après Pol., Muir., qui lisent: ut manumittatur, et Hu. 4, qui donne : (*aut ut remancipetur*), aut ut manumittatur; en note, Hu. insiste sur l'impossibilité de lire simplement *aut manumittatur*, par le motif que celui qui est *in servili conditione*, n'a pas *caput in familia* (§ 4, Inst. h. t.)

Plusieurs ont lu : *ac* manumittatur, Hu. (Studien), Holweg, Savigny, Pell. ma. — Quelques-uns préféraient *atque* (Lach., Hu. 2). — Gö. 3, Pell. tr., hésitaient entre *aut* ou *ac*. — Kl. : *aut manumissus in potestatem reverti|tur*. — Hef., Blond., en note, Gir., Pos., Abd. et W., au texte : *aut remancipetur*.

474. A. capitae. — 475. A. diminuantur.

475 *bis*. A. maiore.

nutionibus jus agnationis cor|rumpitur, sed etiam-
minima; et ideo si ex duobus | liberis alterum pater
emancipaverit, post obitum ejus neuter alteri agna-
tionis jure tutor[476] esse | poterit. 164[477]. Cum autem
ad agnatos tutela pertineat, non | simul ad omnes
pertinet, sed ad eos tantum qui pro|ximo gradu sunt.
|| 164ᵃ[478]._____ esu*** |___ **Legi nequit v. 2**___|
___ aca___ |___ in___ r**on___ |___ en
it___ urbe___ |___ sere|ꬻd___ |___ **Legi nequit v. 7** ___
|***in urbe Roma___ |___ itaque ut seru

---

476. Gö. 1-2 avait *conjunctus esse*. St. confirme *tutor esse*, déjà généralement admis.

477. L'Ap. S. confirme la restitution déjà admise du § 164, d'après Inst. I, 16, 7; mais on doutait si G. avait ajouté, comme les Inst., « vel si plures ejusdem gradus sunt, ad omnes ». Quelques-uns inclinaient à l'affirmative. D'autres se prononçaient pour la négative; spécialement Hu. 2, qui faisait cette remarque: « idque eo confirmatur, quod in nullo tutorum genere Gaius animadvertit, etiam plures personas tutelam nancisci posse ». — L'Ap. St. vient à l'appui de l'opinion de Hu.; le blanc laissé après le mot *sunt* indique, en effet, que Gaius, sans rien ajouter, passait à un autre sujet.

* Page extérieure très-difficile à lire.

478. On s'accorde à penser, d'après le plan suivi par Gaius, que c'était ici qu'il traitait de la tutelle légitime des *gentiles*, et qu'il donnait sur le *jus gentilicium* les informations auxquelles il renvoie, III, 17. L'espoir d'une lumière nouvelle sur la *gens* a été encore une fois déçu, St. n'ayant presque rien pu lire dans les 18 premières lignes de la page 45. — La gentilité a-t-elle quelque rapport avec ce qu'il a pu lire (un peu plus du double que ce que l'on avait lu auparavant), spécialement avec la mention répétée de la ville de Rome? A première vue, on ne le voit pas. Faut-il chercher quel pourrait être ce rapport, ou doit-on penser que ces débris conviendraient mieux à un autre sujet? M. Huschke n'a hasardé sur ce point aucune restitution;

10 **** est ____ | ____ sc.* ni ____ d*iu ____ |____

sunt ____ |____ uesa ____ | s ____ | **Legi nequit v. 13** ____ |

15 esse ____ |** simile ____ dic ____ pa ____ |____

m * d ____ s ____ iud ____ |____ n ____ .

165[479]. Ex eadem lege XII tabularum libertarum[480] et inpuberum li|bertorum[481] tutela ad patronos libe-rosque eorum | pertinet. Quae et ipsa tutela legitima vocatur, non | ((quia nominatim in)) ea lege de hac tutela ca((veatur, | sed)) quia proinde accepta est per interpretationem, | atque si verbis legis accepta[482] esset : eo enim ipso | ((quod heredita))tes libertorum libertarumque, si || intestati[483] decessissent, jusserat lex ad patronos | liberosve eorum pertinere, credide-runt vete|res voluisse legem etiam tutelas ad eos

---

mais il émet dans sa 4ᵉ édition, en note, la conjecture suivante: au commencement de l'empire, quelque loi, peut-être une loi Julia d'Auguste, aurait restreint le droit des *gentiles*, dans les successions et dans les tutelles légitimes, à quelques familles nobles, peut-être originaires de la ville de Rome, et aux esclaves affranchis par elles dans la ville même, ainsi qu'à la descendance des esclaves affranchis par elles; mais bientôt ce droit aurait été abrogé.

479. L'Ap. S. confirme la restitution du § 165, déjà admise d'après les Inst. I, 17. Les mots entre « » sont ceux qui, n'étant pas dans l'Ap., ne sont encore restitués que d'après les Inst.

480. A. liberarum. — 481. A. liberorum.

482. Presque tous remplacent, d'après les Inst., par *introducta*, le mot *accepta* du ms., qui semble une erreur du copiste. — Pol. en fait : [prae]cepta.

* Page intérieure difficile à lire, en partie seulement, bien que trois fois écrite.

483. A. initestati.

pertine|re; quia et agnatos, quos ad hereditatem voca|vit, eosdem et tutores esse jusserat.

166. Exemplo | patronorum ===== de fiduciaria
===== [484] | rece*ptae*[485] sunt et aliae tutelae quae fiduciariae | vocantur, id est, quae ideo nobis competunt, qui|a liberum caput mancipatum nobis vel a paren|te vel a coemptionatore ma*nu*miserimus.=====

167. Sed Latinarum et Latinorum impuberum *tutela*[486] non omnimodo ad manumissores liberti|i-

---

484. Ces mots, formant rubrique, ont été mal placés par le copiste, qui paraît avoir commis ici une autre faute encore ; V. la note suivante.

485. Il est possible, probable même, que le copiste a omis ici tout le passage où G. traitait de la tutelle légitime de l'ascendant émancipateur. K. et S. proposent, d'après Inst. 1, 18 : receptae < *sunt et aliae tutelae, quae et ipsae legitimae uocantur; nam si quis filium aut filiam, nepotem aut neptem ex filio et deinceps alteri ea lege mancipio dedit, ut sibi remanciparetur, deinde remancipatum remancipatamue manumisit, legitimus eorum tutor erit.* > Sunt et aliae tutelae, quae fiduciariae, etc. — Hu. 4 approuve cette restitution, à laquelle il change seulement quelques mots, pour la mettre mieux en harmonie avec G. I, 172 : recepta est *et alia tutela — et deinceps impuberes,* filiamue vel neptem ex filio et deinceps et iam puberes alteri — remanciparentur, remancipatosque manumisit — erit. Hu. 4 fait de ce passage un § spécial, 166; puis, un § 166ᵃ : (*Sed*) sunt et aliae tutelae, quae fiduciariae, etc. — Muir. doute de l'exactitude de cette restitution, à cause du langage de G. dans le § 175 ci-après.

Avant St., plusieurs (Hu. 2, Gir.) lisaient : Exemplo patronorum *rursus* fiduciariae tutelae rece*ptae* sunt *emancipatorum et quae* fiduciariae vocantur pro*prie;* ou simplement: *proprie*, après vocantur, Lach., Bö. 5, Pell. — L'Ap. S. écarte ces restitutions.

486. A. **** | la.

neorum[487] pertinet, sed ad eos quorum ante manumissionem ex jure Quiritium([488]) tua sit, in bonis
mea, a me qui|dem solo, non etiam a te manumissa,
Latina fie|ri potest, et bona ejus ad me pertinent,
sed ejus tu|tela[489] tibi[490] competit : nam ita lege Junia
cavetur. Itaque si ab eo cujus et in bonis et ex jure

---

487. Je reproduis littéralement l'Ap.; la nécessité d'une correction est évidente, mais on diffère. — Avant St., — 1) Kl.: inpuberum *tutela legitima patronorum non ad manumissores, quorum antea in bonis fuerunt.* — 2) Hef., Blond., même restitution, sauf, à la fin : *quosvis eorum libertorum.* — 3) Hu. (Studien et Hu. 2) : *tutela non ut bona eorum ad eos utique, qui eos manumiserunt.* — 4) Holw., Gir., Pos., Abd. et W.: *tutela* (vel *tutelae*) *non omni modo ad manumissores, sicut bona eorum* (c'est celle qui se rapproche le plus de ce qu'a lu St.). — 5) Lach., note : *tutelae non ita ad patronos quemadmodum tutelae ciuium romanorum libertorum.* — 6) Röder (Berichtt. V. Ulp. Götting. 1856, p. 48) : *manumissorum* [? *fiduciaria*] *tutela ad eos, quorum in bonis antea fuerunt, non,* généralement rejetée. — 7) Pell. ma., simplement : *tutela non omnimodo ad manumissores.*

Depuis St., — 1) Pol. : manumissores pertinet. — 2) K. et S., Gn.: manumissores eorum pertinet. — 3) Hu. 4 : manumissores libertorum eorum pertinet. — 4) Goud, Muir.: manumissores libertinorum.

488. On s'accorde à intercaler ici : *fuerunt. Unde si ancilla ex jure Quiritium,* conjecture de Hu. (Studien); la répétition des mots *ex jure Quiritium* aura fait passer les mots : *fuerunt. Unde si ancilla,* nécessaires d'après la suite du §. — Pol. y voit une preuve à l'appui de son opinion sur les lignes courtes de 19 lettres dans l'archétype.

489. A. **|tela.

490. A. tiui (V. note 27).

Quiritium[491] ancilla fuerit, facta sit Latina, ad eumdem et bona | et tutela pertinet[492].

168. | Agnatis et patronis et liberorum capitum manu|missoribus[493], permissum est feminarum tutelam a|lii in jure cedere : pupillorum autem tutelam non est permissum cedere, quia non videtur one||rosa[494], cum tempore pubertatis finiatur. 169. Is au|tem cui ceditur tutela, cessicius tutor vocatur[495]. 170. Quo mortuo aut *capite diminuto*, revertitur ad eum | tutorem tutela, qui cessit[496]. Ipse quoque qui | cessit, si mortuus aut *capite diminutus* sit, a cessicio[497] tute|la discedit, et revertitur ad eum qui, post eum | qui cesserat, secundum gradum in ea[498] tutela habuerit[499]. 171. Sed quantum ad agnatos pertinet, | nihil hoc tempore de cessicia tutela quaeritur, | cum agnatorum tutelae

---

491. A. que.
492. Les uns, Gö. 1-2, Lach. (avec note spéciale), Bö. 5, Pell. tr. et ma. 1, Pol., maintiennent *pertinet*; les autres, Hu. 2-4. Gir., Pell. ma. 6, K. et S., Gn., Muir., *pertinent*.
493. Avant St., la ligne 21 était illisible. On s'accordait à restituer: *Agnatis, qui legitimi tutores sunt, item manumissoribus*.
* Page intérieure très facile à lire.
494. L'Ap. S. confirme *onerosa*, déjà admis, d'après Holw., par presque tous. — Bluh., avec doute, avait indiqué *lucrosa*. — Bö. 3 admit *annosa*, ce qu'il défendit vivement (Bö. 5) contre la critique qu'en avait faite Hu. en disant : « Annosum est, quod jam habet, non quod duraturum est, multos annos. »
495. A. uocatoruo|catur.
496. A. cessauit, peut-être corrigé ms.².
497. A. accessio.
498. *Ea* omis dans toutes les édit. ant. et dans l'A. B.
499. A. habueri.

in feminis lege Clau|dia sublatae sint. **172.** Sed fiduciarios quoque qu|idam putaverunt[500] cedendae tutelae jus non | habere, cum ipsi se oneri subjecerint : q*uod* et si | placeat, in parente *tamen*, qui filiam neptemve | aut proneptem alteri ea lege mancipio dedit|, ut sibi remanciparetur, remancipatamque | ma*numisit*, idem dici non debet ; cum is et legiti|mus tutor habeatur, et non minus huic qua*m* | patronis honor p*r*aestandus est[501].

173. | Praeterea s*enatus*c*onsulto* mulieribus p*er*missum est in absen|tis tutoris locum alium petere : quo petito prior desinit, nec *inter*est quam longe aberit[502] is tu|tor. **174.** Sed excipitur, ne in absentis patroni locum liceat libertae tutorem petere. **175.** Patroni || autem loco habemus etiam parentem qui ex eo q*uod* | ipse[503] sibi remancipatam[504] filiam, neptemve aut

---

500. A. putaberunt (V. note 40).

501. La plupart conservent *est* ; Hu. 2-4, Pol., K. et S., Gn., Muir. : *sit*.

502. La plupart conservent *aberit* ; Pol. dit que c'est un solécisme et lit *abierit* ; K. et S., Gn., Muir., *absit* ; Mommsen recommande *afuerit*. — Hu. 4 dit : « Mutatione non opus, si *longe* ad tempus refertur. »

* Page extérieure en grande partie difficile à lire.

503. Avant St., — 1) Gö. 1, 2, 3, au texte : qui in ***|**** sibi manumissione ; en note, *mancipatam* sibique. — 2) Kl., Hef., Blond. en note, Bö. 3-5, Pell. ma., Gir., au texte : *in mancipatam et sibi*. — 3) Hu. (Studien et J. A. 2) : in e mancipio sibi. — Depuis St., tous : ex eo quod ipse — manumisit, bien que St. (note A) dise très-incertaines les huit premières lettres de la l. 2.

504. A. remmancipatam.

pro|neptem *manumisit*, legitimam tutelam nanctus est. Hujus[505] quidem liberi fiduciarii tutoris loco nume|rantur : patroni autem[506] liberi[507] eamdem[508] tutelam adi|piscuntur, quam et pater eorum habuit.
==== 176. ([508 bis]) ✱✱ aliquando[509] etiam in patroni absentis locum, p([509 bis])ur[510] tutorem petere, veluti ad h*ere*ditatem adeundam. 177. Idem senatus censuit in p*er*sona pupilli patro|ni filii. 178[511]. Nam et[512] lege Julia de maritandis ordinibus, ei | quae in legitima tutela pupilli sit, p*er*mittitur dotis | constituendae gratia a p*ra*etore urbano tutorem pe|tere. 179. Sane patroni filius, eti*am*si inpubes sit[513], ✱ libertae | effi-

---

505. Pol., K. et S., Gn. ajoutent *sed* avant *hujus*; Hu. 4 lit *Cuius*.
506. A. autem patroni. — 507. A. libere. — 508. A. eadem.
508 bis. A. (s) sch. Gö.
509. Avant St., — 1) Gö. 1, 2, 3, Gir.: *Sunt tamen causae ex quibus*. — 2) Hu. 2, et spéc. Beiträge : *Ad certas tamen causas*. — 3) Bö. 5, Pell. ma.: *Sed ad certam quidem causam*. — Depuis St., tous : *Sed aliquando*.
509 bis. A. (siicii✱) sch. Gö.
510. Avant St., presque tous, d'après les Schedae de Gö.: *permisit senatus*, entre autres Bö. 5, qui d'abord avait (Bö. 3) « *permissum est* » ou peut-être « *concessum est* ». — Depuis St., qui déclare *mittit* plus probable que (siicii✱) de Gö., tous : p*er*mittitur.
511. Krüger pense que le § 178 doit être placé après le § 180.
512. Avant St., plusieurs (Lach., Pell.) préféraient *item*, ou *itemque*. — Nam *et*, déjà donné, d'après Holw., par Gö. 1-2, Hu. 2, Gir., semble confirmé par A — Depuis St., K. et S., Hu. 4, Gn. : nam *et*; Pol., Muir., maintiennent *item*, avec note spéciale de Pol.
513. Hu. 4 ajoute ta(*men*) avant *libertae*; Pol., Muir. : *enim*, entre *sane* et *patroni*.

cietur tutor, quamquam⁵¹⁴ in nulla re auctor fieri potest, | cum ipsi nihil permissum sit sine tutoris aucto|ritate agere. 180. Item si qua in tutela legitima furio|si aut muti sit, permittitur ei *senatusconsulto*, dotis constituendae | gratia, tutorem petere. 181. Quibus casibus salvam⁵¹⁵ mane|re tutelam patrono patronique filio manifestum | est.====

182. Praeterea senatus censuit, ut, si tu|tor pupilli pupillae⁵¹⁶ ve suspectus a tutela remotus |.sit, sive ex justa *causa* fuerit excusatus, in locum ej|us alius tutor detur, quo facto prior tutor amittet | tutelam⁵¹⁷. 183. Haec omnia similiter et Romae et in pro||vinciis observantur scilicet et in provinciis a prae|side provinciae tutor pc⁵¹⁸. ==== 184. Olim cum legis actiones in usu erant, etiam ex illa | *causa* tutor da-

---

514. Avant St., la plupart avaient *sed*, quelques-uns *at*. Tous, depuis St., ont *quamquam*. L'Ap. porte qq.

515. A. salbam (V. note 40). — 516. A. pulle.

517. Avant St., — 1) Gö. 1-3, Bö. 3, Pell.: *detur*, quo *dato prior tutor* am*ittit*. — 2) Bö. 5, Gir.: *detur, et qui prior fuerit ut*ique *amittat*. — 3) Hu. 2 : *detur, quia qui prior fuerat iure civili non* am*ittit*.

* Page extérieure très-difficile à lire.

518. Bien que St. ait lu, aux deux premières lignes de la p. 49, plus qu'on n'avait lu auparavant, le § 183 demeure incertain. — Avant St. — 1) Gö. 1, 2, 3, Hef., Bö., Pell.: solent observari ****************** | ____ si uero ____ ____ ____ ____ —|. — 2) Hu. 2, Gir.: observari; *et Romae quidem praetor tutorem dat, si vero in provinciis res incidat, praeses provinciae*. — Après St., — 1) Pol.: observantur, [*nisi*] scilicet, [*quod Romae a praetore urbano vel peregrino praetore*], et in provinciis a praeside provinciae tutor peti debet; en note, essai de justification de *nisi*, de *quod*, et de la mention du préteur

batur, si inter tutorem[519] et mulierem pupil|lumve
lege[520] actione agendum erat : *nam* quia ipse tutor
in re sua auctor esse non poterat, alius dabat*ur*, quo
auctore legis[521] actio perageretur; qui dicebat*ur*
praetorius tutor[522], quia a[523] pr*aetore* urbano dabatur.
Sed | post sublatas legis actiones quidam putant,
ha|nc speciem dandi tut*oris* in usu esse desiisse;
alii*s* ———— | placet *adhuc*[524] in usu esse si legitimo
judicio agat*ur*[525].

185. Si cui nullus omnino tut*or* sit, ei datur in
urbe Ro|ma ex leg*e* Atilia a pr*aetore* urbano[526] et
majore parte tribun*orum* pl*ebis*, qui Atilianus tutor

---

pérégrin., d'après G. IV, 31; Pol. conjecture l'omission par le
copiste d'une ligne de l'archétype. — 2) K. et S., Gn., Muir. :
scilicet < *ut Romae a praetore* > et in prouinciis a praes.
prouin. tut. *peti debeat*. — 3) Hu. 4., scilicet ut in prouinciis,
se bornant à changer *et* du ms. en *ut*.

519. A. tutore. — 520. A. pupillumqe legem.

521. A. legis legis. — Avant St., passage presque illisible; on
admettait : *illa legis actio*, avec Huschke (Studien). — Heff.
(note) : *ista* (vel *in jure*) *legis*.

522. A. tutelae. — 523. A. aut. — 524. A. athunc.

525. Avant St.,—1) Hef. : peni*tus* eva*n*uisse, *ea* tantum *ex*cepta
quae in *usu est*. — 2) Hu. (Beiträge), Pos., Abd. et W.: non esse
necessariam, sed athuc dari in usu est. — Hu. 2., Gir. : *desiisse
esse necessariam*. — 3) Bö. 5, note : *etiam exoleuisse;* alii *autem
con|tra probant, quia* in *usu* est — 4) Pell. ma.: *penitus eva-
nuisse, sed adhuc* in usu est. — Après St., tous : in usu esse
desiisse (ou desisse), aliis autem (ou vero) placet adhuc in usu
esse; (Hu. 4 : placet, et nunc).

526. A. ubano.

vocatur; in provinci|is vero a praesidibus provincia-rum[527] lege[528] Julia et Titia. **186.** Et i|deo si cui *testamento* tutor sub condicione aut ex die certo da|tus sit; quamdiu condicio aut dies pendet, tutor dari | potest; item si pure datus fuerit, quamdiu nemo heres | existat, tamdiu ex *his*[529] legibus tutor petendus est, qui | desinit tutor *esse* posteaquam aliquis ex testamento tutor esse | coeperit. **187.** Ab hostibus quoque tutore capto, ex his[530] legibus tu|tor peti debet[531], qui desinit tutor esse, si is qui captus est in | civitatem reversus fuerit: nam reversus reci|pit tutelam jure postliminii.

|| **188.** Ex *his* apparet *quot* sint species tutelar*um*[532]. Si vero quaera|mus in quot[533] genera hae[534] species deducantur, lon|ga erit disputatio: nam de ea re valde veteres dubita|verunt[535], nosque[536] diligentius hunc tractatum ex|secuti sumus et in edicti inter-pretatione, et in his | libris quos ex Quinto Mucio

---

527. A. provincilarum.
528. Tous intercalent *ex* avant lege.
529. A. is; les uns iis, les autres his.
530. A. hiis.
531. Avant St., datur ou dabitur.
* Page inférieure très-facile à lire.
532. A. instutelarum.
533. A. quod.
534. A. haec.
535. A. dubitaberunt (V. note 40).
536. La plupart: nosque; Hu. 2-4, Gir.: nos quia. L'Ap.a: nosqui.

fecimus[536 bis]. Hoc totum[537] | tantisper sufficit admonuisse, quod quidam | *quinque* genera *esse* dixerunt, ut Quintus Mucius; ali*i* | tria, ut Servius Sulpicius; alii duo, ut Labeo ; ali*i* tot ge|nera esse crediderunt, quot[538] etiam species es|sent.

189. Sed inpuberes[539] quidem in tutela esse omni|um civitatium jure contingit, quia id naturali | rationi[540] conveniens *est*, ut is, qui *perfectae aetatis* | n*on* sit, alterius tutela regatur; nec fere ulla ci|vitas est in qua n*on* licet parentibus liberis su|is inpuberibus testamento[541] tut*orem* dare, qu*am*vis, ut supra di|ximus, soli c*ives* R*omani* videantur tan*tum*[542] liberos suos in | potestate habere. 190. Feminas vero

---

536 *bis*. L'ouvrage de G. auquel il renvoie ici en l'appelant *libri ex Q. Mucio*, est peut-être le même que celui dont parle Just. dans la const. *Omnem reipublicae* § 1 «... *Gaii nostri... secundus de tutelis* ». — Adde l. 39 Dig., De stipul. servor., 45, 3, (tirée de Pomponius, livre 22 ad Q. Mucium), où est dit aussi *Gaius noster*. — Il se pourrait que trois fragments de l'ouvrage de G. *De tutelis* fussent du nombre des *Fragments inédits de droit romain d'après un ms. du mont Sinaï*, découverts récemment par M. Bernardakis et publiés par M. Rod. Dareste dans le *Bulletin de correspondance hellénique*, t. IV, p. 449-460 (numéro de juillet 1880).

537. Pol. : *tantum*; Gö. 1-3; Pell., Bö. 5, Gir., Hu. 2-4: solum; Mommsen : *loco* (note K. et S.), approuvé Muir. — K. et S., supprimant, donnent : hoc tantisper.

538. A. quod. — 539. A. inpuueres (V. note 27). — 540. A. ratione.

541. A. *cost*. avant *tut.;* Pol., note : peut-être *custodes vel tutores*.

542. A. uideanturtant; d'où la plupart: tantum. — K. et S., Gn. Muir., suppriment *tant* et ont seulement : videantur liberos. — Goud. : tantam in liberos suos potestatem habere, comme mieux en harmonie avec le § 55 supra, mais en corrigeant le texte du § 189. — Après St., Pol. et Hu. 4 maintiennent *tantum*.

perfectae aeta|tis in tutela esse, fere nulla pretiosa ratio suasis|se videtur ; nam quae vulgo creditur, quia levita|te animi plerumque decipiuntur, et aequum[543] erat | eas tutorum auctoritate regi, magis hispeciosa[544] vide|tur quam vera. Mulieres enim quae perfectae[545] aetatis | sunt, ipsae sibi negotia tractant, et in quibusdam || causis dicis[546] gratia tutor[547] interponit auctoritatem suam ; sae|pe etiam invitus auctor fieri a praetore cogitur. 191. Unde | cum tutore nullum ex tutela[548] judicium mulieri datur. At[549] ubi pupillorum pupillarumve negotia tutores tractant[550], eis | post pubertatem tutelae judicio rationem reddunt.

---

543. A. aecum.

544. A. hispeciosa. — 1) La plupart *speciosa*, sans tenir compte de *hi*, ni en signaler l'existence. — 2) Hef., au texte : **speciosa, qu'il interprète en note: *haec* speciosa; suivi Blond. — Baumbach proposa: *mihi* speciosa, rejeté par Lach., qui (*Zu Ulpian*, Zeitsch. f. gesch. RW., IX [1838] p. 189) cite d'autres exemples d'un *i*, à tort ajouté par les copistes devant les mots commençant par *sp* ou *st*; ainsi, dans le ms. de G., II, 199, 201, *istichum* pour *stichum*. — Aujourd'hui encore l'addition d'un *i* est fréquente en italien, non-seulement devant *sp* ou *st* (*spirito, ispirito; stesso, istesso*), mais aussi devant *sb* (*sbaglio, isbaglio*), *sf* (*sfugire, isfuggire*), *sch* (*scherzo, ischerzo*), surtout quand le mot qui précède finit par une consonne. Cet usage, qui, loin d'être considéré comme fautif, est regardé comme une règle d'euphonie, ne semble pas particulier à certaines provinces, mais bien commun à toutes ou presque toutes. V. les dictionnaires italiens à la lettre *i*.

545. A. queperfecte.

* Page intérieure très-facile à lire.

546. A. dici. — 547. A. tutele.

548. A. tule ; Pol.: tuͨtelae *gestione*. — 549. A. ad.

550. A. tractans.

192. Sane patronorum et parentum legitimae tutelae | vim aliquam habere intelleguntur, eo quod hi neque | ad[551] testamentum faciendum, neque ad res mancipi[552] alienandas, | neque ad obligationes suscipiendas auctores fieri coguntur, praeterquam si magna causa alienandarum rerum mancipi[553] obligationisque[554] suscipiendae | interveniat[555]; eaque omnia ipsorum causa constituta sunt, ut, quia ad eos intestatarum[556] mortuarum | hereditates pertinent[557], neque per testamentum excludantur ab hereditate, neque alienatis pretiosioribus | rebus susceptoque aere alieno minus locuples[558] ad eos hereditas ||||veniat[559]. 193. Apud peregrinos non similiter, | ut apud nos, in tutela sunt feminae; sed tamen plerumque quasi in tutela sunt: ut[560] ecce lex Bithynorum[561], | si quid mulier contrahat[562], maritum auctorem[563] esse jubet[564], aut filium[565] ejus | puberem. 194. Tutela autem liberantur ingenuae quidem trium (— [566] —)

---

551. A. At.
552. Au lieu de : res mancipi, généralement admis, K. et S. veulent : res mancipii, ici et partout ailleurs. V. la note 34 du Comm. II.
553. A. mancipio. — 554. A. quae. — 555. A. interueniant.
556. A. intestarum. — 557. A. pertinet. — 558. A. locoples.
559. Tous: perveniat. — 560. A. uihaecce. — 561. A. bytinorū.
562. A. hat; presque tous: contrahat. — Hef. Blond. Lab.: agat, au texte, et en note Hef: hat pro hag, ou peut-être fac, facit ou faciat, en grec πράττῃ.
563. A. aut. — 564. A. juuet (V. note 27). — 565. A. filius.
566. Holweg, et tous après lui, admettent que le copiste a omis ici une ligne, que l'on restitue ainsi : ...trium (liberorum jure, libertinae vero quatuor, si in patroni) liberorumve...

GAIUS, I, 194-195ᵃ.

liberor*um*ve ejus legitima tutela⁵⁶⁷ sint; |nam et ceterae⁵⁶⁸, quae alterius generis tuto*res* habeant⁵⁶⁹, | velut Atilianos aut fiduciarios⁵⁶⁸, trium liberor*um* || jure tut*ela* liberantur⁵⁷⁰. 195. P*o*test autem pluribus modis | libertina⁵⁷¹ alterius generis habere, veluti si a femi|na manumissa sit; tunc enim e lege Atilia petere de|bet tut*orem*, vel in provincia (——— 572 ———) et T̊itia; 5 n*am* in patronae tutela | esse non potest⁵⁷³.

195ᵃ. Item si masculo manumissa⁵⁷⁴ et auctore eo

---

567. A. tutum.

568. Plusieurs considèrent comme des gloses *et ceterae*, et *velut Atilianos aut fiduciarios*; Pol. les supprime.

569. Presque tous : habent.

✻ Page extérieure difficile à lire.

570. Avant St., les mots *jure liberantur* étaient déjà restitués par tous, mais non le mot *tutela*.

571. *Libertina*, déjà généralement admis, est confirmé par St.; *tutorem*, ajouté par plusieurs (Gö. 1-2, Hef., Gir.), n'est pas confirmé. — Hu. 2 : libert*a tutorem*, qu'il maintient dans sa 4ᵉ.

572. On s'accorde à intercaler, avec Kl. Hef., *e lege Julia*. — K. et S. lisent : prouinc<iis e lege Iul>ia et Titia, ce qui semble le plus vraisemblable.

573. Leçon admise par tous depuis St. — Avant St., — 1) Gö. 1-2, Pell. ma. 5 : Titia ✻✻✻✻ | patronae ✻✻✻ — 2) Hef., Blond., en note, Dom. Pos., Abd. et W., au texte : Titia; nam *patronae tutelam libertorum suorum libertarumve gerere non possunt*. — 3) Gö. 3, Pell. ma. 1, au texte, Titia : is in patronae ✻✻✻ ; puis, Lach., en note : jus non succedit, sed auctoritatem dumtaxat suam interponit. — 4) Hu. (Beiträge) : nam patronae *iure civili ut feminae* (à quoi Bö. 5 préfère *propter sexum*) tutores *esse non possunt*. — 5) Hu. 2, Gir. : nam patronae, *cum ipsae in tutela sint*, tutores esse non possunt.

574. Tous ajoutent *sit* ou *fuerit a*, qu'ils placent de diverses manières.

coem|ptionem fecerit, deinde remancipata et manu-|missa sit, patronum quidem habere tutorem | desinit, incipit autem habere eum tutorem a quo | manumissa est : qui fiduciarius dicitur. 195ᵇ. Item si patro | (———————————————)s⁵⁷⁵, in adoptionem se dedit, debet libert |ta———————Titia⁵⁷⁶ tutorem⁵⁷⁷ petere. 195ᶜ. Similiter ex iisdem | legibus petere debet tutorem liberta⁵⁷⁸, si patronus deces|serit⁵⁷⁹, nec ullum virilis sexus liberorum in fami|lia re(———————)⁵⁸⁰ 196. Masculi———⁵⁸¹ puberes esse coeperint⁵⁸², tutela libe|rantur. P———————⁵⁸³ Sabinus quidem et Cas-

---

575. A. (n *** si *** i c **** ia) sch. Gö. La plupart : patro|nus, ejusve filiu|s (ou ejusque), qui ont paru à St. *non male quadrare ad umbras.* — 2) Quelques-uns (Hu. 2, Gir.) : *sive filius ejus.* — 3) Kl., d'après G. ɪɪɪ, 82 : patro[nus paterfamilias]. — 4) Hef., Blond., Lab., donnent : patronus scilicet pater familias comme certain.

576. Avant St., *sibi e lege.* — Depuis : *liberta e lege*, puis *Atilia vel Julia et Titia*, que l'on s'accorde à admettre, bien que St., note A, constate que les *incertae umbrae* correspondent plutôt à *elegitiiaet* qu'à *elegatiliau.*

577. A. tuts, d'où Hu. 4 fait *sibi.* — 578. A. busta.

579. Avant St., la plupart : decedit, comme certain au ms. ; quelques-uns (Hu. 2, Gir.) : decessit.

580. A. (capit ?) sch. Gö. — Avant St., *relinquit*, ou *reliquit.* Depuis St., *reliquerit* (sauf Pol. *retinuerit*, d'après la Collatio : 16, 3, 8-9, et Vat. 296). Le sens est : si nullum filium (non emancipatum) heredem suum reliquerit.

581. Edit. post. : masculi autem cum, probable d'après St. note A. — Les édit. ant. avaient : masculi quando.

582. A coeperit.

583. Tous, avant S. comme depuis, *puberem autem;* « umbrae apte quadrant », dit St. note A.

sius⁵⁸⁴ ceterique nostri *praeceptores*⁵⁸⁵ eum esse putant**⁵⁸⁶, | *qui* habitu corporis pubertatem ostendit, id e*st*,| qui generare potest; sed in his qui pubescere non | possunt, quales s*unt* spadones, eam aetatem esse spe|ctandam, cujus aetatis puberes fiunt. Sed diver|sae scolae auctores annis putant pubertatem aes|timandam, id est, eum puberem *esse* existimant*⁵⁸⁷ ||——————————————Legi nequeunt

24 versus ————————————————————⁵⁸⁸

584. A. casius. — 585. Déjà restitué avant St.
586. La plupart négligent ces *; Pol. lit : *tantum*.
587. On s'accorde à finir la phrase par les mots *qui* XIII *annos explevit*, qui devaient se trouver p. 53.
* Page extérieure demeurée entièrement illisible.
588. Le sujet traité par G. dans la p. 53 est, en partie, indiqué par le passage correspondant de l'Epitome, I, 8, DE CURATIONE: « Peractis pupillaribus annis, quibus tutores absolvuntur, ad curatores ratio minorum incipit pertinere, sub curatore sunt minores aetate, majores eversores, insani: hi qui minores sunt, usque ad viginti et quinque annos impletos sub curatore sunt; qui vero eversores aut insani sunt, omni tempore vitae suae sub curatore esse jubentur, quia substantiam suam rationabiliter gubernare non possunt. »
De quoi G. traitait-il, en outre, dans le reste de cette page et en particulier dans la phrase qui se continue par les mots *aetatem pervenerit* du § 197? Nul doute qu'il ne terminât la matière de l'extinction de la tutelle, avant de passer à la curatelle; mais ce qu'il disait de celle-ci, dans la phrase dont nous avons les derniers mots, est fort incertain, ainsi que le sujet du verbe *voluit*, que l'on admet au § 198, si toutefois c'est bien *voluit* qui doit y être lu (V. la note 591 ci-après). — 1) D'après quelques-uns (Gö. 1-2-3, Kl., Hef., Blond.), G. aurait parlé de la décision de Marc-Aurèle « omnes adulti curatores acciperent non redditis causis » et c'est de cet empereur qu'il faudrait entendre *voluit*. Mais beaucoup pensent que toute cette partie des Com-

197. ____ || aetatem peruenerit[589], in qua res suas tueri possit, si|cuti[590] apud peregrinas gentes custodiri superius indicauimus. **198.** Ex iisdem causis et in prouinciis a praesidi|bus earum curator*es* dari uolunt[591].____

---

ment. de G. ayant été écrite sous Antonin le Pieux, il n'a pu y être question d'une constitution de son successeur Marc-Aurèle. — 2) Selon Hu. 2, G. aurait d'abord traité, comme Ulp. 12, 1-4, des curateurs donnés d'après les 12 Tables, par le préteur ou d'après la loi Plaetoria; puis, selon sa coutume, il aurait exposé ce qui en cette matière est *naturali ratione constitutum*. En conséquence, Hu. restitue ainsi (en note) le commencement du § 198 : illud enim jus, ex quo impubes alieno arbitrio regitur, donec ad eam ||; suivi Gir., au texte, mais avec ? — 3) Dom.: *curatorem potest accipere masculus puber, si nondum ad.* — 4) K. et S., en note : in curatore minoribus dato, si quando pater in testamento curatorem filio nonimauerit, praetorem eius uoluntatem obseruare, quia aequum sit patrem filio prouidere, donec ad eam ||. — 5) Hu. 4 considère comme incroyable que G. ait parlé ici des curateurs confirmés par le préteur, et il renvoie au § 189.

* Page intérieure non difficile à lire, bien que trois fois écrite.

589. A. peruenerĕt.

590. Édit. post. : *sicuti*. — Édit. ant. : *idem*, pour la plupart; Hu. 2., Gir. : *etiam*.

591. A. St. *uolunt*; A. B., *uoluit*, admis par presque tous, avant St., et encore depuis. — 1) La plupart n'ajoutent rien. — 2) Quelques-uns ajoutent *D. Marcus* (en note, Hef., Blond.) ou *divus Marcus* (au texte, Gir., qui renvoie à fr. 12 § 2 Dig. 26, 5). — 3) Au lieu de *uoluit*, plusieurs, d'après Lach. (K. et S., Gn., Muir.), lisent : solent, tenant *uoluit* pour une méprise évidente du copiste ; ils rapportent le passage entier, et spécialement *ex iisdem causis* aux cas énumérés dans la loi Plaetoria, Gaius, disentils, n'ayant pu parler de la décision de Marc-Aurèle, puisqu'il est constant que la majeure partie de ses Institutes a été écrite en 161. — 4) Hu. 2, sans corriger *uoluit*, admet aussi que ce

199. | Ne tamen et pupillorum, et eor*um* qui in curatione s*unt*, negotia a tutoribus curatoribusque[592] consuman|tur, aut deminuantur, curat pr*aetor* ut et tutores ((et)) cur*atores* eo | nomine[593] satisdent. **200.** Sed hoc non est p*er*petuum : nam | et tutores testa- mento dati satisdare non coguntur, quia | fides eorum et diligentia ab ipso t*es*tatore probata est ; et | cura- tores ad[594] quos non e[595] lege curatio[596] pertinet, | sed ([597]) vel a consule, vel a praetore, vel a praeside provinciae ||||||||tur[598], plerumque non coguntur satis- dare, scili|cet q*uia* satis hon ||||||||||| t |||||||||unt[599] — [600].

---

passage de G. a été écrit sous le règne d'Antonin ; il rapporte *voluit* tant à la loi Plaetoria qu'à la constitution de quelque empereur, qui aurait décidé que l'on ne donnerait pas de cura- teurs aux mineurs pérégrins. Au commencement du §, il inter- cale au texte (*Sed*), avant *ex iisdem causis*, redoublant l's du mot *indicavimus* qui précède, et en note, il dit : « intellige : non ad peregrinos quidem, sed tamen etiam ad provincias lex Plaetoria pertinet. » — Dans sa 4ᵉ édit., Hu. maintient le rapport de *voluit* avec la loi Plaetoria, portée à une époque où déjà des provinces se trouvaient soumises ; il regarde *volunt* du ms., comme inadmissible. — 5) Pol. conserve *volunt* au texte, mais il le croit erroné ; toute conjecture lui semble ici incertaine, à cause de la perte de la page précédente.

592. Presque tous avec A. : curatoribusque. — Pol., Muir. : curatoribusve ; Pol. croit omis *neglegantur bonave*.

593. A. naomine. — 594. A. at. — 595. A. nonne.

596. A. curato. — 597. Tous intercalent *qui*.

598. Tous : *dantur*.

599. Avant St., *idonei electi* sunt ; depuis St., hon*esti electi* sunt. — Les Inst., pr. I, 24, ont *idonei*, qui semble avoir trait à la solvabilité, tandis que *honesti* se rapporterait au caractère ; cpr. Ulp. 5 § 1 ; Dig. 26, 4, et Mod. 21 § 5, Dig. 26, 5.

600. La fin de la l. 14 et tout le reste de la p. 54, en blanc.

COMMENTARIUS SECUNDUS

1. ((Superiore commentario de jure personarum¹)) | exposuimus : modo videamus de rebus, quae vel | in nostro patrimonio sunt, vel extra nostrum pa|trimonium habentur².

2. Summa itaque rerum divisio | in duos articulos deducitur³ : nam aliae sunt divini ju|ris, aliae humani.

3. Divini juris sunt, veluti res sacrae⁴ et religiosae.

4. Sacrae sunt, quae Diis superis consecra|tae sunt ; religiosae, quae Diis manibus relictae | sunt.

5. Sed sacrum quidem hoc solum existimatur quod⁵ | auctoritate populi Romani consecratum⁶ est veluti

---

* Page intérieure en grande partie non difficile à lire, bien que trois fois écrite.

1. Restitué d'après Inst. II, 1, pr.; sauf que les Inst. ont *libro*, au lieu de *commentario*.

2. A. hauent. (V. I, note 27 sur les emplois de *u* pour *b*; au ms., dans le Comm. Iᵉʳ; V. pour le Comm. II, les notes 12, 29, 40, 86, 95, 97, 119, 148, 151, 166, 194, 244, 284, 335, 380, 412, 415, 430, 480, 485, 489, 538, 545, 553, 583, 587, 590, 597, 609, 619, 621, 623, 633, 640, 646, 648, 674, 703, 726, 739, 756, 785, 804, 811 et 833 ci-après. — Adde III, note 29 et IV, note 51, avec les renvois.)

3. A. diducitur.

4. A. sac**. — 5. A. q**; toutes les édit. post.: *quod ex*.

6. A. consec***um.

lege de | ea re lata, aut *senatus-consulto* facto[7].
6. Religiosum vero nostra vo|luntate facimus, mortuum inferentes in loc*um* | nostrum, si *modo* ejus mortui funus ad nos pertine|at. 7. Sed in provinciali solo placet plerisque solum re|ligiosum non fieri, *quia* in eo solo dominium *po*puli Romani est *vel* Caesaris; nos autem *po*ssessionem tantum vel[8] u|sumfructum habere videmur : utique tamen | etiamsi non sit[9] religiosus[10] pro re*li*gioso[11] habetur[12], | item[13] quod in provinciis[14] non ex auctori-

---

7. Avant St., le § 5 était incertain. — 1) Gö. 1-2 n'avait au texte que deux ou trois mots : sed sacrum.... auctoritate, en note *populi* ou *publica*. — 2) Kl., en note : sacrum *fit quod consulum censorum praetorum* auctoritate *pontifice praeeunte consecratur*. — 3) Bö. 1 préfère *pontificum*. — 4) Gö. 3., Bö. 3, Pell., Pos., Abd. et W. : sed sacrum *quidem solum existimatur* auctoritate populi *romani fieri*; *consecratur enim lege de ea re* (Lach. préférant *quod consecratur*). — 5) Bö. 5 : sacrum *quidem locum nullum* existiman*t* sine auctoritate po. ro. fieri; consecratur enim. — 6) Hu. 2 : sacrum *quidem solum tantum* existumatur — consecratur enim. — 7) Gir. : sacrum *quidem* locum *tantum*.

8. Avant St., tous admettaient *et*; uel étant certain et en toutes lettres A. S., toutes les édit. post. le donnent, sauf Pol., qui, avec Goud., tient *et* pour la véritable leçon originaire, d'après Théophile, sur le § 40, Inst., De rer. divis., II, 1.

9. Avant St., tous, avec Gö., restituaient ainsi le commencement de la l. 19 : ejusmodi locus, licet non sit.

10. Certain A.; — maintenu Pol., Hu. 2.; — corrigé : religiosum, K. et S., Gn., Muir.

11. A. rel||||||| ioso. — 12. A. hauetur. (V. I, note 27; II note 2.)

13. Avant St., au lieu de *item*, la plupart : *quia etiam*; quelques-uns : *quia etiamsi*, ou *quin etiam*.

14. In provinciis, certain Ap., est généralement maintenu; Mommsen le croit une glose.

tate *populi* Romani con|secratum est, (15) proprie sacrum[16] *non* [———17———] |cro habetur. 8. Sanctae quoque[18] *res, velut* muri et por|tae, quodammodo divini juris sunt[19]. 9. *Quod* autem di|vini[20] juris[21] *est,* id nullius in bonis *est :* id *vero quod* humani || (juris est, plerumque alicujus in bonis est; potest autem et nullius in bonis esse ; nam res hereditariae, antequam aliquis heres existat, nullius in bonis sunt)[22]. ——— **Legi nequeunt v. 1-11** ———[23]. 9ᵃ.——— ————————————————————— | ue domino[24].

56

63 v
ter s.

*

15. Avant St., on ajoutait quelque chose : la plupart *quanquam* ou *etsi,* avant *proprie;* — quelques-uns, *quidem* après.

16. A. sacarum, corrigé ms.².

17. St. n'a pu lire les huit dernières lettres de la l. 21 ; son Ap. porte, d'après les Schedae de Bluh. : [estimpsa]; (celles de Gö avaient : c̊ s ***** i c̊ r̄ i i ?). — 1) K. et S. : est, tamen pro sa|cro, suivis Gn., Muir., et déjà admis généralement avant St. — 2). Pol. : est ; *sed* tamen pro sa|cro. — 3) Hu. 4. : est, attamen pro sacro, au texte ; en note, Hu. refuse de considérer *in provinciis* comme une glose, et de commencer à *item quod* un un nouveau § 7ᵃ, ainsi que font K. et S.

18. A. qqque. — 19. A. s**t. — 20. A. (autem**) sch. Gö.

21. A. iurie.

* Page extérieure très-difficile à lire.

22. La fin du § 9 est restituée d'après l. 1, pr., Dig. 1, 8.

23. Dans les 11 premières l. de la p. 56, St. a lu seulement :
1° à la fin de la l. 7 : de ****, 2° l. 8, au milieu : m̊.

24. Les lettres *ue domino,* lues par St., ainsi que l'espace des onze lignes, trop grand pour ce qui forme la fin du § 9 restituée d'après le Dig., prouvent qu'il y avait au texte de G., entre le § 9 et le § 10, quelque chose que les compilateurs du Digeste ont omis. Aussi, est-ce avec raison que K. et S. ont fait

10 [25]. Hae autem quae humani juris sunt, (aut) pu|blicae [26] sunt aut privatae. 11. Quae publicae sunt, null(ius) vi|dentur in bonis esse ; ipsius enim universita(tis | e)ss(e c)r(e)duntur: privatae *sunt*, quae singuloru(m sunt) [27].

---

un § nouveau, 9ª. — 1) Ils pensent que G. y traitait des choses non encore occupées et des choses *dereliclae*. — 2) Hu. 4, se fondant sur le passage correspondant de l'Epitome, II, 1, 1 : « Sed et res hereditariae, antequam aliquis heres existat, id est (aut ?) quando dubitatur, utrum scriptus an legitimus heres succedere debeat, in nullius bonis esse videntur », croit plutôt que G. continuait à traiter des *res hereditariae*. Sans doute, dit Hu., ce que l'abréviateur fait dire à G. est inepte, mais il n'a pu le tirer que de G. lui-même. Par suite, M. Hu. (en note) propose la restitution suivante : « Sed etiam exstante suo et necessario herede, velut filio, qui alioquin statim cùm moritur pater, heres ac dominus est, si tamen incertum sit, utrum ex testamento scriptus an intestato legitimus heres sit, uelut quod postumus suus heres testamento praeteritus exspectatur, quo nato scilicet testamentum rumpitur, res hereditariae interea sunt SINE DOMINO; cf. l. 84 Dig. De acq. her. 29, 2. On voit que M. Hu. lit *ne domino*, au lieu de *ve*; mais St. ne donne *u* que comme douteux. — La conjecture de Hu. est remarquable. Elle me semble plausible ; il paraît, en effet, nécessaire, en présence de l'Epitome, d'admettre que G. ajoutait quelque chose concernant les *res hereditariae*. — 3) Goud. et Gn. omettent entièrement *ve domino*. — 4) Pol., sans faire un § 9ª, donne *ve domino*, comme fin du § 9. — 5) Muir. : [9ª] —————— domino.

25. Les §§ 10 et 11, restitués auparavant d'après la l. 1 précitée au Dig., ont été lus par St., sauf les lettres mises entre (), qui sont encore empruntées au Dig.

26. A. publicis.

27. A. singuloru*** | ——————. L'espace illisible étant trop grand pour ne contenir que *sunt*, Pol., en note, propose *patrum familiarum* sunt, mais avec doute.

12[28]. Quaedam praeterea res corporales sunt, | quaedam in(corporales.) 13. *Corporales* hae (sunt) q*uae* tangi possunt, veluti | fundus, homo, vestis, aurum, argentum, et deni|que aliae res innumerabiles[29]. 14. Incorporal|es sunt | q(uae) | tangi non possunt; qualia sunt ea quae jure consi|stunt, sicut hereditas, ususfructus, obligationes | quoquo modo contractae. Nec ad rem per(tinet, quod in hereditate res corporales[30] conti)nent*ur*; (nam)[31] et fru|ctus, qui ex fundo percipiunt(ur), corporales (su*nt*), | et id quod ex aliqua obligatione (no)b(is) deb(etur), || plerumque corpo(rale est, veluti) fundus, homo, pecu|nia: nam ipsum jus successionis, et ipsum (j)u(s) u(ten)|di fruendi, et ipsum jus obligationis incorpora|le est. Eodem numero sunt jura p*r*aediorum urba|norum et rusticor*um*[32]

---

28. Les §§ 12, 13, 14, ont été lus presque entièrement par St., tels qu'on les avait déjà restitués auparavant d'après la l. 1 § 1 Dig. i, 8, et les Inst. ii, 2, 2. — L'Ap. B. ne donnait qu'une douzaine de mots pour les l. 16-24 de la p. 56, et 1-5 de la p. 57. — Les ( ) marquent ce qui, demeurant illisible, est restitué d'après le Dig.

29. A. in ||||||| merauiles. (V. i, note 27; ii, note 2.)

30. Ligne omise au ms., restitué d'après le Dig.

31. Nam n'existe pas au ms., restitué d'après le Dig. par tous, sauf par Pol., qui le prétend ajouté à tort.

* Page extérieure très-difficile à lire.

32. Le ms. est resté illisible depuis *rusticorum* jusqu'aux mots *altius tollendi*, seuls visibles au milieu de la l. 6. — Après *rusticorum,* le Dig. et les Inst. ajoutent *quae etiam servitutes vocantur;* presque tous les ajoutent également ici, et spécialement depuis St., Pol., Hu. 4, Muir.; mais K. et S., Gn., les suppriment.

GAIUS, II, 14-15.

|———— altius tollend———————| niduluminibus
vicini ̧aedes∗∗∗ non extollen|di ne luminibus vicini
officiatur.====|Item fluminum et stilicidi|orum idem
10 jus ut ∗∗ | (³² ᵇⁱˢ) n———— a∗∗am————|———— Legi
nequit v. 11————|———— s———— ms————|————
15 hujus aqducendae————|———— ser∗∗ um e supe ——
|piores———— 14ᵃ———— nec mancipi;| mancipi s————
s————| item aedes in italico solo————|(³² ᵗᵉʳ)
—— n∗s————|———— Legi nequit v. 19————
20 |———— s praediorum urbanorum nec mancipi————
| 15. Item stipendiaria praedia et tributaria non mancipi | sunt; sed quod diximus———— os————
| mancipi esse non————|———— Legi nequit v. 24 ³³

32 bis. A. (i∗iii). — 32 ter. A. (cca) sch. Gö.

33. Bien que St. ait lu dans la p. 57 beaucoup plus qu'on n'avait fait avant lui, elle reste encore illisible pour plus de la moitié et, dans ce qu'il donne, il n'y a de certain qu'environ cinq à six lignes. — G. traitait d'abord des servitudes prédiales, d'après le passage correspondant de l'Epitome, II, 1, 3 : « Incorporalia etiam sunt jura praediorum urbanorum vel rusticorum. Praediorum urbanorum iura sunt stillicidia, fenestrae, cloacae, altius erigendae domus aut non erigendae, et luminum, ut ita quis fabricet, ut vicinae domui lumen non tollat. Praediorum vero rusticorum iura sunt via vel iter, per quod pecus aut animalia debeant ambulare vel ad aquam duci, et aquae ductus; quae similiter incorporalia sunt. Haec iura tam rusticorum quam urbanorum praediorum, *servitutes* appell*antur*. »

Il passait ensuite à la division des choses en *mancipi* et *nec mancipi*.

Avant St., pour les 20 lignes, depuis *urbanorum et rustico-*

rum de la l. 5, jusqu'à *statim ut nata sunt,* qui commencent la p. 58, — 1) plusieurs (Gö. 1-3, Hcf., Bö. 1-5, Pell. tr.) ne donnèrent que le mot *item* à deux endroits. — 2) Plus tard, quelques-uns (Bö. 5, note; Pell. ma., texte), restituèrent le passage concernant les *res mancipi,* d'après Ulp. XIX, 1, mais en supprimant (entre *qualis domus* et *item servi*) le membre de phrase d'Ulpien relatif aux servitudes rurales. — 3) D'autres, Hu. 2 (d'après G. IV, 16), suivi Gir. (avec ?), au lieu du texte d'Ulpien, faisaient un § 15 ainsi conçu : Item ex mobilibus et moventibus mancipi sunt servi atque ancillae et ea animalia mansueta, quae collo dorsove domantur, qualia sunt boves, equi, muli, asini. — Un point sur lequel on s'accordait, c'était de finir la p. 57, pour la mettre en rapport avec le commencement de la p. 58, par ces mots : Et nostri quidem praeceptores haec animalia | | statim ut nata sunt, etc.

Depuis St., la division du texte en §§ demeurant incertaine comme auparavant, on a proposé : 1) Pol. : 1° un § 14, qui finirait à la l. 5 par *quae etiam servitutes vocantur,* ajoutés à *rusticorum;* 2° un § 14 *a. Urbanorum praediorum jura sunt* altius tollendi *ut officiant* | aedium luminibus vicini aedes, aut non extollen|di, ne luminibus vicini officiatur |; 3° un § 14 *b.* Item luminum et stillicidiorum idem (? ou peut-être *id est*) ius, ut † ... |† ..... | enim vel ius aquae ducendae † ...... supe|riores nec mancipi; 4° un § 14 *c.* Mancipi sunt†| Item aedes in Italico solo †.... †.... praediorum urbanorum nec mancipi *sunt* ?|; 5° un § 15. Item stipendiaria praedia et tributaria nec mancipi | sunt. Sed quod diximus † |† mancipi esse n† ....|† ...... || statim ut nata, etc.

2) K. et S. : 1° § 14, prolongé jusqu'à la l. 15 ; au texte, quelques mots, d'après les lettres certaines ou incertaines de l'Ap., ces dernières étant, les unes complétées, les autres omises; en note : *a*) pour les l. 5-8, après *eodem numero sunt jur. pr. ur. et rusticorum:* praediorum urbanorum iura sunt uelut ius ALTIUS TOLLENDI aedes et officie*ndi* LUMINIBUS UICINI AED*ium* aut NON EXTOLLENDI, NE LUMINIBUS UICINI OFFICIATUR. K. et S. ajoutent que peut-être y avait-il au ms. une répétition fautive, que l'on pourrait ainsi corriger : uelut ius altius tollendi aedes aut non tollendi (conf. II, 31), ne luminibus uicini officiatur; le copiste aurait écrit à tort : uelut ius ALTIUS TOLLENDI aedes aut non tollen|di ne (?) LUMINIBUS UICINI AEDES aut NON EXTOLLENDI NE LUMINIBUS UICINI OFFICIATUR; — *b*) pour les l. 9-

15 : Item fluminum et stilicidiorum ius, id est (au lieu de idem jus) ut uicinus flumen uel stilicidium in aream uel in aedes suas recipiat ; item cloacae immittendae et luminum immittendorum. Praediorum rusticorum iura sunt uelut uia, iter, actus, item pecoris ad aquam adpulsus, item ius aquae ducendae : haec iura tam rusticorum quam urbanorum praediorum seruitutes uocantur. — 2° § 14ª. (En note) : Est etiam alia rerum diuisio : nam aut mancipii sunt aut nec mancipii. Mancipii sunt uelut fundus in Italico solo, item aedes in italico solo, item serui et ea animalia quae collo dorsoue domari solent, uelut boues, equi, muli, asini; item seruitutes praediorum rusticorum : nam seruitutes praediorum urbanorum nec mancipii sunt. — 3° § 15. (Au texte) : Item stipendiaria praedia et tributaria nec mancipii sunt. Sed quod diximus (en note) : ea animalia quae domari solent, mancipii esse, quomodo intellegendum sit, quaeritur, quia non statim ut nata sunt domantur; et nostrae quidem scholae auctores || statim ut nata sunt, etc.

3) Hu. 4 : 1° § 14, au texte, après : eodem numero — rusticorum, *quae et seruitutes uocantur. Urbanorum, uelut.* altius tollend*i aedes, licet* | inde luminibus *uicini noceatur,* aut non extollen|di, ne luminibus uicini officiatur : item fluminum et sti*l*licidiorum idem ius ut. | ———— ; en note : « Peut-être y avait-il ensuite si|t, *uti nunc sunt et praeterea alia* multa (L. 17 § 3 D. 8, 2; l. 33 D. 18, 1 ; G. ii, 238). — Pour les l. 10-15 de l'Ap., Hu. 4, en note, « après les mots *enim uero ius aquae ducendae*, suivait peut-être : *etiam numero praediorum urbanorum* ser(ui)*tutum* esse poterit. Res, etc. », ce qui résoudrait la question controversée sur la distinction des servitudes en rurales et urbaines. — 2° § 14ª, au texte : Res *praeterea aut mancipi sunt aut* nec mancipi. — 3° § 14ᵇ, au texte : Mancipi sunt *serui; boues, equi, muli, asini et fundi,* item aedes, in Italico solo — — | — | —.. praediorum urbanorum nec mancipi *sunt.* | Item stipendiaria praedia et tributaria nec mancipi sunt; en note : « Après Italico solo suivait à peu près, l. 17-19 : *itemque* iter, *actus, uia a|quaeductus praediorum in hoc solo; nam si quae aliae sunt numero seruitutum praediorum rusticorum et omnes* » praed. urb. nec manc. sunt. — 4° § 15, au texte : Sed quod diximus, *boues, equos, mulos* et *asinos* res | mancipi esse n — — — | — — || statim ut nata

‖ statim ut nata s*unt*, mancipi³⁴ *esse* putant : Nerva
vero et ‖ Proculus et ceteri diversae scolae auc*tores*
non ali|ter ea mancipi *esse* putant, qu*am* si domita
s*unt*; et, si propter | nimiam³⁵ feritatem domari non

---

sunt, etc. ; en note : n*ostri quidem praeceptores, omnia haec
animalia, quae collo dorsoue domantur.*

4) Gn. 2 insère au texte les restitutions proposées par Kr.,
dont il adopte les divisions.

5) Muir., partie au texte, partie en note, adopte les divisions
et les restitutions suivantes : 1° § 14 finissant par eodem
numero — rusticorum, *quae servitutes vocantur*. — 2° § 14ᵃ.
Urbanorum praed. iura sunt altius tollendi *et eo modo offi-
ciendi* luminibus, etc. — 3° § 15. Res *autem uel mancipi sunt
uel* nec mancipi. Mancipi sunt *praedia rustica in italico solo ;
item aedes in italico solo ; item serui, et animalia man-
sueta quae collo dorsoue domantur. Seruitutes quoque praediorum rusticorum mancipi sunt ; sed seruitutes* praediorum
urbanorum nec mancipi *habentur*. Item stipendiaria, etc. —
4° § 15ᵃ. Sed quod diximus *ea animalia quae domari solent*
mancipi esse *uarie accipitur. Nostri quidem praeceptores haec
animalia*, qualia sunt boues muli, equi, asini, statim, etc.

✻ Page intérieure difficile à lire.

34. Au lieu de — res mancipi, — K. et S. veulent partout — res
mancip*ii* ou mancip*ii* —, bien que l'Ap. ait *constamment* — res
mancipi. — D'après l'observation de St. (dans son *Index ortho-
graphicus*, p. 319, A.), *mancipi* ne serait au ms. que *presque
constamment*; un peu plus loin, il dit que le ms. a *une fois*
(à la page 39, l. 5) *mancipii ;* mais dans ce dernier passage, il
s'agit de *personnes* qui sont *in causa mancipii*, ce qui est
tout autre chose que les *res mancipi*. — Il ne semble pas qu'il
y ait lieu de changer la manière universellement reçue de
désigner cette division des choses. — M. Krüger, dans son édit.
récente des *Fragments d'Ulpien* (Berolini, 1878), substitue également *res mancipii* à *res mancipi*. Mais, dans son édition du
Code (Berol., 1874-1877), il donne (vii, 31) *res mancipi*, sans
ajouter d'observation.

35. A. minimiam.

GAIUS, II, 15-17. — 128 —

possunt, tunc vi|deri mancipi esse incipere, *cum ad eam aetatem perve|nerint, qua*[36] *domari solent*[37]. 16. *[38]* ferae bestiae nec | mancipi sunt, *velut ursi, leones*; item ea animali|a quae fere[39] bestia*rum*[40] numero sunt, v*elut* elefanti[41] et cameli; et ideo ad rem non pertinet, q*uod* haec animali|a etiam collo dorsove domari so **n*namn*** | qd eorum animalium illo tempore fuit que con|stituebatur quasdam res mancipi esse, quasdam | non mancipi[42]. 17. | S*ed* item fere

(above "so": u/e; above "namn": d i; above "que": o)

---

36. A. quia.
37. Avant St., tous restituaient déjà ainsi *cum____solent,* sauf *cujus aetatis,* admis par la plupart (*in qua,* par quelques-uns, Hu. 2, Gir.) ; l'Ap. St. donne en plus *incipere*.
38. Avant St., la l. 6 étant illisible, la plupart commençaient le § 16 à *mancipi sunt* de la l. 7, qu'ils faisaient précéder de *nec;* — Lach., Pos., Abd. et W.: *ex diuerso bestiae nec;* — Hu. 2., Gir.: *e diuerso ferae bestiae nec.* — Depuis St., Goud., Pol., Hu. 4 : *at*; K. et S., Gn.: *item;* Muir.: *sed.*
39. Avant St., on croyait que le ms. avait *ferae*. — Gö. 1-2, Hef., Bö. 1, Blond., Lab., Hu. 1, Pell., Gir. : fera*rum*; — Lach., Bö. 3-5, Pos., Abd. et W.: *fere;* — Pöschmann, Hu. 2: *fera e.* — L'Ap. S. confirme la leçon *fere,* qui s'accorde avec la suite du § et avec la l. 2 § 2 Dig., Leg. Aquil. 9, 2, où Gaius appelle « elephanti et cameli *quasi mixti* »; tous l'admettent désormais. — Pol. croit qu'il manque quelque chose.
40. A. uestiarum (V. I, note 27 ; II, note 2).
41. Tous, depuis St., *elefanti* (Pol., Hu. 4) ou *elephanti* (K. et S., Gn., Muir.) — Avant St., *elefantes* ou *elephantes.*
42. Les l. 10-12 étaient illisibles avant St. — 1) La plupart (Gö., Lach., Bö., Pell.): animalia etiam co*llo* dorsove *domantur* — — — | — — quorum | — mancipi esse : quaedam | non mancipi sunt, laissant en blanc après *domantur.* — 2) Hu. 2, Gir., restituaient : domantur; *item animalia quaeuis minora, unde etiam mansuetorum,* quor*um singula quaedam supra diximus*

omnia quae incorpo|ralia *sunt*, nec mancipi sunt, exceptis servitutibus | *pra*ediorum rusticorum; nam eas mancipi esse constat, quamvis sint ex numero rerum incorpo|ralium[43].

18. Magna autem differen|tia *est* inter mancipi res et nec mancipi[44]. 19. Nam *res* nec | mancipi ipsa traditione pleno jure alterius fi|unt[45], si modo

---

mancipi esse, etc. — Depuis St., 1) Goud. : domari *solent*, nam nullum quidem eorum animalium illo tempore fuit, quo constituebatur quasdam res mancipi esse, quasdam nec mancipi; d'où il conclut, en note, que la distinction des choses mancipi et nec mancipi serait, d'après ce passage de G., beaucoup plus ancienne que ne l'admettent quelques-uns, p. ex. Hugo. — 2) Pol., domari *solent*, quia [ne] men*tio* quidem eorum animalium, etc. — 3) K. et S., Gn. 2, domari *solent* : nam < ne > *nomen* quidem eorum animalium illo tempore < *notum* > fuit, quo, etc. — 4) Mommsen, en note, K et S.: nam < eo numero > *nullum* quidem eorum animalium illo tempore fuit. — 5) Hu. 4, Muir.: *solent*; nam nec (*notitia*) quidem eorum, etc. — 6) Fitting, *Jenaer Literaturzeitung*, 1877, p. 688 : nam ne *notio* quidem ; ce qui semble le plus plausible.

43. La révision St. confirme la restitution déjà admise du § 17 par presque tous, d'après Holw., malgré les objections de Zachariae, *Ueber den Unterschied zwischen servit. rust. und urbanae*, Heidelberg, 1844, § 7. — Entre *rusticorum* et *quamvis*, la plupart donnaient *nam hae quidem mancipi res* sunt. — Hu., Beitr., et J. A. 2, Gn. 1, *in Italico solo, quae mancipi* sunt. — Gir.: *in Italico solo : nam hae quidem mancipi sunt*.

44. Avant St., tous : differentia est mancipi *rerum* et *nec* mancipi. — L'Ap. S. porte : ē / mancipi rex et nec mancipi. — 1) Goud, : est inter res mancipi et nec. m.; 2) Pol.: est, [quae] inter mancipi res existi*t* et nec m. ; 3) K. et S., Gn. 2, Muir.: est inter mancip*ii* res et n. m.; 4) Hu. 4 maintient l'ancienne leçon *mancipi rerum et n. m.*

45. Avant St., l. 19 illisible restituée diversement : Gö. 1-3 et presque tous, *nuda traditione abalienari possunt*; Bö. 5,

corporales sunt et ob id recipiunt tra|ditionem. 20. Itaque si tibi vestem, vel aurum[46], vel ar|gentum tradidero, sive[47] ex venditionis *causa*, sive | ex donationis, sive quavis alia ex *causa*, statim tua | fit ea res si modo ego ejus dominus sim[48]. 21. In[49] ead*em* || causa s*unt* provincialia praedia, quorum alia stipendiaria, alia tributaria vocamus.=== Stipendiaria s*unt* ea, quae in his provinciis sunt q*uae* propri|ae po*puli* Romani esse intelleguntur. Tributaria s*unt*
5 ea, quae in | his provinciis sunt quae propriae Caesaris esse creduntur[50].=== 22. Mancipi vero *res*

---

nuda traditione ad alium transferri poss|*unt;* Hu. 2 *ad alium transfer*|*untur,* avec critique spéciale du mot abalienari, *Recht des nexum,* p. 41. — La nouvelle leçon est conforme à Ulp. XIX, 7, *ipsa*. Elle donne de plus *pleno jure,* dont l'importance est manifeste. — 46. A. *aurium*. — 47. A. *iue*.

48. Avant St., l. 23-24 presque entièrement illisibles ; restitutions diverses : 1) Kl. : *quavis alia ex causa, qua fit earum rerum alienatio, sine dubio transferuntur*; 2) Holw. : *tua fit ea res simul atque eam adprehenderis*; 3) Lach. : *tua—res, si modo tradendi animum habui*; 4) Bö. 3-5 : *tua—res naturali ratione tibi adquisita*; 5) Hu., Studien, et J. A. 2, Gn. 1, Gir., Pos., Abd., et W. : *tua—res sine ulla iuris solemnitate*. — Depuis St., tous : *si modo ego ejus dominus sim*; mais entre *sim* et *in eadem causa* du § 21, il y a dans l'Ap. i o. — 1) Pol., Muir. en font *jure civili* qu'ils ajoutent à *dominus sim;* 2) Hu. 4 en fait également *jure civili,* mais il place ces mots au § 21, avant *in eadem causa*; 3) K. et S. n'en tiennent pas compte au texte; en note, ils indiquent *min?* pour *in;* 4) Goud., Gn. 2 l'omettent sans en faire mention.

49. Hu. 4 commence le § 21 par : *Iure civili*; v. la note précédente.

⁎ Page intérieure non difficile à lire, quoique trois fois écrite.

50. St. confirme la restitution proposée par Savigny.

sunt, quae[51] *per* man|cipationem ad alium transferun*tur*; unde etiam[52] | mancipi *res* sunt dictae. Quod autem valet manci ———— [53] 23. ————
patio quidem quemadmodum fiat, superiore | commentario tradidimus.

24. | In jure cessio autem hoc modo fit. Apud magis*tratum* po|puli Romani, *velut* praetorem, *vel apud* praesidem provinciae[54], is cui | res in jure cedi*tur*, rem[55]

---

51. Quelques-uns regardent comme douteux (K. et S.) ou même suppriment (Hu. 4): *sunt quae*, « dus *somnolento librario* ». — Auparavant, Hu., Beiträge, et J. A. avait proposé *aeque*, admis Gn. 1.

52. A. confirme *etiam*, déjà admis par plusieurs auparavant; d'autres avaient *quidem* ou *scilicet*.

53. Il manque évidemment quelque chose, probablement une l. entière, que le copiste aura omise à cause de la répétition du mot *mancipatio* à la fin des deux l. — 1) La plupart, depuis St. comme avant: manci|(*patio, idem valet et in jure cessio. 23. Et manci*)|patio quidem. — 2) Savigny préfère: *quod idem* (au lieu de *autem*) valet *mancipium* et mancipatio. 23. Et manci|patio quidem. — 3) Bö. 5: quod autem manci[*patio in mancipi rebus, idem in omnibus rebus ualet in iure cessio. 23. Et manci*]patio, spécialement combattu par Hu. 2. — 4) Pol., en note: mancipatio, quae privatim fieri potest, idem valet utique in iure cessio.

54. A. porte: $\overline{u}\,\overline{pr}.\,\overline{u}\,\overline{apr}.$ psidem puinciae; — la plupart: *velut praetorem, vel apud praesidem provinciae*; — Pol. vel[ut] praetorem urbanum aut praetorem praesidem provinciae. — K. et S., Hu. 4, ont seulement: vel*uti* praetorem, supprimant le reste comme *glossema*, ce qu'admettent aussi Gn. 2 et Muir.

55. *Rem tenens* est admis ici par tous sans difficulté, sauf par Pol. qui tient *rem* pour une faute, G., selon lui, ayant dû dire *festucam*, comme au § 16 du com. IV (où le ms. (p. 139, l. 14) a une autre faute: *restucam*). — Sur le *rem tenens* dans la mancipation, v. supra I, § 119, et note 337.

tenens ita dicit ═══════ [56] : HUNC EGO HOMINEM EX JURE QUIRITIUM MEUM ESSE AIO; deinde, postquam hic vindica([57]) ─── [57 bis] ───rogat eum qui cedit, an contra vindicet; quo negante[58] aut tacente, tunc ei qui vindicaverit eam rem addicit. Idque legis actio vocatur; hoc[59] fieri potest etiam in provinciis apud praesides earum[60]. 25. Plerumque tamen et fere semper mancipationibus utimur: quod enim ipsi per nos praesentibus amicis agere possumus, hoc non interest[61] necesse cum majore difficultate apud praetorem aut apud praesidem provinciae agere[62].

26. Quod si neque mancipata, neque in jure cessa sit res mancipi || ──── **Legi nequeunt versus 2-6**

e
m plena possessio concessa ──── ex formula quam-

---

56. A. confirme *dicit*, déjà admis par tous, sauf par Hu. 1, qui avait, d'après Boëce (sur les Topiq. de Cic. 5), (*uin*)dicat, mais qui, dès la 2ᵉ édit. de J. A., était revenu à *dicit*.

57. A. (ue) sch. Gö.

57 bis. La lacune qui suit les lettres *ue*, dues aux schedae de Gö., est complétée par tous, d'après Boëce : vindica*verit, praetor inter*rogat.

58. A. negantte. — 59. Au lieu de *quae*, avant St.

60. Ces derniers mots *hoc fieri — earum* sont rejetés comme *glossema* par Goud. et Pol.

61. A.: n ʃ e necesse. 1) La plupart, sans tenir compte de l'abréviation ʃ, usitée pour *inter* (Gö., Bö., Pell., Hu. 2, Gir., et encore K. et S. Gn. 2, Muir.), lisent : non est necesse. 2) Pol., non interest, [*neque est*] necesse. 3) Hu. 4, non interest (*nec*) necesse.

62. *Agere* est admis par tous depuis St., au lieu de *quaerere*, généralement admis auparavant; mais quelques-uns en doutaient.

* Page extérieure presque entièrement illisible.

GAIUS, II, 26-27.

quam ——|—— **Legi nequit versus 9**——— | ✱✱ pcucileian 10
——— | fructus na——— | Item adhuc in———
| ✱ nend——— | ✱a——|—— **Legi nequit v. 15** —— | isalcc 15
—— | non fuissent ——|—— **Legi nequeunt ver. 18-24.** ——||

   e
   o   c a   u
s c ass (——63——) ——— | muniexmendos——— | e quo   28 r

                        t d   p
                      cu s o t c t
nomine——— | caicsoiciruoepiis———————— | 5

      no
creuiicn (——64——) ——— | pdium (——65——) ———|
dem ulla libera civitas 66 —— 27.67 —— |nendi sumus✱✱✱

  n m
duo——— | esse provincialis soli nexum non e——68——
| significationem solum n ali(——69——) pro|vinciale nec 10

                                              e
                                             ct
mancipi e alit enim veteri lingua 70 a | sius (——71——)

✱ Page extérieure très-difficile à lire dans la partie supérieure.

          u
63. A. (dicla ccqdiii) sch. Gö.

64. A. (c✱✱i) sch. Gö. — 65. A. (ini) sch. Gö.

66. St., note A., fait remarquer que le mot *civitas* est très-incertain.

67. Nous plaçons ici, avec la plupart, le commencement du § 27; d'autres, K. et S., le placent plus haut à *Item adhuc.* V. note 72 ci-après.

68. St., note A., fait remarquer qu'il n'y a certainement pas eu, à la fin de la ligne 9, après *nexum non e*: *recipit enim nexus*, comme on l'admettait auparavant; V. note 72 *in fine*.

             i m   s
69. A. (tiaiii mancipi c✱✱) sch. Gö.

70. Les mots *enim veteri lingua*, donnés par St. comme certains, sont entièrement nouveaux.

          ip   a r
                s
71. A. (q✱i✱pc✱s✱✱✱u✱✱m✱cc) sch. Gö; auparavant Gö. avait lu autre chose.

dc|i be mancipa———. ═══════72

> s
> eta

───────────

72. Avant St., on n'avait rien lu de la p. 60; les quelques lettres qu'il donne laissent subsister l'incertitude. On peut admettre, avec Hu. 2-4, que G. traitait : 1° du cas où une *res mancipi* a été simplement livrée, soit par un citoyen, cas où l'*accipiens* l'avait seulement *in bonis* (infra, § 41), soit par un pérégrin n'ayant pas le *jus commercii*, cas où la tradition a le même effet que si la chose eût été *nec mancipi* (Vat., § 67); 2° de la tradition des fonds provinciaux, qui, bien que *nec mancipi*, ne peuvent *accipientis pleno jure fieri, quoniam privatis eorum tantum* plena possessio concessa *sit; verumtamen eum quoque ex* formula, *quanquam non ea, quae domino jure civili competit,* vindicare *posse: sed et fructus, ut nostrae scholae auctores putant, eos quos opera sua acquisierit* (L. 45 D. de usuris 22, 1), *secundum* Proculeianorum *autem sententiam etiam alios omnes* fructus *naturali* ratione ejus perinde ac *domini fieri;* item adhuc in *possessione eorum praediorum ad obtinenda ea* non usucapione quidem, sed per longi temporis praescriptionem *tueri se posse*; 3° du *jus commercii* et du *nexum* que G., dans les l. 15-24 de la p. 60 et 1-12 de la p. 61 aurait traité avec plus de détails qu'Ulpien, XIX, 14-15. A ce sujet, Hu. 4, en note, propose : « *mancipationem vero, si ab eo, quicum ius commercii sit, res mancipi mancipio accipiatur, etiam nexum continere, i. e. ut venditor evicta re auctoritatis nomine ad duplum pretium solvendum obligetur. Invicem iuris com|municatione effici, ut si civis rom. a peregrino liberae civitatis* secundum mores legesque *peregrinorum rem emat, quae ex his legibus per traditionem acquiri non possit, quo in numero praedia esse soleant, iustus dominus eius rei efficiatur;* après quoi, Hu. 4 admet au texte, comme faisant un § 26 ª :... *in prouinciis uero non modo* praedium *nullum possessorum proprium, sed ne qui|dem* ulla libera ciuitas est. — § 27. *Praeterea hoc loco admo|nendi* sumus, *etiam duntaxat Italici soli* nexum | esse, *prouincialis soli* nexum *non esse;* nam recipit nexus | significationem solum non aliter *quam si* mancipi *est; at prouinciale nec mancipi est* Aliter enim ueteri lingua a | — — — de *rebus* mancipa*tis*. En note, Hu. 4 propose, après *veteri*

28. Incorporales[73] traditionem non recipere manife|stum est. **29.** Sed jura praediorum urbanorum in jure[74] ce|di possunt; rusticorum vero etiam mancipari | possunt. **30.** Ususfructus in jure cessionem tantum recipit. Nam | dominus proprietatis[75] alii usumfructum in jure cedere potest, | ut ille usumfructum habeat, et ipse nudam pro|prieta(————[76]————.) Ipse usufructuarius in ju|re cedendo domino proprietatis[75] usumfructum effi|cit ut a se discedat et convertatur in proprietatem[76]: alii vero in jure ce-

---

lingua; ā(uc)toris euicta rep(rae)stat(io) sic n(on) dicit(ur) ac. — Hu. 4 maintient ainsi ce qu'il avait proposé (J. A. 2; Gir. l'avait suivi). La fin du § 27 seulement est changée : au lieu de *aliter enim veteri lingua*, il avait : *solu*m *uero prouinciale | quod ius Quiritium habet, soli Italici loco est, proinde mancipari quoque potest*; suivi Gir.

Avant St., Gö. et, après lui, presque tous se bornaient à restituer le commencement du § 27, ... *admonendi sumus etiam nexum Italici soli proprium | esse*, provincialis soli nexum *non esse : recipit enim nexus | significationem solum non aliter quam si mancipi est.* — La remarque de St. (v. la note 68 ci-dessus) s'oppose à *esse : recipit enim nexus.* — Pol., K. et S., et Muir. s'abstiennent de restituer; ils pensent que c'est ici le cas d'exercer l'*ars nesciendi*. — Gn. 2 se borne au § 27, qu'il restitue d'après Hu. 4.

73. Tous ajoutent *res*.

74. Presque tous ajoutent *tantum*, plusieurs le donnant comme s'il était au ms.; Pol., Muir. ne l'ajoutent pas.

75. A. propriaetatis (quatre fois dans ce § *propriaetatis*).

76. A. propriaetat(em |** i * uiiiip)se, etc.; tous admettent : proprietat*em retineat. Ipse*, etc.

dendo nihilominus[77] jus suum re|tinet[78]; creditur enim ea cessione nihil agi. 31. Sed haec | scilicet in Italicis praediis ita sunt, quia et ipsa praedia mancipationem || et in jure cessionem recipiunt; alioquin in provin|cialibus praediis, sive quis usumfructum, sive jus eundi, agendi, aquam|ve ducendi, vel altius tollendi aedes, aut non tollen|di, ne luminibus vicini officiatur, ceteraque simi|lia jura constituere velit, pactionibus et stipulatio|nibus id efficere potest: quia ne ipsa quidem praedia man|cipationem aut[79] jure cessionem recipiunt. 32. Et cum | ususfructus etiam hominum[80] et ceterorum animalium consti|tui possit, intellegere debemus horum[81] usumfructum etiam | in provinciis per in jure cessionem constitui posse. 33. Quod autem | diximus, usumfructum in jure cessionem tantum recipere, | non est temere dictum,

---

77. Tous admettent sans difficulté le texte ci-dessus, sauf Pol., qui, pour ne pas mettre G. en contradiction avec Pomponius (l. 66 D. de j. dot. 23, 3), son contemporain et de la même école, c'est-à-dire Sabinien, croit que G. a écrit : « alii vero in jure cedendo, [domino proprietatis eum usufructuarium invito non imponit ; ille enim] nihilominus jus suum retinet. Creditur, etc. », ce qui signifie « amittit quidem usufructuarius, qui cessit, usumfructum, sed non transfert eo quo voluit. » C'est pourquoi, ajoute Pol., G. dit ici : « creditur nihil agi » et non pas nihil agit, comme il le dit plus bas, §§ 36 et 37.

78. A. sum retinetur.

* Page intérieure très-facile à lire.

79. Tous intercalent in.

80. Hominem, ms.[1] ; hominum ms.[2]. — 81. A. honorum.

quamvis⁸² etiam per mancipationem | constitui possit, eo quod in mancipanda proprieta|te ⁸²ᵇⁱˢ detrahi potest; non enim ipse ususfructus mancipatur; | sed cum in mancipanda proprietate⁸²ᵇⁱˢ deducatur, eo | fit ut apud alium ususfructus, apud alium pro|prietas sit.

34. | Hereditas quoque in jure cessionem tantum recipit⁸³. | 35. Nam si is ad quem ab intestato legitimo jure pertinet | hereditas, in jure eam alii ante aditionem cedat, id est ante|quam heres extiterit, perinde fit heres is cui in jure ces|serit, ac si ipse per legem ad hereditatem vocatus esset : post | obligationem⁸⁴ vero si cesserit, nihilominus ipse || heres permanet, et ob id creditoribus⁸⁵ tenebitur; de|bita vero pereunt, eoque modo debitores⁸⁶ hereditarii lucrum | faciunt; corpora vero ejus hereditatis perinde transeunt ad e|um cui cessa est hereditas, ac si ei singula in jure cessa⁸⁷ | fuissent. 36. Testamento autem scriptus heres, ante | aditam quidem hereditatem, in jure ce-

82. A. qiis; tous quamvis, sauf Pol., qui s'étonne que St. ait approuvé quamvis et qui lit quasi. — 82 bis. A. propriaetate.
83. Cpr. sur l'in jure cessio de l'hérédité les §§ 85-87 du Comm. III, et v., dans les notes sur ces §§, les doutes qu'ont soulevés, soit les différences qui existent entre les deux passages, soit le fait même que G. se serait répété.
84. Ici, comme au § 36, Gö. 1-2, et après lui Kl., Hef., Blond., Lab., remplaçaient obligationem du ms. par aditionem. Hu., Studien, démontra que c'était à tort; tous, depuis, ont maintenu obligationem.
* Page intérieure très-facile à lire.
85. A. a creditoribus.
86. A. deuitores (v. I, note 27, et II, note 2).
87. A. cessai.

dendo eam ali*i* | nihil agit[88] ; postea vero q*uam* adierit si cedat, ea[89] accidunt | quae proxime[90] diximus de eo ad quem ab intesta|to legitimo jure pertinet hereditas, si post obligationem[84] | jure[91] cedat. 37. Idem et de necessari*is* h*er*ed*i*b*us* diver|sae scholae[92] auctores existimant, q*uod* nihil videtur in|teresse utrum[93] adeundo h*er*ed*ita*tem fiat heres | an invitus existat[94] ; q*uod* quale sit suo loco appare|bit[95]. Sed nostri praeceptor*es* putant nihil agere ne|cessarium heredem, cum in jure cedat h*er*ed*i*tatem.

38. Obli|gationes, quoquo modo contractae, nihil eor*um* | recipiunt. Nam quod mihi ab aliquo debetur, id si velim tibi deberi, nullo eorum modo quibus | res corporales ad alium transferuntur, id ef|ficere possum*us*[96], sed opus *est* ut, jubente[97] me, tu ab eo | stipuleris : quae res efficit ut a me liberetur et | incipiat tibi teneri ; quae[98] dicit*ur* novatio obligatio|nis. 39. Sine hac vero novatione non poteris[98] *bis* tuo

---

88. A. agi. — 89. Pol. ea[dem].
90. A. proximae. — 91. Tous : *in* jure — 92. A. diverse scole.
93. Tous intercalent q*uis* ou *aliquis*, entre *utrum* et *adeundo*; le ms. porte *h tem statem* ; *statem* est négligé par presque tous et dans l'*Index notarum*, St. le considère comme une pure redondance. Quelques-uns en font *statim* ; 1) Goud. : *utrum adeundo statim fiat heres*. 2) Pol., Hu. 4 le transposant : *an invitus statim existat*.
94. A. existant.
95. A. appareuit ? v. I, note 27 ; II, note 2.
96. A. p'sum', c'est-à-dire possumus ; presque tous, corrigeant, ont *possum*.
97. A. juuente, v. I, note 27 ; II, note 2.
98. A. que. — 98 *bis*. A. poterit.

no|mine agere; sed debes ex persona mea, quasi cognitor || aut procurator[99] meus, experiri.

40. Sequitur ut admoneamus, apud peregrinos quidem unum esse dominium; nam[100] aut domin|us quisque[101] est, aut dominus non intellegitur. Quo jure etiam *populus Romanus* | olim utebatur; aut enim ex *jure Quiritium* unusquisque dominus | erat, aut non intellegebatur dominus; sed postea | divisionem accepit dominium, ut alius possit esse | ex *jure Quiritium* dominus, alius in bonis habere. **41.** Nam si tibi rem | mancipi neque mancipavero, neque in jure cessero, | sed tantum tradidero, in bonis quidem tuis ea *res* | efficitur[102], ex *jure Quiritium* vero mea permanebit, donec tu eam | possidendo usucapias: semel enim impleta usucapi|one, proinde pleno jure incipit, *id est*, et in bonis | et ex *jure Quiritium*[103] tua res esse, ac si ea mancipata vel in jure c̄es|sa[104]. **42.** ———[105]——— mobilium quidem

---

* Page extérieure facile à lire, sauf la fin des l. 1-10.

99. A. pcuratior.

100. Avant St., on lisait *ita ut*, ou *itaque ut*, ou *ita ut aut*; depuis St., tous *nam aut*. L'Ap. porte ṅaut.

101. L'A. n'a (us quisque) que d'après les schedae de Gö.

102. Quelques-uns *efficietur*.

103. Pol. supprime *id est, et in bonis et ex jure Quir.*, qu'il tient pour une glose.

104. Le ms. ayant *ces|sa mobilium*, il manque évidemment quelque chose. Tous ajoutent *esset* pour finir le § 41.

105. On a comblé la lacune de diverses manières. 1) Gö. 1-2, Kl., Hef. commencent le § 42 par *Mobilium* et intercalent *usucapio* après *completur*. 2) Sav. préférait, § 41 ..*ac si esset mancipata vel in jure cessa.* § 42. *Et mobilium*, etc. 3) Lachm.

rerum anno completur, | fundi vero et aedium biennio : et ita lege XII tabularum cautum est.

43. Ceterum[106] etiam earum rerum usucapio nobis com|petit, quae non a domino nobis traditae fuerint, sive man|cipi sint eae[107] res, sive nec mancipi, si modo eas[108] bona fide acceperimus, cum crederemus eum qui tra|deret[109] dominum esse. **44.** Quod ideo receptum videtur, ne | rerum dominia diutius in incerto essent, cum sufficeret domino ad inquirendam rem suam anni aut || biennii spatium, quod tempus ad usucapionem possessori tribu|tum est.

45. Sed aliquando, etiamsi maxime quis bona fide alie|nam rem possideat, non[110] tamen illi usucapio procedit. Vel|ut si quis rem furtivam aut vi possessam possideat ; | nam furtivam lex XII tabularum usucapi prohibet, vi pos|sessam lex Julia et Plautia. **46.** Item

---

et, après lui, presque tous, *Usucapio autem.* 4) Pol. supprime tout le § 42, qu'il tient non-seulement pour une glose, mais encore pour une erreur. Cicéron, dit-il, affirmant à deux reprises (Top. 4, 23, et Pro Caecina, 19, 54) que la loi des XII tables ne mentionnait pas expressément les *maisons*, mais seulement les *fonds de terre*, G. n'a pas pu dire *aedium biennio, et ita lege XII tab. cautum.*

106. A. ceterarum ; presque tous : ceterum ; Pol. caeter[um ips]arum. — Pol. déplace les §§ 43-64 pour les reporter après les §§ 65-79.

107. A. ae. — 108. A. ea.

109. *Tra|deret* certain A. ; auparavant on avait lu *tra?|derit*, d'où Gö. et la plupart : *tradiderit* ; mais déjà Hu. 2, Gir. lisaient *traderet*, désormais admis dans les édit. post.

* Page extérieure non facile à lire.

110. Avant St. numquam.

provincialia prae|dia usucapio*nem* non[111] recipiunt.
47. Res mulieris, quae in a|gnatorum tutela erant[112], *res* mancipi u*sucapi* non poterant, | praeterq*uam* si ab ipsa tutore[113] tradita*e* essent : id ita[114] le|g*e*[115] XII tab*ularum* ⎯⎯⎯m̊f[116]. 48. *Item* liberos homines et res sacras | et religiosas usucapi non posse manifestum es*t*. 49. Q*uod* ergo | vulgo dicitur, furtivarum rerum et vi posses|sarum usucapionem per legem[117] XII tab*ularum* prohibitam esse, non eo per|tinet ut ((ne ipse fur, quive per vim possidet, usucapere possit[118])), nam huic alia ratione usucapio non com-

---

111. A. usucapioñ ; plusieurs ont (*non*), comme si le ms. l'avait omis.

112. Correction nécessaire, faite diversement : 1) Gö. 1 : (Item) res mulieris, quae in agnatorum tutela (*erat*, *si*) erant res. — 2) Gö. 2, d'après Sav., Kl., Bö. 5, Pell. : (Item) mulieris, quae in agn. tut. erat, res. — 3) Hef. : Mulieris, quae in agn. tut. erat, res. — 4) Gö. 3, Bö., Hu. 2-4, Gir., Pos., A. et W., K. et S., Gn. 1-2, Muir : (Item olim) mulieris, quae in a. tut. erat, res. — 5) Pol. ne veut pas supprimer *res*, qui est devant *mulieris* ; il croit qu'il manque ici une ligne de l'archétype et restitue [*Item ante legem Claudiam, si erant*] res mulieris, quae in a. tut. erat, res mancipi, usucapi, etc.

113. Tous intercalent (*auctore*).

114. Diversement corrigé, idq*ue* ita, *et* ita, *nam* ita, *quod* ita, etc. — 115. A. legem.

116. La plupart : cau*tum erat*; Hu. d'abord, Beiträge: ca*uente*, puis Hu. 2-4, ca*utum erat*; Pol.: cautum *fuit*; Momms. (en note K. et S.) et Muir., au texte : *manifestatur*.

117. A. lege.

118. Restitué par tous, d'après le § 3 Inst. II, 6. Il y a ici au ms. plusieurs trous ; A : n|||||||||||| f |||||||||||| puim |||||||||| det u̅c̅ |||||||||| ssit.

petit, quia scili|cet mala fide possidet; sed nec ullus alius, *quamquam* ab eo | *bona fide* emerit, *usucapiendi* jus habeat. 50. Unde in rebus mobili|bus[119] non facile p((rocedit, ut bonae fidei possessori usucapio co))[120]m|petat, q*uia* qui alienam rem vendidit et tradidit, fur|tum committit; idemq*ue* accidit, etiamsi ex alia[121] *causa* | tradatur. Sed t*amen* hoc aliquando aliter se habet. N*am* | si *heres* rem defuncto commodatam aut locatam, v*el* | apud eum depositam[122], existimans eam *esse* here||ditariam, vendiderit aut donaverit, furtum | non committit. Item si is ad quem ancillae *ususfructus* per|tinet, partum *etiam* suum *esse* credens, vendiderit aut | donaverit, furtum non committit; *furtum enim* | sine affectu furandi non committitur. Aliis q*uoque* modis accidere pot*est*, ut quis sine vitio furti rem | alienam[123] ad aliquem transferat, et efficiat ut a posses|sore usucapiatur. 51. Fundi q*uoque* alieni potest aliquis | sine vi[124] possessionem nancisci, quae v*el* ex negle|gentia domini vacet, v*el* q*uia* dominus sine successo|re decesserit, v*el* longo tempore afuerit: n*am* si ad a|lium bona fide accipientem transtulerit, pote|rit usucapere p*oss*essor; et quamvis ipse qui va|cantem possessio-

---

119. A. mouilibus; v. I, note 27; II, note 2.
120. Même accident et même restitution que note 118.
121. A. ali||||||. — 122. A. eundempositam.
* Page intérieure facile à lire, sauf la l. 15.
123. A. aliena.
124. A. um, ms¹, corrigé ui ms², c'est-à-dire sine vi — Pol., sine vi*ti*o.

nem nactus est, intellegat alienum esse fun(——[125]——) | 15
ad usucapionem nocet[126], (127) inprobata sit eorum |
sententia[128], qui putaverint furtivum fundum fieri |
posse[129].

52. Rursus[130] ex contrario accidit ut, qui sciat
alienam | rem se possidere, usucapiat; velut si rem
hereditariam, cujus | possessionem[131] heres nondum
nactus est, aliquis | possederit[132]; nam ei concessum
(133) capere, si modo ea res | est quae recipit usucapionem. Quae species possessionis et usucapionis
pro | herede vocatur. 53. Et in tantum haec usucapio concessa est, || ut et res quae solo continentur, anno usucapiantur. 54. | Quare autem etiam hoc
casu[134] soli rerum annua | constituta sit usucapio,
illa ratio est, quod olim rerum | hereditarium possessiones ut[135] ipsae hereditates usucapi | credeban-

---

125. St. n'a rien pu lire; il donne, au texte, d'après les schedae de Gö. : (**l****** inihilomm* i **** cis *** o p i)ʳ, et en note quelques autres lettres, d'après Blubm. On s'accorde à admettre : fundum, tamen nihil hoc bonae fidei possessori.

126. A. nocetur. — 127. Tous intercalent cum.

128. A. se**entia. — 129. A. po**e. 130. A ru|||||sus.

131. A. p|||||| ssessionem. — 132. A. posiderit.

133. Tous intercalent (est usu).

* Page intérieure très-facile à lire.

134. Plusieurs corrigeant : hoc casu etiam.

135. Telle est la leçon du ms., certaine déjà avant St.; et telle la donnait Gö. 1, sans observation. — Brinkmann (Notae subitaneae ad G. Inst., Slesvici, 1821) la critiqua et la remplaça par : possessione, velut (ou peut-être possessionibus), préférant velut, que G. aurait pris ici pour quasi, comme au § 111 du

tur, scilicet anno. Lex enim XII tab*ularum* soli qui|dem res¹³⁶ biennio usucapi jussit, ceteras vero an|no. Ergo h*ered*itas in ceteris rebus videbatur esse, q*uia* so|li non es*t*, q*uia* neq*ue* corporalis est;¹³⁷ quamvis postea creditum | sit ipsas hereditates usucapi non posse, tamen in o|mnibus rebus hereditariis, etiam quae solo teneantur¹³⁸, annua usucapio remansit. **55.** Quare autem omni|no tam inproba possessio et usucapio concessa | sit, illa ratio es*t q*uod voluerunt veteres maturius | h*eredita*tes adipi, ut essent qui sacra facerent, quoru*m* | illis temporibus summa observatio¹³⁸ ᵇⁱˢ fuit, et ut creditor*es* haberent, a quo suum consequeren|tur. **56.** Haec autem species possessionis et usucapio|nis etiam lucrativa vocat*ur*; na*m* sciens quisque re*m* | alienam lucrifacit.⹀ **57.** | Sed hoc tempore etiam¹³⁹ no*n* est lucrativa, na*m* ex aucto|ritate¹⁴⁰ Hadriani senatusconsultum

---

Com. 1; correction admise par Gö. 2-3, Kl., Bö. 1-5, Pell., Hu. 2-4 (auparavant Hu., Studien : possessione *et*), Pos., A. et W., K. et S. — Hef., Blond., Lab., Dom., Gir. maintiennent : possessiones ut., que Goud. soutient seul exact. — Pol., possessiones (*eae, sic*)ut. — Muir., simplement : possessione.

136. Rec, ms¹, corrigé res, ms².

137. La plupart ajoutent *et* avant *quamvis*, d'après Hef.

138. Lachm. et après lui Bö. 5, Hu. 2-4, Gir., Gn. 1-2, K. et S., Muir. : *tenentur*.

138 *bis.* A. ob!servatio.

139. Au lieu de *etiam*, Hu. 2-4, Dom., Gir., K. et S., Gn. 2 lisent *jam*; Brinkm. remarque que *etiam* peut avoir le sens de *interdum*.

140. A. hauctoritatem, ms¹, corrigé hauctoritate, ms².

factum est, | ut tales usucapiones[141] revocarentur : et ideo po|test heres, ab eo qui rem usucepit hereditatem petendo, per|inde eam rem consequi atque si usucapta non esset. 58.[142] Et || necessario tamen herede extante nihil[143] ipso jure [pro herede usucapi potest.====

---

141. A. usucapionem.

* Page extérieure très-facile à lire.

142. A. usucapta $\overline{n\,e}$ et.et || necessario. — Les premiers mots du § 58 ont été lus diversement, soit avant St., soit depuis. — 1) Gö. 1-2, Bö. 1, avaient donné *set*, dont plusieurs avaient fait sed (Gö. et Bö. avertissant en note que le ms. a seulement *et*; les autres donnant *sed* comme certain). — 2) Hef., Blond., Lab., Lach., Bö. 3-5, Pell., Gn. 1, Dom., Hu. 2, Gir., Pos., A. et W., ont *et*; parmi eux, Hef., Blond., sont d'avis que ce mot a été écrit à tort par le copiste. — 3) Goud., Pol., K. et S., Gn. 2, Muir., supprimant *et*, commencent le § 58 par *Necessario*. — 4) Hu. 4, ajoutant au contraire, lit : (*Suo*) et necessario. — Pour plus de détails, et spécialement pour la justification du mot *suo* (dont l'addition, proposée par M. Huschke, me semble nécessaire, si l'on ne veut pas que G. ait exprimé la même règle en termes différents, au § 58 du C. II et au § 201 du C. III), voir les nos 14 et 34 de mon étude : *La Saisine héréditaire en droit romain*, Nouvelle Revue historique de droit, t. V (et à part, Paris, Larose), 1880.

143. Le mot *nihil* est dû à la révision de M. St. — Auparavant on était unanime à croire que G. déclarait l'usucapion possible. Il est vrai que Gö. avait constaté, entre *extante* et *ipso jure*, un espace blanc, qui suffisait à une lettre; v. ses édit. et l'Ap. B.; mais on n'en avait pas tenu compte. — St. donne comme tout à fait certaine la lettre n, coupée par un trait vertical, abréviation bien connue de *nihil*. — Le § 201 du Com. III, où la révision de St. a également restitué *nihil* et *nisi* (v. infra, III, notes 628 et 630) confirme la nouvelle leçon du § 58. — J'ai insisté ailleurs sur l'intérêt qu'offre le rétablissement du véritable texte de G. dans ces deux passages; j'ai en particulier signalé l'existence, désormais

59. | Adhuc etiam ex aliis causis sciens quisque rem a|lienam usucapit; nam qui rem alicui fiduciae cau|sa mancipio dederit vel in jure cesserit, si eandem ipse possederit, potest usucapere, anno scilicet, | soli si sit[144] : quae species usucapionis dicitur usu-rece|ptio, quia id quod aliquando habuimus, recipi-mus per usu|capionem. **60.** Sed cum fiducia contrahi-

---

certaine, du mot *nihil*, comme l'une des découvertes les plus intéressantes dues à la révision de M. St. L'impossibilité d'usucaper *pro herede*, dès qu'il existe un héritier nécessaire quelconque, m'a paru de nature à modifier sensiblement les idées reçues, en ce qui concerne les rapports de la possession et de l'hérédité en droit romain. Elle m'a conduit à penser, contre l'opinion unanimement admise aujourd'hui, que les héritiers nécessaires du droit romain acquéraient *ipso jure* non-seulement la propriété, mais encore la possession, en un mot qu'ils avaient la *saisine héréditaire*. (V. les n°ˢ 1-3, 36-48 de mon étude sur la *Saisine*, citée à la note précédente.) Il m'a semblé même, d'après le rapprochement des §§ 58 et 201 de G., que la saisine de l'esclave, héritier simplement nécessaire, avait seule soulevé à Rome une controverse, tandis que celle de l'héritier sien y aurait été admise, dès les temps les plus anciens, comme un principe incontestable; *non obstat* le rescrit de Dioclétien (l. 2, C., De usuc. pro herede, VII, 29), où paraît indiquée une controverse relative à l'héritier sien. — Le § 58 a été diversement ponctué : — 1) Les uns (Gö. 1-3, Kl., Hef., Blond., Lab., Pel.) ont placé une virgule après *ipso jure;* — 2) d'autres, Hu. (Zeitschrift für gesch. R. W. XIV, p. 167) avant *ipso jure;* — 3) d'autres n'ont mis aucune virgule, Bö. 3-5, Hu. 2-4, Gn. 1-2, K. et S., Muir.; — 4) d'autres ont mis *ipso jure* entre deux virgules, Gir., Pol. Le mot *nihil*, certain aujourd'hui avant *ipso jure*, empêche désormais de rapporter *ipso jure* à *extante*, comme l'avaient pensé quelques-uns. V., entre autres, Machelard, *Des Interdits*, Paris, 1864, p. 82, et tous ceux qui lisaient *extante ipso jure, pro herede us. pot.*

144. Les uns : *etiam* soli si sit; les autres : *etsi* soli sit.

tur¹⁴⁵, aut *cum* creditore | pignoris jure, aut *cum* amico, q*uod*¹⁴⁵ᵇⁱˢ tutius nostrae res ap*ud* eum | essent, siquidem *cum* amico contracta sit fiducia, | sane omnim*odo* conpetit ususreceptio¹⁴⁶ : si v*er*o *cum* cre|ditore, soluta quidem pecunia omnim*odo* conpetit; non|dum v*er*o soluta¹⁴⁷ ita demum competit, si neq*ue* conduxe|rit eam a creditore debitor¹⁴⁸, neq*ue* precario ro|gaverit ut eam rem possidere liceret : quo casu lu|crativa ususcapio¹⁴⁹ conpetit.===== 61. | Item si rem obligatam sibi populus vendiderit, e|amq*ue* dominus possederit¹⁴⁹ ᵇⁱˢ concessa *est* ususrece|ptio¹⁵⁰ ; sed hoc casu praedium biennio¹⁵¹ usurecip*itur*. Et hoc est q*uod* vulgo¹⁵² dici*tur*, ex praediatura posses-

---

145. Quelques-uns, avec Hu., contrahatur.

145 *bis*. Hu. 4 : quo⸺sint, au lieu de quod⸺essent.

146. *Usus receptio* est ici et plus bas au § 61, tandis qu'il y a *usureceptio*, au § 59. — 1) La plupart donnent *usureceptio* partout, d'après Gö. — 2) *Usus receptio* est conservé aux §§ 60 et 61, en même temps qu'*usureceptio* au § 59, par Bö. 1-5, Gn. 1-2, Pos., A. et W., K. et S., Hu. 4. (Hu. 2 avait *usureceptio* partout). — Les uns écrivent en deux mots *usus receptio* (K. et S., Hu. 4); les autres, en un seul mot. V. infra la note 149, sur *usus capio*.

147. A. soluita, corrigé ce semble par la première main, St. note A.

148. A. deuitor; v. I, note 27; II, note 2.

149. Le ms. a ici *usus capio*, tandis qu'il a partout ailleurs *usucapio* et très-souvent en abrégé *uc*. La plupart donnent également ici *usucapio*; toutefois, quelques-uns, les mêmes qui conservent *usus receptio* (v. ci-dessus note 146), ont ici *ususcapio*, en un ou deux mots.

149 *bis*. A. possiderit.

150. Sur *usus receptio*, v. la note 146.

151. A. uiennio; v. I, note 27; II, note 2. — 152. A. uolgo.

sionem usure|cipi ; nam qui mercatur a populo, praediator appellatur.

62[153]. Accidit aliquando, ut qui dominus sit, alienandae | rei potestatem non habeat, et qui dominus non sit, || alienare[154] possit. 63. Nam dotale praedium mar((itus invita mu|liere))[155] per legem Juliam prohibetur alienare[156], quamvis ipsius | sit, vel mancipatum ei dotis causa, vel in jure cessum, | vel usucaptum. Quod quidem jus utrum ad Italica tantum | praedia[157], an etiam ad provincialia pertineat, dubitatur. 64. Ex diverso agnatus furiosi curator rem furio|si alienare

---

153. Les §§ 62-64 sont par plusieurs, Bö. 5 (rétractant l'opinion émise dans sa 3ᵉ édit.), Pell. ma., Hu. 2-4, K. et S., Gn. 2, d'après Heimbach (*Ueber Ulp. Fragm.*, Leipzig, 1834, p. 34), placés entre les §§ 79 et 80. Malgré les motifs allégués pour cette transposition, les autres ont préféré, avec raison ce semble, ne pas changer l'ordre suivi au ms. — Mommsen, en particulier (*Epist. critica*, préface K. et S., p. xix), désapprouve la transposition. Il pense que G. a pu traiter, d'abord de l'aliénation, à laquelle se rattache l'usucapion, puis, de l'acquisition sans aliénation, telles que l'occupation et la spécification. Quant à l'indication des choses qui peuvent ou non être aliénées, soit *a non domino*, soit *a domino*, elle forme évidemment un appendice du premier sujet.

* Page extérieure très-difficile à lire.

154. A. ***enare.

155. Restitué d'après le Pr. Inst. ii, 8. — St. ne donne ces mots que d'après Gö.

156. A. alienarés.

157. A. p*ia.

potest ex lege XII tab*ularum*. Item procurator. ic|c✶

ps ✶ r ✶ otcis ✶✶ d ✶ e ¹⁵⁸. Item creditor pignus ex |
pactione, q*uam*vis ejus ea res non sit : sed hoc for-
sitan | ideo videatur fieri, q*uod* voluntate debitoris
intel|legit*ur* pignus alienari, qui olim pactus est ut
lice|ret creditori pignus vendere, si pecunia non |
solvat*ur*.

65. Ergo ex his qu*ae* diximus ad|paret quaedam
naturali jure alienari, qualia s*unt* | ea q*uae* traditione
alienantur ; q*uae*dam civili, nam | mancipationis et
in jure cessionis et usucapionis | jus proprium (—

---

158. Leçons diverses : — 1) Gö. 1-2, Kl., Bö. 1, Lab., Pell.,
Pol., Muir., laissent en blanc ; — 2) Gö. 3, Pell. tr. : id|✶✶✶✶ est ;
— 3) Hef., en note, « *fortasse : procurator* cui a *peregre* profecto
comm*issa* res *est*, d'après Dig. 41, 1, 9 § 4 » ; reprod. Blond. ;
— 4) Buchholtz, Bö. 3, Gn. 1, Pos., A. et W. : *id est cui
libera administratio permissa est* ; — 5) Bö. 5 : *id cujus libera
administratio ei data* est ; — 6) Hu. 2, Gir. : *rem ejus, | a quo
rerum ei* administratio *data* est, d'après les l. 48 § 1, Dig. 15, 1 ;
et 58, 3, 3 ; — 7) Dom. : item *is cui commissa res est* ; — 8) Dernburg (Pfandrecht, II, p. 109, Leipzig, 1864) : procuratori rem alienam distrahere permittitur ex mandatoris voluntate ; — 9) Goud. :
cui pecuniae administratio data est ; — 10) K. et S., en note,
« ad sensum, et non ad ductus, ad quos ne reliquorum quidem
editorum supplementa quadrant » : *rem absentis, cuius nego-
tiorum libera administratio ei permissa* est ; leçon insérée au
texte, par Gn. 2 ; — 11) Mommsen (*Epist. crit.*, préface K. et S.,
p. xx) : *si quid ne corrumpatur distrahend*um est ; — 12) Hu.
4 : iure civili, | *cuius* persona officio muneris *eadem* est.

Je crois, avec Muir., qu'aucune de ces restitutions ne cadre
avec les lettres que donne St., comme incertaines d'ailleurs ;
celle de Mommsen peut être regardée comme la meilleure pour
le sens.

GAIUS, II, 65-67.

_____)[159]_____

66. | Nec tamen ea tantum quae traditione nostra fiunt[160], | naturali nobis ratione adquiruntur, sed etiam [_____][161] | occupando ideo p*scpisicrimus, qui[162] antea nulli|us essent : qualia sunt omnia quae terra, marique[163], caelo[164] | capiuntur. **67.** Itaque si feram[165] bestiam[166], aut volucrem, a(__167__) | (__167__)

---

159. Tous : *est civium romanorum*, d'après les schedae de Gö.

160. A. f(iunt), lus par Gö. seul.

161. A., d'après les schedae de Bluh. : [ū] ; v. la note suivante.

162. Restitutions diverses : 1) Gö. 1-2-3, Bö. 1-3, Gn. 1-2 : *quae occupando, ideo adquisierimus*. — 2) Hef., Blond., Lab. : nacti fuerimus. — 3) Hu. Beiträge et J. A. 2, Bö. 5, Pell., Gir. : quae nostra fecerimus. — 4) Goud. : ideo adipiscimur. — 5) Pol. : vel | occupando ; id est cum poteremur rebus. — 6) K. et S., en note : etiamsi occupando ideo res adquisierimus, comme se rapprochant le plus des lettres aperçues, mais ils ajoutent « Gaianum non est » — 7) Hu. 4 : *cum occupando ideo res adquisierimus*.

163. La plupart suppriment *que* ; Baumbach *quae* trois fois, devant *terra, mari, coelo* ; Hu. 4 : peut-être *quaeue*.

164. Avant St., on considérait *coelo* comme certain au ms. ; la plupart l'admettaient, Gö. 1-2, Hef., Bö. 1-5, Gn. 1, Hu. 2, Pel., Gir. ; quelques-uns, corrigeant, voulaient *caelo*, Kl., Lachm. — Depuis St., qui donne *a* comme douteux, *caelo* est donné comme certain par Pol., K. et S. ; mais Hu. 4, Gn. 2, Muir., ont encore *coelo*.

165. A. cera.

166. A. uestiam ; v. I, note 27 ; II, note 2.

167. St. n'a presque rien lu des l. 22-24 ; il donne, d'après

—— | s(——¹⁶⁷——) ntelleg (——¹⁶⁷——) || donec nostra custodia coerce*tur;* cum vero custo|diam nostram evaserit et in naturalem se liber|tatem¹⁶⁸ receperit¹⁶⁹, rursus occupantis fit, q*uia* no|stra¹⁷⁰ *esse* desinit. Naturalem autem libertatem re|cipere videtur, cum aut oculos nostros evaserit, | aut licet in¹⁷¹ conspectu sit nostro, difficilis t*amen* in¹⁷² | rei p*er*secutio sit. 68. In iis autem animalibus, qua*e* ex con|suetudine

---

les schedae de Gö. : (utpis) | (cem c p qsia ——————— captum
* o c)——— | s(us——————que nostrum e e i)ntelleg(itur).
— Restitutions diverses : 1) Gö. 1-3, K. et S., en note, aut piscem *ceperimus, quidquid ita* captum *fuerit id statim nostrum fit, et eousque nostrum esse intellegitur;* leçon admise au texte par Bö. 3, Gn. 1-2 ; — 2) Hu. Beiträge et J. A. 2 : *ceperimus, simul atque* captum *hoc animal est, proti*|nus nostrum, qu'il maintient, Hu. 4 (sauf *protinus* qu'il remplace par *statim*) ; — 3) Bö. 4, Pell., Gir. : ceperimus, jure gentium id quod ita captum fuerit, statim, etc. ; — 4) Bö. 5 : ceperimus, quidquid ita captum fuerit, continuo nostrum.

☀ Page intérieure facile à lire.

168. Tous, transposant : *libertatem se*, d'après Dig. l. 3 § 2, 41, 1 et Inst. § 12, II, 1.

169. A. perceperit. — 170. Tous : nost*rum*. — 171. A. an.

172. Avant St., Gö. ayant lu iii, on s'accordait à admettre *ejus* | rei persecutio sit; sauf Hu. 2, qui rejetait *rei* comme « intolerabile »; le Dig., l. 5 pr. 41, 1 et le § 12 Inst., précité, ont : *sit ejus persecutio*. — Depuis St., qui donne *in* comme certain, leçons diverses : — 1) Pol.: in | re(fug)i(o) sit ; il croit la leçon véritable perdue par une glose. — 2) K. et S., Gn. 2, Muir. : ejus persecutio sit, en supprimant *rei*. — 3) Mommsen, (Epist. crit., préface K. et S., p. xx) « peut-être : in(*de*) rei persecutio sit ». — 4) Hu. 4 : in re ejus persecutio sit.

abire et redire solent, veluti columbis | et apibus, item cervis qui in silvas ire et redire so|lent, talem habemus regulam traditam, ut si re|vertendi animum habere desierint, etiam no|stra esse desinant, et fiant occupantium[173]. Reverten|di autem animum videntur desinere habere, cum | revertendi consuetudinem deseruerint[174]. 69. | Ea quoque quae ex hostibus capiuntur, naturali ra|tione nostra fiunt.

70. Sed et id quod per alluvio|nem no|bis adjicitur[175], eodem jure nostrum fit. Per alluvio|nem autem ita videtur adjici[176], quod ita paulatim flu|men agro nostro adjicit[177], ut aestimare non possimus | quantum quoquo momento temporis adjiciatur[178]. Hoc est quod vulgo[179] dicitur, per alluvionem[180] id adjici[176] vide|ri, quod ita paulatim adjicitur[175] ut oculos nostros fal|lat. 71. Itaque[181] si flumen partem aliquam ex tuo praedio rescide|rit[182] et ad meum praedium

---

173. A. occupatium.

174. A. desieruerint.

175. A. adicitur.

176. A. adici.

177. A. adicit.

178. A. adiciatur.

179. A. uolgo.

180. A. adluuionem.

181. Avant St., on lisait: fal|latur qsi, d'où, corrigeant *fallatur*, on faisait *fallat*. § 71. *Quod si*, etc.

182. Avant St., on n'avait lu que le commencement et la fin du mot, que l'on supposait: de(traxe)rit; St. donne: ī ciderit, d'où *resciderit*, et non *reciderit*, admis par Goud., mais à tort. (V. *Index notarum* de St., p. 298 et Hu. 4.)

pertulerit[183], haec pars tua ma||net. **72.** At si in medio flumine insula nata sit, haec | eorum omnium communis[184] est, qui ab utraque par|te fluminis prope ripam praedia possident. Si vero non | sit in medio flumine, ad eos pertinet qui, ab ea par|te quae proxuma est, juxta ripam praedia habent. **73.** Prae|terea id quod in solo nostro ab aliquo aedificatum | est, quamvis[185] ille suo nomine aedificaverit[186], jure natu|rali nostrum fit; quia superficies solo cedit[187]. **74.** | Multoque magis id accidit et in planta quam quis | in solo nostro posuerit, si modo radicibus ter|ram complexa fuerit. **75.** Idem contingit et in *frumen|to*[188], quod in solo nostro ab aliquo satum fuerit. **76.** | Sed si ab eo petamus fructum[189], vel aedificium,

---

183. Avant St., *tulerit ; tous : *attulerit*.

* Page intérieure très-facile à lire.

184. A. *commune*.

185. A. qui, au lieu de q̄u, abréviation habituelle pour *quamvis*. (V. l'*Index notarum* de St., p. 297, et infra, III, 224.

186. A. edificaberit; v. I, note 40 et les renvois, sur l'emploi de *b* pour *u,* au Com. I; *adde* infra, au Com. II, les notes 201, 226, 240, 306, 409, 449, 454 et 456 ; au Com. III, la note 72, et au Com. IV, la note 48, et les renvois.)

187. A. ceditur. — 188. A. pm̄|to.

189. Au lieu de *fructum*, certain au ms. et admis par tous sans difficulté jusqu'en 1855, Hu., Beiträge, a proposé : f*u*ndum, d'après G. lui-même, II, 42 ; IV, 17, 149, 150, 160, l. 7 §§ 12 et 13, l. 9 pr. Dig. 41, 1, Epit. II, 1 § 6, et l'a inséré J. A. 2 ; plusieurs (Bö. 5, Pell. ma. 3-6, Gir., A. et W.) l'ont suivi ; mais *fructum* était maintenu par Gn. 1, Dom., Pos. — Depuis St., Goud. tient *fructum* pour seul exact, d'après §§ 30 et 32 Inst. II, 1 ; — Pol. : aedificium vel fructus (*vel fruges*), d'après la suite du § 76 ; — K. et S., Hu. 4, Gn. 2, Muir.: fundum.

et in|pensas in aedificium, v*el* in seminaria, v*el* in sementem | factas ei solvere nolimus, poterit nos *per* excepti|onem doli mali repellere, utique si bonae fidei | possessor fuerit. 77. Eadem ratione probatum *est*, q*uod* in | chartulis[190] sive membranis meis aliquis scripse|rit, licet aureis litteris, meum *esse*, quia litterae | chartulis[190] sive membranis cedunt[191]. Itaque[192] si ego | eos libros[192 bis] easque membranas petam, nec inpen|sam scripturae solvam, *per* exceptionem doli m*ali* | summoveri potero. 78. Sed si in tabula mea aliquis | pinxerit velut imaginem[193], contra probatur[194]; || magis enim dicitur tabulam picturae cedere. | Cujus diversitatis vix idonea ratio redditur. [_____][195] secundum hanc regulam, si me possidente peta|s imaginem tuam esse, nec solvas pretium[196] tabu|lae, poteris per *exceptionem doli mali* summoveri. At si tu posside|as, consequens *est* ut utilis mihi actio adversum te | dari debeat[196 bis], quo casu, nisi solvam inpensam pictu|rae, poteris me *per exceptionem doli mali* repellere, utique si *bona fide*[197] pos|sessor fueris. Illud palam *est*, q*uod* sive tu

---

190. A. cartulis. — 191. A. ceduntur.
192. Hu. 2, Gir., Muir., at *aeque*; Pol. *utique*; Hu. 4 : itaque (*et*).
192 *bis*. A. libras. — 193. A. inmaginem.
194. A. prouatur ; v. i note 27, ii note 2.
* Page extérieure en partie non facile à lire.

195. A. [ce ?] sch. Bluh. ; en note, Gö. : e e i. — Tous *certe*.
196. A. praetium. — 196 *bis*. A. debet.
197. A. bf. — Les uns *bona fide ;* les autres, *bonae fidei.*

subripuisses[198] ta|bulam, sive alius, conpetit mihi furti actio.=

79. In aliis quoque speciebus[198 bis] naturalis ratio requiritur[199]. Proinde[200] | si ex uvis[201] (aut olivis aut spicis)[202] meis vinum aut oleum aut frumentum[203] | feceris, quaeritur utrum meum sit id vinum aut | oleum aut frumentum[203], an tuum[204]. Item si ex auro | aut argento[205] meo vas aliquod feceris, vel ex ta|bulis meis navem, aut armarium, aut subsellium fa|bricaveris; item si ex lana mea vestimentum fe|ceris,

---

198. A. subripuisse; Gö., Bö., Hu., Pell., Gir., Muir., subripuisses; Pol. subripueris; K. et S., Gn. 2, subripuisti.

198 bis. Pol. appelle ce passage *locus corruptus*.

199. Gö. 1 (*idem*) requirit; Brinkmann et tous après lui requiritur.

200. A. p[i] sch. Blu. — *Proinde* est admis par tous.

201. A. ubis; v. I, note 40; II, note 186.

202. Restitué par tous, d'après G. lui-même, l. 7 § 7, Dig. 41, 1, et d'après la suite de la phrase, où G. dit à deux reprises *aut oleum aut frumentum.* — Pol. repousse cette restitution qu'il appelle *sordidissimum emblema;* il croit que G., l. 7 § 7 précitée, *in fine*, dit « videntur tamen mihi recte quidam dixisse, non debere dubitari, quin alienis spicis — frumentum ejus sit, cujus et spicae — cum — qui excussit spices non novam speciem facit, sed eam quae est detegit ». Mais rien dans ce passage n'empêche que G. ait ajouté dans ses Institutes *ut olivis aut spicis*, comme il l'avait fait dans les *Aureorum.* L'Epit. II, 1, 5 qui porte : « Ex uvis meis vinum aut ex spicis frumentum aut ex olivis oleum », confirme la restitution.

203. Pol. est obligé de supprimer *aut oleum aut frumentum.*

204. A. tum.

205. A. argumento.

vel si ex vino et melle meo mulsum feceris, sive ex
medicamentis meis emplastrum vel colliri|um feceris,
(——— 206 ———) an meum. Quidam materiam et
substan|tiam spectandam²⁰⁷ esse putant, id est, ut
cujus mate|ria sit, illius et res quae facta sit videatur
(———) [———]²⁰⁸ | maxime placuit Sabino et Cassio.
Alii vero (———)²⁰⁹ | esse putant qui fecerit; idque
maxime diversae scholae auctoribus visum est; || sed
eum quoque cujus materia et substantia | fuerit²¹⁰,
furti adversus eum qui subripuerit habe|re actionem;
nec minus adversus eundem con|dictionem ei com-
petere, quia extinctae res, licet | vindicari non pos-
sint²¹¹, condici tamen furibus et quibus|dam aliis
possessoribus possunt²¹².

206. On s'accorde à admettre que le copiste a sauté ici une ligne et à la restituer ainsi, avec Lachm : quaeritur utrum tuum sit id quod ex meo effeceris.

207. A. spectandum, correction qui semble due à la première main, St. note A.

208. A. (ee) [idqu*] sch. Gö. et Blu.; tous : esse ; idque.

209. A. (**i*r**) sch. Gö.; tous : ejus rem ; St. en note A. : peut-être eiusrē.

* Page extérieure non difficile à lire dans la partie supérieure, (l. 1-14), difficile dans la partie inférieure (l. 15-24).

210. A. fuit.

211. A. possit.

212. Pol. croit que G. traitait, à la suite de la spécification, tant de la confusion et du mélange, que de la tradition brevi manu, et des autres sujets dont traitent les §§ 27, 28, 35, 39,

| r̄ u̅[213]. DE PUPILLIS; AN ALIQUID A SE ALIENARE POSSUNT. 80. | Nunc admonendi sumus, neque feminam, neque | pupillum *sine tutoris auctoritate*[214] rem mancipi alienare posse ; nec man|cipi vero feminam quidem posse, pupillum non | posse. 81. Ideoque, si quando mulier mutuam pecu|niam alicui *sine tutoris auctoritate* dederit, quia facit eam accipien|tis, cum scilicet ∗∗[215] pecunia res nec mancipi sit, con|trahit obligationem. 82. At si pupillus

---

44-47 des Inst. II, 1 ; il donne pour motifs qu'on ne voit pas pourquoi G. les aurait omis, et que tous ces §§ des Inst. « Gaii stilum sapiunt » ; il pense que l'archétype a été ici déchiré, ce qui, selon lui, se rattache au déplacement des §§ et le détermine à placer les §§ 65-79 avant les §§ 43-64.

213. Au lieu de IIII, lu auparavant, St. lit : r̄ u̅, ou peut-être : d̄ū, c'est-à-dire probablement *Rubrica* V, comme le pensent K. et S. — Il ne reste pas de trace des rubriques précédentes. — Hu. 4, Gn. 2, Pol., Muir., omettent entièrement toute la l. 7, due à la première main, St. note A.

214. Le ms. a en abrégé : *sta*, dont Gö. 1-2 a fait *sine tutore auctore*. — Lachm., et après lui la plupart, *sine tutoris auctoritate ;* cette dernière leçon est celle qu'écrit le copiste, quand il donne les mots en toutes lettres.

215. 1) Gö. 1 n'avait également que deux ∗. — 2) Gö. 2, et après lui la plupart, d'après Bluhm., qui avait lu |||, ont admis *ea*. — 3) Hu., Beiträge, rejette *ea*; il croit qu'il y a eu *et*, par redoublement fautif de la fin de *scilicet*, d'où Hu. 2-4, K. et S., Gn. 2, Muir., donnent *scilicet pecunia*, sans tenir compte des ∗∗, et même sans constater leur existence. — 4) Pol. : (*cer*)ta, d'après G. IV, 19.

15 idem fecerit, | quia non ²¹⁶ *********p***tis s ****
  ******* null* | contr** hit obligationem unde pu-
pillus vindica|re qu**em nummos suos potest sicubi

---

216. Depuis ce mot jusqu'aux mots *et pupillis* du § 83, c'est-à-dire des l. 15-24 de la p. 73, St. n'a presque rien pu lire de plus qu'auparavant ; toutefois, ce qu'il a vu suffit pour faire obstacle à quelques-unes des restitutions proposées avant lui. En note, il fait remarquer : 1° qu'à la l. 15, après *quia non*, il peut y avoir eu *facit accipientis*, mais qu'ensuite il n'a certainement été écrit ni *sine tutoris auctoritate* ni *sta pecuniam* ; 2° qu'à la l. 18, après *est*, il n'y a certainement pas eu *intendere*, mais plutôt quelque chose comme *osp*, et qu'il ne paraît pas dans ce qui suit qu'il ait été traité de *mala fides* ; 3° que les leçons de Gö. l. 18-22 sont très-incertaines et que, pour lui, il n'a pu voir que des ombres trompeuses.

Restitutions diverses : — A. Pour la première partie du §, jusqu'à *sicubi extent*, — tous : quia (*pecuniam*) non facit accipientis, nullam contrahit obligationem : unde pupillus vindicare quidem nummos suos potest, sicubi extent. — Quelques-uns, avec Lachm., ajoutent *eam* devant *pecuniam*; d'autres, avec Hu. : *sine tutoris auctoritate*, après *accipientis*.

B. Pour la seconde partie, depuis *sicubi extent*, jusqu'à *ab eo qui accepit* : — 1) Holw. et Gö. 3, partie en note, partie au texte : id | est *intendere suos ex iure Quiritium esse ; mala fide consump|tos uero ab eodem repetere potest, quasi possideret, unde de pupillo quidem quaeritur, an nummos quos mutuos dedit, ab eo qui accepit*. — Cette leçon a été généralement adoptée avant St., sauf les changements suivants : *a)* Gö. préfère : *mala vero fide consump|tos ab eo qui accepit, repetere possideret, proinde* (au lieu de *unde*, d'après Ot. Muller ; *b)* Hu. Beiträge : *mala quoque fide consump|tos perinde ab eodem repetere potest, atque si possi|deret ; unde de pupillo — nummos quoque quos*, etc. ; *c)* Hu. 3, Bö. 5, Gir.: *mala uero fide cons. perinde ab eodem. — atque si possideret, unde — nummos quoque quos*, etc. ; *d)* Pell. ma. : *mala vero fide cons. ab eo qui accepit — quasi possideat. Proinde de pupillo*. — 2) Goud. propose : *id est cum celeris non mixtos neque consumtos*, G. voulant expliquer par *id est* non pas *vindicare*, mais *sicubi extent;* puis G. aurait traité la question de savoir si, dans le cas de consommation, le pupille peut *actione eos persequi*, ce qu'il aurait présenté comme douteux, parce que la règle *consumtio mutuum conciliat* n'avait pas encore été, lorsqu'il écrivait, aussi pleinement reçue qu'elle l'a été plus tard, l. 11 § 2, l. 19 § 1 Dig. Reb. cred. 12, 1 ; enfin Théophile sur le § 2 Inst. 2, 8, confirme que telle était la marche des idées. — 3) K. et S., au texte: id est, *eos petere suos ex iure Quiritium esse;* puis en note, conjecture de Kr. « ad sensum »: MULIER UERO MINIME HOC MODO REPETERE POTEST, SED ITA : DARI SIBI OPOR|TERE. UNDE DE PUPILLO QUIDEM QUAERITUR, AN, SI NUMMI (le ms. ayant *nummi | si*, au lieu de *si nummi*), QUOS MUTUOS DEDIT, AB EO QUI ACCEPIT. — 4) Mommsen (Epist. crit., préface K. et S., p. xx) blâme Kr. d'introduire ici sans nécessité la *mulieris actio*, dont G. avait traité auparavant, et préfère, après ID EST EOS petere — esse: *neque tamen stricto* IURE PETERE POTEST sibi eos dari oporTERE. — 5) Hu. 4, après *id est eos petere — esse:* mulier *uero* per mutui | *actionem* a *reo pecuniam* repetere potest, sed *non suam esse petere*. Unde — an nummis *iis*, quos — accepit. — On voit que, dans sa 4ᵉ édit., M. Hu. 4 rejette la restitution qu'il avait proposée dans sa 3ᵉ, où il avait rapporté ce passage « ad nummos pupilli mala fide consumptos »; il trouve trop hardie la conjecture de Kr., et tout à fait inadmissible celle de Mommsen. — 6) Gn. 2 maintient, malgré les remarques de St., la restitution d'Holw.: id est intendere, etc.

C. Pour la troisième partie, à partir de *qui accepit :* — I. Avant St.,— 1) la plupart renonçaient à toute restitution ou se bornaient à admettre, pour les l. 21-22, avec Holweg : *bona fide consumptos petere* (ou *condicere*) *possit, quoniam*, après quoi on laissait en blanc. — 2) Quelques-uns (Bö. 5) se bornaient à admettre en outre à la fin du § : ...*aret*, d'après les schedae de Bluhm., pour la l. 23. — 3) Hu. Beiträge, suivi Gn. 1, Pos., A et W. : *bona fide alienatos petere possit, quoniam is scilicet accipientis eos nummos facere videtur.* — 4) Hu. 2, Gir. : *bona fide | alii rursus alienatos petere possit, quoniam is per | hoc uideatur locupletior factus, quod alienaret.* — 5) Dom. : *potest condicere : a se non primum possit, quoniam ejus accipientis non fecit.* — II. Depuis St., qui déclare inadmissible la leçon donnée par Blum. pour la

extent id | este✳✳✳et ere (―――²¹⁷) | (―――²¹⁸)

20 repetere potest s――――[――²¹⁹] | tere ✳✳✳ de dé
pupillo quidem quaeritur (―――²²⁰) | (―――²²¹)
mutuos dedit ab eo qui accipit ――――|――――
ˢ˙
a actione eos persequi possit quoniam (―――²²²)
|――― n potest. 83. Et ex contrario²²³ | (―――²²⁴)

―――

fin de la l. 23 (v. la note 223 ci-après). — 1) K. et S.: bona fide | consumpti fuerint | ex mutuo ACTIONE EOS PERSEQUI POSSIT, QUONIAM *obl*igationem etiam sine tutoris auctoritate adquirere si*bi* POTEST. — 2) Momms. (Epist. crit.): consumptis ciuil*i* ACTIONE EOS PERSEQUI POSSIT, QUONIAM dari eos sibi oportere intendere non POTEST. — 3) Hu. 4 : *consumtis*, | ALIQUA actione eos persequi possit, quoniam ni|si a possidente uindicari non potest. — 4) Gn. 2 insère au texte la restitution de Hu. Beiträge. — Pol. et Muir. n'admettent aucune de ces restitutions.

217. A. (iuiosoiiqcsscm✳l✳o q d r✳n✳u✳✳) sche. Gö.

218. A. (✳oi✳✳✳ c o a b e o✳✳o) sche. Gö.

219. A. [eria] sche. Bluh.

220. A. (annum ✳✳✳) sche. Gö.

221. A. (✳✳ qu ✳✳) sche. Gö.

222. A. (ii✳) sche. Gö.

223. Ce que St. a lu de la l. 23 rend inadmissible, pour la fin de cette l., ce qu'avait donné Bluhm, c'est-à-dire : ....aeni .... r―――― fatequien... aret.

224. A. (――――ocioc ✳ is|✳ uniii ✳ c nec mancipi mulier ✳✳) sch. Gö. — On s'accordait à admettre avant St.: res tam mancipi quam nec mancipi mulieribus; depuis, on ajoute, avant *res*, pour remplir l'espace, le mot *omnes*, déjà proposé par plusieurs d'après le § 2, 5ᵉ phrase, des Inst. 2, 8.

———————————————) || et pupillis *sine pupilli*[225] *tutoris auctoritate* solvi[226] possunt, quoniam meliorem | condicionem suam facere eis etiam sine *tutoris auctoritate* con|cessum *est*. 84. Itaque si debitor pecuniam pupillo solvat, fa|cit quidem pecuniam pupilli, sed ipse non libera|tur, quia nullam obligationem pupillus sine *tutoris auctoritate* | dissolvere potest, quia nullius rei alienatio ei *sine tutoris auctoritate* | concessa *est*. Sed tamen, si ex ea pecunia locupletior | factus sit, et adhuc petat, *per exceptionem doli mali* summoveri | *potest*. 85. Mulieri vero etiam *sine tutoris auctoritate* recte solvi potest; nam | qui solvit liberatur obligatione, quia *res nec* mancipi, ut pro|xume diximus, a se dimittere mulieris etiam *sine tutoris auctoritate* possunt : quamquam | hoc ita *est*, si accipiat pecuniam; at si non accipiat, et[227] habere se dicat, et *per* acceptila*tio*nem velit debito|rem *sine tutoris auctoritate* liberare, non potest.══

86. | Adquiritur autem nobis *non* solum per nosmetipsos, | sed *etiam* per eos quos in potestate, manu mancipio|ve habem*us*; item per eos servos in quibus *usumfructum*[228] habe|m*us*; item *per* homines liberos et servos alienos | quos *bona fide* possidem*us* : de

---

* Page intérieure facile à lire.

225. L'Ap. porte pupillispta. — K. et S., Hu. 4, Gn. 2, Muir. : pupillis sine tutoris auctoritate, en supprimant p̄. — Pol.: pupillis prae(ter) tutoris auctoritatem.

226. A. solbi; v. I, note 40; II, note 186.

227. Au lieu de *et*, presque tous *set* ou *sed*, plusieurs ajoutant avec Gö. 1-2, *acceptam*, qui n'est pas nécessaire. — Pol. : ct.

228. A. u||||.

20 quibus singulis diligenter | dispiciamus.=======

87. Igitur (229) liberi nostri quos in potestate habemus, item quod servi nostri[230] mancipio accipiunt, vel ex traditione | nanciscuntur, sive quid stipulentur, vel ex aliquali|bet[231] causa adquirunt[232], id nobis adquiritur: ipse ‖‖‖‖[233] enim ‖ qui in potestate nostra est, nihil suum habere potest. | Et ideo si heres institutus sit, nisi nostro jussu, hereditatem | adire non potest; et, si (jubentibus)[234] nobis adierit, hereditas[235] | nobis adquiritur, proinde atque si nos 5 ipsi here|des instituti essemus. Et convenienter scilicet legatum per eos nobis adquiritur. 88. Dum tamen sciamus, si alterius | in bonis sit servus, alterius ex jure Quiritum, ex omnibus causis | ei soli per[236] eum adquiri[237] cujus in bonis est. 89. Non solum | autem

---

229. Tous, sauf Pol., intercalent *quod*.

230. A. seruii; presque tous *item quod*, sans *nostri*; Pol.: item servi *nostri*, quod.

231. Au lieu de *aliqualibet*, quelques-uns, Gö. 1-2, Pell., Pol.: alia qualibet. — La loi 10 § 1 Dig. a. r. d. 41, 1, tirée des Inst. de G., et le Pr. Inst. 2, 9 ont *qualibet alia*.

232. A. adquir., d'où la plupart: adquirunt, confirmé par Dig. et Inst. — Quelques-uns, Gö. 1-2, Pell., Hu. 2-4, Gir.: adquirant.

233. La plupart ont simplement *ipse enim*, sans tenir compte de ‖‖‖‖; Gö. 1: ipse *is* enim; Pol., « peut-être *enim* était-il répété »; Hu. 4, « peut-être *et enim* ».

* Page intérieure très-facile à lire.

234. A. ibonitibus; *jubentibus* est restitué d'après la loi 10, § 1 Dig. et le Pr. Inst.

235. A. hte; quelques-uns, K. et S., Muir., d'après Dig. et Inst.: *hereditas — adquiritur*; la plupart, Gö., Bö., Hu., Pell., Gir., Pol.: *hereditatem — adquirit*.

236. A. pro.

237. A. adquirit.

proprietas, per eos quos in potestate habe|mus, adquiritur nobis, sed etiam possessio : cujus enim | rei possessionem adepti fuerint, id nos posside|re videmur ; unde etiam per eos usucapio proce|dit.════ 90. Per eas vero personas quas in manu | mancipiove habemus, proprietas quidem adquiri|tur nobis ex omnibus causis, sicut per eos qui in po|testate nostra sunt : an autem possessio adquiratur | quaeri solet, quia ipsas[238] non possidemus.════ 91. | De his autem servis in quibus tantum usumfructum habemus, ita | placuit, ut quidquid ex re nostra vel ex operis su|is, adquirunt, id nobis adquiratur ; quod vero extra eas | causas[238 bis], id ad dominum proprietatis[239] pertineat : ita|que si iste servus heres institutus sit, legatumve quod ei | datum fuerit, non mihi, sed domino proprietatis[239] adquiritur. 92. Idem placet de eo qui a nobis bona fide possidetur, || sive liber sit, sive alienus servus[240] ; quod enim placuit de | usufructuario, idem[241] probatur etiam de bonae fidei possessore : | itaque quod extra duas istas causas adquiritur, id vel | ad ipsum pertinet, si liber est, vel ad dominum, si servus[240 b] sit. 93. |Sed si bonae fidei possessor eum (?)[242]

---

238. A. ipsa.

238 bis. Pol. intercale (persecuti sint) d'après le § 4 Inst. et croit que G. a écrit extrinsecus persecuti.

239. A. propaetatis ; ppaetatis.

* Page extérieure non facile à lire.

240. A. serb. ; v. I, note 40 ; II, note 186.

241. A. i[d].

242. Avant St., sibfp─────────p.quia, avec environ

usuceperit[243] ser*vum*, quia eo mo*do* | dominus fit, ex omni c*ausa* per eum sibi adquirere potest : | us*ufruc*tu*ari*us ve*ro* us*u*capere non potest, primum quia non possi|det, sed habet jus utendi et fruendi, deinde quia scit a|lienum servum esse. 94. De illo quaeritur, an per eum servum | in quo usumfructum habemus[244], possidere aliquam[245] rem | et usucapere possimus, quia ipsum non possidemus: per | eum vero quem bona fide possidemus, sine dubio et posside|re et usucapere possumus. Loquimur autem in utri|usque persona[246] secundum definitionem[247] quam proxume ex|posuimus, id est, si quid ex re nostra vel ex operis | suis adquirant, id nobis adquiritur. 95. Ex his[248] apparet, | per liberos homines quos neque juri nostro subjectos habemus, neque bona fide possidemus, item per alienos ser|vos in quibus neque

---

23 lettres illisibles; on admettait : si bonae fidei possessor usuceperit servum ; le Dig. l. 10 § 5 et les Inst. § 4 ont : sed b. f. possessor cum usuceperit. — Depuis St., la leçon du Dig. et des Inst. est admise par K. et S., Gn. 2, Muir., qui suppriment si ; — Hu. 4, suppriment cum, lit. : si b. f. pos. usucep. ; — Goud. : si b. f. pos. eum, c'est-à-dire l'esclave dont il est parlé au § 92 ; — Pol. : sa(ne) b. f. pos. cum. — La leçon si-eum me semble préférable; d'après St., le c de cum est incertain.

243. A. usucepit.

244. A. hauem? ; v. I, note 27 ; II, note 2.

245. A. aliqui.

246. A. pson **.

247. Avant St., *distinctionem;* mais déjà Gö. pressentait *definitionem.*

248. A. iis.

usumfructum habemus[249] neque justam possessionem, | nulla ex causa nobis adquiri posse. Et hoc est quod vulgo dici|tur per extraneam personam adquiri non posse[250], | tantum de possessione quaeritur, an per p_____ | nobis adquiratur[251]. 96. In summa sciendum est, his (__[252]__) || potestate, manu manci- piove sunt, nihil in jure cedi | posse; cum enim istarum[253] personarum nihil suum esse possit, conve|-

---

249. Le copiste a répété, après *habemus* : item per alienos servos | in quibus neque uf.

250. Avant St., nihil adquiri.

251. Avant St., la fin de la l. 22, après *adquiri*, et la l. 23, presque entièrement illisibles, étaient restituées par Gö., Bö., Pell.: *excepta possessione; de ea enim quaeritur, anne per liberam personam* | *nobis*. _____ Hu. 2, Gir. préféraient : *excepto eo quod de possessione quaeritur anne per lib. per.* — Depuis St., tous admettent : *non posse; tantum de possessione quaeritur, an per*, bien que *tantum de* soit douteux d'après St. _____ Pour ce qui suit : — 1) Goud., *procuratorem;* — 2) Pol., K. et S., Gn. 2, Muir., *possessorem*, que St. (note A.) dit possible. — 3) Hu. 4 préfère *personam liberam*, qui, sans doute, a l'avantage de comprendre le tuteur et le curateur, outre le *procurator*; mais Muir. fait remarquer que G., au lieu de *persona libera*, dit toujours *libera persona*. — Le § 5 des Inst. a *liberam personam veluti per procuratorem*. — Quoi qu'il en soit, il demeure constant, depuis St. comme auparavant, que, du temps de G., on discutait encore sur le point de savoir si la possession pouvait être acquise *per liberam personam*.

252. A. (q̄in) sch. Gö; tous : *qui in*.

* Page extérieure çà et là difficile à lire, cependant certaine pour la majeure partie.

253. A. star.

niens *est* scilicet ut nihil suum esse[254] posse[255] in jure vindicare possint.=== | ===[256]

97. | ((Hactenus))[257] tantisper admonuisse sufficit, quemad|modum singulae res nobis adquirantur; nam legatorum | jus, quo et ipso singulas res adquirimus, opportuni|us alio loco referemus. Videamus itaque nunc, quibus[258] | modis per universitatem res nobis adquirantur[259]. **98.** Si cui heredes facti sumus, sive cujus bonorum possessionem[260] petierimus, si|ve cujus bona emerimus, sive quem adoptaveri|mus[261], sive

---

254. Avant St., on lisait **unonc, d'où Gö. 1-2 *omnino*; Hu. Studien, Beiträge, et J. A. 2, Bö. 5, Gir. 1 : *suum esse per* se; Lachm., Pell., simplement *suum esse*. — Pol., Mommsen (*Epist. crit.*, K. et S., p. xx) tiennent *suum esse* pour une glose.

255. Avant St., p²se, abréviation de *posse*, déjà lu par Gö., était rejeté par lui et par presque tous; quelques-uns le transformaient en *per se*. — Depuis St., 1) Pol. : nihil per se (supprimant *suum esse*) ; — 2) K. et S., Gn. 2, Muir.: nihil suum esse (supprimant *posse*) ; — 3 (Hu. 4 maintient *nihil suum esse posse*, expliquant comment G. a pu s'exprimer ainsi et ajoutant qu'en allemand on dirait : « das potentiale nostrum esse der in iure cessio vindicieren. »

256. Quelques-uns (Bö. 5) remplissent la l. 5 par la rubrique *quibus modis per universitatem res nobis adquirantur*.

257. Restitué d'après le § 6 Inst. ii, 9. — L'Ap. a un blanc au commencement de la ligne.

258. A. quibu*. — 259. A. adquiratur.

260. A. b̈p̈**. — Tous : *bonorum possessionem*, sauf Pol. qui préfère *bona*.

261. Avant St., *adrogaveri|mus*, admis par tous sans difficulté et conforme au § 6 des Inst. : *adrogaverilis*. — St. donne comme certain *adoptaverimus*. — Suivant Goud., *adoptaverimus* est plus conforme au droit en vigueur du temps de G., d'après lequel l'adoption d'un fils de famille était, aussi bien que l'adrogation,

quam[262] in manum ut uxorem receperimus, | ejus res ad nos transeunt. 99. Ac prius[263] de hereditatibus[264] | dispiciamus, quarum duplex condicio est: nam vel ex testamento, vel | ab intestato ad nos pertinent[265]. 100. Et prius est, ut de his dispi|ciamus quae nobis ex testamento obveniunt.

101. | Testamentorum autem genera initio duo fuerunt. | Nam aut calatis comitiis testamentum[266] faciebant, quae comiti|a bis in anno testamentis faciendis destinata e|rant; aut in procinctu, id est, cum belli causa arma sume|bant[267] : procinctus est enim expeditus et armatus exer|citus. Alterum itaque in pace et in otio faciebant, al|terum in proelium[268] exituri. 102. Accessit deinde tertium || genus testamenti, quod per aes[269] et libram agitur. Qui neque calatis co|mitiis, neque in procinctu testamentum fecerat, is, si subita morte urguebatur, amico familiam suam, id est, patrimo|nium suum mancipio dabat,

---

une manière d'acquérir à titre universel, ce qui n'a été changé que par Justinien. — Tous, depuis St., ont *adoptaverimus*, sauf Gn. 2, qui maintient *adrogaverimus*.

262. A. quem. — 263. A. primus.

264. A. htabit. — 265. A. ptinet.

266. Avant St., on n'avait rien lu entre *comitis* et *faciebant*, d'où presque tous : *comitiis faciebant* ; quelques-uns intercalaient *ea*. — Depuis St., Goud., Pol. : *testamenta* ; K. et S., Hu., Gn., Muir. : *testamentum*.

267. Avant St., *ad pugnam ibant*.

268. Tous : *proelium* ou *prælium*, sauf Pell. : *praelium*.

✻ Page intérieure facile à lire.

269. A. pers.

eumque²⁶⁹ ᵇⁱˢ rogabat, qu|id cuique post mortem suam dari vellet²⁷⁰. Quod testa|mentum dicitur per aes²⁷¹ et libram, scilicet quia per manci|pationem peragitur. ═══════════════════════════ 103. Sed illa²⁷² quidem duo genera testamentorum in desuetu-dinem | abierunt; hoc vero²⁷³ solum, quod per aes²⁷¹ et libram fit, | in usu retentum est. Sane nunc aliter ordinatur, | quam olim²⁷⁴ solebat: namque olim familiae emptor, id est, qui a | testatore familiam accipiebat mancipio, heredis lo|cum optinebat, et ob id ei mandabat testator, quid | cuique post mortem suam dari vellet; nunc vero | alius heres testamento instituitur, a quo etiam legata relin|quuntur²⁷⁵, alius dicis gratia, propter veteris ju|ris imitationem, familiae emptor adhibetur. 104. E|aque res ita agitur. Qui facit²⁷⁶, adhibitis²⁷⁶ ᵇⁱˢ, sicut in cete|ris mancipationibus, V testibus civibus Romanis | puberibus²⁷⁷ et libripende, postquam tabulas testamenti scripse|rit, mancipat alicui dicis gratia familiam suam. | In qua re his verbis familiae emptor utitur: | FAMILIAM PECU-NIAMQUE TUAM ENDO MAMDATELA TU|AM CUSTODE-

---

269 bis. Pol., au lieu de cumque, admis par tous, veut: qui eum.
270. A. uelletur
271. A. es.
272. A. ill*.
273. A. ueroq.
274. Avant St.: atque olim.
275. A. reli|quantur.
276. Plusieurs, avec Hu., ajoutent testamentum.
276 bis. A. athibitis.
277. A. puerib.

LAQUE MEA QUO TU JURE TESTAMENTUM || FACERE POSSIS SECUNDUM LEGEM PUBLICAM, HOC | AERE[278], et ut quidam adjiciunt, AENEAQUE LIBRA, ESTO MI|HI EMPTA[279]. Deinde aere percutit libram, idque aes

---

  * Page intérieure très-facile à lire.
  278. A. ere.
  279. En comparant l'Ap. de Bö. et celui de St., sur les deux dernières lignes de la page 78, il semble, à première vue, que la révision de St. n'ait apporté que peu de changement à la formule de la *familiae emptio*, objet de corrections et de remaniements si divers. En effet, les deux seules différences sont : 1° l. 23, *familiam* au lieu de *fam***am* ; 2° l. 24, tout à fait au commencement, *am* au lieu de *tam*. — La première de ces différences est insignifiante ; mais il n'en est pas de même de la seconde, surtout si l'on se reporte à la note, dans laquelle St. affirme que la lettre *t* n'a jamais existé. Bluhm. ne l'avait d'ailleurs indiquée que comme douteuse. — Le mot du ms. est donc uniquement *tuam* et non *tutam*, dont on avait fait *tutelam*. Par suite, la révision de St. condamne toutes les restitutions où avait trouvé place le mot *tutela*. — M. Muirhead (p. 107, note 3) a dit fort justement, ce semble, qu'introduire le mot *tutela*, comme on le faisait, c'était enlever à la formule ce qui en constituait proprement l'énergie, savoir le rapprochement et l'opposition des mots *mandatela* TUA *custodelaque* MEA, c'està-dire, je prends à *ma* charge, mais soumis à *vos* instructions. — Cpr. infra III, note 306, sur les formules de la stipulation : *fide* TUA *promittis, jubes,* MEA *promitto, jubeo*.
  Depuis St., comme auparavant, on s'accorde à penser qu'il y a ici quelque faute ou quelque omission au ms. ; et, en effet, *familiam — esto mihi empta*, exige une correction ou une addition. Mais il y a divergence sur la manière de corriger ou de suppléer. — I. Leçons antérieures à St. : — 1) Gö. 2 (la 1re édit. de Gö. laissant en blanc) : famil*ia*m pecuniamque tuam endo manda*tam* tute|lam custodelamque meam (recipio, eaque), quo tu jure, etc. ; suivi Kl., Hef., Blond., Lab., Pell. ma., Dom. ; mais tous, sauf Kl., au lieu de l'accusatif *mandatam tutelam custodelamque* ont *mandata tutela custodelaque*. — Pell. ma. 1,

dat | testatori, velut pretii loco. Deinde testator tabulas te|stamenti tenens ita dicit: HAEC ITA, UT IN HIS

---

supprimant *recipio, eaque,* lisait : *custodelaque mea, quo;* plus tard, Pell. ma. 3-6 : *custodelaque meam (esse aio, eaque), quo.* — 2) Hu., Studien, et J. A. 2 : Familiam pecuniamque tuam endo mandatela tu|*te*la custodelaque mea *(ex iure Quiritium esse aio, eaque)* quo tu, etc. ; suivi Bö. 1, Gir., Gn. 1, Pos., A. et W., sauf *ex jure Quirit.,* qu'ils suppriment. — 3) Lachm. : Familia pecuniaque tua endo mandatela*m* tu|telam custodelamque mea*m*, quo tu, etc. ; suivi Bö. 2-3, Pell. tr. — 4) Mommsen (Ad leg. de scribis, Kil. 1843, d'après Bö. 5, en note) bannit *tutela,* ce que la révision de St. a confirmé ; il proposa : Familiam — endo mandatela tua custodelaque mea [esse aio et ea] quo, etc. — Bien que cette restitution fût la plus plausible de celles que l'on proposa avant St., elle ne fut admise dans aucune édition. — 5) Bö. 5 : Familiam — mandatela*m* tu*tela*m custodelam*que mea*m (esse aio, eaque) quo.

II. Restitutions postérieures à St. : — 1) Pol. admet encore la restitution de Hu., y compris tu*tela.* — 2) K. et S., Gn.-2, suivent Lachm., moins *tutelam,* qu'ils suppriment ; ils retranchent également *tuam,* comme répété à tort par le copiste. Ils ont ainsi : Familia ——— endo mandatelam custodelamque meam, quo. — 3) Mommsen (*Epist. crit.,* K. et S., p. xx) maintient sa restitution, si mal à propos délaissée par les éditeurs. Il ajoute des observations fort justes sur les mots *mandotela* et *custodela,* que l'on voit réunis dans la formule de la *familiae emptio. Mandatela,* dit-il, y désigne l'acte du mandant (testateur), *custodela,* l'acte du gardien (*familiae emptor*). Ce sont des termes de formation semblable à *tutela, querela, loquela,* pour désigner l'acte de celui qui *protége,* qui *se plaint,* qui *parle.* Le testament *per aes et libram* étant un véritable contrat, ces deux mots y expriment le rôle de chacun des contractants ; leur rapprochement s'explique comme celui des mots *emptio venditio* dans la vente, *locatio conductio* dans le louage. Quant à supposer que l'on eût désigné à la fois dans la formule la *mandatela* du *familiae emptor,* mandataire, et la *custodela* du même, M. Mommsen dit fort bien que cette vaine accumulation de paroles

TABULIS CERISQUE[280] SCRIPTA SUNT, ITA | DO, ITA LEGO, ITA TESTOR[281], ITAQUE VOS, QUIRITES, TESTIMO|NIUM MIHI PERHIBETOTE[282]; et hoc dicitur nuncupatio : | nuncupare est enim palam nominare; et sane, qu|ae testator specialiter in tabulis testamenti scrip|serit, ea videtur generali sermone nominare | atque confirmare.

105. In testibus autem non debet is esse, qui

est aussi contraire à l'ancien langage des Romains qu'elle a été fréquente à des époques postérieures. — 4) Hu. 4 maintient sa restitution, sans retrancher *tutela*. — 5) Muir. suit Lachm., comme K. et S., mais il conserve *tuam*; il donne ainsi : Familia — mandatelam tuam custodelamque meam[1].

Les meilleures de ces restitutions sont, à mon avis, soit celle de Lachm., à condition qu'on la modifie comme a fait M. Muir., soit celle de Mommsen. Elles me semblent les seules acceptables aujourd'hui, tant pour le sens qu'elles donnent, que pour leur conformité avec le texte. — Peut-être même pourrait-on se rapprocher encore davantage du ms., et lire : *Familia_____endo mandatelam tuam custodelaque mea*, le sens d'ailleurs demeurant le même. — Les mots *endo mandatelam tuam* peuvent être considérés comme l'annonce, par le *familiae emptor* lui-même, de la *nuncupatio* du testateur, qui doit suivre. — Quant à *tutela*, on peut s'étonner que, depuis St., quelques-uns croient encore possible de le maintenir.

280. Pol. cerisve. — 281. A. testator. — 282. A. phibitote.

---

1. Les mots *familia pecuniaque*, qui plus tard sont devenus synonymes, devaient à l'origine avoir un sens différent. M. Muir., rappelle d'abord l'opinion de Kuntze (*familia* aurait désigné les *res mancipi*, et *pecunia*, les *res nec mancipi*, Excurse, 2ᵉ édit. 1880, p. 104-110), et celle de Lange (*familia* aurait désigné les choses inaliénables, soit entre vifs, soit à cause de mort, et *bona* (*duona*), les choses aliénables entre vifs) ; puis il incline à penser que la distinction romaine entre *familia* et *pecunia* correspond à peu près à celle qui, encore aujourd'hui, est reçue en Angleterre et en Écosse, entre les biens qui arrivent par succession (*estateby descent*, Angleterre ; *heritage*, Écosse) et les acquêts (*purchase*, Angleterre ; *conquest*, Écosse). Cette dernière distinction présente elle-même de l'analogie avec celle des *propres* et des *acquêts* du droit coutumier français.

in | *potestate est*[283] aut familiae emptoris aut ipsius te|statoris, quia, propter veteris juris imitatio*nem*, | totum hoc negotium, q*uod* agitur test*amenti* or*dinandi* gra|tia, creditur inter familiae emptorem *a*gi et te|statorem : quippe olim, ut proxime diximus, is qui fa|miliam testatoris mancipio accipiebat, h*er*edis loco | erat ; itaque reprobatum[284] est in ea re domesticum te|stimonium. 106. Unde et si is qui in potestate patris *est*, | familiae emptor adhibitus sit, pater ejus testis esse | non potest : at ne is quidem qui in eadem potestate | *est*, *v*elut frater ejus. Sed[285] si *filius familias* ex castrensi peculio p*ost* | missio*nem* faciat test*amentum*, nec pater ejus recte testis | adhibetur, nec is qui in potestate patris sit[286]. 107. De libri|pende eadem quae et de testibus, dicta esse intelle|gemus ; nam et is testium numero e*st*. 108. Is vero qui in | potestate heredis aut legatar*ii*[287] est, cujusve h*er*es ip|se aut legatarius in potestate *est*, quique in ejusde*m* | potestate *est*, ab eo[288] testis et libripens adhiberi[289] po|test, ut ipse quoque heres

---

283. A. ēē.
284. A. repuatum ; v. I, note 27 ; II, note 2.
285. Pol., *et* au lieu de *sed* ; K. et S., d'après Mommsen, Gn. 2, Muir. intercalent *et*.
* Page intérieure très-facile à lire.
286. Au lieu de *sit*, presque tous ont *est*, d'après les Inst. II, 10, 9.
287. A. inlegatari ; quelques-uns, in *potestate* legatarii.
288. Au lieu de *ab eo*, *adeo* correction de Lachm., admise par tous, semble commandée par la suite de la phrase. — Gö. 1-2, Kl., Hef., conservant *ab eo*, ajoutaient (*qui testamentum facit*; ut, etc.)
289. A. athiberi.

*a*ut[290] legatarius jure adhibe|ant*ur*[291]. Sed tamen, q*uod* ad h*er*edem p*er*tinet, quique in ejus | potestate es*t*, cujusve is[292] in potestate erit, minime | hoc jure uti debemus.⹃

| De testamentis militum[293].

109. | Sed haec diligens observatio in ordinandis te|stamentis militibus, propter nimiam inperitiam, | constitutionib*us*[294] principum remissa es*t* ; nam, q*uam*vis | neque legitimum numerum testium adhi- bue|rint[295], neque vendiderint[296] familiam, neque nuncu|paverint[297] testamentum, recte nihilominus te|stantur. 110. P*ra*eterea permissum es*t* iis et peregrinos et Latinos instituere h*er*edes, vel i*i*s legare ; cum alioq*ui*n | peregrini quidem ratione civili prohi- beantur | capere h*er*editatem legataq*ue*, Latini vero p*er* legem | Juniam.

111. Caelibes quoq*ue*, qui lege Julia hereditatem legataque capere vetant*ur*, ⹃ | item orbi, id est, qui liberos non habent, quos lex || —————————— || —————— [298] || —————— [——][299] prohi-

---

290. A. ut. — 291. A. athibe|ant'. — 292. A. iis.
293. A. milium. — Cette rubrique occupe seule la ligne 11.
294. A. mensistutionib·. — 295. A. athibuerint.
296. A. uendiderit. — 297. A. nunccupauerint.
298. Deux pages du ms. de G., cotées 80 * et 80 **, ont péri ; elles occupaient un feuillet autrefois attaché à la p. 93 | 4, détruit par le copiste qui a écrit les Lettres de saint Jérôme.
* Page extérieure très-difficile à lire. — St. ajoute que l'on parviendrait peut-être à lire un peu davantage, en employant des moyens plus énergiques.
299. A. [si] sche. Bluh.

bentur hi (‾‾‾‾³⁰⁰‾‾‾‾) |‾‾‾‾‾‾‾‾‾‾‾‾‾‾(‾‾‾‾‾‾‾‾³⁰¹‾‾‾‾)
|‾‾‾‾‾ Legi nequeunt v. 3-5 ‾³⁰²‾‾ |‾‾‾‾‾ p m ‾‾‾

300. A. (qc*ii*c) sche. Gö.

301. A. (saispos*es****cfacni**) sche. Go.

302. Les mots *quos lex* du § 111, et *divi Hadriani* du § 112, sont séparés au ms. par un espace de trois pages (moins les lignes 22-24 de la p. 81).

I. Pour les deux premières pages (feuillet perdu), aucune restitution n'a été proposée, si ce n'est, pour finir la phrase après *quos lex* : *Papia plus quam dimidias partes hereditatis legatorumque capere vetat; ex militis testamento solidum capiunt*, proposé par Hu. 2-4, admis Gir. (avec ?), Gn. 2. — Gn. 1 (suivi Pos., A. et W.) avait inséré au texte après *quos lex* : *Papia plus quam semissem capere* prohibet, en plaçant là le mot *prohibet* de la p. 81, l. 1 ; mais c'était à tort évidemment, puisque deux pages entières séparent au ms. les mots *quos lex*, de la p. 80, du mot *prohibet*, qui est à la p. 81.

Généralement, on se bornait à dire que G., après avoir achevé la matière du testament militaire, traitait de ceux *quibus non est permissum facere testamentum* ; c'est l'ordre suivi aux Inst. de J., dont le titre 12 renferme, à n'en pas douter, plusieurs emprunts à G. — Le passage correspondant de l'Epitome, II, 2, 1-3, est ainsi conçu : § 1. Id quoque statutum est, quod non omnibus liceat *facere testamentum* : sicut sunt hi, qui sui iuris non sunt, sed alieno iuri subiecti sunt, hoc est filii, tam ex nobis nati, quam adoptivi. — § 2. Item *testamenta facere non possunt* impuberes, id est *minores quattuordecim annorum*, aut puellae *duodecim*. — § 3. Item et hi, qui furiosi, id est mente insani fuerint, non possunt facere testamenta ; sed hi, qui insani sunt, per intervalla, quibus sani sunt, possunt facere testamenta.

II. Pour la p. 81, lignes 1-21, la révision de St. donne seulement : 1° l. 1, *prohibentur hi*, au lieu de *prohibet*; 2° quelques lettres ou mots épars, dans les lignes 6-10, 19-20. — Restitutions diverses. — Avant St., 1) Hu. 2, en note, d'après les schedae de Gö. et Bluh., avait proposé : *etsi* prohibetur mulier per ius civile *sine tutore auctore testari, tamen secundum tabu-*

| ad | na _____

                      i   c r

eiusmore faciant✱✱ | st· n mqpuer _____

| ✱✱✱ann ____ | ____ **Legi nequeunt v. 11-18** ____ 5

                   p c

| _____ res____ cini____ | ____ legim____ 20

| ____ **Legi nequit v. 21** ____ | ____ 112. ____

    s

tor³⁰³ divi Hadr*iani senatusconsultum* factum est quo

---

las bonorum possessionem *accipere potest, qui s. t. a.* testamento facto heres ab ea scriptus est, ce que G. aurait repris avec plus de soin, selon son habitude, au § 118. — 2) Bö. 5, en note, croit que le sens a été : « si testament omilitis institui essent, solidum capere ut ante S. C. Pegasianum solida fideicommissa capere posse uidebantur, cf. § 285. » Mais il est inadmissible que G. ait continué la matière du testament militaire à la p. 81, puisque deux pages la séparent de la p. 80. — 3) Selon Gir., peut-être y avait-il : etsi prohibeatur mulier, sine tutore auctore testari, attamen testamento ita facto, heredem scriptum bonorum possessionem secundum tabulas obtinere posse. — Depuis St., Hu. 4 : *Etiam mulieres et pupilli facere test.* prohibentur, *hi quidem etiam tutore auctore, illae tantum sine tutore auctore et iure civili; nam secundum tabulas bonorum* possessionem *accipere potest, qui scriptus est.* — Puis, Hu. 4 rapporte aux Latins Juniens ce que donne St., l. 8 et 9 ; « *fortasse*, dit-il, *eo sensu ut obtinuerit quidem omnes eos prohibitos esse facere testamentum* (cf. 1, 23 ; Ulp. 20, 15), *sed cum habeant ius commercii parum certa ea, quae afferatur ratione, quod certae non sint civitatis, ut eius more faciant* te|st. n(ec) mg (magis) p(er) uerba legis Iuniae prohiberi, quae nominatim tantum minoribus XXX annorum manumissis testamenti factionem *ademerit; sed, etc.* (cf. 3, 218). »

303. Avant St., les l. 22 et 23 étaient entièrement illisibles,

                                                                           r

et l. 24, après *stamentum facere*, Gö avait lu : m i i i p c i i c ✱✱✱, au lieu de : *si modo, n minor essent*, que donne St.____ La plupart laissaient en blanc. Toutefois, Hu. Beiträge, puis J. A. 2, restitua ainsi : *sed senatus diuo Hadriano auctore, ut supra quoque significauimus, mulieribus etiam coemptione non facta*

permissum est | ******** s[304] feminis etiam sine coemptione te|stamentum facere si modo non minores essent || annis[305] XII tab[306] scilicet ut quae tutela

---

testamentum facere *permisit, si modo facerent* maiores; suivi Gō. 1, Gir. avec?, Pos., A. et W. — 2) Bö. 5, — — — — — *
te|stamentum facere *permisit, si modo maiores essent.*

304. D'après St., note A., l'espace illisible au commencement de la l. 23 est suffisant pour quelque chose comme *puberibu.* — 1) Pol. admet au texte *puberibus.* — 2) K. et S. ne donnent au texte que | _____ feminis; en note, ils proposent *sui juris*, inséré au texte par Gn. 2, Muir. — 3) Hu. 4, *capite non minutis.*

305. A. anni; les uns : annis, les autres : annorum.

306. Presque tous admettent qu'il y a ici au ms. une faute, qui semble en effet évidente. — 1) Hef., Blond., Lab., ont reproduit purement et simplement le ms. : || anni XII tab. — 2) Gō. 1-2, Kl.; Bö. 1-3, laissaient en blanc. — 3) Lachm., suivi par tous, jusqu'à St. et encore depuis par Pol., croit que le copiste s'est servi de l'abréviation qui lui est habituelle *ta* pour *tutore auctore*, et qu'ensuite il a par inadvertance ajouté la lettre b.; il donne : *tutore auctore; scilicet ut* _____ *ita testari deberent*. Pol. fait remarquer, non sans apparence de raison, que le copiste aura pu écrire *tab.*, au lieu de $ta\overline{u}$, autre abréviation de *tutore auctore*, en confondant *b* et *u*, ce qui lui arrive très-souvent (v. I, notes 27 et 40 : II, notes 2 et 186, III, notes 29 et 72; IV, notes 38 et 51). — 4) Quelques-uns, Goud., K. et S., Gn. 2, placent un peu plus bas l'abréviation *ta* pour *tutore auctore*, savoir à la ligne 2, où elle serait devenue par erreur du copiste : *ita;* ils suppriment *tab.* de la ligne 1re. — 5) Hu. 4 admet l'abréviation *ta* pour *tutore auctore*, mais il place ces mots un peu plus haut, savoir à la l. 24 de la p. précédente, après *testamentum;* il pense que, dans l'archétype, elle aurait d'abord été omise, puis ajoutée en marge et que le copiste, la voyant près du chiffre XII, aura cru qu'il s'agissait de la loi des XII tables ; en conséquence, Hu. 4 donne : .....testamentum tutore auctore facere, si modo — annis XII : scilicet ut — ita testari. — 6) Muir. : ....annorum XII *tuto-*

liberatae *non* essent, | ita[307] testari deberent[308].
113. Viden*tur* ergo melioris condi|cionis esse feminae, qu*am* masculi : nam masculus mi|nor[309] anni*s*[310] XIV test*amentum* facere *non* potest, etiamsi *tutore auctore* | testamentum facere velit ; femina vero potest XII annor*um*[311] testamenti fa|ciundi[312] jus[313] nanciscit*ur*[314].══ | ══ |[315].

---

ribus auctoribus, scilicet ut — ita, il explique par l'emploi du pluriel la présence de la lettre *b*, dans l'abréviation *tab*. Cette explication n'est pas inadmissible ; l'emploi du pluriel est moins fréquent que celui du singulier, mais il n'est pas sans exemple. On le trouve au § 115 du C. 1er ; M. Muir. ajoute « et selon toute apparence, au § 118 du C. 2 » ; sur ce dernier, v. infra la note 328.

307. *Ita* est supprimé par Goud., K. et S., Gn., v. la note précédente.

308. A. debent. — Muir. considère *scilicet — deberent* comme une glose.

309. A. minori.

310. A. anni ; les uns : annis, les autres : annorum.

311. Il y a faute évidente au ms. — 1) La plupart, Gö., Kl., Hef., Lach., Bö., Hu. 2, Pell., Gir, et encore K. et S., Gn. 2, Muir., *post XII annum*. — 2) Goud. tient cette leçon pour impossible, par le motif que le droit de tester est acquis, non à la fin, mais au commencement de la douzième année, (L. 5, Dig. 28, 1) ; il lit *femina vero XII annorum*, supprimant *potest*. — 3) Pol. : femina vero potestatis (suae), XII annorum.

312. A. faciuntdiis.

313. Entre *faciundi* et *jus*, Hu., Beitrage et J. A. 2-4, Gir., intercalent *tutore auctore*.

314. A. nancicit'.

315. Ligne 8 en blanc ; Bö. 5 la remplit par la rubrique : *de heredibus instituendis*.

114. Igitur si quaeramus an valeat testamentum, in|primis advertere debemus, an is qui id fecerit, ha|buerit testamenti fac*tio*nem; *deinde*, si habuerit, | require*mus* an secundum juris civilis regulam | testatus³¹⁶ sit; exceptis militi*bus*, quibus propter nimia*m* imperitiam³¹⁷, ut diximus, quomodo velint v*el* quomo|do possint³¹⁸, permittitur testa*mentum* facere.

115. Non tam*en*, ut j*ure* *civili* | *valeat*³¹⁹ testamen*tum*, sufficit ea observa*tio* qua*m* supra expo|suimus, de familiae vendi*tio*ne et de testi*bus* et de | nuncupa*tionibus*³²⁰. **116.** Ante³²¹ omnia requirendum e*st*, an | institutio h*er*edis solemni more facta sit; n*am* aliter | facta institutione n*ihil* p*r*oficit familiam testatoris | ita

---

316. A. ✱✱ status.

317. A. ✱✱✱✱ ritiam.

318. A. _____ int.

319. A. _____ at.

320. 1) Déjà *nuncupationibus*, confirmé par A. St. qui porte: nunccupa7nib., était généralement admis, Gö. 1-3, Kl., Hef., Bö. 1-3, Gn. 1, Pell. tr. et ma. 1, Bö. 5. — 2) Hu., Beiträge, a conjecturé que le copiste avait sous les yeux dans l'archétype *nuncupationisubis*, dont il aurait fait à tort *nuncupationib;* d'après Hu., le pluriel est ici inadmissible, parce qu'il y a une seule *nuncupatio* et non pas plusieurs; en conséquence il propose: nuncupation*is* *verbis*; suivi Bö. 4, Pell. ma. 3-6. — 3) Hu. 2-4, Gir: nuncupatione. — 4) Pol. supprime, comme glose, tout ce qui suit *exposuimus*.

321. *Sed* est intercalé au commencement du §, par Bö. 5, Hu. 2-4, Gir., Pol., K. et S., Gn. 2.

venire, testesque[322] ita adhibere[323] aut nuncupare[324] testamentum, | ut supra diximus.== 147. Solemnis autem institutio haec est: TITIUS HERES ESTO | Sed et illa[325] jam conprobata videtur: TITIUM HEREDEM ESSE || JUBEO. At illa non est conprobata: TITIUM HEREDEM ES|SE VOLO. Sed et illae a plerisque inprobatae sunt: TITIUM |[326] HEREDEM INSTITUO[326 bis], item HEREDEM FACIO.

148. Observandum prae|terea est, ut, si mulier, quae in tutela est[327], faciat testamentum, | tutores habet[328] facere debeat: alioquin inutiliter | jure civili testabitur.===149. Praetor tamen, si septem signis testium signatum sit te|stamentum, scriptis heredibus

---

322. Bö. 5, Pell. ma. : testesve.

323. Gö., Pell. adhiberi.

324. 1) Gö. 3, Pell. : nuncupari; (Gö. 1-2, avait intercalé, avant *nuncupari*, *itaque*, supprimé par Lach. — 2) Hu. 2-4, Muir. : et nuncupare (*ita*) testamentum. — 3) Gn. 2, *et ita* nuncupare. — 4) Pol. supprime *testesque* — *testamentum*, qu'il tient pour une glose.

325. A. illam.

326. Avant St., Titium n'avait pas été lu; on admettait *sunt*, pour *sunt*, d'où simplement : *inprobatae sunt*. — St. donne : *improbataesttitiu-*

326 bis. A. institutio. — 327. Avant St. sit.

328. 1) La plupart avec Holw., corrigent et lisent *tutore auctore*. — 2) Gö. 1-2, Kl., Hef. avaient (*auctoribus iis quos*) *tutores habet*. — 3) Bö. 5 : *tutoris auctoritate*, spécialement critiqué par Hu. 2-4. — 4) Muir., *tutoribus auctoribus id*, l'original ayant probablement *tut ab.* (ou *tab.*) *id*; v. ci-dessus la note 306 in fine.

secundum tabu*las* testamenti bus³²⁹ | pollicetur; si³³⁰ nemo sit ad quem ab intestato ju|re legitimo pertineat *here*di*tas*, v*e*lut frater eodem pa|tre natus, aut patruus, aut fratris filius, ita poterunt | scripti *here*des retinere *here*di*tat*em. Nam idem juris est, et | si alia ex scto³³¹ test*amentum* non valeat, v*e*lut quod familia | non venierit, aut nuncupa*t*ionis verba testator | locutus non sit. **120.** *S*ed videamus an³³², *et*iamsi frater aut patru|us extent, potiores scriptis³³³ *here*dibus habeantur; rescripto³³⁴ | enim imp*er*ato*r*is Antonini significatur, eos qui secundum | tabulas testamenti non jure factas bonorum possessionem pe-

---

329. Tous *bonorum possessionem*.

330. Presque tous intercalent *et* avant *nemo*; sauf Hef., et Bö. 5, (qui l'avait d'abord admis, Bö. 1-3, mais plus tard il a pensé que le ms. pouvait avoir *pollicet'* pour *pollicetur*, et ensuite *ut*, nonobstant *poterunt* qui vient après.

331. Erreur manifeste du copiste; tous remplacent par *causa*, sauf Pol., qui pense que G. n'a pas pu dire *causa*. Il y avait ici, selon lui, dans l'archétype, deux lignes ainsi conçues : alia ex; s[ollemnitate iuris ciuilis] a testatore negle]cta, (application de son opinion sur les lignes courtes à 19 lettres de l'archétype, v. ci-dessus, les notes 286, 320 du liv. 1ᵉʳ).

332. 1) *An*, leçon certaine au ms., est donné par Gö. 1-3, Bö. 1-3, Pell., K. et S., Pol., Gn. 1, Muir. — 2) An (*non*), préféré par Hu. Beitrage et J. A. 2-4, est adopté par Bö. 5, Gir., Pos., A. et W., Gn. 2.

333. 1) Au lieu de *scriptis heredibus*, Hu. 4 : scripti *his* heredibus. — 2) K. et S., tout en admettant au texte : *an — scriptis heredibus*, disent en note « expectes : uideamus an (non) etiam si frater aut patruus extent, potiores scriptis heredes hab. » — 3) Pol. supprime *scriptis heredibus*, comme glose fautive.

334. A. r(scribto), sche. Gö.

tierint, posse, adver|sus eos qui ab intestato vindicant hereditatem, defendere | se per exceptionem doli mali. 20
121. Quod sane quidem ad masculorum testamenta per|tinere certum est, item ad feminarum quae ideo non | utiliter testatae sunt, quod verbi gratia familiam non ven|diderint, aut nuncupationis verba locutae non | sint.═══ || An autem et ad ea testamenta fe- minarum, quae sine tutoris au|ctoritate fecerint, haec constitutio pertineat, vi|debimus[335]. **122.** Loquimur autem[336] de his scilicet feminis | quae non in legi- tima parentium aut patronorum tutela | sunt, sed de 5 his[337] quae alterius generis tutores[337 bis] habent, | qui etiam inviti coguntur auctores fieri : alioquin | pa- rentem et patronum, sine auctoritate ejus | facto tes- tamento, non summoveri palam est.═══

123. Item, qui filium in potestate habet, curare debet ut eum | vel heredem instituat, vel nominatim[338] 10 exheredet : alioquin, si | eum silentio praeterierit, inutiliter[339] testabitur. | Adeo quidem ut nostri prae- ceptores existiment, eti|amsi vivo patre filius[340] de-

---

* Page intérieure très-facile à lire.
335. A. uideuim'. V. I, note 27 ; II, note 2.
336. Hu. 2-4, Gir.. placent ici *non*, qu'ils suppriment plus loin avant *in legitima parentium*.
337. Momms., K. et S., Gn. 2, regardent *de his* comme une glose.
337 *bis*. A. tutorem.
338. Mommsen (*Epist. crit.* K. et S. .p. xx), considère *nominatim* comme une glose, ancienne d'ailleurs, puisqu'on la trouve déjà dans l'Epitome, II, 3, pr.
339. A. inutilitter. — 340. A. filious.

functus sit, neminem | heredem ex eo testamento existere posse, quod scilicet | quia[341] statim ab initio non constiterit instituti|o. Sed diversae scholae auctores, siquidem filius mortis patris tempore | vivat, sane impedimento eum esse scriptis heredi|bus, et illum[342] ab intestato heredem fieri confitentur: | si vero ante mortem patris interceptus sit, posse | ex testamento hereditatem adiri[343] putant, nullo jam[344] filio impedi|mento[345]; quia scilicet existimant, statim[346] ab initio | inutiliter fieri testamentum filio praeterito. 124. Ceteras vero | liberorum personas

---

341. La plupart suppriment *quod*; Pol. supprime *quia*.

342. 1) *Illum*, certain au ms., est conservé par Gö., Kl., Hef., Bö. 1-3, Lachm., Pell., tr. et ma. 1, Gn. 1-2, Pos. A. et W., K. et S., ont remplacé. — 2) Hu., Beiträge, et Hu. 2-4, Bö. 4-5, Gir., Pell. Ma. 3-6, remplace par *suum*. — 3) Pol., Muir. regardent comme une glose: *et illum — fieri*, que Pol. supprime.

343. A. hdem adiri; d'où tous *hereditatem adiri*, sauf Pol., au texte: heredem adire (praetorem), et en note, « scilicet ut *sec. tab. bon. poss.* obtineat, cf. infra § 147. Hoc igitur intererat inter Sabin. et Procul., ut illi negarent *ullum esse heredem vel testam.*, hi inutile tantum fieri testam. »

344. Lachm. préfère *nullo in filio* ou *nullo jam a filio*.

345. Mommsen : *nullo jam filio impediente*, note K. et S.

346. 1) Tous, sauf Pol., intercalent *non*, la plupart devant *statim*, et not. Bö. 1-3); d'autres, devant *inutiliter*, Bö. 5. — 2) Pol., ayant admis *heredem adire praetorem*, au lieu de *hereditatem adiri*, (v. la note 343) n'ajoute pas ici de négation. Celle-ci est ajoutée pour que G. ne dise pas, aux lignes 21-22, le contraire de ce qu'il a dit ligne 20 (*posse*); mais Pol. reproche à ceux qui intercalent ici la négation de mettre G. en contradiction avec ce qu'il a dit ligne 11 (*inutiliter*). — 3) Momms. (K. et S. note) soupçonne tout ce qui suit *impedimento* d'être une glose, fondée sur les lignes 14-15; *quod scilicet — institutio*.

si *prae*terierit testator, valet | testa*mentum*. Praeteritae is*t*ae personae scriptis her*e*dibus in || partem adcrescunt: si sui her*e*des sin*t*, in virilem[347]; | si extranei, in dimidiam : id est, si quis tres v*e*rbi gra|tia filios[348] her*e*des instituerit, et filiam praeterierit, fili|a adcrescendo pro quarta parte fit heres, et ea rati|one id[349] consequitur q*uod* ab intestato patre mortuo[350] | habitura[351] esset : at si extraneos ille heredes institu|erit, et filiam praeterierit, filia adcrescendo ex di|midia parte fit heres[352]. Quae de filia diximus, eadem et de nepote deque[353] omni*bus* liberor*um* personis, seu[354] | masculini seu feminini[355]

---

* Page intérieure très-difficile à lire pour la plus grande partie.

347. Avant St., ce qui était illisible de la l. 1re avait été restitué, d'après Ulp. 32, 17, par Gö, et tous les autres : *crescunt si sui instituti sint*, in virilem; confirmé par St., sauf *heredes*, au lieu de *instituti*.

348. A. filius. — 349. *Idem*, K. et S., Gn. 2.

350. A. m*r**.

351. Avant St. les l. 4 fine et 5 étaient en partie illisibles, en partie lues par Bluh. d'une manière que St. n'a pas confirmée (¹).

352. A. heret. — 353. A. quae.

354. A. iiii; les uns *seu*, les autres *sive*. — 355. A. minini.

---

1. Restitutions diverses antérieures à St. : 1) Gö. 1, *tantum enim | consequitur quantum e uirili parte instituta* habitura ; abandonnée comme contraire aux schedae de Bluh. — 2) Hef., Blond. en note, (inséré au texte par Gn. 1, Dom., Pell. ma. 1-6, Pos., A. et W.) : *placuit enim eam | tuendam esse pro hac parte, quia ab intestato eam partem | habitura*, ou encore *praetor enim eam tuetur* pro, etc. — 3) Hu. Beiträge, et J. A. 1 : *praeterea praetor etiam tuetur eam ex hac parte, quia etiam ab intestato eam partem* habitura. — 4) Hu. 2 : *proque ea praetor etiam |tuetur eam secundum ius civile, ex quo et ab intestato tantum* partem | habitura ; suivi Gir., mais avec ? — Gö. 2-3, Lab., Lach., Bö. 1-5, laissaient en blanc.

sexus, dicta intellegem*u*s. 125. | Quid ergo est[356]? licet *eae*[357], secundum ea *quae* diximus, scri|ptis dimidiam partem m*odo* heredibus[358] detrahant, tamen prae*tor* eis contra tabulas bonorum possessionem promittit[359], qua ratione extranei heredes a tota here-
ditate repelluntur et efficiuntur | sine re heredes[360].

---

356. A. e s t ✷.

357. A. ae; les uns *eae*, les autres *hae*; Holw. ajoute *personae*; Hu. Studien, Gn. 1, *feminae*.

358. La leçon *scriptis — detrahant,* plus ou moins contestée avant St. (v. la note 360), est désormais admise sans difficulté, sauf déplacement de *heredibus,* que K. et S.. Hu. 4, Gn. 2, Muir., rapprochent de *scriptis.*

359. A. pmittitur.

360. St. a renouvelé la dernière partie du § 125; qui, désormais est prolongé au-delà de *repelluntur.* Tous, sauf Hu. 4, y ajoutent *et efficiuntur sine re heredes*; Goud., Pol., Gn. 2, y placent en outre : *Et hoc jure — interesset,* qui chez les autres commencent le § 126. — Avant St., restitutions diverses. [1]

---

1. Gö. 1, après *diximus* : *extrane|is* dimidiam partem *detrahunt, si ex edicto praeto|ris contra tabulas* bonorum possessionem petierint, solidi actione extranei | heredes a tota *hereditate* repelluntur. ✷✷✷ — — — | ✷✷✷ § 126, set nuper, etc. — 2) Gö. 2 : scri|ptis heredibus dimidiam partem *tantum* detrahant, tamen | praetor eis contra tabulas bonorum possessionem promittit : qua ratione extranei | heredes a tota hereditate repelluntur, lu par Bluh. et désormais admis par tous; après quoi Gö. 2, avait seulement : ✷✷✷ | ✷✷✷ bonorum possessio ✷✷✷ | ✷✷✷ etiam masculus interesset. § 126 Set nuper, etc. — 3) Kl. après *repelluntur*, en note et avec hésitation : *et efficeretur ut solis eis praeteritis bonorum possessio daretur nisi filius familias* etiam masculus interesset. — 4) Hef. : et efficeretur sine re ✷✷✷✷✷✷ bonor. possess. ✷✷✷✷ nisi inter ✷✷✷✷✷✷ os etiam masculus interesset. — 5) Gö. 3, Lachm. : scriptis *testamento* heredibus dimidiam — repelluntur. § 126. Et efficeretur sane per hanc bonorum possessionem, *ut* nihil inter feminas et masculos interesset : set nuper, etc.; leçon acceptée par tous, si ce n'est que *testamento,* voulu par Lachm., redevenait *tantum.* (Hu., Beiträge, combattit spécialement *testamento.* — Gö., après sa 2: édit., avait voulu: (*virilem, vel*) dimidiam partem scriptis heredibus detrahant, ce que Lachm. avait repoussé.

126. Et hoc jure uteb※※※※※i[361] nihil inter fe|minas et masculos interesset: sed nuper imperator Antoninus signi|ficavit rescripto[362] suo[363], non plus nancisci[364] feminas | per bonorum possessionem, quam quod jure adcrescendi consequerentur. Quod in eman|cipatarum quoque persona observandum esset n※※※※ | _____ [365] 20 crescendi jure habiturae essent, si in potestate[366] | fuissent, id ipsum etiam per bonorum possessionem habeant.═══ **127.** Sed si quidem filius a patre exheredetur, nominatim | [_____][367] ※※※ et alioquin non psiet[368] exheredari[369]. | Nominatim

---

361. Leçon nouvelle de St.; tous complètent : *utebamur*, après quoi, Goud. : *ut* nihil ; Pol., K. et S., Hu. 4, Gn. 2, Muir. : *quasi* nihil.

362. A. rescribto.

363. Remplacé par su*as*, Hu., Studien, suivi Bö., Gn. 1-2, Gir., Pol., Muir.

364. A. nanci ∗ ci.

365. Avant St., on n'avait rien lu l. 18 fine — 20, si ce n'est *em|cipatis* ; on admettait avec Gö, *feminis similiter obtinet, scilicet ut quod* adcrescendi. — Depuis St., après *in emancipatarum quoque*, désormais certain : 1) Pol. : personis observandum est, nam *quod praeteritae* adcrescendi ; suivi Muir. — 2) K. et S. : persona observandum es*t*, *ut hae quoque quod* ; suivi Gn. 2. — 3) Hu, 4 : *ut nimirum hae quoque* quod.

366. A. si in pot? — d'où tous *si in potestate*. Avant St., *si suae*.

367. A. [ex ∗ dari] sch. Blu.

368. Goud. : posset ; Pol., Hu. 4, Gn. 2, Muir. : prodest (eum) ; K. et S. : videtur.

369. Depuis St., leçon admise par tous : exheredari debet, alioquin non (*prodest*, ou autre mot, v. note précédente) exheredari. — Avant St., leçon fort incertaine : 1) Gö. 1-2, Kl., laissaient en blanc, et malgré *exheredari* de Bl., Gö. inclinait à *exheredandus*. — 2) Hef.: tantum potest ; at inter ceteros non

86
124 v
ter s.
∗

autem *exh*eredari videtur, sive ita exhere||detur :
((Titius filius meus exheres esto, sive ita : filius meus))[370] | exheres esto, non adjecto proprio nomine[371]. **128.** Ceterae vero libe|rorum[372] personae vel feminini sexus vel masculini sa|tis inter ceteros exhe-
5 redantur, id est his∗∗∗ b⎯⎯⎯ | ∗∗ OMNEE EXHEREDES
S
UNTO ∗∗∗∗∗rb⎯⎯⎯ | stitu*tio*nem[373] heredum adjici

potest. (Suivi Blond., Lab.) — 3) Hu., d'abord : *ante heredis institutionem* potest (Studien); suivi Bö. 1 ; puis : *debet itaque et* | *ante heredis institutionem* potest, (Beitrage); enfin : (*debet, quo modo etiam*) ante *heredis institutionem* potest. (J. A. 1-2 ; suivi Gir. — 4) Gö. 3, Lach. : ex*h*eredari *apte potest, aliter vero* non potest; suivi Bö. 2-3). — 5) Pell. ma. 1-6 : *exheredandus est; nam inter ceteros* non potest. — 6) Bö. 5, en note, pense que le copiste a pu omettre une ligne entière par ὁμοιοτέλευτον et propose : ex*h*eredari *ante heredis* institutionem [*potest quidem, uel inter medias quoque heredum institutiones, set inter ceteros omnino non*] potest.

∗ Page extérieure très-difficile à lire.

370. Ligne 1re de p. 86, en partie douteuse, en partie illisible, restituée d'après le Pr. Inst. II, 13.

371. Hu. 2-4, Gir., ajoutent d'après le Pr. Inst. : *scilicet si alius filius non extet.*

372. Avant St. 11 lettres de la l. 2 illisibles, restituées par Gö. et la plupart : *Masculorum ceterorum*; par Hu. 2, *Deinceps uero liberorum.*

373. Avant St., l. 3-6 presque entièrement illisibles, restituées diversement. ' — Depuis St., la leçon ci-dessus est complétée

---

1. Gö. et la plupart : *sexus liberi aut nominatim exheredandi* sunt, *aut inter ceteros, uelut hoc modo : ceteri exheredes sunto ; quae verba post institutionem.* — 2) Hu. 2, Gir. : *sexus non tantum nominatim, sed etiam inter ceteros exheredari possunt*, id est hoc modo, etc.

solent. Sed hoc it_____[374]. **129.** | Nam praetor omnes virilis sexus lib_____, | id est, nepotes quoque et pronepotes, ____ | ____ m ____ 10. | ____ [374 bis] d [374 ter] ____ [375].

---

par tous : his *verbis :* CETERI OMNES EXHER. SUNTO ; *quae verba post* institutionem. — St., note, pense qu'entre *verba* et *post* il y a du y avoir quelque chose; Pol., Muir., conjecturent *semper* d'après l. 1, pr. Dig. 28, 5 ; Hu. 4. *statim*. — Goud., K. et S., Gn. 2, ne remplissent pas la lacune ; K. et S. l'indiquent par un — entre *verba* et *post*. — Après *satis*, Pol. intercale *recte*.

374. On complète sans difficulté : ita (ou ita *est*) jure civili.

374 *bis*. A. [ce] sch. Blu. — 374 *ter*. A. [ati] sch. Blu.

375. St. n'a rien pu lire, dans les l. 7-10, de plus qu'auparavant, sauf après *sexus*, ligne 7, *lib*., incertain, au lieu de *tam*, que l'on donnait comme certain. — D'après Gö., le sens non douteux est : ex edicto praetoris masculos omnes nominatim exheredandos esse, feminas vero vel nominatim vel inter ceteros. — Leçons diverses : 1) Lachm., tam *filios quam ceteros — pronepotes nominatim | exheredari jubet, feminini uero inter ceteros: qui nisi fuerint | ita exheredati, promittit eis contra tabulas bonorum possessionem*, suivi Gn. 1-2, Pell. ma. 1-6, Pos., A. et W., au texte, K. et S., en note. — 2) Hu. 2-4, regarde la restitution de Lachm. inadmissible, d'abord parce qu'elle fait dire à G. une chose qui ne serait pas vraie, à moins d'ajouter « qui si nec heredes instituti nec ita fuerint exheredati », ensuite parce que ce n'est pas ici la place de parler de la *bon. poss. contra tab.*, enfin parce qu'on ne peut pas supposer que G. ait répété trois fois la même chose (cf. §§ 129, 135) ; en conséquence, après *feminini vero*, Hu. 2, proposait : *sexus liberos, id est filias et neptes et pronepies aut nominatim aut inter ceteros.* (Suivi Gir., avec ?) — Hu. 4, maintient cette leçon, en ajoutant *exheredari* après *proneptes*, et à la fin *satis habet*. — 3) Au commencement du § 129, *liberos, tam filios quam ceteros*, est admis par K. et S., Gn. 2, Muir. — *Liberorum personas* est préféré par Pol., Hu. 4, avec raison, ce semble ; l'espace illisible convient mieux à environ 12 lettres qu'à 24.

130[376]. | Postumi[377] quoque liberi nominatim[378] ((vel heredes insti))tui debent, vel exheredari. 131. Et in[379] eo par omnium condi((cio | est, quod et)) filio p((ostumo et quolibet ex ceteris)) li|beris[380], sive ((feminini sexus, sive ma))sculini, praete|rito, valet ((quidem testamentum, sed postea agnatione

---

376. Les §§ 130-132 sont complétés d'après le § 1, Inst. II, 13. St. a pu lire, p. 86, environ trois fois plus qu'auparavant. Sa révision confirme la restitution admise d'après les Inst.; elle montre que Justinien a fait peu de changement.

377. *Postumus*, superlatif de *posterus* (comparatif *posterior*) signifie *né après la confection du testament*, et non pas précisément *né après la mort du testateur*. Les textes juridiques ne laissent aucun doute sur ce point; par suite la véritable orthographe latine est *postumus*, (et non *posthumus*, comme s'il venait de *post humum*). La bonne orthographe française devrait être aussi *postume* et non *posthume*. — Il y a plus; l'idée de *post mortem* étant attachée par tous au mot *posthume*, fût-il même écrit sans *h*, il semble qu'il faudrait éviter de traduire *postumus* par *postume*. Il conviendrait, soit de renoncer à le traduire, comme on fait pour *capitis deminutio, in jure cessio* et autres expressions techniques, soit de le traduire par un autre mot ou même par une périphrase. — Ce dernier parti est celui que je vois adopté par les auteurs anglais et écossais (MM. Poste, Abdy et Walker, Muirhead), qui, au lieu de traduire par *posthumous*, croient nécessaire de recourir soit à une périphrase, même un peu longue, soit au mot *after-born* (*né après*), qui conserve mieux le sens général du latin *postumus*. — Notre mot français *puiné* serait également, sous ce rapport, préférable à *postume*.

378. *Nominatim* est donné par St. comme douteux pour la fin du mot, il n'est pas aux Inst.; conservé par Pol., Hu. 4, il est supprimé par K. et S., Gn. 2, Muir., qui le regardent comme n'étant qu'une glose maladroite.

379. A. id.

380. A. probablement li|ueris; V. I, note 27; II. note 2.

postumi si|ve postumae rumpitur, et ea ra((tione totum infir|))matu((r. Ideoq))ue, si mulier ex qua ((postumus aut postu))|ma sperabatur, abor((tum fecerit, nihil impedimento est | scriptis heredibus ad hereditatem adeundam. 132. Sed feminini)) | quidem 20 sexus personae ((vel n))om((inatim vel in))ter ceter((os exheredari solent, dum tamen, si inter ceteros exheredentur, aliquid eis legetur, ne videantur per oblivio))|nem praeteritae ((esse. Masculini vero sexus perso))|nas[381], placuit non aliter recte ex((heredari, nisi nominatim || exheredentur, hoc scilicet modo : QUICUMQUE MIHI FILIUS GENITUS FUERIT, EXH))|ERES ESTO. 132ª.[382] ──── | potest u ──── | ** fa ────
| Legi nequeunt v. 5-6 | ** e ──── | agat ────────── |
no────────

87
123 r
ter s.
*

---

381. Ces mots semblent certains dans G., au lieu de : Masculos vero postumos, id est filium et deinceps, qu'on lit aux Inst.; l'espace vacant et la fin du mot *nas* avant *placuit* sont des motifs suffisants.

* Page extérieure dont l'écriture a été pour la plus grande partie détruite par le copiste des lettres de Saint-Jérôme. Avant St. la p. 87 était entièrement illisible. Il déclare qu'on lira davantage en employant des moyens plus énergiques.

382. Entre ce qui forme aux Inst. le § 1ᵉʳ et le § 2 du titre *de exhered. lib.*, empruntés aux §§ 130-134 de G., ce dernier traitait un sujet qui remplissait les l. 2-9 de la p. 87. St. n'a pu y lire que quatorze lettres éparses en cinq lignes. — De là un § 132ª dans Pol., K. et S., Muir. — Hu. 4 pense que G. y a traité de l'institution ou de l'exhérédation des *postumi* autres que le fils et la fille.

133 [383]. (Postumorum loco sunt et hi qui, in sui heredis locum succendo, quasi agnascendo fiunt parenti)|bus sui heredes, ut ecce : si filium et (ex eo nepotem neptemve in po(testate habeam, quia filius gradu praecedit, is solus jura sui heredis habet, quamvis nepos quo)|que et neptis e(x eo in eadem potestate sint ; sed si filius meus me vivo moriatur, aut qualibet ratione exeat de potestate mea, incipit nepos neptisne in ejus locum succedere, et) eo [384] modo jura suorum h(eredum quasi agnatio)ne nanciscuntur.

134. Ne ergo eo modo rumpatur mihi te|sta(mentum, sicut ipsum filium vel heredem in)stituere vel | exheredare [385] debeo, ne n(on jure faciam testamentum, ita et ne)|potem neptemve ex eo necesse est mihi (vel heredem instituere vel exheredare, ne forte, me vivo filio mortuo, succedendo in locum ejus nepos neptisve [386]), || quasi agnatione rumpat testamentum :

---

383. Les §§ 133-134 sont complétés par la l. 13. Dig. de lib. et post. 28, 2, tirée des Inst. de G. La révision de St. a confirmé ici, comme aux §§ 130-132, la restitution déjà admise des §§ 133-134, d'après la l. 13 citée et le § 2 aux Inst. II, 13.

384. L'espace au ms. entre *neptis* et *eo modo* semble insuffisant pour ce que donnent le Dig. et les Inst. On peut conjecturer, avec K. et S., que le copiste aura ici omis quelque chose.

385. *Nominatim*, ajouté aux Inst., n'est ni dans l'Ap., ni au Dig.

386. Une conjecture, inverse de celle de la note 384, se présente ici : l'espace au ms. est trop grand pour ce que donnent le Dig. et les Inst. Le copiste aura peut-être à tort répété quelques mots : K. et S., Hu. 4.

∗ Page intérieure très-difficile à lire.

idque lege[387] Junia |Vellea[388] provisum est, in qua simul exheredationis modus[389] notatur, ut[390] virilis sexus[391] nominatim, feminini | vel nominatim vel inter ceteros exheredentur, dum | tamen iis qui inter ceteros exheredantur, aliquid legetur[392].

---

387. A. legem.

388. L'Ap. S. donne ainsi le nom de la loi : Iun. | $\overline{u}$lea. — Faut-il, par suite, changer le nom jusqu'ici adopté *Junia Velleia*, pour le remplacer par *Vellaea* ? — Pol., Gn. 2, conservent *Velleia*. — K. et S., Hu. 4, Muir., adoptent *Vellaea*. Mommsen (dans son édit. du Dig., Berlin, 1877), à la loi 13 précitée, donne *Vellaea*, sans observation. Déjà avant St., quelques édit. du Dig., et Bö. 5, avaient *Vellaea*; (Bö. 1-3, *Velleia*.) — *Velleia* est aux Inst. édit. Krüger, (Berlin 1877), sans observation. — De même, le nom du sénatus-consulte Velléien a du être d'abord, d'après Mommsen (note sur la rubrique *ad SC. Vell.* Dig. 16, 1), *Vellaeanum*; mais ce nom aurait été de bonne heure corrompu, et les Grecs ont coutume d'écrire Βελλιάνειον.

389. Avant St., on n'avait lu que peu de chose, lignes 1-3 de la p. 88; Bluh. y avait même lu autre chose. V. l'Ap. B.[1] — Goud. et Pol., reprenant une opinion déjà proposée par Gö., (ad similitudinem postumorum) et repoussée par Lach., remplacent *simul* par *similis*; Pol., s'appuie sur Théophile, § 2, Inst. II, 13, κατα μίμησιν των ποστούμων.

390. A. u i.

391. K. et S., Gn. 2, Hu. 4, Muir., intercalent *postumi*, entre *sexus* et *nominatim*.

392. St. confirme ces deux mots, déjà restitués auparavant sans difficulté.

---

1. Leçons diverses : Gö. 1 : *in qua simul cautum est, ut liberi masculini sexus*; Gö. 2-3, à cause de ce que Bluh. avait lu, rejettent cette leçon et laissent en blanc. — 2) Lach. : *qua et cauetur ut ii liberi omnes*, suivi Pell. ma. — 3) Hu., Beiträge, *qua simul cauetur ut illi tanquam postumi, id est uirilis*, suivi Gn. 1. — 4) Hu. 2, *qua simul — ut illi qua|si postumi*, suivi Gir.

135. | Mancipatos[393] liberos jure civili neque heredes instituere, | neque exheredare necesse est, quia[394] non sunt sui heredes. | Sed praetor omnes tam feminini, quam masculini sexus, si | heredes non instituantur, exheredari jubet, virilis | sexus nominatim[395], feminini vero nominatim | vel[396] inter ceteros. Quod si neque heredes institui fuerint, ne|que ita, ut supra diximus, exheredati, praetor promit|tit eis contra tabulas bonorum possessionem. **135ᵃ** In potestate

---

393. *Mancipatos* est certain, et non *emancipatos*, d'après l'Apogr. S. qui n'a la lettre *e*, ni à la fin de la l. 5, ni au commencement de la l. 6. — 2) Toutefois, presque tous, corrigeant, donnent emancipatos, ou même : emancipatos, c'est-à-dire sans mettre en italique la lettre *e*, pour marquer que le ms. a seulement *mancipatos*. — Pol. lit *mancipatos* et soutient que ce mot seul est exact, G. ayant traité au § 127 des émancipés, et parlant au § 135, tant des filles *mancipées* par leur père, en vue de la *coemptio* avec leur mari, qu'en général de tous les enfants donnés *in mancipium*, I, 113, 117-118, 123, 135, 138; et II, 141. — 4) Les Inst. de J. § 3 ont *emancipatos*; mais Ulp. XXII, 23 avait également, d'après le ms. du Vat., *mancipatos*, que d'ailleurs on remplace de même par *emancipatos*. (V. les édit. les plus récentes d'Ulp., Hu. 4, Kr. (Berlin 1878), Gn. 2, Muir.) — Cpr. infra la note 695.
394. St. confirme la restitution déjà admise d'après le § 3, Inst. 2, 13, des l. 6-7 auparavant illisibles.
395. A. nonominatim.
396. Avant St., déjà Gö. avait simplement admis : virilis sexus *nominatim, feminini* vero et inter ceteros, d'après les Inst. § 8, qui n'ont rien de plus. Mais, l'espace au ms. de Vérone étant trop grand pour ces deux mots, on avait pensé que quelque chose avait été omis aux Inst. — Lachm. ajoutait *emancipatos liberos* après *virilis sexus*; — 2) Hu. Beiträge, et J. A. 2, préférait *etiam inferioris gradus*; — 3) Gn. 1, *filios et ulterioris gradus*; — 4) Pell. ma., *cujuscumque gradus liberos*; — 5) Gir., *nominatim, tam filios quam ulterioris gradus*.

patris non sunt qui cum eo civitate romana | donati
sint nec in accipienda civitate romana pator [397]
| aput eos in potestate habere, aut si petiit non impe-
travit; nam | qui p [398] um patris ab imperatore
rediguntur nihil diffe|runt at his uiiit³⁹⁹. **136.** Adoptivi

397. A. [| e t f f a ti.] sch. Bluh. — 398. A. [e i] sch. Bluh.

399. Bien que la révision de St. laisse encore subsister des doutes sur le § 135ᵃ, elle le renouvelle entièrement, en y introduisant l'idée de l'acquisition de la cité romaine. — Leçons diverses postérieures à St.[1] : — 1) Goud. : in potestate — donati sint, nec in accipienda civ. rom. ab imperatore petiit eos in potestate habere, aut si petiit non impetravit (G. I, 93), nam qui in potestatem patris ab imp. red. nihil differunt ab his qui sui sunt. — 2) Pol. : in potestate — | donati sint, [si] nec in accipienda civ. rom. pater [petier]it statim | a p[rincipe], ut eos in potestate habere[t], aut si [cum] peti[er]it, non impetrav[er]it; nam|qui ⎯⎯⎯ n. differunt ab heredibus suis. — 3) K. et S. : In potestate ⎯⎯⎯ donati sunt, nec in accipienda civ. rom. pater *petiit ut* eos in potestate habere*t*, aut si petiit, non impetrauit; nam qui — n. differunt a ⎯⎯⎯ . — 4). Hu. 4 : In potestate patris nec sunt, qui — donati sunt, nec in accip. civ. rom. pater *petiit statim* aut post, ut eos ⎯⎯⎯ n. differunt a sic natis. — 5) Muir., comme K. et S., sauf qu'il intercale *a principe* entre *pater petiit* et *ut eos*.

1. Restitutions antérieures à St. : — 1) La plupart n'en hasarduaient aucune, Gö., Lachm., Kl., Hef., ne pouvant même dire de quel sujet il était question. — 2) Hu., Beiträge, proposa de faire un § 135ᵃ, (idée juste, admise par plusieurs avant St., et aujourd'hui confirmée); suivant les schedae de Blu., dont il s'écartait d'ailleurs en plusieurs points, Hu. faisait ainsi le § 135ᵃ : In potestate patre constituto, qui in|de nati sunt, nec in accipienda bonorum possessione (bien que Bluh. eût dit qu'il n'y avait certainement pas b. p.) patri concurrunt (ou conjunguntur), qui possit eos in potestate habere; aut si petitur, non impetrabitur; namque | per ipsum patrem suum prohibentur. Nec diffe|runt emancipati et sui (Cp. Ulp., l. 1, § 6. Dig. 37, 8); à quoi il ajoute, J. A. 2, *at*, pour commencer le §; suivi Gn. 1, Gir., Pos., A. et W.

filii quamdiu manent[400] in ado|ptione[401], naturalium loco sunt; emancipati ve|ro ((a))[402] patre adoptivo neque juri civili, neque quod ad edictum | praetoris pertinet, inter liberos numerantur[403]. 137. Qua ratione | accidit ut ex diverso, quod ad naturalem parentem | pertinet, quamdiu quidem sint in adoptiva familia, ex|traneorum numero habeantur; si vero emanci|pati fuerint ab adoptivo patre, tunc incipiant[404] || in ea causa esse, qua futuri essent, si ab ipso naturali patre ((emancipati))[405] fuissent. ——————— 138. Si quis post [405 bis] factum testamentum adoptaverit | sibi filium, aut per populum, eum qui sui juris est, | aut per praetorem, eum qui in potestate parentis fuerit, omni|modo testamentum ejus rumpitur quasi agnatione sui here|dis. 139. Idem juris est si cui post factum testamentum uxor in ma|num[406] conveniat, vel quae in manu fuit nubat: nam eo mo|do filiae loco esse incipit, et quasi sua[407]. 140. Nec prodest, | sive haec, sive ille qui adoptatus est, in eo testamento sit

---

400. Avant St. tenentur. — 401. A. Adoptionem.

402. Restitué d'après le § 4 Inst.

403. *Inter liberos numerantur*, illisible avant St., était restitué d'après le § 4 Inst.

404. *Si vero — tunc incipiant*, illisible avant St., était restitué d'après le § 4 Inst.

* Page intérieure très-facile à lire.

405. D'après le § 4 Inst. — 405 bis. A. potest. — 406. A. manu.

407. A. suai; d'où : — 1) plusieurs, Bö. 5, Hu. 2, Gir : *sua fit*, qui semble confirmé ; — 2) Hu. 4, *heres fit*; — 3) d'autres, Pell. : *sua est*; — 4) ou encore, Pol., K. et S., Gn. 2, Muir., simplement *sua*, sans rien après.

| institutus institutave ; nam de exheredatione ejus[408] su|pervacuum[409] videtur quaerere, cum testamenti fa|ciundi tempore suorum heredum numero non fuerit[410]. ――――― 141. Filius quoque, qui ex prima secundave mancipati|one manumittitur, quia revertitur in potestatem | patriam, rumpit[411] ante factum testamentum; nec prodest, in[412] | testamento heres institutus vel exheredatus fuerit.――――=142. Simile jus olim fuit in ejus persona cujus nomine | ex senatusconsulto erroris causa probatur[413], quia forte ex peregrina vel | Latina, quae per errorem quasi civis Romana uxor ducta esset, | natus esset; nam sive heres institutus esset a paren|te, sive exheredatus, sive vivo patre causa probata, | sive post mortem ejus, omnimodo quasi agna||tione rumpebat testamentum. ===== 143. Nunc vero ex novo[414] senatusconsulto quod auctore divo Hadriano factum est, si|quidem vivo patre causa probatur[415], aeque ut olim omnimo|do rumpit testamentum : si vero post mortem patris, praeteritus | quidem rumpit testamentum; si vero heres in eo scriptus est | vel exheredatus, non

---

408. Pol. supprime *ejus* et plus bas conserve *fuerint*.
409. A. superbacum; v. i, note 40; ii, note 186.
410. A. fuerint. — 411. A. rumpitur.
412. Tous intercalent *si* avant *in eo*, sauf Pol.
413. A. puat.; v. i, note 27; ii, note 2.
＊Page extérieure facile à lire.
414. A. noua.
415. A. puat'; v. i note 37; ii note 2.

rumpit testamentum; ne scilicet diligenter | facta testamenta rescinderentur eo[416] tempore quo[417] | renovari non possent.==

144. Posteriore quoque testamento, quod jure factum[418] est, su|perius rumpitur. Nec interest an extiterit aliquis | ex eo heres, an non extiterit; hoc enim solum spe|ctatur, an existere potuerit. Ideoque si quis ex poste|riore testamento, quod jure factum est, aut noluerit heres esse, aut | vivo testatore, aut post mortem ejus, antequam | hereditatem adiret, decesserit, aut per cretionem[419] exclusus | fuerit, aut condicione sub qua heres institutus est de|fectus sit, aut propter coelibatum ex lege Julia summo|tus fuerit ab hereditate : | quibus[420] casibus paterfamilias inte|status moritur; nam et prius testamentum non valet, ru|ptum a posteriore, et posterius aeque nullas vires | habet, cum ex eo nemo heres extiterit.==

145. Alio quoque modo testamenta jure facta infirmantur, velut[421] is qui fecerit testamentum, capite

---

416. A. eos.

417. St. confirme la leçon *eo tempore quo*, déjà généralement admise, malgré l'incertitude des lettres lues par Gö. — Hu. 2, Gir., préféraient : *quo tempore jam*.

418. A. facturum.

419. A. pceptionem. — Gö. 1 : per *exceptionem*, puis Gö. 2 : per *cretionem*, admis par tous, sauf par Brinkmann, qui veut *propter captionem*.

420. Quelques-uns, Gö., Pell., corrigeant, lisent : *in his* d'après le § 2 Inst. 2, 17.

421. Tous intercalent *cum* ou *si*.

d*iminutus*⁴²² sit; q*uod quibus* modis acci|dat, primo commentario relatum es*t.* 146. H*oc autem* casu in||rita fieri testamenta dicemus, *cum* alioquin et q*uae* | rumpun*tur*, inrita fiant, ((et quae statim ab initio non jure fiunt, inrita sint; et ea quae jure facta sunt, et postea propter capitis diminutionem inrita fiunt))⁴²³, p*ossunt nihilo*minus rupta dici : | sed quia sane commodius erat singulas causas | singulis appella*tionibus* distingui, ideo quaed*am* | non jure fieri dicun*tur*, quaedam jure facta rumpi, | vel inrita fieri.

147. Non tam*en per* omnia | inutilia s*unt* ea testa*menta* quae vel ab initio non jure facta sunt, | vel jure facta postea inrita facta aut⁴²⁴ rupta s*unt.* Nam, | si septem testium signis signata sint testamen|ta, potest scriptus h*eres* secundum tab*ulas* b*o*n*orum* pos*sessionem* petere, si modo | defunctus testator et c*ivis* Romanus et s*uae* potestatis mor|tis tempore fuerit; nam, si ideo inritum f*actum* sit⁴²⁵ testamentum, | q*uod* puta⁴²⁶ civitatem vel etiam lib*er*tatem testator a|misit,

---

422. A. k̄ d̄a.

* Page intérieure facile à lire.

423. Restitué par tous sans difficulté d'après le § 5 Inst. 2, 17. — Pol., au lieu de *et ea*, lit *ut ea* ; presque tous : *sed et ea*.

424. A. aṳ̇i.

425. A. fi c t em; tous : *factum sit,* d'après les Inst., ou *fit*.

426. Avant St., p°tea; d'où tous : *postea*. — Goud. préfère *puta* (également employé par G. III, 214), mais que K. et S. disent *vix Gaianum*. — Les Inst. n'ont ni *puta* ni *postea*.

15 aut is[427] in adoptionem se dedit, ((et mortis tem))|-pore[428] in adoptivi patris potestate fuit, non potest | scriptus heres secundum ta*bulas bonorum possessionem* pete*re*. ===== 148. ([429]) secundum *tabulas* testamenti quae aut statim ab ini|tio non jure factae sint, aut° jure factae postea ruptae | *vel* inritae erunt, *bonorum possessionem* accipiunt, si modo *possunt hereditatem*
20 | optinere, habebunt *bonorum possessionem* cum re; si vero ab his avo|cari *hereditas potest*, habebunt *bonorum possessionem* sine re. ===== 149. Nam si quis *heres jure civili* institutus sit *vel* ex primo *vel* ex po|steriore test*amento*[429 bis], *vel* ab intestato jure legitimo *heres* sit, | is potest ab iis hereditatem avocare[430] : si vero nemo || sit alius *jure civili* heres, ipsi retineri *hereditatem* possunt; (__[431]__) | lum jus adversus eos habent c (__[432]__) na (__[433]__) timo jure

---

427. A. uuthis: les uns *aut is*; d'autres *aut quod is*, ou *aut quia*, ce dernier d'après les Inst.

428. D'après les Inst. ; A. [mortis] (te) sch. Blu. et Gö.

429. Il manque évidemment quelque chose au ms. avant *secundum*; les uns ajoutent *qui autem* ou *qui igitur*, d'autres *sed si qui* ou *sed qui*.

429 *bis*. Muir. supprime comme glose inexacte : *vel ex posteriore testamento*.

430 A. abocare; v. I, note 27; II, note 2.

⁎ Page extérieure très-difficile à lire; on lira davantage en usant de moyens plus forts.

431. A. (Ïcuul?) sch. Gö.

432. A. (ii ⁎) sch. Gö.

433. A. (p **** ii ***) sch. Gö.

deficiunt qualiq (———⁴³⁴———) | (——⁴³⁵——) notavimus etiam legitimus quo (——⁴³⁶——) | potior scribiii habentur (——⁴³⁷——) | factum sit *testamentum* quod familia non venierit aut nun|cupationis verba testator locutus non sit (——⁴³⁸——) | cadonati petant heredit (——⁴³⁹——) ———— | ex con ————————⁴⁴⁰.

---

434. (o * ac|c * ia ** ii * (| a i) sch. Gö.

435. A. (q q) sch. Gö. — 436. A. (q ** cpcoi ***) sch. Gö.

437. A. (u **** c iiacon * iiiii ***) sch. Gö.

438. A. (c i i n) sch. Gö.

439. A. (* ii) sch. Gö.

440. La révision de St. laisse incertaine la fin du § 149; toutefois, elle n'a pas été sans résultat. Bien que St. n'ait pu, en plusieurs endroits, que reproduire les schedae de Gö., ce qu'il donne de nouveau, en quelques autres, suffit pour écarter la plus grande partie des conjectures antérieures et pour ouvrir la voie à des leçons nouvelles. — Les l. 8-10 étant celles qui présentent le plus de difficultés, je crois à propos de diviser en deux parties la fin du §; la première, pour les lignes 1-7, jusqu'aux mots *locutus non sit*; la seconde, pour les lignes 7-10, à partir de *locutus non sit*.

I. **Première partie.** — Depuis *retinere hereditatem possunt*, jusqu'à *locutus non sit*.

A. Restitutions antérieures à St. (Gö., Kl., Hef., Bö. 1-3, Lachm., n'en ont proposé aucune) : — 1) Pell. ma. 1 (1854, et édit. suivantes) : *nam heredes quidem* judicium adversus eos habent, *quo hereditatem petere possunt, sed ex rescripto Antonini, sive scriptus, sive* legitimus *heres petat, opposita doli exceptione potiores* habentur *ii qui* bonorum possessionem *acceperunt secundum tabulas testamenti quod inutiliter* factum sit, aut quod familia, etc. — 2) Hu. Beiträge (1855): *si possident, aut inter-*

dictum adversus eos habent, *qui bona possident, eorum bonorum adipiscendae possessionis causa. Interdum tamen, quanquam testamento iure civili institutus vel* legitimus *quoque heres sit, potiores scripti* habentur velut si testamentum ideo non iure factum sit, aut quod, etc.; suivi Bö. 4-5, Gn. 1, Hu. 2, Gir., Pos., A. et W.

B. Restitutions postérieures à St. : — 1) Pol., sans admettre de restitution pour l'ensemble, donne : nec ullum ius adversus eos habent † *qui legi*|timo iure deficiuntur, quali, † | quoque notauimus. Il finit là le § 149; il donne ensuite au § 150 : Etiam legitimus quo † potior scriptis habetur (au lieu de *habentur* du ms.) †| factum sit testamentum; quod, etc. — 2) K. et S. (en note) : nec ullum ius adversus eos habent, qui bona defuncti possident, etsi scripti legitimo iure deficiuntur; aliquando tamen, ut supra (§§ 120-121) quoque notauimus, etiam legitimis (au lieu de legitimus?) .... (quocumque gradu sint *ad codicis ductus parum apte quadret*) potiores, etc.; inséré au texte Gn. 2. — 3) Mommsen (*Epist. crit.*, K. et S., p. xx) préfère comme plus simple, au commencement : Nec ULLUM IUS ADUERSUS EOS HABENT *heredes ab intestato*, scilicet si LEGITIMO IURE DEFICIUNTUR. — 4) Fitting, *Jenaer Literaturzeitung*, 1877, p. 689 : nec ullum ius aduersus eos habent cognati, quia legitimo iure deficiuntur. — 5) Hu. 4 (au texte) : *licet (enim) nul*|lum ius aduersus eos habent cogna*ti quiue legi*|timo iure deficiuntur quali-quali *de causa, tamen, ut supra* | quoque notauimus, etiam legitimus quoque *heres* tunc | potior scriptis habetur *heredibus, si ideo non iure* factum sit testamentum, quod etc. — 6) Muir. (en note) : nec ullum ius adversus eos habent *cognati quiue* legitimo iure deficiuntur. *Aliquando tamen ut supra* quoque notauimus, etiam legitimis quoque *heredibus* potiores scripti habentur, *ueluti si ideo non iure* factum sit testamentum quod, etc.

II. Deuxième partie. — A partir de *locutus non sit*, l'incertitude est plus grande encore, et l'on n'est pas d'accord sur l'endroit où doit finir le § 149. — I. Avant St., Hu. seul (Beiträge) proposa une restitution : *tum enim adversus heredem a praetore defenduntur per doli mali exceptionem*, d'où il retrancha plus tard *a praetore*, J. A. 2; Gir. seul l'a suivi dans cette dernière partie. — II. Depuis St. — 1) K. et S., en note : Cum, *si ab intes*TAto PETANT HEREDitatem, exceptione doli mali | EX CONstitutione imperatoris Antonini legitimi remo|UERI POS*sint.*

150 [441]. ⎯⎯⎯⎯⎯⎯⎯⎯⎯⎯⎯⎯ | ueri pot n * 10
                             p   i
             c   e   r e s s   im
criele * Julia sa ⎯⎯⎯⎯⎯ | possessores c m pcxolu *

plaçant à ce dernier mot la fin du § 149 ; suivis Gn. 2, au texte.
— 2) Hu. 4 ne propose plus rien pour la fin du § 149 ;
mettant des points après *locutus non sit*, il termine à la ligne 7
le § 149 (v. la note suivante). — 3) Muir. (en note) : cum enim
agnati petant hereditatem *per exceptionem doli mali ex constitutione* imperatoris Antonini (§ 120) summoueri possunt. —
Rejetant, comme étant en contradiction avec le § 120, les restitutions de K. et S. et de Hu., à partir de *nec ullum jus adversus
eos habent,* M. Muir. croit que le sens du § est le suivant :
la b. p. en vertu d'un testament non valable était, dans les
limites mentionnées au § 147, *cum re* contre les cognats ou
contre tout autre successeur purement prétorien, tandis que,
contre les héritiers institués dans un testament antérieur valable, ou contre les héritiers ab intestat du droit civil, elle était
sine re en principe. Toutefois, contre les agnats au moins, elle
était *cum re*, lorsque le motif de la nullité n'avait rien de plus
sérieux que le défaut soit de mancipation, soit des paroles de la
nuncupatio. — 4) Pol., continuant le § 150, qu'il commence
après *notavimus*, ne donne après *locutus non sit* que des
fragments : † adgnati petant hereditatem †. Ex con*trario* † | † e
lege Iulia ca*duca* possessores † e|a lege bona caduca, etc.

441. Le § 150 demeure incertain. — Avant St., la plupart ne
donnaient que des mots isolés. Seul, Hu., Beiträge et J. A. 2,
en proposa la restitution ainsi : *Alia causa est eorum, qui he-
rede non exstante si|ne praetoris auctoritate bona possederunt.
Etiam hi |possessores tamen res olim obtinebant ante legem
Iuliam : qu|a lege bona caduca fiunt et ad populum deferri | iu-
bentur, si defuncto nemo heres uel bonorum possessor sit.*
§ 151. *Sed quia fieri* potest, ut iure facta, etc. ; suivi Gir., avec
le seul changement de *successor exstiterit*, à la fin ; suivi également Gn. 1, Pos., A. et W., avec ce même changement à la
fin, et en outre, au commencement après *non exstante* : *bona
possiderint, nec tamen a praetore bonorum possessionem acce-
perint.* — Depuis St. — 1) K. et S., faisant commencer le § 150
à la huitième lettre de la ligne 10, proposent en note : SanE

GAIUS, II, 150-151. — 202 —

(——⁴⁴²——)———|a lege bona caduca fiunt et ad populum deferri | jubentur, si defuncto n (——⁴⁴³——) ====⁴⁴⁴.

151. | Potest ut jure facta testamenta (——⁴⁴⁵——)
15 | infirmentur: apparet non poss (——⁴⁴⁶——) | rites (——⁴⁴⁷——)
testator ia n⁎ m e p i i valere [i que | adeo ut si linum

(mais en reconnaissant que *namque* se rapproche davantage du ms.) lege Iulia scriptis non aufertur hereditas, si bonorum | POSSESSORES EX *edicto* constituti sint. Nam ita demun e|A LEGE BONA CADUCA FIUNT ET AD POPULUM DEFERRI | IUBENTUR, SI DEFUNCTO NEMO heres uel bonorum possessor (ms. : h̄. ū. b̄. p̄.) existat; inséré au texte Gn. 2, et en note Muir. — 2) Hu. 4 fait commencer le § 150 dès la fin de la l. 7 ; il propose, mais avec doute et en note seulement : *si s(unt* pour *sint) h(eredes) i(ure) | c(ivili), ad ei non* (ou *n(on)* et) *petant hereditatem aut si petant per | excon (=exceptionem) d(oli) m(ali) summoveri p(os)s(unt), tum q(uo)q(ue) b. p. cum re e(st; nam si pr(aetor) eam t|ueri pot(est), n(ec) hert. (hereditas) e leg(e) Iulia caduca fit, etsi nullus h(eres) s(ed) b. | possessores emptor(es)ue soli existant, quia scl. (scilicet) e|*, après quoi il donne au texte : a lege bona caduca fiunt et — , si defuncto nemo *heres uel bonorum possesor sit.* — 3) Pol. commence le § 150 encore plus haut, après *notavimus* de la ligne 4 (v. la note précédente); pour les l. 9-13, il donne seulement : ex con*trario* †|† e lege Iulia ca*duca* †| possessores † e|a lege bona, etc. — nemo *heres extet*.

442. A. (c c i i) sch. Gö. — 443. A. (emo ———) sch. Gö.

444. Le blanc qui existe à la fin de la l. 13 est regardé par Krueger (*Kritische Versuche*, Berlin, 1870, *Ueber den formlosen Widerruf der Testamente,* p. 13) comme une preuve que c'est à cet endroit là, et non plus bas (à la l. 20 comme le pensait Hu. 2), que G. passait à un autre sujet. — L'opinion de Kr. semble encore confirmée par la circonstance que la première lettre de la l. 14 est plus grande que les autres et qu'elle se trouve en dehors des lignes. V. infra note 453.

445. A. (c c i i ⁎ n c r a ⁎⁎⁎⁎⁎) sch. Gö.

446. A. (⁎ e ⁎ u m i i l o i ———) sch. Gö.

447. A. (i ⁎ p p i ⁎⁎ i) sch. Gö.

ejus ad[448] inciderit nihilominus | jure civili valeat
Quin e✱✱✱✱✱✱ deleverit[449] quoque a✱ b____ | tabulas
testamenti non ideo minus desinent valere | (__[450]__) 20
pia licet eorum probatio di (__[451]__) | sit. **151**ᵃ. Quid e
pope si quis ab intestato bonorum possessionem petier
(__[452]__) | qui ex eo testamento heres c' petat h____
d____ | o d c____ queresim____ |____
p c____ || perveniat hereditas; et hoc ita rescripto
imperatoris Antonini | significatur.[453] ═══ | ═══

---

448. Ad est corrigé au ms. comme écrit à tort.

449. A. deleberit; v. I, note 40; II, note 186.

450. A. (✱idifocic✱p—) sch. Gö. — 451. A. (r✱i✱✱) sch. Gö.

452. A. (i✱✱iis) sch. Gö.

453. Bien que la révision de St. soit loin d'avoir reconstitué en entier les §§ 151 et 151ᵃ, elle les a cependant renouvelés, en donnant, soit comme douteux, soit même comme certains, plusieurs mots ou lettres non lus auparavant. — Avant St., Hu. seul avait restitué (J. A. 2): § 151. *Sed quia fieri* potest, *ut iure facta testamenta propter contra tabulas bonorum pos-sessio|nem infirmentur, apparet, non posse qui tum ab intestato facti sunt heredes testatori, ab eis hereditatem auocare, qui contra | ipsum lignum eius agnouerunt bonorum possessionem, quia etsi testamentum | iure ciuili ualeat, qui eo instituti sunt heredes, per contra | tabulas testamenti bonorum possessionem summouentur.* § 151ᵃ. *Sed interdum etiam bonorum* possessio *ab intestato sine re* proba*tur dari, quod tum | quidem fit, si quis ab intestato bonorum possessionem petierit, qui|a secundum tabulas scriptus heres petere noluit, scilic|et satis habens, quod hereditatem iure ciuili adierit, aut si quis sit, ad quem ab intestato iure legitimo || perueniat hereditas,* etc.; suivi par Gir. seul. — Depuis St. — 1) Kr., dès 1870 (*Krit. Versuche*,

p. 12-14; v. ci-dessus la note 444), proposa, en combinant les schedae de Gö. avec ce que St. donnait de nouveau : Potest ut iure facta testamenta contraria voluntate infirmentur. Apparet *autem* non posse ex eo solo infirmari testamentum, quod postea testator id noluerit valere, usque adeo, ut si linum eius inciderit, nihilo minus iure civili valeat. Quin etiam si deleverit quoque aut obleverit tabulas testamenti, nihilo minus *non* desinent valere quae fuerant scripta, licet eorum probatio difficilis sit. Quid ergo est? si quis ab intestato bonorum possessionem petierit et is, qui ex eo testamento heres est, petat hereditatem [suam esse, vincat quidem necesse est in hereditatis petitione; sed fiscus ei quasi indigno auferet hereditatem, ne ullo modo ad eum, quem testator heredem habere noluit] perveniat hereditas, etc. — Les l. 23 *fine* et 24 étant presque entièrement illisibles, cette fin du §, après *petat hereditatem*, n'était proposée par Kr. qu'avec doute, d'après Papinien, lois 12 et 16 § 2, Dig. *De his quae ut indignis*, 34, 9. — 2) Kr., dans son édit. avec St., maintient et insère au texte toute sa restitution jusqu'à *petat hereditatem;* mais, pour la suite, il préfère, et en note seulement : per exceptionem doli mali repelletur; si uero nemo ab intestato bonorum possessionem petierit, fiscus scripto heredi quasi indigno auferet hereditatem, ne ullo modo ad eum quem testator heredem habere noluit. — La première restitution de Kr. (*Versuche*) a été insérée intégralement au texte par Pos. — 3) Pol. l'admet également, sauf les modifications suivantes : ligne 19, non ideo *protinus* desinent; ligne 20, *directa non* sit; pour les l. 22 *fine*-24, après *petat hereditatem*, Pol. laisse en blanc. — 4) Hu. 4 admet d'abord, pour la première partie jusqu'à *petat hereditatem*, la leçon de Kr., sauf les changements suivants : l. 14-15, *postea infirmet. Uerum apparet,* etc.; l. 19, *non ideo magis*; l. 20, *quae ibi*; — puis, à partir de *petat hereditatem*, il propose : *potest eum per ex|ceptionem doli mali repellere, si modo ea mens testatoris | fuisse probetur, ut ad eos, qui ab intestato uocantur || perueniat hereditas,* etc. — 5) Gn. 2 insère au texte la restitution de Kr. en entier, telle qu'elle est modifiée dans l'édit. K. et S. — 6) Muir. en admet également la première partie; mais à partir de *petat hereditatem,* il rejette toutes les restitutions ci-dessus, comme trop longues pour les deux lignes qui sont à remplir : il préfère en note : *potest scriptus*

152. | Heredes autem aut necessari*i* dicunt*ur*, aut sui et ne|cessari*i*, a*ut* extranei. **153.** Necessarius heres servus[454] | c*u*m lib*er*tate her*es* institutus, ideo sic appellatus, | quia sive velit, sive nolit, omnimodo post mort*em* | testatoris pr*o*tinus lib*er* et her*es* est. **154.** Unde qui faculta|tes suas suspectas habet, solet servum pri|mo a*ut* secundo v*el* etiam ulteriore gradu liberum | et heredem instituere, ut, si creditoribus satis | non fiat, potius hujus h*e*redis q*uam* ipsius testatoris bo|na veneant, id est, ut ignominia, q*uae* accedit ex ven|ditione bonorum, hunc potius hered*em*, q*uam* ipsum te|statorem contingat[455] : q*u*amq*uam* apud Fufidium Sabino pla|ceat eximendum eum esse ignominia, quia non | suo vitio, sed necessitate juris bono*rum* venditio|nem pateretur; sed alio jure utimur. **155.** P*ro* hoc tam*en* in|commodo illud ei commodum p*r*aestatur, ut ea quae | post mortem patroni sibi adquisierit, sive[456] ante | bono*rum* venditionem sive postea, ipsi reserventur. | Et q*uam*vis propter contractionem (?)[457] bona venierint, | iterum ex hereditaria

---

heres per exceptionem doli mali repelli, ne ad illum qui non habet uoluntatem defuncti perveniat hereditas, d'après G. II, 198, et Ulp. II. 1, § 8 D. 38, 6 et 4, § 10 D. 44, 4.

454. A. serbu; v. I, note 40; II, note 186.

455. Pol. supprime comme glose tout le passage depuis *bona veneant* jusqu'à *contingat*, et met à la place *possideantur et distrahantur*, d'après le § 1 Inst. II, 19.

456. A. sibe. V. I, note 40; II, note 186.

457. Au lieu de *propter contractionem*, certain au ms. et admis par Gö. 1-2, Hef., Bö. 1, Blond., Lab., Dom., — 1) la plupart, avec Heise, donnent *pro portione*. — 2) Bö. 3-5, au texte,

causa bona ejus non venient, nisi | si quid ei ex *here-ditaria* causa fuerit adquisitum, || velut si Latinus adquisierit[458], locupletior factus sit : | cum ceterorum

---

laisse en blanc; en note, il indique *pro parte actionum*, ou *pro parte hereditariarum actionum*, ou encore, d'après Blu., *pro partis exactione*; enfin il ajoute : « peut-être *propter contractas actiones* ». — Depuis St., *pro portione* (qu'avait spécialement défendu Hu. Beitrage, comme terme technique emprunté à l'édit. prétorien) est maintenu par tous. — D'après Pol. (Mnemosyne, IV, p. 114.), si le copiste a commis la faute d'écrire *propter contractionem* au lieu de *pro portione*, c'est parce qu'il a pris l'abréviation de *tio*, qui était à l'archétype (7) pour celle de *contra* (z). Cpr., infra, les notes 586, 600, 601, 605.

  * Page intérieure très-facile à lire.

458. Plusieurs ont pensé qu'il y avait ici quelque chose d'omis. 1) Gö. 1-2, d'après Savigny, intercale *ex eo quod*, entre *si* et *Latinus*; suivi Kl., Hef., Bö. 1, Pell., ma., Pos. — D'autres ont corrigé : 2) Hu., Beiträge : si Latin*i* (*bonis quae*); suivi A. et W. — 3) Plus tard, Hu. 1 : Si Latinus *cum dec*esserit, remplaçant *adquisierit*. — 4) Puis, Hu. 2 : si Latini bonis, qui decesserit (suivi Gir.). — 5) Enfin, Hu. 4 : si Latini bonis, (quem heres) adquisierit. — 6) Bö. 5 : Si Latinus adquisierit, (aut.) — 7) Goud. : si Latin*um* adquisierit *et*, d'après le § 195 infra : *cum legatus fuisset Latinus*; suivi Pol., Muir.; ce dernier cite à l'appui Pline, *Ep.* x, 105 (*jus Latinorum suorum mihi reliquit*). — 8) Plusieurs, avec Lachm. (Sav. lui-même se rétractant, Bö. 3, Gn. 1-2), ont pensé qu'il n'y a rien à ajouter, ni à corriger; G. aurait donné ici à la conjonction *si*, employée une seule fois, le sens de cette même conjonction deux fois répétée, ce qu'il fait encore ailleurs (II, 235) : sed et (si), si; et L. 73 pr. Dig. Falcid. 35, 2 : qua de causa (si), si. — 9) K. et S, au texte : si Latinus adquisierit, et en note : *expectes velut* « si ex bonis Latini defuncti locupletior ». — 10) D'après Fitting, *Jenaer Literaturzeitung*, 1877, p. 689, il est probable que le copiste a, par *homoeteleuton*, omis tout un membre de phrase devant le mot *Latinus*.

hominum quorum bona venierint | pro portione[459], si quid postea adquirant, etiam saepius | eorum[460] bona venire solent[461].

156 | Sui autem et[462] necessarii heredes sunt velut filius | filiave, nepos neptisve ex filio, deinceps ceteri, qui | modo in potestate morientis fuerunt. Sed uti ne|pos neptisve suus[463] heres sit, non sufficit eum in po|testate avi mortis tempore fuisse, sed opus est ut | pater quoque ejus, vivo patre suo, desierit suus | heres esse, aut morte interceptus, aut qualibet ra- tione | liberatus potestate : tum enim nepos neptisve in | locum sui patris succedunt. 157. Sed sui quidem he|redes[464] ideo appellantur, quia domestici[465] he- redes | sunt, et vivo quoque parente quodammodo[466] domini | existimantur : unde etiam, si quis intestatus mortuus[467] sit, prima causa est in successio|ne libe- rorum. Necessarii vero ideo dicuntur, quia | omni- modo ((sive)) velint, ((si)) ve ((nolint, tam))[468] ab intestato, quam ex testamento, here|des fiunt. 158. Sed his praetor permittit abstinere se ab hereditate, | ut potius parentis bona veneant. 159. | Idem juris est et[469] uxoris persona quae in manu est, quia filiae loco est; et in nuru quae in manu filii est, quia

---

459. Gö. 1-2, Kl. intercalaient à tort residua entre pro et portione. — 460. Gö. 1-2, Kl., suppriment eorum.
461. Gö. 1-2, Kl., Pol. : soleant. — 462. A. ut. — 463. A. suos. — 464. A. haeredes. — 465. A. domnestici. — 466. A. qadmodo.
467. A. intestatus mor | si quis intestatus? tus.
468. A. omnimodo velint ve ab intestato ; — restitution d'après le § 2 Inst. II, 19. — Pol. : omnimodo velint (nolint)ve, (tam).
469 Tous intercalent in.

ne|ptis loco est. 160. Quin etiam similiter abstinendi potes*t*||a*tem* facit praetor etiam ei qui in causa [id est mancipato]⁴⁷⁰ man|cipi*i est*, *cum* liber et heres institutus sit; cum⁴⁷¹ necessari|us non etiam suus heres sit, tamq*uam* servus.

161. Ceteri qui testatoris juri subjecti non *sunt*, extranei | he*r*edes appellantur. Itaque liberi quoque

* Page extérieure très-facile à lire.

470. 1) Plusieurs pensent que ces trois mots sont une glose intercalée entre *causa* et *mancipii*, et par suite ils les mettent entre crochets (Hef., Lach., Gn. 1-2), ou ils les suppriment (Kl., Pol., K. et S., Muir.). — 2) D'autres les conservent, mais en les transposant : — 3) Gö. 1-2, Pell. tr. : mancipato ; id est ei qui in causa. — 4) Savigny, Pell. ma., Gir. : ei qui in causa mancipii est, id est mancipato. — 5) Bö. a exprimé sur ce passage quatre opinions différentes : 1° dans son édit. avec Kl. (1829), il pense que G. oppose, ici, ceux qui ne font que traverser le *mancipium*, à ceux qui y demeurent, et qu'il dit, en parlant des premiers, *in causa mancipii* tandis qu'ailleurs il les appelait *dicis gratia mancipatos* (I, 141). Il propose : ei qui in causa mancipii est cum liber et heres institutus sit, id est mancipatus, cum necessarius, non etiam suus heres sit. 2° Dans sa 1ʳᵉ édit. (1837) : etiam mancipato, cum liber et heres institutus sit, *quamvis* (au lieu de *ei*) qui in causa mancipii est necessarius, non etiam suus heres sit. 3° Dans sa 3ᵉ édit. (1850), il abandonne ces deux leçons et reproduit celle de Gö. 4° Dans sa 5ᵉ édit. (1866), il met entre crochets, comme Lach. — 6) Hu., Beiträge et J. A. 1-4 : etiam ei qui in causa mancipii est, id est mancipato, (qui) cum libertate heres institutus sit.

471. 1) Hu. 2-4, Bö. 5, Gir., corrigeant, lisent *quamvis*. — 2) D'après Goud., le mot *cum*, certain et en toutes lettres dans l'A., rend seul la pensée de G., savoir « que la concession du bénéfice d'abstention au *mancipé* avait *besoin d'être exprimée* par le préteur, parce que le mancipé n'appartenait pas à l'ordre des héritiers siens ». — 3) K. et S., Gn. 2, Muir., intercalant *si* et préférant *quamvis*, lisent : (*si*) cum liber*tate* heres institutus sit, *quamvis* necessarius, non etiam suus heres sit, tanquam servus.

nostri | qui in potestate nostra non sunt, heredes a nobis instituti, | sicut extranei videntur. Qua de causa et qui a matre | heredes instituuntur, eodem numero sunt, quia feminae | liberos in potestate non habent. Servi quoque, qui cum | libertate [472] heredes instituti sunt et postea a domino manu|missi, eodem numero habentur. 162. Extraneis autem | heredibus deliberandi potestas data est de adeun|da hereditate, vel non adeunda. 163. Sed sive is cui abstinen|di [473] potestas est, immiscuerit [474] se bonis hereditariis, | sive is cui [475] de adeunda ((hereditate)) [476] deliberare licet, adierit, | postea relinquendae hereditatis facultatem non ha|bet, nisi si minor sit annorum XXV ; nam hujus aetatis | hominibus, sicut in ceteris omnibus | causis deceptis, ita etiam si temere damnosam | hereditatem susceperint, praetor succurit. Scio quidem | divum Hadrianum etiam majori XXV annorum ve|niam dedisse, cum post aditam [477] hereditatem grande aes | alienum, quod aditae hereditatis tempore latebat, | apparuisset.

|| 164. Extraneis heredibus solet cretio dari, id est, finis de|liberandi, ut intra certum tempus vel adeant

---

472. A. liberi et.

473. A. apstinendi.

474. A. immisuerit.

475. A. isui.

476. Restitué d'après le § 5, Inst. II, 19.

477. A. haditam.

* Page intérieure très-facile à lire.

| h*ere*d*ita*tem, vel, si non adeant, temporis fine[478] summo|veantur. Ideo autem cretio appellata est, quia cer|nere est quasi decernere et constituere. 165. *Cum* ergo | ita scriptum[479] sit : H*eres* T*itius* *esto,* adicere debemus[480] : *cernitoque in centum diebus proxumis quibus sci|es poterisque* : *quodni ita creveris, exheres esto.* 166. Et | qui ita h*eres* institutus est, si velit heres esse, debebit in|tra diem cretionis cernere, id est, haec verba di|cere : *quod me Publius Titius*[481] *testamento suo heredem instituit, eam | heredidatem adeo cernoque.* Quod si ita non creverit, finito | tempore cretionis, excluditur; nec quicquam proficit, si pro h*ere*d*e* gerat, id est, si rebus hereditariis tamquam | heres utatur. 167. At is qui sine cretione heres institutus sit, aut qui ab in|testato legitimo jure ad h*ere*d*ita*tem vocatur, potest aut | cernendo, aut pro herede gerendo, vel etiam nu|da voluntate suscipiendae hereditatis heres fieri ; eique li|berum est, quocumque tempore voluerit, adire h*ere*d*ita*|tem : solet[482] praetor, postulantibus hereditariis cre|ditoribus, tempus constituere, intra quod, si

---

478. A. fines.

479. A. scribtum.

480. A. deuemus ; v. i, note 27 ; ii, note 2.

481. Au lieu de *Titius,* on s'accorde, depuis Lach., à lire P. *Maevius* (ou *Mevius*), par le motif que le prénom *Publius* ne saurait précéder le nom de *Titius,* mais seulement celui de *Mevius.* Cpr. Ulp. xxii, 28 : quod me Mevius. — Pol. : quod me Titium Publius.

482. On intercale *sed* avant *solet,* ou *autem* après.

velit[483], adeat[484] hereditatem ; si minus, ut liceat creditoribus bona[465] defuncti vendere. 168. Si qui autem[486] cum cretione || heres institutus est, nisi creverit hereditatem, non fit heres, ita | non aliter excluditur, quam si non creverit intra | id tempus quo cretio finita sit[487] ; itaque, licet ante diem | cretionis constituerit hereditatem non adire, tamen poe|nitentia actus, superante die cretionis, cernen|do heres esse potest. 169. At is[488] qui sine cretione heres insti|tutus est, quique ab intestato per legem vocatur, sicut | voluntate nuda heres fit, ita et contraria des-tina|tione statim ab hereditate repellitur. 170. | Omnis autem cretio certo tempore constringi-tur. | In quam rem tolerabile[489] tempus visum est cen|tum dierum. Potest tamen nihilominus jure civi|li aut longius aut brevius tempus dari : longius ta|men interdum praetor coartat[490]. 171. Et quamvis omnis cretio[491] | certis diebus constringatur, tamen alia cre-

---

483. A. uelint.
484. A. badeant ; h corrigé. Quelques-uns, Gö. 1-2, Gir., Pol., conservent *velint, adeant*.
485. A. ū, c'est-à-dire abréviation de *uona* pour *bona* ; admis par tous ; v. spécialement St., *Index notarum*. A., p. 310, ligne 31.
486. La plupart, corrigeant, lisent : *sicut autem*. Plusieurs ajoutent *qui*. D'autres (Gö. 2-3) intercalent *sicut* avant *nisi creverit*. — Pol. : At(*sicut*) si qui.
* Page intérieure très-facile à lire.
487. A. si. Les uns si*t* ; les autres *est*.
488. A. ad his.
489. A. tolerauile ; v. I, note 27 ; II, note 2.
490. Pell. *coarctat*.
491. A. ceretio ; *e* corrigé.

tio | vulgaris vocatur, alia certorum dierum: vulga|ris illa, q*uam* supra exposuimus, id es*t*, in qua dicuntu*r*[492] haec | verba: QUIBUS SCIET[493] POTERITQUE ; certo*rum* dierum, in | qua, detractis his verbis, cetera scribunt*ur*. 172. Q*uarum* cre|tionum magna differentia est. N*am* vulgari cretio*ne* | data, nulli dies co*n*putantur, nisi quibus scierit quis|que se *h*e*r*edem esse institutum, et possit cernere. Cer|torum vero dierum cretio*ne*[494] data, etiam nescien|ti[495] se *h*e*r*edem institutum *esse* numerantur dies con||tinui ; item ei quoq*ue* qui aliqua ex c*ausa* cernere prohibe|tur, et eo amplius ei qui sub condicione *h*e*r*es institu|tus[496] es*t*, tempus numera*tur*[497]. Unde melius et aptius es*t* vul|gari cretione uti[498]. 173[499]. Continua[500] haec cretio vocatur, qui|a continui dies numerant*ur*. Sed

---

492. Au lieu de *dicuntur*, Hu. (Beiträge) et J. A. 1-4, suivi Gn. 1-2, Bö. 5, Gir., Pol., K. et S. : *adiciuntur* (ou *adjiciuntur*), qui semble en effet commandé par le sens et que l'on voit dans Ulp. XXII, 31. — Pell. maintient *dicuntur*.

493. A. siet.

494. A. cretio.

495. A. nesciente.

496. A. intstitutus.

497. Pol. intercale *continuum* après *numeratur*.

498. Pol. considère comme une glose : *melius — uti*, qu'il supprime ; il met au § 172 les quatre premiers mots que les autres placent au § 173. Il lit ainsi : unde continua haec cretio vocatur ; puis il supprime encore : *quia continui dies numerantur*.

499. Le § 173 entier est regardé comme une glose par Muir.

500. 1) Quelques-uns: *etiam* continua (Hu. 2.) — 2) D'autres : continua *etiam* (Gir.), ou : continua *autem*, Bö. 5. — Hu. 4 : (*Etiam tamen*) continua. — V. la note suivante.

quia tamen[501] dura est haec cre|tio, alteraminus[502] habetur : unde etiam vulgaris dicta | est.

DE SUBSTITUTIONIBUS[503]. 174. Interdum[504] | duos pluresve gradus heredum facimus, hoc modo : | Lucius Titius heres esto, cernitoque in diebus ([505]) proximis quibus sci|es poterisque : quodni ita creveris, exheres esto; tum Maevi|us heres esto cernitoque in diebus centum, et reliqua; et de|inceps, in quantum[506] velimus, substituere possumus. 175. Et licet nobis vel unum in unius locum substitue|re pluresve, et contra in plurium locum vel unum | vel plures substituere. 176. Primo itaque gradu scrip|tus[507] heres hereditatem cernendo fit heres, et substi|tutus excluditur; non cernendo summovetur,

---

501. A. tm̄, abréviation ordinaire pour *tamen*. — 1) Les uns admettent *tamen*, Gö. 1-2, Gn. 1, Pell., Gir., Goud. — 2) D'autres lisent *tam*, Lachm., Hu. 1, Pol.; — 3) ou ont *tamen* entre crochets, K. et S., Gn. 2, Bö. 5.; — 4) ou le suppriment, Hu. 2-4. — Dans cette dernière édit., Hu., en note, pense que tout ce passage peut être ainsi rétabli : ...tempus numeratur ; unde (*etiam*) continua haec cretio uocatur, quia continui dies numerantur. [Sed] quia tamen dura est haec cretio, melius et aptius est, vulgari cretione uti, (*eaque magis quam*) altera in usu habetur, etc.

502. A. alteraminus ; peut-être pour *mginusu*, d'où : *magis* in usu, adopté par la plupart ; ou simplement : in usu, Pol., K. et S.

503. A. substitionibus.

504. A. ininterdum.

505. Tous ajoutent *centum*, d'après Ulp. xxii, 33, et d'après la suite même du § 174, où le copiste, qui l'avait omis pour le premier institué, ne l'omet pas pour le substitué.

506. A. qtum. — Tous *quantum*, sauf Pol. *quot*.

507. A. scribtus.

etiam|si pro herede gerat, et in locum ejus substitutus suc|cedit. Et deinceps si plures gradus sint, in singulis si|mili ratione idem contingit. 177. Sed si cretio sine ex|heredatione sit data, id est, si[508] haec verba : SI NON CREVERIS[509], | TUM PUBLIUS MEVIUS HERES ESTO, illud diversum invenitur[510], qui|a si prior omissa cretione pro herede gerat, substitutus | in partem admittit[511], et fiunt ambo aequis partibus || heredes; quod si neque cernat neque pro herede gerat, tum[512] | sane in universo[513] summovetur, et substitutus | in totam hereditatem succedit.

178. Sed Sabino[514] quidem placuit, quamdiu cernere et eo modo | heres fieri possit prior, etiamsi pro herede gesse|rit, non tamen admitti substitutum ; cum vero cretio | finita sit, tum pro herede gerente admitti[515] substi|tutum : aliis[516] vero placuit, etiam su-

---

508. Tous, depuis Heff., remplacent *si* par *in*. — Gö. 1-2 : si haec verba (*adiecta sint*).

509. A. crerit. Tous, d'après Ulp. xxii, 34 : creveris, sauf Pol. : creverit. — 510. A. inuenit.

511. Plusieurs (Gö., Bö., Pell., Gir.) : admittitur.

*Page extérieure difficile à lire à cause de la pâleur des traits.

512. *Tum* à la fin de la ligne, n'avait pas été lu avant St.

513. Presque tous, corrigeant : universum.

514. Avant St., tous admettaient *sed dudum*, sans difficulté, bien qu'il ne fût pas certain.

515. A. admittit. — 1) Gö., Pell., Gn. 1, Hu. 2-4, Gir. : gerentem admittere. — 2) Pol. : gerendo admitti. — 3) K. et S., Muir. : gerente admitti. — 4) Gn. 2 : gerenti admitti.

516. Avant St., tous : *olim*, bien que les schedae laissassent beaucoup de doute. — Depuis St., *aliis* (A. alis), bien que donné comme douteux, est admis par tous, et concorde en effet avec *Sabino*, certain au commencement du §.

perante cre|tione, posse[517] eum pro herede gerendo in partem sub|stitutum admittere, et amplius ad cretionem re|verti non posse.

179. Liberis nostris impuberibus quos in potes*tate* ha|bemus, non solum ita, ut supra diximus, substituere | possumus[518], id est, ut si heredes non extiterint, alius no|bis herest sit; sed eo amplius, ut, etiam si heredes no|bis extiterint et adhuc impuberes mortui fue|rint, ((sit eis))[519] aliquis heres, velut hoc modo : Titius filius | meus mihi heres esto. Si filius meus mihi ((heres non erit, sive heres))[520] erit et | hic[521] prius moriatur quam in suam tutelam ve|nerit, tunc[522] Seius heres esto. 180. Quo casu, si quid*em* | non extiterit here*s* filius, substitutus pa-

---

517. Le mot *posse*, certain au ms., est maintenu par la plupart : Kl., Heff., Hu. (Beiträge) puis J. A. 1-4, Bö., Gn., Pell., Gir. — Il a paru douteux à d'autres : — 1) Gö. ne savait s'il devait être supprimé. — 2) Lach. proposa *priorem* au lieu de *posse eum*. — 3) Pol. : per se, le copiste ayant commis ici la même faute qu'au § 96 ; v. ci-dessus la note 255. — 4) K. et S. le maintiennent au texte, mais, en note, K. est d'avis de le supprimer. — 5) Muir. le supprime.

518. A. substitue(re) | (possin) sch. Gö.

519. A. (*it iis) sch. Gö. — Pr. Inst. II, 16 : sit eis.

520. Omis par le copiste ; restitué sans difficulté d'après le Pr. Inst. eod. — Fitting, *Jenaer Literaturzeitung*, 1877, p. 189, pense que *mihi* doit être ajouté après *sive heres*, bien que les Inst. de J. ne l'aient pas.

521. Avant St., le commencement de la l. 19 était illisible. *Et hic prius* n'est pas aux Inst. de J., qui ont seulement *et prius*. — Pol. conserve *et hic* ; K. et S., Gn. 2, Muir., suppriment *hic* ; Hu. 4 lit : *sic*.

522. A. tunc esto seius heres esto. — Avant St., on n'avait pas lu *tunc*, mais on le restituait d'après les Inst.

tris⁵²³ fit | her((es, si vero))⁵²⁴ heres extiterit filius, et ante pu|bertatem decesserit, ipsi filio fit heres substi|tut*us*. Quamobrem duo quodammodo *sunt* testamenta, || aliud patris, aliud fili*i*, tamquam si ipse filius sibi h*ere*|dem instituisset; aut certe unum est testamen|tum duarum hereditatum. 181. Ceterum, ne post obi|tum parentis periculo insidiarum subjectus vide|ret*ur*⁵²⁵ pupillus, in usu e*st* vulgarem quidem substitu|tionem palam facere, id e*st*, eo loco quo pupillum he|redem instituim*us*; (⁵²⁶) vulgaris substitutio ita vocat | ad h*ere*d*ita*tem substitutum, si omnino pupillus h*e*r*e*s no*n* | extiterit, *q*uod accidit cum vivo parente moritur, | quo casu nullum substituti maleficium suspica|ri possumus, cum scilicet et⁵²⁶ ᵇⁱˢ vivo testatore omni|a quae in testamento scripta⁵²⁷ sint, ignorentur : at il|la*m* autem⁵²⁸ substitutionem

---

523. *Patris*, conservé Gö. 1-2, Pol., a été corrigé, comme non latin, par Lachm. et remplacé par *patri*; presque tous l'ont suivi.

524. A. her ********. Restitué d'après Inst.

* Page intérieure non difficile à lire.

525. La plupart, corrigeant : *v*id*e*atur. — Goud. propose *maneret*.

526. On s'accorde à ajouter ici au texte quelque chose; la plupart: (*nam*) vulgaris; Bö. 5 préfère vulgaris (*scilicet*) ; Pol. : (*quoniam*) vulgaris. — Muir. n'ajoute rien.

526 *bis*. La plupart suppriment *et*; Pöschmann (p. 14-15) et Pol. : *etiam*.

527. A. scribta.

528. La plupart, supprimant *at*, lisent *illam autem*. Pöschmann maintient *at autem*, pléonasme sans doute, mais dont il y a d'autres exemples dans G. IV, 107 (at—vero) et l. 5, § 1 D. oblig. et act. 44, 7 (et — autem). — Pol. : at illa(*m*) alte(*ra*)m.

per quam, etiamsi[529] heres ex|titerit pupillus et intra pubertatem decesserit, | substitutum vocamus, separatim in inferioribus | tabulis scribimus, easque tabulas proprio lino propri|aque cera consignamus, et in prioribus tabulis cave|mus ne inferiores tabulae vivo filio et adhuc im|pubere aperiantur. Sed longe tutius[530] est, utrumque | genus substitutionis separatim[531] in inferio|ribus tabulis consignari, quod, si ita consignatae vel[532] se|paratae fuerint substitutiones, ut diximus, et[533] pri|ore potest intellegi in altera alter[534] quoque idem esse | substitutus. ==== 182. || Non solum autem heredibus institutis impuberibus | liberis ita substituere possumus[535], ut si ante puberta|tem mortui fuerint, sit is heres quem nos voluerimus, sed etiam exheredatis[536]. Itaque eo casu, si quid pu|pillo

---

529. A. sietiam.
530. A. utius.
531. Mommsen supprime *separatim*, que K. et S. placent entre crochets.
532. Mommsen supprime *consignatae vel*, que K. et S. placent entre crochets.
533. Au lieu de *et*, on s'accorde à lire *ex*.
534. 1) *Alter* est supprimé par Gö. et, après lui, par presque tous. — 2) Bö. 5 (qui, dans ses édit. précédentes, avait également supprimé *alter*) le rétablit. — 3) Pöschmann, qui, p. 12-19, a fait une étude spéciale du § 181, lit de la manière suivante toute la fin du § (lignes 21-24) : quod, (ni)si ita consignatae vel separatae fuerint substitutiones, nec est ut diximus cautum, priore potest intellegi, in altera alter quoque idem esse substitutus. — 4) Pol. maintient *alter*, mais supprime *in altera*.
* Page intérieure facile à lire.
535. A. p?simus.
536. A. exhereditatis.

ex hereditatibus legatisve aut donationi|bus propinquorum adquisitum fuerit, in omne ad[537] substitutum pertinet.===== 183. Quaecumque diximus de substitutione impuberum | liberorum vel heredum institutorum vel exheredatorum, eadem | etiam de postumis intellegemus. 184. Extraneo vero heredi | instituto ita substituere non possumus, ut, si heres | extiterit et intra aliquod tempus decesserit, ali|us ei heres sit; sed hoc solum nobis[538] permissum est, ut eum | per fideicommissum obligemus, ut hereditatem nostram[539] totam | vel ((pro))[540] parte restituat : quod jus quale sit, suo loco trademus.

185. Sicut autem liberi homines, ita et[541] servi tam nostri | quam alieni heredes scribi possunt. 186. Sed noster servus | simul et liber et heres esse juberi debet, id est, hoc modo : STICHUS | SERVUS MEUS LIBER HERESQUE ESTO[542], vel HERES LIBERQUE | ESTO[542 bis]. 187. Nam si sine libertate heres institutus sit, etiam|si postea manumissus fuerit a domino, heres esse | non potest, quia institutio in persona ejus non con|stitit; ideoque, licet alienatus sit, non potest jussu | domini novi[543] cernere hereditatem. 188. Cum libertate vero

---

537. A. omine ab.
538. A. nouis ; v. I, note 27 ; II, note 2.
539. A. nostrum, corrigé ms¹.
540. D'après Inst. § 9, II, 16.
541 A. set, corrigé ms¹.
542. A. hesto. — 542 bis. A. eesto.
543. Avant St., on n'avait pas lu *novi*.

heres ‖ institutus, si quidem in ea causa duraverit[544], fit | ex testamento liber[545] et inde[546] necessarius heres. Si | vero ab ipso testatore manumissus fuerit, suo arbi|trio hereditatem adire potest. Quod si alienatus sit, | jussu novi domini adire hereditatem debet, qua[547] ratione | per eum dominus fit heres; nam ipse[548] neque heres neque | liber esse potest[549]. **189.** Alienus quoque servus heres institutus, | si in eadem causa duraverit, jussu domini here|ditatem adire debet; si vero alienatus ab eo fuerit, aut vivo testatore, aut post mortem ejus ante|quam cernat[550], debet jussu novi domini cernere. Si | vero manumissus est[551], suo ar-

---

* Page extérieure difficile à lire à cause de la pâleur des traits.

544. Avant St., la ligne 1re, illisible en partie, avait été restituée d'après le § 1er Inst. II, 14 : eadem... manserit.

545. A. liuer ; v. I, note 27 ; II, note 2.

546. Avant St. : ****e ; d'où les uns, avec Gö. : *atque*, les autres (d'après l'observation de Lach., que G. n'aimait pas cette conjonction) : *idemque*. — Inst. : *heresque*.

547. Avant St., la l. 5, illisible en partie, avait été restituée, d'après Inst. : *Adire... debet, et ea* ; quelques-uns (Hu., Bö., Gir.), remplaçaient *adire* par *cernere*.

548. A. ips‖‖‖‖‖‖. — Édit. ant.: ajoutent *alienatus*, d'après Inst.

549. Pol. ajoute, d'après Inst. : « etsi cum libertate heres institutus fuerit ; destitisse enim a libertatis datione videtur dominus », ce qui, d'après lui, *quam maxime Gaium spirat;* il change seulement *etiamsi* des Inst. en *etsi*, et supprime *qui eum alienavit*, qu'il appelle *additamentum languidissimum.* — Le copiste aurait, selon lui, sauté trois lignes dans l'archétype.

550. Pol. : cerna(sse)t.

551. Avant St., les l. 8-12, en partie illisibles, avaient été restituées d'après le § 1er Inst. II, 14. La révision de St. ne fait que peu de changements.

bitrio adire *hereditatem* po|test. **190.** Si autem servus alienus h*eres* institutus e*st*, vulga|ri cretione data, ita *intellegitur* dies cretionis cede|re, si ipse servus scierit se h*eredem* institutum *esse*, | nec ullum impedimentum sit quomimus certi|orem dominum faceret, ut illius jussu cerne|re possit.=====

191. Post haec videamus de legatis. Quae pars juris ex|tra propositam quidem materiam videtur : nam | loquimur de his juris figuris quibus per[552] uni|ver|sitatem *res* nobis[553] adquirun*tur*; *sed, cum* omnimodo de | *testamentis*, deque heredibus q*ui* testamento institu*untur*, locuti sumus, non sine causa sequenti loco || poterit[553 bis] haec juris materia tractari.=====

|===== De legatis.====**192.**|Legatorum itaque[554] genera *sunt* quatuor : aut enim | p*er* vindicationem legamus, a*ut* p*er* damnationem, a*ut* si|nendi modo, aut p*er* p*ra*eceptionem.=====

193. | P*er* vindicationem hoc modo legamus : Titio[555], verbi | gratia, hominem Stichum do lego;

---

552. A. pro. — 553. A. nouis; v. i, note 27 ; ii, note 2.

* Page extérieure difficile à lire.

553 *bis*. Plusieurs : *poterat*.

554. Avant St., *utique* admis par la plupart ; mais Hu. (Beiträge) et plusieurs après lui préféraient *itaque*.

555. Avant St., la l. 6, en partie illisible, avait été restituée diversement par Gö., puis par Holw., d'après les §§ 201, 209, 213. La révision de St. confirme la leçon admise par Holw., qui avait seulement de plus L. (*Lucio*) devant *Titio*. — Pol., supprimant comme une glose *Titio verbi gratia hominem Stichum*, lit : *legamus : do, lego*.

sed si[556] alterutrum[557] verbum positum sit, veluti[558] : DO, aut LEGO, aeque per vin|dicationem legatum est ; item, ut magis iiiius**** | si ita[559] legatum fuerit : SUMITO, vel ita : SIBI HABETO vel | ita : CAPITO, a|eque per vindicationem legatum est. 194. Ideo au|tem per vindicationem legatum appellatur, quia post aditam| hereditatem statim ex jure Quiritium res legatarii fit; et si eam rem le|gatarius vel ab herede, vel ab alio quocumque qui eam possidet, | petat, vindicare debet, id est, intendere suam rem | ex jure Quiritium esse. 195. In eo solo[560] dissentiunt prudentes, quod Sabinus| quidem et Cassius, ceterique nostri praeceptores, | quod ita legatum sit, statim post aditam heredita- tem pu|tant fieri legatarii, etiamsi ignoret sibi le- gatum | esse dimissum[561], et posteaquam scierit

---

556. Presque tous intercalent *et* entre *sed* et *si*.

557. A. alteru??. — La plupart, avec Gö., *alterutrum*; Hu: Beiträge, puis J.-A. 1-4, Bö. 4: *alterum* (mais Bö. 2-3 et 5, *alterutrum*).

558. La l. 8, à partir de *velut*, illisible avant St., était resti- tuée par presque tous, les uns en note, les autres au texte : *hominem Stichum do, vel lego per vin|dicationem*, etc. — Pol. supprime *veluti do aut lego*.

559. Illisible avant St., la fin de la l. 9 était ainsi restituée : si vero *etiam aliis verbis, vel|ut ita*, proposé par Lachm., et généralement admis. — Depuis St., tous : « item ut magis visum est », d'après St. qui le dit probable, ajoutant (note A.) qu'il n'y avait certainement pas *magis in usu est*.

560. Avant St., *vero* admis par tous, bien que les schedae donnassent seulement ||**o.

561. 1) *Dimissum* est rejeté, comme glose, par Hu. (Préface à Gaius, J. A. 2, p. 96, J. A. 3-4, p. 163 et dans les édit. séparées de G., p. 19); suivi Bö. 5, Goud., K. et S., Gn.-2, Muir. — Hu.

etceerit⁵⁶² lega|tum, perinde esse atque si legatum non esset.==== | Nerva vero et Proculus, ceterique illius scholae au|ctores, non aliter putant rem legatarii fieri quam si volu|erit eam ad se pertinere. Sed hodie ex divi Pii Antonini || constitutione hoc magis jure uti videmur⁵⁶³ | quod Proculo placuit ; nam cum legatus fuisset La|tinus per⁵⁶⁴ vindicationem coloniae, « Deli-

(above "etceerit": *ie c p ti*, with superscript *r*)

en conclut que le ms. de G. a dû être écrit peu de temps avant Justinien ; la raison qu'il en donne est que l'emploi de *legatum dimitti* pour *relinqui* ou *legari*, déjà signalé par Schulting sur l'Epitome de G. II, 7 § 8 et I., 1 § 4, et très-fréquent dans le Bréviaire d'Alaric, ne devait pas être assez usité avant la fin du 5ᵉ siècle pour devenir une glose. — 2) Pol. maintient *dimissum* et entend le passage tout autrement. *Dimissum* signifie, selon lui, *répudié expressément*; c'est le mot opposé à *admissum*, lequel signifie *accepté*, d'après G. lui-même, § 200; Pol. rapproche de *dimissum*, pris en ce sens par G., un passage de Cicéron, Pro Balbo, 13 (*et retinenti et dimittendi esse dominum*), et un autre d'Horace, Ep. I, 7, 96 (*dimissa petitis*). Selon lui, G. aurait opposé, dans ce §, le *legatum dimissum*, c'est-à-dire répudié expressément, au *legatum spretum*, c'est-à-dire simplement négligé, et il aurait mentionné ce dernier dans la suite de la phrase, à la partie de la ligne 20 demeurée très-incertaine. En conséquence, Pol. lit ainsi : ....etiamsi ignoret sibi legatum esse ; dimissum et posteaquam scierit etiam spretum lega|tum perinde esse, atque si legatum non esset. — 3) Mommsen (Epist. crit. K. et S., p. XXI), au lieu de *dimissum*, lit *demissum*.

562. Les uns (Niebuhr, Bö., Hu. 4) : *spreverit*; d'autres (Blu., Bö. 2-3, Pell.) : *repudiaverit*; d'autres (Euler, Hu. 2, Bö. 5, Gir.) : *reppulerit* : (ou *repulerit*) ; Pol. : *etiam spretum* (v. la note précédente); K. et S. en note, « *expectes* : *repudiauerit*; *codicis ductus ad cesserit quadrant, quod tamen ab hujus loci sententia alienum est* ». — Mommsen (Epist. crit., loc. cit.) : *omiserit*. — Fitting, Jenaer Literaturzeitung, 1877, p. 689 : *reiecerit*.

* Page intérieure très-facile à lire.

563. A. uideuidemur. — 564. A. pro.

berent, |inquit⁵⁶⁵, decuriones, an ad se velint pertinere, pro|inde ac si uni legatus esset ». 196. A [_____]⁵⁶⁶ em solae res per vin|dicationem legantur recte, quae ex jure Quiritium ipsius testa|toris sunt. Sed eas quidem res quae pondere, numero, | mensura constant, placuit sufficere si mor|tis tempore sint ex jure Quiritium testatoris, veluti vinum, | oleum, frumentum, pecuniam numeratam. Ce|teras res vero placuit utroque tempore testato|ris ex jure Quiritium esse debere, id est, et quo fa|ceret testamentum, et quo moreretur: alioquin in|utile est legatum. 197. Sed sane hoc ita est jure civili. Postea vero auctore | Nerone Caesare senatusconsultum factum est, quo cautum est ut, si | eam rem quisque legaverit quae ejus nunquam fuerit, | perinde utile⁵⁶⁷ sit legatum atque si optimo jure reli|ctum esset : optumum autem jus est per damnationem | legatum, quo genere etiam aliena res legari po|test, sicut inferius apparebit. 198. | Sed si quis rem suam legaverit, deinde post testa|mentum factum eam alienaverit, plerique pu|tant, non solum jure civili inutile esse legatum, sed nec | ex senatusconsulto confirmari. Quod ideo dictum || est, quia, etsi per damnationem aliquis rem suam | legaverit eamque postea alienaverit, plerique | putant,

---

565. A. inquid.

566. A. [daut] sch. Blu. ; d'où la plupart : *eae autem*, avec Lach. ; Gö. 2 et Heff., *tales autem*.

567. A. utilie.

* Page intérieure facile à lire.

licet ipso jure debeatur legatum, tamen legata|rium petentem posse [568] per exceptionem doli mali repel|li, quasi contra voluntatem [569] defuncti petat. 199. Illud constat, si duobus pluribusve per vindicationem | eadem res legata sit, sive conjunctim, sive disjun|ctim, et [570] omnes veniant ad legatum, partes ad sin|gulos pertinere, et deficientis portionem colle|gatario adcrescere. Conjunctim autem ita le|gatur : TITIO ET SEIO HOMINEM STICHUM DO LEGO ; dis|junctim ita : LUCIO TITIO HOMINEM STICHUM [571] DO LEGO, SEIO | EUNDEM HOMINEN DO LEGO. ==== 200. | Illud quaeritur, quod sub condicione per vindicationem | legatum est, pendente condicione cujus esset [572]. No|stri praeceptores heredis esse putant, exemplo sta- tulibe|ri, id est, ejus servi qui testamento sub aliqua con|dicione liber esse jussus est, quem constat inte- rea [573] he|redis servum esse. Sed diversae [574] scholae aucto|res putant nullius interim eam rem esse : quod mul|to magis dicunt de eo quod sine condicione [575]

---

568. Avant St., *posse* n'était pas lu. — 569. A. uolumptatem.

570. A. ėt.; avant St. *si;* depuis St. *et.* — Pol., Muir. suppriment *et omnes veniant ad legatum* comme une glose.

571. A. istichum. — Sur l'emploi de *i* devant *st*, v. I, note 544.

572. Hu. 2-4 : *sit.* — 573. A. intercx. — 574. A. diuerso.

575. Quelques-uns (Pol., K. et S., Gn. 2, Muir.) regardent *sine condicione* comme une glose. — Van der Hoeven, *Zeits. f. Rg.*, VII (1868), p. 258, propose : *sine condicione per uindicationem*, le copiste ayant fait *pure* de l'abréviation *pu*, qui signifie, au contraire, *per uindicationem*.

pure legatum e*st*, anteq*uam* legatarius admittat legatum.

201. Per damn*ationem* hoc modo legamu*s* : HERES MEUS STICHUM[576] |SERVUM MEUM DARE[577] DAMNAS ESTO; sed et si DATO || scriptum fuerit p*er* damn*ationem* legatum e*st*. **202.** Eo✱✱ | e[578] genere legati etiam aliena r*es* legari potest, ita | ut here*s*[579] redimere et praestare, aut aestim*ationem* ejus | dare debeat. **203.** Ea quoque r*es* quae in rerum natura non | e*st*, si modo futura e*st*, p*er* damn*ationem* legari pote*st*, v*elut* FRUCTUS QUI IN ILLO FUNDO NATI ERUNT, a*ut* QU*OD* EX | ILLA ANCILLA NATUM ERIT. **204.** Q*uod* autem ita legatum est, | post aditam h*ered*i*ta*tem, etiamsi pure legatum e*st*, non, ut | p*er* vindic*ationem* legatum, continuo legatario ad|quiritur, s*ed* nih*ilo*minus heredis e*st*. Et ideo legatarius | in p*er*sonam agere debet, id e*st*, intendere heredem | sibi dare oportere : et tum here*s*, si mancipi[580] sit, | mancipio dare, aut in jure cedere, possessionem|q*ue* tradere debet ; si ne*c* mancipi sit, sufficit si tradi|derit. Nam si mancipi rem tan-

---

576. A. isticū. V. note 571 ci-dessus.

577. A. darem. Hu. 2-4 (et *Nexum*, p. 218) intercale *Lucio Titio*, d'après l. 44 § 1 Dig. De legatis, 2º.

✱ Page extérieure assez difficile à lire pour la plus grande partie.

578. A. eo✱✱e, d'où édit. post. *eoque genere* ; avant St., *quo genere*.

579. Plusieurs intercalent *rem* avant *redimere*.

580. On intercale généralement *rem* ou *res*; les uns : heres *rem*, si mancipi ; les autres : heres si *res* mancipi.

tum tradiderit, nec | mancipaverit, usucapione m [581] pleno jure fit le|gatarii : completur autem usucapio, sicut alio quoque | loco[582] diximus, mobilium[583] quidem rerum anno, earum | vero quae solo teneantur[584], biennio. 205. Est et illa differen|tia hujus per vindicationem legati, quod si eadem res[585] du|obus pluribusve per damnationem[586] lega|ta sit, si quidem conjunctim, plane singulis partes | debentur[587], sicut in illo vin-

---

581. Avant St., usucapione ** ; — les uns (Gö., Pell.) : *demum* ; les autres (Bö., Gir.) : *dumtaxat* ; Brinkmann : *quidem*. — Depuis St., 1) Goud. : peut-être *modo* ; — 2) Pol. : « *demum completa* » ; — 3) K. et S., Gn. 2, Muir. : simplement *usucapione*, sans tenir compte de *m* ; — 4) Hu. 4 : *modo*.

582. Avant St., la l. 17, en partie illisible, était restituée par les uns : *finitur autem usucapio, ut supra quoque* ; par les autres : *finiri — usucapionem jam supra*.

583. A. mouilium ; v. I, note 27 ; II, note 2.

584. La plupart, corrigeant : *tenentur* ; Bö. maintient *teneantur*.

585. Les l. 19 fine-20, en grande partie illisibles avant St., avaient été diversement restituées, d'après l'Epitome II, 5, §§ 4-5.[1]. — Depuis St., tous : *illa differentia hujus* (après quoi on intercale *et*) *per vindicationem legati* ; sauf Pol. qui lit simplement *differentia hujus legati*, en supprimant *per vindicationem*.

586. A. damni contractionem ; faute du copiste que l'on rapproche de *propter contractionem*, au lieu de *pro portione* du §.155 ; v. les notes 457 supra, 600, 601 et 605 infra.

587. A. deuent' ; v. I, note 27 ; II, note 2.

---

1. 1) Euler, suivi Gn. 1, Pell. ma., Pos., A. et W. : *alia differentia inter legatum per vindicationem et per damnationem : si enim* (ou *nam si*) *eadem res*. — 2) Hu., Beiträge : *illud discrimen per vindicat. et per damnat. legati, quod si*, etc. — 3) Hu. 2., suivi Gir. : *illud dissimile per vindicat. legati quod si*, etc. — Les autres laissaient en blanc.

dicaii legat********** | ro disjunctim⁵⁸⁸ singulis solidae⁵⁸⁹ debentur⁵⁹⁰; ita fit⁵⁹¹, || ut scilicet heres alteri rem, alteri *aestimationem* | ejus *praestare debeat*. Et in conjunctis, deficientis por|tio *non* ad collegatarium pertinet, *sed* in hereditate re|manet.

206. Q*uod* autem diximus, deficientis portionem*?⁵⁹² | p*er* damn*ati*onem quidem legato in here|ditate reti|neri⁵⁹³, in p*er* vindica*ti*onem vero collegatario accres|cere, admonendi sumus ante legem Papiam**⁵⁹⁴ jure civili ita fuisse⁵⁹⁵; post legem vero

---

588. Avant St., l. 27 illisible, sauf le premier mot *deuent'*, restituée diversement¹. — Depuis St., 1) Pol. : sicut in illo *quoque est, si vero*. — 2) K. et S., Gn. 2. : sicut in illo < *quod per* > vindicationem legatum est, si vero. — 3) Hu. 4. : sicut in illo vindica*ntur* legat*i nomine*; si vero.

589. D'après St., note A., après *solida*, *e* quoique douteux est plus probable que *r*, lu par Gö., d'où l'on avait admis *solida res debetur*. — 1) Goud. : solida debentur. — 2) Pol. : solida debetur. — 3) K. et S. : solidum debetur. — 4) Hu. 4 : solida (*res*) debetur. — 5) Gn. 2 : solidum debetur. — 6) Muir. : solida res debetur. — Cpr. Ulp. 24, 13 fine : solidum debetur.

590. A. deuent. ; v. I, note 27 ; II, note 2.

591. Avant St., ***? à la fin de la l. 24. — Depuis St., tous : *ita fit*, sauf Pol. qui le supprime comme *interpretatiuncula*; Goud. intercale *quod ita fit*, d'après l'Epitome, II, 5, 5 : singulis integra debentur, *id est* ut, etc.

* Page extérieure facile à lire.

592. Avant St., *portione* sans rien de plus. — Tous admettent *in*. — 593. A. retinere.

594. Avant St., *papiam*, sans rien de plus; depuis St., tous : *hoc*, sauf Muir.

595. A. fuisset.

---

1. 1) Heise, suivi Pell. ma. : sive omnes veniant ad legatum, sive non. — 2) Euler, suivi Gn. 1, Hu. 2, Gir., Pos., A. et W. : sicut in per vindicationem legato ; si vero.

Papiam de|ficientis portio caduca fit, et ad eos pertinet qui in | eo testamento liberos habent. 207. Et quamvis prima cau|sa sit, in caducis vindicandis, heredum liberos | habentium, deinde, si heredes liberos non habe|ant, legatariorum liberos habentium, tamen ipsa | lege Pap*ia* significatur[595bis] ut collegatarius conjun|ctus, si liberos habeat, potior sit heredibus, etiam|si liberos habebunt. 208. Sed plerisque placuit, quan|tum ad hoc jus q*uod* lege Pap*ia* conjunctis constituitur, | nihil interesse, utrum p*er* vindica*ti*onem, an p*er* damna|*tio*nem legatum sit.=====

209. | Sinendi modo ita legamus : HERE*S* MEUS[596] DAMNA|S ESTO SINERE L*U*C*IUM* T*I*T*IUM* HOMINEN ST*I*CH*UM* SUMERE SI|BIQUE.[597] HABERE. 210. Q*uod* genus legati plus quidem habet[598] | per[599] vindica*ti*onem legatum, minus autem quam | p*er* damnationem[600]. Nam eo modo no*n* solum suam rem || testator utili*ter* legare pote*st*, sed etiam heredis sui : | c*um* alioquin p*er* vindica*ti*onem nisi suam rem legare | no*n* potest;

595 *bis*. A. signifacatur.

596. A. *dare damnas*; tous suppriment *dare*, évidemment ajouté par une méprise du copiste.

597. A. siuique, v. I, note 27 ; II, note 2.

598. Tous intercalent *quam* après *habet*.

599. A. pro.

600. A damnacont.nem; faute à rapprocher de celles des §§ 155, 206, 210, 213; v. les notes 457, 586 supra; 601, 605 infra. — Le copiste a confondu les deux abréviations, d'ailleurs faciles à confondre, de *con* et de *tio*; v. *Index notarum* de St., p. 260 et 305.

* Page intérieure très-facile à lire.

per damnationem[601] autem cujuslibet extra|nei rem legare potest.===== 211. | Sed si quidem mortis testatoris tempore res vel[602] ipsi|us testatoris sit vel heredis, plane utile legatum | est, etiamsi testamenti faciendi tempore neutri|us fuerit. 212. Quod si post mortem testatoris ea res hae|redis esse coeperit, quaeritur, an utile sit legatum. | Et plerique putant inutile esse. Quid ergo est? Licet[603] | aliquis eam rem legaverit, quae neque ejus uni|quam fuerit, neque postea heredis ejus umquam esse coeperit, | ex senatusconsulto Neroniano proinde[604] videtur ac si per damna|tionem relicta esset.===== 213. | Sicut autem per damnationem[605] legata res non statim post a|ditam hereditatem legatarii efficitur, sed manet | heredis eousque donec is heres[606] tradendo, vel man|cipando, vel in jure cedendo, legatarii eam[607] fe|cerit, ita et in sinendi modo legato juris est; et ide|o hujus quoque legati nomine in personam actio | est, QUIDQUID HEREDEM EX TESTAMENTO DARE FACE|RE OPORTET.=====
214. Sunt * tamen qui putant, ex hoc legato non videri obli|gatum heredem ut mancipet, aut in jure

---

601. A. damnaquem; v. la note précédente.
602. Vel, d'après l'Ap. ū; omis par plusieurs.
603. Hu. 4 intercale *inutiliter*.
604. *Utile* devait, d'après Kr., se trouver entre *prouinde* et *videtur*.
605. A. damnaquem; v. la note 600
606. *Heres* est par plusieurs supprimé ou mis entre crochets, ou remplacé par *rem*: Hu. 2-4, Gir., Pol., K. et S., Gn., Muir.
607. A. esam; *s* corrigé.

cedat, || aut tradat, sed sufficere ut legatarium rem | sumere patia*tur*, quia nihil ultra ei testator im|peravit *quam* ut[608] sinat; id est patiatur[608 bis], legatarium *rem* | sibi[609] habere. **215.** Major illa dissensio in hoc legato in|tervenit, si eandem *rem* duobus pluribusve disjun|ctim legasti[610]. Quidam putant utrisque[611] solidam[612] de|beri, sicut per vindica*tio*nem (?)[613] : nonnulli occupan|tis *esse* meliorem *con*dicionem aestimant ; quia, cum | eo[614] genere legati damnetur heres pa-

---

* Page intérieure très-facile à lire.

608. A. ui. — 608 *bis*. Pol. supprime *id est patiatur.*

609. A. siui ; v. I, note 27 ; II, note 2.

610. Lachm. : *elegasti*, d'après les schedae de Gö. ; il citait à l'appui Petron., cap. 43 : *nescio cui terrae filio patrimonium elegavit*, et plus bas, au § 227, il voulait *elegare.* (V. infra la note 653.) Mais Gö. n'avait donné que comme très-incertain : *ctim elegasti.* — Bö. 4 suivit Lachm.; mais, dans sa 5ᵉ édit., il revint à *legasti*, admis par Gö. 1-2 et par la plupart. — Hu., Beiträge, combattit avec raison *elegasti*, qui, en le supposant au ms., n'aurait été qu'une faute du copiste; corrigeant le texte, il proposa d'abord : si eadem res ——— est legata ; puis, J. A. 2 : lega*ta sit*; suivi Gir. — Depuis St. eandem rem — dis-jun|ctim legasti, donné comme certain au ms., est admis par tous, sauf Hu. 4, qui maintient *legata sit*.

611. Pol. : utrique.

612. Avant St., solidăm, d'où plusieurs : *solidum*.

613. Certain au ms., le mot *vindicationem* n'a pas pu être écrit par G. — Gö. et presque tous après lui, corrigeant d'après le § 205, lisent *damnationem*. — Plusieurs regardent d'ailleurs les mots *sicut per vindicationem* comme une glose et les mettent entre crochets (K. et S., Gn. 2) ou les suppriment (Pol.).

614. Avant St., on avait lu à la fin de la l. 8 : cum i? d'où tous : cum in eo.

tientiam | praestare ut legatarius rem habeat, sequitur ut, si prio|ri patientiam praestiterit, et is rem sumpserit, securus[615] sit adversus eum qui postea legatum pe|tierit, quia neque habet rem ut patiatur eam ab e|o sumi[616], neque *dolo malo* fecit quominus eam rem habe|ret.===

216. *Per* praeceptionem hoc modo legamus[617] : LVCIVS TITIUS[618] HO|MINEM STICHUM PRAECIPITO. 217. Sed nostri quidem *praeceptores* nulli alii eo modo legari posse putant, | nisi ei qui aliqua ex parte her*es* scriptus esset : prae|cipere enim *esse* praecipuum sumere; q*uod* tantum in | ejus *p*ersona procedit, q*u*i aliqua ex parte heres insti|tutus *est*, q*uod* is extra *p*ort*ionem* hereditatis *p*raeci*puum* | legatum habiturus[619] sit. 218. Ideoque si extraneo le|gatum fuerit, inutile e*s*t legatum, adeo ut Sabinus || existimaverit, ne quidem ex *senatusconsulto*[620] Neroniano pos|se convalescere : nam eo, inquit, se*natusconsulto* ea tantum con|firmantur, quae verborum vitio *jure civili* non valent, | *non* quae propter ipsam personam legatari*i* non deberen|tur[621]. Sed Juliano et Sexto[622] pla-

---

615. A. secaturus. — 616. Pol. regarde comme une glose et supprime *ut patiatur ab eo sumi.*

617. A. legatumus. — 618. A. titious.

619. A. hauiturus ; v. i, note 27 ; ii, note 2.

620. A. c̄oc. — Pol. : ne ex senatus consulto quidem.

621. A. deuerētur ; v. i, note 27 ; ii, note 2.

622. Avant St. : *ex sexto.* — St. donne : ex sexto, et, en note, il fait remarquer que la correction *t*, au-dessus de *x*, est de la première main. — Par là, semble tranchée la question, jusque

cuit, etiam hoc casu | ex *senatusconsulto* confirmari legatum ; nam ex *verbis* [623] etiam | hoc casu accidere, ut j*ure civili* inutile sit legatum, inde [624] | manifestum *esse,* q*uod* eidem alii*s* verbis recte lega|tur [625], v*el*ut per [626] vin*dicatio*nem et p*er* damn*atio*nem,

---

là fort débattue, de savoir si G. avait écrit *ex Sexto,* ou s'il n'avait pas plutôt écrit *et Sexto.* Cette dernière leçon, déjà admise par Savigny et après lui par Gö. 1-3, Bö. 1, Pell., corrigeant *ex,* semble confirmée par la correction du mot *ex* au ms. lui-même. — 2) D'autres maintenaient *ex Sexto :* Kl., Heff., Blond., Lab., Bö. 3, Dom., Gn. 1, Hu. 2-3, Gir. D'après Kl., G. aurait mentionné un écrit de Julien d'après *Sextus, ex Sexto* (comme il en existe d'autres jurisconsultes, *Gaius ex Q. Mucio, Neratius* et *Pomponius ex Plautio, Javolenus ex Cassio).* — 3) Lachm. avait peine à admettre que G. eût désigné aussi brièvement un écrit de Julien, tiré de Sextus. — 4) Bö. 5 lisait *ex sexto* et non *Sexto,* c'est-à-dire *Juliano libro sexto* (Digestorum). — 5) Quelques-uns supprimaient *ex sexto,* Kämmerer (Obss., Rostock, 1827), Buchholtz, (*De praeleg.,* p. 37), Mommsen et Hertz (Jahrbuch des gemeinen deutschen Rechts, III (1859), p. 8, 395); Mommsen regardait *ex Sexto* comme une glose ancienne, Hertz, le croyait formé *per dittographiam* des mots *ex scto.* — 6) Hu. 2-3 défendit spécialement la leçon *ex Sexto,* d'après G. 2, 154 et l. 234 § 2 Dig. *De verbor. signific.* — Depuis St., tous admettent comme la véritable leçon *et Sexto,* sauf Muir., qui croit impossible de dire lequel est exact de *ex* ou de *et.*

Une autre question avait été soulevée : Quel est le jurisconsulte que G. appelle ici Sextus ? La plupart admettaient, avec Savigny et Gö. 1-2, qu'il s'agissait de Pomponius ; mais Gö. lui-même en douta plus tard, ainsi que beaucoup d'autres. — D'après Mommsen, Zeitsch. für Rechtsgesch., VII (1868), p. 479, « rien n'empêche de penser à Sextus Pomponius, mais il pourrait être question d'Africain, cité sous le nom de *Sextus Caecilius Africanus.* — *Adde* Schulin, *ad Pand.,* tit. *De origine juris,* 1876, p. 15.

623. A. ūuis ; v. I, note 27 ; II, note 2. — 624. A. unde. — 625. Plusieurs, Hu. 2-4, Gir., Pol. : legetur. — 626. A. pro.

sinen|di modo[627] : tunc autem vitio personae lega-
tum non valere, cum ei legatum sit cui nullo modo
lega|ri possit, velut peregrino cum quo testamenti
facti|o non sit, quo plane[628] casu senatusconsulto lo-
cus non est. 219. Item no|stri praeceptores, quod
ita legatum est, nulla ratione[629] putant | posse conse-
qui eum[630] cui ita fuerit[631] legatum, qu|od (?)[632]
judicio familiae erciscundae, quod inter here|des de
hereditate erciscunda, id est, dividunda, accipi |

---

627. Plusieurs regardent comme une glose et suppriment, les uns (Lachm., Bö. 3-4) : *per vindicationem et per damnationem;* les autres (Pol.) : *velut per vindicat.*, jusques et y compris *sinendi modo*. — Pell. tr. et ma., Hu. 2-4, Bö. 5 ; Gir., K. et S., Gn. 2, Muir., maintiennent au contraire ces mots, comme convenant très-bien au sens ; seulement, ils suppriment *et* après *vindicationem*.

628. A. planes, corrigé ms¹.

629. 1) La plupart (Lachm., Hu. 2-4, Bö. 5, Gir., Pell. ma. 3-6, Pol., K. et S., Gn. 2) intercalent *alia,* entre *nulla* et *ratione,* pour lire plus loin *quam,* au lieu de *quod,* avant *judicio familiae erciscundae.* V. la note 632. — 2) Gö. 1-2, Kl., Heff., Bö. 1-3, Pell. tr. et ma. 1, donnent : *nulla ratione,* sauf à différer sur ce qu'ils admettent plus bas à la place de *quod.* — 3) Muir. lit nulla *actione* (au lieu de *ratione,* le ms. ayant non pas *ratione* en toutes lettres, mais l'abréviation *a7ne,* pour *actione,* devant lequel se serait glissé accidentellement un *r*).

630. A. eum.

631. A. fuerint.

632. *Quod,* certain à l'Ap. et même écrit en toutes lettres, est rejeté par tous ; la plupart lisent *quam,* les uns sans avoir ajoué *alia* (v. la note 629), les autres en l'ajoutant, ce qui semble nécessaire. — Quelques-uns, Gö. 3, Gn. 1, Pell. ma. 1, Pos., A. et W., ont admis *praeterquam*.

solet[633] : officio enim judicis id contineri ut, et *quod per* | *praeceptionem* legatum *est*, adjudicetur. 220. Unde intel|legimus, nihil aliud secundum nostrorum prae|ceptorum opinionem *per praeceptionem* legari pos|se, nisi *quod* testatoris sit ; nulla enim alia *reo quam* here|ditaria deducitur in hoc judicium. Itaque, si non suam rem eo modo testator legaverit, || jure quidem civili inutile erit legatum, sed ex *se*na|*tusconsulto* confirmabitur[634]. Aliquo[635] *tamen* casu *etiam* | alienam rem (636) praeceptionem legari posse fatentur, | *veluti* si quis eam rem legaverit, *quam* creditori fiduci|ae causa mancipio dederit ; nam officio judicis co|*heredes* cogi posse existimant solutam pecuniam |solvere (?)[637] eam rem, ut possit *praecipere*[638] cui ita lega|tum sit. 221. Sed diversae *scholae*[639] auctores putant etiam extra|neo per praeceptionem legari

---

633. Pol. supprime *quod judicio* jusqu'à *solet*, glose évidente selon lui : « Si, dit-il, G. eût pensé nécessaire de dire ce qu'était le *judicium famil. ercisc.*, ce qui est peu probable, il ne l'eût pas fait en parlant comme s'il y avait *deux* judicia *fam. erc.*, dont l'un seulement serait ici mentionné ».

* Page extérieure facile à lire, sauf quelques passages obscurs.

634. A. confirmauit ; v. I, note 27 ; II, note 2.

635. A. aliquod.

636. Tous intercalent *per*, omis par le copiste.

637. 1) Presque tous, corrigeant avec Lachm., lisent *soluta pecunia luere* (quelques-uns *solvere*), au lieu de *solutam pecuniam soluere*. — 2) Pol. croit que, même avec *soluta pecunia luere*, il y a encore une faute ; il pense que le passage a été corrompu par quelque addition.

638. A. percipere ei.

639. A. diuelse soles.

posse, proinde ac si ita scri|batur [640] : TITIUS HO- MINEM STICHUM CAPITO, supervacuo adj|ecta PRAE syllaba [641] ; ideoque per vindicationem ea**** [642] | legatam videri : quae sententia dicitur divi Hadria|ni constitutione [643] confirmata esse. 222. Secundum | hanc igitur opinionem, si ea res ex jure Quiritium defuncti fue|rit, posse [644] a legatario vindicari, sive is unus ex heredi|bus sit, sive extraneus; quod [644 bis] si in bonis tantum testa|toris fuerit, extraneo quidem ex senatusconsulto utile erit | legatum, heredi vero familiae herciscundae ju|dicis officio praestabitur; ==== | quod si nullo jure fuerit testatoris, tam heredi quam extrane|o ex senatusconsulto utile erit. 223. Sive [645] tamen heredibus secundum uo|strorum opinionem, sive etiam extraneis, secun|dum illorum opinionem, duobus pluribusve eadem | res conjunctim aut disjunctim legata fuerit, singuli || partes habere [646] debent.====

---

640. A. scriuat; v. I, note 27 ; II, note 2.

641. A. syllaba r̊. (p)

642. Tous : eam rem.

643. A. constitutionem.

644. La plupart, corrigeant, potest. — Pol. : (paret) posse.

644 bis. A. q̊ (et); les uns : quod si; les autres : etsi.

645. Mommsen (Epist. crit. K. et S., p. XXI), corrigeant sive, veut si ; il en donne ce motif : « nouum caput incipit ita formatum, ut ipsum praeceptum non pendeat ab ea controuersia, de qua Gaius antea egit quamque hic obiter repetit. »

* Page intérieure très-facile à lire.

646. A. hauere; v. I, note 27 ; II, note 2.

═══ AD LEGEM FALCIDIAM. ═══

224. | Sed olim [647] quidem licebat totum patrimonium lega|tis atque libertatibus erogare, nec quicquam heredi relinqu|ere praeterquam inane nomen heredis; idque lex XII tab*ularum* permit|tere videba*tur*, qua cavetur ut *quod* quisque de re sua | testatus esset, id ratum haberetur [648] his ver*bis* : UTI LE|GASSET SUAE RES, ITA JUS ESTO [649]. Quare [650] qui scripti [651] he*redes* erant, | ab hereditate se [652] abstinebant, et idcirco plerique | intestati moriebantur. **225.** Itaque lata *est* lex Furia, q*ua*, ex|ceptis personis quibusdam, ceteris plus mille [653] as|sibus legatorum nomine mortisve

---

647. A. olum — 648. A. haueretur; i, note 27; ii, note 2.

649. 1) Presque tous corrigent ainsi : *uti legassit suae rei, ita jus esto,* d'après le Pr. Inst. ii, 22. — La disposition des XII tables est rapportée dans les mêmes termes qu'aux Inst. par Pomponius, 1. 120 Dig. De verbor. signific. 50, 16, mais on la trouve en termes différents dans divers autres textes. (V. Gir., Enchiridion, p. 10; Bruns, Fontes, p. 21.) — 2) Pol. : uti legassit suae res ius, ita esto; il maintient *res* comme étant la forme de génitif anciennement en usage, d'après Aulu-Gelle ix, 14. Aux expressions *jus suae rei*; qu'il croit avoir été la partie essentielle de la disposition législative, Pol. consacre un *Excursus* spécial, à la fin du livre iii (p. 337-340). — 3) Haloander, proposant la correction inverse à celle qui prévaut ici, a lu *legasset,* au lieu de *legassit,* aux passages précités des Inst. et du Dig. — 4). D'après l'édit. du Dig. de Mommsen (1877), *legassit* est de la première main dans la Florentine (loi 120 précitée), mais *legasset* s'y trouve comme *scriptura secundaria ab ordinario correctore profecta.*

650. L'Ap. a : qae; d'où, déjà avant St., presque tous admettaient *quare*. — Hu., Beiträge, avait proposé *qua lege*; plus tard (J. A. 2); il avait préféré *qua auctoritate* ; mais il se rallie (J. A. 4) à *quare*. — Pol. lit *qua* ae(tate).

651. A. scribti. — 652. Pol. : s(aep)e. — 653. A. millae.

causa capere per|missum non est. Sed et haec lex non perfecit quod voluit : | qui enim verbi gratia quinque millium aeris patri|monium habebat, poterat quinque hominibus sin|gulis millenos asses legando totum patrimoni|um erogare. 226. Ideo postea lata est lex Voconia, qua cau|tum est, ne cui plus legatorum nomine mortisve causa | capere liceret, quam heredes caperent[654]. Ex qua | lege plane quidem aliquid utique heredes habere vi|debantur, sed tamen fere vitium simile nasceba|tur[655] ; nam in multas legatariorum personas distri|buto patrimonio, poterat adeo heredi minimum | relinquere[656], ut non expediret heredi, hujus lucri gra||tia[657], totius hereditatis onera sustinere. 227. Lata est itaque lex Falcidia, qua cautum est, ne plus ei[658] legare lice|at quam do-

---

654. A. caperentur. — 655. A. nascebantur.
656. On a corrigé de diverses façons la leçon *poterat relinquere*, qui semble inadmissible. — 1) Les uns veulent *poterant* (Bö. 5, Pol.); — 2) d'autres ajoutent *testator*, après *poterat* (K. et S., Gn. 2, Muir.), ou après *relinquere* (Gö., Pell., Gir.). Ce dernier mot est par quelques-uns changé en *relinqui*, ou même (Hu. Beiträge), en *relinqui rei*. — Plus tard, Hu. 2-4, a mieux aimé intercaler *testator*.
* Page intérieure très-facile à lire.
657. A. gratiam.
658. Avant St., *ei legare* n'était pas certain. — 1) Gö. l'avait indiqué comme étant au ms., mais le supprimait, et lisait simplement *plus legare*, leçon suivie Gö. 1-2, Kl., Bö. 3, Pell., Dom. — 2) Heff. : *ei*, au texte, mais en note *cui*. — 3) Bö. 1, *cui*, au texte. — 4) Lachm. : *elegare* (v. supra la note 610). — 5) Hu. Beiträge, au lieu de *ei*, lisant h', proposa *hereditatis*. — 6) Bö. 4-5, lisant c r, inséra au texte *civi romano*, suivi Hu. 2, Gir. — Depuis St., *ei*, donné comme certain au ms. et déjà admis par Blond., Lab., Hu. 1, Gn. 1, Pos., A. et W., est désor-

drantem⁶⁵⁹ : itaque necesse est ut heres quartam | partem hereditatis habeat; et hoc nunc jure utimur. 228. In | libertatibus quoque dandis nimiam licentiam | compescuit lex Fufia⁶⁶⁰ Caninia, sicut in primo com|mentario⁶⁶¹ retulimus.

| R. ══ DE INUTILITER RELICTIS LEGATIS. ══ R.

229. | Ante heredis institutionem ((in))utiliter⁶⁶² legatur, | scilicet quia testamenta vim ex institutione | heredis accipiunt, et ob id velut caput et fundamen|tum intellegitur totius testamenti heredis insti|tutio. 230. Pari ratione nec libertas ante heredis insti|tutionem dari potest. 231. Nostri praeceptores nec tuto|rem eo loco dari posse existimant⁶⁶³; sed Labeo et Pro|culus tutorem posse dari⁶⁶⁴, quod nihil ex heredita|te erogatur tutoris datione. 232. Post mortem quoque | heredis inutiliter legatur, id est hoc modo: CUM HERES | MEUS MORTUUS ERIT, DO LEGO, aut DATO. Ita autem re|cte

---

mais maintenu par tous. — Pol. croit que le copiste a omis ici une ligne de l'archétype, portant, entre *cautum est* et *ne plus ei* : « ut qui civis romanus, quaeque civis romana testamentum faciat. » Nous savons en effet que les mots *cives romani* se trouvaient dans le texte de la loi, d'après Paul, qui en rapporte les termes, loi première, pr. Dig., h. tit., 35, 2.

659. A. dodramtem.

660. Sur le nom de la loi Fufia (et non Furia) Caninia, v. I, note 115.

661. A. conmentario.

662. A. utiliter, faute certaine du copiste; *inutiliter* est aux Inst., § 34; emprunté à G.

663. A. existsimantur.

664. Plusieurs intercalent *putant*.

legatur : CUM HERES[665] MORIATUR, quia non p*ost* mor-tem | heredis relinquitur, sed ultimo vitae ejus tem-|pore.==== Rursum ita non potest legari : PRIDIE QU*AM* HERES MEUS MO|RIETUR ; q*uod* non pretiosa ratione receptum videtur. || 233. Eadem et de libertatib*us* dicta intellegemus. 234. Tutor | vero an post mortem heredis dari p*ossit* quaerenti|bus eadem forsitan poterit esse quaestio, q*uae* de (666) agi|tatur qui ante heredum institutionem datur.

| ==== DE POENAE CAUSA RELICTIS LEGATIS.==== 235. | Poenae q*uoque* nomine inutiliter legat*ur*. Poenae autem | nomine legari videtur, q*uod* coercendi heredis cau|sa relinquitur, quo magis heres aliquid faciat aut | non faciat ; velut[667] q*uod* ita legatur : SI HERES MEUS FILIAM SU|AM[668] TITIO IN MATRIMONIUM COLLOCAVERIT[669] X[670] | SEIO DA|TO ; vel ita : SI FILIAM TITIO IN MATRIMONIUM NON COLLO|CAVERIS[671] X MIL-

---

665. Plusieurs intercalent *meus*.

* Page extérieure en grande partie non facile à lire.

666. Tous intercalent *eo*. — Mommsen (Epist. crit., K. et S., XXI) pense que tout ce passage a été troublé par une glose, G. n'ayant pu dire : *poterit esse quaestio quaerentibus*, mais qu'il a pu écrire : *quaerentibus eadem forsitan quaestio quae* (*eo*) *agitetur*, quoique cette *collocatio verborum* soit encore *paulo impeditior*.

667. A. u [u] sch. Blu. — 668. A. (s?) sch. Gö. ; tous : *suam*, qui est exigé par *collocaverit*, et qui se trouve dans les Inst., § 36, II, 20 ; sauf Pol. : *tuam* _____ *collocaveris*.

669. Pol. : collocaver*is*. — K. et S., suivi Muir. : *conlocaverit*.

670. Presque tous intercalent *millia*.

671. K. et S., Muir. : *conlocaveris*. Quelques-uns (Gö 1-2, Heff. ; Gir.) : collocaveri*t*.

LIA TITIO DATO. Sed et[672] si heres[673] verbi gratia in|tra biennium[674] monumentum sibi[674] non fecerit, X Ti|tio dari jusserit, poenae nomine legatum est[675]. Et deni|que ex ipsa definitione multas similes species ([676]) | cumspicere[677] possumus. 236. Nec libertas quidem poenae | nomine dari potest, quamvis de ea re fuerit quaesi|tum. 237. De tutore vero nihil possumus quaerere, quia | non potest datione tutoris heres compelli quidquam facere | aut non facere : ideo quae

---

672. 1) Gö. en note, suivi Bö. 2, au texte, croient qu'il y avait *si* deux fois répété, et lisent : sed et si (*quis,* si) heres. Ce que Lachm. rejette, en disant *omnia varia*. — 2) Heff. intercale *cum quis* entre *sed et* et *si heres*; suivi Pell. — 3) Hu. Beiträge : sed et si her*edem* verbi gratia ――― sibi (*facere, et si*) non fecerit, X Titio, etc., puis, plus simplement J. A. 2-4 : sed et si heredem (*si*), suivi K. et S., Gn. 2 (qui d'abord avait proposé d'intercaler *si* après *monumentum,* Gn. 1, en note), Muir.

673. A. simplement h; d'où la plupart : *heres*; quelques-uns : *heredem*. V. la note précédente.

674. A. uiennium siui; v. I, note 27; II, note 2.

675. A. legatu ✱✱✱.

676. A. (ci|) sch. Gö.

677. Avant St., diverses leçons ont été proposées pour la fin de la l. 15 et le commencement de la l. 16 : 1) *ulterius fingere;* — 2) *vel causas fingere;* — 3) *proprias fingere;* — 4) *contrarias;* — 5) *testamentarias,* toutes inadmissibles aujourd'hui, bien que ce que St. a lu ne soit pas non plus certain. — Depuis St., — 1) Goud. : *facile conficere;* — 2) Pol. : *circumscribere;* — 3) K. et S. : *circumspicere*, en note ; inséré au texte par Hu. 4, qui en rapproche : *circumspicere externa auxilia* de Tite-Live, I, 30, 6 ; suivi Gn. 2, Muir.

datur poenae nomine[678] | tutor datus fuerit[679], magis sub condicione quam poenae[680] nomine datus videbitur. ==== 238. Incertae[681] personae legatum inutiliter relinquitur. Incer|ta[682] autem videtur persona, quam per incertam opinionem || animo suo testator subjicit[683], velut si[684] ita le|gatum sit : QUI PRIMUS AD FUNUS MEUM VENERIT, ***[685] MEUS X[686] DATO. Idem juris est si generaliter omnibus | legaverit : QUICUMQUE AD FUNUS MEUM VENERIT. In[687] | eadem causa est qvod ita relinquitur : QUICUNQUE FILIO ME|O IN MATRIMONIUM FILIAN SUAM CONLOCAVERIT, EI | HERES MEUS X MILLIA DATO. Illud quoque in eadem cau|sa est[688] quod ita relinquitur: QUI POST TESTAMENTUM[689]

---

678. A. n **** ne.
679. Passage évidemment défectueux. — 1) La plupart lisent : ideoque nec datur poenae nomine tutor ; (si vero ita tutor, ou et si, ou et si ita) datus fuerit. — 2) Goud. : ideoque n(ihil) datur — | et si ita tutor datus. — 3) Pol. : ideo quando etiam poenae nomine tutor datus fuerit ; suivi Muir. — 4) K. et S. (en note d'après Mommsen) : ideoque (et si secundum mentem testatoris is qui tutor) datus est, poenae nomine, etc. — 5) Hu. 4 : aut non facere ideo quod datur. (Si igitur) poenae nomine tutor datus fuerit ; suivi Gn. 2.
680. A. p**|nae. — 681. Hu. 2-4 intercale item au commencement du §. — 682. A. inutil [itrel] inqu [it'ince], sch. Blu.
* Page extérieure non facile à lire.
683. A. subicitur. — 684. A. u e ******.
685. Tous ei heres. — 686. Tous intercalent millia.
687. A. ueneri (tii*) sch. Gö.
688. Plusieurs (Hu. 2-4, Gir., Pol., Muir) suppriment in eadem causa est.
689. Plusieurs (Hu. ; Bö. ; Gir.) intercalent entre testamentum et consules : scriptum primi, d'après le § 25, Inst. II, 20. — Pol. simplement : qui (primi).

con|sules designati erunt : aeque[690] incertis personis le|gari videtur. Et denique aliae multae hujusmo|di species sunt.==== Sub certa vero demonstratione incertae personae | recte legatur, velut : ex cognatis meis qui nunc sunt, | qui primus ad funus meum venerit, ei X millia he|res meus dato. 239. Libertas quoque non videtur incer|tae personae dari posse, quia lex Fufia[691] Caninia jubet | nominatim[692] servos liberari. 240. Tutor quoque cer|tus dari debetur.==== 241. Postumo quoque alieno inutiliter lega((tur : est))[693] autem | alienus postumus[694], qui natus inter suos heredes | testatoris futurus non est; ideoque ex mancipato[695] ((quo))que[696] filio conceptus nepos extraneus post——****i in utero est ejus quae in jure civili non intellegitur uxor, extraneus postumus patri intelle||gitur[697]. 242. Ac ne heres quidem

---

690. Ceux qui n'ont pas supprimé *in eadem causa est* après *illud quoque*, ajoutent ici quelque chose, *nam*, ou *enim*, ou *tum*.

691. *Fufia* et non *Furia*, V. I, note 115.

692. A. nominatum.

693. D'après le § 26, Inst. II, 20. — A. legat.

694. V. sur *postumus*, la note 377 ci-dessus.

695. Presque tous, au lieu de *mancipato*, lisent *emancipato*, d'après le § 26, Inst. — Pol. maintient *mancipato*. Cpr. *supra* la note 393.

696. A. ***|que ; *quoque*, § 26 précité, Inst.

* Page intérieure très-facile à lire.

697. Avant St., les lignes 22 *fine*, 23 et 24, illisibles en grande

potest institui postumus | alienus; est enim incerta persona. 243. Cetera vero quae | supra diximus, ad legata proprie pertinent : quamquam non | immerito quibusdam placeat, poenae nomine he|redem institui non posse ; nihil enim interest[698] | utrum legatum dare jubeatur heres, si fecerit ali|quid aut non fecerit, an coheres ei adjiciatur; quia | tam coheredis[699] adjectione quam legati datione com|pellitur, ut aliquid contra propositum suum faci|at aut non faciat[700].

244. An ei qui in potestate sit ejus quem heredem insti|tuimus recte legemus[701], quaeritur. Servius

---

partie, avaient été diversement restituées (1). —— Depuis St., tous : postumus est avo: *item qui* in utero est, quae in jure civili non intellegitur uxor, extraneus ——— intellegitur, sauf suppression de *in* par K. et S.; Hu. ; Gn. ; Muir, et maintien de *contingit* par Gn.

698. Avant St. intererit.

699. La révision de St. confirme la conjecture de Hu. Beiträge, qui au lieu de *tamen heredis* (donné comme leçon du ms., et remplacé, Gö. 1-3, et autres, par *tam heredis*), avait lu *tam coheredis*; cette conjecture de Hu. avait été suivie généralement.

700. Avant St. on n'avait pas lu *aut non faciat*.

701. A. lecemus.

---

(1) 1) Gö. 1-2, Heff., Lab. laissaient en blanc depuis *extraneus* jusqu'à *uxor extraneus postumus patri contin* ||*git*, sauf *est ejus*, pour le milieu de la l. 23. — 2) Kl. : [postumus avo erat (erit, quod non futurus] est ejus [in potestate ; item si soluto matrimonio conceperit] uxor, extraneus ——— contingit. — 3) Hu. Studien : est postumus avo; item qui in utero est ejus quae conubio non interveniente ducta est uxor; suivi Blond., Gn. 2, Dom., Gir., Post., A. et W. — La première partie de cette restitution : *est postumus avo; item qui in utero est ejus* fut admise par tous; mais non la seconde. — 4) Holw. : quam jure nostro habere non licet uxorem. — — 5) Gö. 2 (en note) d'après le § 28, Inst., quae jure nostro non potest esse uxor; suivi Bö. 3, Pell. ma. — Cette dernière leçon, vivement combattue par Hu. 2, comme renfermant une erreur, fut défendue non moins vivement par Bö. 5.

recte lega|ri putat[702], sed evanescere legatum, si, quo tempore | dies legatorum cedere solet, adhuc in potestate sit; ide|oque, sive pure legatum sit et vivo testatore in po|testate h*e*r*e*dis *esse* desierit, sive sub condicione et an|te conditionem id acciderit, deberi legatum. | Sabinus et Cassius sub condicione recte legari, pu|re n*on* recte putant; licet enim vivo testatore pos|sit desinere in potestate heredis *esse*, ideo *tamen* inu|tile legatum intellegi oportere, quia q*uod* nullas vi|res habitūrum[703] foret, si statim post testamentum | factum decessisset testator; hoc ideo[704] valere, | quia vitam[705] longius traxerit, absurdum esset[706]. ✱✱✱ || diversae scholae[707] auctores nec sub condicione re|cte legari[708]; quia quos in potestate habemus, eis non | magis sub condicione q*uam* pure debere possumus.

245. Ex diverso constat, ab eo qui in potestate ([709]) *est* herede in|stituto, recte tibi legari : sed si tu per eum heres ex|titeris, evanescere legatum, quia ipse tibi legatu*m* | debere non possis; si vero filius eman-

---

702. Avant St. probat.

703. A. hauiturum; V. i, note 27; ii, note 2.

704. A. modeo, corrigé.

705. A. utitam.

706. A. ee ✱✱✱; tous *esset; sed.*

✱ Page intérieure très-facile à lire.

707. A. sichole.

708. Presque tous intercalent *putant*. — Pol. préfère lire : *auctores neg(ant)*, au lieu de *nec.*

709. Tous intercalent *tua.*

cipatus, aut | servus manumissus erit, *vel* in alium translatus, et ipse heres extiterit, aut alium fecerit, deberi le|gatum.=====

246. Hinc transeamus ad fideicommissa. 247. Et prius de he|reditati*bus* videamus. 248. Inprimis igitur sciendum | *est*, opus *esse* ut aliquis heres recto jure institua*tur*, | ejusque fidei committatur⁷¹⁰ ut eam heredita|tem alii restituat : alioquin inutile *est* testamentum | in quo nemo recto jure heres instituitur. 249. Verba | autem utilia fid*eicommissorum* haec recte⁷¹¹ maxime in usu esse | videntur : PETO, ROGO, VOLO, FIDEICOMMITTO, quae pro|inde firma singula *sunt*, atque si omnia in unum co*n*|gesta sint. 250. Cum igitur scripserimus⁷¹² : TITIUS⁷¹³ HERES ESTO, | possumus adjicere : ROGO TE, LUCI TITI, PETOQUE A TE, UT, CUM PRIMUM | POSSIS HEREDITATEM MEAM ADIRE, GAIO SEIO REDDAS RESTITUAS⁷¹⁴. Possu*mus* autem et de parte restituenda ro|gare ; et liber*um est vel* sub condicione, *vel* pure relinquere || fideicommissa, vel

---

710. A. committabatur.

711. 1) *Recte* est rejeté par la plupart ; mis entre crochets par plusieurs (Bö. 5, K. et S., Gn., Muir.), il a été remplacé par *fere* (d'après Ulp. 25, 2), Hu., Bö. 2, Pell., ou par *certe*, Pöschmann. — 2) D'autres le maintiennent, Gö., Heff., Bö. 3, Gir., Goud., Pol. — Goud. s'étonne même que *recte* ait fait difficulté ; il cite comme le confirmant, Paul, IV, 1, 62 ; loi 115. Dig., de legatis, 1° (30), et Théophile, sur le § 3 Inst. II, 25.

712. A. scribserimus.

713. La plupart intercalent *Lucius* avant *Titius*.

714. A. restuas.

* Page intérieure très-facile à lire.

ex die certa. 251. Restituta autem | hereditate[715], is qui restituit nihilominus heres permanet; is | vero qui recipit hereditatem aliquando heredis loco | est, aliquando legatarii. 252. Olim autem[716] nec heredis loco erat, nec | legatarii, sed potius emptoris. Tunc enim in usu erat, | ei cui restituebatur hereditas, nummo uno eam he|reditatem dicis causa venire; et quae stipulatio|nes (inter venditorem hereditatis et emptorem interponi solent, eaedem interponebantur[717]) inter heredem et eum cui restituebatur heredi|tas, id est, hoc modo : heres quidem stipulabatur ab e|o cui restituebatur hereditas, ut quidquid heredi|tario nomine[718] condemnatus fuisset[719], sive quid alias | bona fide dedisset[720], eo nomine indemnis esset[721], et omni|no si quis cum eo hereditario nomine ageret[722], ut[723] rec|te defenderetur; ille vero qui recipiebat heredi|tatem, invicem[724] stipulabatur, ut si quid ex heredi-

---

715. A. hereditatem.

716. Certain d'après St.; déjà admis auparavant, au lieu de *dumaine*, que l'on croyait au ms. V. Ap. B.

717. Le copiste a omis tout ce passage, dont la restitution, proposée par Gö., d'après G. lui-même (§ 254, 257 infra), a été admise par tous sans difficulté.

718. Pol. intercale entre *nomine* et condem*natus* : *(dedisset, sive cujus rei nomine)*.

719. Au lieu de *fuisset*, K. et S. *soluisset*, suivi Gn. 2, Muir.; correction jugée superflue par Hu. 4

720. A. dedisse.

721. A. indemisset.

722. Pol. supprime *omnino si quis ——— ageret*.

723. La lettre *t* est ajoutée au-dessus de *u*; Bö. 5, supprime *ut*.

724. Avant St., inuiceni.

|tate ad heredem pervenisset, id sibi restitueretur, ut[725] | etiam pateretur eum hereditarias actiones procurato|rio aut cognitorio nomine exequi.
253. | Sed posterioribus temporibus, Trebellio[726] Maximo | et Annaeo Seneca consulibus, *senatusconsultum factum est, quo cautum est,* | *ut, si cui hereditas ex fideicommissi causa restituta sit, actiones* | *quae jure civili heredi et in heredem competerent,* | *((ei[727])) et in eum darentur cui ex fideicommisso restituta esset here|ditas.* Post quod senatusconsultum desierunt illae cautiones in usu haberi; || praetor enim utiles actiones ei et in eum qui recepit | hereditatem, quasi heredi et in heredem, dare coepit, | eaeque in[728] edicto[729] proponuntur. 254. Sed rursus, quia he|redes scripti, cum aut totam hereditatem, aut pe|ne totam plerumque restituere rogabantur, | adire hereditatem ob nullum aut minimum lucrum | recusabant, atque ob id extinguebantur fideicommissa, postea[730] Pega|so et

---

725. Hu. 2-4, Gir. ajoutent *et* avant *ut etiam*.

726. A. treuellio; V. I, note 27; II, note 2.

727. Restitué d'après le § 4, Inst. II, 23.

* Page extérieure très-facile à lire.

728. Pol. ajoute : *(formul)aeque in (hunc casum in) edicto*, d'après G. III, 222.

729. A. aedicto.

730. — 1) Il y a au ms. avant *Pegaso* une lettre p., dont la plupart ne tiennent pas compte. — 2) K. et S., Gn. 2, Hu. 4, Muir., en font *postea*, d'après le § 5 Inst. — 3) Pol. croit que le copiste a omis une ligne entière de l'archétype, et lit : post|ea Vespasiani Augusti tempore, consule; V. son édit. et pour plus de détails, Mnémosyne, IV, p. 119.

Pusione ((consulibus))⁷³¹, senatus censuit, ut ei qui rogatus | est⁷³² hereditatem restituere, perinde liceret quartam partem retinere, atque e lege Falcidia in legatis retinendis⁷³³ conceditur. Ex singulis quoque |rebus quae per fideicommissum relinquuntur⁷³⁴, eadem retentio permis|sa est⁷³⁵. Per quod senatusconsultum ipse⁷³⁶ onera hereditaria sustinet; ille autem | qui ex fideicommisso reliquam⁷³⁷ partem hereditatis recipit, legatarii partiarii loco est, id est, ejus legatarii cui pars bo|norum legatur; quae species legati partitio voca|tur, quia cum herede legatarius partitur here-|ditatem. ==== Unde effectum est ut, quae solent stipulationes in|ter heredem et partiarium legatarium interponi, | eaedem interponantur inter eum qui ex fideicommissi causa reci|pit hereditatem, et heredem, id est, ut et lucrum et da|mnum hereditarium pro rata parte inter eos com|mune sit. **255.** Ergo si quidem non plus quam⁷³⁸ dodrantem || hereditatis

---

731. Restitué d'après le § 5, Inst. ii, 23.

732. La plupart *esset,* d'après le § 5. Inst.

733. *Retinendis* conservé par les uns (Heff., Bö. 1-3, Pol., Muir.), est par d'autres changé en *retinere,* d'après les Inst. (Gö. 1-3, Kl., Pell., K. et S., Gn. 2), ou *restituendis,* Buchholtz, ou *retinendi jus,* Hu. Beiträge, J. A. 2-4, Gn. 1, Bö. 4-5, Gir. — Mommsen le croit une glose (K. et S., en note).

734. A. relincuntur.

735. Toute la phrase *ex singulis ———— permissa est* est regardée comme une glose, déjà ancienne d'ailleurs, puisque les Institutes de J. l'ont également.

736. Presque tous intercalent *heres,* d'après Inst.

737. A. relinq. — 738. A. quan.

✻ Page intérieure très-facile à lire.

scriptus heres rogatus sit restituere, tum | ex Trebelliano[739] senatusconsulto restituitur hereditas, et in utrumque | actiones hereditariae pro[740] rata parte dantur[741], in here|dem quidem jure civili, in eum vero qui recepit | hereditatem, ex senatusconsulto Trebelliano : quamquam heres, etiam pro | ea parte quam restituit, heres permanet[742], eique et in | eum solidae actiones competunt, sed non ulte|rius oneratur, nec ulterius illi dantur actiones, qu|am apud eum commodum hereditatis remanet. 256. | At si quis plus quam dodrantem, vel etiam totam he|reditatem restituere rogatus sit, locus est Pe|gasiano senatusconsulto. 257. Sed is qui semel adierit hereditatem, | si modo sua voluntate adierit, sive retinuerit | quartam partem, sive noluerit retinere, ipse | universa onera hereditaria sustinet[743] : sed | quarta quidem retenta, quasi partis et pro par|te stipulationes interponi debent, tamquam inter parti|arium legatarium et heredem; si vero totam he|reditatem restituerit, ad exemplum emtae et | venditae hereditatis stipulationes interponen|dae sunt. 258. Sed si recuset scriptus heres adire he|reditatem ob id quod dicat eam sibi suspectam es|se quasi damnosam, cavetur Pegasiano[744] senatusconsulto, ut, de|siderante eo cui

---

739. A. treuelliano ; v. i, note 27 ; ii, note 2.
740. A. pra.
741. A. dant.
742 A. permanent.
743. A. sustinetur.
744. A. casiano.

121

restituere rogatus *est*, jussu || *prae*toris adeat et restituat, *per*indeque ei et in *eum* | qui receperit[745] actiones dentur, ac juris *est*[746] ex | *sena*tus*consulto* Trebelliano. Quo casu nullis stipula*tionibus* | opus *est*, quia simul et huic qui restituit securi|tas datur, et *actio*nes hereditariae ei et in eum trans|feruntur qui receperit h*ereditatem.* 259. Nihil autem in|terest utrum aliquis ex asse heres institutus[747] | aut totam hereditatem aut pro parte restituere ro|getur, an ex parte heres institutus aut totam | eam partem aut partis partem restituere ro|getur; nam et hoc casu de quarta parte ejus par|tis ratio ex Pegasiano[748] *sena-tusconsulto* haberi solet.===

260. | Potest autem quisque etiam res singulas per fideicommissum | relinquere, velut fundum, hominem, vestem[749], | argentum, pecuniam; et vel ipsum heredem ro|gare ut alicui restituat, vel legatarium, q*uam*vis a le|gatario legari non possit. 261. Item non solum pro|pria testatoris res per fideicommissum relinqui, sed etiam here|dis, aut legatari*i*, aut cujuslibet alterius. Itaque | et legatarius n*on* solum de ea re rogari potest, ut *eam* | alicui[750] restituat, quae ei legata sit, sed etiam de ali|a, sive ipsius legatari*i*,

---

❋ Page intérieure très-facile à lire.
745. Plusieurs intercalent *hereditatem*.
746. A. esset.
747. A. instituatur ; *institutus*, restitué d'après le § 8, Inst. II, 23, est supprimé par quelques-uns (Pol.).
748. A. pegasiono.
749. A. ucteste.
750. A. aliqui.

sive aliena sit. Sed hoc solum | observandum est, ne plus quisquam rogetur aliis[751] | restituere quam ipse ex testamento ceperit; nam || quod amplius est, inutiliter relinquitur. ====== 262. Cum autem aliena res per fideicommissum relinquitur, necesse est, | ei qui rogatus est, aut ipsam[752] redimere et praestare, | aut aestimation((em ejus solvere)), [———][753] | per damnationem aliena[754] res legata sit.===== Sunt tamen qui putant, si rem per fideicommissum relictam do|minus non (———) [———] (———)[755] damnationem legati.

263. Libertas[756] quoque servo per fideicommissum | dari potest, ut vel heres rogetur manumittere, vel lega|tarius. 264. N((ec interest, utrum de suo propri))o[757] servo testator | roget, an de eo qui ipsius heredis, aut legatarii, vel|etiam extranei sit. 265. Itaque et alienus servus redimi | et manumitti debet. Quod si dominus eum non vendat, sane extinguitur

---

751. Avant St., *alicui,* comme aux Inst., II, 24, § 1.

* Page extérieure difficile à lire.

752. A. ipsum.

753. A. (em) [....solueres.. umiri ....es] sch. Gö. et Blu.; d'où tous, sans difficulté, restituent: aestimation*em ejus solvere,* d'après le § 1, Inst. II, 24 ; puis : *sicut juris est si.*

754. A. alienam.

755. A. (endat extingui f c) |s' aliaā t ē ē] (c̄ p) sch. Gö. et Bluh., d'où l'on a fait sans difficulté : vendat, extingui fidei commissum ; sed aliam esse causam per.

756. A. liuertas; V. I, note 27; II, note 2.

757. Restitué d'après le § 2, Inst. II, 24.

15 fideicommissaria libertas, quia hoc✱✱✱✱ [758] pre|tii [759] computatio nulla intervenit. **266.** Qui autem ex fidei-commisso | manumittitur, non testatoris fit libertus, et*iamsi* tes|tatoris servus fuerit [760], sed ejus qui manumit|tit [761]. **267.** At qui directo testamento [762] liber esse jubetur, v*el*ut hoc m*odo* : STICHUS SERVUS [763]
20 LIBER ESTO, v*el* : STICHUM | SERVUM MEUM LIBERUM ESSE JUBEO, is [764] ((ipsius testa))toris [765] fit libertus [766]. Nec [767] alius ullius directo ex testam*ento* | libertatem habere potest q*uam* qui utroque tempo*re* | testatoris ex jure Quiritium ((fuerit, et quo faceret)) | testamentum, et quo moreretu*r* [768] ════║[────[769]│────]│.

---

758. St. conjecture *casu* (note A.) ; suivi par tous.

759. La restitution des lignes 13 et 14 avait déjà été faite d'après le § 2 aux Inst., jusqu'à *non vendat*, et pour le reste, d'après le sens. — La révision de St. l'a confirmée, sauf *hoc casu* au lieu de *pro libertate*.

760. A. ✱✱✱✱✱✱ ; *fuerit* au lieu de *sit* des Inst.

761. A. man✱✱✱✱|tit. — 762. A. testamen*t*os.

763. Plusieurs intercalent *meus*. — 764. A. hi_____.

765. Restitué d'après le § 2 Inst. — 766. A. liutus.

767. Entre *libertus* et *nec*, Pol. intercale *unde etiam orcinus appellatur*, d'après les Inst. ; il croit que le copiste a omis une ligne de l'archétype.

768. St. n'a pu lire l. 23, que *testatoris ex iure* acc✱✱✱. — La restitution est admise sans difficulté, d'après le sens, pour *Quiritium*, et pour le reste d'après les Inst.

✱ Page extérieure en grande partie très-difficile à lire, à cause des moyens employés par Bluh.

769. Pour les deux premières l. de la p. 123, où St. n'a rien lu lui-même, il donne d'après Bluh. R, puis *ca*, c'est-à-dire *Rubrica*, que Bö. 5 a ainsi restituée : *Quibus modis differunt quae per fideicommissum relinquuntur ab his quae directo iure legantur*.

268. | (_____) [_____] (⁷⁷⁰) | tur ab his (_____)
[_____]⁷⁷¹. **269.** [_____] | [_____] | [_____]⁷⁷² ══════. 5

770. Pour la l. 3, où St. n'a rien pu lire, l'Ap. reproduit les schedae de Gö. et Bluh. (multum autem) [diff_____] (qua)[e per f̄c̄ relo a n̄], d'où l'on a fait sans difficulté : Multum autem differunt quae per fideicommissum relinquun|tur.

771. A. (ui directo iure l)[antur] sch. Gö. et Bluh., d'où l'on a fini le § 268, sans difficulté : quae directo jure legantur.

772. St. n'a rien lu lui-même du § 269. Son Ap. reproduit ainsi les schedae de Bluh. : [necce p f̄c̄ei a q] to heredis relinqui potest cum alioquin legatum i si| tt° fa. ii. inutile sit.] — Restitutions très-diverses. — 1) Gö. 2, pense, d'une part, que G. expose ici une première différence entre les legs et les fidéicommis, comme l'indique le mot *item* du § suivant, et d'autre part, que cette différence doit être celle qui se trouve indiquée la première dans l'*Épitome* II, 7, § 8, ainsi conçu : « Fideicommissum ad eum, cui aliquid dimissum est, herede mortuo poterit pervenire, si talis fuerit cond|icio testamenti ; nam legatum ita relinqui non potest ». En outre Gö. regarde comme évident que le ms. est ici fautif ; par exemple, qu'il manque quelque chose entre *fideicommissum* et *relinqui*. Puis il rejette les mots *nisi testamento facto,* comme tout à fait étrangers à ce passage, puisque G. traite plus loin de la différence consistant en ce que le fidéicommis peut se faire sans testament. En conséquence, Gö. proposa le § 269 suivant : nam ecce per fideicommissum *etiam post mortem* (ou *etiam ab herede*) heredis relinqui potest : cum alioquin legatum *post mortem heredis relictum* inutile sit. — Enfin, pour le cas où l'on voudrait une autre conjecture, il suggère celle que fournit le § 229 : « *etiam ante* heredis *institutionem* ». — 2) Lach. : nam ecce per fideic., puis en note : etiam nu|tu hereditas relinqui potest, pour finir par : cum alioquin legatum nisi testamento facto, qu'il ne croit pas permis de corriger ; suivi Bö. 3-4, Gn. 1, Pos., A. et W. — 3) Hu. Beiträge, approuve l'idée de *nutu,* mais il ne croit pas possible de changer *heredis* en hereditas, et il propose *nutu capitis*. — 4) Bö. 5 : etiam non institu|to herede relinqui,

270. | Item intestatus⁷⁷³ moriturus (_____) [_____] |
[__⁷⁷⁴__] nen [_____] (_____)⁷⁷⁵ licui relinq (_____)
[_____] | [_____]⁷⁷⁶ rinon p̊ [__⁷⁷⁷__] (₇₇₈).

270ᵃ. [__⁷⁷⁹__] | ctum *non* aliter valet, q [__⁷⁸⁰__]
| mati fuerint, id e*st,* nisi in testamento cave*rit*⁷⁸¹ tes-

etc. ; suivi Gir. — 5) Hu. 2-4 : *etiam ante* heredis (*institutionem*) relinqui potest : cum alioquin legatum *testamenti initio relictum* inutile sit; après quoi il place †††, pour montrer que le copiste a laissé en blanc. Selon Hu., le blanc qu'a laissé ici le copiste provient d'une lacune qu'il voyait dans l'archétype et qui se rapportait à la faculté de faire un fidéicommis *post mortem heredis,* cpr. infra le § 277. — 6) Dom. : fideicommissum *post mortem* heredis relinqui potest, quum alioquin legatum testamento *facto* inutile sit. — 7) Kr., en note K. et S. : etiam ab herede heredis rel. _____ legatum ita relictum inutile; suivi au texte, Gn. 2. _____ S'abstiennent de restituer Kl., Heff., Blond., Lab., Pell., Pol., Muir. — V. infra, note 794.

773. A. intestatos.
774. A. (ote)[os tabea ad quem bo] | [na eius pti] sch. Gö. et Blu.
775. A. [tf] (|ia) sch. Blu. et Gö.
776. A. (uere) [cum alioquin] | [ab eo lega] sch. Gö et Blu.
777. A. [ossit] sch. Blu.
778. Le § 270 a été restitué d'après les sch. de Gö. et de Blu., confirmées par le peu qu'a pu lire St. Tous admettent sans difficulté depuis St. ; item intestatus moriturus potest, ab eo ad quem bona ejus pertinent, fideicommissum alicui relinquere ; cum alioquin ab eo legari non possit.
779. A. [_____ oami e⁎ reli] sch. Blu: d'où Gö, d'après *Épitome* ii, 7, 3, et tous après lui; *item legatum codicillis reli|ctum.*
780. A. [uam siata estatore confir], d'où *quam si a testatore confirmati,* admis par tous.
781. A. cau (e) _____, sch. Gö. — Peut-être y avait-il quelque chose de plus que *caverit.* — Hu. 4, ajoute *ante aut post.*

tator, ut quidquid in codicillis scripserit, id ra|tum⁷⁸²
sit : *fideicommissum* vero etiam non confirmatis codi-
cillis⁷⁸³ | relinqui potest. 271. Item a legatario legari
non potest : sed⁷⁸⁴ | *fideicommissum* relinqui potest.
Quin etiam ab eo quoque cui per | *fideicommissum*
relinquimus, rursus alii *per fideicommissum* relinquere
pos|sumus. 272. Item servo alieno directo libertas⁷⁸⁵
dari non | potest : sed *per fideicommissum* potest.
===== 273. Item codicillis nemo heres institui⁷⁸⁶
potest, neque exhere|dari, quamvis testamento confir-
mati sint : at | is⁷⁸⁷ qui testamento heres institutus
est, potest codi|cillis⁷⁸⁸ rogari ut eam hereditatem alii
totam vel ex | parte restituat, quamvis testamento
confirmati non sint.===== 274. || Item mulier, quae
ab eo, qui centum mill*ia* aeris census | *est per* legem
Voconiam, heres institui⁷⁸⁹ non potest, ta|men *fidei-
commisso* relictam sibi hereditatem capere potest.
275. Latini quoque, qui hereditates legataque⁷⁹⁰

---

782. A. [serit i d r a], sch. Blu.
783. A. n [on con] fir [mat] is [codicillis], sch. Blu., confirmées par ce qu'a lu St.
784. A. [n̄ potest s], non lu par St., mais seulement par Blu.
795. A. liutas ; V. I, note 27 ; II, note 2.
786. A. instituti.
787. A. aut his.
788. A. [e potest codi], non lu par St., mais seulement par Blu.
* Page intérieure très-facile à lire.
789. A. h̄des institutio ; la plupart *heres institui* ; Hu. Beiträge : heredis institutione, et plus tard, J. A. 2-4, heres institu*ta* capere ; suivi Gir.
790. A. legataquia.

5 directo | jure lege Junia capere prohibentur, ex fideicommisso capere pos|sunt.===== 276. Item, cum senatusconsulto⁷⁹¹ prohibitum | sit proprium servum minorem annis XXX libe|rum et heredem instituere, plerisque placet pos|se nos⁷⁹² jubere liberum esse cum 10 annorum XXX | erit, et rogare ut tunc illi restituatur hereditas. 277. Item quamvis non (⁷⁹³) post mortem ejus qui nobis he|res extiterit, alium in locum ejus heredem insti|tuere, tamen possumus eum rogare ut cum morietur, | alii eam hereditatem totam vel ex 15 parte restituat; | et quia post mortem quoque heredis fideicommissum dari | potest⁷⁹⁴, idem efficere possumus et si ita scripse|rimus : CUM TITIUS HERES MEUS MORTUUS ERIT, VOLO HE|REDITATEM MEAM AD PUBLIUM MAEVIUM PERTINERE. Utroque | autem modo, tam 20 hoc quam illo, Titium heredem suum⁷⁹⁵ | obligatum relinquit⁷⁹⁶ de fideicommisso restituendo.=====

791. Gö. et après lui quelques-uns (Pol.) croient que c'est par erreur que le copiste a mis *scto* au lieu de *lege Aelia Sentia*. D'autres maintiennent comme exacte la mention d'un scte : v. spécialement Lach. et Hu. (Beiträge) et la note de M. Muir. sur ce §.

792. A. neos.

793. Tous intercalent *possimus*.

794. Il est probable, d'après l'Epitome, II, 7, 8, portant *sicut superius dictum est,* que G. disait ici *ut supra diximus*, par où il renvoyait à un passage que le copiste aura omis; V. supra les notes sur les §§ 269 et 270.

795. Au lieu de *suum — relinquit,* Gö. 1-2, Kl. Heff., Pell.: *(nostrum)* — relinquimus.

796. A. relinquitur.

278. | Praeterea legata (*per*)⁷⁹⁷ formulam petimus⁷⁹⁸ : *fideicommissa* vero Romae | quidem apud consulem, vel apud eum praetorem qui | praecipue de *fideicommissis* jus dicit, persequimur ; in provinciis ve|ro, apud praesidem provinciae. **279.** Item de *fideicommissis* semper || in urbe, jus dici*tur :* de legatis vero, cum res agun*tur*⁷⁹⁹. **280.** Item⁸⁰⁰ *fideicommissorum* usurae et fructus deben*tur,* si modo mora*m* | solutionis fecerit qui *fideicommissum* debebit : legatorum | vero usurae non deben*tur ;* idque rescripto divi | Hadriani significatur. Scio *tamen* Juliano placuis|se, in eo legato q*uod* sinendi modo relinquitur, ide*m* | juris esse quod in *fideicommissis;* qu*am* sententiam et his tempo|ribus magis optinere video.=== **281.** Item legata graece⁸⁰¹ scripta n*on* valent : *fideicommissa* vero valent. **282.** | Item si legatum per damnationem relictum heres | inficietur⁸⁰², in duplum cum eo agitur : *fideicommissi* vero no|mine semper in simplum persecutio es*t.* **283.** Item (*quod*)⁸⁰³ quisque ex

---

797. Omis par le copiste.

798. A. petimos.

* Page intérieure facile à lire.

799. A. agunit. ; dont la plupart ont fait seulement *aguntur.* Mais, d'après Rudorff (*Abhandlungen* de l'Académie de Berlin, 1865, p. 335), suivi K. et S., Hu. 4, Gn. 2; *agunit* serait pour agun*tur item ;* d'où ils lisent *item* au commencement du § 280.

800. Leçon plausible proposée par Rudorff, d'après le mot *agunit* du ms. V. la note précédente.

801. A. graege.

802. A. infietur.

803. Omis par le copiste.

fideicommisso plus debito per errorem solverit, re|pe-
tere potest : at id quod ex causa falsa per damna|tio-
nem legati plus debito[804] solutum sit, repeti non |
potest. Idem scilicet juris[805] est de eo legato[806] quod
non | debitum, vel ex hac, vel ex illa causa, per
errorem so|lutum fuerit. ====

284. | Erant etiam aliae differentiae, quae nunc
non | sunt. 285. Ut ecce peregrini poterant fidem
commis|sam facere et ferre[807] haec fuit origo fidei-
com|missorum[808]. Sed postea id prohibitum est; et
nunc ex orati|one divi sunt(?)[809] Hadriani senatuscon-

---

804. A. deuito ; v. i, note 27 ; ii, note 2.
805. A. iuriis.
806. Le mot *legato* n'est conservé tel quel que par un petit nombre : Go. 1-2, Bo. 1-2, Muir. La plupart le suppriment, le remplacent, ou y ajoutent quelque chose : — 1) Sav., Heff., Lachm., Pell., Pos., A. et W., K. et S., Gn., pensent qu'il est de trop. — 2) Lachm. avait lu d'abord *erogato*. — 3) Bö. 3 propose : de *do(lego)* legato. — 4) Bö. 4 : de *eodem* legato. — 5) Bö. 5, Hu. 2-4, Gir. de *solido*. — 6) Pol. : de eo legato (*ipso*). — 7) D'après Heff., en note, « tuetur fidem librarii, quamvis parum, Ulp. xxiv, 33 ».
807. 1) Gö. et, après lui, presque tous ont ainsi corrigé : *fideicommissa capere, et fere haec fuit*. — 2) Pol. admet la leçon *fideicommissa facere et ferre, haec fuit*, que Gö. avait déjà indiquée comme se présentant à la pensée, mais qu'il avait rejetée, tant à cause de l'expression même *fideicommissa facere*, qui lui semblait étrangère au langage des anciens jurisconsultes, que par des motifs tirés du fond du droit. Pol. ajoute après *et ferre :* (*et fere*).
808. A. fidecommissa.
809. Ce mot est évidemment impossible ici. La plupart le suppriment, sans même signaler son existence. — Quelques-uns pensent que le copiste l'a formé maladroitement de l'abréviation s̄, qui était à l'archétype, et qui signifiait *sanctissimi* (Pol.) ou

sultum⁸¹⁰ fac*tum* | es*t*, ut ea fideicommissa fisco vindicarentur. 286. Caelibes⁸¹¹ || quoque, qui p*er* legem Juliam⁸¹² hereditates lega|taque capere prohibentur, olim fideicommissa | videbantur capere posse. 286ᵃ. Item orbi, qui p*er* legem Pa|piam, ob id⁸¹³ q*uod* liberos non habebant⁸¹⁴, dimidias partes | hereditatum⁸¹⁵ legatorumque perdunt, olim soli|da fideicommissa videbantur capere posse. Sed | postea s*enatus*c*onsulto* Pegasiano⁸¹⁶ p*er*inde fideicommissa quo|que ac lega-

---

sacratissimi (Hu. 4). V. ci-dessus la note 149, sur le § 53 du livre Iᵉʳ. — Au rescrit d'Adrien, dont parle G., il fut apporté, par Antonin le Pieux, une exception en faveur des Grecs qui, devenus citoyens romains, purent laisser par fidéicommis leur hérédité à leurs enfants demeurés pérégrins; Pausanias, 8, 43, 3. Gaius ne mentionne pas cette exemption, la regardant sans doute comme trop spéciale ; de là, Hu. 2-4 tire un argument, qui ne manque pas de force, contre l'opinion d'après laquelle Gaius aurait été un jurisconsulte de province, et spécialement de province grecque.

810. Senatus consultus.

811. A. caeliues; v. I, note 27 ; II, note 2. — Quelques-uns (Pell., Gir.), au lieu de *caelibes*, écrivent *coelibes*.

812. A. iulianas; — avant St. : iuliamci, Ap. Bö. — 1) Presque tous ont simplement : Juliam hereditates. — 2) Hu. 2, suivi Bö. 5, intercale *testamento*. — 3) Pol. : Iulia(*m alie*)nas. — 4) Hu. 4 : Iu*liam testamentarias*.

813. Quelques-uns, Pol., K. et S., Gn. 2, Muir., regardent comme une glose *ob id quod liberos non habebant*. — Hu. 4 remarque : « Orbi varie accipiebantur. »

814. Au lieu de *habebant, habent* est admis par ceux qui maintiennent au texte *ob id*, etc. V. la note précédente.

815. A. hereditarium.

816. A. pecasiano.

gatum[817] hereditatesque capere posse[818] | prohibiti sunt; eaque translata *sunt* ad eos qui[819] testamen|to liberos habent[820] aut, si nullos[821] liberos habebunt[822], | ad populum, sicuti juris *est* in legatis et in here|di|tatibus que[823] eadem aut simili[824] ex causa

---

817. Corrigé par presque tous : *legata*. — Pol. rejette comme une glose les mots *ac legatum hereditatesque*.

818. 1) J'admets *posse* avec presque tous; mais le ms. portant *p'scm* et, le mot *posse* étant superflu, quelques-uns ont lu *pro semisse*, indiqué par Hu. 2-4, en note; mais au texte, il maintient *posse*. Il conjecture qu'il manque ici quelque chose, comme, par exemple : *caelibes omnino, orbi*). — 2) Pol., Muir., insèrent au texte *pro semisse*. — 3) K. et S., en note, Gn. 2, au texte, suppriment *posse*.

819. Pol. intercale *in eo* entre *qui* et *testamento*; suivi K. et S., Gn. 2, Hu. 4, Muir.

820. Hu. 2-4., corrigeant Gaius, ajoute (en note), d'après la loi 60 Dig. De leg. 2ᵒ : *primo tamen ad eum patre, cujus fides electa erat*.

821. Plusieurs, corrigeant, lisent *nullus* : Lach., Bö. 2-5, Hu. 2-4, Gir., K. et S., Gn., Muir. Quelques-uns (Savigny, Pol.) *nulli*.

822. A. habebint. — 823. Le ms. porte *hereditatibusque*. Il est évident que G. n'a pu dire *et* hereditatibus*que* — 1) La plupart (Gö., Bö., Gn. 1., Pell., Gir.) ne tiennent pas compte de *que*; ils terminent le § 286ᵃ par *hereditatibus* et commencent le § 287 à *Eadem aut simili causa autem*. — 2) Hu. 2 croit que la lettre c̄, abréviation pour *cum*, a été omise entre *hereditatibus* et *que*. Terminant aussi le § 286ᵃ par *hereditatibus*, il lit, au § 287 : (*Cum*)que *eadem aut simili ex causa item* ; v. la note 826 *infra*. — 3) D'après Pol., *que* est là, comme il arrive souvent pour *quae*; par suite, le § 286ᵃ doit être prolongé, après *hereditatibus*. Pol. propose : quae eadem aut simili ex causa caduca fiunt, § 287. I|tem olim, etc. — Cette leçon, suivie K. et S., Gn. 2, Muir., est regardée par Hu. comme aussi bonne, et peut-être meilleure même, que la sienne. — Il semble évident que le § 286ᵃ ne doit pas être arrêté au mot *hereditatibus*.

824. A. simile.

cau[825] (?) **287.** ? tem[826] olim in|certae personae, vel postumo alieno per *fideicommissum* relinqui | poterat, quamvis neque heres institui, neque lega|ri ei posset[827]. Sed *senatusconsulto quod* auctore divo[828] Hadriano *factum est* idem in fideicommissis, quod in legatis hereditatibus|que, constitutum *est*. **288.** Item poenae nomine jam non | dubitatur, nec *per fideicommissum* quidem relinqui posse. **289.** Sed *quam*|vis in multis[829] juris partibus longe latior causa sit | *fideicommissorum quam eorum* quae directo relinquuntur, in quibusdam | tantumdem valeant[830], *tamen* tutor non aliter testa|mento dari potest *quam* directo, veluti

---

825. A. cautem, dont on a fait *causa autem*, *causa item* ou *causa etiam* (v. la note suivante) ou *causa caduca* (v. la note précédente).

826. 1) Le commencement du § 287, admis par la plupart : *Eadem aut simili ex causa autem olim*, paraît inadmissible. — 2) Hu. 2-4 proposa : *cumque eadem aut simili ex causa item olim* (v. la note précédente); auparavant, Hu. 1 avait proposé : Eadem aut simili ex causa *cum*, ce dernier mot remplaçant *autem* qui ne se comprend pas. — 3) Bö. 5, en note, est également d'avis de corriger *autem*, mais il préfère *etiam*, avec *quidem* intercalé après *olim*; il admet, avec Hu., que la *similis causa* est *senatusconsulti causa*. — Depuis que Pol. a proposé de prolonger le § 286 (v. la note 824), le § 287 commence par les mots *Item olim* dans toutes les édit., sauf Hu. 4, qui lui-même n'en est pas éloigné.

827. A. p'sit. ; — au lieu de *possit*, *posset* est admis par tous ceux qui commencent le § 287 à *Item olim*; il l'était même déjà auparavant, Hu. 2.

828. A. diro.

829. A. uimulus.

830. A. ualent.

hoc modo : LIBERIS | MEIS TITIUS[831] TUTOR.[832] ESTO, vel ita : LIBERIS[833] MEIS TITIUM | TUTOREM DO : per *fideicommissum* dari vero[834] non potest.

---

831. A. tius.
832. A. tutores.
833. A. liueris; v. i, note 27; ii, note 2.
834. Tous transposant : *vero dari* ; il est probable que le copiste a fait erreur et que le signe de transposition aura été omis, comme il arrive souvent.

COMMENTARIUS TERTIUS.

||————————————————————||¹

1. ((Intestatorum hereditates lege XII tabularum primum ad suos heredes pertinent. 2. Sui autem

---

1. Une feuille entière a été perdue, détruite par la main du copiste des Lettres de saint Jérôme; elle correspond aux p. 126* et 126** de l'Apogr.; la p. 127 commence aux mots *mortem patris causa probatur*, au milieu du § 5. — Les §§ 1-5, jusqu'à *mortem patris*, ont été restitués sans difficulté, d'après une triple source : 1° l'*Epitome*, II, 8, 1-4, 2° les Inst. de Just., III, 1, 1-2, 3° la *Collatio leg. mosaïcar. et roman.* XVI, 2, 1-5. Mais les §§ ainsi restitués ne suffisent pas pour remplir les deux pages perdues. La plupart pensent que la première page du liv. III ne contenait aucune écriture. Toutefois, il semble plus probable qu'elle avait été écrite, mais à la fin seulement, le commencement étant resté en blanc pour le début du livre nouveau. — Quant au fond, les conjectures de Hu. 2-4 sont vraisemblables, savoir : 1) que G. aurait placé une transition à la matière des successions ab intestat, comme il en a placé une, aux §§ 99 et 100 du Com. II ; — 2) qu'il aurait écrit quelque chose d'où a été tiré le Pr. Inst. III, 1 ; — 3) qu'il aurait distingué les successions des ingénus de celles des affranchis et qu'il aurait annoncé qu'il traiterait en premier lieu de celles des ingénus. — Pol. croit en outre que G. aurait également signalé, à cet endroit, la faculté de faire ab intestat des fidéicommis par codicille et la règle « codicillis autem hereditas neque dari neque adimi potest, ne confundatur ius testamentorum et codicillorum. »

heredes existimantur liberi qui in potestate morientis fuerunt, veluti filius filiave, nepos neptisve ex filio, pronepos proneptisve ex nepote filio nato prognatus prognatave : nec interest, utrum naturales sint liberi, an adoptivi. Ita demum tamen nepos neptisve et pronepos proneptisve suorum heredum numero sunt, si praecedens persona desierit in potestate parentis esse, sive morte id acciderit, sive alia ratione, veluti emancipatione; nam si per id tempus quo quisque moritur, filius in potestate ejus sit, nepos ex eo suus heres esse non potest. Idem et in ceteris deinceps liberorum personis dictum intellegemus)). 3. (((Uxor quoque quae in manu est, sua heres est, quia filiae loco est. Item nurus quae in filii manu est; nam et haec neptis loco est. Sed ita demum erit sua heres, si filius cujus in manu erit, cum pater moritur, in potestate ejus non sit. Idemque dicemus et de ea quae in nepotis manu matrimonii causa sit, quia proneptis loco est.)))² 4. ((Postumi quoque, qui, si vivo parente nati essent, in potestate ejus futuri forent, sui heredes sunt.)) 5. (((Idem juris est de his quorum nomine, ex lege Aelia Sentia vel ex senatusconsulto, post²))) || mortem patris causa probatur; nam et hi, vivo patre | causa probata, in potestate ejus futuri essent. 6. Quod eti|am de eo filio qui

---

2. Le § 3 et le commencement du § 5 sont restitués seulement d'après la *Collatio*, XVI, 2, 3 et 5.

* Page intérieure pour la plus grande partie non difficile à lire, quoique trois fois écrite.

ex prima secundave[3] mancipa|tione[4], post mortem patris, manumittitur in|tellegemus.

7. Igitur cum filius filiave et ex altero filio nepo|tes neptesve extant, pariter ad hereditatem vocantur[5], | nec qui gradu proximior est ulteriorem exclu|dit : aequum[6] enim videbatur, nepotes neptesve | in patris sui locum portionemque succedere. | Pari ratione et si nepos neptisve[7] sit ex filio et | ex nepote pronepos proneptisve[8], simul omnes vo|cantur ad hereditatem.

8. Et quia placebat nepotes neptes|ve, item pronepotes proneptesve in parentis | sui locum succedere, conveniens esse visum | est, non in capita, sed (((in)))[9] | stirpes hereditates dividi, ita | ut filius partem dimidiam hereditatis ferat, et ex al|tero filio duo pluresve nepotes alteram dimi|diam; item si ex duobus filiis nepotes extent, | et ex altero filio unus forte vel duo, ex altero | tres aut quattuor, ad unum[10] aut ad duos dimi|dia[11] pars pertineat, et ad tres aut quatuor al|tera dimidia.

9. Si nullus sit suorum heredum, tunc hereditas pertinet || ex eadem lege XII tabularum ad adgnatos.

---

3. A. secundāq ; d'après le sens et la *Collatio*, § 6, tous secunda*ve*.
4. A. mancipationem. — 5. A. uocant. — 6. A. aecum.
7. A. neptisque ; *Collatio*, § 7 : neptisue.
8. A neptisue ; *Collatio*, § 7 : proneptisue.
9. *In* omis par le copiste du ms. de Vérone, restitué d'après *Collatio*, § 8.
10. A. unium.
11. A. dimidiam.
* Page intérieure difficile à lire.

10. Vocantur autem | adgnati, qui legitima cognatione juncti *sunt* : legiti|ma autem cognatio est ea *quae per* virilis sexus persona|(((s conjungitur. Itaque eodem p)))¹²atre nati fratres agna|(((ti sibi sunt, qui etiam consanguinei)))¹² vocantur ; nec requiritur an etiam matrem eamdem habuerint. | Item patru*us* fratris filio, et invicem is illi agna|tus *est*. Eodem numero sunt fratres patrueles in|ter se, *id est*, qui ex duobus fratribus progenerati *sunt*, qu|os plerique etiam consobrinos vocant. Qua ratione sci|licet etiam ad plures grad*us* agnationis perveni|re poterimus¹³. **11.** Non *tamen* omnibus simul agnatis¹⁴ dat | lex XII tab*ularum* h*ereditat*em, sed his qui¹⁵ tum, cum certum | est aliquem intestatum decessisse, p*r*oximo gra|du sunt. **12.** Nec in eo jure successio est. Ideoque si a|gnatus p*r*oximus h*ereditat*em omiserit, *vel* an*tequam* adierit de|cesserit, sequentibus nihil juris ex lege compe|tit. **13.** Ideo autem non mortis tempore quis ((((p*r*oxi)))mus | erit requirimus, sed eo tempore qu*i*a certum fuerit | aliquem intestatum decessisse, qu*i*a si quis (((testamento fa)))|cto decesserit, melius esse visum *est* tunc ex iis¹⁶ requi|ri proximum, cum

12. Restitué d'après le § 10, *Collatio*, qui complète les l. 4-5, en partie illisibles.

13. Pour le § 10, ainsi que pour les §§ 11-14, St. a pu donner soit comme certain, soit comme douteux, presque tout ce qui était resté illisible auparavant ; sa révision confirme les restitutions déjà admises d'après les §§ 10-13 de la *Collatio*.

14, A. agnatiis. — 15. A. quibus.

16. A. etii ; la plupart *ex iis* ; quelques-uns, Pol., Goud. : *ejus*; d'autres, K. et S., supprimant, ont simplement *tunc requiri*.

certum esse coeperit neminem | ex eo testamento fore heredem.==== 14. Quod ad feminas tamen attinet, in hoc jure aliud in || ipsarum hereditatibus capiendis placuit, aliud in | ceterorum bonis [16 bis] ab his capiendis : nam feminarum | hereditates [17] perinde ad nos agnationis jure redeunt, | atque masculorum; nostrae vero hereditates ad feminas ultra | consanguineorum gradum non pertinent. Itaque soror | fratri sororive legitima heres est; amita vero et fra|tris filia legitima heres esse (((non potest. Sororis autem nobis loco est)))[18] etiam mater aut noverca, quae | per in manum conventionem apud patrem nostrum | jura filiae nancta [19] est. 15. Si ei qui defunctus | erit sit [20] frater et alterius fratris filius, sicut ex su|perioribus intellegetur, frater prior [20 bis] est, quia gra|du praecedit; sed alia facta est juris interpretatio inter | suos heredes. 16. Quod si defuncti nullus frater extet, || (((sed)))[21] sint liberi fratrum, ad omnes qui-

---

* Page extérieure, dont la partie supérieure est difficile et la partie inférieure facile à lire.

16 bis. *Bonis*, omis dans la *Collatio*, est supprimé par Hu. 2-4, qui le regarde comme une glose.

17. A. ****tes.

18. Le copiste a omis une ligne, restituée d'après le § 14 de la *Collatio*.

19. A. nancta; le § 14 *Collatio* a *consecuta*, que maintient Hu. 4; Pol. : *nancta*; K. et S., Gn. 2, Muir. : *nacta*.

20. A. si.

20 bis. Quelques-uns, Pol., K. et S., au lieu de *prior*, lisent *potior*, qui est aux Inst. III, 2-5 et à la *Collatio*, § 15.

21. *Sed*, omis par le copiste, restitué d'après le § 16 *Collatio*.

15 dem hereditas perti|net : sed quaesitum est, si dispari forte numero sint | nati, ut ex uno unus vel duo, ex altero tres vel quat|tuor, utrum in stirpes dividenda sit hereditas, sicut in|ter suos heredes juris est, an potius in capita. Jam dudum[22] | tamen placuit, in ca-
20 pita dividendam esse hereditatem : itaque, | quotquot erunt ab utraque parte personae, in tot portiones | hereditas dividetur, ita ut singuli singulas portiones | ferant.

17. Si nullus agnatus sit, eadem lex XII tabularum gentiles[23] ad | hereditatem vocat[24]. Qui sint autem gentiles, primo com||mentario retulimus ; et cum illic admonuerimus | totum gentilicium[25] jus in desuetudinem abisse, super|vacuum est hoc quoque loco de eadem re[26] curiosius[27] | tractare.

5 18. Hactenus lege XII tabularum finitae | sunt intestatorum hereditates ; quod jus quemadmo|dum strictum fuerit, palam est intellegere[28]. 19. Statim | enim emancipati liberi[29] nullum jus in hereditatem

---

22. A. iandudum. — 23. A. gentiteles ; le § 17, *Collatio* : gentiles. 24. A. uocant.

* Page intérieure facile à lire.

25. A. gentilicum. — 26. A. retin ; la plupart simplement *re curiosius* ; quelques-uns (Hugo, Hu. 2-4) : *re iterum curiosius* ; d'autres (Goud., Pol.) : *et curiosius*.

27. A. curiusius. — 28. Pol. rejette *palam est intellegere*, qui, selon lui, *latine dici nequit*, et lit : intellegere(s).

29. A. liueri. — Sur l'emploi de *u* pour *b*, v. I, note 27 ; II, note 2 et les renvois. — *Adde* pour le liv. III, les notes 68, 73, 84, 88, 90, 95, 96, 148, 155, 187, 216, 236, 240, 265, 288, 314, 341, 352, 364, 373, 418, 442, 493, 544, 570, 631, 635, 638, 665, 683, 693, et 707, ci-après ; pour le liv. IV, la note 51 et les renvois.

paren|tis³⁰ ex ea lege habent, cum desierint sui heredes esse. **20.** *Idem* juris est, si ideo liberi²⁹ non sint in potestate patris, | quia sint cum eo civitate Romana³¹ donati, nec ab impera|tore in potestatem³² redacti fuerint. **21.** *Item* agnati *capite deminuti* | non admittuntur ex ea lege ad hereditatem, quia nomen a|gnationis capitis deminutione perimitur. **22.** Item pro|ximo agnato non adeunte hereditatem, nihilo magis sequ|ens jure legitimo admittitur. **23.** Item feminae agnatae, | quaecumque consanguineorum gradum excedunt, | nihil juris ex lege³³ habent³⁴. **24.** Similiter non admittuntur | cognati, qui per feminini sexus personas necessitu|dine junguntur; adeo quidem, ut nec inter matrem | et filium filiamve ultro citroque hereditatis capi|endae jus competat, praeterquam si per in manum conventio|nem consanguinitatis jura inter eos constiterint. |══

25. | Sed hae juris iniquitates edicto praetoris emendatae || sunt. **26.** Nam eos³⁵ omnes, qui legitimo jure deficiuntur, | vocat ad hereditatem³⁶ proinde ac si

---

30. Pol. supprime *ex ea lege*.

31. A. pm. — 32. A. potestate.

33. Pol. supprime *ex lege*. — 34. A. habent' pour *habentur*.

* Page intérieure facile à lire.

35. Au lieu de *eos*, Gö., et après lui presque tous, *liberos*, sauf Pol., Muir., qui ne jugent pas cette correction nécessaire; Mommsen (K. et S., note) préfère *liberos eos*.

36. Pol. croit que le copiste a omis ici deux lignes de l'archétype : sed liberos quidem emancipatos pri|mo gradu vocat ad hereditatem.

in potestate parentis[37] | mortis tempore fuissent, sive soli sint, sive etiam | sui heredes, id est, qui in potestate patris fuerunt[38], con|currant. 27. Agnatos[39] autem capite deminutos non | secundo gradu post suos heredes vocat, id est, non | eo gradu vocat quo per legem vocarentur, si ca|pite minuti non essent, sed tertio, proximita|tis nomine; licet enim capitis deminutione jus | legitimum perdiderint, certe cognationis jura | retinent. Itaque si quis alius sit qui integrum jus | agnationis habebit, is potior erit, etiamsi longi|ore gradu fuerit. 28. Idem juris est, ut quidam putant, | in ejus agnati persona qui, proximo agnato omitten|te hereditatem, nihilo magis jure legitimo admittitur. Sed sunt qui putant hunc eodem gradu a praeto|re vocari, quo etiam per legem agnatis hereditas datur. | 29. Feminae certe[40] agnatae; quae consanguineorum | gradum excedunt, tertio gradu vocantur, id est, si | neque agnatus ullus[41] erit. 30. Eodem gra|du[42] vocantur etiam eae[43] personae quae per femini|ni sexus personas copulatae sunt. 31. Liberi quoque, qui | in adoptiva familia sunt, ad naturalium parentum heredi|tatem hoc eodem gradu vocantur.

---

37. Avant St., parentum, encore maintenu depuis, par Hu. 4; Gn. 2, Muir.
38. Pol. supprime *id est qui in potestate patris fuerunt.*
39. A. adnatos.
40. A. certae.
41. A. illus.
42. A. graduo.
43. A. etiam si heae.

32. Quos autem || pra*etor* vocat ad h*er*editatem, hi h*er*edes ipso [44] quidem jure n*on* | fiunt; nam pr*ae*tor h*er*edes facere non p((otest : per legem enim tantum vel similem juris constitutionem heredes fi))|unt[45], vel*u*ti per senatusconsultum et constitutionem principalem ; sed (((| cum eis quidem praetor dat bonorum possessionem)), loco heredum constituuntur[46].

33. |((Adhuc autem etia))m alios complures gradus ((praetor facit in bonorum | possessione danda)), d*u*m *id* ag((it ne quis sine successore | moriatur))[46 bis] : de quibus in his commentariis consul✱✱ | (——[47]——) hoc jus totum[47 bis] propriis[48] commentariis (——[49]——) | s [——[50]——]

✱ Page extérieure très-difficile à lire.

44. A. ipse.

45. Restitué d'après Inst. III, 9, 2 ; l'Ap. donne seulement, après facere : non p——————— (cici ✱) |——————— ins (|———————) h (✱✱✱ ï) sch. Gö.

46. La l. 4., lue par St., confirme la restitution déjà admise d'après les Inst., à la l. 5, en partie illisible ; l'Ap. a *propter* au lieu de *praetor ; dat bonorum possessionem* est omis ; et au lieu de *constituuntur*, il y a *istituunt*.

46 bis. Lignes 6-7 et commencement de l. 8, en partie illisibles ; restitués d'après Inst. III, 9, 2.

47. A. (———s) sch. Gö. — 47 bis. A. tutum.

48. Cet autre ouvrage, auquel G. renvoie, serait, selon quelques-uns, *Ad edictum provinciale*, Heff. ; selon d'autres, *Ad edictum urbicum*, Gir. — Cp. infra la note 152.

49. A. (is✱✱) sch. Gö.

50. A. [l iga] sch. Blu. — Le sens des l. 8-10 n'est pas douteux ; les termes les plus probables semblent *consulto non agimus, cum hoc ——— executi sumus*, ou *explicaverimus*, ou autres semblables.

_____ solum admonuisse suffic*it* (___51___) | (___52___)
*i*bus i (___53___) | tab (___54___) h*erediu*tatem (___55___) | ilata
_____ s✳✳n disu ✳✳✳ osum _____ | in man✳✳ ici-
15 tionem iura consanguin ✳✳✳✳✳✳ na | cta _____ legen*c*
(___56___) | — Legi neq. v. 16-17 — | fratre ✳✳ n (___57___) |
   p t n
20 ria _____ | tem (___58___) | — Legi nequit v. 21 — |
                u
[___59___] _____ nl✳b _____ | (___60___) a _____ | [___61___)
_____ =====62 ||_____ s _____ | — Legi nequeunt v. 2-7

51. A. (it ✳✳✳✳) sch. Gö.
52. A. (✳g_____) sch. Gö.
53. A. (_____ p|clab✳c✳i✳) sch. Gö.
54. A. (ii✳isiip✳✳✳c✳✳d✳✳✳) sch. Gö.
55. A. (m_____ a?) sch. Gö.
56. A. (_____ iium _____ c✳c) sch. Gö.
57. A (_____ p✳cm _____) sch. Gö.
58. A. (_____ r _____) sch. Gö
59. A. [R. c a ... accat] sch. Blu. ; mais St. (note A) dit que ces lettres ne conviennent pas à ce qu'on voit au ms.
60. A. (e✳c) sch. Gö.
61. A. [xorem] sch. Blu. ; leçon que St. croit fausse.
✳ Page extérieure, presque entièrement illisible.
62. D'après le blanc qui paraît exister p. 132, à la fin de la ligne 24, on peut croire qu'à la p. 133, G. passait à un autre sujet. — Celui qu'il traitait p. 132 ne saurait d'ailleurs être indiqué avec certitude ; aussi la plupart se sont-ils abstenus de conjecture à cet égard. — Hu. 2-4, pensant que G. y a traité du scte Tertullien, propose une restitution complète de la p. 132, dont il fait un § 33ᵃ. Cette restitution (qu'il donne au texte, pour les lignes 10-15, 23 et 24, et en note pour les lignes 16-22) est ainsi conçue : § 33ᵃ *Igitur hoc* solum admonuisse sufficit, *cum in l|egitimis hereditat*ibus *sola cognatio per legem XII | tabularum non proficeret* ad *hereditatem capiendam,* ut ne | *mater quidem in*

— | —— [63] —— | —— namq——— | — Legi
nequit v. 10 — | ————————— ed——— | — Legi ne-
queunt v. 12-22 — | qui r̅e̊ [64] ——— | — Legi
nequit v. 24. — ——— 65.

---

bonis liberorum, praeterquam si per | in manum conuentionem iura consanguinitatis na|cta fuerat, ex illa ullum ius haberet ; (puis, en note : hoc quantum ad matrem ingenuam trium, libertinam quattuor liberorum iure honoratam postea scto Tertulliano correctum esse. Hoc enim matri tantum praefert suum heredem, eumue, qui inter suos heredes a praetore ad bonorum possessionem uocatur, item patrem auumue defuncti emancipator(em), a(ut) si em(an)cipatus n(on) fuerit, fratrem c(on)sanguineum). Puis, de nouveau au texte : Post eam uocat sororem defuncti consanguineam et u|xorem, quae in manum eius conuenerat || (en note, enfin, pour remplir les premières lignes de la p. 133 : ita quidem, ut hae personae matri etiam concurrant, dimidiamque partem hereditatis ei auferant : deinde ceteros agnatos. — Cette restitution a été suivie par Gir., qui commence un § nouveau (§ 34), aux mots Post eam vocat. — Bö. 5 objecte qu'à la l. 22 de la p. 132, il y avait, d'après les sch. de Blu., une rubrique, qu'il croit avoir été De scto Tertulliano ; mais l'existence de cette rubrique n'est rien moins que certaine. En revanche, d'autres lettres ou mots, donnés par Blu. et sur lesquels Hu. appuie sa restitution, sont également déclarés par St., peu ou point admissibles. (V. les notes 59, 61 supra et celles de St., dans l'Ap.)

63. A. [ariadd] sch. Blu.

64. A. [g̊al] sch. Blu.

65. La page 133, que la révision de St. laisse illisible, a été l'objet de restitutions partielles. — 1). Celle des premières lignes est comprise dans la restitution de Hu. (v., à la note 62, son § 33ª) ; il propose pour la p. 133, ita quidem ut, etc., jusqu'à ceteros agnatos. — 2) La restitution des dernières lignes, d'après le § 1ᵉʳ, Inst. III, 9, est généralement admise et semble évidente ; le commencement de la page 134 : testato heredes suos

34. ((Aliquando tamen neque emendandi, neque impugnandi veteris juris, sed magis confirmandi gratia praetor pollicetur bonorum possessionem; nam illis quoque qui recte facto testamento heredes instituti sunt, dat secundum tabulas bonorum possessionem; item ab in))||testato[66] heredes suos et agnatos[67] ad bonorum possessionem vocat. Quibus | casibus beneficium[68] ejus in eo solo videtur aliquam u|tilitatem habere, ut is qui ita bonorum possessionem petit, interdicto, | cujus principium est QUORUM BONORUM, uti possit : cuj|us interdicti quae sit utilitas, suo loco proponemus : | alioquin remota quoque bonorum possessione ad eos hereditas pertinet[69] jure ci|vili.==

35. Ceterum saepe quibusdam ita datur | bonorum possessio, ut is cui data sit (70) optineat hereditatem; quae bonorum possessio dici|tur sine re. **36.** Nam si,

---

vocat, est, en effet, la suite de ce qui forme le dit § 1er aux Inst. — On s'accorde en outre à penser, et cela est très-vraisemblable, que le Princ. du même titre aux Inst., savoir l'entrée en matière des *Bonorum possessiones*, est également emprunté à G., sauf quelques interpolations de Tribonien. — Il ne reste ainsi qu'environ une douzaine de lignes de la p. 133 dont la restitution ne soit pas proposée. — Quelques-uns, Heff. (suivi Blond., Lab.), ont pensé que G. traitait, à la p. 133, des degrés de cognation.

* Page intérieure pour la plus grande partie facile à lire.

66. A. testa*o. — 67. A. agn||||||||s.

68. A. ueneficium; v. I, note 27 ; II, note 2 ; III, note 29 et les renvois. — 69. A. pertinetur.

70. Le copiste a omis la négation devant *optineat*; évidemment nécessaire d'après la suite du texte, elle est intercalée par tous; Pol., Muir., intercalent *non tamen ideo*.

verbi gratia, jure facto testa|mento, heres institutus[71] 10
creverit[72] hereditatem, sed bonorum possessionem se-
cun|dum tabulas testamenti petere noluerit, contentus
| eo quod jure civili heres sit, nihilominus ii qui
nullo fa|cto testamento ad intestati bona[73] vocantur,
possunt petere bonorum possessionem: | sed sine re ad
eos hereditas[73 bis] pertinet, cum testamen|to scriptus 15
heres evincere hereditatem possit. 37. Idem | juris
est si, intestato aliquo mortuo, suus heres no|luerit
petere bonorum possessionem, contentus le———[74]
| et agnato competit quidem bonorum possessio, sed
sine re, quia[75] | evinci hereditas a per(?)[76] suo herede
potest. Et illud conve|nientur[77], si ad agnatum jure 20

---

71. A. ins||||||||utus.

72. A. creberit. — Sur l'emploi de *b* pour *u*, v. I, note 40; II, note 186 et les renvois. *Adde*, pour le liv. III, les notes 144, 172, 194, 212, 231, 238, 244, 345, 378, 380, 417, 418, 448, 487, 517, 557, 572, 581, 585, 590, 596, 635 et 718 ci-après; pour le liv. IV, la note 38 et les renvois.

73. A. uona; v. III, note 29.

73 bis. Hu. 4, corrigeant, lit *bonorum possessio*. Pol. supprime *hereditas*.

74. A. La l. 17, en partie incertaine ou illisible (*propter magnum foramen*, A. note), a été complétée ou restituée par Hollw. que tous ont suivi; sauf pour la fin : après *legitimo jure*, Hollw. et la plupart lisent *nam|et agnato*; Mommsen (K. et S. note) préfère *id si fi|et, agnato*; Kr., *scilicet*, à transporter après *contentus*.

75. Avant St., *cum*.

76. Entre *a* et *suo* l'Ap. *a p*, abréviation usitée pour *per*. — 1) Gö. 1-2, Kl., Hef.: *a filio*. — 2) Lachm. : *ab suo*, le copiste ayant écrit *ap suo*, mettant *p* pour *b* comme cela lui arrive souvent (*apstinendi, opstitit*, etc.), d'où la plupart *ab suo* ou *a suo*. — 3) Pol. : *aper(te ab) suo*.

77. 1) Gö. 1-2, Pell., Hu. 4 : *et illud convenien(ter dice)tur*.

civili pertinet hereditas, | et hic[78] adierit hereditatem, sed si[79] bonorum possessionem petere no|luerit, et si[80] quis ex proximis[81] cognatus[82] petierit, | sine re habebit bonorum possessionem propter eamdem rationem. 38. | Sunt et alii quidam similes casus, quorum aliquos || superiore commentario tradidimus.======|
========[83] |

39. Nunc de libertorum bonis[84] videamus. 40. Olim itaque lice|bat liberto patronum suum impune[85] testamento prae|terire; nam ita demum lex XII tabularum ad hereditatem liber|ti vocat patronum[86], si intestatus[87] mortuus esset li|bertus, nullo suo herede relicto. Itaque intestato | quoque mortuo liberto[88], si

---

— 2) Lachm., Gn. 1, Bö. 5, Gir. : et illud convenien*ter*. — 3) Hu. 2-3 : et *huic* convenienter. — 4) Pol. : et illud convenien(*ter inveni*)tur. — 5) K. (en note K. et S.) : et illud convenien(*s inueni*)tur. — 6) K. et S., Gn. 2, Muir., rejettent *illud*, K. et S., Gn. le plaçant entre crochets, Muir. le supprimant.

78. A. *his* corrigé. — 79. Tous suppriment *si*.

80. Presque tous : *et si;* Hu. Beiträge et J. A. : *et sic;* Pol., Muir. : *si quis*, suppriment *et*.

81. Mommsen (K. et S. note) croit que les mots *quis ex proximis* sont une glose; suivi K et S., Gn. 2.

82. Gö. et la plupart : *cognatis;* Lachm. maintient *cognatus*, sans rejeter *ex proximis*. Bö. a admis tantôt *cognatus*, tantôt *cognatis*.

∗ Page intérieure très-facile à lire.

83. La l. 2 est en blanc, comme destinée à la rubrique *De libertorum bonis*, ajoutée par quelques-uns. (Bö. 5).

84. A. *uouis*; v. in, note 29.

85. Avant St., *suum in testamento.* — St. a lu : *suum pune testamento;* d'où tous : *suum impune testamento*.

86. A. *patrum*. — 87. A. *intestatis*.

88. A. *liūto*; v. i, note 27; ii, note 2; iii, note 29.

is suum[89] heredem relique|rat, nihil in bonis[84] ejus patrono juris erat. Et si qui|dem ex naturali*bus* liberis aliquem suum here|dem reliquisset, nulla videbat*ur*[90] esse querella; si *vero* | *vel* adoptivus filius filiave, *vel* uxor quae in manu esset, | sua[91] h*er*es esset[92], aperte iniquum[93] erat nihil juris pa|trono superesse. 44. Qua de causa postea pr*aeto*ris edicto haec | juris iniquitas emendata[94] est. Sive enim faciat te|stamentum libertus[95], jubet*ur* ita testari ut patrono su|o partem dimidiam bonorum[96] suo*rum* relinqua|t[97]; et, si aut nihil aut minus quam partem dimi|diam reliquerit, datur patrono contra tab*ulas* testa|menti partis dimidiae b*onorum* possessio. Si vero intestatus mo|riatur, suo herede relicto adoptivo filio, ([98]) uxore | quae in manu ipsius esset[99], vel nuru[100] quae in ma|nu fil*ii* ejus fuerit, dat*ur* aeque patrono adversus | hos suos h*er*edes p*artis dimidiae* b*onorum* p*ossessio*. Prosunt autem liberto ad ex||cludendum patronum naturales

---

89. A. sum.
90. A. uideuat., v. III, note 29.
91. Hu. 2-4, suivi Gir., intercale *suus vel* entre *in manu esset* et *sua heres*.
92. A. esse. — 93. A. inicum.
94. A. emandata.
95. A. liūtus; v. III, note 29.
96. A. uonorum; v. III, note 29.
97. A. relinquatur.
98. *Vel,* omis par le copiste, intercalé par tous.
99. Pol. supprime *esset.*
100. A. nurus.

* Page extérieure difficile à lire dans la partie supérieure, facile dans la partie inférieure.

liberi, non solum | quos in potestate mortis tempore habet, sed eti|am emancipati et in adoptionem dati, si modo ali|qua ex parte heredes scripti ((sint, aut praeteriti[101] con))tra tabu*las* testamenti *bonorum possessionem* ex edicto petierint[102] ; nam exheredati[103] nullo modo repellunt patronum.

42. Postea lege Papia aucta sunt jura patronorum, qu|od ad locuplet*iores* libe*r*tos pe*r*tinet. Cautum est enim | ea lege, ut ex bonis ejus qui sestertiorum ([103 bis]) | ([104]) si m militis f ([105]) patrimonium rel__rit[106], et pauci*ores* quam tres liberos habebit,

---

101. A. scripti _____ |; restitué d'après le § 1er, Inst. III, 7. V. la note suivante.

102. Ici Hu. 2-4 signale une inexactitude qui lui paraît imputable à G. lui-même : « *In emancipato eoque in adoptionem dato, qui rursus emancipatus est, requiritur, ut aut heres scriptus sit, aut praeteritus c. t. b. p. acceperit; in eo vero, qui in adoptione extranei est, ut a naturali patre heres scriptus sit, cui et ipsi commisso per alium edicto c. t. b. p. competit.* » Dans sa 4e édit., Hu. ajoute que, peut-être, déjà avant Justinien, entre les mots *aut* et *praeteriti*, était tombé *rursus emancipati et*. — Le ms. de Vérone est précisément illisible à cet endroit. V. la note précédente.

103. A. exheredatii.

103 bis. A. (ū ū) sch. Gö.

104. A. (c a x po) sch. Gö.

105. A. (iiiri ** i c) sch. Gö.

106. Les l. 9 fine et 10 demeurent en partie illisibles et incertaines. — 1) Gö. 1-2 ne restituait pas. — 2) Kl., en note : *nummorum milia centum, si post mililiam fecerit testamentum.* — 3) Hef. : ****** militia f********s patrimonium — — rit. — 4) Hu. Studien, d'après les Inst. III, 7, 2 : *numorum centum millium*, à quoi il ajouta, d'après les schedae, *plurisve*; suivi

sive is | testamento facto, sive intestato mortu*u*s erit, vi|rilis pars patrono debeatur. Itaque *cum* unum fi|lium unamve filiam heredem reliquerit[107] libe*r*|tus, perinde pars dimidia patrono debetur, ac si | sine ullo filio filiave moreretur : cum vero duos | duasve heredes reliquerit, tertia pars debet*ur*; | si tres relinquat, repellitur patronus.===|===[108] |

43. | In bonis libertinarum nullam injuriam antiquo | jure patiebantur patroni; cum enim hae in patro|norum[109] legitima tutela *e*ssent, non aliter scilicet | testamentum facere poterant, *quam* patrono aucto|re. Itaque, sive auctor ad testamentum faciend*um* || factus e―――― r ―――― | relic (――[109]――) ―――― | ctus erat ****[110] batur hereditas; si vero auctor|aefa *** s non era (――[111]――) atalih (――[112]――) morieoat ? * | ad――――

―――――――――――――――――――

Lach., Bö., Pell., Gir., et encore, depuis St., par tous, malgré les traits du ms. qui semblent s'y opposer. St. (A., p. 278, *Index notarum*) pense que le copiste a commis ici la faute d'écrire *militis* ou *militia* pour *milium*. (Cp. infra la note 117.)

107. A. relinquerit.

108. Ligne en blanc, sans doute pour une rubrique, *Ad legem Papiam*, insérée au texte Bö. 5, ou plutôt *De libertinarum bonis*, indiquée en note Bö. 5.

✳ Page extérieure très-difficile à lire pour la plus grande partie. St. n'a pas ici fait usage de ses *medicamenta*, afin de ne pas détruire entièrement le parchemin, déjà en fort mauvais état.

109. A. (iii) sch. Gö.

110. D'après St. (note A.), il peut y avoir, après *ctus erat* de la l. 3, *seque;* ou quelque chose de semblable.

111. A. (tniiiiiiusi) sch. Gö.

112. A. (*i) sch. Gö.

| tinebat n cr quiri ullus (———¹¹³———) ———— | possit patronum a bonis l———— | pellere¹¹⁴.

---

113. A. (*i*m).sch. Gö.

114. La fin du § 43, à partir de *ad testamentum faciendum factus* (correspondant aux lignes 1-8 de la p. 187), demeure en partie incertaine. Toutefois, ce que St. a pu lire de plus qu'auparavant (la l. 3, presque en entier, et quelques lettres dans les l. 4-6) suffit pour écarter les restitutions antérieures[1]. — Depuis St., restitutions diverses : — 1) Kr. (*Kritische Versuche*, p. 132): factus *erat, aut de se queri debebat, quod sibi nihil* | relictum *erat, aut ipsum ex testamento, si heres fa*|ctus *erat sequebatur hereditas. Si vero auctor* | *ei factus non erat et intestata liberta moriebatur, qui*|*a suos heredes femina habere non potest, ad patronum per*|tinebat, *nec cogitari ullus casus poterat quo quis* | *possit patronum a bonis libertae invitum repellere*. — 2) Goud. critique dans cette restitution : 1º *sibi nihil relictum erat*, l'affranchie pouvant laisser quelque chose à son patron, sans l'instituer héritier ; 2º l'expression *hereditas aliquem ex testamento sequi*, dont la propriété est douteuse et qui ne se trouve nulle part ailleurs dans G.; il serait plus vraisemblable, selon lui, de lire : *aut ipsi ex testamento, si heres factus erat, deferebatur hereditas;* 3º les mots *si vero auctor ei — non erat* ET *intestata moriebatur*, qui lui

---

1. Gö., Kl., Hef., Lach., Bö., n'en proposèrent pas ; deux seulement furent proposées par MM. Pellat (1842) et Huschke (1855). — 1) Pell. tr. (reproduit dans les div. édit. du *Manuale*) : factus *erat, tum de se queri debebat quod in eo testamento praeteritus esset ; si vero* auctor *factus* non *erat, tunc intestata mortua liberta ad patronum pertinebat hereditas, licet liberi essent libertae, quoniam non erant sui heredes matri, ut possent patronum a bonis libertae vindicandis* repellere. — 2) Celle de Hu., d'abord dans les *Beiträge*, puis reproduite (J. A. 1), fut modifiée par lui (J. A. 2). — *a*) Restitution primitive de Hu. (Beiträge) : factus *erat, neque tantum, quantum vellet, testamento sibi* | relictum *erat, de se queri debebat, qui id* | *a liberta impetrare potuerat. Si vero* auctor *ei factus* non *erat, etiam tutius hereditatem morte eius capiebat ; nam neque suum heredem liberta relinquebat, qui* | *posset patronum a bonis ejus vindicandis* repellere. — *b*) Hu. 2 modifie : 1º après *queri debebat*, il préfère : *cui id* | *a liberta impetrandi plenum erat ius;* 2º après *morte ejus*, il préfère : *quae* | *sine eo tutore auctore in manum conuenire non poterat, ab intestato ob*|tinebat; *nam neque suus heres mulieri existebat, qui* | *posset*, etc. — La restitution primitive de Hu. a été adoptée par par Gn. 1, Pos., A. et W.; Bö. 5 lui reproche de n'être pas assez conforme au ms. — La restitution modifiée Hu. 2 a été suivie par Gir.

GAIUS, III, 44.

44. Sed postea lex Papia cum quattuor libe|rorum jure libertinas tutela patronorum libe|raret et eo modo concederet eis etiam sine tu|toris auctoritate
c——— | ut pro numero liberorum ——— |re habuerit
                                       p
virilis pars patrono debeatur et | co ex bonis ejus
                                i   q
                                    d
quae omnia ——— dorideo juris | (——115——) prcsrc
     e   ep o l   r p o   e
                                              c   e
(————————116————————————————————)| *

semblent renfermer une contradiction ; au lieu de *et*, c'est *aut* qui lui paraît nécessaire avant *intestata,* pour que tous les cas soient prévus : testament avec ou sans *auctoritas*, et défaut de testament, et pour que G. puisse dire, comme Ulp. 29, 2, *nec cogitari ullus casus,* etc. 4° Ces derniers mots eux-mêmes semblent suspects à Goud., bien que d'accord avec le sens. — 3) Pol. ne restitue pas en entier la fin du §; il donne : factus *erat* † relict † |ctus erat *sequebatur hereditas* ; si vero auctor | ei *factus* non erat, aut intestata liberta moriebatur, | ad † *pertinebat,* nec queri ullus heres *poterat quod non*| posset patronum a bonis *libertae ingratae re*|pellere. — 4) K. et S., en note, reproduisent la restitution de Kr., *Krit. Versuche,* sauf les modifications suivantes, d'après Hu. 3 : 1° *quod heres ab ea* | relictus *non erat,* au lieu de *quod sibi nihil relictum erat*; 2° à la fin *posset,* au lieu de *possit,* certain au ms. — 5) Hu. 4, au texte : factus *erat, aut de se queri debebat heres* a liberta non | relictus ; aut ipsum ex testamento, si heres ab ea reli|ctus erat, sequebatur hereditas. Si uero auctor | ei *factus* non erat, et intestata *liberta* moriebatur, | ad *eundem, quia suos heredes femina habere non potest, hereditas per*|tinebat : nec *cogitari ullus heres* poterat, qui iure civili| posset patronum a bonis *libertae inuitum re*|pellere. — 6) Gn. 2 insère au texte la restitution de Kr. modifiée, telle qu'elle se trouve en note K. et S. — 7) Muir. la préfère également, mais sans l'insérer au texte.

115. A. (ii∗s) sch. Gö.

116. A. (bn ii∗∗ cpc ||||||| oui ii iii ||||||| o — ip∗iqu) sch. Gö.
              r   n   d   r

pissid ————————————————— | ⁂ as ad patronum pertinet[117].

---

117. Il en est du § 44 comme de la fin du § 43. Ce que St. a pu lire de plus se borne à une partie des l. 10, 11 et 12. — Restitutions diverses : — A. Pour la partie du § comprise entre *eo modo* et *debeatur* (l. 10-13) : I. Avant St. — 1) Gö., d'après Ulp. 29, 3 proposa : *inferret, ut jam sine patroni* tutoris auctoritate *testari possent, prospexit, ut pro numero liberorum, quos superstites liberta* habuerit ———— debeatur. Il fut suivi par la plupart (Pell., Gn., Hu., Gir.), sauf remplacement de *inferret* par *efficeret*, dans Hu., Gir. — 2) Dom. : *Quum voluit eas sine* tutoris auctoritate *testari, prospexit ut pro numero liberorum superstitum quos* habuerit, etc. — II. Depuis St., — Kr. (*Kritische Versuche*, p. 132-133) : Concederet eis etiam sine tu|toris auctoritate *condere testamentum, prospexit* |ut pro numero liberorum quos liberta mortis tempo|re habuerit, virilis pars patrono debeatur ; leçon admise par tous.

B. Pour la partie du §, à partir de *debeatur* (l. 13 fine — 17) : — I. Avant St. — 1) Presque tous s'abstenaient de restituer. — 2) Pell. tr., ma. : *Itaque ex bonis ejus, quae omnia ab intestato ejus juris futura essent, pars virilis tantum ex ea lege* ad patronum pertinet. — 3) Hu. Beiträge, et plus complétement J. A. 2, continue la phrase, après *debeatur*, par les mots *contra t|abulas ex bonis ejus* : quae omnia *liberorum* loco iuris | *interpretatione ad eum pertinent, cum nullos ea reliqu|erit liberos ; intestatae uero mortuae semper tota | heredit*as ad patronum pertinet. Suivi Gir. (avec ? après *tota*). — II. Depuis St. — 1) Kr. (*Krit. Versuche,* p. 133) : ei | que ex bonis ejus quae *centum* milia sestestiorum pluris | ue *reliquerit* patrimonium, si testamentum fecerit, | dimidia pars debeatur ; si uero intestata liberta decessit, tota | *heredit*as ad patronum pertinet ; reproduit en note K. et S., suivi Gn. 2. — Le changement de *omnia* du ms. en c̄ *milia* est fondé sur la conjecture que le copiste a mal écrit ici le mot *milia*, faute qu'il aurait déjà commise ailleurs, d'après St. ; v. A., p. 278 de l'*Index notarum*, et ci-dessus la note 106, au § 42. — 2) D'après Mommsen (*Epistula critica*, K. et S., p. xxi), « Ita haec Krueger formauit parum recte ; neque enim idonei scriptoris est, ut id quod priore commate de liberta enun-

45. | Quae diximus de patrono eodem intellegemus et | de filio patroni; item de ne|||||||te * filio p r o n e p o | ✶✶o✶✶✶✶✶✶✶✶ c̊ ||||||||||||i onato pro||||||||| ato[118]. **46.** Fi- lia vero patro|ni et ✶✶✶✶✶✶ ex filio et pronep ✶✶✶✶✶

---

tiat, ex posteriore demum intellegatur accipiendum esse de liberta non centenaria; id est pro nihilo esse. Neque ipsa res probabiliter excogitata est. » Mommsen propose, comme se rapprochant beaucoup plus de ce que G. a pu dire : *debeatur, scilicet ex bonis ejus quae centum milium sestertium plurisue substantiam habeat. Nam si minoris ea fuerit, non nisi ab intestato hereditas ad patronum pertinet.* — 3) Hu. accepte la restitution de Kr., en la modifiant ainsi : *eidemque ex bonis eius, quae c milia sestertiorum pluris|ue heredibus reliquer|it patrimonium, dedit partis dimidiae contra tabulas | bonorum possessionem; nam si intestata liberta decedit, tota | hereditas, etc.* — 4) Pol. et Muir. ne regardent aucune de ces conjectures comme justifiée. — D'après Muir., rien ne prouve qu'il y ait eu dans la loi Papia des règles spéciales pour le cas où une *liberta* laisserait une fortune de cent mille sesterces ou au delà. Le *libertus* est le seul dont il soit certain que la fortune ait été prise en considération. Quant à la *liberta*, si elle meurt intestate, son patron est son *heres legitimus;* quelle que soit sa fortune et quel que soit le nombre de ses enfants; sauf, toutefois, que, par le nombre de quatre enfants, elle acquiert le droit de tester sans l'*auctoritas* de son patron, et par suite de l'exclure. — 5) J'incline à penser, avec M. Muir., que l'existence de dispositions spéciales dans la loi Papia, relativement à la *liberta* qui aurait plus de cent mille sesterces, n'est pas suffisamment établie. D'un autre côté, il ne me semble pas permis de changer *omnia* en *centum milia*. — Dans l'état actuel des textes, il paraît impossible de restituer les quatre dernières lignes du § 44.

118. Le § 45 est ainsi restitué par presque tous : *item de nepote ex filio (et de) pronepote ex nepote filio nato prognato;* déjà admis avant St. — Hu. avait substitué *nepote ex filio* à *nepote ejus,* ce que St. confirme.

nepote filio | nat * progna ** clue qui de____ ege XII
tabularum | patrono datum e pr (___119___) | patronorum
liber (___120___) || menti liberti, (121) ab intestato contra
filium adopti|vum vel uxorem nurumve quae in manu
fuerit¹²², (123) bonorum possessionem | petat, trium li-
berorum jure lege Papia consequitur ; | aliter hoc
5 jus non habet¹²⁴. 47. Sed ut ex bonis libertae te|sta-

---

119. A. (ii**)c***ii****mii se a *) sch. Gö.

120. A. (c****popiii*uiicii*c* testa) sch. Gö.

* l'age intérieure en partie très-difficile à lire ; lignes 9, 10, 11 et 23 tout à fait incertaines.

121. Tous intercalent *vel* ou *aut* avant *ab intestato*.

122. Les mots *quae in manu fuerit* n'avaient pas été lus avant St. ; sa révision confirme d'ailleurs la restitution des l. 1-2 de la p. 138, proposée par Hu. et Holw., et généralement admise.

123. Tous intercalent *dimidiae partis* avant *bonorum possessionem*.

124. Le § 46 est : 1° en partie certain, d'après le ms., dont St. a pu lire un peu plus qu'auparavant ; 2° en partie restitué par tous unanimement, d'après Hu. Studien, Hollweg et Gö. 3 ; 3° en partie incertain et restitué diversement. — 1° Partie certaine, d'après le ms. : les trois premiers mots et les quatre dernières lignes (lesquelles correspondent aux l. 1-4 de la p. 138). — 2° Restitution unanime (pour la l. 21 et le commencement de la l. 22 de la p. 137) : et (ou *item*) *neptis* ex filio et *proneptis* ex nepote filio nato prognata. — 3° Restitutions diverses. — 1) Hollw. (note Hef.) : pour les l. 22 fine — 24 de la p. 137, suivi Dom. : *quamvis idem ius habeat, quod ex lege* XII *tab. patronis datum est, praetor tamen* b. p. *non dat feminini sexus patronorum liberis. Si vero filia contra tabulas testamenti*, etc. — 2) Hu. Studien (avec modifications de Lach., acceptées Hu. 2), suivi Pell., Bö. 3-5, Gn. 1, Gir., Pos., A. et W. : *quamuis idem ius habeant, quod lege* XII tab.| *patrono da-*

tae[125] quattuor liberos habentis virilis pars ei de|bea-
tur[126], ne liberorum quidem jure consequitur[127], | ut
quidam putant. Sed tamen[128] intestata liberta[129] | mor-
tua, *verba* legis Papiae faciunt ut ei virilis pars de|bea-

---

tum est, praetor tamen uocat tantum masculini sex*us* | patro-
n*orum* liberos. *Sed filia ut* contra tabulas testamenti, etc. —
3) Goud. soulève des objections contre cette restitution, tant
au point de vue juridique qu'au point de vue grammatical; il
préfère : *habent quidem* ex lege XII tab. idem ius quod patrono
datum est. *Praetor tamen* vocat tantum masculini sexus liberos.
— 4) Pol.: olim quidem *(habuit idem) ius quod* ex lege XII tab. |
patrono datum est : praetor * autem vocat tantum masculini
sexus * | patronorum liber*os ad bonorum possessionem : illa
vero ut contra tabulas testa|menti, etc. — 5) K. et S. (en note) :
Olim quidem *eo iure* (*utebantur*), *quod* lege XII tab. | patrono
datum est, p*raetor autem non nisi* uirilis sexus | patronorum
liberos *uocat; filia uero ut contra tabulas* testamenti, etc.; inséré au texte Gn. 2 ; en note Muir. — 6) Hu. 4 : *olim* quidem
(*habebant tantum masculini* sex*us* | patronorum liberos ; nunc
vero filia, ut *contra tabulas* testamenti, etc.

125. Avant St., au lieu de *testatae* certain au ms., on avait
restitué *suae*.

126. Avant St., la l. 5, en partie illisible, avait été restituée
par Gö., dont la leçon est confirmée. (Lach., Bö., avaient *debere-
tur*.)

127. Avant St., on avait diversement restitué la l. 6, à partir
de *debeatur*. — 1) Gö. 1-2, au texte : *liberorum quidem jure* ;
en note, *non consequitur*. — 2) Lachm., suivi Bö. 5, Pell.,
Gn. 1, Pos., A. et W. : non *est comprehensum*. — 3) Hu. Beiträge : opus *ei non est*; plus tard, J. A. 1-2 : *ne liberorum
quidem iure consequitur*, suivi Gir. — La révision de St. a confirmé cette dernière restitution.

128. Pol., au lieu de *tamen*, lit *tantum*; suivi Muir.

129. A. libertua, corrigé.

tur : si vero *testamento* facto mortua sit liberta, tale jus ei datur quale datum est contra tabulas testamen|ti liberti[130], id est quale et virilis sexus patronorum | liberi contra tabulas testamenti liberti habent, | quamvis parum diligenter ea pars legis scripta | sit. 48. Ex his apparet, extraneos[131] heredes patronorum | longe

---

130. Très-diversement restitué auparavant [1] ; le passage du § 47 correspondant aux l. 10-12 a été lu par St., qui donne comme certaines les l. 10-12 en entier, sauf le mot *et* de la l. 11. — 1) Kr. (*Krit. Versuche*, p. 127-8) intercale *patrono*, après *datum est*. — 2) Goud. combat cette addition comme superflue et inexacte. — 3) Pol. (en note) croit que les mots *patronorum liberis* se trouvaient après *quale datum est contra tab. test. liberti* ; dans le même sens, K. et S. (note). — 4) Hu. 4 pense que G., en disant *quale datum est contra tabulas testamenti liberti*, peut être regardé comme rapportant les termes mêmes de la loi Papia, dans lesquels il y avait quelque négligence, comme il le remarque à la fin du §. Par suite, le renvoi aurait été fait, à la fois, à l'édit du préteur (§ 46) et à la loi Papia elle-même (§§ 42, 45) ; renvoi assurément peu convenable. Cp. le § 52.

131. A. e||||||||traneos.

---

1. 1) Gö. 1-3, Hef., Bö. 1-5, laissaient en blanc, depuis *datum est* jusqu'à *liberique contra tabulas testamenti liberti habent*. — 2) Hollw. (note Bö. 1) : *datum est contra tabulas testamen|ti liberti, id est dimidiae partis bonorum possessio, quam patronis | liberique*, etc. — 3) Ki. : *datum est contra tabulas testamenti liberti ; nam extraneis heredibus scriptis partis dimidiae bon. possessionem habet patronus, quam patronus liberique*, etc. — 4) Hu. Studien : *datum est patronae liberis hono|ratae, ut perinde b. p. habeat ac virilis sexus patronus liberique*, etc., suivi Blond., Dom. — 5) Lachm. (note Go. 3) : *datum est tribus quatuorve liberis honoratae patronae, simile huic iuri quod patronus liberique*, etc. — 6) Pell. ms. suit Lachm., jusqu'à *patronae*, après quoi il propose : *scilicet idem jus quod patronus liberique*. — 7) Hu. (Beiträge) combat la restitution de Lach. (ainsi que Bö. 5) et modifie ainsi sa restitution des Studien : *patronae tribus liberis honoratae, ut proinde partis dimidiae bonorum habeat possessionem, quam patronus liberique* ; suivi Gn. 1, Pos., A. et W., qui retranchent *partis dimidiae*. — 8) Hu. 2 : *datum est patronae liberis hono|ratae, ut proinde simile habeat ius ac patronus | liberique* ; suivi Gir.

remotos[132] esse[133] ab omni[134] eo jure, quod *vel*[135] in *in*|testatorum[136] bonis, vel contra[137] tabulas testamenti, | patrono competit[138].

49. Patronae olim ante legem Pap*iam* | hoc solum jus habebant in bonis libertorum, | qu*od* etiam patronis ex[139] lege XII tab*ularum* datum *est*. Nec enim, | ut c*on*tra tabulas testamenti ingrati liberti[140], vel ab in|testato contra filium adoptivum vel uxorem nu|rumve *bonorum* possessionem partis dimidiae[141] peterent, *praetor* similiter | ut de patrono liberisque ejus curabat[142]. **50.** Sed lex P*apia* | duobus liberis hono-

---

132. A. remo*t*us. — 133. A. ||||e.

134. A. om||||||i.

135. A. uel.

136. A**|testatorum. — 137. A. c||||||||||ra.

138. La révision de St., qui a lu presque en entier les l. 15-17, auparavant illisibles en partie, confirme le sens et même les termes des restitutions adoptées par Kl., Hu. 2, Pell., Gir. — Hu. (Studien) en avait proposé une, sensiblement différente : *remotioris bonorum possessionis* iure *uti quam* quod *edicto* in intestatorum, etc. — D'autres avaient *remotiores — — —* jure — quod, Gö. 1-2; ou *remotum ab omni eo jure iri*, Gö. 3, Gn. 1, Bö. 3-5.

139. A. ||||x.

140. Passage illisible avant St.; la plupart restituaient *in quo praeteritae erant*. — Depuis St., tous : *ingrati liberti*.

141. Déjà restitué avant St.

142. Avant St., la l. 23, illisible, avait été diversement restituée : — 1) Gö., en note, inséré au texte Gn. 1, Pell. : *ut patrono liberisque ejus concessit*. — 2) Hu. 1 : *eis ac masculis patronis concessit*. — 3) Hu. 2 : *eis | ac patrono liberisque ejus concessit*; suivi Gir. — Depuis St., tous comme ci-dessus au texte, sauf, pour le dernier mot, Hu. 4 : cura*uit*, au lieu de *curabat*.

139

ratae ingenuae patronae, || libertinae tribus, eadem fere jura dedit, quae ex e|dicto prae*toris* patroni habent: trium vero liberorum | jure[143] honoratae ingenuae patronae ea jura de|dit quae per eamdem legem patrono data sunt : libertinae autem patronae non idem juris praestitit.

51. Quod autem ad libertinarum bona pertinet, si | quidem intestatae decesserint, nihil novi[144] patronae liberis honoratae lex P*apia* praestat. Itaque si | neque ipsa patrona neque liberta *capite deminuta*[145] sit, ex lege XII | tab*ularum* ad eam h*ere*ditas pertinet, et excluduntur libertae | liberi : quod juris est etiamsi liberis honorata | non sit patrona; nunqu*am* enim, sicut supra dixi|mus, feminae suum h*ere*dem habere possu*nt*. Si vero | v*el* hujus vel illius *capitis* demi*nutio* interveniat, rursus liberi | libertae excludunt patronam, quia, legitimo jure *capitis deminutione* p|erempto[146], evenit ut liberi libertae cognationis ju|re potiores habeantu*r*. 52. Cum autem testamento fa|cto moritur liberta, ea quidem patrona quae li|beris *h*onorata non *est*, nihil juris habet *contra* libertae *testamentum;* | ei[147] v*ero* quae liberis honorata sit, hoc jus tribuitur p*er* le|gem P*ap*i*am* quod habet ex edicto patronus contra | tabulas liberti.

---

* Page intérieure facile à lire.

143. A. iural.

144. A. nobi; v. III, note 72 et les renvois.

145. A. q d. — 146. A. ierempto. — Gö. et presque tous: *perempto*. — Bö. 5 : *interempto*.

147. A. ea.

53. | Eadem lex patronae filio [148] liberis honorato

148. Avant St., on se demandait si le § 53 concernait le *fils* ou la *fille* de la patronne. — L'Ap. de Bö. porte *filie liberis honoratae* |*. | *patroni jura*, etc. — On s'accordait à lire *filiae*. Les uns, sans rien ajouter ; Gö., Heff., Blond., Lab., Pell. tr. et ma. 1, Dom., n'indiquaient pas qu'il y avait quelque chose au ms. entre *honoratae* et *patroni jura* ; Bö. 3-5, Gn. 1, Pell. ma. 3-6, Pos., A. et W., l'indiquaient. — Les autres, croyant que le copiste avait sauté quelque chose, restituaient de diverses manières : 1) Unterholzner (*Zeitschrift für geschichtl. Rechtsw*, t. V, 1825, p. 45-47) : filiae liberis honoratae, *item patronae filio patroni jura dedit*. — 2) Kl. (en note) : patronae *filio item patronae filiae liberis honoratae*. — 3) Hu. Studien (suivi Bö. 1, au texte) : patronae filiae liberis honoratae, *filio* patroni iura dedit. — 4) Lachm. (en note, Gö. 3) : honoratae *paene eadem quae ipsi patronae, filio autem patronae* patroni iura dedit. — 5) Bö. 5 (en note) : Eadem iura lex *etiam* patronae filiae liberis honoratae *et filio* patroni dedit ; suivi Gir., au texte. — 6) Hu. 2 : Eadem lex (*quae*) patronae, (*patronae*) filiae liberis honoratae, *filio* patroni iura dedit.

Depuis St., qui donne *filio* comme certain, tous admettent que le § 53 concerne le *fils* de la patronne. — Quant à la *fille*, à laquelle il était invraisemblable qu'on eût attribué les droits mêmes du patron, c'est-à-dire plus de droit qu'à sa propre mère, la patronne, G. n'en aurait pas parlé. Ce silence peut s'expliquer. Selon la remarque de Kr. (*Krit. Versuche*, p. 127), les cas où la fille de la patronne peut hériter (cp. l. 10 Dig. *De operis libert.* 38, 2) ont pu être omis par G., comme étant trop particuliers. — Ajoutons qu'il n'est pas sans difficulté, si certain que soit le mot *filio*, d'admettre que le fils de la patronne ait les droits du patron. Aussi Goud. a-t-il proposé de lire *patronae jura* au lieu de *patroni jura* ; correction plausible, admise par Pol., au texte. — Remarquons enfin l'expression *liberis honorari*, qui se trouverait appliquée à un homme ; tous admettent *filio liberis honorato*, malgré le doute indiqué par St. sur l'o final dans *honorato*. G. a-t-il pu s'exprimer ainsi ? Il y a un passage de Cicéron (Tusculanes, I, 35, 85) où, sans doute, la plupart des éditions donnent *Metellus ille honoratus quatuor*

cre[149] | patroni jura dedit; sed in hujus persona etiam unius || filii filiaeve jus sufficit.

54. Hactenus omnia[150] jura qu|asi per indicem[151] tetigisse satis est : alioquin dili|gentior interpretatio propriis commentariis[152] | exposita est. ═══════ |
─────────[153]

55. Sequitur ut de bonis Latinorum libertinorum[154] dispiciamus. 56. Quae pars juris ut manifestior fi|at, admonendi sumus, de quo alio loco diximus, eos | qui nunc Latini Juniani dicuntur, olim ex jure

---

filiis ; mais les meilleures et les plus récentes rejettent honoratus (que quelques-uns vont jusqu'à appeler une leçon absurde), et lisent, à la place, honoratis; v. les éd. de Bentley, Orelli, Lemaire, Kühner (Hanovre, 1874), et les renvois qui y sont faits à Cic., Brutus, 81, et De finibus, 5, 82; Pline, Hist. nat., VII, 146 ; Valère-Maxime, VII, 1, 1.

149. Des quatre lettres douteuses à la fin de la ligne 23 (ocre), St. (note A.) dit que les deux dernières sont presques certaines. — 1) Kr. (Krit. Versuche, p. 127) lit fere, suivi K. et S., en note (le texte est laissé en blanc entre honorato et patroni), et par Gn. 2, au texte. — 2) Pol. : Omnia fere. — 3) Mommsen (en note K. et S.) : ciui romano. — 4) Hu. 3-4 : prope ; à moins, ajoute Hu. 4, qu'il n'y ait eu : liberorum honorato jure.

✱ Page extérieure facile à lire.

150. Plusieurs intercalent ici quelque chose : quae in bonis civium romanorum libertorum habemus (Hu., Studien.), puis simplement illa (Hu. 2, Gir.); ea (Gn.); civium romanorum (Bö. 5); manumissionum (Pol.); in bona civium romanorum libertinorum (Muir.). — 151. A. indicem. — 152. On s'est demandé auquel de ses ouvrages G. renvoie ici : à ses commentaires sur les lois Julia et Papia, ou à ses livres De manumissionibus? — Cpr. le renvoi du § 33; supra note 47.

153. L. 5 en blanc; probablement pour une rubrique. Bö. 5 la restitue : De bonis Latinorum libertorum.

154. Bö. 5, au lieu de libertinorum, préfère libertorum. — Pol. supprime libertinorum.

Quiritium ser|vos fuisse, sed auxilio *praetoris* in li-
bertatis[155] forma[156] | servari solitos : unde etiam res
eorum peculii ju|re ad patronos pertinere solita
est[157] : postea vero p*er* | legem Juniam eos omnes
quos p*raetor* in libertatem[158] tu|ebatur liberos esse
coepisse, et appellatos esse Lati|nos Junianos : Lati-
nos ideo, quia lex eos liberos | perinde esse voluit,
atque si essent *cives Romani* ingenui[159] qui, ex | urbe
Roma in Latinas colonias deducti, Latini co|loniarii
esse coeperunt; Junianos ideo, quia *per* le|gem Ju-
niam liberi facti sunt, etiamsi *non* essent | cives
Romani[159]. Legis itaque Juniae[160] lator, cum intel-

---

155. A. liuertatis; v. III, note 29. — 156. A. formam.
157. Pol. supprime comme glose : *unde etiam res solita — est.*
158. A. libitem; presque tous : *libertate;* Bö. 5 : *libertatem.*
159. D'après Mommsen (note K. et S.), les mots *si essent cives romani ingenui* et plus bas *etiam si non essent cives romani* sont des gloses; par suite, K. et S., Gn. 2, les mettent entre crochets. — Hu. 4 lit : atque qui *cum* essent cives rom. ingenui, ex urbe, etc.
160. La révision de St., qui donne pour les l. 19-20 : « non c̄c̄nt | c̄r̄. legis itaque iuniae lator », met fin aux difficultés qu'avait soulevées la leçon que Gö. et Blu. avaient cru voir : « non c̄r̄ n | p̄r̄ legis iunie iuniae lator. » Les opinions les plus diverses, quelques-unes même étranges, avaient été proposées : — 1) Gö., en note, indiquait *praetor populus romanus*, mais il n'en était pas satisfait. — 2) Kl., avec doute : nam praetor Junius legis Juniae lator, approuvé Heff. — 3) Hu. Studien (suivi Bö. 1) : iam vero legis Juniae. — 4) Lachm. (suivi Pell., Bö. 2-3, Gn. 1) : *quare* legis Juniae. — 5) Hu. Beiträge, puis J. A. 1 : v|erum legis Juniae Juniae lator; il pensait que le véritable nom de la loi était *Junia Junia* (qui n'aurait été donné exactement que dans ce seul passage), d'après ses auteurs M. Junius Silanus et L. Junius Norbanus Balbus, consuls en 772. — 6) Bö. 4 : nam | praetor lege Junia lata. — 7) Hu. 2 donne : *quare,*

legeret| futurum ut ea fictione res Latinorum defun|ctorum ad patronos pertinere desinerent quia∗∗∗[161] neque ut servi decederent, ut possent ju|re peculii res eorum ad patronos pertinere, neque || liberti Latini hominis[162] bona[163] possent manumissionis jure ad | patronos pertinere, necessarium existimavit, | ne beneficium istis datum in injuriam patro|norum con-
5 verteretur, cavere voluit[164] ut bona eo|rum[165] proinde ad manumissores pertinerent, | ac si lex lata non esset. Itaque jure quodammodo pecu|lii bona Latinorum ad manumissores ea lege[166] perti|nent. 57. Unde

---

au lieu de *verum*, mais il maintient *Juniae Juniae*. — 8) Bö. 5 (suivi Gir.) : nam| primum legis Juniae ; avec réfutation spéciale de la conjecture de Hu. relative à la répétition de *Juniae*, et avec mention que Rudorff, qui avait approuvé un instant cette répétition, l'a ensuite condamnée. — Depuis St., tous sans difficulté : *Legis itaque Juniae*, sauf Pol. qui supprime *Juniae*.

161 St. (note A.) propose *scil.*; d'où tous, depuis, *scilicet*. — Avant St., la plupart : *ob id quod*.

∗ Page extérieure difficile à lire dans la partie supérieure, facile dans la partie inférieure.

162. La plupart acceptent sans difficulté *liberti Latini hominis*, et récemment Gn. 2, Hu. 4. — Pol. veut *liberi*. — Kr. (note K. et S.) croit que *liberti* est une glose. — Muir. préfère remplacer *hominis* par *Juniani*.

163. A. bp., c'est-à-dire *bonorum possessio*; on s'accorde à lire *bona*.

164. Presque tous suppriment *voluit*. — Hu. 4 : converteretur, cauere, voluit (que), ut.

165. Avant St., restitutions diverses : *bona defunctorum, res Latinorum defunctorum* ou *libertorum*, ou *horum libertorum*.

166. Avant St., au lieu de *ea lege*, on n'avait lu que : c sip ∗∗ (v. Ap. B.), d'où la plupart : *eorum*, blâmé par Bö., qui proposa d'abord *exinde*, puis *ipsorum*, enfin *coeperunt pertinere*; — Hu. 2 (suivi Gir.) : *ex Jure Quiritium*.

accidit ut longe[167] differant ea jura quae | in bonis Latinorum ex lege Junia constituta sunt, | ab his quae in hereditate[168] *civium* Romanorum libertorum observan*tur*. 58. N*am civis* Romani liberti he*redi*tas ad extraneos heredes patroni | nullo modo pertinet ; ad filium autem patroni nepo|tes*que* ex filio et pronepotes ex nepote (169) *prognatos* | omnimodo pertinet, etiamsi (*a*)[170] parente fuerint exhere|dati. Latino*rum* autem bona, tam*quam* peculia servo*rum*, | etiam ad extraneos heredes per|tinent, et ad libe|ros *manumissoris* ex*heredatos* non pertinent.========59. Item scrib.[171] he*redi*tas ad duos pluresve patronos aequa|liter pertinet, licet dispar in eo servo dominium | habuerint. Bona vero[172] Latinorum pro ea parte per|tinent, pro qua parte quis*que* eorum dominus fue|rit. 60. Item in hereditate *civis* Romani liberti patronus alteri|us patroni filium excludit[173] et filius patroni al|terius patroni nepotem repellit. Bona

---

167. Leçon admise par tous depuis St., bien que donnée par lui comme incertaine en partie, et avec l'observation qu'il paraît y avoir *inide* plutôt que *unde*. — Avant St., la plupart avec Gö. : *unde evenit ut multum*. — Hef. : *unde factum est ut longe*. — Hu. 2, Gir. : *Unde apparet quantum*.

168. A. btatem. — Bö. 4-5 maintient *hereditatem*.

169. Tous, avec Lachm., intercalent *filio nato* entre *nepote* et *prognatos*.

170. Intercalé par tous.

171. On s'accorde à penser que *scrib.* est écrit non pour *scripta*, mais par erreur pour c̄r̄ lib., c'est-à-dire *civis romani liberti*.

172. A. bero ; v. III, note 72. — 173. A. excluditur.

autem La||tinorum et ad ipsum patronum[174] et ad alterius[175] pa|troni heredem simul pertinent, pro qua parte ad ipsum manumissorem pertinerent[176]. 61. Item si unius | patroni tres forte liberi sunt et alterius unus, | hereditas *civis Romani* liberti in capita dividitur, id est, tres | fratres tres portiones ferunt, et unus quartam[177]. | Bona vero Latinorum pro ea parte ad successores | pertinent, pro qua parte ad ipsum manumissorem | pertinerent. 62. Item si alter ex *his* patronis suam partem | in hereditate[178] *civis Romani* liberti spernat, vel ante moria|tur *quam* cernat, tota he*re*ditas ad alterum pertinet. Bona | autem Latini pro parte decedentis[179] patroni caduca | fiunt et ad populum pertinent.

63. Postea Lupo et Largo consulibus senatus censuit, | ut bona Latinorum primum ad eum pertinerent | qui eos liberasset, deinde ad liberos eorum non | nominatim ex*h*eredatos, uti quisque proximus es|set; tunc antiquo jure ad *h*eredes eorum, qui libe|rassent, pertinerent[180]. 64. Quo[181] *senatusconsulto* qui-

---

* Page intérieure facile à lire.

174. A. Mommsen (note K. et S.) croit que *et ad ipsum patronum* est une glose.

175. A. ad|terius.

176. Hu. 4, transposant : ad alterius patroni heredem, pro qua parte ad ipsum manumissorem pertinerent, simul pertinent.

177. A. quarta. — 178. A. hereditatem.

179. Gö. et, après lui, plusieurs (Hu., Gir., Muir.), corrigeant : *deficientis*.

180. Pol. supprime *pertinerent*.

181. A. quod.

dam[182] actum | esse putant, ut in bonis Latinorum
eodem jure u|tamur, quo utimur in hereditate civium
Romanorum liber|tinorum : idemque[183] maxime Pegaso placuit. Quae | sententia aperte falsa est. Nam
civis Romani liberti here|ditas nunquam ad extraneos
patroni heredes || pertinet : bona autem[184] Latinorum
etiam ex hoc ipso | senatusconsulto, non obstantibus
liberis manumissoris, eti|am ad extraneos heredes
pertinent[185]. Item in hereditate[186] | civis Romani
liberti liberis[187] manumissoris nulla exhereda|tio
nocet[188] : in bonis Latinorum[189] nocere nomina|tim
factam exheredationem ipso senatusconsulto significa|tur. Verius est ergo hoc solum eo senatusconsulto
actum esse, ut | manumissoris liberi, qui nominatim
exhere|dati non sint, praeferantur extraneis heredibus. 65. | Itaque[190] emancipatus filius patroni prae-

---

182. Gö. et, après lui, presque tous intercalent *id* entre *quidam* et *actum*.

183. Au lieu de *idemque*, Gö., Lachm., Bö. 2-4, Hu. 2-4, Pell., Gir., Pol., K. et S., Gn., Muir., veulent *idque*. — Kl., Hef., Bö. 5, maintiennent *idemque*.

✱ Page intérieure en partie difficile, en partie plus facile à lire.

184. Illisibles avant St., mais restitués par Gö. et admis par tous, les trois premiers mots de la p. 143 sont confirmés par St.

185. A. ptinet.

186. A. btatem.

187. A. liueris; v. III, note 29.

188. A. nocet.

189. Après *Latinorum*, presque tous intercalent *autem* dans les édit. ant. à St.

190. Avant St., on restituait *itaque* et l'on ajoutait *et*.

teritus, quam|vis contra tabulas testamenti parentis sui *bonorum possessionem* non | petierit, tamen extraneis heredibus in bonis Latino|rum potior[191] habetur.

====== 66. | Item filia ceterique sui heredes[192], licet jure civili |inter ceteros exheredati sint[193] et ab omni hereditate | patris sui summoveantur[194], *tamen* in bonis Latinorum, | nisi nominatim a parente fuerint exhereda|ti[195], potiores erunt extraneis heredibus.

67. Item ad li|beros qui ab hereditate patris se abstinue|runt [___196___] ona Latinorum pertinent |, [___197___] exheredati[198] nullo modo dici possunt, non | magis

---

191. A. poliq.
192. Avant St., les l. 14-15, en partie illisibles, avaient été restituées par tous : ceterique quos *exheredes* licet juris civili| *facere inter ceteros, quamvis id sufficiat ut*, ab omni, etc. — Hu. 4 intercale *si* avant *inter ceteros* et lit *etiam* au lieu de *et* avant *ab omni her*.
193. Pol. supprime *sint et*.
194. A. summobeant; v. III, note 72.
195. A. exhereditati.
196. A. [n. oium_____] sch. Blu. — St. (en note A.) met en garde contre cette leçon de Blu.; au milieu, il croit avoir aperçu la lettre *h*: A une autre époque, Blu. avait lu *in*_____.
197. A. [a h tate q̄] sch. Blu.
198. St. a lu, de plus qu'auparavant, la seconde moitié seulement de la l. 20; sa révision confirme *bona Latinorum pertinent* déjà proposé par Lach. et suivi Hu. 1-2, Gn., Gir., Pol., A. et W. — Restitutions diverses pour la lacune entre *abstinuerunt* et *exheredati*. — 1) Kl.: *non minus* bona *Latini* pertinent, quam ad *eos qui se non abstinuerunt* ab hereditate. *Nam* exheredati, etc. — 2) Hu. Studien : ex senatusconsulto Latini bona pertinent quia licet alieni habentur | ab hereditate, exheredati, etc. — 3) Lachm. (Gö. 3, en note) : *nihilominus bona* Latinorum pertinet quam obligato|s hereditati quod (ou *nam*) exhere-

quam qui testamento silentio praeteriti sunt. 68. Ex his omnibus satis illud apparet, si is qui Latinum | fec [———199———] ——— (———200———).

|| ——— | ——— s se hunc enim solum ——— | 144

bus ** ciunt lius in bonis latino——— | ** s———a 64 v ter s.

h ——— | — Legi nequeunt v. 5-7 — | queritur an exhe- 5

redes ——— | casse * sp ——— | — Legi nequit v. 10 — 10

| ——— squis ——— | ——— h ——— | — Legi nequit v. 13 — | et libe ——— | ——— en ——— | 15

iam constat s——————— | ** due posque bona lati-

norum ——— | ——— mestut ——— | ——— p ——— |

dati, etc. — 4) Plus tard, Lach. (en note Bö. 5) : sctun pertinet, quamvis ab extraneis reppellantur | ab hereditate, quod (ou nam) exheredati, etc. — 5) Hu. Beiträge, et J. A. 1-2 (suivi Gir.) : *bona Latinorum pertinent quamvis alieni habeantur a patern|a* hereditate, *quia* (ou *quod*) exheredati. — 6) Pell. ma : *Latini bona pertinent, quia licet alieni habeantur ab* hereditate, *tamen exheredati.* — Depuis St. — 1) Goud. : *nihilominus* bona Latinorum pertinent, *nominatim quippe* exheredati; Gaius, dit Goud., a voulu insister sur la nécessité d'employer l'exhérédation nominative, rigoureusement entendue et à la lettre. — 2) Pol. : *tamen nihilominus* bona latinorum pertinent | (*ex e*)*a* hereditate, quia exheredati. — 3) K. et S. : *nihilominus* bona Latinorum pertinent, *nam hi quoque* exheredati; suivi Gn. 2, Muir. — 4) Hu. 4 : *nihilominus tamen* bona Lat. pert. : *nam hi neque* exheredati ullo (au lieu de *nullo*).

199. A. [e ri̇̂t] sch. Bluh.

200. A. (l * b———————l ***) sch. Gö.

* Page extérieure très-difficile à lire. (On pourra lire davantage en employant des moyens plus forts. St., note A.)

20 — **Legi nequit v. 20 —** | (____201____) balteri _____202.

69. Item illud quoque constare videtur si solos liberos ex | disparibus partibus patron -_____ | (___203___) __ || tant ad eos pertinere, quia nullo interveniente extraneo herede, senatusconsulto locus non est[204].

---

201. A. (_____iii ⁂ n c) sch. Gö. ; au lieu de ces lettres, St. (note A.) croit plutôt voir *x i n e c a*, ou quelque chose de semblable.

202. Les l. 1-21 de la p. 144 demeurent pour la plus grande partie illisibles, bien que St. y ait lu un peu plus qu'auparavant. — Aucune restitution n'en a été proposée, même par Hu., qui dit seulement en note, J. A. 2-4 : « Sententiam hanc fuisse suspicor : Si is qui Latinum fecerit, *uel eius liberi* solique ei heredes facti vivant, cum Latinus moritur, nihil novi scto introductum esse, quia etiam ex lege Iunia ad eosdem bona Latini pertineant, nec extranei heredes sint, cui vel ipse manumissor vel liberi praeferri possint. Sed etsi manumissor Latinum extraneo legaverit (2, 195), scto locum non esse videri, quod liberos tantum extraneis heredibus praetulerit : qua de re tamen non dubito, quin dissenserint Icti, sive extraneo sive uni ex liberis per praeceptionem Latinus legatus fuerit, et his controversiis majorem partem paginae 144 occupatam fuisse. Sequebantur deinde aliae controuersiae, et in his prima, ut puto, si liberis tantum heredibus institutis, unus ex iis se abstinuerit uel hereditatem spreuerit, bona Latini ad omnes an ad eos tantum, qui heredes facti sunt (quod verius est) pertineant. » Puis G. aurait ajouté ce qui forme le § 69, commençant ligne 22, à *Item illud quoque constare*, etc.

203. A. (redi) sch. Gö.

⁂ Page extérieure très-facile à lire.

204. Le § 69 est renouvelé par la révision de St., qui a pu lire la l. 22 en entier et la première moitié de la l. 23 ; on n'y avait lu auparavant que dix-huit lettres, dont dix seulement sont confirmées par St. — Savigny, dans un article sur les §§ 69-73, inséré dans la *Zeitsch. f. gesch. R. W.*, t. III., 1817, pensait (p. 165-168) que le sens était le suivant : « bona Latini ad

70. Ei[205] si cum liberis su|is etiam extraneum heredem patronus reliquerit, S|aelius[206] Sabinus ait, tota bona pro virilibus partibus ad | liberos defuncti pertinere; quia, cum extraneus[207] heres[208] | intervenit, non habet lex Junia locum, sed senatusconsultum. | Javolenus autem ait, tantum eam partem ex senatusconsulto libe|ros patroni pro virilibus partibus habituros esse, | quam extranei heredes ante senatusconsultum lege Iunia habituri essent; | reliquas vero partes pro hereditariis partibus ad e|os pertinere. ==== **71.** Item quaeritur, an hoc senatusconsultum | ad eos patroni liberos pertineat, qui ex filia nep-

---

liberos manumissori ex disparibus partibus succedentes, nullo extraneo herede interviente, non pro virilibus, sed pro hereditariis partibus pertinere. — Il n'avait pas été proposé de restitution, si ce n'est par Hu., J. A. 1-2, d'après les traces du ms. et le sens indiqué par Savigny : Item *si nullo extraneo herede interueniente liberi* | dispari*bus ex partibus heredes facti sunt, bona Latini pro he*|redi*tariis* partibus, non pro *uirilibus recte pu*||*tant ad eos*, etc.; suivi Gir. — Depuis St., tous admettent : *Item illud quoque*, etc., jusqu'à *disparibus partibus*. — A partir de ces mots, restitutions diverses : — 1) Pol., au texte: patron*us heredes reliquerit* | *rectius* existimare, *qui Latinum pro hereditariis partibus* putant ad eos. — 2) K. et S. (en note) : patron*us heredes instituerit ex eisdem partibus bona Latini, si patri heredes exis*|tant, ad eos; suivi Gn. 2, au texte. — 3) Hu. 4, au texte : patron*us heredes reliquerit*, quod pro he|redi*tariis* partibus, non pro uirilibus bona *Latini pu*|tant ad eos, etc.

205. Au lieu de *ei*, qui semble une faute évidente au ms., tous : *sed*.

206. A. s|elius. — Avant St. : ?|elius. — St. (note A.) dit qu'au lieu de *s*, à la fin de la l. 3, il y a peut-être plutôt *t*.

207. A. extraneos.

208. A. heres|des'.

te|ve[209] procreantur, id est, ut nepos meus ex filia potior | sit in bonis Latini mei, quam extraneus heres; item |[210], ad maternos Latinos hoc *senatusconsultum* pertineat, quaeritur, id est, | ut in bonis Latini materni potior sit patronae filius, | quam heres extraneus matris. Cassio placuit, utroque | casu locum esse senatusconsulto. Sed hujus senten|tiam plerique improbant, quia senatus de his libe|ris patronarum[211] *nihil* sentiat, qui aliam familiam sequ|erentur. Idque ex eo adparet, q*uod* nominatim exhere|datos summoveat[212] : nam videtur de his sentire, qui | exheredari[213] a parente solent, si heredes non institu|antur[214] ; neque autem matri filium filiamve, neq*ue* avo || materno nepotem neptemve, si eum eamve hered*em*

---

209. A. neptaeue.

210. La plupart (Gö. 1, Bö., Hu., Pell., Gir., Pol., K. et S., Gn., Muir.) intercalent *an* après *item*. — Gö. 2-3, Kl., Hef., Blond., Lab., Lach., ont simplement *item*, suivi d'une virgule.

211. D'après K. et S, le mot *patronarum* est une glose fautive; suivi Gn. 2. — Hu. 1-2, corrigeant, lit : patronorum; suivi Gir., Pol., Muir. — Les autres maintiennent *patronarum*. — Je crois que l'on peut ici corriger *patronarum,* qui semble, en effet, une faute, pour lire à la place *patronorum;* mais il convient de dire que l'on fait une correction, soin que tous ne prennent pas.

212. A. summobeat; v. III, note 72. — La plupart, avec Lachm., corrigeant : *summovet*. — D'après K. et S., on pourrait conserver *summoveat*, en lisant à la l. précédente *apparere*, au lieu de *apparet ;* ce que fait Pol.

213. A. exseredari.

* Page intérieure très-facile à lire.

214. Pol. supprime comme une glose tout le passage *nam videtur de his* jusqu'à *si heredes non instituantur*.

| non instituat, exheredare necesse *est*, sive de jure civili | quaeramus, sive de edicto²¹⁵ *praetoris*, quo praeteritis liberis | contra tabulas testamenti *bonorum possessio* promittitur.==

72. Aliquando *tamen civis Romanus* libertus²¹⁶ tamquam Latinus moritur, vel|uti si Latinus salvo jure patroni ab imperatore *jus Quiritium* con|secutus fuerit. Nam ut²¹⁷ divus Trajanus²¹⁸ constituit²¹⁹, | si Latinus invito vel ignorante patrono *jus Quiritium* ab imperatore | consecutus sit. Quibus casibus²²⁰, dum vivit iste liber|tus, ceteris *civibus Romanis* libertis similis est, et justos liberos | procreat; moritur autem Latini jure, nec ei liberi | *ejus* heredes esse possunt; et in hoc tantum habet testa|menti factionem, ut |²²¹ patronum heredem institu|at, eique²²², si heres esse noluerit, alium substituere | possit. 73. Et, quia hac constitutione videbatur effe|ctum ut ne umquam²²³

---

215. A. de ex edicto. — 216. A. liutus; v. III, note 29.

217. Au lieu de *nam ut* du ms., les uns : *nam ita;* les autres : *item ut*. — K. et S. : *nam ut*, sans changement.

218. A. troianus.

219. Hu. 4 transporte *ut divus Tra. const.* après *quibus casibus*; suivi Gn. 2, Muir.

220. K. et S., d'après Mommsen, regardent *quibus casibus* comme écrit à tort; les autres corrigent *nam, ut*, ou déplacent *ut diuus Tra. const.* V. les notes précédentes. — D'après Hu. 4, la suppression de *quibus casibus*, loin d'améliorer le passage, le rend plus mauvais encore.

221. A. aut; tous, corrigeant : *ut*, ou *uti*.

222. A. ei qui, corrigé par tous : *eique*.

223. Avant St., *numquam;* tous depuis St. : *ne umquam*, sauf Hu. 4, qui, corrigeant, maintient *numquam*.

isti homines tamquam cives Romani morerentur, quamvis eo jure postea usi[224] essent, quo vel ex lege Aelia Sentia[225] vel ex senatusconsulto cives Romani essent, divus Hadrianus, iniquitate rei motus, auctor fuit senatusconsulti faciundi[226], ut qui ignorante vel recusante patrono[227] ab imperatore jus Quiritium consecuti essent, si eo jure postea usi essent, quo ex lege Aelia Sentia vel ex senatusconsulto, si Latini manumissi essent[228], civitatem Romanam consequerentur, proinde ipsi haberentur, ac si lege Aelia Sentia vel senatusconsulto ad civitatem Romanam pervenissent.

74. Eorum autem quos lex Aelia Sentia dediticiorum numero facit bona, modo quasi civium Romanorum libertorum[229], modo quasi Latinorum ad patronos pertinent. 75. Nam eorum bona qui, si in aliquo vitio non essent, manumissi cives Romani fu-

---

224. A. utsi; usi admis par tous. — Savigny avait songé à justis (Z. f. g. Rw. loc. cit., note 204).

225. L'Ap. porte x̄s̄ ; tous y voient une erreur évidente, et lisent ās, abréviation usitée pour Aelia Sentia. — G. lui-même, quatre lignes plus bas, répète postea usi essent et ajoute quo ex lege Aelia Sentia.

226. A. paciundi.

227. Hu. 4 remarque qu'il n'y a pas besoin de supposer que G. aurait ajouté vel salvo jure patroni, ce cas étant régi par les mêmes règles que les deux autres (invito vel recusante patrono).

228. Tous remplacent par mansissent les mots manumissi essent, qui semblent une faute évidente du copiste.

* Page intérieure très-facile à lire.

229. A. sclibustorum.

turi essent, quasi *civium* R*omanorum* patronis eadem lege tribu|untur. Non tamen hi[230] habent etiam testamenti fa|ctionem; nam id plerisque placuit, nec immerito : *nam* | incredibile videbatur[231], *pessimae* condicionis ho|minibus voluisse legislatorem testamenti fa|ciundi jus concedere. 76. Eorum vero bona qui, si n*on* | in aliquo vitio *essent,* manumissi futuri Latini | [232] e*ssent*, proinde tribuuntur patronis, ac si Latini[233] de|cessissent. Nec me *praeterit*, non satis in ea re le|gis latorem[234] voluntatem suam verbis ex*pressisse.*

77. | Videamus autem et de ea successione quae nobis e|x emptione bonorum[235] competit. 78. Bona autem vene|unt aut vivorum aut mortuorum. Vivorum, v*elut* | eorum qui fraudationis c*ausa* latitant, nec absentes | defenduntur; item eorum qui ex lege Julia bonis[236] | cedunt; item judicatorum post tempus quod eis, | partim[237] lege XII ta*bularum*, partim edicto pr*aetoris*, ad expedien|dam pecuniam tribuitur. Mortuorum bona veneunt.[238] v*elut* eorum quibus cer|tum *est* neque heredes, neque b*onorum*

---

230. A. u i; tous : *hi*, bien que St., note A., disc qu'il est peu vraisemblable qu'il y ait eu *h*.
231. A. bidebatur; v. III, note 72.
232 Pol., intervertissant : *latini futuri*.
233. A. latinis.
234. A. legis legatorem.
235. A. bonarum.
236. A. uonis; v. III, note 29.
237. A. eius parti.
238. A. beneunt; v. III, note 72.

possessores, neque ullum alium || justum successorem existere. 79. Siquidem vivi[239] | bona veneant, jubet ea[240] praetor per dies continuos XXX | possederit[241] proscribi : si vero mortui, post[242] dies XV. Pos|tea jubet[243] convenire creditores, et ex eo nume|ro magistrum creari, id est, eum per quem bona ve|neant. Itaque si vivi[244] bona veneant, in diebus u fie|ri

---

* Page extérieure très-difficile à lire à cause de la pâleur des lettres.

239. A. uiuo, corrigé.

240. A. iuuet; v. III, note 29.

241. Presque tous corrigent *possederit*. — Gö. et, avec lui, la plupart le remplacent par *possideri et;* notamment encore, depuis St., Gn. 2, Hu. 4, Muir. — Hef., Blond., Lab., Dom., le remplacent par *possideri, tum,* ce qui leur semble mieux convenir à *post dies XV* qui vient ensuite (mais qui est aussi changé par plusieurs; v. la note suivante). — Pol. maintient *possederit*, et croit qu'il manque ici une ligne de l'archétype, entre *praetor* et *per dies continuos* XXX ; G. aurait dit : « jubet ea praetor (*postquam ea aliquis ex edicto praetoris*) per dies continuos XXX possederit, proscribi. » Pol. appuie sa conjecture: 1° sur *post dies XV;* 2° sur Théophile, III, 12, pr. : « *erantque — per certos dies : his praeteritis altera* fiebat ab *iis aditio* » ; 3° sur tout le plaidoyer de Cicéron *pro Quinctio*, spécialement VIII, 30 ; X, 36 ; XIX, 60 ; XXVII, 84.

242. Au lieu de *post,* qui est certain et en toutes lettres, Gö. (en note) croit qu'il faut lire *per*, inséré au texte par plusieurs (Hu. 2-4, Gir., Pos., K. et S., Gn. 2, Muir.).

243. A. jubent. — Les uns : *jubentur*, et à la l. suivante: *creare*, au lieu de *creari*; les autres : *jubet*, en maintenant *creari*.

244. A. biui; v. III, note 72.

jubet, si mortui in dimidio. Diebus ita** vivi bo|na XXX, mortui vero [245] XX [246] emptori addici jubet [247].

---

245. A. b̊. — 246. Hollw. veut xv.

247. Ce passage n'a que peu gagné à la révision de St. ; elle donne toutefois de plus qu'auparavant : 1° *u fie* comme douteux à la fin de la l. 6 ; 2° *dimidio* comme certain, l. 7. — Restitutions diverses : — I. Avant St. 1) Gö. 1-3, en note et avec doute : in diebus (*pluribus*) ueni|ri jubet, si mortui in dieb. paucioribus, suivi par Kl., Heff., Blond., en note, et par Gn. 1, Dom., A. et W., au texte. — 2) Lachm., en note et comme très-hasardé : in diebus x *praedicari* iubet si mortui, in *dieb. u. licentibus, itaq.* uiui bo|na xxxx (quadragesimo), mortui uero xx. — 3) Hu. *Nexum*, p. 153 (Leipzig, 1846), et J. A. 1-2 : in diebus x *legem bonorum vendendorum fie*|ri iubet, si mortui, in diebus v, *a qui*bus *tandem* uiui bo|na *die* xx, mortui uero *die* x emptori addici; suivi Gir., Pos.

II. Depuis St. 1) Kr. (*Kritische Versuche*, p. 137) considère l'u qui précède *fieri* comme l'abréviation de *uenditionem* et intercale x *bonorum*; il donne ainsi : in diebus < x bonorum > *uenditionem* fieri iubet, si mortui, in dimidio. Diebus itaque vivi bona xxxx; mortui uero xx emptori addici. Cette leçon, reproduite K. et S., au texte, a été suivie par Gn. 2. — 2) Goud. la combat ; il préfère les leçons de Hu. : *in diebus* x, ligne 6, puis *in diebus v,* ligne 7, et il considère *dimidio* comme une glose ; mais il maintient sans changement les chiffres xxx et xx de la ligne 8. — M. Goudsmit considère tout ce passage comme un exposé conforme à celui de Théophile et il pense que l'on a eu grand tort de tenir généralement si peu de compte des indications contenues dans la Paraphrase. — 3) Mommsen (en note K. et S.) corrige *itaque* de la l. 6 et propose : idque, si uiui bona ueneant, in diebus x fieri iubet, etc. — 4) Pol. admet au texte : idque, si vivi bona veneant in diebus † quinque fie|ri iubet, si mortui *quindecim* diebus ; itaque vivi bona trigesimo, mortui vero vigesimo (*die*) emptori addici ; en note, pour remplacer la ligne de l'archétype, qu'il croit avoir existé entre *diebus* et *quinque*, il propose : *quinque lege venditionis facta, diebus viginti,* ce qu'il appuie sur Cicéron, *Pro Quinctio,*

Qu|are autem tardius viventium[248] bonorum vendi-
10 tionem | compleri[249] jubetur, illa ratio est, quia de vivis curan|dum erat, ne facile bonorum venditiones pate|rentur.

80. Neque autem bonorum possessioneque u|erii[250] pleno jure fiunt, sed in bonis efficient (___[251]___) | autem ita demum adquiruntur, si usuceperunt[252].

xv, 50 ; puis il expose les motifs qui lui font lire, l. 7, *quindecim* au lieu de *in dimidio*. Pol. appelle cette dernière leçon *insanam*; il croit que l'archétype avait *ĩdm* pour (*qu*)*ĩdm*, dont le copiste aura fait *dimidio*, comme ailleurs (p. 43, l. 21, et p. 44, l. 8) il a fait *dimidia* de *Kd. m̄* signifiant *capitis deminutione* (v. supra I, §§ 160-161 et note 464). — 5) Hu. 4 maintient sa restitution antérieure, en la modifiant ainsi : in diebus (x *legem bonorum*) u*endendorum* fie|ri iubet, si mortui, in diebus *v*. (*Die*) *tandem* uiui bona xx, mortui uero *x* emptori addici. Hu. s'écarte ainsi, à plusieurs égards, de ce que donne l'Ap. S. : il omet *dimidio*; puis il change xxx en xx, et ensuite xx en x. — 6) Muir. insère au texte d'abord la restitution de Mommsen : *idque si*, jusqu'à *fieri jubet*; puis, celle de Kr., à partir de *si mortui*.

248. A. uiuentium. — 249. A. complere.

250. La révision de St. laisse subsister le doute sur les l. 12 fine — 13. — Restitutions diverses. — 1) Kl., en note : Neque *autem* bonorum possessione res emptorum pleno, etc., inséré au texte Hef., Blond., Lab. — 2) Gö. 3, et la plupart avant St. comme depuis (Pell., Bö. 3-5, Hu. 2-4, Gir., K. et S., Gn. 1-2, Muir.) : neque *autem* bonorum possess*orum* neque *bonorum* empt*orum* res pleno. — 3) Pol. : neque autem bonorum possessio(*ne*), neque vero| *bonorum emptione* res possessorum aut bonorum emptorum pleno; Pol. croit que le copiste, ici encore, a omis une ligne de l'archétype.

251. (i*q?) sch. Gö. — On s'accorde à lire : efficient*ur* ; ex *jure Quiritium*.

252. A. ususceper(iunt) sch. Gö. La plupart : *usuceperunt*; quelques-uns : usu*capiuntur*, ou usu*ceperint*.

| Interdum quidem bonorum emptoribus n**| sus qui- 15
dem capio contingit velut si per eos (―――253―――) | bonorum
emptor*** sccon――――| que (――254――)――――| iiirusu
(――――――――255――――――――――) s.256. 84. Item quae

---

253. A. (i*ipicii) sch. Gö.

254. A. (cniui*cpccpii*oaq) sch. Gö.

255. A. (oipipiii*o) sch. Gö.

256. La révision de St. n'a que peu modifié la lecture des l. 15-19. — Restitutions diverses : I. Avant St. — 1) Hef. : Interdum quidem bonorum emptoribus *ipsum ius Quiritium mancipio conjungitur*, si per eos (au texte ; puis en note) : *acceperint* bonorum emptor*es, qui bonis ex lege Iulia cesserunt. Alioquin res eius, cuius bona vendita sunt, utili tantum actione peti possunt*, ou quelque chose de semblable ; cf. IV, 35 ; suivi Blond., Lab., Dom. — 2) Pell. regarde cette restitution comme très-peu probable pour la pensée comme pour le style ; il croit plus vraisemblable qu'il était ici question des *sectores bonorum* — 3) Hu. *Nexum* (1846), p. 160 : Interdum quidem bonorum emptor*um idem plane ius, quod est mancipum, esse intellegitur*, si per eos *scilicet* bonorum emptor*ibus* addicitur, qui publice sub hasta vendunt ; une ligne restant en blanc. — Défendue par Hu. Beiträge contre les objections dont elle avait été l'objet, cette restitution fut insérée au texte par Gn. 1, Pos., A. et W. ; mais plus tard, Hu. lui-même en proposa d'autres. — 4) Hu. 2 : Interdum — emptoribus *per ge*|*nus quoddam mancipii quaeri intellegitur*, si per eos *scilicet* | bonorum emptoribus *addicitur, qui publice* vendunt, *eo*|*que modo statim res pleno iure* Quiritium *bonorum emptorum fiunt*, | *nec usucapi possunt* ; suivi Gir.

II. Depuis St. — 1) Kr. (*Krit. Versuche*, p. 138-9) : Interdum quid. bon. emptoribus ne u|sus quidem capio contingit, velut si per eos ; pour le reste, il ne hasarde pas de restitution, mais il repousse l'idée que G. aurait, dans la suite du §, exclu l'usucapion en cas de *sectio*, car celle-ci n'était pas une espèce de *bonorum*

20 de (—————257—————) | aut ipse debuit, neque bonorum possessor, neque[258] | bonorum[259] emptor ipso jure debe (—260—) ——— | (—261—) de omnibus rebus (—262—) ——— | ——— iiisequenti commentario pro|ponemus[263].

venditio; il croit plutôt que G. parlait d'un cas où l'impossibilité d'usucaper est admise au préjudice du *bonorum emptor*, savoir du cas où il y a nullité de la *bon. venditio* pour défaut de conformité à l'édit (v. l. 30, Dig. 42, 5 ; l. 7, § 3; Dig. 42, 4 « *quasi latitantis, qui non latitabat* »). — 2) Hu. 3-4 (au texte) : interdum quid. bon. emptoribus ne usus quidem capio contingit, velut si peregrinus sit bonorum emptor; — après quoi, en note : *nec s(enatus) c(onsultum) concesserit e(ius) civitati ius | quo q(uae) civib(us) e(ius) populi a civibus romanis alienan|tur usucapere poss(unt)*; suivi Gn. 2. — 3) Goud. rejette comme invraisemblable cette conjecture de Hu., relative au *peregrinus*; il préfère celle de Kr. — 4) Pol. : interdum quid. bon. empt. ne u|su quidem capio contingit, veluti si per eos ∗ in possessione sit ∗ bonorum emptor, *quibus concessa est usureceptio* †† ; laissant la fin du § sans restitution.

257. A. (uiii∗iic∗$\overset{p}{c}$∗ii$\overset{a}{*}$∗∗∗∗) sch. Gö.; d'où la plupart, depuis Lachm. (Gö. 3) : *quae debita sunt ei cujus fuerunt bona*; quelques-uns : fuerint ou fuerant.

258. A. ne∗∗.

259. A. bonum.

260. A. (at) sch. Gö.

261. A. (d $\overset{s}{e}$ c) sch. Gö.

262. A. (ui∗∗∗s $\overset{q}{c}$is co) sch. Gö.

263. Les termes de la fin du § demeurent incertains. Quant au sens, on s'accorde à penser que G. disait que, sans doute, les *bonorum possessores* ou *emptores* ne peuvent, ni exercer les actions directes contre les débiteurs, ni être poursuivis directement, mais qu'ils peuvent exercer des actions utiles ou en être tenus, ce dont il traitera plus bas.

82. || Sunt a*utem* etiam alterius generis succes- siones, | quae neque lege XII tab*ularum*, neque p*raetoris* edicto, sed eo jure ((quod | consensu))[204] receptum es*t*, introductae sunt. **83.** ((Ecce enim)) | cum paterfamilias se in adoptionem de((dit,)) mu|lierq*ue* in manum convenit, omnes ejus res incor|porales et corporales, q*uaeque* ei debitae[265] sunt[266], patri ado|ptivo coemptionatorive adquiruntur, exceptis |iis quae p*er* capitis deminutionem pereunt, quales sunt ususfructus[267], operarum obliga*tio* (__[268]__) | per jusjurandum contracta es*t*, et _____[269] legitimo judicio[270].

---

* Page extérieure très-difficile à lire.

264. Le ms. omet *quod*, et porte *concessu*. — Les restitutions de ce § et des deux suivants sont tirées du Pr. Inst. III, 10.

265. A. *deuitae*; v. III, note 29.

266. Pol. supprime *quaeque ei debita sunt*..

267. A. *usu(sfructus)* sch. Gö. — La plupart simplement : *ususfructus*. — Pol. : *ius adgnationis, usus, ususfructus*.

268. A. (******** q) sch. Gö. Tous, sans difficulté : *libertorum* ou *libertinorum*) *quae*.

269. — 1) La fin de la l. 10 reste illisible. St. (note A.) dit que rien n'empêche d'admettre *lites quae agunt'* (c.-à-d. *aguntur*), mais qu'il ne faut pas songer à lire *continent'* à la place de *agunt'*. Il semble donc qu'il faille écarter les restitutions : *et quae* (ou *et quaecumque*, ou encore *lites quae*) *continentur* (ou *consistunt*), proposées par Hu., Studien et J. A. 1-2, suivies Pell., Gn. 1, Gir. — Toutefois, Gn. 2 maintient encore *quae continentur*. — 2) Hef. en note : *Si quid judicatum est*. — 3) Rudorff, qui avait d'abord proposé *res adjudicatae* (rejeté par Bö. 5, comme non latin), proposa ensuite (*Ueber die lexicalen Excerpte aus den Institut. des Gaius*, p. 344, Abhandlungen de l'Académie de Berlin, 1865) : *lites contestatae*, approuvé Goud., (d'après l. 58, Dig., Obl. et act. 44, 7), suivi K. et S., Hu. 4. — 3) Muir. : *lites quae aguntur*. — 270. A. *iudiciu*.

84. Ex diverso q*uod* his debu((it qui se in)) | adoptionem dedit, quaeque²⁷¹ in ma*num* conve*nit* (*non*)²⁷² | transit ad coemptionatorem, aut ad patrem adopti|vum, nisi si²⁷³ hereditarium aes alienum f*uerit*. (*Tunc*)²⁷⁴ |
enim quia ipse pater adoptivus a*ut* coemptiona|tor heres fit, directo tenetur jure, (*is vero qui*²⁷⁵) | se adoptandum dedit, quaeque heres²⁷⁶ in manum convenit, | desinit heres esse. De eo vero quod proprio no|mine eae personae debuerint, licet neque pater | adoptivus teneatur, neque coemptionator, et ne²⁷⁷ | ipse quidem qui se in adoptionem²⁷⁸ ded*it*, vel²⁷⁹ | quae in manum convenit, maneat obligatus obli|gatave, quia scilicet²⁸⁰ *per* capitis diminutionem *liber*etur, tamen in eum eamve utilis²⁸¹ actio datur, *rescissa* || capitis

---

271. Plusieurs, au lieu de *quaeque*, ont *vel quae*, ou *quaeve*.
272. A. conue — | transit. — *Non* est admis par tous comme évident.
273. St. note A. déclare que les lettres *isi si* sont de sa part une pure conjecture.
274. A. f. _____ enim. — Les uns : *tunc;* d'autres : *et*, ou *de eo*.
275. A. (iii) _____ | se adoptandum.
276. A. heredes.
277. A. ✱✱✱. Les uns : *et ne;* les autres : *neque*.
278. A. ademinoptionem.
279. A. ded ✱✱✱✱✱.
280. A. obligataniquiascetsi.
281. La révision de St. confirme *utilis*, au lieu de *civilis*, que Gö. avait lu ; déjà Gö. pensait que *civilis* était une faute du copiste (d'après G. IV, 38) et on s'accordait à donner : *utilis*, les plus exacts : *utilis*.

✱ Page intérieure facile à lire, sauf quelques exceptions.

deminutione, et si adversus hanc actio|nem non defendantur, quae bona eorum futura fu|issent, si se alieno juri non subjecissent, universa | vendere creditoribus praetor permittit====²⁸².

|————————————————²⁸³ | 85. ————————legiti-

282. Bien que le § 84 n'ait pas été lu en entier par St., ce qu'il donne le renouvelle à certains égards. Il déclare que la leçon des l. 11-14 de la p. 149 est due en partie à ses conjectures, auxquelles rien ne s'oppose dans les traits du ms. — Depuis St., tous ont admis le texte du §, tel qu'il résulte de son Ap.¹.

283. La l. 5 seule (et non aussi la l. 6, comme le croyait Gö.) était peut-être laissée en blanc pour une rubrique, que quelques-uns restituent : *De hereditatis in jure cessione.*

1. Restitutions diverses du § 84 avant St. — 1) Gö. 1-2 (en note) : Sed ex diuerso *de debitis ejus qui se in* adoptionem dedit, *ejusve quae in manum conuenit, ad ipsum quidem* coempt., aut ad patrem adoptivum *pertinet* hereditarium aes alienum; *quia enim ipse coemptionator et* ipse pater adoptiuus succedit *et retro* heres fit, directo tenetur iure; *is autem, qui se adoptandum dedit, quaeque in manum conuenit,* desinunt esse heredes. — 2) Kl. en note : Sed ex diverso *quae debentur ab eo qui — dedit, vel quae —* convenit, ad ipsum *pertinet* coempt. aut ad p. adopt., *siquidem est* hereditarium aes alienum : quia, etc. — 3) Hef., en note : Sed e diverso *quod debetur ab eo qui dedit, vel ab ea, quae —* convenit, ad ipsum pertinet coempt. aut ad p. adopt., *quandoquidem sit hereditarium aes alienum : nam quia* ipse coempt. — adoptivus *succedere videtur et heres fit* directo _____ desinunt esse heredes. — 4) Gö. 3, Lachm. : Ex diuerso quod debet is qui — dedit, vel quae — conuenit, ad ipsum — adoptiuum *pertinet* hereditarium aes alienum, proque eo, *quia suo nomine ipse* pater adoptiuus *aut* coempt. heres fit, directo iure tenetur, *non vero is,* qui se — conuenit, quia desinit *iure civili* heres esse : de eo vero quod *prius suo nomine eae* personae, etc, suivi Pell., Bö. 2-4 (qui fait quelques changements), Gn. 1, Pos., A. et W. — 5) Hu. (Beiträge) modifie ainsi la restitution de Lach. : *Vel quae in manum convenit, trit* (transit) *et ipsum ad* coemptionatorem aut ad patrem adoptivum, *si qd est (si quidem est),* hereditarium aes alienum, *deque eo ipse coemptionator aut ipse pater adoptivus succedens, quia retro heres fit, directo tenetur iure, liberatur vero is qui se adoptandum,* — quia desinunt *esse* heredes. — Plus tard, Hu. 2 (suiv. Gir.) donna : *Ex diverso quae debuit is qui se* _____ *conuerit, ad ipsum quidem* coemptionatorem aut ad patr. ad. *pertinet* hereditarium aes alienum, *proque eo, quia de|functo iam ipse pater* adoptiuus (coemptionatoriue) *succedit et re|tro* heres fit, directo tenetur iure, *liberaturque is, qui se* _____ *quia desinit etiam heres esse;* le reste comme Lach. — 6) Dom. : Sed e diverso *quod debebatur ab eo qui se* _____ aut ad patrem adoptivum *quamvis sit* hereditarium aes alienum, *quia enim coemptionator et* ipse pater adoptivus *succedit,* etc.

mam h ⸻[284] | nat aut pro herede[285] gerat, alii in jure cedat, pleno ju|re fit ille heres cui cessa est h ⸻[286] legem ad hereditatem vocaretur. Quod si, posteaquam heres ex|titerit, cesserit, adhuc heres manet, et ob id a[287] cre|ditoribus ipse tenebitur : sed res corporales trans-|feret, proinde ac si singulas in jure cessisset; debita[288] vero pereunt, eoque modo debitores here|ditarii lucrum faciunt. 86. Idem juris est si testamento | scriptus heres, posteaquam heres extiterit, in jure ces|serit hereditatem; ante aditam vero hereditatem cedendo, ni|hil agit. 87. Suus[289] autem et necessarius[290]

---

284. Avant St., on croyait la l. 6 sans écriture et l'on restituait ainsi le § 87, d'après le § 35 du G. II : *Item si his, ad quem ab intestato legitimo jure pertinet hereditas, eam hereditatem, antequam* cernat. — Depuis St. — 1) Pol.: *Qui ab intestato | ad legitimam hereditatem vocatus sit, antequam cernat.* — 2) K. et S. : *Item si* legitimam hereditatem heres antequam cer|nat, d'après le sens plutôt que d'après les traits incertains du ms.; suivis Gn. 2, Hu. 4. — 3) Muir. : *Si quis* legitimam hereditatem (ei delatam, antequam cernat. — Sur l'ensemble des §§ 85-87, dont Pol. conteste l'authenticité, v. la note 293 ci-après.

285. A. heredes, corrigé ms.

286. Tous : *hereditas proinde ac si per.*

287. On s'accorde à supprimer *a.*

288. A. deuita; v. III, note 29.

289. A. sus.

290. Hu. 4 donne: *suus autem et necessarius (et necessarius)*; il ajoute le second *et necessarius* pour désigner l'esclave *héritier nécessaire*, dont, selon lui, G. a dû dire ici ce qu'il dit de l'héritier *sien et nécessaire* ; dans ses édit. précédentes, Hu. n'ajoutait pas *et necessarius*, mais au fond il pensait de même, ainsi que tous ceux qui, corrigeant *agat* du ms., le remplacent par *agant*, v. la note suivante. — Les auteurs des édit.

heres an aliquid | agat[291] in jure cedendo, quaeritur. Nostri praeceptores | nihil eos agere existimant : diversae scolae au|ctores idem eos agere putant, quod ceteri post aditam[292] | hereditatem; nihil enim interest, utrum aliquis cer|nendo aut pro herede gerendo heres fiat, an juris | necessitate hereditati adstringatur[293]. ═══ | ═══ |

post. à St., comme ceux des édit. ant., appliquent, pour la plupart, le § 87 aux deux espèces d'héritiers nécessaires, et, par suite, lisent *agant*, au lieu de *agat*; mais ils ne croient pas qu'il y ait besoin pour cela d'ajouter *et necessarius*, comme le fait Hu. 4. Il leur semble que G. a pu dire *suus et necessarius heres*, pour désigner à la fois l'héritier sien et nécessaire et l'héritier simplement nécessaire. — Cette manière de parler, que l'on prête à G., me semble difficile, pour ne pas dire impossible à admettre ; son langage est plus précis ailleurs (II, 152, 153, 156).

291. Au lieu de *agat*, certain au ms. et maintenu sans observation par les premières édit. (Gö. 1-2, Kl., Hef., Bö. 1-2, Blond., Lab.), Lach. a donné : agant (sans même écrire : aga*n*t) et presque tous l'ont suivi ; les plus exacts (Bö. 3-5, Hu., Gn., Pos., A. et W., K. et S.) écrivent : aga*n*t, pour montrer la correction qu'ils apportent à la leçon du ms. — Quelques-uns, toutefois, ont maintenu *agat*, Dom., Pol. (p. 342). — Le singulier, au lieu du pluriel, a ici une grande importance. G. a-t-il dit de l'héritier simplement nécessaire ce qu'il dit de l'héritier sien ? Pouvait-il même le dire ? Ces questions sont délicates et fort complexes ; car elles se rattachent à plusieurs autres, qui sont encore loin d'être résolues, savoir : 1° à celle de l'authenticité du § 87 ; 2° à celle de la date respective des diverses parties des Institutes de G. ; 3° enfin et surtout, à celles qui concernent l'acquisition par les héritiers, tant de la propriété que de la possession de l'hérédité. V. sur ce dernier sujet, encore peu éclairci, les n°s 22 et 23, 42-45 de mon étude : *La Saisine héréditaire en droit romain*, ainsi que la note 143 du liv. II, ci-dessus et les notes 293 et 627-630 du liv. III, ci-après.

292. A. aditatam.

293. Tous, sauf Pol., acceptent les §§ 85-87 comme émanant

vraiment de G. — D'après Pol., au contraire, ils seraient l'œuvre de l'un des disciples de G., qui, invité à reproduire de mémoire ce que le maître avait écrit sur la *cessio in jure* de l'hérédité, se serait d'ailleurs assez bien acquitté de cette tâche. En conséquence, Pol. rejette ces §§ à la fin du liv. III. (p. 340-341 de son édit.).

C'est là une conjecture qui, si hardie qu'elle soit, ne saurait être rejetée sans examen. Les motifs sur lesquels la fonde M. Polenaar peuvent se résumer ainsi : 1º lorsque G. II, 98, annonce les *cinq* manières d'acquérir *per universitatem* dont il traitera, savoir : l'hérédité, la *bonorum possessio*, la *bonorum emptio*, l'adoption et la *manus*, il n'y ajoute pas une sixième, la *cessio in jure* d'une hérédité. La raison est que cette *cessio* ne constitue pas, en réalité, une *species alterius generis successionum*, distincte de l'hérédité. — 2º Les fautes, dans ces trois §§, sont nombreuses et graves, et leur nature est telle que l'on ne saurait les imputer au copiste. Il y en a d'abord de langage, par exemple : *a creditoribus* du § 85 [1], et la confusion dans l'emploi des temps : *cernat, gerat, cedat*, l. 7, après *vocatus sit* (supposé dans la l. 6 par Pol.), *fit, manet*, des l. 8 et 10; puis *tenebitur, transferet* (l. 11-12), *vocaretur* (l. 9), *cessisset* (l. 12). Il y en a aussi de doctrine. La première consiste à avoir parlé, à deux reprises, de *cretio* et de *pro herede gestio* d'une hérédité *légitime*, tandis que G. II, 37, ne parle et ne pouvait parler que d'*adition*, seule possible en cas pareil (II, 165, 167 et Ulp. 22, 27). La seconde consiste à avoir parlé de la controverse entre les Sabiniens et les Proculiens comme si elle eût existé au cas d'héritier *sien*, tandis que G. II, 37, en parle uniquement pour le cas d'héritier nécessaire (esclave). — Sur ce dernier point, la remarque de M. Polenaar me semble fort digne d'attention. Il se pourrait, en effet, que, pour le cas d'héritier simplement nécessaire, il eût existé, sur la *cessio in jure* comme sur l'usucapion *pro herede*, une controverse qui n'aurait pas eu de raison d'être dans le cas d'héritier sien (v. supra II, note 143 ; III, note 291, infra notes 627-630, et les nºs 22-23, 42-45 de mon étude sur la *Saisine*).

En admettant que les §§ 85-87 soient vraiment l'œuvre de G., deux observations se présentent : d'une part, G. s'est répété. Il

---

[1] La même faute de langue est au § 35 du Com. II (v. la page 63, l. 1re de l'Ap.).

|| 88. ((Nunc transeamus))²⁹⁴ ad obliga*tiones*.
Quarum sum|ma divisio in duas species deducitur : omnis enim | obligatio vel ex contractu nascitur, vel ex delicto.
| 89. Et prius videamus de his q*uae* ex *c*ontractu nascuntur. | Harum quattuor genera sunt : aut enim re *c*ontra|hitur²⁹⁵ obligatio, a*ut* verbis, a*ut* litteris, a*ut* co*n*sensu.
90. Re con|trahitur obliga*tio*, ve*l*ut mutui datione. ((Mutui autem datio))²⁹⁶ proprie²⁹⁷ in his fe|re²⁹⁸ rebus contingit, qua*e* res²⁹⁹ pondere, numero, mensura

---

avait traité déjà le sujet (II, 35-37). On a cité, il est vrai, trois autres exemples de répétitions aux Inst. de G. : — 1) I, 22 ; III, 56 ; — 2) II, 86 ; III, 163 ; — 3) III, 180 ; IV, 106. Mais, d'autre part, il y a entre les deux passages plusieurs différences, dont la principale est la mention de l'héritier *sien* au § 87. — M. Huschke, dans sa préface à Gaius (p. 162 de J. A. 4 ; p. 18 de sa 3ᵉ édit. séparée de G.) fonde sur ces différences des conjectures ingénieuses mais hasardées sur la manière dont G. a écrit et livré au public les diverses parties de ses Institutes.

* Page intérieure très-facile à lire.

294. Le commencement de la p. 151 est en blanc. — Restitué d'après les Inst. III, 13, Pr.

295. A. trahitur. — 296. Le copiste, qui n'a rien écrit entre *datione* et *proprie*, a certainement omis quelque chose ; d'après les uns, *quod*, ou *et*, ou *quae* (Gö. 1-3, Hef., Bö. 1-3, Pell.). — La restitution *mutui autem datio*, d'après les Inst. III, 14, pr., est préférable ; proposée par Bö. 4-5, suivie Hu., Gn., Gir., Pol., K. et S., Muir. — Cpr. G. loi 1, § 2, Dig. 44, 4 (tirée des *Aureorum*).

297. A. ppriae. — 298. Plusieurs suppriment *fere* ou le mettent entre crochets : Hu. 3-4, K. et S., Gn. 2, Muir.

299. A. quares. — La plupart suppriment *res* ou le mettent entre crochets : Gö. 1-2, Hef., Bö. 1. Blond., Lab., Gn. 1-2, Hu., Pell., Gir., Pos., A. et W., Pol., K. et S., Muir. — Quelques-uns le maintiennent : Kl., Gö. 3, Lach., Bö. 3-5.

constant: qualis est pecunia numerata, vinum, | oleum, frumentum, aes, argentum, aurum. Quas res | aut numerando, aut metiendo, aut pendendo, in hoc da | mus, ut accipientium fiant, et quandoque nobis non | eadem, sed alia ejusdem naturae reddantur. Un | de etiam mutuum appellatum est, quia quod ita ((ti))bi[300] a me da | tum est, ex meo tuum[301] fiat. 94. Is quoque qui non debi | tum accepit ab eo qui per errorem solvit re obli | gatur : nam proinde ei condici potest, SI PARET[302] EUM | DARE OPORTERE, ac si mutuum accepisset. Unde qui | dam putant, pupillum aut mulierem, cui sine tutoris auctoritate[303] | non debitum per errorem datum est, non teneri | condictione, non magis quam mutui datione. Sed haec | species obligationis non videtur ex contractu | consistere, quia is, qui solvendi dat, magis dis | trahere vult negotium, quam contrahere.

92. Verbis || obligatio fit ex interrogatione et responsione[304], | velut : DARI SPONDES ? SPONDEO ; DABIS ? DABO ; PROMITTIS ? PRO | MITTO ; FIDEPROMITTIS[305] ? FIDEPROMITTO ; FIDEJUBES ? FIDEJU | BEO ; FACIES ? FACIAM[306]. 93. Sed haec quidem verborum obli | gatio :

---

300. A. itabi. — Inst. : *ita a me tibi.*
301. A. tum. — 302. A. parret. — 303. A. sinetotae.
* Page extérieure très-facile à lire.
304. A. rensponsione. — 305. A. fidepromitis.
306. On connaît la difficulté de traduire dans toutes les autres langues les formules latines *spondes, fidepromittis, fidejubes.* — Les traductions anglaises données par M. Muir. sont dignes d'attention : *Spondes, Do you religiously engage ?* — *Fidepromittis, Do you promise on your plighted faith ?* — *Fidejubes, Do you authorize on your plighted faith ?* — Le caractère religieux de la

DARI SPONDES? SPONDEO, propria *civium Romanorum
est* : ceterae ve|ro juris gentium sunt ; itaque *inter
omnes homines, sive* | *cives Romanos sive peregrinos*,
valent ; et *quamvis ad Graecam*[307] vo|cem *expressae
fuerint, velut hoc modo* : (((δώσεις ; δώσω· ὁμολογεῖς ;
ὁμολογῶ· πίστει κελεύεις ; πίστει κελεύω · ποιήσεις ;
ποιήσω))),[308] etiam haec[309] tamen inter *cives Romanos*
valent[310] si modo Graeci[311] sermonis intellectum[312]
habeant ; et e contrario | quamvis Latine enuntien-
tur, tamen etiam *inter* pe|regrinos valent, si modo
Latini sermonis intel|lectum habeant[313]. At illa ver-
borum[314] obligatio : DARI SPONDES? SPONDEO, adeo
propria *civium Romanorum est*, ut ne qui|dem in
Graecum sermonem *per* interpretationem | proprie

---

plus ancienne de ces formules, *spondes*, ne semble pas douteux ; quant aux deux autres, M. Muir. croit que leur force était
surtout dans l'opposition des mots *fide* TUA de l'interrogation,
fide MEA de la réponse. Cp. les §§ 112, 116, 119 ci-après ; et,
sur la formule rectifiée de la *familiae emptio : mandatela* TUA
custodelaque MEA, v. supra II, § 104 et note 279. — Pos. traduit *spondes* par *Art thou sponsor?* — A. et W., par *Do you
engage?*

307. A. erogam.
308. Tous les mots grecs sont restitués d'après Théophile,
III, 15, 1 ; le copiste avait laissé en blanc.
309. La plupart, corrigeant, lisent : *etiam hae*, ou *etiam sic*;
d'autres (Mommsen, K. et S., Gn. 2, Muir.) sont d'avis de supprimer ces deux mots.
310. Le copiste a répété *tamen* après *valent*.
311. A. gregis.
312. A. intellectam.
313. A. habeantur.
314. A. ueruorum ; v. III, note 29.

transferri[315] possit, quamvis dicatur a Graeca vo|ce figurata esse. ==== 94. Unde dicitur uno casu hoc verbo peregrinum quoque | obligari posse, velut[316] si imperator noster principem alicujus | peregrini populi de pace ita interroget : PACEM FU|TURAM SPONDES? vel ipse eodem modo interrogetur. | Quod nimium subtiliter dictum est ; quia, si quid | adversus pactionem fiat, non ex stipulatu[317] agitur, sed | jure belli res vindicatur. 95. Illud dubitari potest si quis || —

Legi nequit v. 1 ___ | ✳✳✳[318] s _____. 95ᵃ. [319] _____ liae

---

315. A. transfieri.

316. Au lieu de *velut*, Pol. *videlicet* ; l'Ap. a : u̅ u̅, abréviation usitée de *velut*.

317. A. stipulata.

✳ Page extérieure très-difficile à lire.

318. Pour finir le § 95 (l. 1ʳᵉ de la p. 153 et commencement de la l. 2), on peut supposer que le *doute* dont parle G. concerne soit l'emploi d'une langue barbare, soit l'emploi dans la réponse d'un mot ou d'une langue autre que dans l'interrogation : Cpr. l. 1, § 6, Dig., Verb. obl. 45, 1 ; Théophile, III, 15, 1. — K. et S. proposent en note : Si quis || *interroganti* DARI SPONDES? *respondeat* PROMITTO vel DABO, *an recte obligetur* (ou encore : *interroganti* PROMITTIS ? *respondeat* Ὁμολογῶ, ou autre chose semblable).

319. Avant St., la p. 153 était totalement illisible ; ce que St. a pu lire confirme les conjectures déjà formées sur son contenu, qui correspond aux passages suivants de l'*Epitome*, II, 9, §§ 3 et 4 : — § 3. Sunt et aliae obligationes, quae nulla praecedente interrogatione contrahi possunt, id est ut si mulier, sive sponso uxor futura, sive iam marito dotem dicat, quod tam de mobilibus rebus, quam de fundis fieri potest. Et non solum in hac obligatione ipsa mulier obligatur, sed et pater eius et debitor ipsius mulieris si pecuniam, quam illi debebat, sponso creditricis ipse debitor in dotem dixerit. Hae tantum tres personae nulla interrogatione praecedente possunt dictione dotis legitime obli-

obligationes____ | *** s__ os__ | __ Legi nequeunt
v. 4-6 __ | ____ nullo * icoplicando____ | ____
erunt _____ | ____ o____ | ____corporal____ | 10
            et
__Legi nequeunt v. 11-13__ | si debitores c_____ spi-
simplicius dum____ | doiidicat____ obliga____
| non potest____ | et ideo si quis ali____ muni jure 15

---

gari. Aliae vero personae, si pro muliere dotem viro promiserint, communi iure obligari debent, id est ut et interrogata respondeant et stipulata promittant. — § 4. Item et alio casu, uno loquente et sine interrogatione alii promittente contrahitur obligatio, id est si libertus patrono aut donum aut munus aut operas se daturum esse iuravit, in qua re supradicti liberti non tam verborum sollennitate, quam iurisiurandi religione tenentur. Sed nulla altera persona hoc ordine obligari potest.

Plusieurs des lettres lues par St. se rapportent à ce que donne l'Epitomé. — Nul n'a proposé une restitution complète de la p. 153. — Il convient de faire au moins deux §§, à partir de la ligne 2. Le premier (§ 95ᵃ ou 96), commençant à la l. 2, un peu avant les mots *aliae obligationes*, doit être prolongé jusqu'à la l. 19, et non jusqu'à la l. 16 seulement, comme font Pol., K. et S., qui placent aux mots *Et ideo* de la l. 17, le commencement de leur § 96. En effet, les l. 17-19 sont encore consacrées à la *dotis dictio*, ainsi que le reconnaissent eux-mêmes Pol., K. et S. En outre, le blanc laissé dans la l. 19, avant ** *m uno loco*, suffirait à lui seul à indiquer la division. — Restitutions proposées pour les l. 14-19 : — 1) Kr., en note K. et S., d'après le sens et non d'après les traits du ms. : item SI DEBITOR *iussu* MULIERIS DEBITUM suum sponso DOTI DICAT; alius vero dotis dictione obligari viro NON POTEST. ET IDEO SI QUIS ALIUS pro muliere dotem promittere uelit, COMMUNI IURE OBLIGARE se debet, id est stipulanti uiro promit*Tere*. — 2) Hu. 4 : | et debitor ejus, sed et *patris*, simplicius, dum *modo iussu eius* | doti dicat. *Alius uero praeter has personas* obligari *hoc modo* non potest, et ideo si quis ali*us pro muliere dotem uiro promittat,* com|muni iure obliga*ri debebit, scilice*t *ut promittat interrog*|*atus*.

obliga_____ s c_____ | titu*____. 96. **³²⁰ em uno
loco_____ | _____Legi nequeunt v. 20-22___ | si baces****
**** quam rempand__ | obligatio__ an__ jureju-
rando homines || obligentur : utique *cum* quaeritur
de jure Romano|rum ; nam apud peregrinos quid ju-
ris³²¹ sit, singula|rum civitatium jura requirentes,
aliud intelle|gere poterimus.___³²²___ ====|=====³²³

97. Si id quod dari stipulamur, tale sit ut dari non
possit, | inutilis³²⁴ *est* stipulatio : velut si quis homi-
nem libe|rum, quem servum *esse* credebat, *aut* mor-
tuum, quem | vivum *esse* credebat, aut locum sacrum

---

320. Le § 96, dont le commencement doit être placé après le blanc qui se trouve l. 19 (et non plus haut ; v. la note précédente), est ainsi restitué en entier par Hu. 4, tant d'après les lettres données par St., que d'après l'Epitome : *Item uno* lo*quente et sine* | *interrogatione alii* promittente contrahitur obligatio, si libertus patrono aut donum aut munus *aut operas se daturum esse iurauit. Sed hoc casu non tam a*|mbage *sola uerborum* quam *iureiu*rando *contrahitur* | obligatio : *neque alii promittentes* iureiurando homines || obligantur, utique, etc. — Dans K. et S., les l. 23-24 sont seules restituées, en note et avec doute : non tam uerbis quam iureiurando consistit obligatio ; praeterea autem nequaquam iureiurando homines || obligantur, etc.
* Page intérieure non facile à lire.

321. A. iudris.

322. Avant St., les lettres incertaines ou illisibles dès l. 3-4 avaient été ainsi restituées par Hu. Beiträge, généralement suivi : aliud *in alia* lege *reperiemus*. —St., note A., dit qu'après *poterimus* il peut y avoir *in aliis valere*.

323. La l. 5 est en blanc, probablement pour la rubrique *De inutilibus stipulationibus*, restituée par quelques-uns (Bö.).

324. A. inintilis.

vel reli|giosum, quem putabat humani juris *esse*, dari
| stipuletur, aeque inutilis est stipulatio [325-327].

98. Item si quis sub ea condicione stipuletur quae |
existere non potest, *velut si digito caelum[328] teti-
gerit*, | inutilis *est* stipulatio[329]. Sed legatum sub im-
possibili | condicione[330] relictum nostri *praeceptores*
proin|de deberi putant, ac si sine condicione relictum[331]
| esset : diversae[332] *scholae auctores non minus*[333] le-
gatum | inutile existimant quam stipulationem; et
sane | vix idonea diversitatis ratio reddi potest.
99. *Praeterea* | inutilis *est* stipulatio, si quis, ignorans

---

325-327. Gö. 1-2, et tous avec lui jusqu'à 1842, donnaient le
passage tel qu'il se trouve au ms., sans y rien ajouter. — Lachm.
(Gö. 3) intercala, d'après le § 1er, Inst. III, 19, *sibi* avant *dari
stipuletur*, pour finir le § 97 ; puis il fit un § 97ᵃ : (*Item si
quis rem, quae in rerum natura esse non potest, velut hippo-
centaurum*, sibi *dari stipuletur*) aeque inutilis est stipulatio. —
Cette restitution fut généralement admise : elle l'est encore
dans les édit. post. à St., sauf Pol. qui croit à une lacune,
mais sans la remplir. — Si l'on admet la restitution, il vaut
mieux, comme font les édit. post. à St., la supposer entre les
deux *stipuletur*, par *homoeotel.*, que de la placer comme faisait
Lach.

328. A. celum ; presque tous : *caelum ;* Pell., Gir., Pol. : *coelum*.

329. A. stipulaq.

330. A. cocondicione.

331. Avant St., la l. 16, illisible, sauf *putant ac si*, était res-
tituée d'après Gö.: proin|*de valere*, putant ac si *ea condicio
adjecta non* | *esset*.

332. A. diuersis.

333. A. nominus ; la plupart : *non minus ;* quelques-uns (K.
et S., Gn. 2) : *nihilominus*.

rem suam | esse, dari eam sibi stipuletur[334]; quippe[335] quod alicuj|us est, id ei dari non potest. 100. Denique inutilis est talis | stipulatio, si quis ita dari stipuletur : POST MORTEM | MEAM DARI SPONDES? vel ita (— [336] —): CUM MORIERIS, DARI || SPONDES? id est, ut in novissimum vitae tempus | stipulatoris aut promissoris obligatio confe|ratur. Nam inelegans esse visum est, ab[337] heredis per|sona incipere obligationem. Rursus ita stipu|lari non possumus : PRIDIE QUAM MORIAR, aut : PRIDI|E QUAM MORIERIS, DARI SPONDES? quia non potest | aliter intellegi pridie quam aliquis morietur, quam si mors | secuta sit; rursus, morte secuta, in praeteritum | reducitur stipulatio, et quodammodo talis est : | HEREDI MEO DARI SPONDES? quae sane inutilis est. 101. Quae|cumque de morte diximus, eadem et de capitis dimi|nutione dicta intellegimus.

102. Adhuc inutilis est stipulatio, si quis ad id

---

334. Avant St., les l. 20-21, presque entièrement illisibles, avaient été par Gö. (suivi généralement) restituées dans ces mêmes termes, d'après la loi 1, § 10, Dig. Obl. et act. 44, 7, tirée des *Aureorum* de G.

335. A. quip̃ **.

336. Hu. (Studien) intercale entre *vel ita* et *cum morieris* le passage suivant, que le copiste aura omis par *homoeotel.* : (*post mortem tuam dari spondes? Valet autem si quis ita dari stipuletur : cum moriar dari spondes? Vel ita :*). — Restitution suivie par tous, d'après plusieurs textes, et surtout d'après II, 232, supra ; Lois 45, §§ 1 et 3 ; 121, § 2, Dig. Verb. obl. 45, 1 ; Vat. § 98 ; L. 15, § 1, Cod. VIII, 38 ; Théophile, III, 19, 14.

** Page intérieure très-facile à lire.

337. Avant St., *ex* au lieu de *ab*.

quod inter|rogatus erit, *non responderit*, *velut* si sestertia[338] X a | te dari stipuler, et tu sestertia V milia[339] promit|tas; aut si ego pure[340] stipuler, tu sub condicione pro|mittas. 103. *Praeterea* inutilis *est* stipulatio, si ei dari sti|pulemur, cujus juri subjecti non sumus. Un|de illud q*u*aesitum est, si quis sibi et ei cujus ju|ri subjectus non *est*, dari stipuletu*r*, in quantum vale|at stipulatio. Nostri *praeceptores* putant in uni|versum valere, et proinde ei soli qui stipulatus | sit, solidum deberi[341], atque si extranei nomen | non

---

338. A. sesstertia, corrigé.

339. Le ms. porte : tuncestertia ū. milia. — 1) Presque tous (entre autres, Gö., Hef., Bö. 1-3, Pell., Gir.) lisent : tu sestertia V mi*hi* promittas; ils ne tiennent pas compte de *n* et changent *milia* en *mihi*. — 2) Hu. (Beiträge) conserve *milia* et, pour tenir compte de *n̄*, il lit *nummum sestertium* V *milia*; d'où il résulte, selon lui, que le défaut de concordance signalé par G. n'est pas seulement dans la *somme*, mais bien dans la *chose*. « *Sestertia*, dit-il, et *nummum sestertium* sont deux choses différentes; l'un, *sestertia*, est une *monnaie*; l'autre, *nummum sestertium*, est un *poids*. » Par là disparaîtrait, d'après Hu., l'opposition habituellement signalée entre la décision donnée par G. dans ce §, et celles d'Ulp., l. 1, § 4, et de Paul, l. 83, § 3, Dig. Verb. obl. 45, 1 ; cpr. Inst. III, 19, 5. — La leçon de Hu., reproduite dans ses quatre éditions de J. A., a été suivie par Bö. 4-5, Gn. 1, Pos., A. et W. ; toutefois, dans ces deux dernières, la traduction anglaise n'indique pas la différence de *monnaie* et de *poids*, sur laquelle insiste Hu. — 3) Goud. pense que la conjecture de Hu. est condamnée par la révision de St., et que déjà auparavant elle était inadmissible. — Pour ma part, je ne suis pas non plus disposé à l'admettre ; mais il me semble que la révision de St. ne la condamne pas plus qu'elle ne la confirme. — 4) Depuis St., Pol., K. et S., Gn. 2 (revenant sur ce qu'il avait admis Gn. 1), Muir., lisent simplement : *tu sestertia V*.

340. A. pute. — 341. A. deueri ; v. III, note 29.

156

94 v

adjecisset; sed diversae scolae auctores || dimidium ei deberi existimant, pro altera ve|ro parte inutilem esse stipulationem [342]. Alia causa est | ***** seru dari spondes | ———— solidum deberi et me | sol———— (—[343]—) etiam Tit | (—[343 bis]—) ————

104. ———— inutilis [344] est stipulatio si ab e|o stipuler qui juri meo subjectus est, item si is a me | stipuletur; servus [345] quidem et qui in mancipio est et | **1

---

* Page extérieure très-difficile à lire à cause de la pâleur des lettres.

342. Avant St., les l. 1-2, presque entièrement illisibles, avaient été restituées par Lach. (en note, suivi Gn. 1, Hu. 2, Gir., au texte), d'une manière que confirme la révision de St., sauf *altera,* au lieu de *aliena,* que l'on avait admis.

343. A. (qi***). — 343 *bis.* A. (oiii) sch. Gö. — La fin du § 103, à partir de *inutilem esse stipulationem,* n'avait été restituée avant St. que par Hu. 2 (suivi Gir., avec ?? après *legati,* et après *simile est*) : ....*stipulationem, ut in* causa *du|obus per damnationem relicti legati* respondetur, | *deficientis collegatarii partem non alteri* quaeri, sed *in he|reditate ut non debitam remanere : quod* etiam pl|ane simile est. — Depuis St. 1) Goud. croit que G. a traité ici du cas où un *servus communis* a stipulé une chose que l'un de ses maîtres ne pouvait pas acquérir. — 2) K. et S., en note, suivis Gn. 2, au texte : Alia causa est, *si ita* stipulatus sim MIHI AUT TITIO DARI SPONDES? *quo casu constat mihi* solidum deberi et me solum *ex ea stipulatione agere posse, quamquam etiam* Titio soluendo liberaris. — Hu. 4 restitue tout autrement; il fait un § 103ª, ainsi conçu : Alia causa est | *si veluti* SERVO *vel* FILIO FAMILIAS MEO ET MIHI dari spondes| *stipulatus sim. tunc enim constat.* solidum deberi et me | solidum *a promissore petere posse :* quod etiam fit | *cum tantum uelut* FILIO FAMILIAS *stipulor.*

344. On commence le § par *praeterea* ou *item.*

345. A. serb; v. III, note 72.

**********s³⁴⁶ et quae in manu est, non solum ipsi | 10 cujus juri subjecti subjectaeve sunt, obligari non possunt, sed ne alii quidem ulli³⁴⁷. ==== 105. Mutum neque stipulari neque promittere posse | palam est :

---

346. St., note A., déclare que *iafamilias* paraît convenir pour l'espace et pour les ombres qui suivent la lettre *l*, qu'il indique comme la 3ᵉ, douteuse d'ailleurs, de la l. 9. — Si G. a, en effet, parlé ici de la *filiafamilias*, ce qui est très-probable, ce passage a une importance doctrinale considérable. V. la note suivante.

347. Avant St., les l. 6-10, presque entièrement illisibles, avaient été diversement restituées ¹. — Depuis St., le nouveau texte du § 104, adopté dans toutes les édit. post., applique non-seulement à la femme *in manu*, mais encore à la *filiafamilias*, l'incapacité où se trouvent l'esclave et celui qui est *in mancipio*, de s'obliger par stipulation envers qui que ce soit, même envers un autre que celui qui a la *manus* ou la puissance. On n'hésite pas à l'admettre, bien que les mots *quae in manu* et *filiafamilias* soient douteux en partie. La restitution me semble fort admissible ; on peut d'ailleurs remarquer qu'elle consiste à compléter un mot, plutôt qu'à en ajouter un entier. — On sait combien la question de savoir si la femme *in manu* et si la *filiafamilias* étaient ou non capables de s'obliger, a fait l'objet de discussions, non encore terminées avant 1874. — La controverse porte, non-seulement sur le fond même des décisions admises chez les Romains à diverses époques, mais en particulier sur l'opinion que Gaius professait à ce sujet. (V., entre autres, Savigny, *Traité de droit romain*, t. II. Appendice V). Déjà, avant St., la plupart regardaient comme interpolée la loi 141, § 2, Dig.,

---

1. Pour le commencement du §, jusqu'à *is a me stipuletur*, Kl., généralement suivi, avait restitué, d'après les Inst. III, 19, 6. — Pour la suite, à partir de *is a me stipuletur* : — 1) Hu. Studien : *sed de servis et de his qui in mancipio sunt, illud praeterea jus observatur ut non solum ipsi cujus in potestate mancipiove sunt, obligari non possint, sed ne alii quidem ulli* ; inséré au texte Gn. 1., Pell. ma., Hu. 1-2, Gir. — 2) Go. 3, en note, au lieu de *illud praeterea ius observatur*, préférait : *singulari jure ita servatur*. — 3) Dom. : ...*a me stipuletur, qui sub potestate, vel quae in manu mea sit*... ......*in mancipio* .... *sed servi non solum*, etc.

idem etiam[348] in surdo receptum est : quia et is qui stipulatur, verba promittentis, et qui promittit verba stipulantis exaudire debet. 106. Furiosus nullum negotium gerere potest, quia non intellegit quid agat. 107. Pupillus omne negotium recte gerit, ita tamen ut, sicubi tutoris auctoritas necessaria sit, adhibeatur[349], velut si ipse obligetur : nam alium sibi obligare, etiam sine tutoris auctoritate potest. 108. Idem juris est in feminis quae in tutela sunt. 109. Sed quod diximus de pupillo, utique de eo verum est qui jam aliquem intellectum habet : nam infans et qui infanti proximus est, non multum a furioso differt, quia hujus aetatis pupilli nullum intellectum habent; sed in his pupillis[350] per[351] utilitatem benignior[352] juris interpretatio facta est.========[353]

Verb. oblig. 45, 1, pensaient que G. avait écrit *filiafamilias pubere*, au lieu de *filiaf. impubere*, que lui font dire les compilateurs du Dig. — Cette conjecture se trouve confirmée par la nouvelle leçon du § 104, qui peut être considérée comme mettant fin à la controverse à cet égard, et qui peut ainsi compter parmi les plus intéressantes découvertes de M. St.

348. Avant St., *quod et* in surdo, d'après Inst. III, 19, 7.
349. A. athibeatur.
* Page extérieure pour la plus grande partie facile à lire.
350. Hu., Beiträge, puis J. A. 1-4, ajoute après *pupillis* (*qui infanti proximi sunt*), (ou *infantiae*, dans les Beiträge); suivi Bö. 5, Gir.
351. Au lieu de *per*, plusieurs avec Hu. : *propter*.
352. A. uenignior; v. III note 29.
353. La fin de la l. 3 et la l. 4 entière sont en blanc. — Hu., Beiträge et J. A. 1-4, les restitue ainsi, de manière à établir

110. | Possumus tamen ad id quod stipulamur, alium | adhibere[354], qui idem stipulatur : quem vulgo adsti- | pulatorem vocamus. **111.** Sed huic proinde actio com|petit, proindeque ei recte solvitur ac nobis ; sed quidquid | consecutus erit, mandati judicio[355] nobis restitu|ere cogetur. **112.** Ceterum potest etiam aliis verbis | uti adstipulator, quam quibus nos usi sumus. Itaque | si, verbi gratia, ego ita stipulatus sim : DARI SPON|DES? ille sic adstipulari potest : IDEM FIDE TUA PROMIT|TIS ? vel : IDEM[356] FIDEJUBES ?. vel contra. **113.** Item minus[357] adstipulari potest, plus non potest[358]. Itaque si ego ses|tertia X stipulatus sim, ille sestertia V stipula|ri potest ; contra vero plus non potest. Item si ego |·pure stipulatus sim, ille sub condicione stipula|ri potest ; contra vero non potest. Non solum autem in quan|titate, sed etiam in tempore minus et plus intellegitur ; plus est enim statim aliquid dare, minus est | post tempus dare[359]. =

---

une liaison entre la matière de l'*adstipulatio* et celle des *stipulations inutiles* : (*Quamquam uero, ut diximus, alius, qui iuri nostro subiectus non est, inutiliter nobis stipulatur*), possumus tamen, etc. — On ne l'a pas suivi. — Il semble plus probable que la l. 4 était destinée à une rubrique, restituée par quelques-uns (Bö. 5) : *De adstipulatoribus*.

354. A. athibere.
355. A. indicio.
356. A. idem.
357. A. idem rginus ; erreur du copiste qui, voyant dans l'archétype *regula*, glose en marge, a inséré au texte *rg*. ; v. Pol., K. et S.
358. Muir. considère *plus non potest* comme une glose.
359. Avant St., on avait lu seulement : post temp..

114. In hoc autem ju|re quaedam singulari jure observantur. Nam | adstipulatoris heres non habet actionem. || Item servus adstipulando nihil agit, qui ex ceteris | omnibus causis sti|pulatione domino adquirit. Idem | de eo qui in mancipio est, magis placuit; nam et is servi lo|co est. Is autem qui in potestate patris est, agit aliquid; sed pa|renti non adquirit, quamvis ex omnibus ceteris causis sti|pulando ei adquirat : ac ne ipsi quidem aliter actio competit, quam | si sine capitis[360] diminutione exierit de potestate paren|tis, veluti morte ejus, aut quod ipse flamen Dialis inauguratus | est. Eadem de filiafamilias[361] et quae in manu est, dicta in|tellegemus.[362] ═══ | ─────[363].

115. Pro eo quoque qui promittit, solent alii obligari : quorum | alios sponsores, alios fidepromissores, alios fidejussores | appellamus. 116. Sponsor ita interrogatur : IDEM DARI SPON|DES ? fidepromissor : IDEM FIDEPROMITTIS ? fidejussor ita : | IDEM FIDE TUA ESSE JUBES ? Videbimus[364] de his autem quo[365] nomi|ne

---

* Page intérieure facile à lire.

360. A. ī diminutione.

361. A. filiaefamilias.

362. Après *intellegemus*, il y a *pro co*, peut-être faute du copiste, qui aura commencé là le § suivant, *pro eo quoque*, etc.

363. L. 11 est en blanc, pour rubrique, que quelques-uns (Bö. 5) remplissent : *De sponsoribus et fidepromissoribus et fidejussoribus.*

364. A. uideuimus. V. III, note 29.

365. Maintenue sans changement par plusieurs (Bö., Pell., Gir.), la leçon, certaine au ms., a été diversement modifiée par

possint proprie appellari, *qui* ita interrogan|tur :
IDEM DABIS? IDEM PROMITTIS? IDEM FACIES? 117. Spon-
sores *quidem* | et fidepromissores et fide*j*ussores
saepe solemus accipere, | dum curamus ut diligentius
nobis cau*tum* sit : adstipu|latorem vero fere tunc so-
lum adhibemus[366], cum ita | stipulamur ut aliquid *post
mortem nostram det*ur, (367) | stipulando *nihil* agimus,
adhibetur[368] adstipulator[369] ut is | post mortem nostram
agat : qui si quid fuerit *cons*ecutus, || de restituendo[370]

---

quelques-uns : *de his* a été déplacé (Gö.) ou regardé comme une
glose (K. et S., Gn. 2, Muir.) ; — Hu. 1 : *sed videb. de his an
item quo* ; Hu. 2 : ..*an aliquo* ; Hu. 4 : ..*an quo*.

366. A. athibemus.

367. Entre *detur* et *stipulando*, il n'y a rien au ms. ; St. en
fait spécialement la remarque, note A. — Il manque évidemment quelque chose, à moins que peut-être il n'y ait au contraire quelque chose de trop. — Le premier avis est celui de la
plupart, qui ajoutent les uns *quod cum* stipulando ; ou *quod*
stipulando *quia* ; ou simplement *quod* stipulando, avec *autem*
entre *adhibetur* et *stipulator* (Gö.) ; ou *quod ita*, Pöschmann ;
Mommsen (en note K. et S.) croit qu'il peut avoir été omis,
par *homoeotel* : *quia enim nobis ut post mortem nostram
detur* ; Gn. 2 : *quia enim ita* ; Hu. 4 : *quia enim ut ita nobis
detur*) ; Muir. : ..detur. (*Ita*) stipulando nihil agimus ; adhibetur
autem adstipulator. — Pol. croit que *stipulando nihil agimus*
est une glose à supprimer ; il lit : *detur. Adhibetur autem
(ad)stipulator*.

368. A. athibetur.

369. A. at. stipulator : ce qui fonde l'opinion de ceux qui
lisent *autem* (v. la note 367) ; après quoi le copiste aurait écrit
stipulator, au lieu de *adstipulator*.

* Page intérieure en partie non difficile, en partie très-difficile à lire.

370. A. de r******* ndo.

eo mandati judicio heredi meo[371] tenetur. 118. Sponsoris vero et fidepromissoris similis condicio ([372]), fidejussoris valde dissimilis. 119. Nam illi quidem nullis obli|gationibus accedere possunt nisi verbo-
5 rum[373], quamvis interdum[374] | ipse qui[375] promiserit, non fuerit obligatus, velut si✳✳✳[376] aut[377] pupillus sine tutoris auctoritate, aut quilibet | post mortem suam dari promiserit; at illud quaeritur, si servus[378] aut peregrinus spoponderit, an pro eo sponsor | aut fide-
10 promissor obligetur. Fidejussor[379] vero omnibus | obligationibus, id est, sive re, sive verbis, sive litte|ris, sive[380] consensu contractae fuerint obligationes,

---

371. Avant St., on avait lu hdimortenet'; d'où les uns : *nostro* (Bö., Pell.), d'autres : *post mortem* (Hu. 2, Gir.) ; auparavant Hu. 1 : *ex bona fide* ; Pöschmann : *post mortem nostram*. — Depuis St., *meo*, donné comme douteux pour les deux premières lettres, est supprimé par Pol., mis entre crochets par K. et S., Gn. 2, et maintenu purement et simplement par Hu. 4, Muir.

372. Presque tous, avec Lachm., ajoutent *est*.

373. A. uuor'; v. III, note 29.

374. A. interdus.

375. A. quid, que presque tous corrigent et remplacent par *qui* ; Hef., avec Cramer et Schrader : *qui quod*, ou *qui quid* ; cette dernière leçon adoptée Pol.

376. St., note A., dit qu'il est vraisemblable qu'à la fin de la l. 5, il y a eu *mul* ; déjà *mulier* avait été restitué par la plupart (Bö., Hu. 2, Gir.); *femina*, admis Hu. Beiträge, Pell., avait été spécialement combattu par Pöschmann. — Depuis St., tous : *mulier*.

377. A. [a] sch. Blu.

378. A. serb. ; v. III, note 72.

379. Plusieurs (Bö., Pol., K. et S., Muir.) commencent un § 119ª à *Fidejussor vero*, etc.

380. A. sibe ; v. III, note 72.

adji|ci[381] potest=====. Ac[382] ne illud quidem interest, utrum civi|lis an naturalis obligatio sit cui adjiciatur, adeo quidem ut | pro servo quoque obligetur, sive extraneus sit qui a servo | fidejussorem accipiat[383], sive dominus in id quod sibi de|beatur=====.
120. Praeterea sponsoris et fide|promissoris[384] heres non tenetur, nisi si de peregrino fide|promissore[385] quaeramus, et alio jure civitas ejus utatur. Fi|dejussoris[386] autem etiam heres tenetur=====. 121. | Item sponsor et fidepromissor lege Furia[387] biennio | liberantur; et quotquot erunt numero eo tempore quo pecunia | peti potest, in tot partes deducitur[388] inter eos obligatio, et singuli viriles partes hocabentur[389].

---

381. A. (ad) [i *] sch. Gö. et Blu. à la fin de la l. 11; puis | ci potest, l. 12.

382. A. ad; les uns : ac; les autres : at. — 383. A. accipi.

384. A. fidei | pmissoris. — 385. A. fidei |pmissore.

386. A. fidesiussoris, corrigé.

387. A. legfuriam; les uns : lege Furia; les autres : per legem Furiam.

388. Au lieu de deducitur, certain au ms., plusieurs (Pol., K. et S., Hu. 4, Gn. 2, Muir.) : diducitur; Gn. 1 et Hu. 1-3 avaient deducitur.

389. On ne s'accorde pas sur ce qu'il convient de lire à la place de hocabentur, certain au ms. — 1)Hollw. (Gö., en note) : debent. — 2) Kl., en note : solvi tenentur. — 3) Hef., en note et avec doute : solvere tenentur; suivi au texte, Pell. ma. — 4) Hu. Studien : in viriles partes convenientur; suivi Blond., Dom. au texte. — 5) Lachm., en note, préfère in viriles p. condemnantur. — 6) Bö. 3, en note : tenebuntur, ou peut-être : praestabunt. — 7) Hu. Beiträge et J. A. 1-4 : dare jubentur, suivi Gn. 1, Pos., A. et W., Muir. — 8) Buchholtz et Pöschmann, I, p. 23 et II. p. 15 : in viriles p. uocabuntur. — 9) Bö. 5, au texte : in viriles p. obligantur, suivi Gir., K. et S., Gn. 2. — 10) Pol. supprime et singuli vir. p. hocabentur, qu'il regarde comme une glose.

Fidejussores vero perpe|tuo tenentur, et quotquot erunt numero, singuli in solidum || obligantur. Itaque liberum est creditori a ((quo velit so|lidum))[390] petere. Sed nunc ex epistula divi Hadr((iani compe))ll((itur))[391] creditor a singulis qui modo solvendo sint, partes petere[392]. Eo igitur distat haec epistula a lege Furia, quod, si quis ex spon|soribus aut fidepromissoribus[393] solvendo non sit, hoc | onus ad ceterorum quoque pertinet[394]. Sed cum lex Fu|ria tantum in Italia

---

* Page extérieure très-difficile à lire pour la plus grande partie.

390. A. aque *****|lid.; tous : *a quo velit solidum*, d'après Inst. III, 20, 4.

391. A. hadr ******** ll ****; tous : *Hadriani compellitur*, d'après Inst. *ibid.*

392. A. part *** pete. — Les Inst., *ibid.*, intercalent *litis contestatae tempore* entre *solvendi sint* et *partes petere*.

393. A. fideipromissoribus.

394. Il y a ici faute ou omission évidente au ms. — Avant St., les l. 5-6, illisibles, sauf au milieu de la l. 6 *porumquoqueriii*, avaient été restituées diversement [1]. — Depuis St. 1) Goud., avec doute : ad ceterorum quemque non pertinet. — 2) Pol. : hoc | quoque onus ad caeterorum (*partes*) pertinet. — 3) K. et S. pensent, avec Mommsen, qu'il y a une lacune et proposent : non sit, hoc onus ad < *ceteros non pertinet; sed ex fideiussoribus etsi unus tantum solvendo sit, ad eum onus* > ceterorum quoque pertinet; suivi Gn. 2, Muir. — 4) Hu. 4 : non sit, hoc onus (*ad ceteros non pertinet, si uero ex fideiussoribus*), ad ceteros quoque pertinet.

---

1. 1) Hef. : non sit *litis contestatae tempore*, ceterorum (ou *reliquorum*) quoque partes oneret (supposé par erreur pour *non oneret*), suivi Blond., Lab., Dom., avec la rectification *non oneret*. — 2) Hu. Studien, p. 287 : non sit, *sua tantum portio a ceterorum quoque peti potest*. — 3) Plus tard, Hu. Beiträge, p. 89, et J. A. 1-2 : non sit, non | *ideo plus a ceterorum quoque peti possit*. — 4) Lachm., en note Gö. 3, tient *quoque* pour une faute du copiste et propose : non | *augetur onus ceterorum, quotquot erunt*; suivi Gn. 1, Gir., Pos., A. et W. — 5) Pöschmann, II, p. 18, croit qu'il y a

locum habeat, evenit ut in ceteris pro|vinciis sponsores quoque et fidepromissores proinde ac fide|jussores[395] in perpetuo teneantur, et singuli in solidum[396] | obligentur, nisi ex epistula divi Hadriani hi quoque[397] adjuventur in parte[398].===== 122. Praeterea inter sponsores et fidepromissores lex Apuleia | quamdam societatem introduxit; nam, si quis horum plus | sua portione solverit, de eo quod amplius dederit ad|versus ceteros actiones constituit: quae lex ante[399] | legem Furiam lata est, quo tempore in solidum obliga|bantur. Unde quaeritur, an post legem Furiam[400] adhuc[401] legis A|puleiae beneficium supersit. Et utique extra

---

395. A. fideijiussores. — 396. A. solid**.

397. A. q̄c̄. — 398. A. adiuuen **.

398. Avant St., les lignes 6 fine à 11, en grande partie illisibles, avaient été restituées par presque tous (d'après Savigny et Hu.) d'une manière que confirme la révision de St. — Seulement, on avait admis, l. 7, *consequens est, ut in* | *provinciis*, et l. 10-11, *adjuvari videantur*, au lieu de la leçon ci-dessus.

399. Avant St., la l. 15, presque entièrement illisible, était restituée ainsi par la plupart (Gö. 1-3, Hef., Pel., Gn. 1) : *adversus ceteros actionem habet. Lex autem Apuleia ante.* — Toutefois, Hu. 2, suivi Gir., préférait : *actionem habet, ex ea lege, quae scilicet ante.* — Depuis St., tous admettent sans difficulté la leçon ci-dessus.

400. Pol. supprime *post legem Furiam*.

401. A. adhuc.

---

une lacune et propose : non sit, *ceteri non onerabuntur ; si vero ex fidejussoribus quis solvendo non sit, pars ejus ad onus ceterorum quoque respicit.* — 6) Pell. ma. : non sit, *hoc ceterorum partes non onerat.* — Gö., Kl., Bö., n'admettent aucune restitution.

Italiam | super*est;* nam lex quidem Furia *tantum* in Italia valet, Apuleia vero | etiam in ceteris provinciis; sed an etiam alis bene|ficium legis Apuleiae supersit valde quaeritur⁂ d⁂⁂⁂⁂ [402] | Apuleia non pertinet. Itaque si creditor ab uno totum con|secutus fuerit, hujus solius detrimentum er*it,* | scil*icet* si is pro quo fidejussit solvendo non sit. Sed, ut ex [403] || supradictis apparet, is a quo creditor totum petit, | poterit ex epistula d*ivi* Hadr*iani* desiderare ut pro parte in | se detur actio====. 123. Praeterea lege Cicereia [404] cautum est,

---

402. Avant St., les l. 20-21, presque entièrement illisibles, étaient généralement, d'après Hef., restituées ainsi : etiam in ce*t*eris, *praeter Italiam, regionibus. Alia sane est fidejussorum condicio ; nam ad hos lex* |.Apuleia non pertinet. — St. donne le passage comme certain, sauf quelques lettres. — Les édit. post. admettent toutes : etiam in ceteris provinciis ; sed an etiam (in It)alia bene|ficium legis Apuleiae supersit valde quaeritur. Ad *fidejussores autem lex* | Apuleia non pertinet ; — sauf quelques changements sans importance (Hu. 4 : *sed an et in Italia;* Pol. supprime *beneficium legis Apuleiae,* qu'il tient pour une glose).

403. A. s⁂⁂⁂.

⁂ Page extérieure facile à lire.

404. Le nom de cette loi apparaît pour la première fois dans l'Ap. de St.— Auparavant on avait lu *iccreia* ou *eccreia* ; v. Gö., et l'Ap. de B. — Gö. avait laissé en blanc ; divers noms avaient été proposés : 1) Bluhme, Cramer, Buttmann : *Porcia;* 2) Holw. : *Petreia;* 3) Haubold, Hef., Blond. (en note), Dom. (au texte) : *Apuleia;* 4) Dirksen : *Cornelia;* 5) Lachm. (en note Gö 3) croit que cette loi est la même que celle dont parle G. IV, 95, c'est-à-dire une loi *Crepereia* (v. sur cette dernière, *infra,* IV, note 381) ; 6) Hu. Beiträge, et J. A. 1-2 au texte (approuvé par Bö. 5 en note, suivi au texte par Gir., A. et W.) : *Pompeia,* du nom de Q. Pompeius Rufus, consul en 666 ; Hu. en rapproche le passage

ut is qui sponsores aut fide|promissores accipiat, | praedicat palam et declaret, et de qua | re satis accipiat, et quot sponsores aut fidepromissores[405] | in eam obligationem accepturus sit; et, nisi praedixerit, | permittitur sponsoribus et fidepromissoribus[405] intra di|em XXX praejudicium postulare, quo quaeratur an ex ea lege | praedictum sit; et, si judicatum fuerit praedictum non[406] esse libe|rantur. Qua lege fidejussorum mentio nulla fit; sed in usu[407] est, etiam | si fidejussores accipiamus, praedicere.===== 124. Sed beneficium legis Corneliae[408] omnibus commune est. Qua | lege idem pro eodem, apud eumdem, eodem anno, vetatur in ampli|ore msummam obligari creditae pecuniae, quam in XX | millia[409], et quamvis sponsores vel fidepromissores[410] in amplam[411] pe|cuniam

---

de Festus : « UNCIARIA lex — quam L. Sulla et Pompeius Rufus tulerunt, qua sanctum est, ut debitores decimam partem (*sortis annuis usuris penderent.* » Bruns, Fontes, 4ᵉ éd., p. 298. — Pöschmann (II, p. 21), avait pensé que le mot à restituer après *lege* n'était pas celui d'une loi; d'après les sch. de Gö. et de Blu., il proposait : *praeterea ea lege generatim,* mot que G. emploie III, 158, 195, pour *generaliter.* — Depuis St., tous admettent *Cicereia,* sans difficultés. — Il y a un *Cicereius,* préteur en 581.

405. A. fideipromissores; fideipermissoribus.
406. A. nam. — 407. A. usum. — 408. A. legum corniliae.
409. A. milib. — Les uns : *milia* ou *millia*; les autres : *milium* ou *millium.* — Pol. conserve *milibus,* mais en faisant des additions. V. la note 412 ci-après.
410. Hu. Beiträge et J. A. 1-4 ajoute *vel fidejussores.*
411. Au lieu de *amplam,* la plupart lisent *ampliorem,* avec Gö. Mais Hu. (Beiträge), maintient *amplam,* suivi Bö. 4-5, Gn. 1, Pos., A. et W.; (Gn. 2, *ampliorem*).

velut si *sestertium* C milia════[412]. *Pecuniam autem creditam dicimus non solum eam quam credendi | causa damus, sed omnem quam tunc, cum contrahitur obligatio, certum | est*[413] *debitum iri, id est*[414]*, sine ulla condicione deducitur | in obligationem*[415] *: itaque et ea pecunia quam in diem certum dari | stipulamur eodem numero est, quia certum est eam debitum iri*[416]*, | licet post tempus petatur. Appellatione autem pecuniae omnes res | in ea lege significantur :*

---

412. Il manque évidemment quelque chose au ms. — Les restitutions proposées diffèrent non-seulement dans les termes, mais dans le fond. — 1) Gö. 1-3, et après lui la plupart, notamment Bö. 1-3, Pell., Gn. 1 : velut si (*in*) sestert. c milia *se obligaverit, non tamen tenebitur*. (Gö. 1 avait mis entre parenthèses ces derniers mots, croyant la seconde moitié de la l. 17 en blanc ; Blu. prétendit le contraire. St. montre que c'est Gö. qui avait le mieux vu). — 2) Hu. Beiträge et J. A. 1-2 : velut si sestertium c milium nummum *se obligaverit, tamen duntaxat XX damnatur*. — Cette leçon, qui, au lieu de la *nullité* de l'obligation, admet seulement sa *réduction* au taux fixé, est fondée par Hu. sur ce motif que les lois, avant le temps de l'Empire, n'étaient pas *perfectae*; que, par suite, elles pouvaient bien *libérer*, comme, par ex., la loi Furia, mais non tenir pour nulle la volonté de cautionner. — La leçon de Hu. a été approuvée par Bö. 4-5 (en note), et suivie au texte par Gir., K. et S. (qui suppriment *nummum* et ont le pluriel, *obligauerunt, tenebuntur* d'après l'Ap.), Gn. 2, Muir. — 3) Pol. remanie tout le passage, qu'il croit fautif en plusieurs points, et lit : vetatur in ampliorem summam obligari creditae pecuniae, quam in [*sestertia*] viginti, [*ut condemnetur sestertium dumtaxat viginti*] | milibus, etiamsi in quamvis amplam pecuniam [*se obligaverit*].

413. A. ēct. — 414. La plupart ajoutent *quae* après *id est*.

415. A. obligatione. — 416. A. debitiuri.

itaque si vinum[417] vel frumentum, et si fundum || vel hominem stipulemur, haec lex observanda[418] est. 125. Ex | quibusdam tamen causis permittit ea lex in infinitum sa|tis accipere, veluti si dotis nomine, vel ejus quod ex testamento tibi[418] debe|atur, aut jussu judicis satis accipiatur: et adhuc lege[419] | vicesima hereditatium cavetur, ut ad eas satisda|tiones quae ex ea lege proponuntur, lex Cornelia non | pertineat.===== 126. In eo jure quoque juris[420] | par condicio est omnium, sponsorum, fidepromis|sorum[421], fidejussorum, quod ita obligari non possint ut regula[422] | plus debeant quam ((debet is pro quo obligantur[423])) : at | ex diverso, ut minus debeant, obligari possunt, sicut in | adstipulatoris persona diximus; nam ut adstipulatoris, ita | et horum obligatio accessio est principalis obligati|onis, nec plus in accessione esse potest quam in princi|pali ((re))[424].

---

417. A. binum; v. III, note 72.

* l'age intérieure très-facile à lire.

418. A. obserbanda; tiui; v. III, notes 72 et 29.

419. Hu. 4 ajoute *Iulia de*; dans ses *Studien*, il avait insisté sur *lege vicesima*, comme devant être maintenu et non corrigé en *lege de vicesima*.

420. A. uira; les uns : *juris par*; d'autres, transposent : *in eo quoque jure, jure par*; d'autres suppriment l'un des deux *jure*.

421. A. fideipromissorum.

422. A. — g.r. On regarde ce mot comme une glose de l'archétype; la plupart le suppriment; quelques-uns le mettent entre crochets. — Hef., suivi Blond., Lab., lisent *verbi gratia*.

423. Ainsi corrigé par tous, d'après Inst. III, 20, 5; le ms. a *deberet is pro quo obligaretur*.

424. Tous, avec Inst. *ibid.*, admettent *re* au lieu de *reo*, qui est au ms.

127. In eo quoque par omnium causa, est quod, si quis pro reo sol|verit[425], ejus reciperandi causa habet cum eo mandati judicium ; | et hoc amplius sponsores ex lege Publilia propri|am habent actionem in duplum, quae appellatur depensi.

128. Litteris obligatio fit, veluti in nominibus transcripticiis. Fit|autem[426] nomen transcripticium duplici modo, vel a re in personam, | vel a persona in personam[427]. 129. (A re in personam trans)[428]criptio fit, veluti si id quod[429] e|x emptionis[430] causa, aut conductionis, aut societatis mihi | debeas, id[431] expensum tibi tulero. 130. A persona in personam transcriptio fit, veluti si id quod mihi Titius debet, tibi id[432] ex||pensum

---

425. A. siquipeosol|uerit; les uns : si quis pro reo ; les autres : si quid, avec solverint et ensuite habent.

426. A. an. — 427. A. psonum.

428. Omis par le copiste et suppléé par tous sans difficulté.

429. Entre quod et ex emptionis causa, il y a au ms. m̄. — Les uns (Gö., Pell., Muir.) le suppriment ; d'autres (Gir., K. et S., Gn. 2) le remplacent par tu ; Hef., Blond,, Lab.. Dom. : modo.

430. A. emptiones, corrigé.

431. Hu. Beiträge et J. A. 1-4, au lieu de id, lit inde, qui aurait été ici écrit par abréviation id;, ainsi qu'au § suivant, et infra, III, 145. (V. les notes 432 et 468 ci-après.)

432. Ici, comme au § précédent, Hu. remplace id par inde. — Gir. admet inde au § 130 seulement ; Muir., aux §§ 129 et 130. — La leçon inde, au lieu de id, a été invoquée par M. Buonamici, à l'appui de son opinion sur le contrat litteris, et comme une preuve que, selon G., ce contrat devait contenir la mention de la cause de l'obligation antérieure ; V. Archivio giuridico, XVI, 1876, p. 36. (M. Buonamici, Sulle literarum obligationes dell antico diritto romano, a exposé, dans l'Archivio (p. 3-72), une théorie nouvelle et hardie sur le contrat litteris, qui n'aurait,

tulero, id est, si Titius te se⁴³³ (?) delegaverit| mihi.
131. Alia causa *est* eorum nominum q*uae* arcaria vo|cantur : in his *enim* rei⁴³⁴, *non* litterarum, obligatio consi|stit, quippe *non* aliter valet, q*uam* si numerata sit pecunia ; | numeratio a*utem* pecuniae⁴³⁵ rein (?) (₄₃₆), facit obligationem. Qua de *causa* re|cte dicemus, arcaria nomina nullam facere obli|gationem, *sed* obligationis factae testimonium prae|bere. **132.** Unde proprie⁴³⁷ dicit*ur*, arcariis nominibus etiam pere|gri-

---

selon lui, aucun rapport avec le *codex accepti et depensi*, et qui pourrait assez exactement être comparé à la lettre de change telle qu'on l'entend en Allemagne et en Suisse. L'opinion commune est, au contraire, que le contrat *litteris* aurait consisté précisément en une inscription portée sur un *codex*. V., entre autres, Savigny, *Literalcontract* der Römer ; P. Gide, Contrat *litteris*, Revue de législation, 1873, p. 121-162, et dans ses *Études sur la novation*, 1880, p. 185-228.

433. G. n'a pas pu dire : *te se delegaverit*. — La plupart suppriment *se*, comme écrit à tort par le copiste. — Hef., en note et dubitativement : *a se*. — Hu. Beiträge et J. A. 1-4 : *pro se*, suivi Gir. ; critiqué Pol.

434. A. reb.

435. A. p c̄.

436. Le ms. porte *rein facit*, d'où leçons diverses : — 1) Gö. 1-2, d'après Savigny : numeratio autem *pecuniae iure naturali* facit ; suivi Kl., Bö. 1. — 2) Hugo préférait *pecuniae creditae*; approuvé Heff. en note. — 3) Lach. (Gö. 3) : rei, *non literarum* facit ; suivi Bö. 2-3, Pell., Gn. 1-2, Pos., A. et W. — 4) Schmidt ; *re iam* facit. — 5) Bö. 5 : re *modo* facit. — 6) Hu., Beiträge tient *n* pour une faute, à moins de le changer en *tt*, *tantum*, et lit seulement *rei facit*, critiqué Bö. 5 ; suivi Gir., Pol., Muir. — 7) K. et S. *re facit*.

437. Le ms. a pprie. — 1) *Proprie* est admis par Gö. et par la plupart. — Plusieurs pensent que G. n'a pas pu dire *proprie*,

nos obligari, quia non ipso nomine, sed numeratione[438] | pecuniae obligantur : quod genus obligationis juris gen|tium est.===== 133. Transcripticiis[439] vero nominibus an obligentur[440] peregrini | merito quaeritur, quia quodammodo juris civilis est talis obliga|tio : quod Nervae placuit. Sabino autem et Cassio visum est, | si a re in personam fiat nomen transcripticium, etiam pere|grinos obligari; si vero a persona in personam, non obligari. 134. Praeterea litterarum obligatio fieri videtur chiro|graphis et syngraphis, id est, si quis debere se aut datu|rum se scribat, ita scilicet, ut si[441] eo nomine stipulati|o non fiat. Quod genus obligationis proprium peregri|norum est.=====

135. Consensu fiunt obligationes | in emptionibus et venditionibus, locationibus con|ductionibus, societatibus, mandatis. 136. Ideo autem istis | modis consensu dicimus obligationes contrahi, quia neque verborum, || neque scripturae ulla proprietas desideratur, sed suffi|cit eos qui negotium gerunt, consensisse.

---

mais bien tout le contraire ; ils lisent : *improprie,* Hu. Beiträge, — 2) ou *non proprie,* Bö. 5, Hu. 2, Gir., K. et S. — 3) Pol. : Unde *etiam* proprie. — 4) Gn. 2. : Unde perperam. — 5) Goud., Muir., pensent que *proprie* doit être maintenu et qu'il s'explique très-bien, pour montrer le contraste avec le § suivant.

438. A. ipse nomes nomenratione.

439. A. tresscripticiis.

440. A. obiligent'.

441. A. scilic.utsi ; les uns suppriment *ut ;* les autres suppriment *si.*

* Page extérieure très-facile à lire pour la plus grande partie.

Unde in|ter absentes *quoque* talia negotia *contrahuntur*, *veluti per* epistu|lam, *aut per internuntium*: *cum* alioquin *verborum*[442] obligatio inter | absentes fieri non possit.===== 137. Item in his contractibus alter alteri obligatur de | eo q*uod* alterum alteri ex bono[442] et aequo *praestare* opor|tet: *cum* alioquin in verborum obligationibus ali|us stipuletur, alius promittat, et in nominibus| alius[443] expensum ferendo obliget[444], alius oblige|tur. 138. S*ed* absenti expensum ferri potest, etsi verborum obligatio *cum* absente *contrahi non* possit[445].=====

| ===== DE EMPTIONE ET VENDITIONE[446].=====
139.|((Emptio et venditio contrahitur))[447] cum de pretio convenerit[447], | *quamvis* nondum pretium numeratum sit, ac ne arra qu*idem* | data fuerit; nam *quod* arrae nomine datur, argumentum | est emptionis et venditionis contractae. 140. Pretium autem | certum

---

442. A. ūuor'., uono; v. III, note 29.

443. Le copiste a répété deux fois *stipuletur alius promittat et in nominibus alius*.

444. A. obligetur, faute évidente; tous : *obliget* ou *obligat*.

445. Hu. 1-4 déplace les §§ 137-138 ; il pense que le copiste a interverti l'ordre suivi par G.; en conséquence, il place le § 138 avant le § 137; suivi Bö. 5, Pol., Gir. (ce dernier, au lieu de déplacer, change le numérotage). — Kr. regarde le § 138 comme une glose; suivi Muir.

446. La ligne 14 a seulement quatre lettres *DE EM* en plus grands caractères, pour rubrique.

447. A. : ——— npti ——————— cum de p̃tio; — restitution, d'après Inst. III, 23 pr.

448. A. conbenerit; v. III, note 72.

20 esse debet. Nam alioquin si ita inter nos[449] con|venerit ut quanti Titius rem aestimaverit, tanti sit emp|ta, Labeo negavit ullam vim hoc negotium habe|re; cujus opinionem[450] Cassius probat : Ofilius et eam | emptionem et venditionem[451]; cujus opinionem Pro|culus secutus est. 141. Item pretium in numerata pecunia con||sistere debet; nam in ceteris rebus an pretium esse possit, | veluti homo[452], aut toga, aut fundus, alterius rei ((pretium esse possit[453])), val|de quaeritur. Nostri praeceptores putant, etiam in alia re posse | consistere pretium; unde illud est quod 5 vulgo putant | per permutationem rerum emptionem et venditionem | contrahi[454], eamque speciem emptionis venditionisque[455] | vetustissimam esse; argu-

---

449. Avant St., on avait lu eos; Hu. (Beiträge) avait conjecturé nos, puis l'avait abandonné dans sa 1re édit. (1861), et reprise dans sa 2e (1867); il n'avait pas été suivi. — Les Inst., § 1, ont aliquos; Hu. 2-4 remarque que ce changement est conforme à l'usage de Justinien, qui habituellement ne compromet pas la majesté impériale dans les exemples qu'il donne aux textes.

450. Illisible avant St. ; — quam sententiam était restitué par presque tous, avec Savigny.

451. Illisible avant St.; — restitué par Gö. et par presque tous, avec addition de putat entre emptionem et venditionem.

* Page extérieure facile à lire pour la plus grande partie.

452. A. hoc modo.

453. Omis par le copiste; restitué d'après Inst., III, 23, 2.

454. Pol. supprime comme glose tout le passage unde illud est quod vulgo jusqu'à venditionem contrahi.

455. A. emptionisquditionisque.

mentoque utuntur Graeco poeta Homero[456], qui aliqua parte sic ait :

((Ἔνθεν ἄρ' οἰνίζοντο καρηκομόωντες Ἀχαιοί,
Ἄλλοι μὲν χαλκῷ, ἄλλοι δ' αἴθωνι σιδήρῳ,
Ἄλλοι δὲ ῥινοῖς, ἄλλοι δ' αὐτοῖσι βόεσσιν,
Ἄλλοι δ' ἀνδραπόδεσσι,))

et reliqua[457]. | Diversae scholae auctores dissentiunt, aliudque esse e|xistimant permutationem rerum, aliud emptionem et | venditionem : alioquin ((non posse))[458] rem expe|diri, permutatis rebus, quae videatur res venisse, et qu|ae pretii nomine data esse[459]; sed rursus utramque rem | videri et[460] venisse et utramque[460] pretii

---

456. Pol. supprime *Homero,* par le motif que G., dont le style est si pur, a dû dire simplement *poeta;* cpr. Inst. de J. I, 2, 2.

457. La citation d'Homère est restituée d'après les Inst. — Après *ait,* le ms. porte *et reliqua.* La plupart pensent que ces deux mots sont, non pas de G., mais du copiste, qui les aurait écrits pour marquer qu'il y avait du grec, mais que, suivant son usage, il ne le transcrivait pas. — Quelques-uns croient que *et reliqua* appartiennent à G.; ils placent ces mots après la citation d'Homère : Gö. 1, Hu. 1-4, Pol.

458. A. alio qu(ein ** re ii * a * iii) sch. Gö. — 1) La restitution, d'après les Inst., est admise par la plupart. — 2) Quelques-uns ont proposé *non recte eam rem* (Lach.); ou *non recte quaestionem* (Bö. 4, qui s'est rétracté Bö. 5). — 3) St., note A., dit que peut-être il y avait *oinnposside,* mais que tout est très-incertain.

459. A. datae e͞ e͞.

460. Le second *utramque,* supprimé par plusieurs, est maintenu par d'autres; il en est de même de *et,* qui suit *videri.*

datam | esse absurdum videri. Sed ait Caelius Sabinus, si rem | tibi venalem habenti[461], veluti fundum acceperim[462], et | pretii nomine hominem forte dederim, fundum | quidem videri venisse, hominem *autem* pretii nomine da|tum esse, *ut* fundus[463] acciperetur.
===== | =====[464]

142. Locatio *autem* et conductio similibus regulis consti|tuuntur[465] : *nisi enim* merces certa statuta sit, *non* videtur | locatio et conductio *contrahi*. 143. Unde si alieno arbitrio | merces permissa[466] sit, velut quanti Titius aestimaverit, || quaeritur an locatio et con-

---

461. 1) La plupart, corrigeant, lisent : *a te venalem habente* (Gö. 1-2), ou *Titio venalem habente* (Gö. 3, Lach., Pell., Bö., Gir.). — 2) Hu. Beiträge, et J. A. 1-4, maintient *tibi — habenti*, mais lit ensuite *accesserim*, au lieu de *acceperim*.

462. 1) Au lieu de *acceperim*, Hu. : *accesserim*; suivi Pol. — 2) K. et S. pensent, avec Mommsen, que *acceperim et* sont une glose ; suivis Gn. 2, Muir. — 3) Les autres maintiennent *acceperim, et*, mais changent *tibi — habenti*. V. la note précédente.

463. A. fundum.

464. Ligne en blanc pour rubrique, restituée par quelques-uns (Bö. 5) : *De locatione et conductione.* — Hu. 1-4 croit que la l. 20, quoique destinée à la rubrique, avait : *Proxima emptioni et locatio conductio, quippe*; omis par le copiste qui, à la place a inséré *autem*.

465. Quelques-uns (Hu. Beiträge, Bö. 5) : *constituitur.* — Plus tard, Hu. 1-4. conserva *constituuntur*, mais en intercalant (*et emptio et venditio etiam*) avant *similibus*.

466. A. p̱missa, p̱ abréviation pour *permissa*, plutôt que pour *promissa*, St. A. *Index notarum*, p. 284-286. — Avant St., on lisait *pmissa*, d'où Gö. *promissa*, suivi par tous, jusqu'à Bö. 4-5 et Hu. Beiträge, qui voulurent *permissa*, dès lors admis par la plupart. Toutefois, Pell. ma. conserva *promissa*. — Depuis St., tous ont *permissa*.

∗ Page intérieure facile à lire.

ductio *contrahatur*. Qua de causa | si fulloni polienda curandave, sarcinatori sarci|enda vestimenta dederim, nulla statim mercede|constituta, postea *tantum* daturus quanti inter nos conve|nerit, quaeritur an locatio et conductio *contrahatur*. 144. Vel si | rem tibi utendam dederim, et invicem aliam rem u|tendam acceperim, quaeritur an locatio et conducti|o *contrahatur*. 145. Adeo *autem* emptio et venditio et locatio et con|ductio familiaritatem aliquam inter se habere vi|dent*ur*, ut in quibusdam causis *quae*ri soleat, utrum em|ptio et venditio *contra*hatur, an locatio et conductio : vel|uti si qua res in perpetuum locata sit ; q*uod* evenit in praediis | municipum, quae ea lege locantur[467], ut, *quam*diu id[468] vecti|gal praestetur, neque ipsi conductori, neque heredi *ejus* praedium | auferatur[469]. Sed magis placuit locationem conducti|onemq*ue* esse. 146. Item (170) si gladiatores ea lege tibi | tradiderim, ut in singulos, qui integri exierint, | pro sudore denarii XX[471] mihi darent*ur*, in eos vero

---

467. Pol., au lieu de *ea lege locantur*, veut *perpetuo fruenda traduntur*, d'après les Inst. III, 24, 3.

468. 1) Au lieu de *id*, Hu. Beiträge et J. A. 1-4 lit *inde*; suivi Gir., Pell. — 2) Bö. 5, en note, préfère *idem* ou *quidem*. — 3) K. et S., d'après Puchta, croient *id* inséré à tort et le mettent entre crochets; suivi Gn. 2. — 4) Muir. supprime *id*. — (Cpr. sur *id* et *inde* les notes 431 et 432 ci-dessus.)

469. A. autferatur.

470. Le ms. a ici *quaeritur* supprimé par tous, le copiste répétant trois lignes plus loin *quaeritur*.

471. Pol. maintient au texte xx, mais il est persuadé que G. avait écrit *viceni*.

singulos, | qui occisi a*ut* debilitati fuerint, denarii⁴⁷²
mille, quae|ritur utrum emptio et venditio, an locatio
et condu|ctio *contrahatur*. Et m*agis* pl*acuit*, eorum
qui integri exierint, lo|cationem et conductionem
*contra*ctam videri, at eor*um* | qui occisi a*ut* debilitati
s*unt*, emptionem et venditionem | esse : idq*ue* ex
accidentib*us* apparet⁴⁷³, tamq*uam* sub condicione ||
facta cujusque venditione an locatione⁴⁷⁴ ; jam | *enim
non* dubitat*ur*, quin sub condici*one* res veniri a*ut* lo-
cari⁴⁷⁵ | *possi*nt. 147. It*em* quaeritur, si cum aurifice
mi*hi* convenerit | ut is ex auro suo certi ponderis cer-
taeque for|mae anulos mihi faceret, et acciperet v*erbi
gratia* dena|rios CC, utrum emptio et venditio, an
locutio et con|ductio *contr*ahatur. Cassius ait, mate-
riae quidem emptionem | venditionemq*ue* contrahi,
opera*rum autem* locationem et condu|ctionem. Sed
plerisque placuit emptio*nem* et venditio|nem *contr*ahi.
Atqui, si meum aurum ei dedero, mercede | pro
opera constituta, convenit locationem con|ductionem
contrahi.

| ⁴⁷⁶. | 148. Societatem coire solem*us* a*ut* toto-
rum⁴⁷⁷ bonorum, aut | unius alicujus negotii, v*eluti*
mancipior*um* emendor*um* a*ut* ven|dendorum. 149. Ma-
gna a*utem* qu*aestio* fuit an ita coiri possit socie|tas, ut

---

472. A. denarios. — 473. Hu. 2-4 : apparere, suivi Gir.
∗ Page intérieure très-facile à lire.
474. A. uenditionem an locationem. — Quelques-uns (Gö. 1-2,
Kl., Hef., Bö. 1) veulent *aut* au lieu de *an*.
475. A. locumari, corrigé.
476. Ligne 13 en blanc, pour la rubrique restituée par Bö. 5 :
De societate. — 477. A. tutorum.

quis majorem partem lucretur, minorem | damni praestet. *Quod* Quintius Mucius ((contra naturam societatis esse existimavit. Sed Servius Sulpicius, cujus))[478] *etiam*[479] *praevaluit senten*|*tia, adeo ita coiri posse societatem existimavit, ut di*|*xerit illo quoque modo coiri posse, ut quis nihil omnino da*|*mni praestet, sed lucri partem capiat, si modo opera ejus* | *tam pretiosa videatur, ut aequum*[480] *sit eum cum hac pactione* | *in societatem admitti. Nam et ita posse coiri*[481] *societa*|*tem constat, ut unus pecuniam conferat, alter non conferat,* || *et tamen*[482] *lucrum inter eos commune sit; saepe enim opera ali*|*cujus pro pecunia valet.* 150. *Et illud certum est, si de parti*|*bus lucri et damni nihil inter eos convenerit, tamen aequis* | *ex partibus commodum ut incommodum inter* | *eos commune esse. Sed si in altero partes expressae fue*|*rint, velut in lucro, in altero vero omissae, in eo*[483] *quoque quod* | *omissum est, similes partes erunt.* 151. *Manet autem socie*|*tas eousque donec in eodem sensu perseverant.*

---

478. Le copiste a omis *contra naturam* jusqu'à *cujus*, restitué d'après Inst. III. 25, 2. — Au lieu de *existimavit*, quelques-uns *censuit* ou *dixerit*, ou autre mot semblable.

479. Le mot *etiam* est placé par les uns (Gö., Bö., Pell., Gir.) avant le passage restitué *contra naturam*; — par les autres (Hu., d'après Pöschmann, Pol., K. et S., Gn. 2, Muir.) après ce passage, ce qui semble préférable.

480. A. ec' pour *aequum*. — 481. A. coire.

* Page extérieure facile à lire pour la plus grande partie.

482. Le ms. a t͞m, abréviation usitée pour *tamen*, admis par tous, sauf Pol., qui préfère *totum*.

483. A. eod.

At *cum* | aliquis renuntiaverit societati, societas solvitur. | Sed plane, si quis in *hoc* renuntiaverit societati, ut ob|veniens aliquod lucrum solus habeat, veluti si mi|hi totorum bonorum socius, cum ab aliquo *heres* esset | relictus, in hoc renuntiaverit societati, ut *hereditatem* | solus lucrifaciat, cogetur hoc lucrum communica|re; si quid vero aliud lucrifecerit, *quod non captave|rit, ad ipsum solum pertinet*: mihi vero[484] quidquid omni|no *post* renuntiatam societatem adquiritur, soli con|ceditur. 152. Solvitur adhuc societas *etiam* morte socii, | *quia qui* societatem contrahit, certam per*sonam sibi e|ligit*. 153. Dicitur et c*apitis diminutione solvi societatem,* | *quia* civili ratione c*apitis diminutio* morti coaequatur; sed utique[485] | si adhuc[486] consentiant in societatem, nova videtur[487] inci|pere societas. 154. Item si cujus ex sociis *bona publice aut* | *privatim venierint, solvitur societas*. Sed haec *quoque* || societas de qua loquimur[488] ior q[489] consensu *contrahitur* nu|do juris co gen-

---

484. A. uiro.
485. Avant St., leçons diverses: *adsimulari, aequiperari, aequiparari, mortis instar habere, mortis species fere, comparari, paene par esse,* avec *dicitur* admis par tous (v. Bö. 5). — Depuis St., tous *coaequatur, sed utique*. — 486. A. athuc.
∗ Page extérieure difficile à lire.
487. A. bidet; v. III, note 72.
488. St. confirme *de qua loquimur*, déjà admis par Lachm. Gö. 3 et qu'il donne comme certain. Sauf les deux dernières lettres, on n'avait lu auparavant que des traits dont on ne pouvait fixer le sens.
489. La révision de St. laisse ici subsister les doutes antérieurs.

tium[490] *est;* itaque inter[490 bis] omnes homines na|turali ratione consistit[491].

---

490. Entre *juris* et *gentium*, l'Ap. a : c o.

490 bis. *Itaque inter*, puis à la fin du § *consistit*, en partie incertains, sont dus à la révision de St.

491. Le § 154, à partir de *solvitur societas*, reste incertain. Le peu que St. a lu de plus qu'auparavant ne suffit pas à le reconstituer; toutefois, sa révision écarte, au moins en partie, plusieurs des conjectures proposées avant lui. — I. Avant St. : — 1) Gö. 1-2, sans restituer, remarquait qu'au lieu de former la suite du même §, les mots qui suivent *solvitur societas*, pouvaient être l'objet d'un § nouveau, traitant de la formation de la société, plutôt que de sa dissolution. — 2) Kl. proposa en note : sed *hoc casu* societas *denuo eodem quo modo prior quoque* consensu contrahitur nudo, iuris *gentium regula*, qua *uti* omnes homines naturali ratione possunt. Suivi A. et W. — 3) Heff., en note : sed hoc quoque casu societas denuo, quemadmodum prior, consensu contrahitur nudo. Iuris enim gentium est contractus, quem omnes homines naturali ratione inire possunt. — 4) Hu. Studien et J. A. 1-2 au texte : Sed hoc quoque casu societas denuo contrahi potest quia consensu contrahitur nudo iurisque gentium est; consentire vero omnes — possunt. Suivi Blond., en note; Pell., ma., Dom., Gir., au texte. — 5) Lach. Gö. 3, au texte : sed *hoc quoque casu* societas, de *qua loquimur*, noua consensu contrahitur nudo, iurisque gentium est ********* omnes — possunt; en note : *nam consentire* ou *consentire enim*. Suivi Pell. tr.; Bö. 3 (avec *cum consentire possint*, pour la fin), Gn. 1, Pos. — 6) Bö. 4 : Societas *desinit quasi morte iterumque consensu contrahitur nudo* : iuris *autem* gentium *obligationem contrahere* omnes — possunt. — 7) Bö. 5 abandonne cette restitution et laisse en blanc; pour la fin, il préfère : juris *autem* gentium contractu obligari omnes — possunt.

II. Depuis St., tous admettent d'abord : *sed haec quoque societas de qua loquimur;* après quoi : — 1) Goud. avec doute : renovari potest, quod consensu contrahitur nudo jurisque gentium est ; itaque inter omnes homines nat. rat. consistit; — *inter omnes*, c'est-à-dire : « quoique par la vente de ses biens l'un des

155. Mandatum consistit, sive nostra gratia man-

---

associés ait tout perdu ». — 2) Pol. intervertit l'ordre des §§ 153 et 154. Il donne : § 152 ... sibi eligit. § 154 Item si cuius ex sociis bona — solvitur societas; sed utique si adhuc consentiant in societate(m), nova videtur incipere (societas). § 153. Dicitur etiam cap. demin. solvi — coaequatur : § 154. Sed haec quoque societas, de qua loquimur *civium romanorum*, quia consensu contrahitur nodo, iuris gentium est, itaque, etc. — 3) K. et S., au texte, laissent en blanc entre *loquimur* et *consensu*, puis entre *juris* et *gentium* ; en note, 1° ils donnent la conjecture de Mommsen : Sed (*et* vaudrait mieux) haec quidem societas de q. loq. *mero?* consensu contrahitur nudo iurisque gentium est, etc.; 2° puis, pensant que peut-être, à cause de l'*homoeotel.*, le copiste a omis quelque chose, ils proposent : sed haec quoque <societas _____> societas de qua loquimur, etc.; enfin ils ajoutent : « erunt enim qui excepient talia : hanc quoque societatem nouo consensu redintegrari posse, deinde societatem priuatam, de qua apud Gaium agitur, oppositam esse societatibus publicanorum, quae neque consensu nudo contrahantur neque ad peregrinos pertineant. » — 4) Fitting, *Jenaer Literaturzeitung*, 1877, p. 689, croit que G. oppose ici les sociétés qui se forment *nudo consensu*, à celles qui, exigeant quelque chose de plus, ne peuvent se former *entre tous les hommes*; il propose : Sed haec societas de qua loquimur, id est quae consensu contrah. nudo, iuris gentium est, itaque, etc. — 5) Hu. 4 fait un nouveau §, 154ᵃ, à partir des mots *sed haec quoque — loquimur*, après lesquels il lit : *ob id* quod consensu contrahitur nudo, etc., préférant *ob id, quod* à la conjecture de Fitting : *id e(st) quae*. — 6) Gn. 2 insère au texte la leçon de Hu. 4. — 7) Mur., ne regardant aucune de ces restitutions comme satisfaisante, préfère laisser en blanc, entre *loquimur* et *consensu*. Il ne croit pas impossible que G. ait eu en vue la distinction entre les sociétés *uectigalium* et les sociétes dites *priuatae* ou *uoluntariae*; dans cette dernière hypothèse il suffirait, pour remplir le blanc, de lire *ea est quae*. — La leçon suggérée par Mur., ainsi que celle de Fitting, donnent un sens satisfaisant, mais elles s'éloignent du ms., qui a : iorᵖq.

demus, sive aliena; itaque, sive ut mea negotia geras, sive ut alterius mandaverim, contrahitur mandati obligatio, et invicem | alter alteri [492] tenebimur [493] in id [494] quod vel me tibi vel te | mihi bona fide praestare oportet [495]. 156. [496] Nam si tua gratia tibi man|dem, supervacuum est mandatum : quod enim tu, tua gratia factu|rus sis id de [497] tua sententia, non ex meo mandatu face|re debes [498]. Itaque si otiosam pecuniam domi te [499] ha|bentem hortatus fuerim ut eam fenerares, quamvis eam [500] ei mutuam dederis, a quo | servare non potueris, non tamen habebis mecum man|dati [501] actionem. Item [502] si hortatus sim | ut rem [503] aliquam emeres, quamvis non expedierit tibi eam emis|se, non tamen tibi mandati tenebor [504]. Et adeo haec ita sunt, ut quae|ratur an mandati teneatur, qui mandavit tibi ut Titi|o pe-

---

492. Avant St., les lignes 7-8, en partie illisibles, avaient été l'objet de restitutions diverses. — 1) Hu. Studien : tenebimur in id quantum paret me tibi atque te mihi bona fide ; suivi Pell. ma. — 2) Bö. 3, en note : tenebimur ; ideoque iudicium erit in id quod paret te ; suivi Gn. 1, abandonné Bö. 5. — 3) Hu. Beiträge et J. A. 1-2 : ideo quod tam me tibi impensas quam te mihi bonam fidem ; suivi Gir., mais avec (?).

493. A. teneuimur ; v. III, note 29.

494. A. i d in. — 495. A. oportere.

496. La révision de St. a reconstitué presque en entier le § 156, dont auparavant la moitié environ était incertaine ou illisible.

497. Avant St., on admettait ex au lieu de de ; on avait lu extra.

498. Avant St., le ms. étant illisible, tous admettaient videberis, encore maintenu par Pol. ; tous les autres depuis St. ont debes.

499. A. tuae — 500. A. quiam. — 501. A. man|****.

502. A. itaem. — 503. A. **r**.

504. A. teneri ; presque tous, corrigeant : tenebor ; Pol. : teneri potero.

cuniam fenerares. Sed[505] Servius negavit : nec magis hoc casu obligationem[506] consistere putavit quam si[507] gene|raliter alicui mandetur uti pecuniam suam fene|raret. Sequimur Sabini opinionem contra sentientis[508], quia non aliter Titio credidisses, quam si tibi mandatum esset. 157. Illud constat, si quis de ea re mandet quae[509] contra bonos mores || est, non con-

---

505. *Sed*, qui paraît de trop ici, manque trois lignes plus bas, avant *sequimur Sabini*; les uns le suppriment avant *Servius* et l'intercalent avant *sequimur Sabini*; d'autres lisent *sequimur autem Sabini*.

506. A. obligatum. — 507. A. si (et).

508. A. consentientis. — Les l. 19-23, presque entièrement illisibles avant St., ont été lues par lui en totalité; il les donne comme certaines, sauf une dizaine de lettres. Tous, depuis St.[1], admettent sans difficulté la nouvelle leçon, sauf Pol., qui, supprimant tout le passage, depuis *nec magis hoc* jusqu'à *feneraret*, lit simplement : Servius negavit; (sed) sequimur Sabini opinionem consentientis quod non aliter, etc. — Cette suppression ne me semble nullement justifiée. Je crois au contraire, avec Goud., que les mots condamnés par Pol. ont de l'importance et qu'ils renferment une opposition, aussi exacte qu'intéressante, entre, d'une part, le mandat donné *generaliter* et, d'autre part, celui où l'emprunteur est désigné *specialiter*. Cette opposition est de nature à faire mieux comprendre le passage correspondant des Inst. de J., § 6, III, 25.

509. Avant St., l. 24 en partie illisible, restituée diversement : *constat, si tale quid* (Gö., Pell.), ou *quoties de ea re* (Hu. Beiträge), ou *si faciendum quid* (Hu. 1-2, Gir.).

* Page intérieure facile à lire, bien que les l. 14, 15, 22-24 soient *ter scriptae*.

---

1 Avant St., la plupart, renonçant à restituer les l. 19-23, se contentaient de reproduire les Inst.: *sed obtinuit Sabini sententia obligatorium esse in hoc casu mandatum.* — Hu. seul avait tenté la restitution suivante (Beiträge et J. A. 1-2): *sed verior est Sabini sententia, si non gene|raliter ut pecuniam fenerares, mandatum sit, sed faene|rare Titio iussus sis, esse mandati actionem existiman|tis, quia non, aliter,* etc.; suivi Gir.

trahi obligation*em*, *vel*uti si tibi *m*andem ut Titio
fur|tum *aut* injuriam facias. 158. Item si quis pos*t*
mortem me*am* | *f*aciendum mandet[510], inutile man‑
datum *est*, *quia* generalit*er* | placuit ab *h*ered*is* p*er*sona
obligationem incipere non | posse.==== 159. S*ed*
recte q*uoque* ((contractum))[511] man|datum, si dum
adhuc integra res sit, revocatum fuerit, | evanescit.
160. Item, si adhuc integro mandato[512] mors | alte‑
rutrius alicujus in*ter*veniat, id es*t*, v*el* *e*jus *q*ui man‑
darit, v*el* *e*jus qui[513] mandat*um* susceperit, solvitur
mandatum. S*ed* utilita|tis c*a*usa receptum est ut[514] si
mortuo eo qui mihi mandave|rit, ignorans eum de‑
cessisse, exsecutus fuero man|datum, *p*osse me agere
m*a*ndati actione ; alioquin justa | et probabilis igno‑

---

510. On s'accorde à penser qu'il y a ici au ms. faute ou la‑
cune. — 1) La plupart admetttent : si qui*d* post mortem meam
faciendum mandet*ur*. — 2) Quelques-uns : *quis quid ___ man‑
det*. — 3) Hu. ajoute : *faciendum mihi*, suivi Gir., Goud., Pol.,
Gn., Muir. — 4) K. et S. ajoutent davantage : si quis post
<mortem suam vel post> mortem meam faciendum <mihi>
mandet ; ce que critique Hu. 4.

511. Le ms. a *consummatur* ; la faute est manifeste, et sem‑
ble facile à corriger d'après les Inst. III, 25, 9, qui ont *contrac‑
tum*. Cependant cette correction n'est pas la plus généralement
admise : elle n'est adoptée que par Pol., Gn. 2, Muir. — La plu‑
part (Gö., Kl., Hef., Bö., Gn. 1, Pell., Hu. 2, Gir., K. et S.) chan‑
gent *consummatur* en *consummatum* ; mais ce dernier mot ne
donne pas un sens satisfaisant, et est en contradiction avec *res
integra*. — Hu. 4 le regarde comme une glose et le supprime.

512. A. mandatum. — 513. A. cui.

514. Plusieurs (Gö. 1-2, Kl., Hef., Bö. 1, Pell., Pol.) suppri‑
ment *ut* ou le mettent entre crochets. — Lach., Gö. 3, Bö. 3-5,
et les autres le maintiennent.

rantia damnum mihi adferret[315]. | Et huic simile est quod plerisque placuit, si debitor meus manumisso dispensatori meo per ignorantiam solverit, liberari eum; cum alioquin stricta juris ratione | non posset[516] liberari eo quod alii solvisset quam cui solvere de|beret.==== 161. Cum autem is cui recte mandaverim, egressus fuerit man|datum, ego quidem eatenus cum eo habeo mandati actionem, quatenus mea interest im|plesse eum mandatum, | si modo implere potuerit: at ille mecum agere non potest. | Itaque si mandaverim tibi ut verbi[517] gratia fundum | mihi sestertiis C emeres, tu sestertiis CL emeris, non habebis mecum || mandati actionem, etiamsi tanti velis mihi dare[518] fundum, qu|anti emendum tibi mandassem: idque maxime Sa|bino et Cassio placuit. Quod si minoris emeris, habebis me|cum scilicet actionem, quia qui mandat ut C milibus emere|tur, is utique mandare[519] intellegitur uti minoris, si posset, emeretur. 162. In summa sciendum ([520]) aliquid gratis|dederim,

---

515. A. non atferet; la suppression de *non*, demandée par le sens, est confirmée par le § 10 aux Inst.

516. A. possent.

517. A. berbi; v. III, note 72.

* Page intérieure très-facile à lire.

518. A. dari. — 519. A. mandari.

520. Le copiste a évidemment oublié quelque chose. — 1) La plupart, avec Gö., restituent: sciendum *est, quotiens faciendum* aliquid gratis dederim. — 2) Pol.: sciendum (*est, quoties alicui*) aliquid gratis (e)diderim. — 3) K. et S., Gn 2: *quotiens* aliquid gratis *faciendum*, critiqué par Fitting, *Jenaer Literaturzeitung*, 1877, p. 689.

quo nomine, si mercedem statuissem, | locatio et conductio *contraheretur*, mandati esse *actionem* : | ve*l*uti si fulloni polienda curandave vestimen|ta, *aut* sarcinatori sarcienda⁵²¹====.

163. Expositis generibus obligationum, quae ex *contractu* | nascunt*ur*, admonendi sum*us* adqu*iri* nobis *non* solu*m* | *per* nosmetipsos, *s*ed *etiam* per eas *per*sonas q*uae* in nostra po|testate, manu, m*an*cipiove sunt. 164. P*er* liberos q*uoque* homines | et alienos servos q*uo*s bona fide possidem*us*, adquiritur | nobis ; *s*ed *tantum* ex duabus c*au*sis, id est, si quid ex op*er*is suis, v*el* ex re nostra adquirant. 165. P*er* eum q*uoque* servum in q*uo* | usufructum habemus, simili*ter* ex duabus istis | c*au*sis nobis adquiritur. 166. *S*ed qui nudum j*us Quiritium* in servo|habet⁵²², licet dominus sit, minus *tamen* juris in ea re|habere intellegit*ur*, quam usufructuarius et bo|nae fidei possessor ; *nam* placet ex nulla causa ei adqui|ri posse, adeo ut, [alia]⁵²³ etsi nominatim ei dari stipulatus | fuerit servus, mancipiov*e* nomine⁵²⁴ ejus acceperit, || quidam existiment⁵²⁵ *ni*hil ei adquiri. 167. Commu-

---

521. La plupart ajoutent *dederim* après *vestimenta* ou *sarcienda*. — Pol., supprimant *si* après *fulloni,* n'ajoute rien.

522. A. habent, corrigé.

523. On s'accorde à regarder *alia* comme écrit à tort par le copiste. — Hu. (Beiträge) a proposé de le remplacer par *aliquid;* ce qu'il abandonne J. A. 1-4. — Peut-être *alia* est-il un indice que le copiste aurait omis quelque chose ?

524. A. nomene.

525. A. existimant.

* Page extérieure très-facile à lire.

nem servu*m* | pro dominica parte dominis adquirere certu*m* est, ex|cepto eo q*uod* uni nominatim stipulando[526], | au*t* mancipio | accipiendo, illi soli adquirit[527], | ve*lut* c*um* ita stipuletur : Titio domino meo dari spon|des ? au*t* c*um* ita mancipio accipiat : Hanc rem ex jure Quiritium Lucii Titii | domini mei esse aio, eaque ei empta esto hoc aere aenea|que[528] libra. 167ª. Illud quaeritur, tamq*uam* domini[529] nomen adje|ctum domini et fecit[530], idem faciat unius ex dominis | jussum int*er*cedens. Nostri p*rae*ceptor*es* p*er*inde ei q*ui* jusse|rit soli adquiri existimant, atque si nominatim | ei soli stipulatus esset servus, manci-piove acce|pisset[531]. Diversae scholae auctor*es* p*ro*inde utrisque | adquiri putant, ac si nullius[532] jussum int*er*venisset.

168. Tol|litur au*tem* obligatio p*rae*cipue solutione ejus q*uod* debeat*ur*. | Unde q*uae*ritur, si quis con-

---

526. Le copiste a écrit par errreur : stipulando ū manci-pi|ando ā mancipio accipiendo.

527. A. adquiritur.

528. A. ienea.

529. A. domino, corrigé.

530. La leçon du ms., évidemment défectueuse, a été diversement corrigée ou complétée. — 1) La plupart, avec Gö. : an quod domini nomen adjectum efficit. — 2) Hu. (Beiträge) : num quod unius nomen adjectum domini efficit. — 3) Bö. 5, Hu. 2-4, Pell. : an quod nomen adj. unius do. efficit. — 4) Gir. : an quod unius do. nomen adj. efficit. — 5) Pol. : (an), tanquam domini nomen adj. domini (*illius unius*) efficit. — 6) Muir., comme Pol., moins *illius unius*.

531. A. accipisset.

532. A. nullis.

sentiente creditore aliud pro alio solverit, utrum ipso jure liberetur, quod | nostris praeceptoribus placet, an ipso jure maneat | obligatus, sed adversus petentem exceptione | doli mali defendi debeat, quod diversae scholae auctoribus visum est. 168ª. Fit[533]....

169. Item per acceptilationem tollitur obli|gatio. Acceptilatio autem est veluti imaginaria solutio ; quod | enim ex verborum obligatione tibi debeam, id si velis mi|hi remittere, poterit sic fieri, ut patiaris haec verba[534] m||e dicere : QUOD EGO TIBI PROMISI, HABESNE ACCEPTUM ? et | tu respondeas : HABEO. 170. Quo[535] genere, ut dixim((us, tantum eae obligationes solvuntur, quae ex verbis consistunt))[536], non | etiam ceterae. Consentaneum enim visum est, verbis factam | obligationem posse aliis verbis dissolvi. Sed

---

533. Après *uisum est*, le ms. porte *fit*. — Ces deux dernières lettres peuvent être l'abréviation de *item* du § suivant ; les Inst. III, 29, 1, ont aussi *item*. Mais il ne semble pas que la lettre *f* ait pu se trouver là par hasard. — Tous la laissent de côté, la plupart même sans l'indiquer. — Pol. seul en tient compte ; il pense que le copiste a omis le passage où G. parlait du paiement par un tiers (conjecture justifiée par les Inst. III, 29, pr., et par l'Epitome, II, 10, qui porte *quicumque*. Il propose : F(it autem recte solutio non tantum per reum ipsum, sed per *quemcumque*, qui pro eo intervenit). — On pourrait faire de cette restitution un § 168ª.

534. A. (ūba ?) sch. Gö., dont tous sans difficulté : verba m||e.
* Page extérieure non facile à lire.
535. A. quod.
536. Restitué d'après Inst. III, 29, 1. — Hu. croit que le copiste, qui, dans cette page, a fait plusieurs autres omissions, a sauté ici ce qui est aux Inst. après *habeo*, savoir : *sed et graece*, etc. — L'Ap. St. a seulement : dixim [u'n] sch. Blu.

5 id quod ex | alia causa debeatur, potest in stipulationem deduci et | per acceptilationem ((dissolvi[537])). 171. Imaginaria solutione tamen[538] mulier | sine tu-

537. Il n'y a pas de difficulté pour restituer *dissolvi* d'après les Inst. III, 29, 1; mais tous n'ont pas placé ce mot, ni par suite composé les §§ 170 et 171, de la même manière. — 1) Gö. 1-2: § 170…. per acceptilationem imaginaria solutione *dissolui*. § 171. Tamen mulier, etc.; suivi Kl., Hef., Bö. 1, 4-5., Blond., Lab., Gn. 1, Dom., Gir., Pos., A. et W. — 2) Mais Lachm. (Gö. 3), ayant fait passer *imaginaria solutione* au § 171, plusieurs l'ont suivi (Pell. tr. ma., Bö. 2-3, Hu. 1-4) et ont terminé le § 170 par : acceptilationem *dissolvi*.

538. Le copiste a écrit :… *acceptilationem imaginaria solutione* īm mī|s.t.a…. — Nul doute qu'il n'ait omis quelque chose, mais la restitution a été faite très-diversement. — 1) Les premières éditions, jusqu'à 1842, et plusieurs encore depuis (v. la note précédente) commencent le § 171 à *tamen mulier* et comprennent *imaginaria solutione* dans le § 170. — Depuis 1842 (Lach.), plusieurs ont placé ces deux mots dans le § 171, mais avec des additions différentes : — 2) Lach., Gö. 3 : § 171. (*Ex*) imaginaria sol. tamen mulier, etc., suivis Pell. tr., Bö. 2-3. — 3) Hu. Beiträge : § 171. *Quamvis vero dixerimus perfici acceptilatione*) imaginaria solutione, tamen mulier, etc.; reproduit J. A. 1-4; suivi Gn. 2, Muir. — 4) Bö. 4 : imag. solut. *dissolvi*. § 171. *Itaque pupillus etiam sine tutor. auctor. liberari potest quasi solutione*; tamen mulier, etc.; combattu par Hu. 1, et abandonné par Bö. 5, qui propose à la place : *Et cum omnes quibus sine tut. auct. solui non potest, nec sine ea acceptum facere possunt*, tamen mulier, etc. — 5) Pell. ma. : § 171, *Sane in quibusdam differt vera solutio ab hac* imaginaria solutione. *Nam mulier*, etc. — 6) Goud. :…et per accept. *dissolvi*. § 171. Imaginaria solutione tamen mulier, etc.; sans rien ajouter. — 7) Pol., au texte, laisse en blanc; en note : ..*ea rursus dissolvi*. § 171. *Sed quamquam ita fit, ut iusta solutio nihil fere differat ab acceptilatione, id est*; imaginaria solutione, tamen mulier, etc. — 8) K. et S. :…et per < *acceptilat. dissolui*. § 171. *Quamvis autem dixerimus contineri* > acceptilationem imaginaria solutione, tamen mulier. — La

toris auctoritate acceptum facere *non potest, cum alioquin* solvi ei *sine tutoris auctoritate* possit. 172. Item quod debetur, pro parte re|cte solvitur[539] : an *autem in partem acceptum possit, quaesitum est.*

173. *Est etiam* alia species imaginariae solutionis per aes | et libram. Quod et ipsum genus certis in causis rece|ptum[540] *est,* veluti si quid eo *nomine* debeatur, quod per aes et libram | gestum est, sive quid ex judicati *causa* debeatur[541]. 174. Adhibentur autem[542] | non minus quam quinque testes et libripens.

---

meilleure leçon, selon moi, est celle de Goud.; elle a le mérite de ne rien ajouter au texte du § 171, et par suite elle se trouve d'elle-même ci-dessus, d'après la règle que j'ai suivie dans cette édition. Au fond, elle donne un sens très-satisfaisant, savoir : la femme peut sans *auctoritas* recevoir un paiement réel et non un paiement imaginaire. — De là M. Goud. conclut que la femme pourrait faire acceptilation sans *auctoritas*, lorsqu'il y aurait soit paiement réel, soit *juris necessitas*, comme par exemple, dans les cas prévus au Dig., — lois 5, § 1, *liberat. leg.* 34, 3 ; 9, *praesc. verb.* 19, 5 ; 41 § 2, *jur. dot.* 23, 3.

539. A. recte solui re|cte soluit ; le copiste a répété deux fois *recte solvi*. — Avant St., on avait cru lire : *recte illigi recte* ; d'où leçons diverses : Andreae : *creditori uolenti* recte solvi ; Hu. 1-2 : *creditori* recte ; Bö. 5, Gir. : solvi intellegitur. — Goud. propose : *quod debetur pro parte, pro parte recte solvitur.*

540. A. receptisum.

541. A. debit ; corrigé diversement : *debeatur, debitum sit, debebit.* — 1) Pol. : gestum (*sit*), siue etiam (*ex*) testamento quid (*vel*) ex iudicati causa debitum (*sit.* Eaque res ita fit :), fondé sur ce qu'il y a dans l'Ap. : gestum et. siue q t ex iudicati debit. — 2) K. et S. : gestum *sit*, sive quid ex iudicati causa deb < eatur. Eaque res ita ag > itur ; suivi Gn. 2, Muir.

542. A. athibemat.

15 Deinde is qui liberatur, | ita oportet loquatur[543] : QUOD
EGO TIBI TOT MILIBUS condemnat **** MEGO N M

---

[543]. La révision de St. apporte dans la formule de la libération *per aes et libram* quelques éléments nouveaux, mais en partie incertains. — I. Avant St., divers essais de restitution de la formule entière ont été proposés. — 1) Hef., partie au texte, partie en note et avec doute : quod ego tibi tot milibus eo nomine (note : de quo agitur nexus sum, id tibi hoc) asse solvo liberoque hoc aere aeneaque libra. Hanc tibi libram primam postremam (note : porrigo de lege et iure liberatus) ; suivi Blond., Dom. — 2) Hu. Studien : quod ego tibi tot milibus eo nomine iure nexi sum damnas, solvo liberoque hoc aere aeneaque libra hanc tibi libram primam postremamque secundum legem publicam. — Plus tard, Hu. a modifié quelques mots de cette restitution : 1° Beiträge ; il préfère : eo nomine velut LEGE MANCIPII, et considère les mots *eo nomine velut* comme n'étant pas compris dans la formule, mais comme étant une explication donnée par G.; 2° J. A. 2 : eo nomine veluti SECUNDUM | MANCIPIUM. — Dans la *Zeits. f. Rg.*, VII, 1868, p. 167-171, il a spécialement défendu, contre Bluh. et Bö., sa conjecture sur les mots *secundum legem publicam*, que la révision de St. a confirmée. — 3) Lach. (en note Gö. 3) : quod ego tibi tot milibus eo nomine *vel eo judicio damnatus sum, eos nummos* solvo liberoque hoc aere aeneaque libra. Hanc *ubi* libram primam postremam *ferii, nihil de* lege iure obligatur. — 4) Bö. 5 : QUOD EGO TIBI TOT MILIBUS EO nomine DAMNAS SUM, *EOS TIBI NUMMOS* SOLVO LIBROQUE HOC AERE AENEAQUE | LIBRA. HANC TIBI LIBRAM PRIMAM POSTREMAM FERIO | DARE LEGE IURE OBLIGATUS. — 5) Gir. admet la formule de Hu. 2, jusqu'à *postremam*, puis celle de Bö. 5, *ferio — obligatus*. — 6) A. et W. suivent celle de Hu. Studien jusqu'à *postremam*, puis celle de Lach., *ferii — obligatur*. — On a en outre émis sur les derniers mots de la formule, d'autres conjectures : 1) Bluh., *Zeits. f. Rg.*, III (1864), p. 456 : *postremamque perin|de lege jure relligatus* — 2) Leist (note Bö. 5) : *postremam aeris do lege jure obligatam*.

II. Depuis St., tous s'accordent, malgré l'incertitude qu'il indique pour quelques-unes des lettres données dans son Ap., à admettre : Quod ego tibi tot milibus condemnat*us sum*, me eo

EN✱CTE SOLVO LIBEROQUE[544] HOC AERE AENEAQUE |
LIBRA ; HANC TIBI LIBRAM PRIMAM POSTREMAM[545] QUE
EXPEN|DE LEGEM PUBLICAM. D*einde* asse p*ercutit* li-
bram, e*umque* | dat ei a q*uo* liberatur[546], *veluti* sol-
vendi c*ausa.* 175. Similit*er* lega|tarius heredem eodem
modo liberat de legato q*uod* p*er* damnatio|nem relic-
t*um* est, ut t*amen* scilicet, sicut *judicatus* condemna-
|tum[547] se esse significat, ita h*eres* testamento[548] se
dare damnat*um* esse di|cat[549]. De eo t*amen* t*antum*

---

nom*ine* a te solvo li*beroque* hoc aere aeneaque libra : hanc tibi
libram primam postremam*que* expendo (secundum) legem pu-
blicam. — Seulement Goud. et Pol., au lieu de *a te solvo,* préfèrent *recte solvo,* comme plus conforme à la langue et au ms.
lui-même. — En outre, Hu. 4. intercale *dum* avant *hanc tibi,*
afin que la formule soit *uno tenore.* — *Adde* sur cette formule,
Karlowa, *Der Romische Cilvilprozess zur Zeit der legis actiones,*
Berlin, 1872, p. 151 ; et cpr. les mots *secundum legem publi-
cam* de la formule de la *familiae emptio,* II, 104.

544. A. liuero ; v. III, note 29. — 545. A. postremam.
546. A. detelaqliberatum.
547. A. condemnati. — 548. A. ii✱.
549. Avant St., les l. 21 et 22, en partie illisibles et laissées
en blanc par Gö. et par la plupart, avaient été restituées diversement : 1) Rudorff et Lach. (Gö. 3, et article de Rudorff, *Ueber
die Litiscrescenz,* dans la *Zeitsch. f. gesch. R.-W.,* t. 14, 1846,
p. 410) : *sicut judicatus sententia damnatum se* esse significat
ita heres judicio defuncti damnatum se dicat ; suivi Pell. ma.,
Gn. 1, Pos., A. et W. — 2) Hu., *Nexum,* 1846, p. 226 et J. A. 1-2 :
scilic*et, ubi qua de* causa *alteri damnatum se* esse significatur,
heres *ei se testamento dare* damnatum esse dicat. — 3) Bö. 5 :
scilicet, sicut iudicat*us* damnas *ex causa iudica*|ti se esse si-
gnificat, ita heres *testamento dare* damnas se esse di|cat ; suivi
Gir. — Depuis St., tous ont la leçon ci-dessus, sauf Muir., qui,

potes*t* he*res* eo modo liberari, qu*od* pondere, nu|mero constet, et ita si certum sit; quidam et de eo || quod mensura constat, idem[550] exis*ti*mant.

176. Praeterea no|vatione tollitur obligatio, veluti si qu*od* tu mihi debeas, a | Titio dari stipulatus sim. N*am in*terventu novae personae no|va nascitur obligatio, et prima tollit*ur* translata | in posteriorem; adeo ut in*ter*dum, licet posterior sti|pulatio inutilis sit, *tamen* prima novationis jure tol|latur, *veluti* si qu*od* mihi debes, a Titio *post* mortem ejus, *vel* a muli|ere pupillove *sine* tu*toris* auc*toritate* stipulatus fuero. Qu*o* casu rem | amitto; nam et prior debitor liberatur, et p*o*sterior | obligatio nulla es*t*. Non idem juris est si a servo stipulatus fuero; n*am* tunc ((prior))[551] proinde adhuc obligatus tene*tur*, | ac si postea a nullo stipulatus fuissem.

177. Sed si eadem | persona sit a qua postea stipuler, ita demum novatio | fit, si quid in posteriore stipulatione nova sit, for|te si *condicio*, *vel* sponsor, aut dies[552], adjicia*tur* au*t de*trahatur. 178. | *Sed quod*

---

pour les derniers mots, au lieu de *damnatum esse dicat*, préfère *damnas*. Il se fonde sur la ressemblance complète qui devait exister entre la formule de l'acte libératoire et celle de l'acte obligatoire, lequel avait *damnas esto*. — Cet argument a une grande valeur. — On peut remarquer en outre que St. ne donne le *t* que comme incertain : damnat.

* Page intérieure très-facile à lire.

550. A. ind.

551. Omis par le copiste; restitué d'après Inst. III, 29, 3.

552. Presque tous, corrigeant, répètent deux fois *vel*, ou *aut*, et placent *dies* avant *sponsor*.

de sponsore dixi, *non constat*; *nam* diversae scholae | *auctoribus* placuit, *nihil* ad novationem proficere sponso|ris adjectionem *aut* detractionem[553].

179. *Quod autem diximus, si* con|dicio a|ljiciatur, novation*em* fieri, sic intellegi ((oportet))[554], | ut ita dicamus factam novation*em, si* condicio ex|titerit : alioquin, si defecerit, durat prior obliga|tio. Sed videam*us* num is qui eo nomine agat, *doli mali aut* pa|cti conventi exceptione *possit* summoveri, *quia*[555] vi|detur *inter* eos id *actum, ut* ita[556] ea res peteret*ur*, si posterioris ||stip*ul*ationis extiterit condicio. Servius *tamen* Sulpicius | existimavit statim et pendente condicione novatio|nem[557] fieri, et, si defecerit condicio, ex neutra *causa* agi | posse, eo*que* modo rem perire. Qui consequenter et illud re|spondit, si quis id q*uod* sibi *Lucius* Titius deberet, a servo fuerit | stip*ul*atus, novationem[558] fieri, et rem perire, *quia cum* servo | agi *non potest. Sed* in utroque casu alio jure utimur : nec[559] magis his|casibus novatio fit, q*uam* si id q*uod*

---

553. A. detractionem.
554. Au lieu de *oportet*, évident et aux Inst., *ibid.*, le copiste a écrit c̄.
555. Avant St., au lieu de *quia*, on avait lu *et*; la plupart: *et videtur*; Hu. 1 : *et videatur* ; — mais déjà Hu. 2, Gir. : *quia*.
556. A. itia; corrigé.
* Page intérieure facile à lire.
557. A. nobationem; v. III, note 72.
558. A. nonationum.
559. Le ms. a *n'*; dont plusieurs, déjà avant St., Bö. 5, Hu. 2, Gir., avaient fait *nec*; d'autres : non (*enim*), Pell. ; ou *nam non* (Hu. 1); quelques-uns (Gö. 3) simplement : *non*.

tu m*i*hi debeas, a peregrino, | cum quo sponsus⁵⁶⁰ com-
munio *non* est, SPONDES verbo stipu|latus sim.

180. Tollitur adhuc obligati|o litis contestatione,
si modo legitimo jud*icio* fuerit a|ctum. Nam tunc
obligatio q*uidem* principalis dissolvitur, | incipit⁵⁶¹
autem teneri reus litis⁵⁶² contestatione : sed, si | con-
demnatus sit, sublata litis contestatione, inci|pit ex
causa judicati teneri. Et hoc (⁵⁶³) q*uod* ap*ud* vete*res*
scr*ip*tum *est* : ante | litem contestatam dare debito*rem*
oportere*; post* litem con|testatam condemnari opor*-*
tere; post-condemnationem judicatum | facere oportere.
181. Unde fit, ut, si legitimo judicio debit*um* peti|ero,
postea de eo ipso jure agere non possim, q*uia* inuti-
liter i*n*ten|do DARI MIHI OPORTERE, q*uia* litis contesta-
tione dari oportere de|siit : aliter atque si imperio
continenti judicio ege|rim; tunc *enim nihilominus*
obligatio durat, et ideo ipso | jure postea agere pos-
sum, *sed* debeo per exceptionem rei judica|tae vel in
judicium deductae summoveri. Quae *autem* legitima
|| judicia, et q*uae* imperio continentia⁵⁶⁴, sequenti
commentario | referemus⁵⁶⁵.

---

560. A. sponsio; d'où Gö. 1-2 : *sponsionis;*—Savigny, corrigeant, préfère *sponsus*, adopté par la plupart, ou *sponsi*, adopté par Pol.
561. A. incipiat. — 562. A. litibus.
563. On intercale *est* entre *hoc* et *quod*.
* Page extérieure en partie difficile à lire.
564. A. contine(ant) sch. Gö. — St. croit plus probable *continente*, d'où, avec Mommsen, K. et S., Gn. 2, Muir. : *continentia sint;* les autres : *contineantur*, avec *sint* intercalé entre *legitima* et *judicia*.
565. A. repetemus.

182. Transeamus nunc ad obligationes *quae* ex delicto nascun|tur[566] : *ve*luti si quis furtum fecerit, *bona* rapuerit, dam*num* | dederit, injuriam commi- serit. Quarum omnium re|r*um* uno genere *co*nsistit[567] obligatio, *cum* ex *contr*actu obligatio|nes in IIII genera deducantur[568], sicut supra exposuim*us*.

183. Furtorum *autem* genera Ser*vius* Sul*p*icius et Masurius Sab*inus* IIII *esse* | dixerunt, m*a*ni*f*estum et nec m*a*ni*f*estum, conceptum et obl|atum[569] ; Labeo duo, m*a*ni*f*estum, nec m*a*ni*f*estum : *nam* conceptum et o|blatum species potius *a*ctionis *esse* furto cohaerentes, | quam genera furtorum ; q*uod* sane verius videt*ur*, sicut | inferius apparebit[570].

184. M*ani*festum furtum[571] quidam id es|se dixerunt, q*uod* dum fit deprehenditur. Ali*i* vero ulterius, | q*uod* eo loco deprehendit*ur*, ubi fit : velut si in oliveto olivar*um*[572], | in vineto uvar*um* furtum factum *est*, q*uam*diu in eo oliveto[572] *aut* | vineto fur sit ; aut[573] si in domo furtum factum sit, quam|diu in ea domo

---

566. Avant St., *oriuntur*, qui, encore depuis, est maintenu par Hu. 4, Gn. 2. — Pol., K. et S., Muir. : *nascuntur*.

567. A. constitit.

568. Pol., K. et S., Hu. 4, Gn. 2, Muir., corrigeant : *di*ducantur.

569. A. obligatum.

570. A. appareuit ; v. III, note 29.

571. A. fructum.

572. A. solibeto solibarum ; v. III, note 72.

573. A. fueritasitasiin ; — presque tous, avec Hollw. : *fur. sit, aut si in.* — Hu. 4 lit : aut si ta*bulae* in ; il pense que G. donne ici, comme pour les cas précédents, un exemple de la chose volée.

fur sit. Alii adhuc ulterius eousque | manifestum furtum[574] esse dixerunt, donec perferret[575] eo quo perferre | fur destinasset. Alii adhuc ulterius, quandoque eam rem | fur tenens visus fuerit; quae sententia non optinuit. Sed et illorum | sententia qui existimaverunt, donec perferret[576] eo quo fur desti|nasset, deprehensum furtum manifestum esse, ideo non videtur probari quia magnam recipit dubitationem utrum[577], || unius diei, an etiam plurium dierum spatio id terminan|dum sit : quod eo pertinet, quia saepe in aliis

---

574. Avant St., on n'avait lu que : *ulterius* — — — — |
∗ m ff. — St. donne : eousq ∗ c ∗∗ c | t. mff. — La plupart, avant St., et encore depuis, K. et S., Gn. 2, Muir., ont simplement : *eousque manifestum furtum*. — Gö. 1-2 hésitait entre *progressi* et *eousque*. — Hu. (Studien) : *tamdiu*. — Pol. : *eousque scilicet* e|tiam manif. f. — Hu. 4 : *cuiusque re*|i manif. f.

575. Au lieu de *perferret*, certain au ms. et maintenu par la plupart, quelques-uns (Kl., en note ; Hu., Studien, et J. A. 1-4, au texte ; suivi Gir.) donnent *perferretur*, ici et trois lignes plus bas, au même §.

576. *Perferretur*, d'après quelques-uns ; v. la note précédente.

577. Avant St., la seconde partie de la l. 23, la l. 24 en entier de la p. 176, ainsi que les premiers mots de la l. 1 de la p. 177, étaient illisibles ou incertains ; ils avaient été restitués diversement [1].

---

1. 1) Hef., en note et avec doute : *manifestum esse, sane quidem habebat aliquam speciem, sed sine dubitatione* || *vitiosa dicta est, cum etiam plurium* (au texte, à partir de *dubitatione*) ; suivi Blond., en note ; Dom., au texte. — 2) Hu., Studien : *manifestum esse habe|re dicebatur aliquam tum scilicet dubitationem q*||*uoties duarum vel etiam plurium*, etc. — 3) Lach., Go. 3 : *manif. esse improbata est quod dicebatur aliquam admittere dubitationem, utrum*||*unius diei an etiam plurium* ; suivi, sauf quelques changements, par Pell., Gn. 1. — 4) Hu., Beiträge, et J. A. 1-2 : .. *a plerisque improbata est, quoniam moveret dubitationem, utrum unius diei an*, etc. ; suivi Gir.

civitatibus subre|ptas⁵⁷⁸ res in alias civitates vel in alias provincias destinat | fur perferre. Ex duabus itaque superioribus opinionibus | alterutra approbatur : *magis tamen plerique posteriorem probant*.

185. Nec⁵⁷⁹ manifestum furtum quod sit, ex iis quae diximus intellegitur; nam | quod manifestum non est, id nec manifestum est.

186. Conceptum furtum | dicitur, cum apud aliquem, testibus praesentibus, furtiva⁵⁸⁰ res quae|sita et inventa est; nam in eum propria actio constituta est, quam|vis fur non sit, quae appellatur concepti.

187. Oblatum furtum dicitur, cum res furtiva⁵⁸¹ tibi ab aliquo obla|ta sit, eaque apud te concepta sit : utique⁵⁸² si ea men|te data tibi fuerit, ut apud te potius, quam apud eum qui dede|rit, conciperetur; nam tibi, apud quem concepta est, propria | adversus eum qui obtulit, quamvis fur non sit, constituta est ac|tio, ((quae))⁵⁸³ appellatur oblati⁵⁸⁴.

188. Est etiam prohibiti furti ((actio))⁵⁸³ adversus eum qui fur|tum quaerere volentem prohibuerit.

189. Poena manifesti furti ex lege XII tabularum

---

578. A. surre|pte; la plupart : *subreptas;* Pol. : *surreptae res sunt*.

* Page extérieure en partie difficile à lire.

579. A. ni ; tous : *nec,* d'après Inst. IV, 1, 3, et Gaius I. 8, Dig., furtis, 47, 2.

580. A. furtibuso.

581. A. furtiba; v. III, note 72.

582. A. uelitique.

583. Inst. IV, 1, 4.

584. A. obliti.

capitalis erat. Nam liber verberatus[585] addicebatur ei cui furtum fecerat : | utrum autem servus efficeretur ex addictione, an ad|judicati loco constitueretur, veteres quaerebant. In (——[586]——) | (——[587]——) uerbera (——) [——][588]——— Postea improbata est aspe|ritas poenae, et tam ex servi persona, quam ex liberi, qu|adrupli actio praetoris edicto constituta est.===== 190. || Nec manifesti furti poena per legem XII[589] tabularum dupli inrogatur, eam|que etiam praetor conservat. 191. Concepti et oblati poena ex lege XII tabularum | tripli est, eaque similiter a praetore servatur[590]. 192. Prohibiti actio | quadrupli est ex edicto praetoris introducta. Lex autem eo nomine nul|lam poenam

---

585. A. berberatus; v. III, note 72.

586. A. (eū) sch. Gö.

587. A. (atq) sch. Gö.

588. A. (*) [a] sch. Gö. et Blu. — St. n'a lu que uerbera. — Restitutions diverses : — 1) Hef., en note : In servo autem qui verberatus saxo dejiciebatur. — 2) Lach., Gö. 3., en note : servum aeque verberatum e saxo dejiciebant, suivi Bö. 2-3. Pell. ma., au texte. — 3) Hu. 1., au texte : seruus aeque uerberatus necabatur. Sed. — 4) Hu. 2 : In seruum aeque uerberatum animaduertebatur; sed. Suivi Gir., Pol. (sauf animaduertebant), K et S., Gn. 2. — 5) Hu. 3 : In eum | autem, qui (seruus erat, aeque) uerberatum animaduertebatur. Sed. — 6) Muir., avec raison, ce semble, trouve le mot animaduertebatur bien faible pour ce que G. appelle asperitas poenae; il rappelle la restitution de Schœll (Leg. XII tab. rel., p. 146) : seruus aeque uerberatus e saxo dejiciebatur.

* Page intérieure très-facile à lire.

589. XII omis au ms.

590. A. serbat'; v. III, note 72.

constituit : hoc solum praecepit, ut qui quaerere | velit, nudus quaerat, linteo[591] cinctus, lancem habens; | qui si quid invenerit[592], jubet id lex furtum manifestum esse. 193. Quid sit autem linteum[593], quaesitum est; sed verius seam[594], consu|ti genus esse quo necessariae partes tegerentur. Quae res [lex | 10

---

591. A. linteos, corrigé. — Au lieu de *linteo cinctus*, longtemps admis sans difficulté, Van der Hoeven (*Tentamina critica in Gaium*, Zeitsch. f. Rechtsg. VII, 1867, p. 258) a proposé *licio cinctus*, qui semble, en effet, justifié par Festus (v° *Lance et Licio*, Bruns, 4ᵉ éd., p. 270) et par Aulu-Gelle, XI, 18, 9, et XVI, 10, 8; suivi Pol., K. et S., Gn. 2. — Hu. 4 admet les deux mots *linteo licio*; il pense que les décemvirs ont dû employer les deux mots, parce que l'usage de la laine était interdit, et celui du fil prescrit, pour les rites sacrés. — *Adde* Glose de Turin : « ..discum fictilem in capite portans utrisque manibus detentus », Krueger, dans la *Zeitsch. f. R. G.* VII, p. 78.

592. Au lieu de *qui si quid invenerit*, Muir., sans changer au texte, croit que le copiste s'est trompé et que G. avait écrit *quod si prohibitus fuerit*; conjecture qu'il fonde, non sans apparence de raison, sur le rapprochement de ce § avec ceux qui le précèdent et le suivent.

593. *Licium* est par quelques-uns substitué ou ajouté à *linteum*, comme au § précédent; v. la note 591.

594. Quel peut être le sens de ces quatre lettres *seam*, avec s non simple, mais barré ainsi ₷ ? — La plupart se contentent de : *sed verius est*, sans tenir compte, ni même faire mention de ce que porte le ms. — Toutefois, quelques-uns y ont eu égard : 1) Bö. 5 soupçonne que le copiste aurait voulu écrire *staminis*, bandelette sacerdotale. — 2) Hu. 2, au texte : *sed verius existimatur*, le ms. ayant *xmat*. — 3) Pol., en note, croit que *seam* est l'abréviation de *semi⁾⁾*, pour *semi cinctii*. — 4) K. et S., en note : « peut-être : *sed Verrius ait.* » — 5) Hu. 4, au texte : *set uerius est aliquod*; et en note : « le ms. a peut-être *eam* pour ēaliq, ou encore : *uerior s(ententia)*. » — 6) Muir. : *sed verius est cum*.

tota]⁵⁹⁵ ridicula est. Nam qui vestitum⁵⁹⁶ quaerere prohibet, is et nu|dum quaerere prohibiturus est, eo magis quod ita quaesita res⁵⁹⁷ in|venta majori poenae su|bjiciatur. Deinde quod lancem si|ve ideo haberi jubeat⁵⁹⁸ ut manibus occupantis(?)⁵⁹⁹ nihil sub|jiciat⁶⁰⁰, sive ideo ut quod invenerit ibi imponat, neutrum eorum procedit, si id quod quaeratur ejus magnitudinis aut naturae sit, ut | neque subjici neque ibi

---

595. 1) Presque tous ont : *quare lex tota ridicula*. — 2) Le ms. a : *q̄ r̄ lex tota*, ce qui convient plutôt à *quae res* qu'à *quare* (v. l'*Index notarum*, Ap., p. 290 et 298). — Il ne semble pas probable que G. ait dit *lex tota ridicula est;* on comprend mieux qu'il ait dit : *quae res ridicula est*. — Je crois donc que *lex tota* n'est qu'une glose ; c'est aussi l'opinion de Pol. et de Muir. : tous deux n'ont au texte que *quae res ridicula*. — 3) Mommsen, suivi K. et S., Gn. 2, sont d'avis de supprimer le mot *lex* seulement ; ils donnent *quae res [lex] tota*. — 4) Hu. 4 conserve : *quare lex tota ridicula*.

596. A. *bestitum;* v. III, note 72.

597. Au lieu de *quaesita res inventa*, admis par la plupart, Van der Hoeven (loc. cit., note 591), suivi Hu. 3-4, Pol. : *quaesita re (et) inventa*. — K. et S., Muir. : *quaesita re*.

598. Au lieu de *jubeat*, Pol., suivi Hu. 4, Muir. : *jubeatur*.

599. 1) La plupart maintiennent *occupantis* et lisent ensuite *subjiciatur* au lieu de *subjiciat*. — 2) Pol. corrige *occupantis*, qu'il remplace par *occupatis*, et conserve ensuite *subjiciat;* il cite à l'appui le passage suivant du scholiaste sur le vers 499 des *Nuées* d'Aristophane : ἀλλ' οὐχὶ φωράσων · ἔθος ἦν τοὺς εἰσιόντας εἰς οἰκίαν τινὸς ἐπὶ τῷ ἐρευνῆσαι, γυμνοὺς εἰσιέναι, ἵνα μή τι ὑπὸ θοἰμάτια κρύψαντες λάθωσιν, ἢ ἵνα μὴ ὑπ' ἐχθρας λάθωσιν ὑποβαλόντες τὸ ζητούμενον καὶ ζημίας αἴτιοι τούτῳ γένωνται. Il a été suivi par K. et S., Hu. 4, Muir. — Ce dernier rappelle que la correction a été proposée par Vangerow, dans sa dissertation *De furto concepto ex lege* XII *Tab.*, Heidelberg, 1845.

600. Au lieu de *subjiciat*, ceux qui lisent *occupantis* veulent *subjicatur;* v. la note précédente.

imponi possit. Certe[601] non dubitatur, | cujuscumque materiae sit ea lanx, satis legi fieri. 194. Pro|pter hoc tamen quod lex ex ea causa manifestum furtum esse jubet, | sunt qui scribunt furtum manifestum aut lege aut natura[602] : lege id ipsum | de quo loquimur, natura illud de quo superius expo|suimus. Sed verius est natura tantum manifestum furtum | intellegi : neque enim lex facere potest, ut qui manifestus fu|r non sit, manifestus sit, non magis quam[603] qui omnino fur non sit, | fur sit, et qui adulter aut homicida non sit, adulter vel || homicida sit; at illud sane lex facere potest, ut perinde | aliquis poena teneatur atque si[604] furtum, vel adulteri|um, vel homicidium admisisset, quamvis nihil eorum admiserit.

195. Furtum autem fit, non solum cum quis intercipiendi causa | rem alienam amovet, sed generaliter cum quis rem alienam invito domino contrectat. 196. Itaque, si quis re[605] quae apud eum deposita sit utatur, furtum commit|tit; et si quis utendam rem acceperit, eamque in alium | usum transtulerit, furti obligatur : veluti si quis ar|gentum utendum acceperit, quasi amicos ad coen|am[606] invitaturus rogaverit[607]

---

601. Goud., suivi Pol. ajoute *enim* entre *certe* et *non dubitatur*.
602. Les uns intercalent *intellegi* après *lege* ou *natura*; les autres, *esse* après *lege*.
603. Beaucoup intercalent *ut* entre *quam* et *qui*.
* Page intérieure très-facile à lire.
604. A. atquasi. — 605. A. rem. — 606. A. cendam.
607. Plusieurs suppriment ici *rogaverit*, comme une glose. — Pol., Hu., 4 le transportent deux lignes plus bas: longius (quam quo) rogaverit.

et id peregre secum tule|rit : aut si quis equum[608] gestandi gratia commodatum lon|gius cum (?)[609] aliquo duxerit, quod veteres scripserunt de | eo qui in aciem[610] perduxisset. 197. Placuit tamen eos qui re- bus | commodatis aliter uterentur quam utendas[611] acce|pissent, ita furtum committere, si intellegant id | se invito domino facere, eumque, si intellexisset[612], | non permissurum ; at[613] si permissurum crederent, extra | furti crimen videri : optima sane distinctione, quia | furtum sine dolo malo non committitur. 198. Sed ((et)) si credat ali|quis invito domino se rem contrectare, domino autem | volente id fiat, dicitur furtum non fieri. Unde illud | quaesitum [et probatum][614] est

---

608. A. aec.
609. Le ms. a : *longius cum*. — La plupart (Gö., Bö., Pell.) : *secum*; — Hu. 2, Gir., Pol. : *eum* ; — K. et S., supprimant, ont simplement : *longius, aliquo*, comme les Inst. IV, 1, 6.
610. Au lieu de *in aciem*, qui est certain au ms. et que l'on admet généralement, Pol., suivi Hu. 4, veut *uls Ariciam*; *uls* vieux mot pour *ultra*. Ils se fondent sur Valère-Maxime, 8, 2, 4 : « multus sermo....furti damnatus est, qui equo, cujus usus illi Ariciam commodatus fuerat, ulteriore ejus municipii clivo vectus esset. » Hu. ajoute que conduire *in aciem* n'est pas toujours conduire *longius*.
611. A. uttendas.
612. A. intellexissent.
613. A. ut.
614. — 1) Presque tous regardent *et probatum* comme une glose, G. n'ayant pas pu dire *probatum*, à cause de la suite du texte. — 2) Hu., Beiträge et J. A. 1-4, maintient *et probatum est*, qu'il entend dans le sens de *responsum et judicatum*; suivi Gir. — 3) Pol., Muir., regardent comme une glose, non-seulement *et probatum*, mais encore *quaesitum — est*; ils lisent : *unde illud : cum Titius*, etc.

cum Titius *servum* meum sollicitaverit⁶¹⁵ | ut quasdam res mihi subriperet et ad eum perferret, ((et servus))⁶¹⁶ || id ad me pertulerit; ego, dum volo Titium in ipso delicto | deprehendere, permiserim servo meo⁶¹⁷ quasdam res ad eum perfer|re, utrum⁶¹⁸ furti, an servi corrupti judicio⁶¹⁹ | teneatur Titius mihi, an neutro. Responsum, neutro eum | teneri : furti, ideo quod non invito me res contrectaverit ; |⁶²⁰ ser|vi corrupti⁶²¹, ideo quod deterior servus factus non est. 199. Interdum autem etiam liberorum hominum furtum fit, velut si quis | liberorum nostrorum qui in potestate nostra sunt, sive eti|am uxor quae in manu nostra sit, sive etiam judicatus⁶²² vel | auctoratus

---

615. A. colligitaret. — 616. Omis au ms. ; restitué d'après Inst. IV, 1, 8. — Pol. supprime comme une glose tout le passage *et ad eum perferret id a me pertulit*. — Mommsen, en note K. et S., préfère *et postquam servus id*.

* Page extérieure, qui n'est pas trop difficile à lire, sauf les dernières lignes.

617. A. pmiserumuo. — 618. Avant *utrum*, le ms. a q̄e. La plupart n'en tiennent pas compte. — Pol. et Muir. placent ici *quaesitum est*, qu'ils ont supprimé plus haut ; v. note 614.

619. A. corruptioiudicium. — 620. A. contrectaret. Les uns : *contrectaverit*; les autres : *contrectavit*, ou *contrectarit*.

621. A. corrusptii.

622. Au lieu de *judicatus*, généralement admis, Hu. 4 insère au texte *adjudicatus*, que déjà, en note de ses édit. précédentes, il indiquait comme préférable. Il se fonde sur G. III, 189, et ajoute *adiudicati vero numero olim etiam iudicatus et iure ductus vinctus erat*. Cf. *lex coloniae Juliae Genetivae*, cap. 61. — V. sur ce chap. : Giraud, *Les Nouveaux bronzes d'Osuna*, 1877, p. 4 et 10 ; Exner, *Zeits. f. Rg.*, XIII, 1876, p. 392 ; Bruns, *Fontes*, p. 110.

meus subreptus ((fueri*t*))[623]. **200.** Aliqu*ando etiam
suae rei* | quisque furtum committit, *veluti* si debitor
rem | *quam* creditori pignori dedit, subtraxerit, *vel
si*[624] *bonae fidei* pos|sessori rem meam possidenti su-
bripuerim : unde | placuit eum qui servum[625] suum,
quem alius *bona fide* possi|debat, ad se reversum ce-
laverit, furtum commit|tere.

201. Rursus ex diverso, inter*dum*[625 bis] alienas
res[626] occu|pare et usucapere *concessum est*, nec cre-
ditur fur|tum fieri, *velut res heredi*tarias quarum heres
non est[627] nactus pos|sessionem nisi[628] necessarius

---

623. A. queri. — *Fuerit,* Inst. IV, 1, 9.

624. A. u̅ et.

625. A. serdum.

625 *bis.* A. inedum.

626. Avant St., on avait lu seulement *alienam,* et l'on interca-
lait *rem.*

627. Passage presque illisible avant St., leçons diverses. —
1) Gö. 1-2 laissait en blanc. — 2) Savigny, Heise (en note
Gö. 1-2), Hef., Blond., Lab., Dom., Hu. 1-2, Gir., au texte :
nondum. — 3) Kl., en note : *heres nondum est.* — 4) Hu.,
Studien : *quis prius,* qu'il abandonna ensuite. — 5) Lach.,
Gö. 3, au texte : *non prius,* suivi Bö. 3-5, Pell. tr. ma., Gn. 1,
Pos., A. et W. — Depuis St., *heres non est,* bien que donné par
St. comme douteux : h r n e, est admis par tous sans difficulté,
et semble, en effet, commandé par la suite du texte.

628. Ce mot est fort important pour le sens. — Il se trouve
au ms. d'une manière très-nette, mais en abrégé seulement,
c'est-à-dire ainsi : ɳ, signe qui dans maint autre passage est
employé pour *nisi,* mais qui peut aussi signifier autre chose,
savoir : *nihil, enim, non, nec.* (V. la note ci-après et les *Indices
siglarum* ou *notarum.*) — 1) Gö. et Bluh. avaient constaté son
existence comme certaine au ms.; mais, ne comprenant pas qu'il

heres esset[629]; nam necessa|rio herede extante pla- 20
cuit nihil[630] pro herede usucapi posse. Item debi|-

y eût ici, soit *nisi*, soit aucun des autres mots que peut désigner ⱨ, Gö. avait mis au texte une *, avertissant en note qu'il y avait ⱨ au ms. — 2) Kl., au texte, donna *nisi*; en cela il était seul à voir juste: mais, pour mettre ce mot en harmonie avec la leçon (*usucapi posse*) que l'on admettait alors, soit à ce § 201, soit au § 58 du Com. II, il croyait que le copiste avait omis quelque chose, et il restituait ainsi, en note : «....nactus possessionem. *Sed SC. ex auctoritate Hadriani factum est, ut revocarentur tales usucapiones,* nisi necessarius heres » ; il ne fut pas suivi. — 3) Hef.: possessionem (*est*), si necessarius, etc.; suivi Blond., Lab. — 4) Lach. (Gö. 3), regardant ⱨ comme inséré à tort, le supprima au texte, mais en note il constatait son existence; il fut suivi par la plupart : Bö. 3-5, Pell. tr. ma., Gn. 1, Pos., A. et W. — 5) Hu., Studien, avait d'abord admis, *quam*; puis, dans la *Zeitsch. f. gesch. R. W.*, t. XIV, 1848, p. 173, il proposa *licet*, qu'il reproduisit J. A. 1-2; suivi Gir. — Dom. admettait le même sens avec *etsi*, au lieu de *licet*. — Quant à l'existence de la lettre ⱨ, elle avait été généralement perdue de vue; la plupart n'en faisaient plus même mention. — Depuis St., tous admettent *nisi*, sans difficulté; sauf Goud., qui préfère *nec*, donnant d'ailleurs le même sens.

629. Au lieu de *esset*, que St. ne donne pas comme certain, K. et S., Hu. 4, Gn. 2, préfèrent *extet*.

630. Avant St., au lieu de *nihil*, on avait lu *ut*, c'est-à-dire l'affirmation par G. de la *possibilité* de l'usucapion *pro herede*. — St. donne comme certain un autre ⱨ, pareil à celui de la ligne précédente pour *nisi*, et qui ne peut ici signifier que *nihil*. — Nous avons vu que le même mot *nihil*, avait été lu par lui, II, 58 (le signe d'abréviation est un peu différent au § 58, la ligne qui coupe *n* ayant un crochet qui n'est pas au § 201). Cette répétition du mot *nihil* met hors de doute l'affirmation par G., dans les deux endroits, de l'*impossibilité* d'usucaper *pro herede*. — J'ai insisté ailleurs sur l'importance de cette leçon nouvelle, et j'ai signalé les conséquences qu'il m'a paru permis d'en tirer, relativement à l'existence d'une acquisition de plein droit de la possession ou *saisine héréditaire*,

tor[631] rem *quam* fiduciae *causa*[632] creditori mancipaverit *aut* in jure cesserit, *secundum* ea quae in[633] superiore commentario rettulim*us*, sine furto possidere et usucapere potest.

202. Interdum furti tenetur qui[634] ipse furtum *non* fecerit, qualis || *est* cujus ope consilio furtum factum *est* : in quo numero *est qui* nummos tibi excussit, ut eos alius surri|peret, *vel* opstitit tibi, ut alius surriperet, *aut* oves[635] aut | boves[635] tuas fugavit, ut alius eas exciperet : et hoc ve|teres scripserunt de eo qui[636] panno rubro fuga|vit armentum. Sed si quid[637] p*er* lasciviam, et n*on* data o|pera ut furtum committeret*ur*, factum sit, videbim*us*[638] | an utilis

---

au profit des héritiers nécessaires du droit romain. V. mon Étude : *La saisine héréditaire en droit romain*, aux passages cités *supra* dans les notes sur le § 58 du Com. II. — Il importe de remarquer que G. présente ici comme admise *après controverse* (*placuit*), la règle *nihil usucapi*, dont il parle, au contraire, au § 58, comme d'un principe non controversé. Cette différence dans la manière de s'exprimer de G. soulève des questions délicates, que j'ai essayé de résoudre dans l'Étude précitée.

631. A. deuitor; v. III, note 29.

632. Avant St., la l. 21, en partie illisible, avait été restituée ainsi par tous avec Hollw. : *Debitor quoque qui fiduciam quam* creditori.

633. Avant St., le *d* seul avait été lu; on admettait : *detinet, ut*. — St. donne *dum ea q̄ in,* etc.; tous depuis : *secundum ea quae in.*

634. A. c', c'est-à-dire *cum*, pour *q*.

* Page extérieure très-facile à lire, excepté les cinq dernières lignes.

635. A. obes, pour *oves*, puis, uobes, pour *boves*; v. III, notes 29 et 72. — 636. Le copiste a répété *eo* avant *panno*. — 637. A. quis. — 638. A. uideuim'; v. III, note 29.

((actio dari))[639] debeat, *cum per legem Aquiliam*[640], *quae de damno lata (est)*[641]*, etiam culpa puniatur*.

203. Furti *autem* actio[642] ei *competit cujus interest* rem salvam *esse*, li*cet* dominus *non* sit. Itaque nec domino aliter *competit*, *quam si ejus intersit*[643] rem non perire. 204. Unde constat credito|rem de pignore subrepto furti agere posse; adeo *quidem ut, quamvis*[644] ipse dominus, id est, ipse debitor eam rem subripuerit, ni*hi*lominus creditori *competat* acti|o furti. 205. Item si fullo polienda[645] curandave, aut sar|cinator sarcienda vestimenta mercede certa ac|ceperit, eaque[646] furto amiserit, ipse furti habet actionem, *non* dominus, *quia domini nihil interest ea*[647] *non*

---

639. La révision de St. confirme la leçon défectueuse $\bar{a}$; *utilis atque deari*, déjà lue par Gö et diversement entendue : — 1) Gö. 1, au texte : utilis ***** dari ; en note, *accomodari?* — 2) Gö. 2, d'après Cramer, Kl., Lach., Bö., Pell., Gn. 1-2, Pos., A. et W. : utilis *Aquiliae actio dari*. — 3) Hef., Blond., Lab., Dom., Pol. : utilis a*ctio* de ea re dari. — 4) Bluh., Caplick, K. et S., Hu. 4 : simplement : utilis *actio* dari. — 5) Hu. 2 ajoutait *legis* devant *Aquiliae*. — 6) Gir. : utilis *legis Aquiliae actio de ea re* dari. — 7) Muir., au texte : utilis *actio ;* en note : peut-être *Aquiliae*. — Les Inst. IV, 1 11, ont *in factum actio dari*.

640. A. aliquiliam.

641. Presque tous ajoutent ainsi *est*. — Pol. préfère : Aquiliam (*quo*)que, de damno lata(*m*).

642. A. aoue.

643. A. eum insit.

644. A. que $\bar{u}$.

645. A. pullienda.

646. A. eaqua.

647. A. ide i a.

20 perisse, cum judi|cio locati a fullone[648] aut sarcinatore suum consequi | possit, si modo is fullo aut sarcinator rei praestandae[649] pic[650] | sufficiat : nam si solvendo non est, tunc quia ab eo dominus | suum[651] consequi non potest, ipsi furti actio competit, quia hoc | casu ipsius interest rem salvam esse. 206. Quae de fullone || aut sarcinatore diximus, eadem transferemus et ad eum cui | rem commodavimus; nam, ut illi[652] mercedem capien|do custodiam praestant, ita hic[653] quoque utendo[654] commodum | percipiendo similiter necesse habet[655] custodiam | praestare. 207. Sed is apud quem res deposita est, custodiam | non praestat[656], tantumque in eo obnoxius est, si quid ipse | dolo[657] fecerit. Qua de ((causa, si)) res ei subrepta fuerit quae res|tituenda est[658], ejus nomine depositi

---

648. A. f*ullone.
649. A. sarcitor rem p̄stande. — Presque tous : *ad rem praestandam*, ou *rei praestandae*. — Pol. : repraes(en)tandae pecuniae.
650. Peut-être *per se*, négligé par tous, sauf par Pol. qui en fait *pecuniae*. — 551. A. sim.
* Page intérieure très-facile à lire.
652. A. illu, corrigé. — 653. A. hi ; tous, corrigeant, *hic*.
654. Pol. supprime *utendo*. — Hu. 2-4, Gir., K. et S., Gn. 1-2, lisent *utendi*.
655. A. necesse habent.
656. A. p̄statum.
657. Hu. 2-4, Gir., Pol., K. et S., Gn. 2, Muir., intercalent *malo*.
658. Passage défectueux au ms., qui porte : qua de g ꝑ ei subrepta fuerit quae ꝑ |tituenda ē ē? non omninoe depositie non tene|tur. Tous rétablissent, d'après les Inst. IV, 1, 17, les mots *qua de causa si*; mais la suite fait difficulté. — 1) La plu-

non tene|tur, nec ob id *ejus interest* rem salvam esse : furti itaque⁶⁵⁹ age|re non potest : sed ea *actio* domino competit. **208.** In summa | sciendum est, quaesitum esse an impubes rem ((alie|nam amovendo))⁶⁶⁰ furtum faciat. Plerisque placet, *quia* fur|tum ex ((affectu))⁶⁶¹ consistit, ita demum obligari | eo crimine impuberem, si *proximus* pubertati | sit et ob id intellegat se delinquere.

209. *Qui* res alienas rapit, tenetur *etiam* furti : quis *enim* magis | alienam rem invito domino *contrectat, quam* qui⁶⁶² rapit? itaque rect((e dic))⁶⁶³ tum *est* eum improbum furem esse ; sed propriam | actio*nem ejus* ((delicti nomine))⁶⁶⁴ praetor introduxit, *quae* appella|tur vi bonor*um*⁶⁶⁵ raptor*um*, et *est* intra annum

---

part (Gö., Kl., Hef., Blond., Lab., Lach., Bö., Pell., Gn. 1, Muir.) admettent *quae restituenda est.* — 2) Hu. 2-4 préfère : *quia restituendae ejus*, etc. ; suivi Gir., Goud., K. et S., Gn. 2 ; ils regardent *quae restituenda est* comme une assertion fausse, que G. n'a pas pu faire, et ils corrigent d'après les Institutes, IV, 1, t. 1, 17. — 3) Pol. lit : *qui restituendae ejus*, ce qui donne le même sens que *quia*. — La leçon *quae restituenda est* peut laisser à désirer, mais elle est certaine au ms.

659. Ceux qui lisent *quia restituendae,* au lieu de *quae restituenda est* (v. la note précédente) suppriment *itaque* ou le mettent entre crochets, sauf Gir.

660. A. alienouendo ; — restitué d'après Inst. IV, 1, 18.

661. A. adiectum ; — Inst., *ibid., affectu.*

662. Plusieurs intercalent *vi* entre *qui* et *rapit*, d'après les Inst. IV, 2, pr., auxquelles sont également empruntées les autres corrections du § 209.

663. A. rectum $\bar{e}$.

664. A. lectinomen.

665. A. uonor' ; V. III, note 29.

quadru|pli⁶⁶⁶ actio, post annum simpli. Quae actio utilis est, etsi quis u|nam⁶⁶⁷ rem, licet minimam, rapuerit.====

240. Damni injuriae actio constituitur per legem Aquiliam, cujus primo capite cautum est ((ut))⁶⁶⁸, si quis hominem alienum, || ((alienam))⁶⁶⁹ve quadrupedem quae pecudum⁶⁷⁰ numero sit, | injuria occiderit, quanti ea res in eo anno pluri|mi fuerit, tantum⁶⁷¹ domino dare damnetur. **211.** Is⁶⁷² injuria autem occidere intellegitur, cujus dolo aut culpa id accide|rit. Nec ulla alia lege damnum quod sine injuria datur, re|prehenditur⁶⁷³; itaque impunitus est qui, sine culpa et dolo ma|lo, casu quodam damnum committit. **212.** Nec solum corpus | in actione hujus legis aestimatur, sed sane si⁶⁷⁴ servo occi|so plus dominus capiat damni quam pretium servi sit, id quoque | aestimatur: velut si servus meus ab aliquo heres inti|tutus,

---

666. A. quiadrupli.
667. A. unuam.
668. Le copiste a omis *ut,* restitué Inst. iv, iii, pr.
✻ Page intérieure très-facile à lire.
669. A. eamue; v. Inst. *ibid.*
670. A. recudum.
671. Hu. 2-4 intercale *aes* après *tantum;* suivi Pol. — Le Dig. a *tantum aes,* loi 2 pr., ix, 2, tirée de Gaius, Ad *edictum prov.*
672. Beaucoup (Lach., Bö. 5, Hu. 2-4, Gir., Pol., K. et S., Gn. 2, Muir.) mettent *is* entre crochets, ou le suppriment, sans indiquer son existence au ms.; il n'est pas aux Inst.
673. A. rephdic.
674. A. sane i servo. — La plupart: *sane si servo.* — Hu. Beiträge et J. A. 1-2 : *si alieno servo;* suivi Gir.; critiqué par Pol. qui lit: *si in eo servo.* — Hu. 4 : *si ueluti* servo.

antequam jussu meo hereditatem cerneret, occisus[675] | fuerit; non enim tantum ipsius pretium aestimatur, sed et | hereditatis amissae quantitas. Item si ex gemellis, vel ex comoe|dis, vel ex symphoniacis unus occisus fuerit, non solum | occisi fit aestimatio, sed eo amplius ((id quoque))[676] computatur quod ce|teri, qui supersunt, depretiati sunt. Idem juris est etiam, si ex pari | mularum unam, vel etiam ex quadrigis[677] equorum u|num occiderit. 213. Cujus autem servus occisus est, is liberum | arbitrium habet, vel capitali crimine reum facere | eum qui occiderit, vel hac lege damnum persequi. 214. Quod autem | adjectum[678] est in hac lege : QUANTI IN EO ANNO PLURIMI EA RES | FUERIT, illud efficit (ut), si clodum puta, aut luscum servum oc|ciderit, qui in eo anno integer fuit, aestimatio fiat[679]. Quo fit ut quis plus interdum consequatur, quam ei damnum || datum est.==

---

675. A. occisos. — 677. Restitué d'après Inst. IV, 3, 10. Le ms. a seulement q̇, abréviation habituelle pour qui. — Les uns n'en tiennent pas compte ; les autres restituent comme ci-dessus, d'après les Inst.

677. Plusieurs, corrigeant : quadriga.

678. A. adistum. — 679. Il manque évidemment quelque chose. — Restitutions diverses : — 1) La plupart (Gö., Bö., Pell., Gn.) : ... integer fuit, non quanti mortis tempore sed quanti in eo anno plurimi fuerit, aestimatio fiat. — 2) Hu. 2-4, Gir., Muir. : ... integer fuerit, ut non quanti clodus aut luscus, sed quanti integer fuerit, aestimatio fiat. — 3) K. et S. : integer <fuerit, ut non quanti fuerit, cum occideretur, sed quanti in in eo anno plurimi> fuerit, aestimatio fiat. — Pol. simplement : ... integer fuerit, (it)a (a)estimatio fiat. — Cp. Inst. IV, 3, 8.

* Page extérieure non difficile à lire, excepté les dernières lignes.

215. Capite secundo (in)⁶⁸⁰ adstipulatorem qui pecuniam in frau|dem stipulatoris acceptam fecerit, quanti ea res esset⁶⁸¹, tan|ti actio constituitur. **216.** Qua et ipsa parte legis damni nomine actio|nem introduci manifestum est; sed id caveri non fuit necessari|um, cum actio mandati ad eam rem sufficeret, nisi quod ea le|ge adversus infitiantem in duplum agitur.====

217. Capite tertio de omni cetero damno cavetur. Itaque si | quis servum, vel eam quadrupedem quae pecudum nu|mero ((est, vulneraverit, sive eam quadrupedem quae pecudum numero non est))⁶⁸², velut canem, aut feram bestiam⁶⁸³, velut ursum, leo|nem⁶⁸⁴, vulneraverit vel occiderit, ex hoc⁶⁸⁵ capite actio | constituitur. In ceteris quoque animalibus, item in omni|bus rebus quae anima carent, damnum injuria datum | hac parte vindicatur. Si quid enim ustum, aut ruptum, aut | fractum ((fuerit))⁶⁸², actio hoc capite constituitur;

---

680. Les uns : *in*, avec Gö. ; les autres : *adversus*, avec Pöschmann.

681. Hu. (Beiträge) remplace *esset* par *est*; plusieurs (Bö. 4-5, Gir., Pol., K. et S., Gn. 2, Muir.) l'ont suivi. — Hu. Beiträge (p. 107-114) ajoute ici des observations assez étendues sur le second chapitre de la loi Aquilia, et en particulier sur l'explication qu'en avait donnée Rudorff, *Ueber die Listiscrescenz*, Zeitsch. f. gesch. R. W., t. 14, p. 385.

682. Entre *numero* et *velut canem*, le copiste a seulement écrit *de*. — On restitue d'après Inst. IV, 3, 13, ici, et aux deux passages suivants du § 217.

683. A. uestiam ; v. III, note 29.

684. Pol. supprime comme une glose *velut canem* jusqu'à *leonem*.

685. A. c̊a hoc ; les uns : *ex hoc* ; les autres simplement : *hoc*, comme aux Inst.

quamquam potuerit | sola rupti appellatio in omnes istas causas sufficere; | ruptum ((enim intellegitur, quod quoquo modo corruptum))[682] est. Unde non solum usta, aut rupta, aut fracta, sed et | scissa, et collisa, et effusa, et quoquo modo vitiata, aut[686] perempta | atque deteriora facta[687], hoc verbo continentur. 218. Hoc tamen capite | non quanti in eo anno, sed quanti in diebus XXX proxumis[688] e|a res fuerit, damnatur is qui damnum dederit. Ac ne | PLURIMI quidem verbum adjicitur, et ideo quidam putaverunt[689] liberum esse judici[690] ad id tempus ex die|bus XXX aestimationem redigere quo plurimi || res fuit, vel ad id quo[691] minoris fuit[692]. Sed Sabino placu|it perinde haben-

---

686. Avant St., deux passages, illisibles aux lignes 17 et 18, avaient été restitués d'une manière que confirme St.; si ce n'est qu'au lieu de *vitiata aut,* on avait admis, les uns *aliter,* les autres *diruta aut,* ou *dejecta.*

687. Pol. supprime comme une glose *atque deteriora facta.* — Hu. 4 lit : *itaque perempta aut deteriora.* — Les Inst. n'ont pas *vitiata aut.*

688. A. proximus.

689. Avant St., **putauerunt. — Les uns : *diversae scholae;* d'autres : *diversae scholae auctores;* d'autres simplement : *auctores.* — Depuis St., qui donne puputauerunt, tous simplement : *quidam putaverunt.*

690. A. judicium; tous, depuis St. : *judici,* sauf Pol. : judici (arbitri)um, comme avant St.; v. la note 692.

* Page extérieure non facile à lire, à cause de la pâleur de l'écriture.

691. A. quod.

692. Avant St., les l. 23 et 24 de la p. 184 et le commencement de la 1re l. de la p. 185, illisibles en partie ou incertains,

dum⁶⁹³ ac si etiam hac parte PLURIMI⁶⁹⁴ verbum | adjectum esset; nam legis⁶⁹⁵ latorem contentum fuis|se((quod prima parte eo verbo usus esset))⁶⁹⁶. 219. Et placuit ita demum ex ista lege actionem esse, si quis | corpore suo damnum dederit, ((ideoque))⁶⁹⁷ alio modo damno | dato utiles actiones dantur : velut si quis alienum homi|nem aut⁶⁹⁸ pecudem incluserit et fame⁶⁹⁹

---

avaient été restitués diversement¹. — Depuis St., tous admettent le texte ci-dessus, sauf *fuerit,* que quelques-uns préfèrent à *fuit.* L'opinion opposée à celle de Sabinus, bien qu'elle n'ait pas triomphé (Inst. § 15, *Sabino recte placuit*), avait cependant quelque chose de fondé : Goud. remarque, avec raison, que, puisque la loi Aquilia tenait compte de la faute la plus légère, même de celle qui se rapproche le plus du cas fortuit, on pouvait soutenir que le juge avait là liberté de favoriser, selon les circonstances, tantôt le défendeur, quand la chose avait valu moins, tantôt le demandeur, quand elle avait valu plus.

693. A. hauendum; v. III, note 29.

694. A. plurimiͬ.

695. A. legibus.

696. Omis au ms., restitué d'après Inst. IV, 3, 15.

697. D'après Inst. IV, 3, 16. — Le ms. a q̊. — D'autres lisent *quia,* ou *itaque.*

698. A. an.

699. A. iame.

---

1. 1) Gö. 1-3, en note : liberum esse *iudici, quom diem uellet, ex* diebus xxx *proximus eligere, ut uel eum adiiceret,* quo plurimi res fuit, uel eum quo minoris fuit. — 2) Kl., en note : liberum esse *iudici arbitrium ut* vel ex xxx diebus proximis eum condemnationi adiiceret, quo, etc. — 3) Hef., Blond., en note : liberum esse [*ius dicentis auctoritati;* ex xxx dieb. prox. eum *formulae adiicere, quo,* etc.; (ou *ius* dicenti ut vel ex xxx — adiiceret. — 4) Hu. (Studien) : liberum esse *iudici aliquem eligere ex* xxx diebus prox. ut ei vel ex eo, *damnare liceret,* quo plurimi res fuit, vel ex eo, quo minoris fuit. — 5) Hu. Beiträge et J. A. 1-2, Gn. 1, Gir., Pos., A. et W. : liberum esse *jus datum,* ut duntaxat de *triginta* d'ebus *proximis* vel eum praetor *formulae* adiiceret, quo plurimi res fuit, vel alium, quo minoris. — 6) Pell. ma. : liberum esse *judici arbitrium ex* xxx diebus *proximis* vel eum eligere quo plurimi res fuit, vel alium quo minoris. — 7) Dom. : liberum esse jus *praetori* ut ex — *proximis* adjiceret, quo plur. _____ vel *alium* quo minoris.

necaverit, a*ut* | jumentum tam vehement*er* egerit ut rump*eretur;* item | si quis alieno servo *per*suaserit ut in arborem ascen|deret v*el* in puteum descenderet, 10 et is ascendendo | a*ut* descendendo ceciderit, (*et*) a*ut* mortuus fuerit, a*ut* aliq*ua* | parte corporis laesus sit. ((Sed))⁷⁰⁰ si quis alienum servum⁷⁰¹ | de ponte aut⁶⁰⁸ ripa in flumen projecerit, et is suf|focatus fuerit, quamquam⁷⁰² hic corpore suo damnum dedis|set⁷⁰³, 15

---

700. D'après Inst., *ibid.* — Le ms. a i temp. — 1) La plupart : *item, sed* ou *at.* — 2) Bö. 5 : *nam.* — 3) Pol. : item (*si i*)pse. — 4) Hu. 2-3, Gir. : *quod.* — 5) Hu. 4 : *at en*i*m uero*.

701. A. alienum s |s*er*.

702. L'Ap. a q̅q̅ (u au-dessus), le premier q̅ certain, le second incertain. — Avant St., même incertitude pour la seconde lettre : à la place de la première, une *. — 1) *Quamquam hic* (leçon qui se rapproche le plus du ms.) n'est adopté par presque personne ; il n'est cependant pas impossible que G. l'ait écrit. — 2) Gö. 1-3, Kl., Hef., Bö. 1, Blond., Lab., Pell. tr., Dom., Hu. 2, Gir. : *hanc.* — 3) Lach., Bö. 2-3, Gn. 1, Pell. ma. 1, Pos., A. et W. : *tunc hic.* — 4) Bö 5, au texte : *is utique*, et en note : peut-être *eum quoque.* — 5) Buchholtz (en note Bö. 5) simplement : *quoque.* — 6) Pell. ma. 3-6 : *hic utique.* — 7) Goud. : *utique hic;* il croit que la phrase doit commencer, non par *item*, car il y est dit l'*opposé*, et non *la même chose* qu'à la phrase précédente, mais ainsi : *Quid* autem si quis _____ et is suffocatus fuerit ? Il cite en ce sens Théophile *ad h. l.*, et ajoute des observations sur l'extension qu'a reçue la loi Aquilia dans la suite des temps. — 8) Pol. veut *quamvis hic*, et combat la leçon de Goud. — 9) K. et S., Gn. 2, supprimant, ont simplement : *suffocatus fuerit, corpore suo damnum dedisse.* — 10) Hu. 4 : *hunc quoque.* — 11) Muir. maintient la leçon du ms. : *quamquam hic.* — Les Inst. ont simplement : *eo quod projecerit corpore suo,* etc.

703. Tous, corrigeant : *dedisse*.

eo q*uod* projecerit, non difficili*ter*[704] intellegi potest.==

220. Injuria a*utem* committit*ur*, non solum c*um* quis pugno puta[705] aut | fuste percussus, v*el etiam* verberatus[706] erit, sed et si cui *convi*|cium fac*tum* fuerit; sive q*uis* bona[707] alicujus quasi debi|toris, sciens eum nihil sibi debere, sibi[708] *pro*scripserit; sive quis ad infamiam alicujus libellum a*ut* carmen | scripserit; sive q*uis* matremfamilias a*ut* praetextatum | adsectatus fuerit, et denique aliis pluribus modis. **221.** Pati a*utem*[709] injuriam videmur non solum p*er* nosmetip|sos, sed et p*er* liberos nostros quos in p*otes*tate habem*us*; || item p*er* uxores nostras, c*um*

---

704. Pol. supprime comme une glose *non difficiliter*.

705. Avant St., on lisait *pulsa?* d'où la plupart : *pulsatus aut*; mais déjà quelques-uns, avec Schrader, d'après les Inst. IV, 4, 1, qui ont simplement *pugno puta*, pensaient que G. s'était exprimé de même.

706. A. iuberatus.

707. A. uona; v. III, note 29.

708. Le ms. a *sibi* deux fois répété, avant et après *debere*; Pol. les conserve, mais K. et S., Hu. 4, Gn. 2, Muir., suppriment le second, qui ne semble répété que par erreur. — Avant St., on avait lu *ipsi ɳ debere sibi*, que l'on avait diversement entendu ou corrigé : *ipse, ipsum, ipsi*. — Hu. Beiträge et J. A. 2, en avait fait *possederit*, qu'il plaçait avant *proscripserit*; suivi Gir.

709. A. spatia; — la plupart : *Pati autem*; Pol. : *sed pati*.

* Page intérieure très-facile à lire.

in manu nostra sint[710]. Itaque si ueltiae[711] filiae meae quae Titio nupta *est*, injuriam feceris, non solum filiae nomine tecum agi injuriarum | potest, verum

710. 1) Avant St., on avait lu *q. in manu nostra sint;* d'où Gö. 1-2, Kl., Hef., Bö. 1, Blond., Lab., Dom., firent *quae in manu nostra sunt.* — 2) Lach. (Gö. 3) donna une leçon toute différente : *quamvis in manu non sint.* — Lach. se fondait sur l'exemple qui suit dans le même §, et sur la nécessité de ne pas mettre G. en contradiction avec lui-même. D'après lui, le copiste aurait écrit q., au lieu de q̄u, signe très-fréquent d'abréviation pour *quamvis;* puis, de l'abréviation n̊ pour *non* dans l'archétype, le copiste aurait fait à tort *nostra*. La leçon de Lach. fut suivie généralement, soit telle qu'elle (par Pell. tr.), soit avec le changement suivant : nostra (*non*) sint, Bö. 3-5, Pell. ma. 1, Hu. 2, Gir., Pos., A. et W. — 3) Pell. ma. 3-6 donne au texte : *quae in manu nostra sint;* en note, il émet la conjecture que G. aurait ajouté : *imo etiam per uxores quamvis in manu nostra non sint; id enim magis praevaluit.* Cpr. les Inst. IV, 4, 2, qui ont : *item per uxorem suam; id enim magis praevaluit.* — 4) La révision de St., qui donne comme certain : *c. in manu nostra sint*, c'est-à-dire *cum*, est contraire à la leçon de Lachm., qui cependant est encore admise par K. et S., et par Hu. 4. — 5) Mommsen (*Epist. crit.* K. et S., p. XXII), Pol. et Muir. maintiennent comme seule exacte la leçon *cum — sint*. Pol. ajoute que la l. 1, § 4, Dig., h. t. 47, 10, est interpolée, *affectui* ayant été mis à la place de *manui*, qu'avait écrit Ulpien. — 6) Gn. 2 ne change pas la leçon du ms. *cum in manu nostra sint*, mais il la met entre crochets. — On conçoit très-bien qu'à l'origine la *manus* ait été, en matière d'injures, une *condition*, comme l'était la *puissance paternelle*, d'après le même § de G., et que plus tard seulement, la qualité d'épouse ait été regardée comme suffisante. Il se peut que G. ait ajouté, comme le pensait M. Pellat, quelque chose que le copiste aura omis; car les fautes de toute sorte abondent au ms. dans cette page et dans les pages voisines.

711. Les lettres *ueltiae*, déjà lues par Gö., sont confirmées par St. — Elles ont donné lieu aux opinions les plus diverses. — 1) Gö. 1-3, Kl., Hef., Blond., Lab., n'inséraient au texte

etiam meo quoque et Titii nomine. **222.** Servo autem ipsi | quidem nulla injuria intellegitur fieri, sed domino per eum | fieri videtur : non tamen iisdem

---

que des * ou des points). — 2) Heff., en note : *Valeriae?* ou *Valtiae?* — 3) Hu. Studien : *Meviae*, suivi Bö. 1. — 4) Plus tard, Bö. 2 proposa : *si verbi gratia*, combattu par Lach., et que Bö. abandonna. — 5) Lach. n'était satisfait ni de *Meviae*, ni de *uel Titiae*, ni de *siue Luciae Titiae*; d'après lui, il pouvait y avoir eu à l'archétype : $\frac{uel\ filiae}{sitiameae}$, correction que le copiste aura mal comprise. — 6) Bö. 3-5 inséra simplement au texte *si filiae meae*, sans * ni point; ce que font également Pell. ma., Hu. 2., Dom., Gir., K. et S., Gn. 2. — 7) Pöschmann : *Si filiaefamilias meae.* — 8) Hu. Beiträge : *si veluti filiae meae*; suivi Gn. 1, Pos., A. et W. (Hu. indiquait en outre *Velleiae* comme vraisemblable.) Bö. 4, combattit *si veluti*, qui fut abandonné par Hu. J. A. — 9) Pol., après avoir hasardé la conjecture étrange « que l'on pourrait ici penser à une *gens* romaine du nom de *Bellia*, à laquelle aurait peut-être appartenu Gaius lui-même », ajoute qu'il serait absurde que G. eût uni son propre nom à celui de Titius, qui vient ensuite. Il croit que l'on doit voir dans l'exemple cité par G. l'indice d'une *conventio in manum*. Les filles, dit-il, ne reçoivent un prénom qu'après cette *conventio*, qui les fait passer de la *gens* de leur père dans celle de leur mari ; dès lors, au lieu de continuer à s'appeler *Prima*, *Secunda*, comme chez leur père, elles prennent un *praenomen*, tel que celui de *Gaia*, auquel s'ajoute le *nomen* de leur mari, soit *Titius*. En conséquence, d'après Pol., G. aurait écrit : *si Gaiae Titiae*; l'archétype aurait porté *Gae Titae*, puis, quelque maladroit aura ajouté *vel*, d'où le copiste, suivant son usage de transcrire la glose au lieu du texte primitif, aura fait *ueltiae*. — 10) Hu. 4, changeant encore une fois d'avis sur cette espèce d'énigme, s'arrête à la leçon suivante, qu'il regarde comme certaine : Si *veluti filiaefamiliae* meae. — 11) Muir. : Si *Titiae, filiae meae*. — Il se peut que l'une des conjectures ci-dessus approche de la vérité ; l'état actuel des sources ne permet que le doute. — Les Inst. IV, 4, 2, ont simplement : *si filiae alicujus*.

modis quibus etiam per liberos | nostros vel uxores injuriam pati videmur, sed ita cum | quid atrocius commissum fuerit, quod aperte in contum|eliam domini fieri videtur, veluti si quis alienum servum | verberaverit; et in hunc casum formula proponi|tur: at si quis servo convicium fecerit, vel pugno eum per|cusserit, non proponitur ulla formula, nec teme|re petenti [712] datur.

223. Poena autem injuriarum ex lege [713] XII tabularum [714] pro|pter membrum quidem ruptum talio erat, propter os vero fra|ctum aut conlisum trecentorum assium poena e|rat velut(?) [715], si libero os fractum erat; at si servo, CL [716]: propter | ceteras vero injurias XXV assium poena erat [717] con|stituta; et videbantur [718] illis temporibus in magna | paupertate satis idoneae istae

---

712 A. potenti. — 713. A. legum. — 714. A. tabulas.

715. 1) Le ms. porte ūū, abréviation ordinaire de *velut*.—Bien qu'il soit ici peu satisfaisant, ce mot a été donné par Gö et par tous les autres, jusqu'en 1855, et encore depuis par plusieurs (Pell. ma. 1, Dom.) —.2) Lach., en note Gö. 3, avait indiqué avec doute *utique*. — 3) En 1855, Hu. (Beiträge) le remplaça par *statuta;* reproduit J. A. 1-2; adopté par Bö. 4-5, Gn. 1, Pell. ma. 3-6, Gir., Pos., A. et W. — 4) Pol. : *videlicet*. — 5) K. et S., Gn. 2, suppriment. — 6) Hu. 4 : *tum*. — 7) Muir. : *veluti*.

716. A. e l. — 717. A. erit. — 718. A. bidebantur; v. III, note 72.

719. Le ms. porte : penae|ne.—Les uns, avec Gö : *pecuniariae poenae*; les autres, avec Hu. (Beiträge) : *pecuniae poenae esse*. — Bö., après avoir, dans sa 4ᵉ édit., suivi Hu., revient dans sa 5ᵉ à *pecuniariae* (parce qu'il craint que *pecuniae poenae* ne soit pas latin : il faudrait, dit-il, *istius pecuniae*), puis il ajoute *esse*. — Pol. simplement : *istae pecuniae*, supprimant *poenae ne*. — Une étude développée sur l'ancienne histoire des injures à Rome a été rattachée au § 223 par M. Hu., dans ses Beiträge, p. 118-164.

pecuniae poenae[719]. 224. Sed nunc alio jure utimur; permittitur enim no|bis a praetore ipsis[720] injuriam aestimare, et judex vel tan|ti condemnat quanti nos aestimaverimus, vel minoris, prout | illi[721] visum[722] fuerit. Sed cum atrocem injuriam praetor || aestimare soleat, si simul constituerit quantae pecuniae e|o nomine fieri debeat vadimonium, hac ipsa quantita|te taxamus[723] formulam, et judex, quamvis possit vel[724] mino|ris damnare, plerumque tamen propter ipsius
5 praetoris au|ctoritatem non audet minuere condemnationem. 225. | Atrox autem injuria aestimatur vel ex facto, velut si quis ab a|liquo vulneratus, aut verberatus, fustibusve caesus | fuerit; vel ex loco, velut si cui in theatro aut in foro in|juria facta sit; vel ex persona,
10 velut si magistratus inju|riam passus fuerit, vel senatoribus ab humili perso|na facta sit injuria.=== |
=== | === | == Liber III explic.===|===[725]

---

720. A. iis; — *ipsis*, Inst. IV, 4, 7.
721. A. illu; — la plupart:*illi*; quelques-uns: *ei*, qui est aux Inst.
722. Avant St., on avait lu *tit. sum.* — St dit que *ui* a été émis par correction à la place de *tit.*
* Page intérieure très-facile à lire.
723. A. taxamur et ensuite *formulam*. — Presque tous : *taxamus formulam*. — Pol. préfère *taxamur formula*.
724. Van der Hoeven (*ubi supra*, note 591) supprime *vel*: Hu. 4 préfèrerait *etiam*.
725. Tout le reste de la p. est en blanc, sauf les mots *Lib. III explic.*, sur lesquels on a insisté, comme sur une preuve que G. n'avait rien ajouté, et notamment qu'il ne traitait pas des obligations naissant *quasi ex contractu* ou *quasi ex delicto*. — La p. 188 est également sans écriture.

COMMENTARIUS QUARTUS

1. ((Superest ut de actionibus loquamur)). | ———[1] quot genera actionum sint, verius videtur duo esse in | rem et in personam; nam qui IIII esse dixer*unt*[2] ex sponsion*um* | generibus[3], non animadverterunt quasdam species actio|num *inter* genera se rettulisse.

---

* Page extérieure non difficile à lire.

1. La 1re ligne et l'espace pour deux lettres, au commencement de la 2e, sont sans écriture. On restitue d'après les Inst. IV, 6, pr. : *Superest ut de actionibus loquamur*; on conjecture ensuite : *quod si quaeritur*, ou *quaeratur*; ou encore *et si quaeramus*, etc.

2. A. dixerin.

3. D'après Pol., les quatre espèces de *sponsiones* auxquelles G. fait allusion, sont : 1° *judicatum solvi*, 2° *pro praede litis vindiciarum*, 3° *praejudicialis*, 4° *poenalis*; et, par suite, les quatre espèces d'actions (que distinguaient ceux dont G. rejette l'opinion) auraient été : 1° *in rem per formulam petitoriam*, 2° *in rem per formulam praejudicialem* (§ 91 infra), 3° *in personam per formulam praejudicialem* (§ 44), 4° *in personam per formulam sponsionis poenalis* (§ 171, 180). — Selon Heff., édit.

2. In personam actio est, qua agimus | quotiens[4] cum aliquo, qui nobis vel ex contractu, vel ex delicto

---

de (1827)[1], les quatre espèces d'actions auraient été, au contraire : 1° *in rem*, avec *sponsio pro praede litis et vindiciarum* et sans *restipulatio*; 2° *in personam*, pour argent prêté ou promis, avec *sponsio* et *restipulatio calumniae causa*; 3° actions de toute sorte, converties en sommes d'argent par *sponsio*, soit volontairement, soit sur l'ordre du préteur, et avec *restipulatio*; 4° actions *in rem* ou *in personam* sans *sponsio*. Hef. fonde cette opinion sur les §§ 16 et 178 *infra*. Il a été suivi par A. et W., en note. — Hu. (v. Muir., en note), se fondant sur les §§ 4, 91 et 96, entend ainsi les quatre espèces d'actions dont parle G. : 1° *personalis actio*; 2° *petitoria formula*; 3° *in rem actio per sponsionem cujus summa per formulam petitur*; 4° *per sponsionem cujus summa sacramenti actione petitur*, les trois dernières étant des variétés de l'action *in rem*. — Pol. ajoute des remarques sur les différentes significations du mot *actio*, dans la langue juridique des Romains : d'abord μίμησις *quaedam litis accommodata ad legem, cujus* ὑποκριταί *fuerunt et litigantes et praetor, ut rebus et factis docerentur testes, quaenam lis esset*; puis *formula accommodata ad litem praesentem*; enfin *judicium* ou instance.

4. Le mot *quotiens*, évidemment mal placé, est supprimé par plusieurs (Bö. 5, K. et S., Muir.). Les autres le conservent; mais, les uns, en supprimant *qua* (Gö. 2, Kl., Hef., Pell., Hu. 2, Gir.); d'autres, en ajoutant soit *contendimus* après *obligatus est* (Lach., Gö. 3), ou après *cum aliquo* (Pol.), soit *controversia est* après *quotiens* (Goud.); d'autres enfin, en transportant *quotiens* à la fin du § : *id est, quotiens eum intendimus* (Hu. 4, Gn. 2).

---

[1] Heffter, en 1827, a publié séparément et avec commentaires, le livre iv de G. (Berlin, Reimer, in-4°), avant de publier les Inst. de G. en entier, mais sans commentaire, dans le *Corpus jur. civ. antejust.* de Bonn, Marcus, 1830, in-16 (t. Ier).

obli|gatus est, id est, cum[5] intendimus dare, facere, praestare[6] oportere[7].

3. In rem[8] actio est, cum aut corporalem rem intendimus no|stram esse, aut jus[9] aliquod nobis competere[10], velut utendi aut uten|di fruendi, eundi[11], agendi, 10

---

5. Le ms. porte c', abréviation de *cum*; changé en *eum* par Hu. 4, Gn. 2; v. la note qui précède.

6. A. p̄starie. — Gaius donne plus bas des exemples de formules ayant *dare oportere* seul, ou *dare facere oportere* (§ 41). *Facere* seul, ne se trouve jamais. — Quant à *praestare*, on ne le voit cité dans aucun exemple de formule, soit par G., soit par un autre jurisconsulte et il n'est pas non plus aux Inst. IV, 6, 1 ; ce qui a fait penser à quelques-uns qu'il ne devait pas se trouver ici. Toutefois, on le voit mentionné après *dare, facere*, et avant *restituere*, au chap. 22 de la Lex Rubria de Gallia cisalpina (Gir., *Enchir.*, p. 615; Bruns, *Fontes*, p. 94). — On n'est pas fixé sur l'emploi que pouvait comporter *praestare*. Les uns l'appliquent à *damnum decidere* (§ 37); d'autres, à certaines réclamations, dans les actions *bonae fidei*, en cas de *culpa, mora*, ou éviction, etc., ou dans les actions *in factum* (§ 46). D'autres sens sont encore possibles. — Hu. avait d'abord pensé que *praestare* était inexact et que le copiste l'avait écrit à tort pour *adversarium*; v. ses Kritische Bemerkungen zum vierten Buch der Inst. des Gaius, dans la Zeitsch. f. gesch. R. W. t. XIII, 1846, p. 249-254 [1]; mais dans ses édit. de G., il a rétabli *praestare*, en ajoutant *adversarium*, J. A. 1-2 (suivi Gir.) ; dans sa 4e édit., il préfère : quotiens eum intendimus.

7. A. ō|*e.

8. A. r**.

9. A. **us.

10. A. 7p(etere) sch. Gö.

11. A. ūū(ute)n (d*aute) | di fruend ** undi.

---

1. J'aurai souvent à citer ces *remarques critiques*, qui occupent les p. 248-338 du t. XIII de la *Zeits*. — Je les désignerai ainsi : Hu. Zeits. XIII.

aquamve ducendi, *vel* altius | tollendi, *prospiciendive*;[12] *actio*[13] ex diverso adversario | est negativa. 4. Sic itaque discretis *act*ionibus, certum est *non* posse nos rem nostram ab alio ita petere : SI PARET | EUM DARE OPORTERE; nec *enim* q*uod* nostrum *est*, nobis dari p*otest, cum* scili*cet*[14] | id dari nobis intellegatur, q*uod*((ita datur, ut))[15] nostrum fiat; nec res, q*uae* ((nostra est))[15], nostra amplius[16] fieri p*otest*. Plane odio fur*um,* q*uo* magis | pluribus *act*ionibus teneant*ur,* receptum[17] *est* ut, extra poe|nam dupli *aut* quadrupli,

---

12. A.||||||| ospiciendiue; d'où tous, depuis St.: *prospiciendive,* qui est aux Inst. § 2. — Avant St., *vel prospiciendi.*

13. Avant St., on avait lu *it;* d'où tous: *item;* quelques-uns pensaient qu'il y avait quelque chose à ajouter, par exemple *quae* après *actio* (Bö. 5). — St., au lieu de *it,* donne *ue,* d'où *prospiciendive;* par suite, on a supprimé *item* devant *actio.* — La plupart pensent qu'il y a une lacune au ms.— 1) Pol. la remplit ainsi : actio ex diverso adversario (*contraria, nihilominus etiam actio est in rem, quamquam*) est negativa ; ce qu'il fonde sur le § 3 des Inst. de J.— 2) K. et S., d'après Mommsen, intercalent *quibus casibus* entre *prospiciendiue* et *actio*. — 3) Hu. 4 préfère intercaler *aut cum;* suivi Gn. 2. — 4) Muir. n'ajoute rien. — Il ne semble, en effet, nullement nécessaire d'ajouter quelque chose.

14. Avant St., *solum.*

15. Omissions présumées du copiste; — restitutions d'après le § 14 Inst., IV, 6. — Quelques-uns ont cependant pensé que ces additions n'étaient pas nécessaires : Scheurle, *Beiträge,* I, p. 130 (1852); Goud.

16. A. amplicis.

17. Avant St., *effectum.*

rei recipiendae nom*ine* fu|res ((etiam hac actione))[18] teneantur : SI PARET EOS DARE OPORTERE, | q*uamvis* sit *etiam* adversus eos haec actio qua rem nostram | esse petimus.

5. | Appellantur a*utem* in rem q*uidem* actiones vindicationes, | in p*ersonam* vero actiones, q*uibus* dare[19] fierive oportere inten|dimus, condictiones. 6. Agimus a*utem* interd*um* ut rem tant*um* con||sequamur, interd*um* ut poenam tant*um*, alias ut rem et poe|nam. 7. Rem tant*um* persequimur, velut actionibus (20) ex contractu agimus. 8. | Poenam tant*um* consequimur, velut actione furti, et in|juriar*um*, et, s*ecundum* quo*r*undam opinionem, actione vi bono|r*um* raptor*um*; nam ipsius rei et vindicatio et condictio no|bis com|petit. 9. Rem vero et poenam persequimur, velut ex his | causis ex q*uibus* adversus infitiantem in duplum agi|mus : q*uod* accidit p*er* actionem judicati[21], depensi

---

18. Le ms. a : exhacaonem, d'après St. — Auparavant on avait lu : exhacaoneet? ; d'où Gö., suivi par la plupart : *ex hac actione etiam*. — Hu. Zeits. XIII, p. 255, regardant comme non latin *actione teneri*, et comme mal placé *etiam*, a restitué d'après le § 14, Inst.; suivi Pol., K. et S., Gn. 2, Muir.

19. La plupart, corrigeant l'un ou l'autre verbe, veulent *dare facere*, comme aux Inst., § 15, ou *dari fieri*. — Toutefois, la leçon *dare fieri* est maintenue comme exacte par quelques-uns : Lach. (qui cite à l'appui divers passages de Cicéron, Varron et autres), Bö. 1-5.

* Page intérieure facile à lire pour la plus grande partie.

20. Lach. et plusieurs après lui intercalent *quibus* après *actionibus*; les autres suppriment *agimus* ou le mettent entre crochets.

21. A. iudicarti

damni | [____] ____ (____)²², aut legatorum no-
10 mine quae per damna|tionem certa relicta sunt.²³.

10. Quaedam praeterea sunt actio|nes quae ad legis actionem exprimuntur, quaedam sua vi ac po|testate constant. Quod ut manifestum fiat, opus est ut | prius de legis actionibus loquamur.

11. Actiones quas in usu veteres habuerunt, legis
15 actio|nes appellabantur, vel ideo quod legibus proditae erant, quip|pe²⁴ tunc edicta praetoris, quibus complures²⁵ actiones introductae | sunt, nondum in usu habebantur; vel ideo quia ipsarum | legum verbis accommodatae erant, et ideo immu|tabiles proinde
20 atque leges observabantur. Unde eum qui de | vitibus²⁶ succisis ita egisset, ut in actione vites nomi|naret,

---

22. A. [in] ____ (a e ū a qu ā i) sch. Bluh. et Gö.; d'où la plupart ont admis : *injuriae legis Aquiliae*, ou *ex lege Aquilia*; quelques-uns : *vel Aquiliam* ou même *Aquilianam*. — Bö. 3, en note, proposa : *iniuriae adstipulationis causa*, qu'il abandonna dans les édit. suiv.

23. Le ms. porte : abalegatorum — certe relictae. — Diversement corrigé : 1) Kl., Hef., Bö. 1, Blond., Lab., Pell., Hu. 2-4, Gir., Goud., Pol., K. et S., Gn. 2, Muir., adoptent la leçon ci-dessus, qui se rapproche le plus du ms., sauf, au lieu de *aut*, quelques-uns : *et* ou *item*. — 2) Lach., Gö. 3 : *vel pecuniarum legatarum* — quae _____ certae relictae. — 3) Hu. Zeits. XIII, p. 258 : *item quantitatum legatarum* _____ certae relictae; suivi Gn. 1, Pos., A. et W. (Hu. a rattaché à ce §, loc. cit., p. 256-284, une explication détaillée des divers cas où *lis inficiando crescit*).

24. Le ms. a q|p. Les uns : *quippe*; les autres : *quia*.

25. A. 7pluris.

26. A. vilibus.

responsum est[27] rem perdidisse, cum[28] debuisset arbores nominare, eo quod lex XII tabularum, ex qua | de vitibus succisis actio conpeteret, generaliter de ar|boribus succisis loqueretur. 12. Lege autem agebatur modis || quinque: sacramento, per judicis[29] postulationem, per con|dictionem[30], per manus injectionem, per pignoris ca|pionem[31]⸺.

13. Sacramenti actio generalis erat : de[32] quibus enim rebus | ut aliter ageretur lege cautum non erat, de his sacra|mento agebatur. Eaque actio perinde periculosa erat | falsi (⸺[33]⸺) hoc tempore periculosa

---

27. A. eum.

28. Le ms. a c' quia; les uns suppriment quia; les autres suppriment cum. — De c' Pol. fait causam et lit : reperimus perdidisse causam, quia; ailleurs (Mnemosyne, IV, p. 115) il montre comment, selon lui, G. n'a pu dire ni rem, ni responsum et comment le copiste a été amené à commettre une erreur. — Muir. donne : unde cum quis de vitibus ⸺ responsum (est) cum rem, etc.

29. A. indices. — 30. A. conductionem.

31. A. captionem.

32. A. ad; tous, corrigeant : de.

33. Le copiste a répété deux fois tout le passage, depuis periculosa erat, jusqu'à summam sacramenti, en sorte que les l. 7-9 font double emploi avec les l. 10-13. — La première fois, il avait omis reus si temere neget et restipulationem qua periclitatur. — Par une coïncidence singulière, il y a quelque chose qui reste illisible, l'une et l'autre fois, avant atque hoc tempore. Toutefois, la répétition du copiste a fait gagner quelque chose, savoir : falsi à la l. 10. Pour ce qui est entre falsi et atque hoc tempore, Gö. a lu : icq**iii; Blu., d'abord : ac o^q a o^c iii; plus tard : a**m^niii; enfin : a**miu^n. — St. déclare qu'après falsi il y a probablement ac ou ae, puis la place pour deux lettres

est actio cer|tae creditae pecuniae, *propter* sponsionem, qua periclitatur[34] reus si temere *neget,* et restipulationem, qua pe|riclitatur actor si *non* debitum petat : *nam qui* victus erat, | summam sacramenti *praestabat*
15 poenae nom*ine,* eaque | in publicum cedēbat, *praedesque*[35] eo nom*ine praetori* daban|tur, *non* ut nunc sponsionis et restipulationis poe|nae lucro cedit adversario qui vicerit[36]. 14. Poena *autem* sa|cramenti *aut* quingenaria erat, aut quinquagenaria. N*am* de rebus
20 mille aeris plurisve quingentis assibus, | de minoris *vero* quinquaginta assibus sacramento con|tendebatur : *nam ita* lege XII tab*ularum* caut*um* era*t.* At si

---

et enfin *n*. — Plusieurs laissent en blanc : Gö. 1-3, Kl., Hef., Bö. 1-5, Pol., K. et S. — D'autres ont proposé diverses restitutions. — 1) Savigny : *falsiloquis;* suivi Dom. — 2) Hef. : *falsis sacramentis.* — 3) Hollw. : *calumniosis.* — 4) Hu. Studien : *falsi convictis;* suivi Pell. ma. — 5) Lach. : *falsi nomine;* suivi Bö. 3, Gn. 1-2, Pos., A. et W. — 6) Danz, *Der sacrale Schutz,* 1857, p. 99 : *falsi sacramenti causa.* — 7) Hu. 1-2 : *falsi iurisiurandi nomine;* suivi Bö. 5, Gir. — 8) Rudorff, *Ueber die lexicalen Excerpte aus den Inst. des G.* (dans les Mémoires de l'Acad. de Berlin, 1865, p. 342) : *falsidicis.* — 9) Pol., qui avait proposé (Mnemosyne, p. 119, note 2) *falsi sacramenti nomine,* l'abandonne dans son édit., parce que le juge, dit-il, ne recherchait pas *utrius sacramentum verum esset, utrius falsum,* mais bien *utrius justum, utrius injustum.* — 10) Hu. 3-4 : *falsiloquo propter jusjurandum.* — 11) Mommsen (*Epist. crit.* K. et S. p. XXII) : *falsi damnatis* ou *convictis.*

34. A. periclitaret'.

35. La révision de St. confirme la restitution de la ligne 15 proposée par Gö. et admise par tous.

36. A. adueteariquiceritut. — Au lieu de la leçon ci-dessus adoptée par tous, Pol. : cedit (*creditori*) aut debitori, ut qui vicerit.

de libertat|e hominis[37] *controversia* erat, etsi *pretiosissimus* homo *esset*, [*tamen* ut L *assibus* sacra*mento* contenderet*ur*, eadem lege cau|tum *est*, favore[38] scilicet libertatis ne onerarentur adsertores[39].

||14ᵃ. ——— Legi nequeunt v. 1-4 ——|sin ——| 192

iidq⁎ s ——————| ——— Legi neq. v. 7-11. ———   78 r

15. [40] ——| stae omnes *actiones* ————| ——   *ter s.*

Legi neq. v. 13-16 ———|([41]) ————|———

---

37. Avant St., la l. 21, en partie illisible, avait déjà été restituée ainsi par Gö.

38. A. faboris ; v. sur l'emploi de *b* pour *u*, supra I, note 40 ; II, note 186 ; III, note 72 et les renvois ; et pour le livre IV, les notes 49, 313, 315, 332, 465, 473, 514, 538, 617, 620 et 684 ci-après.

39. Avant St., la l. 24, en partie illisible, avait été diversement restituée. — 1) La leçon ci-dessus avait été déjà proposée par Hollw., *Der römische Civilprozess*, t. I, 1864, p. 121, note 7, et adoptée par Bö. 5, Gir. — D'autres avaient admis : 2) Gö. 1-3 : fauoris *causa, ne satisdatione onerarentur adsertores*, d'après Savigny ; suivi par la plupart. — 3) Hef., en note, mais avec doute : *pluris datione* ou *praedis datione*. — 4) Hu., d'abord Zeits. XIII, p. 285 : favoris *scilicet gratia* libertatis, puis J. A. 1-2 : fauoris *causa, ut eo facilius compararentur*. — Depuis St., tous admettent la leçon ci-dessus, sauf Pol. qui préfère après *favore scilicet libertatis* : ne (*m*)orarentur adsertatores.

⁎ Page extérieure, où, à l'exception de très-peu de lettres, Gö. et St. n'ont pu voir que les ombres les plus incertaines.

40. Le commencement du § 15 a été placé par les uns, avec Gö., beaucoup plus loin, savoir à la fin de la p. 192, près des mots *ad judicem accipiundum* ; par les autres, avec Hef., aux mots *istae omnes actiones* de la l. 11. Cette dernière division semble prévaloir aujourd'hui : v. Hu. 1-4, Po., K. et S.

41. A. (⁎⁎⁎⁎ one cassac (sch. Gö).

GAIUS, IV, 15. — 400 —

e captus ———————|———————— (⁴²) ————
|———————— **Legi neq. v. 20-23** ————————|
————————————— ad judicem accipiundum.⁴³

    d c   o
42. A. (niooiii n i iue) sch. Gö.

43. La p. 192, demeurée presque entièrement illisible, a fait l'objet de restitutions diverses. — Il convient, pour les exposer, de séparer les onze premières lignes du reste de la page.

I. La restitution des onze premières lignes n'a été tentée que par Hu., qui, pensant que G. achevait de parler du *sacramentum*, restitua ainsi (en note, J. A. 1-2, suivi Gir.): « E diuerso, si inter populum et priuatum controuersia erat, siue res mile aeris plurisue siue minoris esset, sacramenti poena... (III milium?) assium eadem lege statuta erat et priuatus tantum sacramento quaerebatur (*cf. Valer. Prob.* 4, *et lib. meum Osk. Sprachd.*, p. 79), quia scilicet nihil intererat, eum, qui pro populo agebat, sacramenti poena obligari, quae in publicum cedebat. Praeterea ex quibusdam legibus eos, qui aduersus eas fecissent, licebat in sacrum iudicare, id est, ut sacramento a magistratu interrogarentur; se aduersus legem non fecisse, eiusque sacramenti poena aut lege finita erat aut ex lege Silia a III uiris, qui sacramentis exigendis iudicandisque instituti erant, aestimabatur. (Cf. Lex Silia de ponderibus, apud Fest., v° *Publ. pondera*; Lex de inferiis, v. 6. [Haubold, Monum. legalia, p. 83]; Festus, v° Sacramentum, sacramento). » — Dans sa 4ᵉ édit. M. Hu. a conservé seulement les deux premières lignes de cette restitution; il a modifié le reste de la manière suivante : « ...siue minoris esset, sacramenti poena ex lege Hateria Tarpeia a praetore aestimabatur; modo ne minor quingentis neque maior III milibus aeris statueretur. Praeterea lege Iulia Papiria cautum est, ne pluris quam ipsa res esset, sacramentum statueretur (cf. infra 4, 95). Si uero magistratus pro populo agebat, etiam priuatus tantum sacramento interrogabatur. Idque semper fiebat, cum ex lege aliqua eum, qui contra legem fecisset, in sacrum iudicare licebat, id est ut a magistratu sacramento interrogaretur, se contra legem non fecisse. (Cf. lex de inferiis, *Corpus inscript. latin.*, I, 1409, p. 263. Cic. de rep. 2, 35...) ».

II. Pour le reste de la p. 192, à partir de la l. 12, où se lit *stac omnes actiones*, et où il semble plausible de placer le commencement d'un nouveau §, deux restitutions différentes ont été proposées par Heff. et par Hu. — 1) Hef. (1827, mais non 1830) : *Nunc admonendi sumus, istas omnes actiones certis quibusdam et solemnibus uerbis peragi debuisse. Si exempli gratia in personam agebatur contra eum, qui nexu se obligauerat, actor eum apud praetorem ita interrogabat:* QUANDO IN IVRE TE CONSPICIO, POSTULO AN FIAS. AVCTOR, QVA DE RE | NEXUM MECVM FECISTI ? *Et altero negante, ille dicebat|:* QVANDO NEGAS, SACRAMENTO QVINGENARIO TE PROVOCO, SI | PROPTER TE FIDEMVE TVAM CAPTVS FRAVDATVSVE SIEM. *Deinde | aduersarius quoque dicebat:* QVANDO AIS NEQVE NEGAS, ME NEXVM FECISSE TECVM, QVA DE RE AGITVR, SIMILITER EGO TE SACRAMENTO PROVOCO, SI PROPTER ME FIDEMVE MEAM CAPTVS FRAVDATVSVE NON SIES. *Quibus ab utraque parte peractis litigatores* poscebant iudicem | *et praetor ipsis diem praestituebat, quo* ad iudicem accipiundum||, etc. — 2) Hu. 1-2, partie au texte, partie en note : *ceterum cum etiam istae omnes actiones, quibus sacramento aut in rem aut in personam essent, si in personam agebatur, cum uterque in ius uenisset, actor id, quod sibi dare fieriue oporteret, intendebat, uelut hoc modo :* AIO TE MIHI HS. MILIA DARE OPORTERE. *Aduersarius negabat. Deinde actor dicebat:* | QVANDO NEGAS, SACRAMENTO QUINGENARIO TE PROVOCO. *Aduersarius quo|que dicebat:* | QVANDO AIS EGOQUE ABS TE EA RE CAPTUS SVM, SIMILITER EGO TE SACRAMENTO QUINGENARIO PROVOCO. | *Itaque actor si iniuste contendisset, aduersarius, si iniuste negasset, iureiurando se sacrabant. Deinde litem contestabantur, id est, uterque nominata causa litis dicebat:* STLITEM MIHI TECVM EFFOR TESTES ESTOTE ! *iudicemque* poscebant, et diem sibi denuntiabant, quo in ius ad iudicem accipiundum || etc. (Cf. Valer. Probus, 4 ; Liv. I, 32 § 9 ; Fest., v° Litem contestari ; Gell. 5, 10 ; L. 7 § 1 Dig., De hered. pet. 5, 3 ; Schol. Cic. Verr. 2, 1, 9, p. 164 Bait., et de v° *Effor*, Dioméd., *Ars gramm.* [où il est dit *apud Cauium reperimus* effor *dictum*], I, p. 379, ed. Keil.) — Pour la dernière phrase à partir de *Deinde litem contestabantur,* Hu. avait d'abord proposé : *id est uterque alterum iniustum esse et iudicio se rem exsecuturos esse testabantur, iudicemque poscebant* (suivi Gir.), au lieu des mots ci-dessus *uterque nominata causa* — effor *testes estote*.

Depuis St., Hu. 3-4 a maintenu sa restitution, mais avec

193

‖ venirent ; postea v*ero* reversis dabat*ur*. Ut *autem* (*die*) XXX ju|dex daret*ur*⁴⁴, p*er* legem Pinariam factum est; ante eam *autem* leg✳✳✳✳iim⁴⁵ dabat*ur* ju-

---

les changements suivants : 1° dans la 1ʳᵉ phrase, au passage *actor id, quod sibi ab altero dari fieriue oporteret, intendebat,* il ajoute *apprehendens eum* ; 2° pour la dernière phrase, après *quingenario provoco,* au lieu de *Itaque actor si iniuste — litem contestabantur,* il préfère : *Itaque uterque alterum sacramento (in fano Iovis vel Dii Fidii) adigebat, die tamen demum XXX iudicem accipiebant et litem contestabantur,* etc.; 3° après *effor, testes estote,* au lieu de *iudicemque poscebant et diem sibi denuntiabant, quo in jus* ad iudicem, il donne : *quam ob rem in eum diem inuicem sibi denuntiabant, ut in ius* ad iudicem. — La restitution de Hef. a été insérée, en note par Kl., Gn. 1-2, Bö. 5, au texte par A. et W. — Celle de Hu. 1-2, en note par Bö. 5, Gir. ; enfin celle de Hu. 3-4, en note, par Muir. — Pol. critique dans cette dernière le passage *actor id quod — oporteret apprehendens,* qu'il regarde comme renfermant une erreur ; il ne pense pas que G. ait pu se servir du mot *actor* dans la matière des *legis actiones,* où chacun des plaideurs était à la fois *reus* et *actor* ; enfin, Pol. tient pour mal conçue et inintelligible la formule *quando ais egoque abs te ea re captus sum.* — Quoi qu'il en soit des diverses restitutions proposées, il paraît certain que G. traitait de l'action *sacramenti,* d'abord *in personam,* puis *in rem ;* ordre qui était peut-être celui du *jus Flavianum.*

✳ Page extérieure facile à lire.

44. Avant St., on admettait *postea vero reversis dabatur* comme commençant une phrase, que l'on continuait de diverses manières: 1) La plupart, (Gö., Gn. 1, Pell. ma.): *post diem trigesimum* judex, *idque* per legem Pinariam. — 2) Hef.: *a decemviris die trigesimo.* — 3) Hu. d'abord : *e iudicibus decemviris,* puis, Studien: *iis e decemviris XXX,* puis J. A. 2: *non* ante *diem XXX;* suivi Gir. — 4) Mommsen (*Chronol.* ; cité Bö. 5): die X̄ uel X̄X̄X̄. — Depuis St., tous admettent la leçon ci-dessus, et intercalent *die* avant XXX. — L'Ap. porte ut at. XXX. iu|dex del' p. — Hu. 4 ajoute *iis* avant *dabatur.*

45. St., note A., dit qu'après *leg.* il a été vraisemblablement

dex. Illud ex superioribus in|tellegimus, si de re minoris quam (M)⁴⁶ aeris agebatur, quin|quagenario sacramento, non quingenario eos con|tendere solitos fuisse. Postea tamen quam judex datus⁴⁷ esset, | comperendinum diem, ut ad judicem venirent, | denuntiabant. Deinde cum ad judicem venerant, antequam apud eum causam⁴⁸ perorarent, solebant breviter⁴⁹ ei, et quasi per | indicem, rem exponere : quae dicebatur causae colle|ctio⁵⁰, quasi causae suae in breve coactio.==== 16. Si in rem agebatur, mobilia quidem et moventia, quae modo in | jus adferri adducive possent, in jure vindicaban|tur⁵¹ ad hunc modum.

écrit gestati, d'où il admet legem statim, que tous ont adopté depuis. — Auparavant, statim avait déjà été proposé par Hollweg, Bö. 5 ; Buttmann : confestim. — D'autres, au contraire, Hef., Blond., en note, Pell. ma., Hu. 2, Gir., A. et W., au texte : nondum. — Mommsen (Chronol.) : semper die XXX.

46. M, omis par le copiste, est suppléée par tous, sans difficulté.
47. A. datum.
48. L'A. a uniquement la lettre g.
49. A. brebiter; v. III, note 38.
50. La révision de St. confirme collectio déjà lu par Gö. ; mais il en doutait, et proposait conjectio. — Collectio, défendu par Hef. et comparé aux conclusions de la procédure française, a été maintenu par la plupart. — Toutefois, conjectio, préféré par plusieurs, est inséré au texte par Hu. 1-4, Gir., K. et S., Gn. 2, Muir., qui se fondent sur Pseudo-Asconius in Verr., II, 1, 9 (Bruns, p. 317); Gell. 5, 10 ; Nonius Marcellus, 4, 89, vº Coicere (Bruns., p. 311); Paul, l. 1ʳᵉ Dig., De reg. jur.
51. A. uindicauantur; v. sur l'emploi de u pour b: I, note 27; II, note 2 ; III, note 29, avec les renvois, et pour le livre IV, les notes 74, 125, 130, 132, 193, 196, 245, 250, 255, 270, 291, 301, 314, 319, 323, 367, 370, 385, 414, 418, 440, 518, 532, 540, 580, 617 et 670, ci-après.

Qui vindicabat[51 bis] festucam[52] te|nebat; *deinde* ipsam rem adprehendebat, *velut* hominem, | et ita dicebat : HUNC EGO HOMINEM EX JURE QUIRITIUM MEUM ESSE AIO | SECUNDUM SUAM CAUSAM SICUT DIXI, ECCE TIBI VINDICTAM[53] | INPOSUI[53 bis]. Et simul homini festucam inponebat. Ad|versarius eadem similiter dicebat et faciebat. Cum | uterque vindicasset, *praetor* dicebat : MITTITE AMBO HOMI|NEM. Illi mittebant. Qui prior

---

51 bis. D'après Pol., *qui vindicabat* désigne celui : « *qui vindex erat. Ut autem index* est is, qui judicat, *ubi et quid sit ius*, sic *vindex ubi et quae sit vis* demonstrat. »

52. A. restucam.

53. Il y a désaccord sur la ponctuation, et par suite sur le sens, à partir de *secundum suam causam*. — 1) Gö. 1-3, Pell. : *causam, sicut dixi : ecce tibi vindictam.* — 2) Hef., Blond., Lab., Dom., Pol. : *causam, sicut dixi, ecce tibi vindictam.* — 3) Bö. 1-3, Gn. 1-2, Pos., A. et W. : *causam sicut dixi : ecce tibi vindictam.* — 4) Hu. 2-4, K. et S. : *causam : sicut dixi, ecce tibi, vindictam.* — 5) Gir. : *causam : sicut dixi, ecce tibi, vindictam.* 6) Muir. : *causam, sicut dixi ; ecce tibi, vindictam.*

53 bis. *Imposui* n'est pas dans Val. Probus, 4, qui donne seulement : s. s. c. s. D. E. T. V.; Gir. *Enchir*, p. 575, et Hu. J. A. 4, p. 130, ajoutent la lettre *i* qu'ils mettent entre (). — Presque tous conservent *imposui* au § 16 de G. — On comprend cependant la formule sans *imposui*. — Il y a plus : Pol. croit le mot *imposui* en contradiction avec *simul imponebat* qui suit immédiatement ; en conséquence, il le supprime, comme glose évidente. — Le sens est très-incertain : Cp. Hu., *Krit. Bemerk. zu Gaius*, dans la *Zeits. f. Rg.*, VIII (1868) ; p. 175-192 ; Jhering, *Esprit du droit romain* (t. III, p. 88, § 52, note 103 ; trad. Meulenaere, t. IV (1878), p. 21, § 62, note 116), Muir. note 2 sur le § 16. — *Adde* sur les mots *secundum suam causam*, et sur l'ensemble de l'action *sacramenti in rem*, Münderlch, *Ueber Schein und Wirklichkeit* (Apparence et Réalité) *ander legis actio sacr. in rem*, dans la *Zeits. f. R. G.*, XIII (1878), p. 445-48.7

vindicabat.[54] : POSTULO ANNE | DICAS QUA EX CAUSA VINDICAVERIS. Ille *respondebat* : JUS FECI [55] SICUT VIN|DICTAM INPOSUI. *D*einde *qui* prior vindicaverat, dicebat : QUANDO TU INJURIA VINDICAVISTI, ===== || D AERIS SACRAMENTO TE PROVOCO ; adversarius *quoque* dicebat : | SIMILITER ET [56] EGO TE ; sci*licet* (—[57]—) L asses sacramenti nomina|bant. D*einde eadem seque*bantur quae *cum* in p*ersonam* ageretur. Postea | pr*a*etor

---

54. Presque tous, avec Gö., croient que le copiste a omis ici quelque chose ; la plupart lisent : vindica(*verat, ita alterum interroga*)bat. — Hef., Blond., Lab., n'ajoutent rien. — Pol. : vindica(*verat dice*)bat. — Hu. 3-4 : uindica(*uerat, ita adversarium et rursus post is alterum interroga*)bat.

55. A. fecii. — Avant St., tous : *peregi,* qui est encore maintenu, depuis St., par Hu. 4.

⁎ Page intérieure très-facile à lire.

56. Avant St., on avait simplement *similiter* ; v. la note suivante.

57. Avant St., *seicl*. — 1) Gö. 1-2, croyant qu'il avait été omis quelque chose, mit au texte 5⁎ et en note proposa : set D asses sacramenti nominabant in rebus M aeris plurisue, in minoribus, L nominabant. — 2) Savigny, pensant qu'il n'y avait rien d'omis, lut : se*u* L asses sacr. nominab. ; ce qui fut adopté par presque tous (Bö. 5, note, indique *siue,* comme préférable à *seu*). — Depuis St., qui a lu *scil. l.,* le passage a été entendu très-diversement : — 1) D'après Pol., 1° les mots *et ego te scil.* sont une glose ; 2° le mot *similiter* n'était pas une des paroles prononcées par les plaideurs ; 3° le copiste a omis quelque chose ; — en conséquence, Pol. propose : Adversarius quoque dicebat | similiter. [*Quod si de re minoris quam mille aeris agebatur*] quinquaginta asses sacrament*um* nominabant. — 2) K. et S., Gn. 2 : SIMILITER ET EGO TE ; scilicet < si de re maioris quam M aeris agebatur, D, si de minoris, > L asses sacramenti nominab. — 3) Hu. 4 de même, sauf après scilicet : (*si de re minoris quam* M *aeris agebatur.* — 4) D'après Muir., le plaideur devait bien prononcer *et ego te,* mais non *similiter;* quant aux mots *scilicet* L *as. sacr. nomin.,* ils ne sont qu'une glose.

secundum alterum eorum vindicias dicebat, id est interim aliquem possessorem constituebat, eumque jubebat praedes[58] adversario dare litis et vindiciarum, id est, rei et fructuum : alios autem praedes ipse praetor ab utroque accipiebat sacramenti, quod id in publicum cedebat. Festuca autem utebantur quasi hastae loco, signo quodam justi dominii, quod maxime[59] sua esse credebant, quae ex hostibus cepissent : unde is centumviralibus judiciis hasta praeponitur. ======= 17. Si qua res talis erat, ut sine incommodo non posset in jus adferri vel adduci, veluti si columna, aut grex alicujus pecoris esset, pars aliqua inde sumebatur; deinde in eam partem, quasi in totam rem praesentem, fiebat vindicatio. Itaque ex grege[60] vel una ovis[61] aut capra in jus adducebatur, vel etiam pilus inde sumebatur et in jus adferebatur; ex nave vero et columna aliqua pars defringebatur. Similiter si de fundo, vel de aedibus, sive de hereditate controversia erat, pars aliqua inde sumebatur et in jus adferebatur, et in eam partem perinde atque in totam rem praesentem fiebat vindicatio : velut ex fundo gleba sumebatur, et ex aedibus tegula, et si de hereditate controversia erat, aeque ||

Legi nequeunt 48 v.[62]

---

58. A. psides.
59. A. dominio XXI me. — On s'accorde à admettre avec Hu. Zeits. XIII, p. 285, *dominii quod* (quelques-uns *quia*) *maxime*.
60. A. grecae.
61. A. quis.
62. Il manque ici deux pages entières, cotées 194* et 194**; tout un feuillet a péri de la main du copiste des Lettres de

17ᵃ... .⁶³.____ 17ᵇ... | ꟼ co (__⁶⁴__) capi (__⁶⁵__) dicio | ||||||||||||| (__⁶⁶__) ad judicem capiendum praesto esse de | (__⁶⁷__) dicere *autem* denuntiare *est prisca lingua*⁶⁸. 18. Itaque haec quidem actio proprie con-

---

saint Jérôme. — Dans ces deux pages, G. terminait d'abord ce qui concerne l'*actio sacramenti*, puis il traitait de l'action *per judicis postulationem*, enfin il commençait à parler de la *condictio*. — Sur le premier point, pour finir le § 17, après *aeque* : — 1) Hef. propose : *res aliqua mobilis inde sumebatur et in ius adferebatur vel servus ex familia defuncti adducebatur*. — 2) Hu. 2=4 : *res vel rei pars aliqua inde sumebatur* ; suivi Gir. — En outre M. Hu. pense, d'après Aulu-Gelle, 20, 10, et Cic., Pro Murena, 12, que G. exposait les rites et paroles de la revendication des choses absentes. — Pour la *judicis postulatio*, Hu. croit que G. traitait de la *forma agendi* (Val. Prob. 4 *fin* ; Fest., v° Procum [Bruns, p. 284]) et spécialement de la *sponsio*, dans les actions réelles intentées *per judicis postul.* ; opinion qu'il développe *Beiträge*, p. 188.

63. Il semble convenable de faire un § 17ᵃ, pour ce qui se rapportait à la *judicis postulatio*.

* Page extérieure non difficile à lire, sauf les trois premières lignes.

64. A. (om ||||| * iiii * iii qualem iii * * *).
65. A. (endiu).
66. A. (|| ooq * c̄ *).
67. A. (c ******) sch. Gö.
68. Les trois premières lignes de la p. 195 demeurent en partie illisibles. Nul doute qu'il n'y fût traité de la *condictio*. La restitution en a été proposée par Hef. et par Hu. — 1) Hef. (1827, mais non 1830) : Enimuero *modum aequalem paene* capiendi iudicis | obseruabant, qui etiam ad iudicem *postulandum adhibitus* est, de|nique condictio autem adpellari coepta a *lege Varia*. — 2) Hu. 2 fait un § 17ᵃ ainsi : .... obseruabant | enim omnino *similem uel* aequalem modum capiendi iudicis | condicendique, quando ad iudicem capiundum uenire de|berent. Condictio etiam adpellata iam est a lege Pinaria ; suivi Gir. —

dictio vocaba*tur* ; *nam* -actor[69] adv*er*|sario denuntia-bat[70], ut ad judicem capiendum die X|XX. adesset.
===== Nunc vero n*on* proprie condiction*em* dicimus ac-tion*em* in p*er*son*am* ((esse, qua))[71] intendimus ((dari))[72] nobis *oportere* ; nulla[73] *enim* hoc tempore eo | nom*ine* denuntiatio fit. 19. Haec a*utem* legis a*ctio* constituta | est p*er* legem Siliam et Calpurniam : leg*e* quid*em* Silia cer|tae pecuniae ; lege v*ero* Calpurnia de omni certa re. 20. | Quare a*utem* haec a*ctio* desiderata sit, *cum* d*e* eo q*uod* nobis[74] da|ri *oportet*, potuerimus[75] aut

---

En note, Hu. propose la restitution suivante du passage de la page perdue où était commencée la matière de la *condictio* : *Per condictionem tantum agebatur de his rebus, quas nobis dari oportet, quam actionem etiam nunc condictionem uocamus. Et perinde hoc modo agebant, detracto tamen ipso sacramento, ac si sacramento ageretur.* — Hu. 4 maintient, quant au fond, les restitutions qui précèdent, mais la révision de St. lui en fait modifier les termes ainsi : *obseruabant | enim eundem diem et acqualem modum capiendi iudicis con|dicendique diem, quo* ad *iudicem cap. praesto esse de|berent. Condicere aut. denunt. est pr. lingua.* — 3) Pol., K. et S., ne donnent que .... die XXX ad iudicem capiendum praesto esse de|bebant. Condicere autem, etc. (St., note A., dit que ligne 2, au lieu de ce que donne Gö., il y a plutôt *die XX ad iudicem,* d'ailleurs incertain.) — 4) Mur. donne seulement : ... ad iudicem cap., etc. — 5) Gn. 2. condicere autem, etc.

69. A. auctor. — Tous, corrigeant : *actor*; sauf Pol, qui maintient *auctor,* comme le seul mot qui soit exact.

70. A. denuntiebat.

71. Restitué d'après le § 15, Inst. IV, 6.

72. Le ms. a *id*. — D'après le § 15 Inst., *dari* est admis par Gö., Hu., Gir. — D'autres (Hef., Lach., Bö., Pell.) préfèrent *dare*.

73. A. nullam.

74. A. nouis ; v. IV, note 51.

75. A. potuerit.

sacramento, aut per judicis postulationem | agere, valde quaeritur.

21. Per manus injectionem aeque (de) | his rebus 15 agebatur, de quibus ut ita ageretur, lege aqlia[76] cautum est, velut judicati lege XII tabularum. Quae actio talis erat. Qui | agebat sic dicebat : QUOD TU MIHI JUDICATUS, sive[77] DAMNATUS ES SESTERTIUM X MILIA QUANDOC[78] NON SOLVISTI, OB EAM REM EGO TIBI

---

76. *Aquilia* est le mot le plus conforme au ms.; il a été admis par Savigny, Hugo, Haenel, Hef., Blond., Hu. Beiträge., Bö. 3-4, Dom. — Beaucoup en ont douté. — *Aliqua* est donné par Gö. 1-3, Lab., Pell., Gn. 1-2, Gir., Pos., A. et W., Pol., Muir. — Hu. et Bö. ont varié; Hu. avait d'abord admis *Aquilia* (Beiträge, p. 114); mais il a inséré *aliqua*, J. A. 1-4. — A l'inverse, Bö., qui avait donné *aliqua* dans ses deux 1res édit., préféra *Aquilia* dans les 3e et 4e édit.; mais il revint à *aliqua* dans la 5e. — Ce dernier mot semble le plus probable, d'après la suite du texte; car un peu plus bas, G. dit encore *aliqua lege* (§ 28), à propos de la *pignoris capio*.

77. SIVE est donné par la plupart comme faisant partie de formule de la *manus injectio;* je crois plutôt, avec Bö. 5 (d'après Rudorff), Pol., K. et S., Gn. 2, Muir., que G. disait que la formule pouvait contenir tantôt *judicatus*, tantôt *damnatus*. — Keller, *Röm. Civilproc.*, § 19, ajoute *sive* CONFESSUS.

78. L'Ap. S. porte q̄ doc; auparavant q̄ doc. V. l'Ap. B. — Ces quatre lettres ont été entendues très-diversement. — 1) Gö. et, après lui, la plupart (Kl., Hef., Bö., Pell., Gir., Goud.) : *quae dolo malo.* — 2) Hu. 1-2, d'après Mommsen : *quae ad hoc,* (vieille forme pour *ad huc?*), ce qui se référerait aux XXX *justi dies praeterlapsi.* — 3) Pol. : *quando causam;* ce n'est pas que, d'après Pol., le mot *causa* fît partie de la formule, mais G. l'aurait employé pour tenir la place à remplir, dans chaque espèce, par la désignation de la chose qui devait être payée; cf. infra au § 24 : *nominata causa.* — 4) K. et S., Gn. 2, Muir.: *quandoc,* forme ancienne de *quando*, qui se serait glissée par

SESTERTIUM | X MILIUM JUDICATI MANUS[79] INJICIO; et simul aliquam partem | corporis ejus prendebat. Nec licebat judicato ma|num sibi depellere, et pro se lege agere; sed vindi|cem dabat, qui pro se causam agere solebat : qui vindi|cem non dabat, domum ducebatur ab actore et vinciebatur[80]. 22. Postea quaedam leges ex aliis quibusdam[81] causis || pro judicato manus injectionem in quosdam[82] dederunt : | sicut lex Publilia in eum pro quo sponsor dependis|set, si[83] in sex mensibus proximis quam pro eo depensum | esset, non solvisset sponsori pecuniam; item lex Fu|ria de sponsu adversus eum qui a sponsore plus | quam virilem partem exegisset; et denique conplu|res aliae

---

hasard dans le ms., et que Festus dit avoir été dans la loi des 12 tables (Bruns, Fontes, p. 37). Adde Karlowa, Röm. Civilproc., p. 157, note 1. — 5) Hu. 3-4 : (eaque) quando oportet non solvisti, opinion qu'il présenta d'abord et essaya de justifier dans son étude Ueber die Rutilische Concursordnung, Zeitsch. für Rechtsgesch, IX, p. 356 (1870). — J'ai admis quandoc, comme le mot qui se rapproche le plus du ms.

79. Manus, certain au ms., fut admis d'abord par presque tous; manum avait été préféré par Hef., 1827, mais il donna manus, 1830. — Manum a été plus tard adopté par plusieurs : Hu. 1-4, Bö. 5, Pol., K. et S., Gn. 2, Muir. On peut invoquer pour ce changement, outre divers motifs tirés du fond du sujet, la leçon manum (et non manus) injicio, qui est plus bas, et non moins certaine, au § 24.

80. A. uindiciebat'.

81. A. q̄b. deam.

* Page intérieure très-facile à lire.

82. A. quosd||||||||m.

83. Au lieu de si, admis par tous, l'Ap. porte l'abréviation de inter.

leges[84] in multis causis talem actionem de|derunt.
23. Sed aliae leges (ex quibusdam causis)[85] constituerunt quasdam[86] actiones per manus injecti|onem, sed puram, id est, non pro judicato : velut lex ([87]) testamentaria | adversus eum qui legatorum nomine mortisve causa plus | (M)[88] assibus cepisset, cum ea lege non esset exceptus ut ei | plus capere liceret; item lex Marcia adversus fenera|tores, ut, si usuras[89] exegissent, de his reddendis | per manus injectionem cum eis ageretur. 24. Ex quibus le|gibus, et si quae aliae similes essent, cum agebatur, manum | sibi depellere et pro se lege agere ([90]). Nam et actor in ipsa | legis actione non adjiciebat hoc verbum PRO JUDICATO, | sed nominata causa ex qua agebat, ita dicebat : OB EAM REM | EGO TIBI MANUM INJICIO; cum

---

84. A. legis.

85. La plupart admettent *ex quibusdam causis*; le ms. porte *in multis causis ex qbdam si*, erreur évidente, qui provient sans doute des mots *in multis causis* de la l. précédente. — Hu. Zeits. XIII, p. 286, avait proposé : *in multis causis, ex quibus datae sunt in quosdam actiones*, constituerunt, etc.; admis Bö. 3-4 (sauf *data sit — actio*, au lieu du pluriel); reproduit J. A. 1-2; suivi Gir.; — modifié Hu. 4 : ...*datae sunt (actiones)*, constituerunt (*in*) quosdam actiones; suivi Muir.

86. Au lieu de *quasdam*, Pol. veut *quidem*; Hu. 4, Muir. : *in quosdam*.

87. A. lege tīaria ; tous : *lex (Furia) testamentaria*.

88. Au lieu de M, le copiste a écrit C, erreur évidente, corrigée par tous sans difficulté.

89. A. usiuras.

90. Il manque évidemment quelque chose ; tous ajoutent *licebat*, ou *reo licebat*, que les uns placent après *agere*, les autres avant *manum sibi depellere*.

hi quibus pro judicato actio da|ta erat, nominata causa ex qua agebant, ita inferebant : OB EAM REM EGO TIBI PRO JUDICATO MANUM INJICIO. Nec | me praeterit, in forma[91] legis Furiae testamentariae PRO JUDICA|TO verbum inseri, cum res[92] in ipsa lege non sit : quod videtur || nulla ratione factum. 25. Sed postea lege Vallia[93], excepto judicato et eo pro quo depensum est, ceteris omnibus, | cum quibus per manus injectionem agebatur, permissum est | sibi manum depellere et pro se agere. Itaque judica|tus et is pro quo depensum est, etiam post hanc legem, vindicem | dare debebant, et, nisi darent, domum du-

---

91. Tous : *forma,* comme au ms., sauf Pol., qui donne form[ul]a. Cp. infra, § 32 et note 122.

92. La lettre r. que St., note A., dit avoir été écrite peut-être ҽ (abréviation usitée pour *res*), est certaine au ms.; mais elle est généralement tenue pour inutile ; on croit qu'elle a été écrite en marge pour *regula* ou *rubrica,* et que le copiste l'aurait insérée à tort. Presque tous la suppriment et la plupart, sans même en constater l'existence ; quelques-uns (Bö. 5) mettent pour en tenir lieu, une * entre *cum* et *in ipsa.* — Goud. lit *res* ; il pense que G. aurait opposé à la *forma* de la loi Furia, où l'on insérait *pro judicato,* la loi elle-même, où ne se trouvait pas la chose, *res.*

* Page intérieure facile à lire.

93. St. donne comme certain, pour le nom de cette loi, *Vallia* déjà indiqué comme possible, mais douteux, par Gö. et Bluh. — Avant St., la plupart laissaient en blanc ; on hésitait entre *Villia* ou *Velleia* (Gö. en note), *Aquilia* (Savigny), *Varia* (Hef., suivi Dom.), *Valgia,* d'abord, puis *Valeria* (Hu., *Nexum,* 1846, p. 141 et J. A. 1-2 ; suivi Gir.). — Lachm., en note Gö. 3, disait *Vallia* « satis perspicue scriptum » ; et ajoutait : « vix fieri posse ut sit *Vavia* aut *Valeia* ». — Depuis St., tous admettent *Vallia*; toutefois, Pol. et Hu. 4 expriment quelque doute.

cebantur ; istaque[94] quamdiu legis actiones in usu erant, semper ita ob|servabantur : unde nostris temporibus is cum quo | judicati depensive agitur, judicatum solvi satisda|re cogitur.====

26. Per pignoris capionem lege agebatur de quibusdam re|bus moribus, ([95]) lege. 27. Introducta est moribus, rei[96] mili|taris. Nam et propter stipendium licebat[97] militi ab eo qui[98] dis|tribuebat[99] nisi daret, pignus capere : dicebatur autem | ea pecunia quae stipendii nomine dabatur, aes militare. Item propter eam pecuniam licebat pignus capere, ex | qua equus[100] emendus erat : quae pecunia dicebatur aes e|questre[101]. Item propter eam pecuniam ex qua hordeum equis erat | comparandum : quae pecunia dicebatur aes hordiarium. 28. Lege autem introducta est pignoris capio, velut lege XII tabularum ad|versus eum qui

---

94. Le ms. a *itaq̄.* et plus loin : *obseruabantur*. — Les uns : *idque — observabatur ;* les autres : *ista — observabantur*, ce qui se rapproche le plus du ms.

95. Entre *moribus* et *lege*, le copiste a omis quelque chose. Tous ajoutent *de quibusdam* ou *de quibusdam rebus*.

96. au lieu de *rei*, Pol. veut *aeris militaris*.

97. A. dicebat, corrigé : licebat ms.¹.

98. Après *qui* plusieurs intercalent *id*.

99. A. q̄dis|truebat. — 1) Gö., Bö. 5, Pell., Pol. : *qui tribuebat* ou *distribuebat*. — 2) Kl., Hef., Bö. 1, Gir. : *qui aes tribuebat*, ou *distribuebat*. — 3) Lach., Hu. 2-4 : *qui id iis tribuere debebat*, ou *distribuebat*, avec *militibus* au lieu de *militi*. — Divers : *aes debebat* ou *dare id debebat*.

100. A. eciuis ; tous, avec Savigny : *equus*. — Hu. 2-4, Gir., ajoutent *iis*.

101. A. c|questrae.

hostiam emisset, nec pretium redde|ret ; item adversus eum qui mercedem non redde|ret pro eo jumento quod quis ideo locasset[102], ut inde pecuniam | acceptam in dapem[103], id est in sacrificium impenderet. || Item lege censoria[104] data est pignoris captio publicanis | vectigalium[105] publicorum populi Romani adversus eos qui aliqua | lege[106] vectigalia deberent.
29. Ex omnibus autem istis cau|sis certis verbis pignus capiebatur, et ob id plerisque | placebat hanc quoque actionem[107] legis actionem esse; quibusdam | autem ([108]) placebat : primum quod pignoris captio extra

---

102. A. lacasset.

103. A. darem.

* Page extérieure non facile à lire.

104. St. donne comme certain *lege censoria*, désormais admis par tous. — Avant St., ce qui suivait *lege* était fort douteux. — 1) Les uns (Gö., au texte, Pell. tr. ma.) ne donnaient que ****, avec ou sans la terminaison du mot *oria* ou *toria*. — 2) D'autres avaient proposé *Plaetoria* (Gö., en note et avec doute, Hu. 2, au texte). — 3) Kl. : *quoque Thoria*. — 4) Mommsen (*Stadrechte Salpensa*), p. 474, et Bö. 5 : *praediatoria* (suivi Gir. avec?). — 5) Dirksen (*Versuche zur Krit.*, p. 132, 1823) avait proposé *censoria*, approuvé par Hef., en note, et confirmé par St. — Hu. 2, en note, avait spécialement combattu *praediatoria* et *censoria*, déclarant qu'il ne restait de choix qu'entre *Plaetoria* ou *Numitoria*. — 6) Dom. : *lege Censoria*.

105. Pol. supprime *vectigalium* et donne à la place [*id est conductoribus*].

106. A. leges. Tous : *lege*. — Pour donner un sens à *s*, qui suit *lege*, Pol. ajoute [*ii*]*s*.

107. Pol. supprime *actionem*.

108. L'Ap. porte : qbdam | at. placebat. — Il manque évidemment quelque chose. — 1) La plupart, après *autem*, intercalent *non*, ou *contra*, ou *contrarium*, ou *haud*; ou encore *legis ac-*

jus | peragebatur; id est, non apud praetorem, plerumque etiam absente [109] | adversario, cum alioquin ceteris actionibus non aliter uti | possent [110] quam apud praetorem, praesente adversario ; praeterea quod [111] nefa|sto [112] quoque die, id est quo non licebat lege agere, pignus capi | poterat.

30. Sed istae omnes legis actiones paulatim in odium ve|nerunt; namque ex nimia subtilitate veterum qui tunc jura con|diderunt, eo res perducta est, ut vel qui minimum errasset, | litem [113] perderet. Itaque per legem Aebutiam et duas Julias subla|tae sunt istae legis actiones; effectumque est ut per concepta ver|ba, id est, per formulas litigaremus [114]. 31. Tantum ex du|abus causis permissum est [id legis actionem facere [115]] lege | agere, damni infecti, et si centumvirale

---

tionem non esse. — 2) Au lieu de *autem*, Goud., Pol., Muir., lisent *aliter*, qu'il n'est pas rare de trouver pour *contra* ou *contrarium*; v., par ex., la l. 61, § 7, D., De furtis, 47, 2.

109. A. absentem.

110. A p̄set. — Les uns : *possent*; les autres : *posset* ou *possit*, avec *quis*, ou *aliquis*, ou *nemo*; ou encore : *possis* ou *possimus*.

111. *Quod* peut être admis, d'après la lettre douteuse donnée par St.; — déjà avant St., Hu. 2 l'avait ajouté; suivi Gir.

112. A. nefacto.

113. L'Ap. a seulement *it*. — Presque tous : *litem*; même Hef. (1830), qui avait d'abord (1827) *rem*.

114. A. litigatoremus. La plupart : *litigaremus*; K. et S. : *litigemus*.

115. Gö. et, après lui, presque tous suppriment *id legis actionem facere*, qui semble, en effet, une glose. — Hef. avait essayé de conserver ces mots en lisant d'abord (1827) : *permissum est edicto legis actionem facere: lege*, etc.; puis (1830) : *perm. est interdum leg. act. facere*. Il ne fut suivi que par Blond., Lab., Dom.

20 judicium furū· | *** sane q¹¹⁶ *cum* ad centumviros¹¹⁷ itur, ante lege agitur sacra|mento apud praetorem urbanum vel peregrinum praetorem¹¹⁸ (?). Damni ve|ro infecti nemo vult lege agere; sed potius stipula|tione, *quae* in edicto proposita *est*, obligat adversarium |

---

116. Les lettres, en partie incertaines, données par St. diffèrent de celles qu'avaient lues d'abord Gö., puis Blu. (v. l'Ap. de Bö.). — Leçons diverses. — I. Avant St. — 1) Gö. 1, entre *judicium* et *ante*, plaçait 27*. — 2) Gö. 2-3 (suivi Kl., Bö. 1-3, Pell. tr.) : judicium fit***|********* cum ad, etc. — 3) Unt. (avant la révision de Blu.) : judicium *locum habet : nam* cum, etc. — 4) Hef. : judicium *fuerit* pro*vocatum : ideo* cum ; suivi Blond., Lab., Dom. — 5) Hu. Studien : judicium fit : *proinde hodieque* cum, ou *propterea hodieque* cum. (Dans J. A. 1-2, Hu. : *proinde hodieque*.) — 6) Lach., en note Gö. 3, n'ose attribuer à G. l'expression *hodieque*, qui est *de plebe vocabulum*. — 7) Gn. 1 : judicium fit : proin*de uel hodie* cum ; suivi Pos., A. et W. — 8) Pell. ma. :-judicium fit. *Proinde etiam nunc* cum. — 9) Bö. 5 : judicium fit per *uindicationem : ideo qui* ad, etc.; suivi Gir. — II. Depuis St., tous admettent d'abord : judicium futurum est; puis pour ce qui suit : — 1) Goud. : Sane cum ad, etc. — 2) Pol. : Sane quotienscumque ad. — 3) K. et S., Gn. 2, Muir, : Sane quidem cum. — 4) Hu. 4 : Saneque cum.

117. A. c'adgent. uirositante. — Presque tous, avec Hollw. : *cum ad centumviros itur ante.*

118. L'Ap. porte p r. — La plupart entendent *praetorem*; mot que les uns conservent, comme étant bien de G., tandis que les autres le regardent comme une glose. — Mais plusieurs ont lu autre chose que *praetorem :* — 1) Gö., Pell. tr., Goud., en font *propter*, et changent ensuite *damni infecti* en *damnum infectum*. — 2) Hef., Blond. : *pro parte*. — 3) Hu. Zeits. XIII, p. 288 : peregrinum *pro re. Damni vero*, etc.; reproduit J. A. 1-4; suivi Bö. 3-5, Gir. — 4) Puchta, Buchholtz (en note Bö. 5) : *praesidemue prouinciae*, qui semble inadmissible.

suum, itaque et[119] commodius jus et plenius e p[120] pignoris || ——— Legi nequeunt 24 versus. ———

119. L'Ap. a isuum itaqet, la plus grande partie des lettres étant incertaines — Tous admettent *suum, itaque* ou *idque*. — Avant St., les uns laissaient en blanc après *adversarium;* les autres (Hef., Gn., Hu., Pell. ma., Gir.: *per magistratum;* Lach. préférait *de damno.* Tous ensuite : *quod et commodius.*

* Page intérieure, dans laquelle St. n'a pu voir que des ombres très-incertaines. — V., sur son contenu possible ou probable, la note qui suit.

120. La révision de St. laisse douteuses les deux lettres e p. — Tous, sauf Muir., en font *est. Per*, c'est-à-dire qu'ils finissent la phrase *et plenius* par le mot *est*, puis ils commencent aux mots *Per pignoris* || *capionem*, une nouvelle phrase qui se serait continuée à la p. 199, demeurée illisible. — Quelques-uns ont même cru pouvoir conjecturer ce que G. y aurait dit de la *pignoris capio.* — 1) Hef. proposa, dans son édit. de 1827, la restitution suivante (qu'il ne reproduit pas dans son édit. de 1830; Kl. l'a donnée en note) : Per pignoris || quoque capionem his quidem temporibus proprie lege non amplius agitur, sed tantum fictio in quibusdam actionibus adhibetur, quasi pignus lege Iulia judiciaria effectum est. Sunt autem plures eiusmodi fictiones, quae legitimis et civilibus actionibus accedunt. Quaedam enim actiones ad legis actionem aliquam ita exprimuntur, ut in condemnationem id deducamus, quod adversarium nostrum nobis dare facere praestare oporteret, si legis actio in eam rem comparata iure legitimo peracta esset. Itaque non pure et proprio obligationis jure agimus; sed per circuitum quemdam, iure legis actionis. Sciendum tamen est, ex omnibus causis, ex quibus olim lege agere licebat, nunc quoque per talem fictionem agere permitti, sed tantum ad legis actionem per pignoris capionem et ………… idque ex ipsis formulis, quas praetor in edicto propositas habet satis || apparet, velut in ea forma, etc. — 2) Sans proposer une restitution aussi complète, Hu. 1-4 (suivi Gir.) pense que G. traitait de la *pignoris capio* relative au *jus sacrum*. Il pense qu'elle pouvait ne pas avoir été supprimée

32. ———— || apparet. *Contra*[121] in ea forma[122] quae publicano proponi*tur*, talis | fictio *est*, ut, quanta pecunia olim, si pignus captum | esset, id pignus is a quo captum erat luere deberet, | tantam pecuniam[123] condemne*tur*. **33.** Nulla *autem* formula ad | *condic*tionis fiction*em* exprimi*tur :* sive *enim* pecuniam[124], sive *rem* | aliquam certam debitam[125] nobis petamus, eam ipsam | dari nobis o*portere* intendimus, *nec* ullam adjungim*us* | condictionis fiction*em*. Itaque simul intellegimus, e|as formulas q*uibus* pecuniam aut rem

---

en même temps que les actions de la loi en général et que c'est à elle que se référerait la formule donnée par Valérius Probus, ch. 3 : s. q. s. s. e., etc., *si quid sacrosanctum est,* etc., v. Gir., *Enchir.*, p. 574. — Ce n'est qu'après avoir ainsi terminé la matière de la *pignoris capio* à la p. 199, que G. aurait, dans la même page, commencé à traiter des actions de la procédure formulaire *quae ad legis actionem exprimuntur,* sujet annoncé par lui au § 10 et qu'il n'avait quitté que pour le faire mieux comprendre, en parlant d'abord des actions de la loi elles-mêmes. — M. Muir. entend tout autrement la fin du § 31 et le contenu probable de la p. 199. Il lit : commodius *ius et plenius est* [*quam*] per pignoris [capionem]. § 31ᵃ ———— —— — — — apparet. § 32 *Item* in ea, etc. Il croit que, dans la p. 199, G. n'a aucunement traité de la *pignoris capio*.

✱ Page intérieure, en partie très-difficile à lire.

121. L'Ap. a le signe d'abréviation 7, usité pour *con*, suivi de la lettre *t*. — La plupart : *item*; quelques-uns seulement, (Pol., Hu. 4) : *contra*. — Hef. : *velut*, qui se rattache à la restitution qu'il proposait de la p. 199.

122. Hu., Zeits. xiii, p. 388, et J. A. 1-4, tient *forma* pour inadmissible et lit *formula ;* suivi Gir., Pol., Gn. 2, Muir. — Cp. supra le § 24 et la note 91. (Hu. admet *forma* au § 24.)

123. Pol., corrigeant, veut *tanta pecunia*.

124. A. pecunia. — 125. A. deuitam ; v. iv, note 51.

aliqu*am* nobis dare.[126] op*ortere* in|tendimus, sua vi ac potestate valere. Ejusdem n|aturae *sunt* actiones commodati, fiduciae, negotior*um* ge|storum, et aliae innumerabiles.====

34. Habemus adhuc alterius[127] generis fictiones in[128] qu*ibus*|dam formulis, *velut* cum *is* qui ex ed*icto* bonorum possessionem petii*t*, ficto.| se *h*ere*de* agit. Cum enim praetorio jure es[129] non legitimo suc|cedat in locum defuncti, non habet[130] directas actio|nes, et neq*ue* id q*uod* defuncti fuit, *potest* intendere suum |
c.——i d*e*bebatu*r*[131], *potest* intendere sibi[132] op*ortere*.
Ita|que ficto se *h*ere*de* intendit, *veluti* hoc modo :
JUDEX ESTO. SI AUL|US[133] AGERIUS, id est, si ipse actor[134], (——[135]——) FUNDUM | DE QUO AGITUR EX JURE

---

126. Plusieurs (Gö., Hu., Gir., K. et S., Gn. 2., Muir.), corrigeant, veulent ici *dari*, comme deux lignes plus haut.

127. A. al [tiusa] sch. Bluh. — Tous: *alterius* ; quelques-uns (Hef., Bö. 5) ajoutent *etiam*, ou (Hef.) *cujusdam* ?

128. A. *n ; tous: *in*.

129. De ces deux lettres *es*, certaines au ms., les uns font *et*; d'autres *set* ou *sed*, ou *is*. — Hu. 1-2 : *ejus*, qu'il transpose une ligne plus bas, entre *habet* et *directas*. — Quelques-uns suppriment purement et simplement (K. et S., Gn. 2).

130. A. hauent; V. IV, note 51. — Tous *habet*.

131. On s'accorde, avec Hollw., à restituer : *esse, neque id quod defuncto* debebatur, sauf que, depuis St., qui donne *i* (douteux) avant *debebatur*, on remplace *defuncto* par *ei*.

132. A. siui; v. IV, note 51. — Entre *intendere* et *tibi oportere*, on intercale *dare* ou *dari*. — 133. A. Auli|us.

134. Pol. regarde comme une glose et supprime *id est si ipse actor*. — La plupart ont seulement : *id est ipse actor*, lu par Gö. et Blu. — St. donne : idesiipse.

135. A. (i*li i h*e u a**) sch. Gö.

Quiritium [____136____] tets [____137____] proposita simili (____)[138] [____] ita subjicitur : (____139____) | ret Numerium Negidium Aulo (Agerio)[140] sestertium X milia dare oportere[141]. 35. Similiter et bonorum emptor |

---

136. A. [fuisse ✱✱✱] sch. Blu.

137. A. [itdodeuat |l' cui] sch. Blu.

138. A. (iiciien✱l) [illa] sch. Gö. et Blu.

139. A. (tum si p ?) sch. Gö.

140. *Agerio,* omis par le copiste, est ajouté par tous.

141. La révision de St. n'a que peu ajouté à la lecture des l. 18-22 ; il reproduit au texte les sch. de Gö. et Blu., indiquant en note les autres leçons données par Gö. et Blu. eux-mêmes ; il remarque qu'à la l. 21, il lui a semblé voir *deuat* (*debeatur*).
— Après les mots : Itaque ficto se herede intendit, veluti hoc modo : judex esto, déjà admis avant St. et qui sont confirmés, restitutions diverses : — 1) Unt. (avant la révision de Blu.) : quod Aulus Agerius, id est ipse actor, si Lucii Titii heres esset, Numerio Negidio, id est cum quo agitur, sestertium decem milia fuisse numerata intenderet. Proposita simul *mentionem bonorum possessionis* ita subiicitur, etc. — 2) Blu. (dans Hu. Studien) : si Av_L. Ag., id est i. a, L. Titii her. esset, tvm si evm fvndvm, de qvo agitvr, ex i. qv. eivs esse oporteret ; vel si in personam agatur, praeposita simili fictione *formula* ita subiicitur, etc. — 3) Hef. (1830) : si A. A., id e. i. a., l. Seii her. esset tum si is fundus de q. a ex. i. q. eius esset, vel si quid debebatur L. Seio, praeposita simili *fictione intentio* ita subiicitur, etc.; suivi Blond., Lab., Dom. — 4) Hu. Studien, approuvant dans son ensemble la restitution de Hef., la modifie ainsi : .... l. Titii ... tum si fundum .... esse oporteret ; vel si in personam agatur praepos. sim. fict. intentio ita sub., etc. — 5) Gö. 3, Lach., comme Hu., sauf *Lucio Titio* au lieu de *Titii*, et à la fin après *fictione*, au texte : ✱✱✱✱ ; et en note : proposita simili *formula*. — Pour ce dernier mot, Hollw. préfère *tunc* ou *deinde*. — 6) Hu. Zeits. xiii, p. 290, au lieu

ficto se herede agit. Sed *inter*dum et alio *modo* agere solet ; || *nam* ex persona ejus cujus bona emerit sumpta inten|tione, *convertit condemnationem* in suam personam, | id *est*, ut *quod* illius esset, vel illi[142] dare[143] *oporteret*, eo *nomine* adver|sarius huic condemnetur : quae species actionis ap|pellatur Rutiliana, quia a pr*aetore* Publio Rutilio, qui et bono|rum venditionem introduxisse dicitur, conparata est.[144] |

---

de *si fundum* _____ *esse oporteret*, propose *si p(aret) fundum* _____ *esse oportere*, suivi Bö. 3-5 (sauf après *fictione*, Bö. 5 : *legis actionis* ita sub. — 7) Pell., comme Lach., sauf après *fictione : intentio*. — 8) Gn. 1, comme Lach., sauf : *similiter fictione illa*, ita sub. (proposé par Scheurl, *Beiträge*, p. 132); suivi Pos., A. et W. — 9) Hu. 2, modifiant ses restitutions précédentes, admet avec Lach. : *L. Titio heres*, et après *esse oportere :* uel si quid debebatur L. Titio (suivi Gir.). — 10) Pol. : ... EIUS ESSE OPORTERET, et *si illi debebatur aeque*, proposita simili *fictione*, ita sub., etc. — 11) K. et S. : ...TVM <SI EVM> FVNDVM.... ESSE OPORTERET, et si _____ de _____, praeposita simili *fictione heredis* ita subicitur TVM SI PARERET (ce dernier mot, d'après Scheurl, *Beiträge*, p. 133, et Mommsen; au lieu de *paret*, généralement admis). — 12) Mommsen, *Epist. crit.* K. et S., p. XXII, pour combler la lacune *et si — de —*, propose : *et sic de debito cum* praeposita simili *fictione heredis*, etc. — 13) Hu. 4 : *si uero de debito agatur*. — 14) Gn. 2 : *vel si de debito agatur*, praeposita, etc. — 15) Muir. : ... TVM SI FVNDVM .... EIUS ESSE PARERET ; — — — — praeposita *similiter fictione illa*, ita subicitur : TVM SI PARERET N. N., etc. En note, Muir. fait remarquer que *si — pareret* imite beaucoup mieux le *jus legitimum* (suivant l'expresssion de G., § 111, *infra*) que *si — eius esse oporteret* ; ce dernier mot n'a été admis, sans doute, que parce qu'on le croit employé par G. dans la Publicienne; mais il y est contesté. V. ci-après la note 152.

* Page intérieure facile à lire pour la plus grande partie.
142. A. illù, corrigé.
143. Plusieurs, corrigeant : *dari*. — 144. A. ee.

Superior *autem* species actionis, qua ficto se *herede bonorum* emptor | agit[145], Serviana vocatur. 36. (—[146]—) Datur *autem* haec *actio* ei qui ex justa *causa* | traditam sibi rem nondum usucepit, eamque amis|sa[147] possessione petit. Nam, quia non *potest* eam ex jure Quiritium suam esse in|tendere, fingitur rem usucepisse, et ita quasi ex jure Quiritium do|minus factus esset, *intendit*[148] hoc modo : JUDEX ESTO. SI QUEM | HOMINEM AULUS AGERIUS EMIT, IS EI[149] TRADITUS EST, ANNO POSSEDIS|SET[150], TUM SI EUM HOMINEM, DE QUO AGITUR, EJUS EX JURE QUIRITIUM ESSE[151] OPORTERET[152],

---

145. A. ✳ gis.
146. Une ligne a été omise ici par *homoeotel*. — Presque tous restituent : *Ejusdem generis est, quae Publiciana vocatur*, avec Sav. et Gö. ; quelques-uns ont de plus *ea species actionis* avant *quae Publ. voc.*, (Bö. 5). — K. et S. préfèrent : ..... < *uocatur*. § 36. *Item usucapio fingitur in ea actione, quae Publiciana* > uocatur. — 147. A. admissat.
148. A. i ✳ u. Tous : *intendit*. — Depuis St., à cause de la lettre *u*, d'ailleurs douteuse, qu'il a donnée, tous, après *intendit*, ajoutent *velut* ou *veluti* déjà conjecturé par Unterh. p. 11.
149. L'Ap. S. a simplement : *emit is ei*. — Avant St., on avait lu d'abord (Gö.) : *emitus* ou *emtis* ; puis (Blu.) : *emittsei*. — De là : — 1) Gö. 1 : *quique ei* ; — 2) Gö. 2, Kl., Hef. (1830) : ✳✳ ei (Hef. avait conjecturé (1827) *tum si* ou *inde si*) ; — 3) Hu. Studien : *et is*, suivi par presque tous ; — 4) Fabricius (*De dupl. dominio*, Vratislav. 1840, p. 29) : *ex quo* ; combattu par Hu. Zeits. XIII, p. 291.
150. A. p; sedisset. — 151. Plusieurs, d'après Hu. Zeits. XIII, p. 291, déplaçant *ejus*, le mettent entre *Quiritium* et *esse*.
152. L'Ap. donne comme certain, ōret, abréviation usitée pour *oporteret* ; d'où presque tous admettent *esse oporteret*. — Toutefois, Muir. donne *ejus esse pareret*, d'après Scheurl, *Beiträge*, p. 133, et Kuntze, *Excurse*, p. 226. Cette correction est fondée

| et[153] reliqua. 37. *Item civitas Romana* peregrino fin-
gitur, si eo | nom*ine* agat, aut cum eo agatur, quo
nom*ine* nostris le|gibus a*ctio* constituta *est*, si mo*do*
justum sit eam acti*onem* | etiam ad peregrinum ex-
tendi : *velut* si furtum agat | peregr*inus*, a*ut* c*um* eo
agat*ur*, in formula[154] ita concipitur : JUDEX ESTO. SI

---

sur le motif que le mot *oportere* convient seulement aux actions *in personam*. — Elle a quelque chose de plausible. — Sur *pareret*, dans la formule d'action du *bonorum possessor*, v. supra la note 141. — 153. A. e*; tous : *et*.

154. L'Ap. S. porte : si furtum agat | pereg. a͞c eo agat in formula, — déjà lu auparavant et diversement entendu ou corrigé. — 1) Gö. 1-2, Kl., Hef., Bö. 1, Blond., Lab., Dom. : Si furti agat peregrinus, aut cum eo agatur, formula. — 2) Bö. 2 (1841) après agatur : [*si cum eo agatur*] formula. — 3) Gö. 3, Lach. : *si furti — agatur :* in *(peregrinum)* formula ; suivi Pell. tr. — 4) Hu. Zeits. XIII, p. 292-3 (1846) : si furtum factum sit ope consilio peregrini (ou peut-être : factum esse dicetur ope consil. per.) et cum eo agatur, formula (ou : agatur, eo nomine formula). — 5) Bö. 3 (1850) : si furtum faciat peregrinus et cum eo agat*ur*, formula ; suivi Pell. ma., Gn. 1, Pos., A. et W. — 6) Bö. 4 (1855), au texte : si furtum **** | peregrinus et cum eo agat*ur*, formula ; en note : si furtum [*fecisse eiusve ope consilio factum esse furtum*] dicatur | peregrinus, ut cum eo agat*ur*, formula. — 7) Hu. 1 : Si furtum *dicatur* (*factum ope consilio*) peregrini et cum eo agatur. — 8) — Bö. 5 (1866) : si furt*i* nomine agat | peregrinus aut cum eo agat*ur*, in formula [*ciuitas romana ei fingitur, ueluti si cum eo agatur, formula*] ita conceptitur. — 9) Hu. 2 (1867) : si furt*i* nomine agat peregrinus aut cum eo agatur, in (*eum*) formula ; suivi Gir. — 10) Goud. : Si furti agat peregrinus aut cum eo agatur. *Nam* formula. — 11) Pol. simplement : velut in formula, supprimant comme glose tout le reste. — 12) K. et S. : Si furt*i* agat pereg. aut cum eo < *agatur; nam si cum eo* > agatur, formula, suivi Gn. 2, Muir. — 13) Hu. 4 : Si (*furti uel ope consilio facti*) furti *n*omine agat pereg. aut cum eo agatur : in (*peregrinum uelut posteriore casu*) formula ita concipitur.

20. PA|RET (155) CONSILIOVE DIHONIS ER MEI FILIO.[156] FURTUM FAC|TUM ESSE PATERAE AUREAE, QUAM OB REM EUM, SI CIVIS ROMANUS ESSET, | PRO FURE DAMNUM DECIDERE OPORTERET, et reliqua.==== Item si peregrinus furti agat, civitas ei Romana fin|gitur. Similiter si ex lege Aquilia peregrinus damni || injuriae agat, aut cum eo agatur, ficta civitate Romana judici|um datur. 38. Praeterea aliquando fingimus adversa-

---

155. Tous s'accordent à intercaler *ope*.

156. Le seul changement apporté ici par la révision de St. est *er mei*, au lieu de *cr. mei*, lu auparavant par Gö. — Bl. ne donnait que *Dihoniser filio*, sans *mei*. — Leçons et conjectures très-diverses. — 1) Unt. (p. 11-13) : *Dihonis ciuis reipublicae Massiliensis*. — 2) Niebuhr, d'abord : *Dionis Servii filio* (suivi Hef., Blond., Lab., Dom.), puis : *Servio filio* ou *Servio Ofilio*. — 3) Bluhme, d'abord : *Dionis Servii filii*, puis : *Dionis Hermetis filii*. — 4) Hu., d'abord : *civi romano Titio* ou *civi romano Ofilio*, qu'il remplaça (Studien, p. 314) par *Dionis Servilio* (suivi Bö. 1) ; plus tard, Zeits. XIII, p. 294 : *Dionis Graeci Titio* (ou *L. Titio*), qu'il donna J. A. 1-2 ; enfin J. A. 4 : *Dionis Hermaei (Lucio) Titio*. — 5) Lach. : *Dionis Hermaei filii*; suivi Pell. tr. ma., Bö. 2. — 6) Bö. 3-4 : *Dionis Hermaei (Lucio) Titio*; suivi Gn. 1, Gir., Pos., A. et W. — 7) Hollw., Röm. Civilpr. II, p. 410 (1865) : *Dionis* CIVI ROMANO, verbi gratia LUCIO TITIO; suivi Bö. 5. — 8) Goud. croit que G. a donné ici deux formules, dont l'une a été omise par le copiste; il propose : si paret a Dione Hermaei filio furtum factum esse Lucio Titio, aut si paret ope consiliove Dionis Hermaei filio furtum factum esse. — 9) Pol., admettant la conjecture de Goud. sur les deux formules, donne : si pa|ret [à *Dinone Hermaei filio* L. Titio furtum factum esse, aut si paret ope] consiliove *Dinonis Hermaei filii*. — 10) K. et S., Gn. 2, Muir., adoptent la conjecture de Goud.; Muir. en retranche seulement *L. Titio*, que G. peut ne pas avoir cru nécessaire d'exprimer.

* Page extérieure en partie difficile à lire.

rium[157] nostrum *capite deminutum* non esse. Nam si ex *contractu* nobis obligatus obli|gatave sit, et *capite deminutus* deminutave fuerit, ve*l*ut mulier | per coemptio*n*em, masculus *p*er adrogatione*m*, desinit jure | civili debere nobis, nec directo intendi potest sibi[158] dare | eum eamve *oportere*; *sed*, ne in potestate ejus sit jus nost*r*um cor|rumpere, introducta es*t*[159] contra eum eamve actio utilis, | rescissa *capitis deminutione*, id *est*, in qua fingitur *capite deminutus* deminutave | *non esse*.

39. Partes a*utem* formularu*m*[160] hae sunt : demonstratio, in|tentio, adjudicatio, condemnatio. 40. Demonstratio | est ea pars formulae *quae* praecip [161] se ([162]) t' [163] d ([164]) stretur[165] res de qua agit*ur*,

157. A. ad̄trari(ū); tous : *adversarium*.

158. A. p. siui; d'où *potest sibi*, admis par tous, depuis St., sauf suppression de *sibi* par K. et S., Gn. 2, Muir. — Avant St., *intendere licet* ou *possumus*, ou *intenderemus*, ou *jure licet*.

159. Le copiste a écrit à tort, avant *contra eum :* ao, c'est-à-dire *actio*.

160. Hu. 2-4 intercale *praecipuae*, mot qui se trouve deux lignes plus bas, où il le juge oiseux, tandis qu'il manque ici, G. ne parlant, dans ce qui suit, que des parties *principales* de la formule et non des parties accessoires, telles que l'exception. — Suivi Pol.

161. A. [ueidiii n] sch. Bluh.

162. Ar (ri) sch. Gö.

163. A. [ut] sch. Bluh.

164. A. (emo) sch. Gö.

165. 1) Ce qu'a lu St., joint aux sch. de Gö. et de Bluh., semble conduire à *praecipue ideo inseritur ut demonstretur*, leçon généralement admise avant St., et maintenue depuis par

velut haec pars formulae : | QUOD AULUS AGERIUS NUMERIO NEGIDIO HOMINEM VENDIDIT; item haec : QUOD AULUS AGERIUS (APUD)[166] NUMERIUM NEGIDIUM | HOMINEM DEPOSUIT. 41. Intentio est ea pars formulae | qua[167] actor desiderium suum concludit, velut haec pars formulae : SI PARET NUMERIUM NEGIDIUM AULO AGERIO SESTERTIUM X MILIA DARE OPORTERE; item haec : | QUIDQUID PARET NUMERIUM NEGIDIUM AULO AGERIO DARE FACERE[168]; item haec : SI PARET HOMINEM[169] | EX JURE QUIRITIUM AULI AGERII ESSE. 42. Adjudicatio est ea pars formulae qua | permittitur judici rem alicui ex litigatoribus adjudi|care : velut si inter coheredes familiae erciscundae agatur, aut inter

---

Pol. et Hu. 4, sauf le déplacement de *praecipue*; v. la note 160. — 2) Unt. : *quae praescribitur intentioni, ut*; leçon qu'il préférait à celle de Hugo : *quae praescriptionis olim uice erat, ut*. — 3) K. et S., Muir., laissent en blanc entre *quae* et *ut demonstretur*. En note K. et S. : *quae principio ideo ponitur, ut*; inséré au texte par Gn. 2. — 4) Mommsen, *Epist. crit.* K. et S. p. xxii : quae praecipit id *quod* geritur.

166. Omis par le copiste; intercalé par tous.

167. Hu. (Beiträge) blâme Bekker (*Die process. Consumtio*, p. 38) d'avoir proposé *ex qua*, et Keller (*Röm. Civilpr.* § 39, note 442) d'avoir admis le sens de *worin der Kläger seine concrete Rechtsbehauptung ausstellt*, c'est-à-dire *dans laquelle le demandeur pose la prétention qu'il désire faire valoir en justice*. (Traduction Capmas, 1870.) — Ce dernier sens est celui que l'on admet généralement; Pell. a traduit *dans laquelle le demandeur renferme son désir*. — Hu. insiste sur l'emploi du présent *si paret*, au lieu du futur *si parebit*.

168. On intercale *oportere*.

169. Hu. 1-4 intercale *Stichum*, suivi Gir.; approuvé en note K. et S. — Bö. 5; *Erotem*, moins probable, en supposant que G. eût pensé nécessaire de donner le nom de la chose à revendiquer.

socios *communi dividundo*, | *aut inter* vicinos[170] finium regundorum; *nam* illic ita est : QUANTUM[171] ADJUDICARI OPORTET, JUDEX TITIO[172] ADJUDICATO. 43. Condemna|tio *est ea pars formulae qua judici condemnandi* || *absolvendive potestas permittitur*[173], *velut haec pars* | *formulae* : JUDEX NUMERIUM NEGIDIUM AULO AGERIO SESTERTIUM X MILIA[174] CONDEMNA : SI NON PARET, | ABSOLVE ; item haec : JUDEX NUMERIUM NEGIDIUM AULO AGERIO DUNTAXAT (— 175 —) CONDEMNA : S|I

---

170. A. (ā.| ui) sch. Gö.

171. A. qtam ; — avant St., qlam. — On s'accorde à lire : *quantum* — Unt. a suggéré *quantam (partem)*.

172. Au lieu de *Titio*, certain et seul au ms., quelques-uns ont voulu soit ajouter, soit lire autre chose. — 1) Savigny, *System*, VI, p. 329 : *utrique* ou *alterutri*. — 2) Hu. 1 : Titio *(aut Seio)*. — 3) Hu. 2-4 : *cui oportet*; suivi Gir. — 4) Pol. : *tantum*, le copiste ayant fait par erreur *Titio* des deux lettres *tt* de l'original.

* Page extérieure facile à lire.

173. A. promittitur.

174. Les mots *Sest. X mil.* sont retranchés par Pol. du premier exemple de *condemnatio*, pour être placés dans le second; Pol. croit que le 1er ex. donné par G. est d'une cond. *incerta* et *infinita*; le 2e, d'une cond. *incerta* avec *taxatio* (cp. le § 51 infra); et le 3e d'une cond. *certa*. V. ci-après les notes 178 et 179.

175. A. dumtaxaut ; la plupart intercalent *X milia* entre *duntaxat* et *condemna*; les uns considèrent cette indication du chiffre comme omise par le copiste (c'est l'opinion commune); d'autres ont pensé que le ms. porte *dunt x m*, manière dont le copiste aurait écrit *duntaxat X milia* (c'est l'opinion de Hu., Beiträge, p. 241, note 131); d'autres enfin transportent ici *X milia* qu'ils retranchent du 1er exemple (c'est l'opinion de Pol., qui veut le génitif *milium*).

NON PARRET[176], ABSOLVITO[177] ; item haec : JUDEX NUMERIUM NEGIDIUM AULO AGERIO X MILIA[178] CONDEMNA|TO, et reliqua, ut non adjiciatur duntaxat[179].
44. Non tamen istae omnes par|tes[180] simul inveniuntur ; sed quaedam inveniuntur, quaedam | non inve-

176. Les uns *parret*, d'après le ms., où il est certain ; sur *parret*, v. Festus, Bruns, p. 278. — Les autres, corrigeant, donnent ici *paret*, comme dans les autres passages.

177. Quelques-uns, au lieu d'*absolvito*, certain au ms., veulent *absolvitor* (Hef., Blond.), ou *absolve* (Hu. 2-4).

178. Plusieurs suppriment X *milia* du 3e exemple, ou le mettent entre crochets, comme inséré à tort par le copiste : Puchta, Kl., Gö. 3, Bö. 3-5, Hu. 2-4, Gir., Gn. 1-2, Pos., A. et W., K. et S., Muir. ; ils pensent que le copiste s'est trompé en mettant X *mil.* dans le 3e exemple, où il ne doit pas être, tandis qu'il l'omettait dans le second, où il est nécessaire. — Pol. a une tout autre manière d'entendre ces trois exemples ; v. la note 174.

179. Avant St., la fin de la l. 5, à partir d'*adjiciatur* était fort incertaine ; d'où leçons diverses pour la fin du § 43. — Les uns le finissaient par : *si non paret, absolvito*, Gö. 2 ; suivi Pell., Dom. — Les autres, par *duntaxat X milia* : Blu., Puchta, Kl., Bö. 1-5, Hu., Beiträge, p. 241, et J. A. 1-2, Gir. — Plusieurs laissaient en blanc : Hef., Blond., Lab., Gn. 1, Pos., A. et W. — Quelques-uns avaient *duntaxat* seul, ou x *milia* seul, ou *quantum*. — St. donne *dt*, comme certain ; de là tous, depuis, ont admis *duntaxat* ; mais en ajoutant *decem milia* ; sauf Pol., qui donne *duntaxat* seul. — J'admets cette dernière leçon, d'abord parce que c'est la plus conforme au ms. ; en outre, elle est en elle-même fort concevable.

180. La révision de St. confirme la restitution déjà admise par tous. Quelques-uns (Savigny, Gö.) pensent qu'après *non* (ou *neque*) *tamen*, il devait y avoir *semper*, ou après *partes*, *in omnibus formulis* (Hu., Pol.) ; mais ces additions ne sont nullement nécessaires. — Unt. avait proposé *sed vix unquam istae*, ou encore *nec tamen unquam istae*.

niuntur[181]. Certe intentio aliquando sola inve|nitur, sicut in *praejudicialibus* formulis, qualis est qua | quaeritur aliquis libertus sit, *vel* quanta dos sit, et ali|ae complures. Demonstratio *autem* et adjudicatio et | condemnatio nun*quam*[182] solae inveniuntur; *nihil* enim[183] omni|no sine intentione vel *condemna*tione valet ([184]), *item* con|demnatio sine demonstratione *vel* intentione *vel* | adjudicatione[185] nullas vires

---

181. Hu. 4, interpolant : sed (*solae*) quaedam (*tantum*) inveniantur, quaedam non inv. — Mommsen, en note K. et S. : sed <abesse potest una aliaue ; item solae> quaedam inven.

182. A. nunc q.

183. St. confirme la leçon *nihil enim*, donnant les deux abréviations ꝫ ꝫ. — Auparavant, on restituait *enim*, que l'on croyait omis par le copiste.

184. *Demonstratio* est ajouté par tous, et semble, en effet, nécessaire. Les uns placent ce mot après *valet*, les autres après *omnino*, et le croient simplement omis par le copiste ; ce qui est le plus vraisemblable. — Quelques-uns (Scheurl, *Beiträge*, 1852, p. 136 ; Bremer, *Rhein. Museum für Phil.*, 1860, p. 487 ; Blühme, Zeits. f. R. G., t. III, p. 12, Hollweg ; *Röm. Civilpr.*, t. II, p. 229, note 52 (1865) mettent *demonstratio* à la place de *omnino*, qu'ils suppriment.

185. *Locus vexatissimus*. La plupart pensent que le texte de G. a été ici altéré par un copiste inattentif et par un correcteur maladroit. — Très-peu (Gö. 2, Kl., Hef., Bö. 1, Blond., Lab., Dom.) l'ont donné tel qu'il se trouve au ms., lequel ne présente d'ailleurs ici aucune difficulté de lecture. — Les corrections (suppressions, additions, transpositions) sont très-diverses : — 1) Déjà Niebuhr et Brinckmann trouvaient défectueux *vel adjudicatione*. — 2) Unt. : item condemnatio *uel adjudicatio* sine demonstratione uel intentione nullas uires habent ; suivi par Hollw. (*ubi supra*, note précédente), Bö. 5, Gir., A. et W., qui maintiennent *habet* du ms. — 3) Gö., en note,

15 hab*et*, et[186] ob id nun*quam* so|lae inveniuntur.
45. | *Sed* eas quidem formulas in qu*ibus* de jure

préférait : item *adjudicatio* uel cond. sine dem. uel intent. nullas; et Lach- : (*adjudicatio autem*), item cond., sine intent. nullas. — Au texte, Lach. (Gö. 3) plaça entre crochets les mots qui lui semblaient fautifs, de manière à ne conserver comme véritable texte que : « item condemnatio sine intentione nullas »; suivi Pell. tr. ma., Bö. 4, Gn. 1, Pos. — 4) Scheurl, *Beiträge*, p. 136 : item cond. sine dem. vel. intent., vel | adjudicatio [*sine dem. et intent. et condamnatio*]ne nullas; suivi Pol. — 5) Hu. 1-4 : item cond. uel adjud. sine intentione nullas; en note, Hu. 4 remarque que, dans les revendications et dans les *condictiones certi*, il n'est pas vrai de dire que la *condemnatio* n'ait pas de force sans *demonstratio*. — 6) Bremer, *ubi supra* note précédente : nihil (*enim dem.*) sine intent. uel cond. ualet; (*item adjud. sine dem. et intent. nihil valet*) : item cond. sine dem. uel int. nullas. — 7) K. et S. : item cond. sine dem. uel int., uel adiudica<*tio item sine dem. uel inten*>tione nullas; suivi Gn. 2. — 8) Muir. : item cond. sine dem. uel int., uel adiudica[tio sine dem. et inten]tione nullas.

Est-il vraiment impossible d'entendre le passage tel qu'il est au ms.? — Goud. essaye de l'expliquer, sans y rien changer, en l'entendant des *judicia divisoria*. Selon lui, Gaius aurait dit : Une *cond.* n'est pas valable sans *dem.* ou *intent.*, ou même quelquefois sans *adjudicatio*, savoir dans les *judicia divisoria*; et précisément comme, dans les actions divisoires, l'*adjudicatio* est inséparable des autres parties de la formule, Gaius aura pu croire superflu de dire expressément que l'*adjudicatio* ne saurait jamais se trouver seule. — Que s'il fallait absolument corriger le texte, Goud. préfère la leçon qui y fait le moindre changement, savoir celle de Scheurl, à laquelle il retrancherait encore les six derniers mots. — L'explication de M. Goudsmit a d'abord le mérite de ne rien changer à un texte d'une lecture certaine; elle est en outre fort ingénieuse. J'incline à la préférer à toutes les autres.

186. Le ms. porte *habet ob id*. Beaucoup ajoutent *et*, qui semble, en effet, nécessaire ; ils le donnent comme restitution d'un mot que par le copiste aurait omis.

quaeritur, in jus[187] conce|ptas vocamus : quales sunt quibus intendimus nostrum esse a|liquid ex jure Quiritium, aut nobis dare oportere, aut pro fure damnum (—[188]—), quibus ju|ris civilis intentio est. 46. Ceteras vero in factum conceptas | vocamus, id est, in quibus nulla talis intentio concepta[189] | est, initio[190] formulae nominato eo quod factum est, adjiciun|tur[191] ea verba per quae judici damnandi absolvendive po|testas datur : qualis est formula qua utitur patronus[192] contra | libertum[193], qui eum contra edictum praetoris in jus evocavit[194] : || nam in ea ita est : RECUPERATORES SUNTO. SI PARET ILLUM PATRONUM | AB ILLO PA-

---

187. St. confirme *in jus*; on l'avait déjà admis auparavant, en corrigeant le ms., que l'on croyait avoir *uuis*.

188. Tous restituent sans difficulté, comme omis par le copiste, *decidere oportet, in*. — Quelques-uns (Gö. 2, Hu., Gir., Pol., K. et S., Gn., Muir.) ont *decidi*, au lieu de *decidere*, qui se trouve au § 37 supra.

189. L'Ap. a *intentionis concepta*. — 1) Les uns : *intentionis conceptio*, admis par presque tous avant St., et encore depuis, par Hu. 4, Gn. 2, Muir. — 2) Les autres : *intentio concepta* (Pol., K. et S.).

190. On intercale *sed* avant *initio*.

191. A. adiqu|tur. — Tous : *adjiciuntur*, sans difficulté.

192. A. patronos.

193. A. liuertum ; v. IV, note 51.

194. Les uns : *vocavit* ; les autres : *vocat*.

* Page intérieure très-facile à lire.

TRONO[105] LIBERTO[196] CONTRA EDICTUM ILLIUS[197]? *PRAE-TORIS* | IN JUS VOCATUM *ESSE*, RECUPERATORES ILLUM LIBERTUM | ILLI PATRONO *SESTERTIUM* X[198] *MILIA* CONDEMNATE[199]; SI *NON PARET, ABSOLVITE*[200]. Ceterae quo-

---

195. Le mot *patrono* semble une faute; on l'a corrigé de diverses manières. — 1) Gö., Kl., Hef., Bö. 1-3, Blond., Lab., Pell., Gn. 1-2, Pos., A. et W., K. et S. le suppriment; ils ont simplement *ab illo* liberto. — 2) Hu. 1 : *ab illo patroni ejus liberti;* qu'il abandonna bientôt. — 3) Hollw., *Civilpr.*, § 96, note 72 (t. II, p. 319) : *ab illo (illius) patroni liberto;* suivi Bö. 5, Hu. 2-4, Gir., Muir. — 4) Pol. : ab illo patron*i* liberto; leçon à laquelle j'inclinerais volontiers, comme à celle qui fait le moindre changement au ms., s'il ne me semblait plus probable que l'on doit placer ici, devant *patroni* (remplaçant *patrono*), le mot *illius* qui est à supprimer devant *praetoris;* v. la note 197 *in fine*. — 196. A. liuerto; v. IV, note 51.

197. La plupart maintiennent sans observation *illius praetoris,* certain au manuscrit. — S'il faut en effet le conserver, il en résulte que, dans les actions de cette nature, le *nom du préteur* figurait dans la formule, à côté de celui des parties; ce qui serait fort remarquable. — Mais c'est fort douteux. — M. Muir. pense que le nom du préteur ne devait pas plus figurer dans ces formules que dans aucune autre; selon lui, le mot *illius,* qui est devant *praetoris,* est précisément celui qui manque, à la même ligne du ms., devant *patroni liberto* (v. la note 195). La conjecture de M. Muir. me semble vraisemblable.

198. Au lieu de X *milia*, Savigny, *System*, t. 5, p. 79, veut V *milia* (d'après le § 3 Inst. IV, 16, *quinquaginta aureorum* et autres textes). Il a été approuvé par Hu. Beiträge, p. 141, note 68; mais dans ses édit. de J. A., Hu. conserve X *milia*.

199. Quelques-uns (Gö. 1-2, Kl., Hef., Blond., Lab., Dom., Bö. 1): *condemnanto,* et ensuite *absolvunto;* on croyait d'abord que le ms. avait condemnate. — Hollw. ayant lu *condemnate,* tous l'ont admis; St. l'a confirmé.

200. Le ms. a seulement s i n p a (dans cet exemple et dans la plupart des formules qui suivent, la première des lettres de chaque mot a seule été écrite).

que | formulae qu*ae* sub titulo de in jus vocando
propositae s*unt*, | in factum conceptae sunt : v*e*l*ut*
adversus eum q*ui* in jus | vocatus neque venerit,
neq*ue* vindicem dederit; i|tem contra eum q*ui* vi
exemerit eum q*ui* in jus vocare|tur [201]; et deniq*ue*
innumerabiles [202] ejusmodi aliae for|mulae in albo proponuntur. 47. S*ed* ex q*ui*busdam causis praetor | et
in jus et in factum *conc*eptas formulas proponit, ve-
l|uti [203] depositi et commodati. Illa *enim* formula q*uae*
ita con|cepta *est* : JUDEX ESTO. QUOD AULUS AGERIUS
APUD NUMERIUM NEGIDIUM MENSAM | ARGENTEAM DE-
POSUIT [204], QUA DE RE AGITUR [205], QUIDQUID OB E|AM
REM NUMERIUM NEGIDIUM AULO AGERIO DARE FACERE
OPORTET [206] EX FIDE BONA, EJUS [207] ID [207] JUDEX NUME-

---

201. Au lieu de *vocatur*, St. a lu *uocaretur*. — Goud. trouve préférable *vocaretur*, qui est donné par Pol. et Hu. 4 ; — K. et S., Gn. 2, Muir., conservent *vocatur*.

202. A. innumerauiles ; puis aluo ; v. IV, note 51.

203. A. ueleti.

204. A. deposuisset ; Gö. et tous après lui : *deposuit*.

205. Tous, sauf Pol., regardent les mots *qua de re agitur* comme ayant fait partie de la formule. — Le ms. porte *itagit*, dont tous font *agitur*.

206. Le ms. porte n̄.naadfco. — Avant St., au lieu de fco, on avait lu f̄eo. — Hu. 1-2, pensant que fē ne peut être l'abréviation de *facere* et que le copiste avait commis la faute d'écrire *fe*, au lieu de *fp*, qui se trouvait à l'original, proposa : *facere paret oportere* (le mot *paret* lui semblant essentiel, Beiträge, p. 165). Il fut suivi par Bö. 5, Gir. — D'après la leçon lue par St. *fc*, il adhère (Hu. 4) à la leçon communément admise : *facere oportet*.

207. Certains au ms., les mots *ejus id*, ont été très-diversement entendus. — 1) Les premières éditions donnent : ex fide

RIUM NEGIDIUM | AULO AGERIO CONDEMNATO n r (?)[208] :
SI NON PARET ABSOLVITO, in jus concepta e*st*. At illa |
formule q*uae* ita concepta e*st :* JUDEX ESTO. SI PARET

---

bona ejus, id judex; ainsi Gö. 1-2, Kl., Hef., Bö. 1, Blond., Lab., et encore Dom. — 2) Hu., d'après deux formules de la loi Rubria qui ont *ejus, judex*, sans le mot *id* (v. ch. xx, de la lex Rubria, Gir., *Enchirid*, p. 614; Bruns, *Fontes*, p. 92), a pensé que le mot *id* n'était ici qu'une répétition pour *judex*, dont il pouvait être une abréviation. En conséquence, il le supprima et lut : ex fide bona, ejus, judex. (V. les *Beiträge*, p. 232-235, et J. A. 1-4.) — Cette leçon fut suivie par la plupart : Gö. 3, Lach., Bö. 3-5 (qui, en note, dit : *id* peut-être pour *rei*), Gn. 1-2, Gir., Pos., A. et W., K. et S., Muir. *Adde* en ce sens, l'*Index notarum* de St., qui donne spécialement (p. 273, ligne 31) *id. iudex* pour *iudex*. — 3) Pell. tr. tout en admettant au texte *ejus judex*, préférait retrancher *ejus* et conserver *id*, construction qu'il estime plus conforme à celle qu'emploie habituellement G.; cpr. les §§ 48-51. Dans le *Manuale*, il donne : ex fide bona [ejus], id judex. — 4) Pol. s'accorde avec Hu. pour rapporter *ejus*, non à *fide bona*, mais à *condemnato*, en sous-entendant *nomine*, mais il conserve *id*, qui signifie, selon lui, *idem*, c'est-à-dire *idem judex*. Il pense que le nom du juge était répété à cet endroit de la formule; par exemple, si la formule commençait par *C. Gallus iudex esto*, il y avait ici : *ejus, C. Gallus iudex, Num. Neg.*, etc. — A l'appui de la conjecture de Pol., il convient de remarquer que le ms. n'a pas simplement *id*, mais qu'un point se trouve après (savoir : id.); or, il arrive souvent que le *point* représente une ou plusieurs lettres. Il est vrai que, souvent aussi, les points du ms. se trouvant après des mots où il ne manque rien, il faut reconnaître qu'ils peuvent n'avoir aucune valeur. — Sur le mot *ejus* avant *judex, adde* ci-après la note 214.

208. Les lettres *n r*, certaines au ms., ont été dans les premières éditions remplacées par des * ou par des points : Gö. 1-2, Kl., Hef., Lab. — Hef., en note et avec doute : *np? numerata pecunia?* — Hu. (Studien) proposa *nisi restitutat*, que presque tous ont admis depuis. — Toutefois, Blond. et Pell. ne l'insèrent

AULUM AGERIUM A|PUD NUMERIUM NEGIDIUM MENSAM ARGENTEAM DEPOSUISSE, EAMQUE DOL|O MALO NUME-RII NEGIDII AULO AGERIO REDDITAM NON ESSE, QUANTI EA RES ERIT, TANTAM | PECUNIAM JUDEX NUMERIUM NEGIDIUM AULO AGERIO CONDEMNATO : SI NON PARET, ABSOLVITO, in factum | concepta est. Similes etiam commodati formulae sunt.

48. Omnium autem formularum quae condemnationem habent, ad pecuniariam aestimationem con-|demnatio[209] concepta est. Itaque etsi corpus aliquod petamus, || velut fundum, hominem, vestem, argentum[210], ju|dex non ipsam rem condemnat eum cum quo actum est, | sicut olim fieri solebat[211], (sed) aesti-

---

pas au texte; Keller en a douté également (Inst., p. 115), ainsi que St. (Index notarum, p. 282, où il constate, en outre, que n p n'a certainement pas été écrit, et où il ajoute que les lettres n r viennent peut-être des lettres qui suivent : snpa). — Muir. remarque que le texte d'Ulpien sur lequel on s'appuie, nisi restituat (l. 1, § 21 Dig., Depositi, 16-3), ne prouve nullement l'insertion de ces mots dans la formule; car l'acquittement en cas de restitution est impliqué dans la bonne foi et il se présente comme une conséquence directe de la règle omnia judicia absolutoria sunt (§ 114).

209. A. condemnationem. — Presque tous : condemnatio, sans tenir compte de nem; les fautes de ce genre sont fréquentes au ms. — Pol. en fait nunc; suivi Muir.

* Page intérieure pour la plus grande partie très-difficile à lire.

210. A. argumentum; d'où l'on a fait aurum argentum. — St. confirme la restitution, déjà admise par Hu. Studien et presque tous, de la l. 1re, en partie illisible avant lui. — Hef. avait proposé : mancipium, vestem, ****** mutatum, c'est-à-dire argentum aes (ou arte) mutatum.

211. St. confirme la leçon sicut olim fieri sol., déjà donnée par Gö., et admise par presque tous, avec addition de sed,

mata re pecuniam eum | *condemnat*. **49**. Condemnatio *autem vel* certae pecuniae in formula | proponitur, *vel* incertae. **50**. Certae pecuniae, *veluti* in ea formula | qua certam pecuniam petimus; *nam* illic ima parte [212] formu|lae ita *est* : JUDEX NUMERIUM NEGIDIUM AULO AGERIO SESTERTIUM X MILIA CONDEMNA : SI NON | PARET; ABSOLVE. **51**. Incertae *vero* condemnatio pecuniae dupli|cem significationem habet. Est *enim* una cum [213] aliqua | praefinitione, *quae* vulgo dicitur *cum taxatione*, *veluti* si incer|tum aliquid petamus; *nam* illic ima parte formulae | ita *est* [214] : JUDEX NUMERIUM NEGIDIUM AULO AGERIO DUNTAXAT SESTERTIUM X MILIA CONDEMNA [215] : SI NON | PARET, ABSOLVE; *vel* incerta

---

avant *aestimata*. (Pol. préfère *at*.) — Quelques-uns (Mayer, Ad. G. Inst., Tubingen, 1853, suivi Bö. 5) lisent : *sed ut olim*; leçon qu'a spécialement combattue Hu. Beiträge, p. 165-171.

212. A. *partae*.

213. L'Ap. a : *quaec*. — On en a fait *quae cum*, ou *cum*, en supprimant *quae*. — Bö. 5 : una qu*idem* cum ; suivi Gir., Muir. — Pol. lit : *qua cum aliq. praef.*; mais il pense qu'après *taxatione* qui suit, le copiste a omis une ligne de l'archétype, savoir : *judici condemnatio permittitur*.

214. 1) Au lieu de faire *est* de la lettre ē, que l'on croyait i̇ʳ, les premières éditions laissaient en blanc ou avaient *concipitur*. — 2) Hu., d'après la loi Rubria, Beiträge, p. 334, note 101, proposa *ejus*, *judex*, après le mot *est*, considéré comme omis par le copiste. Cette leçon fut adoptée par presque tous ; Pell., dans sa traduction, la suivit également; mais dans le *Manuale*, il a simplement *est*, et supprime *ejus*. — 3) Depuis St., tous ont : *est*, sans *ejus*, excepté Hu. 4, qui le maintient, mais qui le donne comme restitué. — V. sur le mot *ejus* avant *judex*, le § 47 et la note 207 *supra*.

215. A. *condemnet*.

est[216] et infinita, ve*lut*[217] si r*em* aliquam a pos|sidente nostram esse petamus, id est, si in rem agamus, | vel ad exhibendum ; nam illic ita est[218] : QUANTI ([219] ⎯⎯⎯⎯⎯) | TANTAM PECUNIAM JUDEX, NUMERIUM NEGIDIUM eid*em* (?)[220] CONDEMNA : SI NON PARET, | ABSOLVITO [221]. **52.** *Qui* dere [⎯⎯⎯][222] judex

---

216. Illisible avant St., le commencement de la l. 13 était ainsi institué : Diversa (ou sed diversa) est, quae infinita est. — La leçon : vel incerta est et infinita, qui résulte de la révision de St., est préférable. — Pol. : [Condemnatio] vero incerta est etiam infinita. — Muir. : vel incerta est et infinita *condemnatio;* ce dernier mot est ajouté pour employer la lettre *c*, donnée par Gö. après *infinita.* V. la note suivante.

217. A. infinit(ac * iut) sch. Gö.

218. A. itae.

219. A. (c*rcicrit) sch. Gö. — Tous : quanti *ea res erit.*

220. L'Ap. St. donne n̄ n eid condemna. — Avant St., on avait lu n̄n ci*; on en faisait : Num. Neg. *Aulo Agerio* cond., leçon encore admise par K. et S., Gn. 2, Muir., qui regardent *eid,* douteux d'ailleurs, comme une glose. — Pol. : eidem (*Aulo Agerio*). — Hu. 4 simplement : EIDEM, ce qui, dit-il, peut s'expliquer, parce que la formule contenait auparavant : *nisi rem arbitrio tuo Aul. Ager. restituat.*

221. A, absoluite; la plupart : *absolvito;* Hu. 4 : *absolve.* — Il est probable que dans tous ces exemples de formules l'original n'avait que la première lettre de chaque mot, et que c'est seulement le copiste qui en aura écrit en entier quelques-uns.

222. La révision de St. laisse douteuses les quatre lettres placées entre *qui de* et *judex.* Il donne : re[ue] sch. Blu.; il n'a lu par lui-même que les deux premières de ces quatre lettres, et encore sont-elles incertaines. — Blu. donnait : reuç; Gö. avait lu : qdcpc*ii. — Leçons diverses. — 1) Hef.

si condemnet[223], certam pecuni|am condemnare debet, etsi certa pecunia in conde|mnatione posita non sit. Debet autem judex attendere[224] | ut cum[225] certae pecuniae condemnatio[226] posita | sit, neque majoris, neque minoris summa[226] posita[227] | condemnet : alioquin litem suam facit ; item si taxatio | posita sit, ne pluris condemnet quam taxatum sit : alias enim similiter[228] litem suam facit; minoris autem damnare[229] || ei permissum est. At si etiam _____ | ___ Legi nequit v. 2 ___ | qui formulam acci**** intendere debet nec am_____ | _____ certa condemnatione constringi *** | ___ r ___ e and _____

(1827) : quod de ea re ei visum est. — 2) Blu. : qua de re. — 3) Hu. (Studien) : *qui de re vero est*, leçon qu'il défendit Zeits. XIII, p. 295, et reproduisit J. A. 1-2, mais qu'il abandonna J. A. 4, comme ne convenant plus à ce qu'il y a au ms. depuis St. Elle fut suivie par Gn. 1, Bö. 3-5, Gir., Pos., A. et W. — 4) Lachm. : quid ergo est; leçon suivie avant St., par Bö. 2 (qui l'abandonna, 3-5 pour suivre Hu.), Pell., et, depuis St., par tous.

223. Avant St., condemnat.

224. Il y a un blanc au ms. entre les deux *t* de *attendere*.

225. A. **cum; tous : *ut cum*.

226. Le ms. est troué après les mots *condemnatio* ligne 20, et *summa* l. 21.

227. Avant St., *petita*. St. donne posita?, mais en note Ap., il dit qu'il n'y avait peut-être rien d'écrit après *posita*. — Tous avait admis *petita*; Hu. 1-2 avait ajouté *nummo*, pour la lettre n̄ qu'il croyait exister. On ne l'avait pas suivi. Hu. 4 abandonne *nummo*.

228. A. taxat [..'sit alis ϕ] | [sim] il*t*r; sch. Blu.

229. A. min(oris at. damna) [re] sch. Gö. et Blu.

* Page extérieure très-difficile à lire.

am accipia ____ | ____ icep ____ us que velit[230].

____ 53. | Si quis intentione plus complexus fuerit, ((causa cadit[231])), | id est, rem perdit; nec a praetore in integrum[232] restituitur, exceptis[233] | quibusdam casibus, in quibus ___ one ___ r. non patitur

---

230. St. n'a pu lire entièrement les l. 1-7, mais ce qu'il en a lu de plus qu'auparavant suffit à écarter la restitution qu'en avait proposée Hu.[1] — Depuis St. — 1) Pol., en note : At si etiam pecunia certa in condemnatione posita sit, tantam pecuniam quanta si debeatur, is (au texte) : qui formulam accipit, intendere debet nec amplius, | iudex enim certa condemnatione constringitur |†|† quo|usque velit. — 2) K. et S. s'abstiennent de restituer au texte ; en note, ils pensent que G. parlait de l'attention que les parties devaient ajouter pour empêcher que la condemnatio fût mal conçue, et qu'il traitait ensuite de la condemnatio infinita, de manière à finir par les mots potest condemnare quousque velit. — 3) Hu. 4 finit ainsi le § 52 : at si etiam taxatio posita non sit, | quanti uelit condemnare potest. Puis il fait un nouveau § 52ª : Unde quia, quod petit, | qui formulam accipit, intendere debet, nec ampliu|s iudex quam certa condemnatione constringitur, sed nec | iterum eandem formulam accipit, qui egit, et in condem|natione certam pecuniam, quam petit, ponere debet, ne consequatur min|us quam uelit. (Ou, pour la fin, en note : ut consequatur eam quo|usque uelit.) Suivi Gn. 2.

231. Restitué d'après Inst. IV, 6, 32, ainsi que les autres passages des §§ 53, 53ª et 53ᵇ mis entre (( )).

232. A. integro.

233. A. excep_____; avant St. la plupart : praeterquam.

---

1. Hu. 1-2 finissait ainsi le § 52, après permissum est : atqui si infinita sit condemnatio, quanti uelit, iudex condemnare potest. Puis il faisait un § 52ª : Unde quibus certae pecuniae dat|ur formula, eandem dari oportere intendere debent, quia iudex tum etiam certa condemnatione constringitur. | Quod si aliud certum quid praeter pecuniam petitur, tantum intentio | iudicem constringit; aestimationem enim facere pot|est, quam uelit. Suivi Gir., avec ? après uelit. — Les autres s'abstenaient de restituer.

* | ** f_____ |_____ l _____ s _____[234]. **53**ᵃ [235].
((Plus autem quatuor)) | modis petitur, re[236], tempore, loco, causa. Re velut ((si quis pro X)) | milibus quae ei debentur XX milia petierit, ((aut)) si ((is, cujus)) | ex parte res esset, totam eam aut majore ex part((e suam)) | esse intenderit. ((Tempore plus petitur, veluti si quis)) | ante ((diem petierit. Loco plus petitur, veluti si quod certo loco)) | dari promissum est, id ((alio loco sine commemoratio))|ne ejus loci petatur, velut si ((quis ita stipulatus fuerit : EPHESI)) | DARE SPONDES? do (?)**[237], Romae p((ure intendat))[238] | d*

[234]. Avant St., la fin de la l. 10 et les l. 11 et 12 étaient entièrement illisibles. On ajoutait généralement, avec Lach., après *in quibus* : *praetor edicto* succurrit ; puis on laissait en blanc. — Hu. 1-2, pour compléter, proposait : *uelut si | minor XXV annorum propter aetatem aut maior magna | causa iusti erroris interueniente lapsus sit*; suivi Gir. — Depuis St., Hu. 4 : ...*in quibus omnes actores praetor non patitur o|b errorem suum damno affici ; nam minoribus XXV annorum sem|per ut in aliis causis et hic succurrit.* Suivi Gn. 2.

[235]. La plupart prolongent le § 53 jusqu'à *causa plus petitur*, et font à ces derniers mots un § 53ᵃ. Je crois préférable, avec Hu. 4 (suivi Gn. 2), de commencer le § 53ᵃ à *Plus autem quatuor*, puis de faire à *causa plus petitur*, un § 53ᵇ.

[236]. A. res.

[237]. Avant St., on croyait que *spondes* était suivi de *despondeo*, dont on faisait *Dare spondeo*. — St. lit : do** Romae. — Leçons diverses : — 1) Pol. *domi* Romae. — 2) K. et S. : *deinde* Romae ; suivi Gn. 2, Muir. — 3) Hu. 4 : *deinde uero* Romae.

[238]. La restitution, d'après le § 33 Inst., de ce qui est demeuré illisible dans les l. 12 à 20, à partir de *plus autem quatuor* jusqu'à *Romae pure*, est admise sans difficulté par tous depuis St., sauf de légères différences dans les termes. — La révision de St. n'a apporté que quelques changements à la restitution

m ✳✳✳ arc̈ïi̇ ————— s ————— | dare mihi oportere (—239—) ————— | (—240—) l (—241—) ————— | (—242—) b (—243—) ————— || petere id est[244] non adjecto loco. 53ᵇ. Causa plus petitur, velut si quis | in intentione tollat electionem debitoris[245], quam is[246] ha|bet obligationis jure ; velut si quis ita stipulatus sit : SESTER-TIUM | X MILIA AUT HOMINEM STICHUM DARE SPONDES?

---

que l'on avait tirée des Inst. — Le reste de la p. 206, à partir de *Romae pure*, soulève des doutes : — 1) Pol., en note : Romae pure intenderit : [si paret] dare mihi oportere, vel etiam si Romae intenderit : si paret Ephesi] *dare mihi oportere; plus enim petere intellegitur,* [quia] | *utilitas solvendi utroque modo promissori adimitur*; utique tamen qui stipulatus fuerit Ephesi dare spondes, Ephesi] recte potest pure (| petere. — 2) K. et S., au texte, laissent en blanc après : Romae p*ure intendat* DARI SIBI OPORTERE ; en note : « G. aurait dit que celui qui, à Rome, a stipulé EPHESI DARE SPONDES ? peut *Ephesi pure petere*. — 3) Hu. 4 : Romae p*ure hoc modo inten|dam* : SI PARET TE SESTERTI[OR]VM X MILIA EX STIPVLATV DARE MIHI OPORTERE ; p*lus enim petere ideo intellegor, quia | utilitatem promissori adimo, quam, si Ephesi da|ret, habiturus esset. Ephesi tamen etiam pure potero* || petere.... Suivi Gn. 2.

239. A. (✳ p̊ ✳✳✳ 1b) sch. Gö.
240. A. (pu) sch. Gö.
241. A. (✳ii✳✳dcii✳r) sch. Gö.
242. A. (✳s✳✳✳) sch. Gö.
243. A. (✳.✳d cic✳e✳✳icpl) sch. Gö.
✳ Page extérieure non difficile à lire, excepté les dernières lignes.

244. A. id̄ēï.
245. A. deuitoris ; v. IV, note 51.
246. Tous admettent *quam is* ; le ms. paraît avoir qu, abréviation de *quamvis*, mais *u* est douteux.

5 deinde alter|utrum²⁴⁶ ᵇⁱˢ ex his petat; nam quamvis petat quod minus est, plus tamen | petere videtur, quia potest adversarius interdum facilius | id praestare quod non petitur. Similiter si quis genus stipula|tus sit, deinde speciem petat; velut si quis purpuram stipu|la-
10 tus sit generaliter, deinde²⁴⁷ | Tyriam specialiter petat : quin etiam licet²⁴⁸ vilissimam petam, | idem juris est propter²⁴⁹ eam rationem quam proxime diximus. | Idem juris est, si quis generaliter hominem stipula|tus sit, deinde nominatim aliquem petat, velut Stichum, | quamvis vilissimum. Itaque sicut ipsa stipu-
15 latio concepta | est, ita et intentio formulae concipi debet²⁵⁰. 54. Illud satis | apparet, in incertis formulis plus peti non posse, quia, | cum certa quantitas non petatur, sed quidquid adversari|um dare facere oportet²⁵¹ intendatur, nemo potest plus intendere. Idem | juris est, et si in rem incertae partis actio data sit,
20 velut ta|lis²⁵² QUANTAM PARTEM PARET IN EO FUNDO,

---

246 bis. Quelques-uns ajoutent solum : Hu., Bö. 5, Gir.

247. Entre deinde et Tyriam, le ms. a une demi-ligne en blanc.

248. A. l c t.

249. A. papp.

250. A. deuet; v. IV, note 51.

251. A. oporteret ; les uns : oportet; d'autres : oporteat, ou oportere pareat ; quelques-uns seulement : oporteret.

252. Avant St., on avait lu : uutsi | tr.; d'où les uns : velut si heres — pareat ipsius esse ; les autres : velut potest heres — nescius esse, ou velut si — nescius esset, ou encore si — ipsius esse intendat. — Depuis St., qui a lu tales tous, : talis — actoris esse.

QUO DE AGITUR, | actoris[253] ESSE[254], *quod* genus *ac*tionis in paucissimis causis dari solet.

55. Item palam e*st*, si quis aliud *pro* alio intenderi*t*, | *nihil* eum periclitari, eum*que* ex integro agere *po*sse quia | nihil ante videtur egisse[254], *velut* si is qui hominem Stichum || petere debet, Erotem petierit ; *aut* si quis ex *testamento* dare | sibi[255] *oport*ere intenderit, cui ex stipulatu debeba*tur*[256] ; | *aut* si cognitor a*ut* procurator intenderit sibi[255] *dare* o*port*ere.

56. Sed plus *quidem* intendere, sicut supra diximus, periculosu*m* | est; minus a*utem* intendere *licet:* sed de reliquo intra ejus|dem *prae*turam agere n*on* *p*ermittitur; *nam* qui ita agit, *per* ex|*cept*ionem excluditur, *quae* exceptio appellatur litis dividuae.

57. | At si in condemnatione[257] plus petitum[258] sit

---

253. Avant St., on avait lu : a∗ccius ; d'où *ipsius* ou *nescius*; v. la note précédente. — Depuis St., tous : *actoris*.

254. Avant St., la première moitié de la l. 24 avait été restituée de diverses manières, d'après ce qu'avaient donné Gö. et Blu. — 1) Unt. : *nihil in judicium deducitur*; suivi Hollw., Gn. 1, Pell. ma., Pos., A. et W. — 2) Blu. : *de eadem re agi non uidetur*. — 3) Hef. (1827 ; non reprod. 1830) : *per errorem nihil agi-iudicio videtur*. — 4) Hu., Studien et J. A. 1-2 : *cum re etiam antiqua actio remanet;* suivi Gir. — 5) Bekker (*Processual. Consumpt.*, p. 25) : *alia plane res esse videtur.* — Gö., Kl., Bö., laissaient en blanc. — Depuis St., tous : *nihil ante videtur egisse.*

∗ Page intérieure très-facile à lire.

255. A. siui ; v. iv, note 51.
256. A. deberedebat'. — 257. A. condemnationem.
258. Au lieu de *petitum*, certain au ms., plusieurs (Hollw., Gö. 3, Pell., Pol.) veulent *positum;* Hu., qui avait d'abord repoussé *positum*, Zeits. xiii, p. 297, et J. A. 1-2, l'admet dans sa 4ᵉ édition.

quam oportet, a|ctoris quidem[259] periculum nullum est, sed ([260]) iniquam formu|lam acceperit, in integrum restituitur, ut minuatur con|demnatio. Si *vero minus positum fuerit quam oportet, hoc solum* | ([261]) consequitur *quod posuit: nam tota quidem res in judicium deducitur,* | *constringitur autem* condemnationis fine, *quam judex egre|di non potest. Nec ex ea parte praetor in integrum restituit*; facilius *enim* | reis *praetor* succurrit *quam* actoribus. Loquimur *autem* exce|ptis minoribus XXV annorum; nam hujus aetatis hominibus | in omnibus rebus lapsis *praetor* succurrit.=

58. Si in demonstratione plus *aut* minus positum sit, | *nihil* in judicium deducitur, et ideo res in integro ma|net; et *hoc est quod* dicitur, falsa demonstratione rem non | perimi. **59.** Sed *sunt* qui putant minus recte[262] *con*prehendi, ut[263] | qui forte Stichum et Erotem emerit, recte videtur ita | demonstrare: QUOD EGO DE TE HOMINEM EROTEM EMI; et | si velit, de Sticho alia formula id[264] agat; quia *verum est eum*

---

259. A. qa; tous: *quidem*.

260. Le copiste a omis ici quelque chose; la plupart intercalent *reus, cum;* ou *et reus, cum,* ou *reus, si,* ou simplement *si* ou *qui,* ou encore *reus, quia.*

261. On intercale *actor.*

262. A. rectae.

263. Avant St., *nam.*

264. Au lieu de *id* du ms., la plupart (Gö. 3, Pell., Bö., Gn. 1, Pol.): *idem;* Hef., en note, propose *iudicio,* ou *edicti;* Hu.: d'abord *deinde,* dans les *Studien,* puis J. A. 1-2, *empti* (suivi Gir.), enfin *iterum;* Hu. 4, suivi Gn. 2. — K. et S. suppriment *id;* suivi Muir. — Pol. supprime *alia formula.*

‖ qui duos emerit, singulos quoque emisse : idque ita maxime Labeoni[265] visum est. Sed si is qui unum emerit, | de duobus egerit, falsum demonstrat. Idem et in | aliis actionibus est, velut commodati et depositi. 60. Sed nos | apud quosdam scriptum invenimus, in actione de|positi, et denique in ceteris omnibus ex quibus damnatus | unusquisque ignominia notatur, eum qui plus quam oporteret de|monstraverit, litem perdere : velut si quis, una re[266] de|posita duas pluresve[267] deposuisse demonstraverit; | aut si is cui pugno mala percussa est, in actione injuria|rum etiam[268] aliam partem corporis[269] percussam sibi[270] demonstraverit. Quod an debeamus[270] credere verius esse, | diligentius requirimus. Certe[271] cum duae sint depo|siti formulae, alia in jus concepta, alia in factum, sicut | supra quoque notavimus, et in ea quidem for-

---

* Page intérieure pour la plus grande partie non difficile à lire, quoique trois fois écrite.

265. A. laticoni, les lettres *tic* incertaines, mais plus probables que *ue*, St. note A. — Tous : *Labeoni*.

266. A. rei.

267. Avant St., on avait lu *resres deposuisse*. — St. confirme *plures*, proposé par Hu. Zeits. xiii, p. 298. — La plupart ajoutent *se*.

268. Avant St., *esse*; ce qui, au lieu de *plus demonstrare*, était *aliud pro alio demonstrare*.

269. A. corporalis, corrigé.

270. A. siui; deueamus ; v. iv, note 51.

271. A. certae.

mula quae i|n jus[272] concepta *est*, initio *res* de qua agitur demonstratorio modo[273] designetur, deinde inferatur juris conten|tio his verbis : QUIDQUID OB EAM REM ILLUM ILLI[274] DARE | FACERE OPORTET ; in ea[275] vero quae in factum concep (——[276]——) niti | (——[277]——) entionis alio modo[278] res de qua agitur designetur | his verbis :

---

272. A. q̃ (ua) e in|nius. — Hu. 1-2 ajoute *tantum* avant *in jus*; suivi Gir. ; mais Hu. 4 abandonne *tantum*.

273. 1) Avant St. : *demonstratur tum*; dont on faisait *demonstretur tum*. — 2) On s'est demandé si G. a pu employer l'expression *demonstratorio modo*, dont il ne semble pas y avoir d'autre exemple. — St. la donne comme tout à fait certaine au ms.; Goud., Pol., K. et S., Muir., n'hésistent pas à l'accepter. — Goud. fait remarquer qu'elle contredit la théorie d'une prétendue *designatio* qui aurait été distincte de la *demontratio* : Cpr. Zimmern, *Gesch. des röm. Privatr.*, t. 3, § 53, p. 153 ; Hu. *Beiträge*, p. 221-2 ; Keller, *Röm. Civilproc.*, § 39, note 445 (p. 172 de la trad. Capmas). — Mais Hu. 4 ne croit pas possible que G. ait ainsi parlé : il donne : demonstretur, id *est* modo designetur. — Gn. 2. : demonstrat*ionis* modo. — Il ne me semble nullement impossible que G. ait dit *demonstratorio modo*; ces termes ont le mérite de former très-bien opposition avec *alio modo*, qui se trouve un peu plus bas, et qui est également dû à la révision de St. — V. ci-après la note 278.

274. Avant St., *mihi*. — Hu. Zeits. XIII, p. 298, et J. A. 1-2, intercale *paret* (après *quidquid*, Zeits. ; après *illum*, J. A.) et ensuite *oportere*, au lieu de *oportet*; suivi Gir. — Dans sa 4ᵉ édit., Hu. abandonne *paret*.

275. A. eam.

276. A. (***, sio i o * i) sch. Gö.

277. A. (oii*i) sch. Gö.

278. Dans les l. 19-20, St. donne quelques mots ou lettres qu'on n'avait pas lus auparavant; pour le reste, il reproduit les sch. de Gö. — Elles avaient donné lieu à diverses leçons :

SI PARET ILLUM APUD (279) ILLAM DEPOSUISSE, du|bitare *non* debemus, quin, si quis, in formula quae in | factum composita *est*, plures res designaverit *quam* de|posuerit, litem *perdat*, quia in intentione plus posuit.²⁸⁰. ||────── Legi nequeunt 24 versus ──────
||────── Legi nequeunt 24 versus ²⁸¹ ──────

1) Gö., Kl., en note : *sine demonstratione in intentione,* inséré au texte Pell. ma.—Modifié par Hef., qui ajoute *ipsa* devant *intentione* (suivi Blond., Lab., Dom., A. et W.)—Hu. (Studien), préfère : *et intentione;* Bö. 1, en note : *quasi intentione.* — 2) Lach., en note Gö. 3 : *simul in intentione qvod factum est et res.* — 3) Puchta (*Verisimilium,* c. IV, p. 18.) : concepta *esse dicitur, non demonstretur* res, *de qua agitur, sed* designetur. — 4) Hu. Zeits. XIII, p. 299 : *statim initio ante condemnationem.* — 5) Bö. 3-5, d'après Blu. (Zeits. f. Rg. III, p. 458) : *statim initio intentionis loco;* suivi Gn. 1, Pos. — 6) Hu. 1-2 : *statim initio intentionis modo;* suivi Gir. — Depuis St. (qui, en note A., a dit qu'au lieu de ce qu'a donné Gö. (v. la note 276) on peut admettre *taestami*), tous admettent *statim initio intentionis alio modo.*

279. L'Ap. a : illum apud illam.; *m* corrigé. — Hu. Zeits XIII, p. 300, pense que le copiste a omis *illum rem* et restitue *si paret illum apud (illum rem) illam depos.;* suivi Bö. 3-5, Gn. 1-2, Gir., Pos., A. et W., K. et S., Muir. — Cette leçon me semble de beaucoup préférable à la leçon *illum apud illum* (admise par Gö., Pell., Pol.).

280. A. pl*s(p)o****. — Les uns : *posuit,* avec ou sans *quam oportebat;* les autres : *posuisse videtur,* ou *quodammodo videtur.*

** Pages extérieures, où St. n'a pu voir que quelques lettres ou ombres très-incertaines.

281. On s'accorde à admettre que le sujet traité par G. dans les deux p. 210, 211, correspondait à celui dont traitent les §§ 36-39 des Inst. IV, 6. Quelques-uns (Hef., Hu., Pell., Gir., Gn.) donnent, en tout ou en partie, au texte ou en note, le texte de ces §§ 36-39, avec quelques modifications. — Pol. croit, en outre, que G. traitait, avant la compensation, de l'action *de peculio,* à cause du renvoi contenu dans le § 69 *infra.* — Il

212
63 v
ter s.
＊

‖ 61. ...continet*ur*, ut habita ratione ejus q*uod* invicem acto|rem ex eadem *causa praestare* oporteret²⁸², in reliquum eum cum | quo actum *est*, condemnare²⁸³.

62. S*unt autem bonae* fidei judicia haec : ex em|pto vendito, locato conducto, negotio*rum* gestorum, | mandati, depositi, fiduciae, pr*o* socio, tutelae, pu

acu✱ | dati (?)²⁸⁴ pii ✱✱ eliuer ✱✱²⁸⁵. 63. .....tam*en*

---

est évident que les p. 210, 211, contenaient quelque chose de plus que ce qui forme les §§ 36-39 des Inst.; mais dans l'état actuel du ms., il n'est pas possible de préciser davantage.

＊ Page intérieure difficile à lire pour la plus grande partie.

282. Au lieu de *praestare oporteret,* Hu. Zeits. XIII, p. 300, a proposé *oportere pareat* (puis, dans sa J. A. 1-2, *oportere paret*; suivi Gir.); ce qu'il abandonne dans sa 4ᵉ édit.

283. La révision de St. confirme la restitution que, d'après le § 39 des Inst., on avait admise des l. 1-3, presque entièrement illisibles.

284. Le copiste a répété (l. 6) *dati depositi fiduciae psociotutelae,* qu'il venait d'écrire dans la l. précédente.

285. Dans les l. 5 et 6, St. n'a lu en plus que les lettres incertaines qui suivent dans les deux lignes le mot *tutelae.* Sa révision confirme la conjecture de Baumbach, savoir que le mot *depositi* se trouvait répété à la l. 6, après le second *dati.* — 1) Gö. 1, au lieu de *depositi*, répété, avait donné *depensi,* et pour le reste, seulement des ✱. — 2) Hef. (1827 et 1830) : tutelae, *rei uxoriae, commo*dati; suivi Blond., Lab., Bö. 1, Dom. — 3) Kl. laisse en blanc; il croit que le copiste a omis plus que ne restitue Hef. — 4) Gö. 3, Lach. ajoute seulement à *tutelae: commo*dati; suivi Pell., Bö. 3, Gn. 1, Pos., A. et W. — 5) Hu. Beiträge : tutelae, pignoris dati (*familiae erciscundae, communi dividundo, praescriptis verbis*); reproduit J. A. 1, suivi Bö. 5, Gir. (*Pignoris dati,* déjà proposé par Savigny, avait été révoqué en doute par Unt.). — 6) Pol. ajoute seulement à *tutelae*: pro *uxore*; ce qu'il essaie d'établir *Mnemosyne,* IV, p. 124 et suiv. — 7) K. et S. : tutelae, < *rei*

judici, nullam omnino invicem conp*e*nsatio|nis ratio-

nem haberent ra̲r̲t̲a̲e̲ formulae ve*r*b̲i̲s̲ | p̲r̲a̲e̲c̲i̲p̲i̲t̲u̲r̲ [286];
(above line: i p ps c / i o)

---

uxoriae, commodati, pigneraticium, famil. ercisc., comm. divid. >, *praescriptis uerbis;* suivi Muir. — 8) Hu. 4 : tutelae, rei uxoriae, alia ; suivi Gn. 2. (Hu. rétracte ainsi l'opinion qu'il avait exprimée, Beiträge, p. 172, savoir que G. avait pu omettre l'action *rei uxoriae*, parce qu'elle était régie par un droit spécial.

286. La première moitié du § 63 demeure incertaine, bien que la révision de St. donne plusieurs mots ou lettres non lus auparavant. — 1) Gö. 1, au texte laissait en blanc; en note, « sententia haec est : in b. f. iudiciis arbitro, ut compensationis rationem habeat, *non* formulae verbis praecipi ». — 2) Hef. (1827 et 1830) : *In his* quidem iudici nullo modo *est iniunctum* compensat. ration. habere : *neque enim* formul. verb. praecip. ; suivi Blond., Lab. Dom. — *Injunctum* était critiqué par Kl., en note : « quod enim officio iudicis continetur, id ei *injunctum esse* videtur, sed non *iniungitur* formula ». — 3) Hu. Studien : In his iudici *in damnando reum* (ou *condemnando*) comp. rat. habere, non *quidem* form. verb. praecip. — 4) Gö. 3 et Lach. (partie au texte, partie en note) : *Tamen* iudici nullam *etiam interdum* comp. rat. hab. licet, neque enim form. verb. praec. — 5) Scheurl, Beiträge, p. 152, 271 : Tamen iudici nullam (*licere videtur*) comp. rat. hab. (*nisi ipsis ei*) form. verb. praecip. — 6) Hu. Beiträge, p. 173 : Iudici tamen *horum* bon. fid. iudiciorum conp. rat. hab. non quidem f. v. pr. — 7) Bö. 4 : Iudici *quidem in condemnatione* conp. rat. hab. *non ipsius* f. v. praec. — 8) Bö. 5 : In his *quidem* iudici nullo modo *est praeceptum* inuicem comp. rat. hab., scilicet *ei* hoc *non ipsius* form. verb. praec. ; suivi Gir. — 9) Pell. ma. : *In his* tamen judici, *hujus modi* comp. rat. hab., *non ipsis quidem* form. v. praec. — 10) Hu. 1-2 : Iudici tamen hor. iudicior. comp. rat. hab. *non ipsis* form. v. praec. — 11) Goud. : Quamvis a reo compens. opposita non fuerit, *non* tamen judici *nullam omnino* invicem comp. rat. hab. ⸺ form. verb. praec. — 12) Pol. : [Datur] liber*tas* | tamen iudici nullam omnino invicem comp.

sed quia id bonae fidei judicio conveniens videtur,
10 id.²⁸⁷ of|ficio ejus contineri creditur.

64. Alia causa est illius actionis | qua argentarius experitur; nam is cogitur cum conpen|satione agere, et ea²⁸⁸ conpensatio verbis formu|lae exprimitur²⁸⁹. Adeo quidem ut itaque²⁹⁰ ab initio conpensatio|ne
15 facta, minus intendat sibi dare oportere. Ecce | enim si sestertium X milia debeat²⁹¹ Titio, atque ei XX debeantur, sic²⁹² in|tendit : SI PARET TITIUM SIBI²⁹¹ X MILIA DARE OPORTERE AMPLIUS QUAM IPSE | TITIO DEBET²⁹¹. **65.** Item [de]? bonorum emptor²⁹³ cum deduc-

---

rat hab., neque [enim] in parte form. ver. praec. — 13) K. et S., au texte : <⸺> tamen iud. nullam omn. inuic. conp. rat. habere ⸺ form. v. pr. ; en note, *verba corrupta esse uidentur, inerat haec sententia* : In his tamen, etc., rat. habere diserte (*spatium* in C. sufficit e. g. ad *disertae* litteras *capessendas*) for. v. pr. — 14) Hu. 4. corrigeant, transposant et supprimant : Ver*u*mtamen iudici comp. rat. hab. nulla *in* parte for. v. pr. ; suivi Gn. 2.

287. La plupart, avec Lach. *ideo*.

288. Avant St., on avait lu : ol✳✳✳; d'où l'on avait fait *cum*, ou *ita ut*, ou (la plupart, avec Lach.) *id est ut*.

289. Avant St. : *comprehendatur*.

290. Avant St. : *Itaque argentarius*. — Depuis St., qui ne donne que comme douteux *oqduitaque* : — 1) Goud. *adeo ut argentarius*. — 2) Pol., Hu. 3 : adeo quidem, ut *statim*. — 3) K. et S., Gn. 2 suppriment *itaque*.

291. A. *deueat*, et plus loin, au même §, *siui* et *deuet*; V. IV, note 51.

292. Avant St. : *debeat Titius, ita*.

293. St. confirme : item debec' deductione, déjà lu auparavant, avec cette seule différence que *e* qui suit *d* est douteux et pourrait être *c*. — Leçons diverses. — 1) Gö. 2, Hef. Kl., Blond., Lab., Dom. : Item debet cum ded. ag. *velut* bonorum emptor ita, ut. — 2) Blu., Bö. 1 : Item*que* bonor. empt. cum ded. ag. *debet, ita*

tione agere jube | *tur, id est* ut in[294] hoc solum adversarius *ejus*[295] condemnetur, quod su|perest, deducto eo quod invicem ei bonorum emptor defraudatoris no|mine debet[296].

66. I*nter* conpensation*em autem, quae* argentario op|ponitur[297], et deduction*em, quae* objicitur bonorum emptori, illa*[298] differen|tia est, q*uod* in conpensation*em* hoc solum vocat*ur*, quod ejusdem | generis et naturae est, v*eluti* pecu*nia* cum pecu*nia* conpen|setur, triticum cum tritico, vinum cum vino ; adeo || ut quibusdam

---

ut. — 3) Gö. 3, Lach., Pell. tr. et ma. 1, Bö. 3, Gn. 1, Pos., A. et W. : Item ✱✱ bon. cmpt. cum ded. ag. *debet, id est*, ut (remplacent *debet* par *jubetur*, Bö. 5, Pell. ma. 3-6). — 4) Hu. Beiträge : Item *edicto* b. e. c. ded. a. *jubetur*, qu'il reprod. J. A. 1 ; mais J. A. 2, il préféra *item sic* ; suivi Gir. — 5) Pol. : Item de [*fraudatoris utique nomine*], bon. e. c. d. a. iube|*tur, id est ut.* V. *Mnemosyne,* IV, p. 126. — 6) K. et S. simplement : Item *bon.* e. c. d. a. iubetur, *id est, ut ;* en ne tenant pas compte de *de* qui précède *be* (*bonorum emptor*) ; suivi Hu. 4, Gn. 2, Muir.

294. A. [ii...in] sch. Blu. ; — en note A., St. dit l'espace suffisant pour *tieutin ;* — admettent tous, *jube|tur, id est, ut in.*

295. Avant St., on avait lu *c'demnet*, d'où simplement *condemnetur.* — St. donne : e' 7 demnet' ; d'où *ejus condemnetur.*

296. La révision de St. confirme la leçon proposée par Hu., Beiträge, et adoptée par Bö. 5, Gir. — Les autres avaient *tibi-debet*, les plus anciennes édit. ; — *sibi-debetur*, depuis Gö. 3.

297. St. confirme *opponitur*, déjà conjecturé par Hugo, et adopté par plusieurs (Hu., Gir.). — Les autres, d'après ce qu'on croyait au ms., *interponitur ;* Lach. avait proposé *proponitur.*

298. A. illac.

✱ Page intérieure très-facile à lire.

placeat, non omnimodo vinum cum vino, aut | triticum cum tritico conpensandum, sed ita si ejus|dem naturae qualitatisque sit : in deductionem autem | vocatur et quod non est ejusdem generis; itaque si
5 vero pecuniam | petat bonorum emptor, et invicem frumentum aut vinum is[299] debeat, deducto core[300] quanti id erit, in reliquum ex|peritur. 67. Item vocatur in deductionem et id quod in diem de|betur :

---

299. Ce passage, depuis *itaque si* jusqu'à *is debeat*, où St. confirme *vero* (en abrégé $\overset{o}{u}$) et *is* (lus auparavant, mais contestés), a paru à plusieurs renfermer des fautes ou des lacunes. — 1) Les premières édit. avaient *si pecuniam* et ensuite *tibi debeat;* puis on a remplacé *tibi* par *is* seul, ou par *is ipse;* enfin, depuis Hu., Beiträge, on admettait généralement : *si a Titio* pecuniam, et ensuite *Titio* debeat (Bö. 5, Hu. 1-2, Pell. ma. 3-6, Gir.). — 2) Depuis St., Pol. : *itaque sive pecunia*, puis *is debeat*, mais en croyant qu'il y avait entre *is* et *debeat* : *cuius bona emit, debeat, sive frumentum aut vinum petat et invicem pecuniam is.* — 3) K. et S., au texte : itaque < si _____ >, si vero pecuniam, etc.; en note, ils indiquent, comme omis peut-être par *homoeotel.* : < si frumentum aut uinum petat bon. emptor et inuicem defraudatoris nomine pecuniam is debeat, quanto amplius ea pecunia id frumentum aut uinum erit, in condemnatione ponitur; > si vero, etc. — 4) Hu. 4 croit qu'il faut transposer *vero*, pour maintenir *is debeat*, il donne : si pecuniam pet. b. empt., et inuicem uero frument. a. vinum is debeat; suivi Gn. 2. — 5) Muir. se borne à retrancher du texte *vero*. — 6) Goud. en fait *verbi causa*, le ms. ayant peut-être $\overset{c}{u}$, au lieu de $\overset{o}{u}$.

300. Avant St. deduc$\overset{t}{\text{i}}$io$\overset{c}{\text{r}}$e. — Ce qu'a lu St. n'est ni plus certain, ni plus satisfaisant que ce qu'on avait lu auparavant. En note A., St. dit qu'il paraît y avoir eu d'abord au ms. *deductiore*, puis par correction, *deductoiure*. — 2) La lettre qui, dans

conpensat*ur* autem hoc solum q*uod praesenti* die de-
be|t*ur*[301]. **68.** Praeterea conpensationis[302] q*uidem* ratio
in intentio|ne ponitur ; ===== quo fit ut, si facta con-
pensatione plus nummo uno | intendat argentarius,
c*ausa* cadat et ob id rem *perdat* : | deductio v*ero* ad
condemnatio*nem* ponit*ur*, quo loco plus | petenti pe-
riculum n*on* i*n*tervenit ; utiq*ue* bonorum emptore[303]
agente, q*ui*, | licet de certa pecunia agat, incerti
tamen condemnatio|nem concipit.

69. Quia tam*en* superius mentionem habui|mus de
actione qua in peculi*um* filiorum|familias servorum-
|q*ue* agitur[304], opus e*st* ut de *h*ac actione et de ceteris
q*uae* eorum|dem nomine in parentes[305] dominosve
dari solent, | diligentius admoneamus. **70.** In *primis*
itaq*ue*, si jussu pa|tris dominive[306] negotium gestum
erit, in solidum | *praetor* actionem in patrem domi-
numve conparavit, | et recte ; quia q*ui* ita negotium

---

l'Ap. St., suit *deducto* est une sorte de trait tenant le milieu
entre l'*i* et le *c*. — Leçons diverses : — 1) Gö. 1-2, Hef., Kl., Bö.
1, Blond., Lab., Dom., *deducto eo*. — 2) Gö. 3, Lach., regardant
re comme signifiant *regula* (rg), c'est-à-dire comme une glose,
ont simplement *deducto*; suivi Bö. 2-5, Pell., Gn. 1, K. et S.,
Muir. ———. 3) Hu. Beiträge, J. A. 1-2 : *deducto a pecunia*;
suivi Gir. — 4) Goud., avec doute : *deducto a bonorum emptore*;
inséré par Pol. au texte. — 5) Hu. 4, *deducta ea re*; suivi Gn. 2.

301. A. deuet?; v. iv, note 51.
302. A. compensitationis.
303. A. e re.
304. A. agat'.
305. A. parentis.
306. A. dominisue.

gerit, magis patris domi|nive, quam filii servive fidem sequitur. 71. Eadem ratione || comparavit duas alias actiones, exercitoriam et | institoriam[307]. Tunc autem exercitoria locum habet, cum | pater dominusve filium servumve magistrum | navis praeposuerit, et quid cum eo, ejus rei gratia cui praepo|situs[308] fuit, negotium[309] gestum erit; cum enim ea quoque res | ex voluntate patris dominive contrahi videatur, | aequissimum esse[310] visum est in solidum actionem dari. Quin | etiam, licet extraneum quisque[311] magistrum navis | praeposuerit, sive servum, sive liberum, tamen ea praeto|ria actio in eum redditur. Ideo autem exercitoria actio ap|pellatur, quia exercitor vocatur is ad quem cotti|dianus navis quaestus pervenit. Institoria[307] vero for|mula tum locum habet, cum quis tabernae aut cuili|bet negotiationi filium servumve aut[312] quem|libet extraneum, sive servum[313], sive li-

---

* Page extérieure en partie très-difficile à lire à cause de la pâleur des lettres.

307. A. institutoriam. — En note, K. et S. constatent que le ms. a constamment *institutoriam* et *institutor*; de même que les meilleurs ms. des Inst.; tandis que les ms. inférieurs des Inst. ont *institoria* et *institor*.

308. A. ppositump'. (us)

309. Mommsen regarde *negotium* comme une glose; suivi K. et S., Muir.

310. Avant St., au lieu de *esse*, on restituait *praetori*.

311. A. quisquas.

312. Avant St. on n'avait pu lire, et l'on croyait qu'il y avait quelque chose de plus; les uns *aut etiam*, ou *vel etiam*; les autres voulaient en outre *suum*, après *servumve*.

313. A. serb.; v. IV, note 38.

berum, praeposuerit, | et quid cum eo, ejus rei gratia cui praepositus est, con|tractum fuerit. Ideo autem institoria[307] vocatur quia qui | tabernae praeponitur, institor[307] appellatur. Quae et *ipsa* | formula in solidum est. 72. Praeterea tributoria[314] quoque actio | in patrem dominumve constituta est, cum filius servusve[315] in peculi|ari qoptio[316] merce sciente patre dominove ne|gotietur. Nam si quid ejus rei gratia cum eo contractum fuerit, ita praetor jus dicit, ut

314. A. triuutoria ; v. iv, note 51.
315. Avant St., les l. 20-24 étant presque entièrement illisibles, et le § 3 des Inst. iv, 7 ayant seulement *si servus in peculiari merce sciente domino negotietur*, on s'était demandé ce que pouvait avoir dit G. entre les mots *in patrem dominumve* de la l. 20, et ceux de la l. 21, ... *busve constituta est cum filius seruusue.* — Plusieurs avaient laissé en blanc; d'autres avaient proposé diverses restitutions : — 1) Hef., *pro filiis filiabusve servis ancillabusve.* — 2) Hu. Studien, *praetoris edicto de eorum mercibus rebusue;* et plus tard J. A. 1-2, *de tabernae mercibus rebusue;* suivi Bö. 5, Gn., Gir. — La révision de St. les met à néant, en montrant que le copiste a répété deux fois *constituta est cum filius servusve* (ce qu'avait déjà pressenti Lach., en note Gö. 3) ; la première fois il a écrit *ser|busue*, dont quelques-uns firent *rebusve.*
316. Des six lettres nouvelles *qoptio*, lues par St., la dernière seule est très-douteuse; la première est certaine et les trois autres *pti*, presque certaines; St. note A. — Avant St. on n'avait aperçu que des traces à peine visibles; V. l'Ap. de Bö. Plusieurs lisaient simplement *peculiari merce*, comme aux Institutes de J. D'autres intercalaient *quidem* (Lach.), *quacumque* (Bö. 5), *eorum* (Hu. 1), *aliqua* (Hu. 2, Gir.). — Depuis St. — 1) Goud. : peut-être *forte.* — 2) Pol. : [al]iquo pretio merce[ve]. — 3) Hu. 4 : *cuiusuis pretii.* — Cette dernière leçon serait importante ; elle signifierait que l'action *tributoria* s'étend, non-seulement aux choses *minoris pretii*, mais encore à celles qui

quidquid in his mercibus || ((erit, quodque inde receptum erit, id inter <patrem> dominum<ve>, si quid ei debebitur, et ceteros creditores pro rata portione distribuatur; et quia ipsi <patri> domino<ve> distributionem permittit, si quis ex creditoribus queratur, quasi minus ei tributum sit quam oportuerit, hanc ei actionem adcommodat quae tributoria appellatur))[317].

73. ((Praeterea introducta est actio de peculio, deque eo quod in rem <patris> domini<ve> versum erit, ut quamvis sine voluntate <patris> domini<ve> negotium gestum erit, tamen, sive quid in rem ejus versum fuerit, id totum praestare debeat, sive quid non sit in rem ejus versum, id eatenus praestare debeat quatenus peculium patitur. In rem autem

---

sont *majoris pretii*; cpr. Ulp., l. 1, § 1, Dig., Tribut. act. 14, 4. Le mot *pretii* peut être regardé comme certain, d'après la note de St. lui-même; quant à *cujusvis* (tiré des lettres qo), Hu. pense que le copiste avait sous les yeux dans l'archétype : cui'ū (cujusvis), qu'il aura écrit *qui* pour *cui*, puis que l'ū sera devenu o. — 4) K. et S., Gn. 2 ont simplement *peculiari merce*. — 5) Muir.: peculiari —— merce. — 6) La restitution de Hu. 4 me paraît aussi plausible qu'intéressante. Je proposerais d'admettre le même sens, en lisant *quocumque pretio;* ce qui se rapproche davantage du ms.

* Page où St. n'a presque rien pu lire.

317. La fin du § 72 est restituée d'après le § 3, Inst. Nul doute que J. n'ait reproduit ce que G. disait dans la p. 215 illisible. Seulement les Inst. de J. ne parlent que du *servus*, tandis que G. continuait certainement à parler du *filiusfamilias*. Aussi convient-il de faire des additions en ce sens, dans le texte restitué d'après les Inst. de J. ; nous avons désigné ces additions par le signe < >.

<patris> domini<ve> versum intellegitur, quidquid necessario in rem ejus impenderit <filius> servus<ve> : veluti si mutuatus pecuniam creditoribus ejus solverit, aut aedificia ruentia fulserit, aut familiae frumentum emerit, vel etiam fundum aut quamlibet aliam rem necessariam mercatus erit. Itaque si ex decem ut puta <sestertiis> [317bis], quae servus tuus a Titio mutu<a> accepit, creditori tuo quinque <sestertia> solverit, reliqu<a> vero quinque quolibet modo consumpserit, pro quinque quidem in solidum damnari debes, pro ceteris vero quinque eatenus, quatenus in peculio sit. Ex quo scilicet apparet, si tot<a> decem <sestertia> in rem tuam vers<a> fuerint, tot<a> decem <sestertia> Titium consequi posse. Licet enim una sit actio qua de peculio, deque eo quod in rem <patris> domini<ve> versum sit, agitur, tamen duas habet condemnationes. Itaque judex, apud quem ea actione agitur, ante dispicere solet an in rem <patris> domini<ve> versum sit ; nec aliter ad peculii aestimationem transit, quam si aut nihil in rem <patris> domini<ve> versum esse intellegatur, aut non totum. Cum autem quaeritur quantum in peculio sit, ante [318] de‖))ducitur quod patri dominove, quique in ejus potestate sit, a fi|lio

---

317 *bis*. Les Inst. de J. ont *aureis*.

318. Le commencement du § 73 est, comme la fin du précédent, restitué d'après les Inst. (iv, 7, 4) ; les mots en plus qui devaient se trouver dans G. y sont désignés par le même signe < >.

* Page intérieure non facile à lire.

servove debetur, et quod superest hoc solum peculium esse | intellegitur. Aliquando tamen id quod ei debet filius ser|vusve qui in potestate patris dominive si, non deduci|tur ex peculio, velut (si) is cui debet, in hujus ipsius peculio | sit.

74. Ceterum dubium[319] non est quin et is qui jussu patris | dominive contraxerit, cuique exercitoria vel insti|toria formula competit, de peculio aut de in rem verso | agere possit. Sed nemo tam stultus erit, ut qui aliqua | illarum actionum sine dubio solidum consequi possit, vel[320] | in difficultatem se deducat probandi[321] habere peculium | eum cum quo contraxerit, exque eo peculio posse sibi sa|tisfieri, vel id quod persequitur in rem patris dominive ver|sum esse[322]. Is quoque cui tributoria actio conpetit, de pecu|lio vel de in rem verso agere potest. Sed huic sane plerumque | expedit hac potius actione uti quam tributoria; nam in tri|butoria ejus solius peculii ratio habetur[323], quod in his mer|cibus est[324]; in quibus negotiatur filius servusve, quod|que inde receptum

---

319. A. duuium; v. iv, note 51.

320. Le ms. a p'situ. — La plupart négligent *u*; Hu. en a fait successivement *hoc*, puis *hac*; *vel* est admis, avec raison, ce semble, par Goud., Pol., Muir.

321. A. pbando.

322. Illisibles avant St., les l. 11 fine-13 avaient été restituées en termes différents, mais avec le même sens, d'après les Inst. iv, 7, 5.

323. A. hauet' (v. iv, note 51).

324. Avant St., espace d'environ cinq lettres illisibles; on avait admis les uns *erit*, les autres *continetur*, *quibus*.

erit; at in actione peculii, totius³²⁵; | et *potest* quisque
tertia forte, a*ut* quarta, *vel* et*iam* minore par|te peculii negotiari, maximam vero partem peculii³²⁶ | in
aliis rebus habere. Longe m*agis*, si p*otest* ad*probari*
id q*uod* | contraxit³²⁷ in r*em* patris dominive versum
esse, ad | hanc actionem transire debet; n*am* ut supra
diximus, || eadem formula et de peculio et de in r*em*
verso agi|tur.

75. Ex maleficio filior*um*familias servor*um*que,
veluti | si furtum fecerint, a*ut* injuriam commiserint,
no|xales act*i*ones proditae s*unt*, uti liceret patri dominove a*ut* | litis aestimationem sufferre, aut noxae
dedere; e|rat *enim* inicum, nequitiam eor*um* ultra
ipsor*um* corpo|ra parentibus dominisve damnosam
esse. 76. Consti|tutae *sunt autem* noxales actiones aut
legibus, aut edicto pr*aetoris* : | legibus, *velut* furti
leg*e* XII tab*ularum*, damni injuriae [vel|ut]³²⁸ lege

---

325. Kr. préfère (en note K. et S.) : at in actione < *de peculio* >, peculii totius.

326. Avant St., la fin de la l. 21, illisible, avait été restituée, d'après les Inst., *in praediis vel*.

327. Illisible avant St., le commencement de la l. 23 avait été restitué diversement : *erogatum fuerit* (Hef.), ou *erat creditum* (Bluh.), ou *debetur, in peculio vel* (Kl.), ou *debeatur totum* (Lach., suivi par la plupart). — Depuis St., *id quod contraxit*, admis par Pol., sans addition, semble insuffisant à K. et S. qui lisent : id quod < *dederit is qui cum filio seruoue* > contraxit; suivi Gn. 2. — Hu. 4 ajoute simplement *dederit qui*; suivi Muir.

* Page intérieure difficile à lire, gravement endommagée, dans sa partie inférieure, par l'emploi des moyens chimiques.

328. *Velut* devant *lege Aquilia* semble une erreur du copiste; tous le suppriment.

Aquilia; edicto P*raetoris*, velut injuriar*um* et vi bono*rum* ra|ptor*um*. 77. Omnes *autem* noxales act*io*nes capita[329] sequuntur : | *nam* si filius tuus servusve[330] noxam commiserit, qu|amdiu in tua potestate *est*, tecum e*st* a*ctio* : si in alteri|us potestatem p*er*venerit, *cum* illo incipit.[331] *actio* esse : si sui | juris coeperit esse, directa a*ctio cum* ipso *est*, et noxae | deditio extinguit*ur*. Ex diverso q*uoque* directa *actio* no|xalis *esse* incipit : *nam* si p*ater*familias noxam commi|serit, et is se in adrogationem tibi[332] dederit, aut ser|vus[330] tuus esse coeperit, quod[333] q*uibus*dam casibus accidere pri|mo commentario tradidimus, incipit tecum no|xalis *actio* esse, q*uae* ante directa fuit. 78. Sed si filius patri, | a*ut* servus[330] domino noxam commiserit, nulla *actio* | nascitur; nulla *enim* omnino *inter* me et eum q*ui* in pote|state mea *est* obligatio nasci p*otest*. Ideoq*ue*, etsi in alien*am* || pot*estatem* p*er*venerit, a*ut* sui juris esse coeperit, neq*ue cum* ipso, ne|q*ue cum* eo cuj*us* nunc in potestate *est*, agi p*otest*. Unde quaerit*ur*, | si alienus servus filiusve noxam commiserit

---

329. Au lieu de *capita*, certain au ms. (l'Ap. St. a *capita*), la plupart corrigeant veulent *caput*, avant St., sauf Hef. (suivi Blond., Lab., Dom.). — Depuis St., tous *capita*, sauf K. et S. et Hu. 3-4.

330. A. serbus; v. iv, note 38.
331. A. incincipit.
332. A tiui; v. iv, note 51.
333. *Quod*, omis par le copiste, est intercalé par tous.

* Page extérieure en partie très-difficile à lire dans la seconde moitié, à cause des moyens chimiques qui l'ont gravement endommagée.

mi|hi, et is postea in mea esse coeperit potestate, utrum interci|dat actio, an quiescat. Nostri praeceptores intercidere pu|tant, quia in eum casum deducta sit in quo [___]³³⁴ consi|stere non potuerit; ideoque, licet exierit de mea potesta|te, agere me non posse. Diversae scholae auctores, quamdiu in mea potestate sit, quiescere | actionem putant, quod ipse mecum agere non possum; cum | vero exierit de mea potestate, tunc eam resuscita|ri. 79. Cum autem filiusfamilias ex noxali causa mancipio datur, diversae scholae auctores | putant ter eum mancipio dari debere, quia lege³³⁵ XII tabularum cautum sit, (—³³⁶—) exeat, quam si ter fuerit mancipatus : Sabinus³³⁷ | et Cassius ceterique nostrae³³⁸ scholae auctores, suffi|cere unam mancipationem crediderunt, et illas³³⁹ | tres lege XII tabularum ad voluntarias mancipationes per|tinere.

80. Haec ita de his personis quae in potestate

---

334. A. [a7] sch. Blub. — La plupart actio; Pol. omnino; Hu. 3-4, initio.

335. A qui[ae] lege, sch. Blu.

336. Le copiste a omis quelque chose; on s'accorde à restituer ne aliter filius de potestate patris. — Hu. 2-4 place aliter avant exeat; suivi Bö. 5.

337. A. s[auins] sch. Blu.

338. A. nostris.

339. Avant St. on avait lu : mancipationem crediderunt enim tres. — Plusieurs intercalaient putant, après mancipationem. St. donne : crediderunt et illam.

20 *sunt* (340), sive ex contra | [———] (———)³⁴¹ | per*s*onas *quae* in manu mancipiove *sunt*, ita jus dicitur, ut, cum | ex contractu³⁴² earum ageretur, nisi ab eo cu*jus* juri subjectae sint in solidum defendan*tur*, bona *quae* earum fu|tura³⁴³ forent, si ejus juri³⁴⁴ subjectae *non* essent, veneant³⁴⁵. | Sed cum rescissa

---

340. Le copiste a omis *sunt*.

341. A. [ausiue ex *** leficio ear. inomi siaē ēt q u a d] (*a*) sch, Blu. et Gö. — Au lieu de ce que donne Blub., Gö. avait donné deux autres leçons très-douteuses, v. la note de St., A. — 1) Tous avant St. ont admis : *contractu sive ex maleficio earum controversia esset* (Hu. 1-2, Gir. préférant *sit*). *Quod vero ad eas*. — 2) Goud. révoque en doute l'exactitude du mot *controversia* et propose à la place : ..*earum in alios actio esset*. — 3) Pol. : ...earum in*stituta* actio *est*. — 4) K. et S. laissent en blanc après *earum*. — 5) Hu. 4, Gn. 2 maintiennent *controversia sit*. — 6) Muir. : earum *nomine actio sit*.

342. A. [ex] (o|||||||||| liia) sch. Blu. et Gö.

343. A. f*| (tu) ra.

344. A. (si co) iure.

345. A. ueniant. ——— Avant St., la fin de la l. 20, à partir de *manu mancipiove*, avait été diversement restituée. — 1) Gö. 1, Kl. laissaient en blanc au texte ; Gö., en note, proposait : sunt *si legitimo judicio* ex contractu, etc. — 2) Hef., après *mancipiove sunt*, lisait *rescissa* capitis deminutione cum ex contractu, etc..... veneunt ; suivi Blond., Lab. — 3) Hu. Studien : *sive ex maleficio sive* ex contractu earum, etc. — 4) Gö. 3, Lach. : *quotiens aut* ex contractu, aut ex malef., etc. ; suivi Pell. tr. — 5) Hu. Zeits. XIII, p. 303 : *ita jus dicitur ut cum* ex contractu, .. et à la fin *ueneant* ; suivi Bö. 3-5, Pell. ma., Gn. 1, Pos., A. et W. ; reproduit Hu. 1-2, avec correction

(―――³⁴⁶―) s imperio continenti judicio³⁴⁷ ‖ agit ―― | ―― 219
  ᵐ   125 r.
  ᵒ]   ter s.
d in ―――― | ―――― Legi nequeunt v. 3-12 ―――― |
[³⁴⁸] ―――― ers ―――― s ―――― | citura ―――――― | 20
―――― Legi nequit v. 15 ―――― | tabul ――――――― |
              ᶜᵃ   ᵗ
―――――― exdari ―――― | ✱✱quo ―――― | ―――― Legi neq.
v. 19-20 ―――― | ―――― lu ―――― | ―― Legi nequit v. 22
―― | ―――― rad ✱ ex✱✱✱m ceter✱ ―― | ―――― [³⁴⁹]
          ᵖ
                 ᵘ   ᶜ ᵗᵈᵉ   ᵉ ᵘ
                                   ᵘ ᵒ

81.... ‖ ergo ✱ etiam si uad qua rem diximus qq non per-   220
mis|sum fuerit ei mortuos homines dedere, tamen et si   125 v
                                                                                                   ter s.

agatur, au lieu de *ageretur*; suivi Gir. — Cette leçon de Hu. est confirmée par St. — 6) Pol. : ita jus dicitur ut cum iudicio|legitimo et contractu. — 7) Muir. : ut cum *ex aliquo actu* earum ; et, après ce dernier mot, comme probable *legitimo judicio*.

        ᵘ
        ᶜ   ˢᵗ·
346. A. (ipnpii) sch. Gö. — St. les place au texte de son Ap. de préférence à celles de Blu. V. les notes de l'Ap. St. et de l'Ap. Bö. — On admet *rescissa capitis deminutione*; Hu. 4 ajoute *cum iis*; suivi Muir. — Pol. lit:... veneunt, rescissa cap. demin., sed cum imperio continenti iudicio ; il croit que le copiste a omis un signe de transposition, nécessaire selon lui, parce que la *capitis deminutio* ne concerne que les *judicia legitima* et non les *jud. imperio continentia*.

                   ᵘ
347. A. continen (t'ii) ud (✱c) sch. Gö.

✱ Page extérieure très-difficile à lire.

           ᵉ
          ⁿᵗᵘ
348. A. [uindex si] sch. Blu.

             ᵃ   ᶜ   ᵘ
349. A. [enimesiiatenoueril] sch. Blu.

✱ Page intérieure très-difficile à lire pour la plus grande partie.

quis|eum dederit qui fato suo vita excesserit, aeque liberatur[350]. 82. Nunc admonendi sumus, agere nos aut nostro nomine aut|alieno, veluti cognitorio, procuratorio tutorio,|curatorio; cum olim, quo[351] tempore legis

---

350. La révision de St. ne reconstitue ni la fin du § 80, ni le commencement du § 81; il n'a pu lire, dans la p. 219, que peu de chose de plus qu'auparavant, et tout ce qu'il donne, à la première ligne de la p. 220, est très-incertain. — On admet que G. continuait à traiter des actions noxales, et que probablement il parlait de l'action *de pauperie*. — Nul n'a proposé de restitution complète de la p. 219. Il a été seulement tenté quelques restitutions des premières lignes, pour finir le § 80, et des dernières, pour commencer le § 81. — I. Avant St. ———— 1) Hef. (1827 et 1830) commence ainsi le § 81, immédiatement après *veneunt :* Sed cum *in* factum formula aut imperio continenti iudicio; leçon déjà peu suivie avant St. et désormais insoutenable. Il termine le § 81 par || **** quamquam diximus *nunquam* permissum fuisse, ei mortuos, etc. — 2) Hu. Beiträge : après *continenti judicio,* finit ainsi le § 80 : *agitur, etiam cum ipsa muliere, quae in manum convenit, agi potest, quia tum tutoris auctoritas necessaria non est;* suivi Gir. — Quant au § 81, il admit d'abord (Studien) avec Hollw. : *Quamvis, ut supra quoque diximus, reo non permissum* fuit demortuos; puis J. A. 2.... *licere* enim *etiam, si fato is fuerit | mortuus,* mortuum dare; *nam quamquam* diximus, *non etiam permissum reis* esse, et mortuos homines, etc.; suivi Gir.

II. Depuis St. ———— 1) Pol. laisse en blanc au § 80 après *continenti judicio;* puis, § 81....... ergo est? etiam sic, de qua re modo diximus, quamquam non permissum fuerit ei mortuos, etc. — 2) K. et S. laissent en blanc. — 3) Hu. 4, 1° pour finir le § 80 : *agitur, si adversus eam actionem non defendantur, etiam cum ipsa muliere, dum* in manu est, agi potest, quia tum tut. auct. nec. non est; suivi Gn. 2; 2° pour commencer le § 81 : *Quid* ergo *est?* Etiamsi ei (de qua re modo diximus) quoque non perm. fuerit, et mortuos, etc.

351. La révision de St. confirme cette leçon proposée par Lach., et à laquelle on préférait généralement *quamdiu legis act.,* avec addition par quelques-uns de *solae,* ou *scilicet* après *quamdiu.*

actiones in | usu fuissent, alieno nomine agere non liceret, prope | quam exceptis causis[352]. 83. Cognitor autem certis verbis in litem coram | adversario substituitur. Nam actor ita[353] cognitorem | dat : QUOD EGO[354] A TE verbi gratia FUNDUM PETO, IN EAM REM | LUCIUM TITIUM TIBI COGNITOREM DO; adversarius | ita : QUIA[355] TU A ME FUNDUM PETIS, IN EAM ([356]) tibi ([357]) PUBLIUM ME|VIUM COGNITOREM DO. Potest ut actor ita dicat : QUOD EGO | TECUM AGERE VOLO, IN EAM REM COGNITOREM DO; ad|versarius ita : QUIA[355] TU MECUM AGERE VIS IN EAM REM | COGNITOREM DO. Nec interest praesens, an abens cognitor | detur ; sed si absens datus fuerit, cognitor ita erit, si co|gnoverit et susceperit officium cognitoris. 84. Procurator vero nullis certis verbis in litem substi|tuitur[358], sed ex solo mandato, et absente et ignorante

---

352. Avant St. : *nisi* pro populo *et libertatis causa*. — Depuis St., qui donne : prope|q̊exceptisc : — 1) Goud., *praeterquam exceptis causis;* — 2) Pol., *proprie, quam ex certis;* — 3) K. et S., *praeterquam ex certis causis*, suivi Hu. 4 (qui renvoie à Mommsen, *Ephem. archaeol.*, II, p. 207), Gn. 2, Muir. — 4) Karlowa, *Röm. Civilpr. z. Zeit der leg. act.*, p. 354 : *nisi ex quibusdam causis* (à tort). — 353. A. ii. — 354. A. ege.
355. Avant St. on avait lu q̄ao ; d'où l'on admettait, les uns *quando*, les autres *quandoque*. — Depuis St. qui donne simplement q̄a, tous admettent *quia*.
356. Tous intercalent *rem*.
357. Hu. 4 supprime *tibi*; les autres éd. post. ont : (*rem*) *tibi*. — Avant St. on avait lu *rem* à la place de *tibi*.
358. Avant St., le commencement du mot, illisible, avait été restitué par les uns (Gö. 1-3, Kl., Hef., Pell. tr. et ma. 1, Gir.) *constituitur;* par les autres (Hollw., Bö. 3-5, Gu. 1, Hu. 2) *substituitur*, que confirme St. — Lach. préférait *datur*.

adversa|rio constituitur. Quin etiam sunt qui putant eum quoque[359] procura|torem videri, cui non sit mandatum; si modo bona fide accedat ad | negotium, et caveat ratam rem dominum habiturum; quamquam et ille[360] cui mandatum (361), plerumque satisdare debet[362] || quia saepe mandatum initio litis in obscuro est, et poste|a apud judicem ostenditur.===== 85. Tutores autem et curatores quemadmodum constituantur, | primo commentario rettulimus.===== 86. | Qui autem alieno nomine agit, intentionem quidem ex persona domi|ni sumit, condemnationem autem in suam personam con|vertit. Nam si verbi gratia Lucius Titius (pro) Publio Mevio agat, ita | formula concipitur : SI PARET NUMERIUM NEGIDIUM PUBLIO MEVIO SESTERTIUM X MILLIA DARE OPORTERE, JUDEX NUMERIUM NEGIDIUM LUCIO TITIO SESTERTIUM | X MILLIA CONDEMNA ; SI NON PARET ABSOLVE. In rem quoque si agat, intendit Publii Mevii[363] rem | esse ex jure Quiritium, et condemnationem in suam personam | convertit.===== 87. | Ab

---

359. Avant St., six lettres illisibles; les uns *et eum;* d'autres *adeo eum* ou *vel cum*. — 360. A. illae.

361. Les uns intercalent *est;* les autres lisent : mandatur.

362. Avant St. la l. 24 avait été en partie lue, en partie restituée diversement. — 1) Niebuhr (en note Gö.) : *igitur etsi non habeat mandatum agere tamen posse;* suivi Hef. — 2) Hollw. préfère *non edat* à *non habeat;* suivi par presque tous. — 3) Lach., après *mandatum,* au texte, propose en note : *procurator experiri potest, vel ei datur actio.* — 4) Pell. ma. 1 : non edat mandatum, *agere tamen posse;* Pell. ma. 3-6, ..*nihilominus agere posse.* — 5) Hu. 2 : *non edat mandatum,* plerumque *tamen admittitur;* suivi Gir.

* Page intérieure très-facile à lire.

363. A. utei; tous *Mevii.*

adversarii quoque parte si interveniat aliquis, cum quo actio constituitur, intenditur dominum dare oportere, condemnatio autem in ejus personam convertitur qui judicium accepit. | Sed cum in rem agitur, nihil (in) intentione facit ejus persona | cum quo agitur, sive suo nomine, sive alieno aliquis | judicio interveniat; tantum enim intenditur rem actoris esse.

88. | Videamus nunc quibus ex causis is cum quo agitur, vel hic qui a (git, co)|gatur[364] satisdare. 89. Igitur si verbi gratia in rem tecum a|gam[365], satis mihi dare[366] debes[367] : aequum[368] enim visum est de eo[369] quod | interea tibi rem, quae an ad te pertineat dubium[370] est posside|re conceditur, cum satisdatione[371] mihi cavere, ut, si victus | sis, nec rem[372] ipsam restituas, nec litis aestimationem suf|feras[373], sit mihi potestas aut tecum agendi, aut cum sponsoribus || tuis. 90. Multoque magis debes satisdare mihi, si alieno nomine judi|cium accipias.====94. Ceterum cum in rem actio duplex sit, aut enim per formulam peti-

---

364. Le copiste a écrit *agat satisdare*, omettant certainement quelque chose. La plupart complètent comme ci-dessus (Gö. 3, Lach., Hu., Pell., Gir., Pol., K. et S., Gn., Muir.) D'autres : agit satisdare *cogitur*, ou *debeat*.
365. A. agat. — 366. dari.
367. A. deues; v. iv, note 51. — 368. A. aquam.
369. Au lieu de *de eo*, on s'accorde à lire *te eo*, ou *te ideo*.
370. A. duuium; v. iv, note 51.
371. A. satisdationem.
372. A. remn'.
373. A. sufferras.
* Page extérieure non difficile à lire pour la plus grande partie.

to|riam agit*ur*, *aut per* sponsionem ; si*quidem per* for-
mulam petito|riam agitur, illa stipulatio locum habet,
q*uae* appella*tur* JU|DICATUM SOL*VI*; si vero *per* spon-
sionem, illa quae appellatur | PRO PRAEDE LITIS
ET[374] VINDICIAR*UM*. 92. Petitoria a*utem* formula haec
est | qua actor intendit rem suam *esse*. 93. *Per* spon-
sionem vero | hoc modo agimus. Provocamus adver-
sarium tali spon|sione : SI HOMO, QUO DE AGITUR,
EX JURE QUIRITIUM MEUS EST, SESTERTIOS XXV NUM|-
MOS[375] DARE SPONDES ? Deinde formulam edimus
qua[376] | intendimus sponsionis summam nobis dare
oportere ; | qua formula ita demum vincimus, si pro-
baverimus | *rem* nostra*m esse*.===== 94. | *Non tamen*
haec summa sponsionis exigitur; n*ec enim* poenalis
est, | sed *praejudicialis*, et *propter* hoc solum fit ut
per eam de re judi|cetur. : unde etiam is cum quo
agit*ur*, non restipula*tur*. 94ª. Ideo | *autem* appellata
est PRO PRAEDE LITIS VINDICIAR*UM* stipulatio, q*uia* in
lo|cum *praedium* successit, q*uia* olim, c*um* lege age-
bat*ur*, p*ro* lite et vin|diciis, *id est*, pro re et fructibus,
a possessore[377] petitori daban|t*ur* praedes.=====
95. Ceterum, si ap*ud* cent*um*viros agit*ur*, summam
sponsionis non *per* | formulam petimus sed p*er* legis

---

374. Hu. 2-4, en note, serait d'avis de supprimer ici *et*, d'après le § 94ª *infra*. — Pol. le supprime. — A l'inverse, Gö. 1 avait ajouté *et* au § 94 ; mais il s'est rétracté, Gö. 2-3. — La plupart donnent *et* au § 91 seulement. *Et* ne se trouve ni dans Cic., *In Verrem*, II, 1, 45, ni dans Valerius Probus, 5. (Gir. *Enchiridion*, p. 576 ; Hu. J. A. 4, p. 140.)

375. A. nū.|mor°. — 376. A. quia. — 377. A. p'sessoris.

actionem : sacramento [378] re provoca [_____]379 ;
eaque sponsio sestertiorum CXXV nummorum f [380]
‖ propter legem Creperiam381═══. 96. Ipse autem

378. A. [ɨ|re] sch. Blu. -

379. A. (tu) sch. Gö. — La plupart admettent d'après les schedae de Blu. et Gö., *sacramento enim reum provocamus* ; corrigeant *re* qui précède *provoca*. — Autres leçons : — 1) Unt. : *sacramento possessore* provocato *agimus*. — 2) Hu. 2, croyant que le ms. a pu avoir *dario*, et que G. n'a pas dû omettre la somme du *sacramentum*, lit : sacramento *quingenario* reo provocato ; il n'a pas été suivi. — St., note A., dit qu'il n'y a certainement pas eu *dario*, mais plutôt, et non sans difficulté, *ipso*, dans le passage où Bluh. lit ɨ|re. — Dans sa 1re éd., Hu avait admis *enim reum* au texte, et en note, *possessorem* au lieu de *reum*. — 3) Goud. : sacramento enim reus provocatur ; suivi Muir. — 4) Pol. sacramento *maio|re* provocato. — 5) K. et S., Gn. 2, conservent *enim reum provocamus*. — 6) Hu. 4 abandonne, d'après la note de St., *dario*, ainsi qu'*enim* et *inde* (qu'il avait admis ; Hu. 3) ; il lit : sacramento (*quingenario*) *modo* reo provocato. Selon lui, le copiste aurait omis *quingenario* et *modo* signifierait : *reus tantum provocabatur*. Il dit enfin que *re* vient peut-être de *altero*. — 7) Il semble que l'on n'ait pas assez tenu compte du mot *ipso*, au lieu de *nre*, qui, d'après la note de St., n'est pas impossible. Ce mot fournit une leçon qui me semble préférable, comme se rapprochant du ms. plus que toutes les autres, savoir : sacramento ipso | reo provocato (ou *reus provocatur*).

380. A. [itsolet] sch. Blu. — En note, St. dit qu'il ne paraît y avoir eu : ni *itscit* (scilicet), ni *initur*, mais plutôt *ieri solet*. — 1) Avant St., et encore depuis, les uns *fit scilicet*, les autres *fieri solet*. — 2) Unt. proposa un § 95ᵃ : Sponsiones autem cxxv nummorum fiunt propter. — 3) Hef. (1827, mais non) 1830 : fit secundum edictum propter legem *Papiriam*, ou *fieri solet propter leg. Aebutiam*. — 4) Hu. Studien avait proposé *finitur per legem*, qu'il a abandonné.

* Page extérieure non facile à lire.

381. A pp. legem creperiam. Avant St. : pp legem creper-

qui in rem agit, si suo nomine agit, satis non dat. 97. Ac | nec si per cognitorem quidem agatur, ulla[382] satisdatio vel ab ipso, | vel a domino desideratur; cum enim certis et quasi solemni|bus verbis in locum domini substituatur cognitor, | merito domini loco habetur.===== 98. | Procurator vero si agat, satisdare jubetur ratam rem domi|num habiturum : periculum enim est ne iterum domi|nus de eadem re experiatur; quod periculum (non)[383] intervenit, si | per cognitorem actum fuit, quia de qua re quisque per cognitorem[384]

---

tam. — *Propter legem* a semblé suspect à Hu. (Studien, et J. A. 1-2), par le motif que G. ne dit nulle part ailleurs *aliquid propter legem fieri*. — Sur le nom de la loi : 1) Gö, en note, Dirksen (*Versuche*, p. 135), Blum., Unt. : *Papiriam* (Dirks.: *post Papiriam legem repertam*, ce qui fut critiqué par Unt.) — 2) Hu. (Studien) *Creperiam* ou *Crepeream*; suivi Lach., Pol., K. et S., Gn. 2., Muir. — *Creperiam* est préféré par Rudorff, Zeits. f. R. G., XI, p. 70 (1873). — 3) Puchta, Hef., avec doute, *Aebutiam*. — 4) Lach. a pensé que G. parle ici de la même loi sur les *satisdationes* que dans le com. III, § 123, où le nom de la loi était également illisible. Depuis St., on sait que le nom de la loi dont il est parlé III, 123, est *Cicereia*; V. supra, III, note 404. — En admettant, avec Lach., dont la conjecture semble plausible, qu'il est question de la même loi dans les deux passages, j'inclinerais à lire également ici *Cicereiam*, au lieu de *Creperiam*. Il est vrai que St., note A, déclare que le copiste n'a certainement pas écrit *Cicerciam*; mais on peut supposer une erreur de sa part. — 5) Hu. 3-4, en note, *legem Juliam Papiriam*, de l'an 324, ce qui lui semble à peine douteux; il renvoie à son livre *Die Multa und das Sacramentum* (1874), p. 419. — Goud. (en note), p. 121, objecte que notre sujet n'a que peu de rapport avec la *mulctae aestimatio*.

382. A. nulla. — 383. Omission évidente du copiste.

384. Le copiste a deux fois écrit *quia de qua re quisque per cognitorem*.

egerit, de ea non magis amplius actionem habet quam si ipse | egerit. 99. Tutores et curatores, eo modo quo et procuratores, satis|dare debere[385] verba edicti faciunt; sed aliquando illis sa|tisdatio remittitur. 100. Haec ita si in rem agatur. Si vero in personam, ab actoris quidem | parte quando satisdari debeat[385] quaerentes, eadem | repetemus[386] quae diximus in actione qua in rem agitur. 101. Ab | ejus vero parte cum quo agitur, si quidem alieno nomine[386bis] aliquis interveni|at, omnimodo satisdari debet, quia nemo alienae rei sine sa|tisdatione defensor idoneus intellegitur. Sed si quidem cum cogni|tore agatur, dominus satisdare jubetur; si vero cum procu|ratore, ipse procurator : idem et de tutore et de curatore | juris est. 102. Quod si proprio nomine aliquis judicium accipiat || in personam, certis ex causis satisdare solet, quas ipse praetor | significat. Quarum satisdationum duplex causa est; nam aut propter | genus actionis satisdatur[387], aut propter personam, quia suspecta | sit : | [388] propter genus actionis, velut judicati depensive, aut | cum de moribus mulieris agetur; propter personam, velut si cum | eo agitur qui decoxerit, cujusve bona (a) creditoribus pos|sessa proscriptave sunt, sive cum eo herede agatur quem praetor suspe|ctum aestimaverit.

---

385. A. deuere, deueat; v. IV, note 51. — 386. Pol. reper(i)emus. — 386 bis. A. nomen.

* Page intérieure facile à lire.

387. A. satisdaret. — 388. Le copiste a deux fois écrit *aut propter personam* jusqu'à *genus actionis*.

103. | Omnia *autem* judicia *aut* legitimo jure consistunt, *aut* im|perio continentur[389]. **104.** Legitima s*unt* judicia, *quae* in urbe Ro|ma, v*el intra* primum urbis Romae miliarium, *inter* omnes | *cives* Romanos, sub uno judice accipiun*tur*; ea*que* (*e*) lege Jul*ia* judiciar*ia*, | nisi in anno et sex mensib*us* judicata f*ue*rint, expi|rant : et hoc *est* q*uod* vulgo dici*tur*, e lege Jul*ia* litem anno | et sex mensib*us* mori[390]. **105.** Imperio vero continen*tur* re|cuperatoria[391], et q*uae* sub uno judice accipiun*tur inter*veni|ente peregrini p*er*sona judicis *aut* litigatoris. In ea*dem* | *causa sunt* quae*cumque* extra p*r*imum urbis Romae miliari*um*, | tam *inter cives* Romanos[392] *quam inter* peregrinos, accipi*untur*. Ideo | *autem* imperio contineri judicia dicun*tur*, q*ui*a tamdiu va|lent, quamdiu is qui ea *prae*cepit imperium habebit. **106.** Et | si q*ui*dem imperio continenti judicio actum[393] fuerit, si|ve in rem, sive in p*er*sonam, sive ea formula q*uae* in fa||ctum concepta *est*, sive ea quae in jus habet intentio|nem, postea nihilominus[394] ipso jure de eadem re a|gi p*o*t*est*[395], et ideo necessaria *est* exceptio rei judicatae v*el* | in judicium deductae. **107.** At[396] vero (*si*) legitimo jud*icio* in personam[397] | actum sit ea formula quae juris civilis habet in|tentionem, postea

---

389. A. continunt. — 390. A. morit. ———
391. A. recuperatoriae. — 392. A. romanum.
393. A. pactum (p*r*oactum). Hu. 2-4 *peractum*, suivi Gir. Pol.
∗ Page intérieure facile à lire sauf quelques passages.
394. A. nihilhominus. — 395. A. ea [d. rea] | gi p̄. — 396. A. at.
397. A. [in psna] sch. Blu.

ipso jure de eadem re agi non potest, et ob | id exceptio supervacua[398] est. Si vero vel in rem, vel in factum a|ctum fuerit, ipso jure nihilominus postea agi potest, et ob id ex|ceptio necessaria est rei judicatae vel in judicium de|ductae. ===== 108. Alia causa fuit olim legis actionum; nam qua de re actum semel | erat, de ea postea ipso jure agi non poterat, nec omnino | ita ut nunc usus erat illis temporibus exceptio|num. 109. Ceterum potest ex lege quidem esse judicium, sed legitimum | non esse; et contra ex lege non esse, sed legitimum esse : nam si[399] verbi[400] gratia ex lege Aquilia, vel Ollinia[401], vel Furia, in provin|ciis agatur, imperio continebitur judicium; idemque juris est et si Romae apud recuperatores agamus, | vel apud unum judicem interveniente peregrini persona. | Et ex diverso, si ex ea

---

398. A. supuaqua.
399. La révision de St. confirme *nam si*, conjecturé par Hu., Zeits. XIII, p. 311, et admis généralement depuis. Auparavant on avait lu : verbi gratia *si*, pour utiliser *s* de *verbis*.
400. A. uerbis.
401. St. confirme *Ollinia* déjà lu auparavant. — Le nom de cette loi soulève des doutes. — 1) Gö., Kl., Hef., Bö. 1-3, Blond., Lab., Pell., Dom., Gn. 1, Pos., A. et W. lisent *Ovinia*; les deux *ll* du ms. ne seraient en réalité que la lettre *U*, écrite en majuscule bien qu'au milieu d'un mot, ce qui n'est pas sans exemple dans notre ms. — 2) Dirksen, *Rhein. Museum*, I, p. 37, propose *Atinia*; Bö. l'admit un instant, puis il accepta *Ovinia*, et dans sa 5ᵉ édit. il ne donne que — **ia. — 3) Hu. 2-4, *Publilia*; suivi Gir., Gn. 2. — 4) Pol., K. et S., Muir. conservent *Ollinia*, mais ils pensent que le copiste a fait erreur. — L'observation de Hu., que G. a dû citer une loi bien connue et dont il avait déjà parlé, est fort juste : *Publilia* est vraisemblable.

causa, ex qua nobis edicto *praetoris* datur | *actio*, Romae sub uno judice *inter* omnes *cives* Romanos[402] | *accipiatur* judicium, legitimum e*st*.

110. Quo loco admonendi | sumus, eas *quidem actiones quae* ex lege senatusve consul|tis proficis-cunt*ur*, perpetuo solere praetorem accomodare : || eas vero q*uae* ex propria ipsius jurisdictione pendent, plerum|que *intra* annum dare. 111. Aliquando t (—) ———— [———][403] | imitantur jus legitimum : quales s*unt* eae qu((as praetor bonorum posses))-|soribus[404], ceterisque ((qui)) heredis loco sunt, ((accomodat. Fur))|ti[404] quoque manifesti *actio*, q*uam*vis ex ipsius praetoris jurisdictione[405] pro|fi-

---

402. A. romanus.

* Page extérieure difficile à lire, sauf les six dernières lignes qui sont très-faciles.

403. A. t(m**p) ——— [diis] sch. Gö. et Blu. — 1) Gö., Kl. Pell. : tamen. *praetoriae actiones* imitantur. — 2) Hef. 1827, *ipse praetor in actionibus* imitatur (ou *ipse quoque*, 1830). — 3) Hu. 2, Gir., Pol., Muir., *has quoque perpetuo dat velut quibus* (ou *scilicet cum*, Mommsen, K. et S., note; Gn. 2). — 4) Bö. 5, *etiam praetor actionibus ab ipso datis*. — 5) Goud., *tamen praetor quibusdam actionibus dandis*.

404. Restitution d'après les Inst. iv, 12 pr. (que St., note A, dit convenir à l'espace plutôt qu'aux traits du ms.). — Quelques-uns rejettent *accommodat*, d'après les sch. de Gö. : qu ue e||ci *** iiias*ii : — 1) Goud. préfère *constituuntur ex edicto dare solet*. — 2) Hu. 4 : *eoue efficiuntur*; suivi Muir.

405. A. jurisdiction****. — K. et S., en note, peut-être : pro|proficiscatur.

ciscatur, perpetuo datur ; et merito, *cum*[406] pro capitali poena | pecuniaria constituta sit[407].

112. | Non[408] omnes *ac*tiones quae in aliquem *aut* ipso jure compe|tunt, aut a pr*aetore* dan*tur*, etiam in heredem aeque[409] conpetunt, *aut* da|ri solent. Est *enim* certissima juris regula, ex maleficiis[410] | poenales *ac*tiones in heredem nec *con*petere, *nec* dari solere[411], | *velut* furti, *vi bonorum raptorum*, injuriarum, damni injuriae. *Sed heredibus qui*|dem[412] videlicet actoris hujusmodi *ac*tiones competunt, | nec denegan*tur*, excepta injuriar*um* actione, et si qua alia | similis inveniat*ur* actio. 113. | Aliquando *tamen* ((etiam))[413] ex contractu *ac*tio neque her*edi*, neque in her*edem* | conpetit : nam adstipulatoris heres

---

406. Hu. 2-4 intercale *tantum* entre *cum* et *pro capitali*; suivi Gir.

407. A. sint.

408. Après le mot *sint*, St. donne, d'après Blu. (sans l'avoir vu lui-même), le signe 7. Presque tous le négligent. — Hu. 4 en fait *contra* et lit, au § 112 : Contra non omnes. Mais il y a, entre le signe indiqué par Blu. et *omnes*, l'espace laissé en blanc, comme pour marquer le passage à un autre sujet. — Pol. veut : Non omnes (autem), comme au § 1er, Inst. IV, 12. — Il ne semble nullement nécessaire d'ajouter quoi que ce soit.

409. A. e a q̄.

410. A. malefici ? ?.

411. A. sol ✱✱✱.

412. A. shdi✱✱✱✱ | demuicdelicet. — Les Inst. ont simplement *heredibus*. — *Videlicet actoris* semble une glose.

413. Ajouté par tous d'après les Inst.

non habet[414] actionem, et spon|soris[415] et fidepromissoris[416] heres non tenetur.

114. Superest ut dispiciamus[417], si ante rem judicatam is *cum quo* agi|tur, post acceptum judicium, satisfaciat actori, quid *officio* | judicis conveniat, utrum absolvere, an ideo potius da|mnare, quia judicii accipiendi tempore in ea *causa* fuerit | ut damnari debeat. Nostri praeceptores absolvere eum | debere[418] existimant; *nec interest cujus generis* fit[419] judicium : et || hoc est qu*od* vulgo dicit*ur* Sabino et Cassio placere, omni|a judicia absolutoria esse. ———————— | ✳✳[420] de bonae fidei judiciis autem idem sentiunt, quia in ejusmo|di judiciis liberum est

---

414. A. hauet; v. IV, note 51.

415. A. (scispo) sch. Gö. — Au lieu de *et,* admis par la plupart, Hu. 2 lit.: *contra sponsoris;* suivi Gir.; — Hu. 4 : *sed et sponsoris.*

416. A. et fp.

417. A. despiciamus.*

418. A. deuere; v. IV, note 51.

419. La plupart *nec interesse cujus generis sit.*

* Page extérieure très-difficile à lire.

420. Nul doute que G. n'ait dit *diversae scholae auctores;* mais les uns (Hu. Pell., Gir.) lisent : diversae *autem* sch. auct. de b. f. *quidem* jud. idem sentiunt, tandis que, d'après les autres, *autem* doit être placé après *b. f. jud.* et non avant, ce que semble confirmer St. — Pol., K. et S. pensent que G. disait que « les auteurs de l'autre école étaient d'un avis contraire *quant aux actions de droit strict* ».; cela est possible, mais l'espace en blanc est peu considérable, savoir la moitié de la l. 2, seulement, et au commencement de la l. 3, la place de deux lettres.

officium judicis; tantumdem | *et de in*⁴²¹ rem actio- 5
nibus putant quia (⁴²²) ──── | cis idip **m exr
(⁴²³) ──── | ad soli ──── | (⁴²⁴) | antigit'
petentur et adiicii ──── | (⁴²⁵) interdum *enim*
──── | (⁴²⁶) ──── | ──── essent ──── | 10
──── (⁴²⁷) ──── ue sunt etia | in personam tales
actiones in quibus (⁴²⁸) ──── | petur [⁴²⁹] 15
──── | actori quam ──── | lociq ──── | ────
(⁴³⁰) ──── | paratus ad actoris ──── | ū 20
ext caueamiii (⁴³¹) ──── | (⁴³²) ────

---

421. A. (ci) sch. Gö.

422. A. (iiiqqs) sch. Gö.

423. A. (iuc*aei*siicin|) sch. Gö.

424. A. (q b. q) ──── neniiiii) sch. Gö.

425. A. (inini*) sch. Gö

426. A. (** uascini) sch. Gö.

427. A. (ncind) sch. Gö.

428. A. (i * pmit.) sch. Gö.

429. A. [hisuiiiiq] sch. Blu.

430. A. (uiuiciii iiq) sch. Gö.

431. A. (uic) sch. Gö.

432. A. (ictatas) sch. Gö

| actum fuit⁴³³

433. St. n'a lu que fort peu de chose de plus qu'auparavant dans la p. 227 (quelques lettres seulement aux l. 3, 12, 13, 14, 15, 19 et 20, et encore la plupart sont incertaines). — Hef. 1827, regardant la restitution de cette page comme très-difficile, pour ne pas dire téméraire, s'était abstenu d'en proposer une, par le motif que G. y exposait des opinions controversées entre les écoles de jurisconsultes romains, opinions qui ne sont rapportées nulle part ailleurs. — Tous ont gardé la même réserve, sauf Hu. 1-2, qui proposa la restitution suivante..... *bonae* fidei *quidem iudiciis* idem sentiunt, quia in *his sci*|*licet* iudiciis liberum est officium iudicis. Tantumdem | *etiam de in* rem actionibus putant, quia i*bi* quoque *officio iudi*|cis id *ipsum continetur,* reum, si *arbitratu eius* restituat, | *absol*u*i debere. Eiusdemque naturae sunt et in personam actiones,* | *quibus quisque ita conuenitur, ut in intentione res ipsae,* | *de quibus agitur,* petantur, et adiicia*ntur* deinde uerba : NISI RESTITUAT*;* interdum enim *ita comparata est actio, ut per eam magis ipsas* | *res, quas in intentione petimus, reddi nobis nostra inter*|*sit, quam ut reus condemnetur : quod ut efficiat praetor,* | *uerba illa formulae ad condemnationem inserit.* | *Sed et de eo sic agere* nobis permit*titur, quod alio loco* | *petimus, quam quo dari promissum est, quae actio tam* | *actori quam reo utilis est : nam actor ea facultatem alio* | loco, quam *quo dari promissum est, agendi nanciscitur, reus uero,* | *qui uerbi gratia Ephesi* se *frumentum daturum promisit, si* | paratus *sit* actori so*luere, quanti id Ephesi sit,* | uel ex causa caue*at, se Ephesi daturum esse, absoluitur.* | *Praeter has uero actiones diuersae scholae auctoribus non uidetur reus absolui posse, si satisfaciat, postquam* | actum fuit. Suivi Gir., avec ? à la fin, et division du § en 3 §§, le § 114ᵃ commençant à *Tantumdem,* et 114ᵇ à *Sed et de eo.*

— Depuis St., Hu. 4 a modifié ainsi sa restitution : .....idem sentiunt, quia in ejusmodi iudiciis liberum est officium iudicis. Tantumdem | *et de in* rem actionibus putant, quia *tum* quoque sed *formulae* uer|*bis id ipsum exprimitur, ut si reus rem restituat,* absol*uatur* : *scilicet si per petitoriam formulam agantur* : quibus *quidem ita quisque conuenitur, ut in* *intentione res, de quibus* | *ambigitur*, petantur et adiiciantur *illa uerba condemnationis* | *initio*. Interdum enim [1] *per sponsionem in rem agitur et tum si actor sponsione uicerit nec ei res cum fructibus restituatur, sponsores ei quantum olim, si praedes dati essent litis et uindiciarum, in tantum condemnantur*. Sunt etiam | in personam tales actiones, in quibus n(on) permitti(tur) iudici e(ius) q(uod) pe(ti)tur, *reum c(on)demnare, si r(em) ipsam prius r(es)tituat* | *actori quam condemnatur*. U(el)ut si cum commemoratione | loci quo *cui dari p(ro)missum e(st), puta Ephesi, alio loco ita agat, ut uerba, nisi restituat, adiciant(ur)*; n(am) *si reus* | *paratus sit* (ad du ms.) *actori soluere, quanti id Ephesi sit,* | u(el) ex c(ausa) caueat, *absoluit(ur)*. Q(uod) u(ero) ad ceteras a(cti)ones n(on) ita tr(acta)tas d(iuersae) s(colae) a(uctoribus) n(on) uidet(ur) absolui p(os)se, qui satisfaciat, p(os)tq(uam) actum fuit. — Tous les autres se bornent à quelques lignes ou quelques mots. — K. et S. : Tantumdem | *et de in* rem actionibus putant, quia *formulae uer*|*bis id ipsum exprimatur*......, et ensuite des mots épars, au texte. En note, ils pensent : 1° que G. a ajouté quelque chose ayant ce sens : *ita demum reum condemnandum esse, nisi arbitratu iudicis rem restituerit*; 2° qu'avant *sunt etiam* (l. 13), il aurait traité le sujet qui se trouve aux Inst. IV, 17, 2 ; 3° qu'après *sunt etiam* in personam tales actiones, in quibus *exprimitur* (de la l. 14), il aurait dit : *ut arbitretur iudex, quomodo reus satisfacere debeat* ACTORI QUOMINUS CONDEMNETUR; 4° enfin, qu'il aurait traité de l'action *ad exhibendum* et de la caution *temporis exhibendi causa*, comme le § 3 aux Inst. IV, 17.

434. La l. 23 est en blanc ; elle était destinée à la rubrique *De exceptionibus*, restituée par quelques-uns.

---

[1]. Jusqu'à *interdum enim*, M. Hu. a inséré au texte sa restitution; à partir de ces mots, il donne en note seulement la conjecture relative aux actions *in rem per sponsionem* (cp. IV, 91 et s.v.) dont il croit que G. a traité dans les l. 10-13. Enfin pour les l. 14-22, à partir de *sunt etiam in personam*, M. Hu. fonde sa restitution (en note) sur le § 33, Inst. IV, 6, et sur les lois 1 (de Gaius), 2 pr., 3, 4, § 1, Dig. *de eo quod certo loco*, 13, 4, rapprochés de ce que donne l'Ap.

115. | Sequitu*r* ut de exceptionibus dispiciamus. **116.** Co*n*paratae || su*nt* a*u*tem exceptiones defendendo*rum* eo*rum* gratia c*um* q*uibus* | agitur. Saepe enim accidit ut quis jure civili tene|atur, s*ed* iniquum sit eum jud*icio* condemnari : vel*ut* (s*i*) stipu|latus sim abs[435] te pec*un*iam tamq*uam* credendi *causa* numera-|turus, n*ec* numeraverim ; nam eam pecuniam a te pe|ti *posse* certum *est*, dare *enim* te oporteret[436], c*um* ex stipulatu te|nearis[437]. S*ed* q*ui*a iniquum *est* te eo nomine condemnari, | placet p*er* exceptionem doli mali te defendi debe|re. Item si pactus fuero tecum ne id quod *mihi* debeas a | te petam[438], ni*hi*lominus id ipsum a te[439] petere poss*um* da|re m*ihi* oportere, quia obligatio pacto conv*ento* non tollitur : | sed placet deb*ere*[440] me petentem p*er* exceptionem pa|cti conventi repelli. **117.** In his qu*oque* actionib*us* q*uae* (non)[441] in perso|nam su*nt*, exceptiones locum habent : vel*ut* si metu me coegeris, aut dolo induxeris, ut tibi

---

* Page intérieure non facile à lire.

435. A. àpa.

436. A. ōret, conservé par Hef. ; — la plupart corrigeant ont *oportet,* comme aux Inst. ɪᴠ, 15, 2.

437. Plusieurs corrigeant, *tenearis,* comme aux Inst.

438. A. ŕetam.

439. Mommsen supprime *id ipsum* comme une glose ; suivi K. et S. — Hu. Zeits., xɪɪɪ, p. 314, et J. A. : id *ipso iure* te. — Bö. 5, id *ipso jure a* te, suivi Pell., Gir. — *Id ipsum,* maintenu par les autres, est spécialement justifié par Goud.

440. A. deuere ; v. ɪᴠ, note 51.

441. Omis par le copiste.

rem aliquam mancipio | deminan sin[442] eam rem a me petas, datur mihi exceptio, | per quam, si metus causa te fecisse vel dolo malo arguero, repelleris. | Item, si fundum litigiosum sciens a non possidente | emeris, eumque a possidente petas, opponitur tibi ex|ceptio, per quam omnimodo summoveris.

118. Exceptiones autem alias causa cognita accommodat : quae omnes vel ex legibus, vel ex his | quae legis vicem optinent, substantiam capiunt[443], | vel ex jurisdictione praetoris proditae sunt.

119. || Omnes autem exceptiones in contrarium concipiun|tur, quia[444] adfirmat is cum quo agitur. Nam, si verbi gratia | reus dolo malo aliquid actorem facere dicat, qui for|te pecuniam petit quam non numeravit, sic exceptio con|cipitur : SI IN EA RE NIHIL DOLO MALO AULI AGERII FACTUM SIT NE|QUE FIAT.

---

442. Leçons très-diverses. — 1) Gö. 1-2, Kl., Bö. 1 : darem **** si* eam. — 2) Hef., en note : dem iure Quiritium. Nam si nunc eam ; inséré au texte, Blond., Dom. — 3) Gö. 3, Lach.: destinem si enim eam ; et dans les corrigenda : dederim. — 4) Pell. tr. et ma. : darem ; si enim eam. — 5) Bö. 3-5 préférerait decernam, ou plutôt promittam ou dare promittam ou enfin dare promitterem ; si enim eam ; suivi Gir. — 6) Gn. 1 : dem ; nam si eam ; suivi Pos., A. et W. — 7) Hu. 1-4 : rem mancipi mancipio darem, eam(que).—8) Pol.: mancipi d(ar)em man(cipio) ; si enim eam. — 9) Goud., K. et S., Gn. 2., Muir.: darem ; nam si eam.

443. capunt.

444. Le ms. a q̇, au lieu de q̊a, abréviation fréquente de quia. — Presque tous lisent quam ; mais quia est conservé, avec raison ce semble, par Goud., Muir.

* Page intérieure facile à lire pour la plus grande partie.

Item, si dicatur[445] contra pactionem pecunia peti, ita *concipitur* exceptio : SI INTER AULUM AGERIUM ET NUMERIUM NEGIDIUM NON CONVENIT, NE E|A PECUNIA PETERETUR. Et denique in ceteris causis simi|liter concipi solet : ideo scilicet, quia omnis[446] excepti|o objicitur[447] quidem a reo, sed ita formulae inseritur, ut conditi|onalem, id est, ne aliter judex | eum cum quo agitur condemnet, quam si nihil in ea re, qua | de agitur, dolo actoris factum sit; item ne aliter ju|dex eum condemnet, quam si nullum pactum con|ventum de non[448] petenda pecunia factum erit.

120. Dicun|tur autem exceptiones aut peremptoriae, aut dilatoriae. 121. Peremptoriae sunt quae perpetuo valent, nec evitari pos|sunt : velut quod metus causa aut dolo malo, aut quod contra legem se|natusve consultum[449] factum est; aut quod res judicata est vel in | judicium deducta est; item pacti conventi quo pactum | est ne omnino pecunia peteretur.

122. Dilatoriae sunt exceptiones quae ad tempus valent[450] : | veluti illius pacti conventi quod factum est, verbi gratia, | ne intra quinquennium peteretur;

---

445. A. dicatut; — les uns : *dicatur*; les autres : *dicat*.

446 A. omnes.

447. A. obigit'.

448. A. conuenite.

449. A. consulto.

450. Au lieu de *nocent*, lu auparavant, et qui est au § 10 Inst. IV, 15, St. donne *valent*.

finito *enim* eo tempore || non[451] habet locum exceptio. Cui similis exceptio *est* litis di|viduae et rei residuae : nam, si quis partem rei petierit, | et intra ejusdem praeturam reliquam partem petat, hac ex|ceptione summovetur,[452] quae appellatur litis dividuae; | item si is qui *cum* eodem plures lites[453] habebat, de qui|busdam, egerit, de quibusdam distulerit, ut ad alios judices e|ant[454], si intra ejusdem praeturam de his quae ita distulerit | agat, *per* hanc exceptionem *quae* appellatur rei residu|ae summovetur. ===== 123 | Ob-servandum *est autem* ei cui dilatoria objicitur excep-tio, | ut differat actionem : alioquin, si objecta exceptione ege|rit, rem perdit; *nec enim*, post illud

---

* Page extérieure non facile à lire.

451. Au-dessus de la 1re l. de la p. 230, se trouvent des traces très-pâles et fort incertaines : _____c à lis_____ D'après St., note A., elles sont peut-être une répétition fautive de ce qui se retrouve à la 5e l. de la même page, sauf *lis* au lieu de *lites*.

452. A. summoucat'.

453. Pol. intercale *ob easdem res* entre *plures* et *lites*.

454. St. donne comme douteux e|gant, qui auparavant était donné comme certain. — 1) La plupart : *eant*. — 2) Quelques-uns : *ageret* (Hugo), *ageretur* ou *agantur* (Brinkmann, Hef., Hu., Gir.) ; mais Goud. remarque que, si l'on trouve souvent *apud judices agere* (II, 31, 73, 166), on ne trouve jamais *ad judices agere*. — 3) Pol. supprime comme une glose *ut ad alios judices eant* (ou tout autre mot). Il fait observer, avec raison ce semble, que le but de l'exception *rei residuae* eût été manqué, s'il eût été d'empêcher un demandeur d'avoir des juges différents ; car, s'il attendait la préture suivante pour agir, sans que l'exception lui fût opposable, il est vraisemblable qu'il aurait obtenu des juges différents. Selon Pol., le véritable but de cette exception

tempus quo integra re[455] e|vitare poterat, adhuc ei potestas agendi supere*st*, re | in judicium deducta[456] et *per* exceptionem perempta[456]. **124.** | *Non* solum *autem* ex tempore, *sed* etiam ex *per*sona dilatoriae | exceptiones intelleguntur, quales s*unt* cognitoriae, | velut si is qui *per* edictum cognitorem dare *non* potest | *per* cognitorem agat, vel dandi q*uidem* cognitoris jus ha|beat, sed eum det cui *non licet* cognituram suspicere : nam si | objicia*tur* exceptio cognitoria, si ipse talis eris[457] ut ei *non* | liceat cognitorem dare, ipse agere po*test*; si *ve*ro cognito|ri *non* liceat cognituram suscipe*re*, *per* alium cognito*rem* | a*ut per* semetipsum liberam habet agendi potesta*tem*, et tam hoc q*uam* illo m*od*o evitare (po*test*) exceptionem ; qu*od* si dissi|‑

et
mulaverit cum ei *per* cognitorem egerit[458] *rem perdit*[459].

---

est tout autre : savoir, d'empêcher de fatiguer son adversaire pendant toute une année par des procès différents *ex eadem causa*.

455. Plusieurs, avec Hu., intercalent *eam*.

456. A. deductae ; paremptae. — Au lieu de remplacer *deductae* par *deducta*, quelques-uns (Bö. 5, Gir. avec ?) intercalent *nam si agat,* hac *exceptione* sommovetur, quae *adpellatur rei in jud. deductae et exc. peremptae* ; addition combattue par Hu. 1-4.

457. A. erat ; la correction *erit*, admise par presque tous, avec Hef., est nécessaire pour ne pas corriger ensuite *liceat*. — Gö. 1-2 avait proposé *sit*.

* Page extérieure facile à lire, à peu d'exceptions près.

458. La plupart, avec Hollw.: dissimulaverit *eam* et per cognitorem egerit. — K. et S. : dissimulauerit < *et* > cum ei < *per cognitorem agere non liceret, nihilominus* > per cog. egerit. — Mommsen (*Epist. crit.*, préface K. et S., p. xxii) : dissimulauerit *tum* et per cognitorem eg.

459. La révision de St. confirme *rem perdit* déjà restitué par tous

125. | Sed[460] peremptoria quidem exceptione si reus per errorem[461] | non fuerit usus, in integrum restituitur adjicien|dae[462] exceptionis gratia; dilatoria vero si non fuit usus, | an in integrum restituatur[463], quaeritur.

126. Interdum evenit ut exceptio, quae prima facie justa vide|atur, inique[464] noceat actori. Quod cum accidat, alia adjecti|one opus est adjuvandi[465] actoris gratia : quae adjecti|o replicatio vocatur, quia per eam replicatur atque[466] resolvi|tur vis[467] exceptionis. Nam, si verbi gratia pactus sum te|cum, ne pecuniam quam mihi debes a te peterem, deinde postea | in

---

460. Le ms. a *sem*; presque tous : *sed*, avec Hu., Studien. Auparavant, on admettait *semper*, qui est encore dans Blond., Lab., Dom.

461. Avant St., la fin de la l. 2, en partie illisible, avait été diversement restituée. — 1) Gö. 1-2, Kl., Bö. 1, Blond. : exceptio *nocet*; ideoque si reus ea. — 2) Hef. : exc. *nocet*; itaque reo, si ea. — 3) Hu. Studien : exceptio semper aequa est, quare qui ea. — 4) Rudorff : exceptione cum reus re integra. — 5) Hu. Zeits. XIII, p. 315 : exceptione cum reus per errorem, qui fut généralement admis (Bö., Pell., Gn., Gir., et que St. confirme, sauf *si*, au lieu de *cum*.

462. Illisible avant St., le commencement du mot avait été restitué par les uns (Gö. 1-2, Kl.) : *recuperandae*, par d'autres (Heff., Hu., Bö., Pell., Gn., Gir.) : *servandae*, ou peut-être *objiciendae* (Lach. en note).

463. A. restituit'.

464. A. iniquae.

465. A. adiubandi; v. IV, note 38.

466. A. atquae.

467. Avant St., on avait lu *jus*, admis par Gö. 1-2; puis, avec Schrader, on avait restitué *vis*, d'après les Inst. IV, 14 pr.

*contra*rium pacti sumus, id est[468], ut petere mihi liceat et, si | agam tecum, excipias tu ut ita demum mihi *con*demneris, si | *non* convenerit[469] ne eam pecuniam peterem, nocet | mihi exceptio pacti *con*venti; namque nihilominus hoc ver*um* | manet, etiamsi postea in contrarium pacti simus : sed quia iniquum est me excludi exceptione, replicatio mihi | datur ex posteriore pacto, hoc modo : SI NON POSTEA CONVENIT, UT MIHI[470] | EAM PECUNIAM PETERE LICERET. ══ | Item si argentarius *pre*tium rei, quae in auctionem | venerit[471], *per*sequatur, objicitur ei exceptio, ut ita demum | emptor damnetur, si ei res quam emerit, tradita est; | et est[472] justa exceptio : sed si in auctione *pr*aedictum est, ne ante | emptori traderetur res, q*uam* si *pr*etium solverit, replicatione ‖ tali argentarius adj*u*vatur[473] : AUT[474] SI P*R*AEDICTUM EST, NE ALI|TER

---

468. Pol. supprime *postea*... jusqu'à *id est*.

469. A. conuenierit; le 1ᵉʳ *i* corrigé.

470. Avant St., on n'avait pas lu ce mot dans la formule de la réplique.

471. Au lieu de *in auctionem venerit*, la plupart, avant St., lisaient *in auctione venierit*, que donnent encore Pol. et Hu. 3.

472. Avant St. : e***| c, Ap. Bö. — St. donne : ē. st | c. — 1) Quelques-uns (Gö., Hu.) : tradita *sit*, quae *quidem est* ou *est ea*. 2) D'autres, avec Lach. : tradita *esset*; quae est; — 3) ou tradita est; et *est* iusta (K. et S., Hu. 3, Gn. 2, Muir.). — 4) Pol. lit : *ea est iusta*, etc. ; mais il croit que c'est une glose et supprime.

* Page intérieure très-facile à lire.

473. A. adjubatur; v. IV, note 38.

474. Gö. 1-2, d'après ce qu'il croyait au ms. douteux à cet endroit, et au besoin le corrigeant, avait donné *nisi* comme

EMPTORI RES TRADERETUR, QUAM SI PRETIUM EMPTOR[475] SOL|VERIT.

127. Interdum autem evenit, ut rursus replicatio, quae prima | facie justa sit, inique reo noceat : quod cum accidat, adjecti|one opus est adjuvandi[476] rei gratia, quae duplicatio vo|catur.

128. Et, si rursus ea prima facie justa videatur, sed | propter aliquam causam inique actori noceat, rursus ea[477] adjectione | opus est qua actor adjuvetur[476], quae dicitur triplicatio. 129. Quarum | omnium adjectionum usum interdum etiam ulterius, | quam diximus, varietas negotiorum introduxit.

130. Videamus etiam de praescriptionibus quae receptae sunt | pro actore. 131. Saepe enim ex una eademque obligatione | aliquid jam praestari oportet, aliquid in futura praestati|one est, velut cum in singulos annos vel menses certam | pecuniam stipulati fuerimus : nam finitis quibusdam | annis aut mensibus, hujus quidem temporis pecuni|am praestari oportet, futurorum autem annorum sane quidem o|bli-

---

premier mot de la formule; suivi Bö. 1. — Bl. affirma que le ms. portait *aut si*, qui fut adopté généralement (Hef., Kl., Bö. 3-5, Pell., Gir.). — Hu. Zeits. XIII, p. 315-324, établit que *nisi* ne peut, en règle générale, se trouver ni en tête des répliques, ni en tête des exceptions, mais qu'il s'y trouve cependant quelquefois, par exception, l. 1, § 16, D., De flumin. 43, 12 ...*aut nisi ripae tuendae causa.*

475. Au lieu de *emptor*, Hu. 4 veut *emptae rei*.

476. A. adiubandi ; adiubet' ; v. IV, note 38.

477. A. ex ; les uns : *ea* ; les autres : *ex eo*.

gatio contracta intellegitur, praestatio vero adhuc nul|la est; si ergo velimus id quidem, quod praestari oportet, petere, et | in judicium deducere, futuram vero obligatio|nis praestationem in integro[478] relinquere, necesse|est ut cum hac praescriptione agamus: EA RES AGATUR[479] CUJUS | REI DIES FUIT[479bis]; alioquin si sine hac praescriptione ege|rimus, ea scilicet formula qua incertum petimus, || cujus intentio his verbis concepta est : QUIDQUID PARET NUMERIUM NEGIDIUM | AULO AGERIO DARE FACERE OPORTERE, totam obligationem, id est, etiam | futuram, in hoc judicium deducimus, et quae ante tem|pus obligatur*********m n s _____(_____480_____)|[_____481_____] p misssare [_____482_____] ([483]). 131ª. Item, si verbi

---

478. Avant St., *incerto*, que tous admettaient. — Van der Hoeven, Zeits. f. R. G., t. VII, p. 259, avait conjecturé *integro*, que Rudorff défendit (*Lexical. Excerpte aus d. G.*, p. 345), et que confirme St.

479. Selon Pol., dans cet exemple, ainsi que dans les autres (§ 136), on ne doit pas regarder les mots *ea res agatur* comme se trouvant dans la formule.

479 bis. A. fii et.

480. A. (l**qfic—) sch. Gö.

481. A. [pc**a] sch. Blu.

482. A. [iiin......iii...=====] sch. Blu.

483. La révision de St. confirme, pour les trois premières lignes de la p. 233, les restitutions déjà admises jusqu'à *ducimus*. Quelques-uns avaient douté de *futuram*; Lach. l'avait remplacé (Gö. 3, au texte) par *futurorum annorum*, qu'adoptèrent Bö. 2, Pell. tr.; plus tard, mais sur les observations de Hu., *Zeits. für Civilr. und Proc.*, XX, p. 153, Bö. 3-5 revint

gratia ex empto agamus, ut[484] nobis fundus | mancipio detur, debemus====**** praescribere[485] : EA RES AGATUR DE FUNDO MANCIPANDO, ut postea, si velimus vacuam possessionem nobis tradi trade**i? | [___[486]___] ue [_____[487]_____]

à *futuram*. — Les l. 4-5 restent douteuses ; St. n'a lu que quelques lettres de plus qu'auparavant. — 1) Hef. 1827 (et en note 1830) : deducimus *et quantumvis* | *in obligatione* fuerit, *tamen id solum consequimur, quod litis contestatae tempore* | *praestari oportet, ideoque removemur postea agere volentes* ; reprod. Blond., en note ; Dom., Pell. ma., au texte, Gn. 1. — 2) Hu. 1-2 : deducimus et quia *per* litis *contestationem consumitur, nulla nobis actio su*|perest, si postea *de reliqua praestatione agere velimus* ; suivi Gir. — Depuis St. — 3) Goud. : deducimus et quae ante tempus obligatio in iudicium fuit deducta, consumta est, quo fit, ut postea permissum non sit de eadem re denuo agere. — 4) Pol. : et quae ante tempus obligatio *consumpta est* litis *contestatione, non* est postea permissa revocari in iudicium. — 5) Kr. (en note K. et S.), après *et quae tempus* : obliga*tionis* in iudicium deducuntur, ea neque in condemnationem ueniunt neque postea rursus de iis agi potest ; suivi Gn. 2. — 6) Mommsen (*Epist. crit.*, préface K. et S., p. XXII) rejette tempus *obligatione* et préfère : quae ante tempus obligatio in iudicium deducitur. — 7) Hu. 4 : et quod ante tempus obliga*tionis* emensum *petitio nullo* modo fieri ex ea potest *nec est* permissa, *reliquum perdimus*. En note, Hu. explique ainsi les mots *nullo modo* : « nec naturaliter interpellando nec civiliter in iure petendo, nec expresse nec tacite incerta intentione, neque sic, ut interusurii deductionem pati velimus ».

484. A. **; il y a pu y avoir *ut*, d'après St. note A.

485. La plupart : *ita* ; quelques-uns (Pol., Hu. 4, Muir.) : hoc modo ; Goud. : *ante formulam* praescribere.

486. A. [in. si ____] sch. Blu.

487. A. [. . . . epiea.. u... iublisn. p s] sch. Blu.

10 | re sumus totius illius juris obligatio illa͜ inc**|ta
actione : QUIDQUID OB EAM REM NUMERIUM NEGIDIUM
AULO AGERIO DARE FACERE OPORTET (_____488_____)
||||||itione consumitur[489], ut postea nobis agere volen|-

488. A. (reiiiia) sch. Gö.

489. La révision de St. n'a presque rien ajouté à la lecture
des l. 9-13 depuis *nobis tradi* jusqu'à *consumitur*; elle donne
seulement, au commencement de la l. 11, re|sumus, au lieu de
posumus. — Leçons diverses — I. Avant St. — 1) Hef. 1827 (et
en note 1830) : de tradenda *ea iure stipulationis vel ex empto
agere iterum utiliter possimus.* Puis, au texte : *sed totius illius
iuris obligatio illa intenta actione* : QUIDQUID — OPORTERET, *per
intentionem consumitur.* — 2) Hu. Studien : de tradenda ea
vel ex stipulatu vel ex empto actione iterum agere possimus.
Alioqui totius illius iuris obligatio illa incerta actione : QUID-
QUID ——— o. per intentionem consumitur. — Cette leçon fut
admise par Lach., avec les modifications suivantes : *Alioquin
protinus*, au lieu de simplement *alioqui*, et *per litis contestationem* au lieu de *per intentionem* admises Pell. tr. et ma., Bö. 3.
— 3) Hu. Beiträge et J. A. 1-3 remplaça *alioquin protinus* par
nam si non praescribimus; suivi Gn. 1, Gir., Pos., A. et W.
——— II. Depuis St., qui déclare, note A., qu'après *nobis tradi*,
il peut y avoir c, o, ou q, mais non de : — 4) Goud. : contra
venditorem *agere possimus eadem* actione; alioquin si non
praescribimus, etc., jusqu'à DARE FAC. OPORTERET, *per inten-
tionem* consumitur. — 5) Pol., en note : *contra debito|rem ac-
tionem movere possimus. Quod si neglectiores in ea re sumus*,
totius, etc., jusqu'à dare fac. oportet *litis conte|statione* consu-
mitur. — 6) Kr., en note K. et S., et « *ad sensum non ad ductus spatiumue* »: *uel tradita ea de euictione nobis caueri, iterum
ex empto agere possimus. Nam si praescribere [obliti] sumus*,
totius, etc., per *intentionem* consumitur. — 7) Hu. 4 : *eius
tradendae | causa ex stipulatu uel ex empto actio supersit;
(nam si) obliti sic praescribe|re sumus*, totius, etc., jusqu'à D.
F. OPORTET, per *intentionem* consumitur; suivi Gn. 2. — 8) Avant

tibus de vacua possessione tradenda nulla supersit | actio.===== 132. *Praescriptiones* sic[490] appellatas | esse ab eo *quod* ante[491] formulas *praescribuntur*[492], plus *quam* manife|stum est.===== 133. *Sed* his qui- dem temporibus, sicut supra *quoque* | notavimus[493], omnes *praescriptiones* ab actore profi|ciscuntur. Olim *autem* quaedam et *pro* reo opponeban|tur; qualis illa erat praescriptio : EA RES AGATUR [[494]] | DICIUM HEREDITATI NON FIAT, quae nunc in speciem excep- tio|nis deducta *est*, et locum habet cum petitor heredita|tis alio *genere* judicii *prae*judicium hereditati faciat *velut* | cum singulas res petat[495], est *enim* iniquum, per ([496]) || ——————[497]—————— **Legi neq. 24. v.**

234

122 r
ter s.

consumitur, au lieu de *per intentionem* ou *litis contestationem*, Bekker, *Aktionen des röm. Privatr.*, t. I, p. 343 (1871) : *propter intentionem*; suivi Muir.

490. A. siq. Hu. 4 : *siq*; les autres : *autem* ou *vero*.

491. A. q||||||nte.

492. A. pscribent'.

493. Avant St., les uns : *diximus*, les autres : *indicavimus*.

494. A. [s.————] sch. Blu. — La plupart : *si in e a re praejudicium*.— Gö. 2 : *quod praej*.— Hef. : *si modo praej*.— Pol. simplement : *si praej*. — Hu. 4 : *si ea re praej*.

495. A. [cum] singulas res pet**.

496. A. (**iiiia**i———) sch. Gö. ; et en note : unius f * e **, sch. Blu.

* Page extérieure où rien ne peut être lu.

497. La restitution de la p. 234 a été tentée par Hef. et par

Hu. — 1) Hef., 1827 [1]: per unius p*artis* || *petitionem maiori quaestioni* de ipsa hereditate praeiudicari. Quare etiam his temporibus ei, unde petitur exceptio hanc in rem comparatur.. ......§ 134. Ab actore autem uel nunc praescriptiones quaedam speciales praeter eas, quas supra enumerauimus, adhibendae sunt........ si u. gr. dominus serui alicuius ex stipulatione eius agere uelit, in qua et praesentes et futurae obligationes ex pacto insunt, forte si ita conuenisset, ut ex pecunia, quae in stipulatum deducta est menstrua VHS refunderentur: intentioni actoris loco demonstrationis ita praescribendum est: EA RES AGATUR QVOD CHRYSOGONVS LVCII SEII SERVVS ACTOR DE NVMERIO NEGIDIO TRICIES HS STIPVLATVS EST CONVENITQVE INTER EOS, VT EX EA PECVNIA MENSTRVA V. HS REFVNDERENTVR CVIVS REI DIES FUIT. *Deinde inten*||tione formulae, etc.; reproduit en note Bö 1-5, Gn. 2, et au texte par A. et W. — 2) Hu., après avoir publié quelques observations sur ce passage (Zeits. XIII, p. 325 — 8), proposa (J. A. 1 — 2) la restitution suivante: Praejudicium fieri || quaestioni maiori, quae ad centumviros defertur, per minorem, de qua ad unum iudicem agitur. Et olim quidem, quandiu ex hac causa praescribebatur, iudex principaliter de hoc cognoscebat, an hereditati praeiudicium fieret, quod si pronunciauerat, iudicium de singulis rebus petitis nullum erat, ideoque actor finita de hereditate quaestione, denuo eas petere poterat. Nunc uero cum in speciem exceptionis haec praescriptio deducta sit, nisi actor obiecta ea actionem differat, rem perdit, quia reus si praeiudicium fieri probauerit absoluitur et iterum petenti actori nocet exceptio rei iudicatae. 134. Interdum uero etiam nostris temporibus praescriptio tam pro actore quam pro reo dari uidetur: quod accidit, cum de eo agimus, quod seruus dari stipulatus est. Licet enim eo nomine perinde nobis actio competat, atque si ipsi stipulati essemus, tamen quia ea, quae facti sunt, ex persona stipulatoris pendent, uelut si Stichus seruus meus ita stipulatus sit: X MILIA AVT FVNDVM VTRVM VOLAM, DARE SPONDES? SPONDEO: Utriusque litigatoris interest, ut sciatur, quis stipulatus est, itaque for-

---

[1] Non reproduite dans son édit. de 1830, où il dit seulement en note: Auctor denuo egit de praescript. pro actore repertis, specialiter de his, quae et iuris tuendi et rei demonstrandae causa adhibebantur, maxime cum servus stipulatus esset pecuniam certis temporibus ex pacto numerandam.

134. ▬▬▬▬▬▬▬▬▬▬▬▬▬▬▬▬▬▬▬▬▬ || tione formulae det|||||||||||||| i est[498] cui dare[499] oportet; et | sane domino dare oportet quod servus stipulatur: at in | praescriptione de pacto[500] quaeritur, quod secundum natura|lem significationem verum esse debet. 135. Quaecumque autem di|ximus de servis, eadem de ceteris quoque personis quae | nostro juri subjectae ▬▬▬sunt, dicta intellegemus. 136. Item admonendi sumus, | si cum ipso agamus qui incertum promise-

---

mula datur cum praescriptione uelut hoc modo: EA RES AGATUR, QUOD STICHVS AVLI AGERII SERVVS DE NUMERIO NEGIDIO STIPULATVS EST. SI PARET NVMERIVM NEGIDIVM AVLO AGERIO DECEM MILIA DARE OPORTERE et reliqua : hoc est in intentione formulae, etc.

* Page extérieure très-facile à lire. — Le feuillet sur lequel se trouvent les p. 235 et 236 n'est pas palimpseste. Il nous est parvenu en dehors du ms. de Vérone; il fut découvert et publié d'abord par Scipion Maffei, en 1632, puis par Haubold (Zeits. f. ges. R. W. III, p. 140-146), en 1816, c'est-à-dire l'année même de la découverte de Niebuhr. — Gö. en donna l'image à la fin de son édit. — La p. 236, reproduite par la photographie, est celle qui se voit à la fin de l'Ap. de St.

498. Avant St., on admettait determinatur is. — Depuis St.: — 1) Pol.: demonstratione formulae designatum est, cui. — 2) K. et S., en note, « peut-être: (ex inten)tione formulae des(umendu)m est, cui ». — 3) Hu. 4: ..... in inten|tione formulae de iure quaeritur, id est, cui dari oporteat; suivi Muir. — 4) Gn. 2: intentione determinatur cui.

499. Au lieu de dare, plusieurs (Hu., Bö., K. et S., Gn. 2, Muir.) veulent dari. — Gö. 2, après avoir admis la correction, douta de son exactitude, ici et dans tous les cas où il y a dare oportere; v. Addenda à sa 2ᵉ édit.

500. St. confirme pacto déjà lu auparavant. Plusieurs, avec Savigny, corrigent et lisent facto: Pell. tr. et ma., Hu. 1-4, Pol., K. et S., Gn. 2, Muir.; les autres (Gö. 1-3, Kl., Hef., Bö. 1-5, Dom., Gn. 1, Goud.) maintiennent pacto.

rit, ita nobis | formulam esse propositam, ut praescriptio inserta sit for|mulae loco demonstrationis, hoc modo : JUDEX ESTO, QUOD[501] AULUS AGERIUS DE NUMERIO NEGIDIO IN|CERTUM[502] STIPULATUS[503] EST, MODO[504](?) CUJUS REI DIES FUIT QUIDQUID OB EAM REM NUMERIUM NEGIDIUM | AULO AGERIO[505] DARE FACERE OPORTET, et reliqua. 137. At si cum sponsore aut fidejussore agatur, | praescribi solet in persona quidem sponsoris ===== | hoc modo : EA RES AGATUR[506] QUOD AULUS AGERIUS DE LUCIO TITIO INCERTUM STIPULATUS | EST, QUO NOMINE NUMERIUS NEGIDIUS SPONSOR EST, CUJUS REI DIES FUIT ; in persona | vero fidejussoris : EA RES AGATUR, QUOD NUMERIUS NEGIDIUS PRO LUCIO TITIO INCERTUM FIDE SUA ESSE JUSSIT, CU-

---

501. Après *judex esto*, Pell. ma. 3-6 intercale *ea res agatur*, en se fondant sur les §§ 131 et 136. (V. la note 504.)

502. A. incerte. — Selon Pol., le mot *incertum* n'était pas dans la formule, mais la chose même y était décrite, à la place occupée par *incertum* ou par *ea res agatur*.

503. A. stipem. — Les uns en font simplement *stipulatus est* ; les autres en font : *stipulatus est modo*. V. la note suivante.

504. Avant *cujus rei*, Hu. Zeits. XIII, p. 329, et J. A., a intercalé *modo*, qui serait représenté par *m* de *stipem* du ms. Cette leçon a été adoptée par Bö. 3-5, Gn. 1, Gir., Pos., A. et W., mais elle a été rejetée par Pell., Goud., K. et S., Gn. 2, Muir. — Pour exprimer la même idée, Pell. ajoute *ea res agatur* (v. la note 501) ; les autres ne croient pas nécessaire d'ajouter quoi que ce soit. — St. avait d'abord admis (*Index notarum*, p. 304) que *stipem* était écrit pour *stipulatus est modo*, bien que le ms. portât (selon sa remarque expresse, note A.) *pem*, et non $\overline{p\,e}\,\overset{o}{m}$; mais, dans son édit. avec Kr., il supprime *modo*.

505. A. ā ||||||. — 506. A. aget'.

JUS REI DIES[507] FUIT ; deinde formula subjicitur[508].=

138. Superest ut de interdictis dispiciamus.
139. Certis igitur ex causis | praetor aut proconsul principaliter[509] auctoritatem suam fi|niendis controversiis proponit[510] : quod tum maxime fa|cit cum de possessione aut quasi possessione inter aliquos con-|tenditur; et in summa aut jubet aliquid fieri aut fieri prohi|bet. Formulae autem verborum et[511] conceptiones quibus in || ea re utitur, interdicta decretave[512].
140. Vocantur autem decreta, cum | fieri aliquid ju-

---

507. A. heresde.

508. A. subigit.

509. Pol. veut : principialiter, pour exprimer l'idée de *quasi principium et fundamentum finiendis controversiis*. Il cite à l'appui Lucrèce (II, 423) : « Haut sine *principiali* aliquo levore creatum est ».

510. St. confirme *proponit* (pponit) déjà lu auparavant, mais corrigé ou même contesté par Caplick, Hollw., Gö. 2-3, Bö. 3-5, Pell., Hu., Gn. 1, qui lisaient *interponit*. — Maffei, Gö., Haubold, avaient proposé *praeponit*, rejeté par Hef. qui maintient *proponit*. — Depuit St., Goud., Pol., ont *proponit*, mais K. et S., Hu. 4, Gn. 2, Muir., donnent encore *interponit*.

511. Au lieu de *verborum et*, plusieurs (Hu., Gir., Goud., Pol., K. et S., Gn. 2, Muir.) donnent *et verborum*.

* Page intérieure très-facile à lire.

512. A. dec||||||||||| — 1) *Decretave* n'est pas douteux et peut suffire. Toutefois, la plupart ajoutent ou changent quelque chose. — 2) *Vocantur* est deux fois répété par Gö, Hef., Bö., Pell., Gir., Gn. 2, Muir. — 3) Hu. 1-2 : *decreta aut interdicta vocantur*. 140. Decreta, cum etc. suivi Pol. — 4) K. et S., au texte : inter-dicta <———> decretaque ; en note : interdicta < uocantur uel accuratius interdicta > decretaque. ——— 5) Hu. 4 : interdicta *aut decreta, uel (interdicta proprie dicta)* uocantur. 140. Decreta cum, etc.

bet, *velut* cum *praecipit* ut aliquid exhibe|atur *aut* restituat*ur* ; *inter*dicta vero, *cum* pro*h*ibet fieri, *velut* cum praeci|pit ne sine[513] vitio[514] possidenti vis fiat, neve in loco | sacro aliquid fiat. Unde omnia *inter*dicta *aut* restituto|ria, a*ut* exhibitoria, a*ut* prohibitoria vocant*ur*.

141. Nec *tamen*, *cum* | quid jusserit fieri, a*ut* fieri prohibuerit, statim *peractum* | *est* negotium; *sed* ad judicem recup*er*atoresve itur[515], et ibi | editis formulis quaeritur, an aliquid adversus p*rae*toris e|dictum factum sit, v*el* an factum non sit *quod* is fieri jusserit. | Et modo cum poena agit*ur*, modo sine poena : cum poe|na, velut cum *per* sponsionem agitur[516]; sine poena, *velut* cum[517] | arbiter[518] petitur. Et *quidem* ex prohibitoriis *inter*dictis semp*er* | *per* sponsionem agi solet; ex restitutoriis vero v*el* exhi|bitoriis, modo p*er* sponsionem, modo *per* formulam a|gitur q*uae* arbitraria[518] voca*tur*.

142. | Principalis ig*itur* divisio in eo *est quod aut* prohibitoria s*unt inter*dicta, | a*ut* restitutoria, aut exhibitoria. 143. Sequens in eo *est* divisio, | quod vel

---

513. A. sinede. La plupart suppriment simplement *de*. Pol. le transpose et ajoute *altero* comme ayant pu être facilement omis, une fois que *de* était mal placé ; il lit sine vitio de [*altero* possidenti.

514. A. bitio ; v. IV, note 38.

515. A. item.

516. A. aget.

517. A. cu||||||||

518. A. auriter, auritaria ; v. IV, note 51.

adipiscendae possessionis *causa* conparata sunt, vel retinendae, vel reciperandae[519].

144. | Adipiscendae possessionis *causa interdictum accommodatur* | bonor*um* possessori, *cujus* principium *est* QUORUM BONORUM; ejus|*que* vis et potestas haec *est*, ut quod *qui*sque ex his bonis quo|rum possessio alicui data *est*, si[520] *pro* herede a*ut* pro possessore || possideret[521], id ei, cui bonorum possessio

---

519. Il y a, dans la ligne 20, trois mots inutiles, *possessionis causa interdictum*, entre *retinendae* et *vel reciperandae*. Un signe au ms. marque qu'ils devaient être supprimés.

* Page intérieure facile à lire.

520. Certain au ms. *si* n'est pas aux Inst. IV, 15, 3. — 1) Tous l'ont omis, sauf Goud., Pol. et Muir.: les uns parce qu'ils croyaient que le ms. avait simplement *est*, les autres parce qu'ils considéraient *si* comme écrit à tort; parmi ces derniers, Hu. 1-4, K. et S., Gn. 2. — Dans l'*Index notarum*, p. 266, St. donne spécialement notre e. *si* comme écrit pour *est*. ———— 2) Goud. maintient *si*, et pense que la leçon *si pro herede* écartant toute difficulté, il n'y a plus besoin de faire au texte les divers changements ou additions que l'on a voulu y introduire. (V. la note suivante). ———— 3) Pol. et Muir. conservent également *si*, mais Pol. fait une addition et Muir., un changement. (V. également la note suivante.)

521. Beaucoup changent ou ajoutent ici quelque chose. — 1) Gö. 1-2, Kl., Bö. 1, K. et S., Gn. 2, Muir., au lieu de *possideret* donnent *possideat*. ———— 2) Presque tous les autres, avec Hef. et Gö. 3, ont *possideret*; la plupart (Hef., Blond, Lab., Gö. 3, Pell., Bö. 3, Dom., Gn. 1, Pos., A. et W.) n'ajoutent rien, mais (sauf Goud.) ils n'ont pas *si*; quelqus-uns ajoutent plus ou moins, d'après la l. 1ʳᵉ Dig. *Quor bonor.*, 43, 32. — 3) Bö. 5 lit: aut pro her. aut pro possessore [*possidet possideretur, si nihil usucaptum esset, quodque dolo* malo fecit, uti desineret] || possidere; lisant ce dernier mot, au lieu de *possideret*, il croit que le copiste a sauté une ligne par *homoeotel*. La restitution

data est, restitu|atur. Pro herede autem possidere videtur tam is qui heres est, quam is qui pu|tat se heredem esse; pro possessore is possidet, qui sine causa aliquam rem | hereditariam, vel etiam totam hereditatem, sciens ad se non pertinere, possidet. | Ideo autem adipiscendae possessionis[522] vocatur, quia ei tan|tum utile est qui nunc primum conatur adipisci[523] rei posses|sionem : itaque, si quis adeptus possessionem amiserit, de|sinit ei id interdictum utile esse.

145. Bonorum quoque emptori simi|liter proponitur interdictum, quod quidam possessorium vo|cant.

146. Item ei qui publicata[524] bona emerit, ejusdem condi|cionis interdictum proponitur quod appellatur sectorium, quod | sectores vocantur qui publice[525] bona

---

de Bö. 5 est insérée au texte par Gir., mais avec ? ———— 4) Hu. 1-4 intercale seulement après *pro possessore* : (*possidet, doloue fecit, quominus*) possideret; il pense que dans un ouvrage comme celui de G., l'insertion de tout ce que donne le Dig. ne convenait pas. ———— 5) Pol. ajoute moins encore; il lit : si pro her. aut pro possessore || possideret, [*possederit*], id ei, etc. ———— 6) Seul, Goud. ne retranche ni n'ajoute rien.

522. Plusieurs (Hu. 1-4, Gir., K. et S., Gn. 2) ajoutent *interdictum* après *vocatur*, comme au § 3 Inst. — Pol, sans changer ni ajouter au texte, émet en note la conjecture qu'une glose à peut-être ici été substituée à l'original, et que G. aurait écrit : Ideo autem interdictum *possessorium* vocatur.

523. A. adipisce.

524. St. confirme *publica*, déjà lu auparavant; plusieurs (Hu. 1-4, Pol., Gn. 2) veulent *publice*, que le ms. a quelques lignes plus loin, au même §. (V. la note suivante.)

525. Lach., qui, deux lignes plus haut, maintient *publica*, corrige *publice* du ms. et veut également ici *publica*. Les autres ont successivement *publica*, et *publice*, selon le ms.

mercantur[526]. 147. | Interdictum quoque quod appellatur Salvianum, apiscendae possessionis (causa) comparatum est, eoque utitur dominus fundi de rebus coloni, quas | is pro[527] mercedibus fundi pignori futuras[528] pepigisset.====

148. Retinendae possessionis causa solet interdictum reddi, cum ab | utroque[529] parte de proprietate alicujus rei controversia est, | et ante quaeritur uter ex litigatoribus possidere, et ulter petere debeat : cujus rei gratia comparata sunt UTI POSSIDETIS et UTRUBI. 149. Et quidem UTI POSSIDETIS interdictum de fun|di vel aedium possessione[530] redditur, UTRUBI vero de re|rum[531] mobilium possessione. 150. Et si quidem de fundo vel aedibus || interdicitur, eum potiorem esse praetor jubet qui, eo tempo|re quo interdictum redditur, nec vi, nec clam, nec precario ab adversario | possideat; si vero de re mobili[532], eum[533] potiorem esse ju|bet qui majore parte ejus anni nec vi, nec clam, nec precario ab adver|sario possidet[534] : idque satis ipsis verbis interdictorum

---

526. Le copiste a répété après *mercantur*, *qui publice uona mercantur*.

527. A. sipse. — 528. A. pigu ||||||| oris futurams ; *s* et *m* corrigés.

529. A. utroque. — 530. A. possessioriis.

531. A. rebum.

* Page extérieure assez difficile à lire.

532. A. mouili ; v. IV, note 51.

533. A. aeum.

534. Plusieurs, corrigeant : *possedit* ou *possederit*.

si|gnificatur. 151. Si[535] in UTRUBI in*ter*dicto non solum sua qu*ique*[536] possessi|o prodest, sed etiam alterius q*uam* justum est ei accedere : vel*ut* ejus | cui heres extiterit, ejusque a quo emerit v*el* ex donatione | a*ut* dotis nomine[537] acceperit. Itaq*ue* si nostrae possessioni jun|cta alterius justa possessio exsup*er*at adversarii pos|sessionem, nos eo in*ter*dicto vincimus.

Nullam a*utem* propriam poss*ess*i*o*nem habenti accessio tem|poris n*ec* dat*ur*, nec dari p*otest*; nam ei q*uod* nullum est, n*ihil* accedere p*otest*. | Sed et si vitiosam[538] habeat poss*ess*ionem, id est, a*ut* vi, a*ut* clam, a*ut* preca|rio ab adversario adquisitam, non datur; nam accessio nei (?) | sua[539] n*ihil* prodest. 152. Ann*us* a*utem* retrorsus numerat*ur* : itaq*ue* si | tu verbi[540] gratia an*ni* VIII trium mensibus possederis prioribus, | et ego VII posterioribus, ego potior ero q*uod*

---

535. St., note A., dit *si* plus probable que *at*, donné par la plupart; d'autres : *sed*.

536. A. qq, abréviation de *quoque* ou *quique*.

537. On avait lu *aut donatione*, répété à la fin de la l. 8 et au commencement de la l. 9. — Diverses restitutions avaient été proposées au lieu du second *donatione* : Hef. *traditione*; Unt. *permutatione*; Hu. *solutione*. St confirme, pour le sens, la conjecture de Bl. *dotis datione*, généralement acceptée; il remplace *datione* par *nomine*.

538. A. bitiosam; v. iv, note 38.

539. Les six dernières lettres de la l. 15 sont tout à fait incertaines ; mais il est certain qu'il n'y a eu ni *possio*, ni *possessio* (St., note A.). — Par là se trouve écartée la leçon admise avant St. : *nam ei possessio sua*. — Depuis St., 1) Goud., avec doute : *nam accessio vitiosae possessioni suae*. — 2) Pol., en transposant: *nam accessio non sua ei*. — 3) K. et S., Hu. 4, Gn. 2, Muir., comme auparavant : *nam ei < possessio > sua*.

540. A. uerui; v. iv, note 51.

priorum | mensium possessio nihil tibi in hoc interdicto prodest, *quia* alteri|us anni possessio est[541]. 153. Possidere *autem* videmur, *non* solum si ipsi | possideamus, sed etiam si nostro nom*ine* aliquis in possessi|one[542] sit, *licet* is[543] nostro juri subjectus *non* sit, qualis est | colonus et inq*ui*linus. *Per* eos q*uoque* apud quos deposuer*imus*, | *aut quibus* commodaverimus, *aut quibus* gratuitam[544] habita||tionem

---

541. Le § 152 est entièrement renouvelé par St. La leçon, toute différente et beaucoup plus satisfaisante qui ressort de sa révision, est acceptée par tous, bien que plusieurs lettres n'en soient pas certaines. — Avant St., les lignes 17-20, en partie illisibles, avaient été, soient publiées avec des lacunes (Gö. 1-2, Kl.), soit entendues et complétées de diverses manières. Tous admettaient : *si tu verbi gratia anni mensibus possederis prioribus* v, *et ego* vii *posterioribus, ego potior ero*, sans rien ajouter entre *anni* (écrit en toutes lettres et *mensibus*) et en lisant v après *prioribus* (écrit *piorib*; l'*u* qui suivait le *b* faisait v ou *quinque*). — Après *ego potior ero* : 1) Hef., 1827 (en note; 1830) : *quaelibet vero plurium mensium possessionis causa* (ou *quodlibet vero plurium mensium poss. tempus*) tibi in hoc interd. *aequiparabit anni possessionem*. — 2) Hu. Studien : *ratione* vii *mensium possessionis nec* tibi in hoc int. *prodest, quod prior tua possessio est.* — 3) Gö. 3, Lach. : qu*antitate* | mensium possessionis; *nec* tibi in hoc int. *prodest, quod prior tu|a* eius *anni possessio est;* leçon qui fut généralement acceptée.

542. A. possessionem.

543. A. in.

544. Illisible avant St., la fin de la l. 24 avait été restituée diversement : — 1) Savigny et, avec lui, la plupart admettaient déjà *gratuitam habitationem*. — 2) Bö. 1-5 voulait *usumfructum vel usum aut habitat.*; suivi Pell. ma. — 3) Hu. 2-4 ajoute *usumf. vel usum constituerimus*, comme un nouveau membre de phrase après *habitationem praestiterimus;* suivi Gir.

* Page extérieure difficile à lire.

praestiterimus[545], | ipsi[546] possidere videmur[547]; et hoc est quod vulgo[548] dicitur, | retineri possessionem posse per quemlibet, qui nostro no|mine sit in possessione. Quin etiam plerique putant, animo quoque ((retine))|ri[549] ((possessionem, id est ut quamvis neque ipsi simus in))[550] possessione, neque nostro nomine alius, tamen si non relinquendae | possessionis animo, sed postea reversuri inde discesseri|mus[551], retinere

---

545. A. *restituerimus*; la plupart : *praestiterimus*; d'autres : *constituerimus* ou *tribuerimus*.

546. Entre *restituerimus* et *ipsi*, le copiste a répété de nouveau *aut quibus gratuitam habitationem*.

547. A. devimur. — 548. A. uolgo.

549. A. _____ ri. — *Retineri*, évident, est aux Inst. IV, 15,5.

550. Ajouté d'après les Inst.; v. la note suivante.

551. Avant St., les l. 4-7 de la p. 239, en majeure partie illisibles, avaient donné lieu à des restitutions aussi diverses que hasardées et généralement peu satisfaisantes [1]. — La révision de St. les reconstitue d'une manière très-simple; elle montre que G. disait précisément ce qui se trouve au § 5 des Inst. IV, 15.

---

1. 1) Hef. 1827 (et en note, 1830) : possessionem, *quae nostrorum opinio est. Nam his etiam placuit, ut, quoniam possidemus animo solo, quando voluerimus reversuri abire, retinere pos.* vid.; suivi Blond. — 2) Hu. Studien : *quae nostrorum praeceptorum sententia est ; diversae autem scholae auctoribus contrarium placet, ut animo solo, quamvis voluerimus ad rem reverti, tamen retinere possessionem non videamur*; suivi Gn. 1, Pos., A. et W. — 3) Lach., en note Gö. 3 : *nostrorum verbi gratia aestivorum et hibernorum saltuum*, puis au texte : *animo solo, quia voluerimus, ex quo discessimus reverti, retinere posses.* vid.; suivi Pell. tr. et ma. — 4) Hu. 1 : *quae nostro nomine a nemine tenetur, ut scilicet tum | possidendi animo solo, cum uoluntate reuertendi discesserimus, retinere possessionem.* — 5) Hu. 2 : *quae nostro nomine a nullo teneatur, scilicet quoniam | possidendi animo solo, quam semel adepti fuerimus possessionem, | tantum retinere posse videamur*; suivi Gir. — Ne donnaient pas de restitution : Gö. 1-2, Kl., Lah., Dom.; Bö. 1-5 (qui abandonne celle qu'il avait un instant proposé : *plerique putant animo fundi retine|ri possessionem, quem nostrorum hominum corpore non esse possessum ignoramus; praevaluit enim ut animo solo, quando voluerimus*; le reste comme Lach.).

possessionem videamur.[552] Apisci vero possessionem per quos possimus, | secundo commentario rettulimus; nec ulla dubi|tatio est, quin animo possessionem apisci non possumus[553].

154. | Reciperandae possessionis causa solet inter- dictum dari, si quis ex possessione[554] vi | dejectus sit; nam ei proponitur interdictum cujus principium est : UNDE TU ILLUM VI DEJECISTI; per quod is qui dejecit[555] cogitur | ei restituere rei possessionem, si modo is qui dejectus est, nec vi, | nec clam, nec precario ✱✱✱de ‗‗‗‗ ro[556] cum qui a me vi, aut clam, aut precari|o possideret, impune dejici potest[557]. 155. In-

---

552. Pol. supprime, comme glose, *retinere poss. videamur.*
553. A. psumus, douteux.
554. *Ex possessione,* non lu avant St.
555. A. deiecisti.
556. Diversement restitué. — 1) Gö. 1, en note : *ab ipso possederit.* — 2) Hef. : *possidebat adversus alterum;* suivi Blond., Lab., Dom. — 3) Lach. : *(ab adversario) possideret rem uel fundum;* suivi Pell. tr. et ma. 1, Bö. 3 — 4) Hu. Beiträge et J. A. 1-2 : *possideret ab illo;* suivi Gn. 1, Pell. ma. 3-6, Pos., A. et W. — 5) Gir. : *possidet ab illo.* — 6) Goud. : *possideret ab altero;* suivi Pol. — 7) K. et S. : *possederit (ab altero);* suivi Gn. 2, Muir. — 8) Hu. 4 : *(ab eo) possideret.*
557. I. Avant St., on avait lu à la fin de la l. 14 : ‗‗‗ umqsiauteuiaclamapcari, et l. 15 : *op'sideret* ‗‗‗ *ed* ‗‗‗.
— Leçons diverses. — 1) Gö. 1-2, Kl. : *Quod si autem vi, aut clam, aut precario possederit* ✱✱✱✱✱✱✱✱✱✱✱✱✱✱. — 2) Hef. ajoute *impune deiicitur.* — 3) Bö. 1 : *quod si aut vi,* au lieu de *quod si autem.* — 4) Gö. 3, Lach. : quo, si aut vi, a. cl. a. pr. possideret, *esset impune deiectus;* suivi Bö. 2-3. — 5) Pell. tr. et ma. 1 : quod si aut vi — *esset imp. dej.* — 6) Hu. Beiträge : *namque si ab eo vi a. cl. a. pr. possideret, ipse, impune deiicitur.* — 7) Bö. 4-5 : quod si aut ui a. cl. a. pr. pos-

terdum tamen etsi eum vi dejecerim, qui a me vi, aut clam, aut precario possideret, cogor ei[558] restituere possessionem, velut si armis eum vi dejecerim ; nam propter atrocitatem delicti in tantum[559] patior actio-

---

sederit, imp. deicitur; suivi Gn. 1., Pell. ma. 5-6, Pos., A. et W. — 8) Hu. 1-2 : namque si ante vi — possederit ab eo, imp. deicitur ; suivi Gir., sauf déplacement de la virgule : possederit, ab eo imp. dejicitur. — Depuis St. — 1) Goud., Pol., K. et S., Gn. 2, Muir. : cum, qui a me vi a. cl. a. pr. possidet impune deici potest (Pol. : possideret, et intercale a me avant deici). — 2) Fitting, Jenaer Literaturzeitung, 1877, p. 689 : eum, qui a me vi a. cl. a. pr. possidet, impune deicio. — 3) Hu. 4 admet la restitution de Fitting, mais au lieu de altero, (V. la note précédente), il lit enimvero eum, qui, etc.

558. I. En partie illisibles, les l. 15-17 avaient été lues ou restituées avant St. de diverses manières. — 1) Hu. (Comm. ad Cic. orat. pro Tullio dans les Analect. litterar., p. 165 : tamen potest fieri ut dejecto etiam quum aut vi, — — cogar rei, etc. — 2) Hef. (1827) : tamen praetor me, si quem deiecero quamquam vi — — possideret, cog[er]et, etc.; modifié 1830, en note : ...me ei quem....; suivi Blond., Dom. — 3) Kl., en note : tamen solet dari interdictum, ut licet quis a me vi — — possederit — — cogar ei, etc. — 4) Lach. (Gö. 3, au texte) : tamen etiam ei quem ui deiecerim, quamuis a me ui — — possideret, cogeret; suivi Pell., Bö. 2-5, Gn. 1, Pos., A. et W. (sauf, au lieu de cogeret, Pell., Bö. : cogor, que Lach., en note, trouvait préférable, et Gn. 1, Pos., A. et W. : cogar rei). — 5) Hu. 2 : tamen a praetore ei, quem ui deiecerim, quamuis a me ui — — possideret, cogor rei; suivi Gir. — II. Depuis St., tous admettent la leçon ci-dessus : et si eum — — cogor ei, aussi claire que la plupart des précédentes étaient embarrassées.

559. Nam propter atroc. del. in tantum, est donné comme certain par St. — Auparavant, tous laissaient en blanc, après nam praetor (on avait lu pr., au lieu de pp) ; sauf Hu. qui ajoutait (J. A. 1-2) : proprium interdictum comparavit, quo restitui omni modo iubet, si quis armis aliquem dejecit ; suivi Gir.

nem ut[560] omni | modo debeam ei restituere possessionem[561]. Armorum autem appellatione non solum scuta et gladios et galeas significari intellegemus[562] sed et fustes et lapides[563].

156. | Tertia divisio interdictorum in hoc est, quod simplicia sunt, aut duplicia. 157. | (——[564]——) quibus alter actor, alter reus est : qualia sunt omnia restitutoria, aut exhibitoria ; namque actor || est qui desiderat aut exhiberi aut restitui, reus is est a | quo desideratur ut exhibeat aut restituat. ==== 158. | Prohibitoriorum autem interdictorum interdum[565] alia du-

---

560. A. patioraonemut. — 1) K. et S. : patior actionem ut ; suivi Pol., Gn. 2.— 2) Hu. 4 : ratio facti habetur ut.— 3) Muir. : patior admimaduersionem ut. — Bien que les lettres raonemut ne soient données par St. que comme incertaines, la leçon patior actionem peut être admise au texte comme simple dans les termes et satisfaisante pour le sens. — Toutefois, Hu. 4 objecte que G. n'a pas pu dire actionem en parlant d'un interdit. — Peut-être y avait-il patior interdictum ?

561. Avant St., la ligne 19 était illisible. — Depuis St., tous comme ci-dessus : debeam — possessionem.

562. A. intellegemus.

563. Illisibles avant St., les l. 19-21 étaient laissées en blanc par tous (sauf le mot heredes, que plusieurs mettaient à la fin). — Hu. 1-2 avait admis, d'après le § 6 aux Inst. IV, 15, une restitution qui est aujourd'hui pleinement confirmée.

564. A. (simplicia * uuin) sch. Gö. — Tous : simplicia velut in ; quelques-uns (Hu., Gir., K. et S.) ajoutent sunt après simplicia.

* Page intérieure facile à lire.

565. A. | dum. On s'accorde à regarder le mot interdum comme écrit à tort par le copiste après interdictorum. On le supprime ; la plupart, sans mentionner son existence.

plicia, alia sim|plicia *sunt*. 159. Simplicia *sunt,*
velut[566] qu*ibus* prohibet pra*etor* in loco sacro, | *aut* in
flumine publico ripave ejus aliquid facere eu*m*[567]; |
nam actor[568] *est* qu*i* desiderat ne qu*id* fiat, reus is qu*i*
aliquid | facere conatur. 160. Duplicia *sunt*, *velut* UTI
POSSIDETIS i*nter*dictum | et UTRUBI. Ideo a*utem* duplicia vocantur, q*uod* par[569] utrius|que litigatoris in
his condicio *est*, nec quisquam praecipue re|us *vel*
actor intellegit*ur*, *sed* unusquisque tam rei qu*am* actoris | partes sustinet : quippe pra*etor* pari sermone
cum utro|que[570] loquit*ur*; *nam* summa conceptio eorum
i*nter*dictor*um* haec | est : UTI NUNC POSSIDETIS, QUOMINUS ITA POSSIDEATIS VIM[571] FIERI | VETO; *item* alterius : UTRUBI HIC[572] HOMO, DE QUO AGITUR[573], A|PUD

---

566. La plupart suppriment *velut*; quelques-uns (K. et S., Gn. 2, Muir.) : *veluti*, comme au § 7 Inst. IV, 15.

567. Au lieu de *eum*, presque tous *reum*. — Pol. : *eum*, mais il croit que le copiste a omis deux lignes de l'archétype : *eum cui lege, scto, edicto decretove aedilium concessum non sit* (d'après l. 2 Dig. 43, 8).

568. A. actorem.

569. Au lieu de qapar, St. a lu qpiscar. — K. et S., Gn. 2 : quod par; Pol., Muir. : quia par. — Hu. 4 : quod possessionis causa par.

570. A. utrous|q.
571. A. uin.
572. A. hisc; s corrigé.

573. Après *agitur*, Hu. 2-4 croit que la formule contenait *fuit*, que le copiste aura omis. — Il ajoute (Hu. 4) que *fuit* se trouvait aussi dans l'ancienne formule *uti possidetis* (Festus, v° *Possessio*).

QUEM[574] MAJORE PARTE[575] HUJUS ANNI FUIT, QUOMI-
NUS IS | EUM DUCAT VIM[571] FIERI VETO.

161. | Expositis generibus interdictorum, sequitur ut de | ordine et de exitu eorum dispiciamus ; et incipiamus | a simplicibus[576]. 162. Si igitur[577] restitutorium vel exhibitori|um interdictum redditur, velut ut restituatur ei possessio[578], qui vi dejectus est, aut exhibeatur libertus cui patronus | operas indicere vellet, modo sine periculo res ad exi|tum perducitur, modo cum periculo. 163. Namque, si arbitrium postula|verit is cum quo agitur, accipit formulam quae appellatur || arbitraria : et[579] judicis arbitrio si quid restitui vel exhi|beri[580] debeat, id sine periculo[581] exhibet[582] aut restituit, | et ita absolvitur; quod si nec restituat neque exhibeat, quan|ti ea res est condem-

---

574. Les mots *apud quem* sont rejetés comme glose par Mommsen, K. et S., Pol., Gn. 2, Muir., qui les suppriment (Pol., Muir.), ou les mettent entre crochets (K. et S., Gn.). — Ils ne sont pas au Dig. 43, 31.

575. A. maiores partes. — Tous : *majore parte;* sauf Pol. : maiorem partem.

576. A. sinpublicibus.

577. A. seulement iḡ. — Les uns : igitur (cum); les autres (K. et S., Pol., Hu. 4) : (si) igitur.

578. Plusieurs, transposant : *possessio ei.*

* Page intérieure très-difficile à lire.

579. Au lieu de *et,* certain au ms., et conservé par K. et S., Hu. 4, Gn. 2, Muir, Pol. veut *ut.* — Avant St. : *nam.*

580. A. exhiueri; v. iv, note 51.

581. Avant St., on avait lu *sine re;* presque tous admettaient : *sine poena.* — Hollw. avait conjecturé *sine periculo,* mais on ne l'avait pas suivi.

582. A. exhibcat.

5 natur. Sed et actor⁵⁸³ sine poena⁵⁸³ ᵇⁱˢ expe|ritur cum eo quem⁵⁸⁴ neque exhibere, neque restituere quicquam oporte|ret⁵⁸⁵, praeterquam si calumniae judicium ei oppositum fuerit decimae partis⁵⁸⁶; quamquam Pro-

---

583. A. sec̊tåtores; avant St.: *sed actor quoque;* depuis St., tous : *sed et actor;* (Pol. : sed *etiam*).

583 *bis*. A. p ∗ ena.

584. Le ms. ayant seulement *q*, on peut en faire *qui* ou *quem* (v. la note suivante).

585. A. q̇cq̇oteᵖᶜ|repq̇. — Avant St. : q̇cq̇of|͡fertq̄ᵖᵃᵖᶠ — Leçons diverses. — 1) Gö. 1-2, Kl. : *...cum eo qui neque.... offert, nisi calumniae,* etc. — 2) Hef., en note : *quodsi*, au lieu de *nisi*. — 3) Hu. Studien, jugeant avec raison *offert* inadmissible, lit *oportet* (qui pouvait se trouver écrit avec deux *p*), et veut en conséquence *quem*, avant *neque*; au lieu de *qui*, et ensuite *oportet, nisi;* suivi Bö. 1, Gn. 1, Pos., A et W. — 4) Lach. lut *praeterquam si*, au lieu de *nisi*, et le donna au texte Gö. 3; leçon exacte, qui fut adoptée par la plupart et que confirme St. — Au lieu de *offert*, Lach. propose, en note, *deberet*, avec *qui*, devant *neque*; il ne croit pas *quem* possible, le ms. ayant seulement *q*. — 5) Hu. 2 : *cui* (au lieu de *qui* ou *quem*) devant *neque*, et ensuite *quicquam opus est;* suivi Gir. — Depuis St., Goud. admet la leçon qui me semble la plus conforme au ms. : *quem* neque..... *quicquam oporteret,* praeterquam si; — K. et S., au lieu de *oporteret*, ont *oportet*; suivis Hu. 4, Gn. 2, Muir.; — Pol.: oportere (*paret*).

586. — I. Avant St., les l. 7-9, illisibles en grande partie, avaient été restituées très-diversement par Hef. et Hu. — 1) Hef., 1827 et en note 1830 : Derisa *est enim nunc* sententia, quae *scholae diversae erat* et praevaluit *interdum*, calumniae iudicio *non in illis iudiciis* ex *parte rei locum esse,* quasi hoc ipso confessus videatur, *restituere se,* vel exhibere debere. — Restitution invraisemblable ; suivie Dom. (on croyait *derisa* au ms.). — 2) Hu. (dans les *Krit. Jahrbücher für Deuts. R. W.* de Richter ; puis Zeits. XIII, p. 333 et J. A. 1-2): *Diversae quidem scholae auctoribus placet, prohibendum* cal. iudicio *eum, qui arbitrum pos-*

culo plac[587] [[588]] | dum calumniae judicio ⁂ eia[589]
qui arbitr*um* postulaverit, | quasi hoc ipso confessus
videatur restituere se | v*el* exhibere debere[590]. S*ed*
alio jure utimur, et recte : | iius *enim* ([591])

odestiorem alitigi et arbitr*um* quisqu*e* | petit qu*am*

quia cenu⁂t[592].

---

tulaverit, quasi hoc ipso, etc. ; suivi Pell. ma., Gn. 1, Gir., Pos., A. et W. ——— II. Depuis St., les mots *decimae partis*, certains au commencement de la l. 7, continuent la phrase que l'on arrêtait à *oppositum fuerit*. — V. pour le reste du §, les notes suivantes.

587. St. donne comme incertains : qqpculoplac ; tous admettent sans difficulté *quamquam Proculo*.

588. A. [u.. c.. etpditiu] sch. Blu. : mais St., note A., avertit que cette leçon ne semble pas vraie.

589. A iudicio ? ⁂ eia ; après *o* de *iudicio*, il peut, selon St. note A., y avoir *mi* ou *uti*.

590. Depuis St., la leçon nouvelle des l. 7-9 reste douteuse pour ce qui suit *quamquam* Proculo. — 1) Goud. : placuit, non esse permittendum cal. judicio uti ei qui, etc. ; suivi Pol., Muir. — 2) K. et S. plac*uit denegand*um cal. *iudicium ei* qui ; suivi Gn. 2. — 3) Hu. 4 : plac*uisse dicitur, prohiben*|dum cal. iudicio *esse* eum, qui.

591. A. (eüi ⁑) sch. Gö. ; — St., note A., dit possible : ⁂ m.

592. Bien que St. n'ait pu reconstituer les l. 11-12, ce qu'il en donne suffit à écarter les restitutions antérieures. — 1) Hef. : *nam etsi altera sententia prudentior esset, tamen*, et arbi*trum* quisque posse s*tatuere* quoque *in actorem* putat ; suivi Dom. — 2) Hu., d'abord (ubi supra note 586 et J. A. 1) : *namque sine ullo timore, ne superetur* arbitrum quisque potest postulare ; suivi Gn. 1, Pos., A. et W. ; puis J. A. 2 : *nam etiam confidens fore, ut alter superetur*, arb. quisq. pot. post ; suivi Gir. — Depuis St.—1) Goud. : *potius enim ut per modestiorem*

164. | Observare⁵⁹³ debet is qui vult⁵⁹⁴ arbitr*um* petere, ut sta|tim petat, ante*quam* ex jure exeat, id es*t*, ante*quam* a praetore⁵⁹⁵ dis|cedat⁵⁹⁶; sero e*nim* petentibus *non* indulget*ur*⁵⁹⁷. 165. Itaque⁵⁹⁸ si ar|bitr*um non* petierit, *sed* tacitus de jure exier*it*, *cum* periculo | r*es* ad exitum *per*ducit*ur*. Nam actor provocat adversari|um sponsione, m(?)⁵⁹⁹ contra edictum *praetoris non exhibu*|*erit aut non restituerit*; ille a*utem* adversus sponsionem | adversarii restipulatur. D*einde* actor q*uidem* sponsionis | formulam edit⁶⁰⁰ adver-

---

actionem litiget arbitrum quisque petit quam quia confitetur. — 2) K. et S. : *potius enim ut* modestiore via litiget, arbitrum quisq. pet. quam quia con*fitetur ;* suivi Gn. 2. — 3) Pol. : *plus enim ut modest.*—quam quia convict[us sit.]—4) Hu. 4: *potius — — — quam quia causae non fidit. — Modestius* est employé en ce sens par Papinien, l. 25 § 1 Dig. Pec., constitut., 13,5.

593. Avant *observare,* et pour commencer le § 164, quelques-uns (Hu., Gn., Gir., Pos., A. et W., Pol., Muir) ont *ceterum,* que le copiste aurait, soit omis, soit écrit par erreur à la l. précédente. — D'autres (K. et S.): observare (autem).

594. Avant St., on restituait : *volet.*

595. St. confirme la restitution déjà admise des l. 13-14, en partie illisibles.

596. A. a p̄r. r c̊ (cu) sch. Gö. | cedat.

597. A. indulgent'.

598. A. ihq.; *ih* semblent avoir été corrigés, St. note A.

599. Déjà lu avant St., *m* qui suit *sponsionem* a été pris par Hu. Studien (puis J. A. 1-4) pour *ni;* suivi Gö. 3; Bö. 3-5, Gn. 1, Gir., Pos., A. et W., Muir. — Les autres, avec Hollw .et Savigny, lisent *sponsione si* (Gö., Pell.) ou *quod* (K. et S., Pol., Gn. 2). — Bö., Pell., Gir., A. et W., considèrent les mots *ni* (ou *si*) *contra edict. — — — non restituerit,* comme ceux d'une formule consacrée.

600. St. confirme *formulam edit,* déjà adopté d'après Hollw.

— 511 —   GAIUS, IV, 165.

sario; ille huic invicem re|stipulationis. *Sed* actor sponsioni (—601—) et aliud jud*ici*um de re restituenda v*el* exhibenda, | ut, si sponsione vicerit, nisi ei r*es* exhibeat*ur* aut restituat*ur* 602, || ——— Legi nequeunt   242
24 versus 603 ——— || 604 ***** aliud facere quamquam   120 v
                                                             ter s.
                                              m   ❋
p̄cei *** dicat q d ——— | ——— oifacis ****** ———
 p u   p
ro | ——— ridl ——— mfa ——— | ——— aer ——— ss   243
                                                             11 r
                                 c   *ter s.*
——— | ——— sece ****** uex seq̄n ——— 5   ❋
| ——— n **** | ——— iib ——— |
  o
  e
mcsd ——— | ——— et ——— appellata ——— |
——— Leg. neq. v. 10-12 ——— | **** intelle ———

601. A. (sf**d**sc*si*iii****) sch. Gö. — En note A., St. donne ce que Blu. a cru voir; pour lui, il déclare n'avoir vu que ||||||||||||||||||||||| —1) Hollw.: sponsionis *formulae subiungit*; suivi Kl. — 2) Hef.: sponsioni *vel ejus formulae subiicit*; suivi Blond., Lab., Dom. — 3) Hu. Studien et J. A. 1-4: sponsionis *formulae subicit*; généralement suivi. — Toutefois, Pol. et Muir. laissent en blanc; Muir. se contente de remarquer que ces mots ne répondent pas à ce qui semble avoir été lu; Pol., en note, propose: sponsioni[bus aliis committit].

602. Pour toute la fin de la p. 241 (§§ 164 et 165), la révision de St. confirme, en général, les restitutions déjà admises auparavant.

❋ Page extérieure, où il ne reste presque plus aucune écriture.

603. Les seules lettres, très-incertaines, que donne St. pour la p. 242, sont: 1° l. 8 ——— ne ——— cosnuorce ———; 2° l. 23 ——— moeredie ———.

❋ Page extérieure très-difficile à lire.

604. On peut remarquer que les mots *aut denegantur*, que l'on admettait, d'après Blu., à la l. 22, et qui étaient les seuls reconnus pour la p. 243, ne sont nullement confirmés par St.

15 | etibid ✳✳✳s✳ om ——————— | uideritantispe

rant ✳✳✳✳✳ di ——— | ——— qua ——— |

20 ——— Legi neq. v. 15-19 ——— modis ✳ m ———

| — ereno ✳✳ paratus fuit[605] ——— | ——— Legi neq.

v. 23-24 ——— 166. . . . .

---

605. Les p. 242 et 243 n'ont été l'objet de restitution à peu près complète que de la part de M. Hu. Tous les autres, ou bien se sont arrêtés aux mots *exhibeatur aut restituatur*, qui finissent la page 241, ou se sont contentés d'ajouter, avec Hollw. et Hef., pour finir la phrase : *adversarius quanti ea res sit condemnetur*. — Hu. 1-2 (suivi Gir.) proposa d'abord, pour la p. 242, la restitution suivante, qui se place après *aut restituatur*, en note : tandidem, quanti sponsio facta sit, aduersarius condemnetur : quod iudicium appellatur secutorium, quia sequitur sponsionis uictoriam. Sponsio uero et restipulatio tanti fit, quanti rem exhiberi uel restitui actoris intersit. Postea iudex, apud quem de ea re agitur, requirit, an reus contra edictum praetoris non restituerit aut non exhibuerit; et si secundum actorem iudicatum erit, aduersarium summam sponsionis et si non restituerit uel non exhibuerit, etiam secutorio iudicio condemnat, actorem uero restipulationis absoluit; quod si secundum reum iudicauerit, hunc sponsionis et secutorii iudicii absoluit, actorem uero restipulationis condemnat. — Si prohibitorium interdictum redditum fuerit, uelut ne quid in loco sacro fiat, semper cum poena res peragitur. Nam si is, cum quo agitur, contra edictum praetoris fecisse dicatur, actor eum sponsione provocat, ni contra edictum praetoris fecerit; aduersarius restipulatur, editisque ab actore sponsionis, ab aduersario restipulationis formulis actor praeterea iudicium secutorium edit, quo si sponsione uicerit, aduersarsarius tantidem, quanti sponsio sit, condemnatur. Condemnationes uero et absolutiones similiter fiunt, ut in restitutoriis diximus. — Après avoir ainsi achevé la matière des interdits simples, G. aurait, selon M. Hu., passé à celle des interdits doubles; il aurait montré leur usage divers, tant pour protéger contre la violence la possession et la quasi-possession (§ 139), que pour les procès sur la pro-

‖ E̥ [— 606 —] citando⁶⁰⁷ is tantisper in possessione con|stituitur, si modo adversario suo fructuaria stipu —·| (— 608 —) ci potestas haec est, ut si contra eum

priété (§ 148). Au premier de ces sujets, lui paraissaient appartenir les lettres données par Gö. à la 1ʳᵉ ligne de la p. 243 (*utatur aqua quae per*), rapprochées de la loi 1, § 25, Dig. De aqua cottid. 43, 20 ¹. Quant au second, qui est celui des interdits *utrubi* et *uti possidetis*, Hu. doutait si peu que G. n'eût écrit ce qui se retrouve au § 4 des Inst. (IV, 15, qu'il regarde comme évidemment emprunté à G), qu'il en composa un § 165ᵃ, depuis les mots *Namque nisi ante exploratum fuerit*, jusqu'à *contra petitorem judicari solet*. — Hu. ajoutait ensuite un § 165ᵇ ainsi conçu : *Itaque ne possessio in incerto sit, et maxime ne amplius ui contendant, interdicto certare debent,* | *aut denegantur actiones tam petitoria quam per sponsionem.* — Enfin, M. Hu. restituait aussi le commencement du § 166 : *si vero interdictum* ; mais pour ce qui concerne le § 166, v. la note 614 ci-après. — Depuis St., la même réserve est observée par tous ; et M. Hu. lui-même a restreint notablement ses conjectures. Il se borne à la première partie de ce qu'il avait proposé sur les interdits simples (savoir depuis *Tantidem* jusqu'à *condemnat*) ² : il supprime la seconde partie (à partir de *Si prohibitor. interd.*), ainsi que les §§ 165ᵃ et 165ᵇ.

* Page intérieure très-difficile à lire dans la partie supérieure (les 13 premières l. qui, seules, sont trois fois écrites), facile dans les l. 14-24, qui ne sont que deux fois écrites.

606. A. [.. isresab eo f li] sch. Blu. ; en note A., St. donne d'autres lettres ou traits de Gö. et de Blu. lui-même.

607. A. citañdo.

608. A. (** criiciiiuis) sch. Gö., et en note, et d'autres lettres par Blu.

---

1. Mais ce que donne St. pour cette 1ʳᵉ l. est différent de ce qu'a donné Gö.
2. Il fait à la deuxième phrase le changement suivant : après *sponsio vero et restipul. tanti fit*, il donne *quanti actor eam non calumniae causa fieri iurauerit*, au lieu de *quanti rem exhib. uel rest. act. intersit*.

GAIUS, IV, 166.

?? | [——609——] s [——610——]—— uer* am summam
5 adver|sario solvat. Haec *autem* licendi contentio fructus
licitatio voca*tur*, sc*i*li*cet*, *quia* [——611——] | [——612——] al
[——613——] postea alter | alter*um* sponsione provocat⁶¹⁴ :

---

609. A. (es) sch. Blu. — 610. A. [i... apnum] sch. Blu.
           or   i ii bi
611. A. [nnemoleunt|rmeeruiianantispr] sch. Blu. (En note A.,
d'autres lettres de Blu.)
                    r
612. A. [p. es... eir fuendi eq... q] sch Blu (avec variantes,
note A.). — 613. A. [agat] sch. Blu. (avec variantes, note A.).
614. Le commencement du § 166 reste incertain. Restitutions
diverses. — I. Avant St. — 1) Hef. : § 166 ———— * *deinde perficitur** || *omnis* res ab eo fructus licitando, id est tantisper in
possessione *constituitur*, si *modo* adversario suo fructuaria stipulatione *caveat, cui vis et* potestas haec *inest, ut, si contra
ipsum esset* postea pronunciatum,* *possessio restitu*atur. Itaque
inter* adversarios, qui *praetore auctore* certant, contentio
fructus licitationis est : scilicet quia **amborum interest, possessorem** esse, *** (*alter* ou *praetor*) tantisper *rei possessionem et rei* (fructus vendit; *et* quandoquidem *hoc* agatur, postea alter alterum sponsione provocat. — Suivi Blond., Lab., Pell.
ma., Dom. — 2) Hu. (Beiträge) : Postquam igitur praetor interdictum reddidit, primum litigatorum alteru||trius res ab eo fructum licitando *rei* tantisper in *possessione constituitur, si modo*
adversario suo fructuaria stip*ulatione satisdat, cuius* potestas
est, ut si contra ipsum esset postea pronun*tiatum, fructus
duplam* prae*stet.* Nam inter adversarios qui *praetore auctore
certant,* dum contentio fructus licitationis *est,* scilicet quia
possessorem interim esse *interest, rei possessionem ei praetor*
vendit, *qui plus licetur.* Postea alter alterum sponsione provocat. Suivi Gn. 1, Pos., A. et W. — 3) Plus tard, Hu. modifia ainsi (J. A. 2) : *Si uero interdictum postulatum est
reddito eo, primum curat praetor,* ut, dum litigatur, ————
ui abstineant. Ideoque alterutrius || *ex iis* res ab eo fructus
licitatione tantis*per* ————— *ut si contra ipsum iudex
sit postea pronuntiaturus, fructus et, quo emit, praestet.* Nam

quod.⁶¹⁵ adversus edictum praetoris possidenti si-

inter adversarios, qui *pretio certant, cum* contentio fructus licita|tionis *est,* scilicet quia possessorem *interim* esse *interest,* tantisper *possessionem ei praetor* uendit, *qui plus licetur.* — Suivi Gir.
II. Depuis St. — 1) Goud.: Ab eo fructus licitando is tantisper in possessione constituitur, si modo adversario suo fructuaria stipulatione caverit, cujus vis ac potestas haec est, ut si contra eum de possessione pronuntiatum fuerit, eam summam adversario (suo) solvat. Haec autem licendi contentio fructus licitatio vocatur, scilicet quia neuter eorum qui licentur ipsam rem, sed tantisper possidendi et *fruendi re* acquirit facultatem. Postea — — — provocat. Goud. remplace par *fruendi* le mot *vendit* généralement admis, mais qui lui semble inadmissible. — 2) K et S. ...... et uter eorum uicerit (en note, restitution de Kr., *Krit. Versuche,* p. 92; puis au texte) fructus licitando, is tantisper in possessione con|stituitur, si modo adversario suo fructuaria stipulatione ca|uerit, cujus uis et potestas haec est, ut si contra eum de *pos*|*sessione* pronuntiatum *fuerit,* eam summam aduer|sario soluat. Haec autem licendi contentio fructus licitatio vocatur, scilicet quia (puis en note, restitution de Kr.) de co inter se certant, utri fructuum perceptio interim committenda sit. Postea, etc. — La leçon depuis *licitando* jusqu'à *scilicet quia* est admise par tous; on ne diffère que pour ce qui précède *licitando,* et pour ce qui suit *scilicet quia.* — 3) Hu. 4: 1° avant *licitando,* abandonnant ses restitutions précédentes, propose en note: Reddito vero interdicto si ab alterutro alteri vis facta sit, statim de ea sponsiones et restipulationes fiunt ne tamen incivili et propria vi possessionem obtinere conentur, praetor fructus licitationem inter eos instituit, et uter eorum vicerit fructum (au lieu de *fructus*); 2° après *scilicet quia,* Hu. 4 donne, au texte: *dum uolunt uterque* frui tantisper re,| proprie quod eis praetor uendit, est, ut id interea liceat. Postea, etc. — 4) Gn. 2 suit la leçon ci-dessus de Kr., sauf après *certant;* il préfère: *uter eorum fructus interim percipiat,* au lieu de *utri — — — committenda sit.* — 5) Pol., Muir., laissent en blanc.
615. 1) St. donne *q,* abréviation de *quod,* mais comme incertain. — 2) Avant St., Gö. avait lu *o* ou *ii;* — Blu., *q.,* dont Gö. 2,

bi[616] vis[617] facta est[618] et invicem ambo restipulan|tur
adversus sponsionem de [____[619]____] | una *inter* eos spon-
sio item *** stipulation _____ | ad eam fit _____
cius _____ | [__[620]__] d [__[621]__] _____ | [__[622]__] amti
judex[628], apud quem de ea | re agitur, illud scilicet

Kl., Hef., Bö. 1, Blond., Lab., Dom. ont fait *quae*. — 3) Au lieu de *quae*, *nisi*, admis par Hu. et Lach., fut accepté par plusieurs : Bö. 3-4, Gn. 1, Pos., A. et W. — 4) *Si* fut préféré par Pell.·tr. et ma., Hu. 1-2, Bö. 5, Gir. — 5) Depuis St., tous ont *quod*, sauf Pol. qui donne *ni*.

616. A. p'| sidenti siui bis facta eset. — Avant St., on avait lu *inter*|*sedentis nobis facta est*; ce qui avait donné lieu à diverses leçons : — 1) Les 1ères édit. (Gö. 1-2, Kl., Hef., Bö. 1, Blond., Lab., et encore Dom.) : *interdicentis nobis facta essent invicem*. — 2) Lach. : *possidentibus nobis (vis) facta esset*; suivi Pell., Bö. 3; Gn. 1, Pos., A. et W. — 3) Hu. 1-2 : *possidenti mihi a te vis facta est*; suivi Bö. 5, Gir. — 4) Rudorff, Zeits., f. ges. RW., t. 11, p. 355 (1873), avait proposé : *possidenti sibi vis facta est*; mais il ne fut pas suivi. — Cette leçon, confirmée par St., est, depuis, acceptée par tous.

617. A. *siui* pour *sibi*; v. IV, note 51; — puis *bis* pour *vis*; v. IV, note 38.

618. Au lieu de *est*, K. et S., Gn. 2, Hu. 4 : *sit*.

619. A |ltsi.........accu] sch. Blu.; en note A., St. indique d'autres lettres données par Blu.

620. A. [fun] sch. Blu.; mais St., note A., ne la croit pas vraie.

621. A. [oab] sch. Blu.; note de St. A., comme pour la précédente.

622. A. [rtitui......d....nae] sch. Blu.

623. La révision de St. n'a presque rien fait gagner pour la lecture des l. 10-14. — Restitutions diverses, pour ce qui suit les mots *adversus sponsionem* de la l. 10, jusqu'à *judex apud*

requirit, (*quod*[624]) praetor *interdicto* complexus | *est*, id est, uter eorum eum fundum easve aedes, per id tempus | quo *interdictum*[625] redditur, *nec vi, nec clam, nec praecario* possideret. Cum judex | id exploraverit, et forte secundum me judicatum | sit, adversarium mihi[626] et sponsionis et restipulatio|nis summas, quas [20] cum eo feci, condemnat, et conve|nienter me spon-

---

quem de la l. 14. — 1) Hef. (partie au texte, partie en note, 1830) : vel sti*pulationem autem,* cum una inter eos (*sit*) sponsio : *ni* mea possessio *sit,* stipulatio : *ni autem tua sit. Deinde is, qui fructuum licitatione vicit, alterum de* fundo *abducit, eique possessionem cum fructibus arbitrio iudicis restitui, fructuaria stipulatione cavet. Tum* judex, etc. — 2) Hu. Zeits. XIII, p. 334 (défendue *Beiträge,* et reprod. J. A. 1-4) : uel sti*pulationibus iunctis duabus* una inter eos sponsio *itemque* una *r*estipulatio *adversus* eam fit, *quod e' commodius ideoque magis in usu est.* § 166 ᵃ. *Deinde* ab utroque editio formulis omnium stipulationum et | restipulationum, *quae factae sunt,* iudex, apud quem, etc.; suivi Gir. — 3) Adol. Schmidt (Das Interdictverfahren, 1853, p. 286) a combattu *stipulationibus iunctis...* et a proposé à la place : uel *si unus tantum sponsione provocavit alterum,* una inter eos, etc. — 4) K. et S. ne restituent pas au texte; ils ont seulement après *restipulatio una,* en note : « peut-être *tantum* ad eam fit »; puis, approuvant le sens de la restitution de Hu., ils proposent : *Editis deinde formulis spons. et restip.* iudex apud, etc. — 5) Hu. 4 modifie seulement : ...restipulatio u*na alterius* | adversus, etc.: puis *quas fieri placuit,* iudex. — 6) Gn. 2 insère au texte les leçons de Schmidt et de Hu., approuvées en note par K. et S. — 7) Muir. laisse en blanc.

624. Omis par le copiste, *quod* est ajouté par tous.

625. A. idicto.

626. Avant St., on avait lu ud, dont on s'accordait à faire *quidem.*

sionis⁶²⁷ et restipulationis, quae | mecum factae sunt, absolvit; et hoc amplius, si apud adversarium meum possessio est, quia is fructus licitatione vicit, nisi restituat mihi possessionem, Cascelliano sive || secutorio judicio condemnatur. 167. Ergo is qui fructus licitatione vicit, si non probat ad se pertinere possessionem, sponsionis et restipulationis et fructus |
⁵ licitationis summam poenae nomine solvere, et | praeterea possessionem restituere jubetur; et hoc amplius | fructus, quos interea percepit, reddit : summa enim fructus | licitationis non pretium est fructuum, sed poenae nomine solvitur; quod quis aliam posses-
¹⁰ sionem per hoc tempus retinere et facultatem fruendi nancisci conatus est. 168. Ille autem qui fructus licitatione victus est, si non | probaverit⁶²⁸ ad se pertinere possessionem, tantum sponsionis et restipulationis summam poenae nomine | debet. 169. Admo-
¹⁵ nendi tamen sumus, liberum esse ei qui fructus licitatione victus erit, omissa fructuaria stipulatione, sicut Cascelliano sive secutorio judicio | de possessione reciperanda⁶²⁹ experitur, (——⁶³⁰——) s✳✳✳⁶³¹✳✳✳ de

---

627. A. sponsiones.

✳ Page intérieure facile à lire pour la plus grande partie, bien que trois fois écrite.

628. A. pbaberit; v. iv, note 38.
629. A. p✳✳✳ione reciperandae.
630. A. (ita) sch. Gö.
631. Restitutions diverses. — 1) Blu : *specialiter* de. — 2) Hef. : *separatim et* de; suivi Blond., Lab., Dom., Gn. 1, Pos., A. et W. — 3) Hu. Studien : *similiter* de; suivi K. et S., Gn. 2, Muir. — 4) Lach., en note, Gö. 3 : *de fructuum pretio et*

fructus licitatione agere : in quam rem proprium judicium | conparatum est, quod appellatur fructuarium, quo nomine | actor judicatum solvi satis accipit[632]. 20 Dicitur autem et hoc judicium secu|torium, quod sequitur sponsionis victoriam, sed non aeque | Cascellianum vocatur. 170. Sed quia nonnulli, interdicto reddito, cetera ex interdicto face|re nolebant, atque ob id non poterat res expediri, praetor || in eam rem[633] prospexit et comparavit interdicta quae | secundaria appellamus, quod secundo loco redduntur | quorum

246

74 v

ter s.

---

de. — 5) Pell. ma.: *de fructibus propter*. — 6) Hu. Beiträge, p. 193 et J. A. 1-2 : *de fructibus et de*; suivi Gir. — 7) Pol. : *sic etiam de*.

632. A. *actoris. satis accipiat*? — Les premières édit. Gö. 1-2, Kl., Hef. : *actoris satis accipiatur*, que Gö. avouait ne pas comprendre. — Hu., qui d'abord lut *actor satis accipit*, en supprimant *is*. (Studien, p. 332; suivi Bö. 1), reconnut plus tard dans *is* l'abréviation de *iudicatum solvi*, qu'il insèra J. A. 1-4, et qui fut généralement adopté, avec *accipit*, *accipiat*, ou *accipiet* pour terminer.

* Page extérieure très-difficile à lire.

633. La révision de St. a donné, pour la première moitié de la p. 246, un texte fort différent de celui qu'on avait lu auparavant. Elle a jeté un jour tout à fait nouveau sur une question souvent soulevée et résolue très-diversement, celle de savoir comment le préteur contraignait aux *sponsiones* et faisait accomplir *cetera ex interdicto*. D'après notre passage, on voit que cette contrainte avait lieu au moyen des *interdicta secundaria*. Il s'en faut, sans doute, de beaucoup que St. soit parvenu à reconstituer les p. 246 et 247 en entier; il n'a pu lire que la première moitié de la p. 246, et encore, pour la majeure partie, les lettres qu'il a données sont-elles incertaines. Toutefois, la leçon qui en résulte a été acceptée par tous. — Dès 1870, Kr. (*Krit. Versuche*, p. 84) a publié, en le complétant, le nouveau texte. Il diffère tellement des quelques mots

b̲_____ as l_____oc_____[634] cetera ex interdi|cto *non*
facit, *velut* qui vim[635] non faciat, *aut* fructus non li-

---

ou lettres qu'avait donnés Blu. (Gö. n'avait rien lu), qu'il semblerait que Bl. et St. n'ont pas eu la même page sous les yeux. — Il va de soi qu'aucune des conjectures précédentes ne saurait plus subsister[1].

634. Kr. restitue : quor*um uis et potes*tas *haec est, ut qui*.
635. A. u̍im.

---

[1]. Il n'avait été proposé qu'un petit nombre de restitutions. — 1) Hef. 1827 (non reprod. 1830) finissait ainsi après *expediri* : re||*liqua* (?) *sivit expirare praetor et comparavit interdicta*, — puis des mots épars. Il plaçait le commencement du § 171, c'est-à-dire du sujet autre que les interdits, *poenae temere litigantium*, dès le milieu de la l. 246. — Hu. ne le plaçait que vers la fin de la p. 247, ce qui semble plus probable. — 2) Hu. Zeits. XIII, p. 335, après *expediri* proposa : praetor || *vocatus Sextus Papirius, propria* comparavit interdicta. — Plus tard, dans J. A. 1-2, il tenta une restitution presque complète : 1° au texte, pour les 14 premières l. de la p. 246; 2° en note, pour la suite. — 1° Au texte : expediri, praetor ||*illi, qui vult experiri, propria* comparavit interdicta, | *duo scilicet quia aut de possessione fundi uel aedium agitur,* | *aut de possessione rerum mobilium. Contra eum, qui ex interdicto de rerum* | *soli uel aedium possessione cetera facere noluit, interdictum datur, quo prohibetur ui resistere, ne alter possessionem* | *rei ingrediatur et retineat. Cum uero de re mobili uelut* | *seruo agitur, prohibetur vi resistere ne alter eam rem* | *ducat eiusque in possessione sit; in utroque tamen interdic*|*to alter satisdat, se restiturum esse, si posquam interdictum est,* | *in diebus* , *ut oportet, cetera ex interdicto fiant. Ita uero adeptus possessionem, si postea contra eum iudicatum sit, quia uidet*|*ur sine causa interim esse adeptus, duplum fructum praestare iudicio Calpurniano compellitur, aut si ipsum fructum soluat, simplum, quanti fuerint fructus*. — 2° En note : *Praeterea et possessionem restituit secutorio iudicio, sponsio uero et restipulatio hoc casu una tantum fit, quoniam is tantum, qui possessionem interdicto adeptus est, aduersus edictum uim fecisse, uel non fecisse dici potest. Quod si is possessionem adipisci prohibitus est, sponsio et restipulatio fit ex hoc interdicto, quanti actor eam rem esse iurauerit, sed ita, ut id in formula summa sponsionis taxetur, quae ex interdicto uti possidetis fit, uelut hoc modo : si paret, n. n. a. a. s*(estertios)*tot dare o*(porte)*re, i*(udex) n. n. a. d*(um) t.*(axat) tantam pecuniam, qvantae fverit sponsio, qvae ex interdicto. cvivs tvendi cavsa nus. n. a. a vim facere vetitus est, facta sit, tot nommos condemna s. n. p. a. apparet enim, iniquum fore, si sponsionis poena huius interdicti sponsionis poenam ex eo interdicto superaret, cuius causa hoc comparatum est : ex formulis uero sponsionis et restipulationis quae ex hoc interdicto factae sunt, apud eundem iudicem agitur, qui ex interdicto uti possidetis datur. — Praeterea in sadis-datione, qua in hoc interdicto caueri diximus, praetor fideiussores dari iubet, quia scilicet lege Fu*|*ria sponsori et fidepromissori ius datum est ut pars tantum ab eo peti possit; fideiussoribus uero in hac causa nec ex epistola D. Hadriani subuenitur.*— Suivi Gir. avec ?.

GAIUS, IV, 170.

cetur, aut | qui fructus licitationis satis non det [636], 5
aut si sponsiones [637] | non facit sponsionisve [637bis] judicia non accipiat, sive possideat | et restituat [637ter]
adversario possessionem ———————————
| ————[638] lli possidenti [639] ne [639bis] faciat. Itaque etsi
alias potuerit [640] | interdicto uti possidetis vincere, si
cetera ex interdicto | ————— c t am per interdictum 10
secundarium *** | ————f n m u i————| ——— sid ***
s ————| ————u * nullum leg ** secundarium ————|
[———641———] ———— quamvis hanc opinionem ———— | [—642—] 15
nus et Cassius secuti fuerint r ———— | ———— nobisq
———— adca ———— | nosps ———— | ———— **Legi nequeunt**
v. 16-20 ———— | ———— incum ———— | [—643—] ————

636. A. satandat.
637. A. spousiouib. ; — à *sponsiones* Pol. ajoute *restipulationesve*.
637 *bis*. Kr.: *sponsionumue* ; Hu. 4 : (*ex*) sponsionibusue.
637 *ter*. Au lieu de *et restituat*, Hu. 4 veut *cum fructibus restituat*, (lisant *cf* au lieu de *et*).
638. Kr. complète : *siue non possideat, uim illi.* — Pol. : *si non possideat ut vim illi.*
639. A. psideni*.
639 *bis*. Au lieu de *ne*, Pol. veut *non*.
640. A. potue**.
641. A. [pr. no] sch. Blu.
642. A. [— m —] sch. Blu.
643. A. [pareiisct————ateim s rei maoiia] sch. Blu. ; mais St. ne croit pas qu'elles soient exactes.

| — Legi nequeunt v. 23-24 ———— || ———— Legi nequeunt
v. 1-3 — | ———— endom ———— | *** niisoriso ————
| — Legi nequeunt v. 10-21 — ⁶⁴⁴ .

171. . . . . . . | pecuniaria poena, modo jurisjurandi religione **** | cen **** ————————.
Eaque praetor ** ueideo ———————— | ————
adversus in ((fitiantes ex quibusdam))⁶⁴⁵ || causis dupli⁶⁴⁶ actio constituitur, velut si judicati, aut depen|si aut damni injuriae, aut legatorum per damnationem | relictorum nomine agitur. Ex quibusdam causis sponsionem | facere permittitur, velut de pecunia certa credita et pecunia | constituta; sed certae quidem creditae pecuniae tertiae partis, cons|titutae vero pecuniae partis dimidiae. 172. Quod si neque spon|sionis,

---

* Page extérieure très-difficile à lire.

644. A partir de la l. 10 de la p. 246, St. ne donne plus que des mots épars. — 1) Kr. propose : après *interdicto uti possidetis vincere* (l. 9), de transposer *tamen* (qu'il fait avec *tam* de la l. 10) et de lire : *tamen* si cetera ex interdicto *facere noluerit*, per interd. secundarium *possessio in adversarium transfertur*. Pour le reste, il s'abstient. — 2) Pol. : ...uti possidetis vincere, si cetera ex interdicto | *facere voluisset*, tamen per int. secund. — 3) Hu. 4 : ...uincere, si cetera ex interdicto *fecisset, si non fecit, tamen* per interd. secundarium *uincitur*. Puis en note, pour les l. 11-15 : *saltem tantisp*(er); n(am) mutato consilio eum i(ter)um agere p(os)se | interdicto uti possidetis, plerique putant, quia ad iustam | possessionem nullo m(odo) hocce secundarium i(nterdictum) | pr|aetor) uoluerit pertinere : sed quamuis hanc opinionem | etiam Sabinus et Cassius secuti fuerint, recte (?)......

645. Restitution d'après le § 1, aux Inst. IV, 16. — Le commencement du § 171 reste incertain. Plusieurs ont inséré dans le texte de G. le Pr. des Inst. : *Nunc admonendi sumus*, etc.

* Page intérieure en partie difficile à lire. — 646 A. duplici.

neque dupli actionis periculum ei *cum quo agitur* con|jungatur, ac ne statim *quidem* ab initio pluris *quam* simpli sit | *actio*, *permittit praetor* jusjurandum[647] exigere, *non* calumni|ae causa[648] inficias[649] ire. Unde, *quamvis heredes*, *vel qui heredum* loco ha|bentur, [———[650]———] obligati sunt, item feminae pupilli|*que* eximantur periculo[651] sponsionis, jubet tamen eos jurare. 173. | Statim *autem* ab initio pluris *quam* simpli *actio est, velut* furti ma|nifesti quadrupli, nec —— manifesti dupli, con|cepti et oblati tripli : *nam* his *causis et aliis quibusdam, sive* | *quis* neget[652], *sive fateatur, pluris quam* simpli *est actio*.====

174. | Actoris *quoque* calumnia coercetur *modo* calumniae judi|cio, *modo* contrario, *modo* jurejurando,

---

647. A. iuris iurandum.

648. A. causae.

649. Quelques-uns ajoutent *se* ou *ad* devant *infitias*.

650. A. [nuzliñapliu] sch. Blu. — St. les dit moins probables que celles de Gö : àiisq, paiiis ; et incline à *simplotenus*. — Restitutions diverses : *dupli non amplius* ; — *numquam poenis* ; — *iure civili non amplius* ; — *nunquam in duplum* ; etc. — Depuis St. — 1) Kr. en note : *nisi ex suo facto*, suivi Gn. 2, au texte. — 2) Pol., Muir. : *simplotenus*. — 3) Hu. 4 (avec *quia*, au lieu de *quamvis* ; l'Ap a qu, abréviation ordinaire de *quamvis*): heredes... aliis quoque poenis obligati (*non*) sunt, d'après les sch. de Gö.

651. A. ex m**t periculo ; d'où 1) K. et S. : *eximantur periculo*, avec *feminae* et *pupilli* ; suivi Pol., Gn. 2. — 2) Hu. 4 : *eximitur periculum*, avec *feminis* et *pupillis*, certains au ms.— 3) Muir.: *eximatur periculum*.—Avant St., restitutions diverses : *remitti solet* (ou *soleat*) *poena* ; — *exprimi non solet poena* ; etc.

652. A. regat.

modo restipulatione. 175. | Et *quidem* calumniae judicium adversus omnes *actiones* lo|cum habet, et est decimae partis r̊ (―⁶⁵³―) adversus adser|torem tertiae partis ēst⁶⁵⁴. 176. Liberum est *autem* ei *cum* quo agitur, aut | calumniae jud*icium* opponere, aut jusjurandum exigere *non* calumni|ae *causa* agere.==== 177. Contrarium *autem* jud*icium* ex certis causis constituitur : || velut si injuriar*um* agat*ur* ; et si *cum* muliere eo nom*ine* agat*ur* ; | qu*od* dicetur, ventris nom*ine* in possessionem missa, dolo malo | ad alium possessionem transtulisse⁶⁵⁵ ; et si quis eo nom*ine* | agat, qu*od* dicat se, a pr*aetore* in possessionem missum, ab alio quo | admissum non esse.==== Sed adversus injuriar*um* quidem actionem⁶⁵⁶ decimae partis datur ; | adversus vero duas istas, quintae.==== 178. Severior *autem* coercitio est *per* contrarium jud*icium* : nam⁶⁵⁷ |calumniae judicio decimae⁶⁵⁸ partis

---

653. A. (i**) sch. Gö.

654. Avant St., on avait lu *adversus interdicta autem quartae partis*, que tous admettaient. — Pour les quelques lettres illisibles ou incertaines après *decimae* partis, les uns : *causae*, les autres : *rei* ou encore *pecuniae*. — Depuis St., tous admettent *adv. adsertorem tertiae partis est* ; pour ce qui précède, 1) Goud. : *reis*, se rapportant à *decimae partis*. — 2) K. et S. : *praeterquamquod* ; suivi Gn. 2. — 3) Pol. : *rei, sed* ; suivi Muir. — 4) Hu. 4 : *rei, tantum*.

* Page intérieure très-facile à lire.

655. A. ttallisset.
656. A. āonis.
657. A. non.
658. A. X.

nemo damnatur[659], nisi qui in|tellegit non recte se
agere, sed vexandi adversarii gra|tia actionem institi-
tuit, potiusque ex judicis errore vel i|niquitate victo-
riam sperat quam ex causa veritatis ; calu|mnia enim
in adfectu[660] est, sicut furti crimen : contra|rio vero
judicio omnimodo damnatur actor, si causam non te-
nu|erit, licet aliqua[661] opinione inductus crediderit se
recte a|gere. **179.** Utique autem ex quibus causis
contrario judicio agere potest; etiam | calumniae judi-
cium locum habet; sed alterutro tantum[662] ju|dicio
agere permittitur. Qua ratione, si jusjurandum | de
calumnia exactum fuerit, quemadmodum calumni|ae
judicium non datur, ita et contrarium non dari debet.
180. Restipulationis quoque poena ex certis causis
fieri solet; et que|madmodum contrario judicio omni-
modo condemnatur | actor, si causam non tenuerit,
nec requiritur an scierit non | recte se agere, ita etiam
restipulationis poena omnim||odo damnatur actor.
181. (—— [663] ——) | onis poena petitur, ei neque calum-

---

659. A. damnet.
660. A. adfectum.
661. A. alia ; la plupart : aliqua ; Mommsen (en note K. et S.) : falsa ; suivi Pol.
662. A. tm, abréviation de tamen ; tous : tantum.
* Page extérieure très-difficile à lire.
663. A. (aium ** iicup * incrim * ist * pulatio) sch. Gö. ; en note A., St. donne d'autres lettres d'après Blu. — On diffère sur la restitution, ainsi que sur la manière de placer le commencement du § 181. — Presque tous finissent le § 180 à damnatur actor ; les uns, Gö. 1-3, Kl., Hef., Bö. 1-5, Pell, tr., Muir., sans resti-tuer ; les autres, en restituant le commencement du § 181 : 1)

niae judicium opponitur, neque | jurisjurandi religio [604] injungitur [665]; nam contrarium judicium in [666] | his causis locum non habere palam est.===

182. | [667] Quibusdam judiciis damnati ignominiosi fiunt : velut | furti, vi bonorum raptorum, injuriarum; item pro socio, fiduciae, tutelae, man|dati [668], depositi. Sed furti, aut vi bonorum raptorum, aut injuriarum non solum damna|ti notantur ignominia, sed etiam pacti : ut in [669] edicto praetoris | scriptum est, et recte. Plurimum enim interest, utrum ex delicto | aliquis, an ex contractu debitor [670] sit, item [671] illa parte | edicti id ipsum nominatim ** pr _____ | miniosus _____

qphibe _____ ptul _____ | tordare procuratorem adhi-

Hef. : sane si ab actore ea restipulationis poena petatur; suivi Blond., Lab., Pell. ma., Dom., Gn. 1, Pos., A. et W. — 2) Hu., d'abord (Studien) : Etiam si ab actore autem; puis (Beiträge et J. A. 1) : Interdum si ab actore cum restipulationis; suivi Gir., Goud., Gn. 2; enfin (Hu. 4) : sed cum ab actore cum restip. p. petitur. — Kr. en note K. et S. : damnatur actor, si sponsione victus est. § 181. A quo autem restip. poena petitur, etc.

664. A. religioni.

665. Quelques-uns, avec Hef. : conjungitur.

666. A. ** —

667. St. confirme dans le § 182 les restitutions déjà admises d'après le § 2 Inst. iv, 16 et la 1re Dig., de h. q. not. inf., sauf quelques changements; v. les notes ci-après.

668. A. m| dati; tous : mandati, sauf Pol. : commodati, à tort.

669. Avant St., sicut, ou idque ita, ou nam ita ou ita enim.

670. A. deuitor; v. iv, note 51.

671. Au lieu de item, K. et S., Gn. 2 : nam.

ber (―――672―――) ――― [――673――] | rio nomine judicio inter-
　　　　q
　　　　o
venire | en (――674――) ―――675.

---

672. it. (⁎ ii) sch. Gö.

673. A. [fiduio] sch. Blu.

674. A. (im) sch. Gö.

675. Les l. 11-14 restent en partie illisibles. — Restitutions diverses. — Avant St. — 1) Hef. (1827, et partie au texte, partie en note, 1830) : *Et praetor* illa parte edicti id ipsum notat; nam *contractus separavit a delictis. Ceterum si quis alieno nomine convenitur, velut procuratorio, ab* ignominia *liber erit. Idem est si quis* fideiussorio nomine iudicio convenitur; etenim *et hic pro alio damnatur;* suivi Pell. ma.; A. et W. — Modifié Dom. : après *notat : nam multum interest ex delicto, an ex contractu debitor esse : atque si quis alieno nomine convenerit,* liber erit, veluti si fidejussorio ― ― ― etenim pro alio damnatur. — 2). Hu. 1-2 : *Praeterea* illa parte edicti id ipsum *nominatim cauetur, ut qui contrario iu|dicio conuenitur; item* qui pro *debitore interuenit, uelut tu|tor aut cognitor, ne laboret ignominia. Nec igitur heres uel qui* fideiussolrio nomine iudicio conuenitur : etenim *ii quoque pro alio damnantur.* (*Heres uel* n'était pas dans Hu. 1). — Suivi Gir. —

II. Depuis St. — 1) Goud., sans proposer de restitution, rejette celle de Hu., comme donnant plus qu'il ne convient pour l'espace à remplir. — 2) K. et S. (en note seulement) : illa parte ed. id ips. nominatim *exprimitur,* pactum *quoque ignominiosum* fieri, *qua* prohibetur *pro aliis postulare, uel procurator* dari < uel > *procuratorem adhibere, cognitoremue uel cognitorio* nomine iudicio interuenire; suivi Gn. 2. — 3) Pol. : illa parte ed. id ips. nominatim *expressum est, ut pactus ignominiosus habeatur,* qua prohibetur *pro aliis postulare, procura|tor dari,* procuratorem adhibere etc., comme K et S. — 4) Hu. 4 : illa parte ed. id ips. nominatim *exprimitur, ut qui ignominiosus sit, plerumque* prohibeatur *pro aliis postulare, item cogni|torem dare,* procuratorem adhibere uel *cognitorio aut procurato|rio* nomine iudicio interuenire; *interest enim cum honestis litigare.* — 5) Muir. n'insère pas au texte

15   183. | In summa sciendum *est* eum q (___676___) | tere
et eum qui vocatus est (___677___) | ciaie p̅r̅r̅ ⁽ˢᵖᵖ⁾ *** sio
miiiere quasdam ____678 sino | permissu praetoris
in jus vocare non licet, *velut parentes*, pa|tronos⁶⁷⁸ ᵇⁱˢ
20 patronasque⁶⁷⁹ liberos et parentes patroni patro|naeve,
et in eum⁶⁸⁰ qui adversus ea egerit poena consti-
tuitur⁶⁸¹.

---

de restitution; en note il préfère celle de Hu. 4 à celle de Kr.,
trouvant incorrect le rapport que cette dernière établit entre
l'infamie et la *postulatio*. — 6) Il me semble également que Hu. 4
a restitué de la manière la plus satisfaisante, tant pour le sens,
que pour la conformité à ce que nous avons du ms. Seul, il
tient compte des quelques lettres qui se trouvaient écrites
après *intervenire*.

676. A.(|x|lorou*i**uln*p|ic) ᵖ sch. Gö.; en note A., St.
donne d'autres sch. de Blu., mais peu probables; il dit *opor*
vraisemblable pour la fin de la l. 15.

677. A. (o*nuc*uc*i**ciiiimai) ᵈ ˣ sch. Gö.; St., note A.,
donne d'autres lettres.

678. L'espace permet et le sens indique : *tamen personas*,
d'après Blu.; mais encore peu probables, d'après St.

678 *bis*. A. par _____; St., note A. : *entes pa*, vraisemblable.

679. A. patronosque.

680. A. eam.

681. De même que dans le précédent, et plus encore, le
§ 183 a été sinon entièrement lu par St., du moins renouvelé
en partie. — I. Avant St. — 1) Hef. (1827 et partie au texte,
partie en note, 1830) : In sum. sc. est, eum, *qui in ius aliquem
vocare vult, et cum eo agere et eum, qui vocatus est, naturali
ratione ac lege iustam personam habere debere. Quare etiam
sine permissu praetoris nec liberis cum parentibus consti*tuetur actio nec patrono et liberto, *si non impetrabitur venia*

184. Cum *autem* in jus vocatus fuerit adversarius, neque eo die finiri po|tuerit[682] negotium, vadimonium ei faciendum *est, id est,* ut | promittat se certo die sisti. **185.** Fiunt *autem* vadimonia quibusdam | ex causis pura, *id est,* sine satisdatione; quibusdam, *cum* satisdatione; || quibusdam, jurejurando; quibusdam, recuperatoribus | suppositis, *id est,* ut qui non steterit, is protinus a recuperatori|bus in summam

---

edicti, et in eum qui adversus ea egerit *poena pecuniaria statuitur.* Suivi Dom., A. et W. (Dom. lit *propriam* personam, au lieu de *justam* personam). — Hollw. (pour les lignes 17-19 seulement)...., quas sine | permissu praetoris in *ius uocare non licet, velut patronus,* patrona, item liberi *ac parentes patroni pa|tronae.* — Hu. 1-2: In sum. sc. est, eum, qui *cum* aliquo acturus est, in *ius uo|care* (Hu. 1 : qui *in ius vocat,* rem ui peragere) et eum qui uocatus est, *trahere posse; quare* e|dicto praetoris personas, *quibus reuerentia debetur,* sine | permissu *praetoris in* ius uocare non *licet, quales sunt pa|rentes,* patronus et liberi *parentesque pa|troni,* et in eum — — — *constituta est.* Suivi Gir.

II. Depuis St. — 1) K. et S., sans restituer au texte les l. 15-17, disent en note que les termes ne sauraient être précisés, mais qu'il est facile de voir le sens, savoir : « eum qui agere uult, aduersarium in ius uocare oportere, et eum qui uocatus est, omni modo sequi debere, aut si sequi noluerit, ui duci licere (ou peut-être : uindicem pro se dare debere). » — Pol. trouve l'espace à peine suffisant pour la pensée que K. et S. prêtent à G. — Hu. 4 : In sum. sc. est, eum, qui *experitur, in ius uocare opor|tere* et eum qui uocatus est, *si non sequitur; sine auctor|itate* praetoris posse *secum ducere.* Quasdam tamen personas, etc.; suivi Gn. 2.

682. A. eq. o. — Avant St., les uns *ni eo die finiverit;* les autres, *ni eo die finitum fuerit.*

* Page intérieure non difficile à lire.

vadimonii condemne*tur* : ea*que* singula di|ligenter
praetoris edicto significan*tur*. **186.** Et si quidem ju-
di|cati depensive age*tur*, tanti fiat [683] vadimonium,
quanti ea | res erit; si vero ex ceteris causis, quanti
actor juraverit *non* ca|*lumniae causa* postulare sibi
vadimonium [684] promitti. *Nec tamen* (—[685]—) pluribus
q*uam* ses*tertium* C milibus fit vadimonium : ====
ita*que* si centum milium res erit, *nec* judicati depen-
sive | age*tur* [686], *non* plus q*uam* s*estertium* quinquaginta
milia [687] fit vadimonium. **187.** | Quas au*tem* personas
sine *permissu praetoris* inpune in jus vocare | *non*
possumus, easdem nec vadimonio invitas [688] obligare

---

683. Les uns *fiet*; les autres *fit*.

684. A : badimonium; v. iv, note 38.

685. On s'accorde à penser que le copiste a commis ici quelque faute. — 1) Gö. se demande s'il n'a pas commis une erreur de chiffre. — 2) Hef. (1827) : peut-être faut-il L au lieu de c, ou plutôt une ligne entière aura-t-elle été omise, après c mil. fit vadimonium; Hef. la restitue ainsi : *nec si res ipsa c c milium tantum sit, vel minoris, ultra partem dimidiam. Itaque si milium res erit, non plus quam ss. quinquaginta milium fit vadimonium* (non reproduit 1830); — 3) Hu. Studien, intercale seulement après *nec tamen : pluris quam partis dimidiae, nec.* Cette addition a été depuis lors admise par tous; elle semble, en effet, nécessaire d'après l'ensemble du §.

686. A. ageret'.

687. Au lieu de milia (a douteux), la plupart *milium* (ou *millium*); Pol. *milibus*.

688. A. inuicas.

| nobis (?)[689] possumus, praeterquam si praetor aditus permittat[690].

---

689. Le ms. a simplement n̄, abréviation ordinaire de *non*, mais la négation est ici impossible. — Les uns en font *nobis*. — Les autres remarquent que l'abréviation n̄ n'est pas usitée pour *nobis*; ils pensent que la lettre *n* est une faute du copiste, et ils n'en tiennent aucun compte.

690. A. permittat; les uns *permittaṱ*; les autres *permittit*.

TABLE

DES PRINCIPAUX PASSAGES

ou

M. STUDEMUND A LU QUELQUE CHOSE DE NOUVEAU[1]

LIVRE Ier.

§§ 32^b, 32^c, 33 et 34 .	Acquisition du Jus Quiritium par les Latins Juniens **militia, nave, aedificio pistrino**.
—42 (Adde I, §§ 46, 139; II, §§ 2, 28, 239.)	Nom de la loi **Fufia** (et non **Furia**) Caninia.
— 75	*Erroris causae probatio.*
— 76	État des enfants nés du mariage d'un Romain avec une pérégrine ayant le *connubium.*
— 77	État des enfants nés du mariage d'une Romaine avec un pérégrin ayant ou n'ayant pas le *connubium.*

---

1. La liste ci-après ne contient pas l'indication de tous les passages où M. Studemund a lu quelque chose de nouveau, mais seulement des principaux. J'ai omis ceux où le changement ne touche pas le sens, comme, par exemple, quand il a lu *vocaretur* au lieu de *vocatur*, *quod* au lieu de *cum*, et *is* au lieu de *is quoque*, etc.

Les caractères plus gras désignent les passages où la leçon nouvelle semble offrir le plus d'intérêt.

*

§§ 78	Nom de la loi **Minicia** (et non *Mensia*). — État des enfants nés de l'union de deux personnes, dont l'une est Romaine et l'autre pérégrine.
— 79-80	État des enfants nés de l'union de deux personnes, dont l'une est Romaine et l'autre Latine.
— 92	État de l'enfant né de deux pérégrins mariés selon leurs lois, lorsque le père devient Romain.
— 93	Acquisition de la puissance paternelle, *cognita causa*, par un pérégrin demandant la cité romaine pour lui et pour ses enfants.
— 95	Acquisition par un Latin de la cité romaine et de la puissance paternelle.
— 96	**Majus et minus Latium. (Majus... cum et hi qui decuriones leguntur...)**
— 112	*Confarreatio.* — *Jupiter farreus.*
— 119	**Formule de la mancipation rectifiée (esto).**
— 122	(*Semisses... ad pondus examinati*).
— 128	Interdiction de l'eau et du feu. (*Lege Cornelia* et non *lege poenali*.)
— 131	Colonies latines. (*Nomen dedissent*.)
— 134	**Forme de l'adoption autre que la remancipatio patri.**
— 138	Traces d'une écriture sous le texte de Gaius.
— 144	Tutelle des femmes.
— 156	Définition des agnats.
— 157	Tutelle légitime des agnats sur les femmes.
— 158-163	*Capitis deminutio.*
— 164	Tutelle légitime des agnats.
— 164ᵃ	Tutelle légitime des *gentiles* (?) (...*Urbe Roma ?...*)
— 165	Tutelle légitime des patrons.
— 166	Tutelle fiduciaire.
— 167	Tutelle des Latins Juniens.
— 168	Tutelle cessice.
— 175, 176, 179, 182, 184	*Petitio tutoris.*
— 194, 195ᵇ, 195ᶜ, 196	Fin de la tutelle.
— 197	Curatelle.
— 200	*Satisdatio tutorum vel curatorum.*

LIVRE II.

§§	
5	Res sacra.
7	Sol provincial.
9a	Res nullius.
10-11	Res humani juris.
12-15	Res incorporales. Res mancipi.
16-18	Res nec mancipi.
19	**Aliénation pleno jure des res mancipi ipsa traditione.**
20-21	Res nec mancipi.
25	In jure cessio (...agere).
27	Nexus (...enim veteri lingua...).
58	Impossibilité d'usucaper **pro herede** lorsqu'il existe un héritier nécessaire (...**Nihil**...)
67	Occupatio.
71	Avulsio.
82	Incapacité du pupille (et de la femme en tutelle ?).
94	Acquisition *per servum* (...*definitionem*...).
95	Acquisition *per extraneam personam*.
96	Acquisition par personnes *in manu* ou *in mancipio*.
101	Testaments *in procinctu*.
104	**Formule de la familiae emptio.**
111-112	Capacité de tester : Latins Juniens ? — Testament des femmes.
117	Institution d'héritier.
124	Jus accrescendi in virilem partem.
125-126	Bonorum possessio contra tabulas.
127-128	Exhérédation.
130-132 et 132a	Institution et exhérédation des *postumi*.
133-134	Des *postumorum loco*. — Nom de la loi *Junia Vellaea* (?).
135	Exhérédation des mancipés (?) ou émancipés (?).
135a	Exhérédation des enfants de celui qui a acquis la cité romaine.
136-137	Exhérédation des adoptés.
143	Rupture du testament par *causae probatio*.

§§ 149 . . . . Bonorum possessio cum re ou sine re ; exception doli mali (?).
— 150 . . . . Bonorum possessio (?) Caduca.
— 151 . . . . Révocation de testament ; rupture sans forme.
— 151ᵃ . . . . Exception doli mali ; indignité (?).
177-178 . . . . . . Substitution ; crétion.
179 . . . . Substitution pupillaire.
— 187-189 . . . . . Institution d'un esclave pour héritier.
— 192 . . . . Division des legs.
— 193, 195 . . . . Legs per vindicationem.
— 204-205 . . . . . Legs per damnationem.
— 215 . . . . Legs sinendi modo.
— 218 . . . . **Legs per preceptionem (...Juliano et Sexto...).**
— 227 . . . . Loi Falcidie (...ei legare...).
— 235 . . . . Legs poenae nomine.
— 241 . . . . Postumus alienus (...circumspicere...).
— 243 . . . . Institution poenae nomine.
— 244 . . . . Legs à l'esclave de l'héritier.

LIVRE III.

— 9-13 . . . . Succession des agnats.
— 40 . . . . Succession des affranchis.
— 43-44 . . . . . . Droits du patron.
— 46 . . . . Droits de la fille du patron.
— 48 . . . . Droits des héritiers externes du patron.
— 49 . . . . Droits de la patronne.
— 53 . . . . **Droits du fils de la patronne, liberis honoratus.**
— 56-57 . . . . . . Successions des Latins Juniens (...**legis Juniae lator**).
— 64-66 ; 69 . . . Sénatus-consulte Largien.
— 79-80 . . . . . . Bonorum venditio.
— 84 . . . . Adrogation ; manus.
— 85 . . . . Cessio in jure d'une hérédité.
— 95ᵃ . . . . Dotis dictio.
— 96 . . . . Jusjurandum liberti.
— 98-99, 100, 103 . . . Stipulations inutiles.
— 104 . . . . Incapacité de s'obliger envers qui que ce soit de la **filiafamilias** (?) et de la femme **in manu**.

§§ 119 . . . . Adstipulatio.
— 117, 119, 121, 122 . . Adpromissores.
— 123 . . . . Nom de la loi **Cicereia**.
— 140 . . . . Vente.
— 143 . . . . Louage.
— 153-154 . . . . Société.
— 155-156-157 . . . . Mandat.
— 174 . . . . **Formule de la libération per aes et libram.**
— 175 . . . . Libération *per aes et libram* de l'héritier tenu d'un legs *per damnationem*.
— 179 . . . . Novation.
— 184 . . . . *Furtum manifestum*.
— 201 . . . . Cas où l'on peut, sans qu'il y ait vol, prendre et usucaper une chose que l'on sait à autrui.—Impossibilité d'usucaper **pro herede** lorsqu'il existe un héritier nécessaire. (....**Nisi**.... **Nihil**....)
— 217-219 . . . . Loi Aquilia.
— 220-221 . . . . Injures.

LIVRE IV.

— 3 . . . . Action négatoire.
— 13-14-15 . . . . . . *Sacramentum*.
— 17ᵇ-18 . . . . *Condictio*.
— 28 . . . . *Pignoris capio* (**Lege censoria**).
— 31 . . . . Cas où, par exception, il est permis *lege agere*.
— 34 . . . . Formule de l'action fictive du *bonorum possessor*.
— 36 . . . . Formule de la Publicienne.
— 38 . . . . Formule de l'action contre le *capite minutus*.
— 43 . . . . Formules de *condemnationes*.
— 44 . . . . Parties de la formule qui peuvent ou non se trouver seules.
— 45 . . . . Formules *in jus*.
— 48 . . . . Condamnation pécuniaire.
— 51 . . . . *Condemnatio incerta*.
— 52 . . . . *Condemnatio* avec *taxatio*.

§§ 53	*Pluspetitio.*
— 54	Formule de revendication *incertae partis.*
— 55	*Petitio alius pro alio.*
— 60	*Plusdemonstratio.*
— 61-63	Compensation dans les actions de bonne foi et énumération des actions de bonne foi.
— 64-66	Compensation de l'*argentarius*; déduction du *bonorum emptor*; leurs différences.
— 72	*Actio tributoria.*
— 74	Comparaison des diverses actions *adjectitiae qualitatis.*
— 80-81	Actions noxales.
— 82	Actions *alieno nomine.*
— 83	Formule de la constitution du *cognitor.*
— 84	*Procuratio ad litem.*
— 122, 124	Exceptions dilatoires.
— 125	Restitution *in integrum* des exceptions.
— 126	Répliques.
— 130, 131, 131ª, 133	*Praescriptiones.*
— 139	Interdits.
— 144	Interdit *quorum bonorum.*
— 151	Interdit *utrubi.*
— 152	**Calcul de l'annus retrorsus dans l'interdit utrubi.**
— 153	Conservation de la possession animo.
— 154-155	**Interdit unde vi.**
— 163, 164, 165	**Interdits cum periculo ou sine periculo.**
— 166	*Fructus licitatio; sponsio; stipulatio et restipulatio.*
— 170	**Interdicta secundaria.**
— 175	*Calumniae judicium.*
— 182	*Ignominia.*
— 183	*In jus vocatio.*

Nancy, Imprimerie Berger-Levrault et Cie.

A LA MÊME LIBRAIRIE

Cours élémentaire de droit romain, contenant : 1° un abrégé de l'histoire externe du droit romain ; 2° l'explication complète des Institutes de Gaius et des Institutes de Justinien ; 3° l'explication des principaux textes du Digeste et du Code, ainsi que des Novelles qui s'y rapportent, par M. Ch. Demangeat, conseiller à la Cour de Cassation. (3e édition, revue et augmentée), 2 forts vol. in-8°. . . . . 20 fr.

Résumé des répétitions écrites de droit romain, par M. Rouen de Couder, président du Tribunal civil d'Auxerre. (5e édition, revue et augmentée), 1 fort vol. in-18 . . . . 6 fr.

Institutes de Gaius, contenant le texte et la traduction en regard, avec le commentaire au-dessous, par Domenget, juge d'instruction à Bergerac. (Nouvelle édition, revue et considérablement augmentée), 1 vol. in-8°. . . . . 8 fr.

L'esprit du droit romain dans les diverses phases de son développement, par R. von Ihering, professeur ordinaire de droit à l'Université de Göttingen, traduit sur la troisième édition avec l'autorisation de l'auteur, par O. de Meulenaere, conseiller à la Cour d'appel de Gand. (2e édition), 4 beaux vol. in-8°. . 40 fr.

Études complémentaires de l'Esprit du droit romain. — I. De la faute en droit privé, fragment historique par R. von Ihering, professeur ordinaire de droit à l'Université de Göttingen, traduit avec l'autorisation de l'auteur, par O. Meulenaere, conseiller à la Cour d'appel de Gand. 1 broch. gr. in-8°. . . . . . 3 fr.

Cours d'Institutes et d'histoire du droit romain, par P. Namur, professeur ordinaire à l'Université de Liége, officier de l'Ordre de Léopold. (3e édition, corrigée et augmentée), 2 vol. in-8°. 16 fr.

Traité des Obligations d'après le droit romain, par Charles Maynz, professeur de droit à l'Université de Bruxelles. 1 fort vol. in-8°. . . . . 10 fr.

Nancy, Berger-Levrault et Cie

www.ingramcontent.com/pod-product-compliance
Lightning Source LLC
Chambersburg PA
CBHW070412230426
43665CB00012B/1334